333 教育综合真题真练

（华北+东北分册）

333 教育综合蓝皮书编写组　主编

北京理工大学出版社
BEIJING INSTITUTE OF TECHNOLOGY PRESS

版权专有　侵权必究

图书在版编目（CIP）数据

333教育综合真题真练.华北+东北分册/333教育综合蓝皮书编写组主编.--北京：北京理工大学出版社，2022.7

ISBN 978-7-5763-1465-6

Ⅰ.①3… Ⅱ.①3… Ⅲ.①教育学—研究生—入学考试—习题集 Ⅳ.①G40-44

中国版本图书馆CIP数据核字(2022)第117134号

出版发行 / 北京理工大学出版社有限责任公司
社　　址 / 北京市海淀区中关村南大街5号
邮　　编 / 100081
电　　话 / (010)68914775（总编室）
　　　　　 (010)82562903（教材售后服务热线）
　　　　　 (010)68944723（其他图书服务热线）
网　　址 / http://www.bitpress.com.cn
经　　销 / 全国各地新华书店
印　　刷 / 三河市恒彩印务有限公司
开　　本 / 880毫米×1230毫米　1/16
印　　张 / 26　　　　　　　　　　　　　　责任编辑 / 李慧智
字　　数 / 733千字　　　　　　　　　　　　文案编辑 / 李慧智
版　　次 / 2022年7月第1版　2022年7月第1次印刷　　责任校对 / 周瑞红
定　　价 / 329.80元（共5册）　　　　　　　　责任印制 / 李志强

图书出现印装质量问题，请拨打售后服务热线，本社负责调换

历年真题是考研命题和重难点的风向标,是考生备考的"指南针",通过掌握历年真题可以帮助我们了解考研的命题方向、命题重难点和高频考点,更好地帮助我们还原考研的真实答题场景,让我们的备考更有针对性。因此,《333教育综合真题真练》(以下简称《真题真练》)应运而生。为此我们在以下几个方面进行了努力:

1. 精选了33个院校(以"985工程"高校、"211工程"高校、"双一流"大学和重点师范院校为主)400多套5500多道333教育综合考研真题,涵盖了333教育综合考试大纲规定的题型和重要知识点,因此,无论《真题真练》是否收录了你报考院校的真题,本书都具有很大的参考性和实用性。

2. 《真题真练》的每一个题目我们都配有答案要点,并且题目与答案是连接在一起的。在复习时考生可以快速且高效地翻阅到相关题目的答案。

3. 对于超纲题、教育热点题和实际应用题都给出了相应的答题思路和参考角度,可结合给出的答案要点对相关知识点进行拓展和思维延伸。

4. 为了提高考生使用的便利性,《真题真练》首次将333教育综合考试真题按地域的形式呈现。

《真题真练》使用建议:

1. 利用真题,夯实基础。务必要在系统学习完一遍基础知识之后再做真题,没有知识基础的做题是盲目的,在系统复习的基础上再结合《真题真练》可以更好地巩固之前的复习并且对知识的重难点有更好的把握。

2. 研究真题,把握规律。在强化阶段不仅要不断强化知识点的理解与记忆,同时也要对《真题真练》进行仔细的研读。真题不仅是用来做的,更是用来研究的,历年真题提供了考研命题的规律和方向。同学们需要对《真题真练》中所包含的所有院校真题进行研究,寻找共性,总结规律。

3. 真题知识,两手把握。《真题真练》的使用可以贯穿考研的全过程,真题固然重要,但它始终不能代替系统知识的学习。系统知识是所有真题的根源,因此无论是复习的哪个阶段都不能放弃系统知识的学习，真题和系统知识两手都要抓。建议配套使用《333教育综合逻辑图》和《333教育综合大纲解析》。

自命题院校考研真题无标准答案，因此《真题真练》提供的答案仅供参考。希望同学们在实际的考试过程中，答题一定不要生搬硬套，建议融合自己的思考，并运用自己的语言将所学的知识点灵活且恰当地表达出来。

大家在使用时如果遇到一些疑惑和问题，可以在QQ群（325244018）进行交流，也可以在我们的教育学蓝皮书系列反馈问卷中进行反馈。另外，在线文档也会为大家及时更新反馈情况。

最后，祝各位考生顺利复习，成功上岸！

反馈问卷

在线文档

333教育综合蓝皮书编写组

2022年5月

北京师范大学

章节	页码
2022 年北京师范大学 333 教育综合·真题真练	1
2021 年北京师范大学 333 教育综合·真题真练	1
2020 年北京师范大学 333 教育综合·真题真练	2
2019 年北京师范大学 333 教育综合·真题真练	2
2018 年北京师范大学 333 教育综合·真题真练	3
2017 年北京师范大学 333 教育综合·真题真练	4
2016 年北京师范大学 333 教育综合·真题真练	4
2015 年北京师范大学 333 教育综合·真题真练	5
2014 年北京师范大学 333 教育综合·真题真练	5
2013 年北京师范大学 333 教育综合·真题真练	6
2012 年北京师范大学 333 教育综合·真题真练	6
2011 年北京师范大学 333 教育综合·真题真练	7
2010 年北京师范大学 333 教育综合·真题真练	8
2022 年北京师范大学 333 教育综合·真题解析	9
2021 年北京师范大学 333 教育综合·真题解析	12
2020 年北京师范大学 333 教育综合·真题解析	15
2019 年北京师范大学 333 教育综合·真题解析	19
2018 年北京师范大学 333 教育综合·真题解析	22
2017 年北京师范大学 333 教育综合·真题解析	25
2016 年北京师范大学 333 教育综合·真题解析	29
2015 年北京师范大学 333 教育综合·真题解析	34

2014 年北京师范大学 333 教育综合·真题解析	39
2013 年北京师范大学 333 教育综合·真题解析	43
2012 年北京师范大学 333 教育综合·真题解析	48
2011 年北京师范大学 333 教育综合·真题解析	53
2010 年北京师范大学 333 教育综合·真题解析	58

中央民族大学

2022 年中央民族大学 333 教育综合·真题真练	64
2021 年中央民族大学 333 教育综合·真题真练	64
2020 年中央民族大学 333 教育综合·真题真练	65
2019 年中央民族大学 333 教育综合·真题真练	65
2018 年中央民族大学 333 教育综合·真题真练	66
2017 年中央民族大学 333 教育综合·真题真练	66
2016 年中央民族大学 333 教育综合·真题真练	67
2015 年中央民族大学 333 教育综合·真题真练	67
2014 年中央民族大学 333 教育综合·真题真练	68
2013 年中央民族大学 333 教育综合·真题真练	68
2012 年中央民族大学 333 教育综合·真题真练	69
2011 年中央民族大学 333 教育综合·真题真练	69
2022 年中央民族大学 333 教育综合·真题解析	70
2021 年中央民族大学 333 教育综合·真题解析	74
2020 年中央民族大学 333 教育综合·真题解析	79
2019 年中央民族大学 333 教育综合·真题解析	84
2018 年中央民族大学 333 教育综合·真题解析	89
2017 年中央民族大学 333 教育综合·真题解析	94
2016 年中央民族大学 333 教育综合·真题解析	100
2015 年中央民族大学 333 教育综合·真题解析	106
2014 年中央民族大学 333 教育综合·真题解析	111
2013 年中央民族大学 333 教育综合·真题解析	117

2012年中央民族大学333教育综合·真题解析 122

2011年中央民族大学333教育综合·真题解析 129

天津师范大学

2022年天津师范大学333教育综合·真题真练 133

2021年天津师范大学333教育综合·真题真练 133

2020年天津师范大学333教育综合·真题真练 134

2019年天津师范大学333教育综合·真题真练 134

2018年天津师范大学333教育综合·真题真练 135

2017年天津师范大学333教育综合·真题真练 135

2016年天津师范大学333教育综合·真题真练 136

2015年天津师范大学333教育综合·真题真练 136

2014年天津师范大学333教育综合·真题真练 137

2013年天津师范大学333教育综合·真题真练 137

2012年天津师范大学333教育综合·真题真练 138

2011年天津师范大学333教育综合·真题真练 138

2010年天津师范大学333教育综合·真题真练 139

2022年天津师范大学333教育综合·真题解析 140

2021年天津师范大学333教育综合·真题解析 144

2020年天津师范大学333教育综合·真题解析 148

2019年天津师范大学333教育综合·真题解析 154

2018年天津师范大学333教育综合·真题解析 159

2017年天津师范大学333教育综合·真题解析 164

2016年天津师范大学333教育综合·真题解析 169

2015年天津师范大学333教育综合·真题解析 174

2014年天津师范大学333教育综合·真题解析 180

2013年天津师范大学333教育综合·真题解析 185

2012年天津师范大学333教育综合·真题解析 189

2011年天津师范大学333教育综合·真题解析 194

2010年天津师范大学333教育综合·真题解析...199

东北师范大学

2022年东北师范大学333教育综合·真题真练...204
2021年东北师范大学333教育综合·真题真练...204
2020年东北师范大学333教育综合·真题真练...205
2019年东北师范大学333教育综合·真题真练...205
2018年东北师范大学333教育综合·真题真练...206
2017年东北师范大学333教育综合·真题真练...206
2016年东北师范大学333教育综合·真题真练...207
2015年东北师范大学333教育综合·真题真练...207
2014年东北师范大学333教育综合·真题真练...208
2013年东北师范大学333教育综合·真题真练...208
2012年东北师范大学333教育综合·真题真练...209
2011年东北师范大学333教育综合·真题真练...209
2010年东北师范大学333教育综合·真题真练...210
2022年东北师范大学333教育综合·真题解析...211
2021年东北师范大学333教育综合·真题解析...216
2020年东北师范大学333教育综合·真题解析...222
2019年东北师范大学333教育综合·真题解析...228
2018年东北师范大学333教育综合·真题解析...233
2017年东北师范大学333教育综合·真题解析...239
2016年东北师范大学333教育综合·真题解析...244
2015年东北师范大学333教育综合·真题解析...248
2014年东北师范大学333教育综合·真题解析...253
2013年东北师范大学333教育综合·真题解析...259
2012年东北师范大学333教育综合·真题解析...263
2011年东北师范大学333教育综合·真题解析...267
2010年东北师范大学333教育综合·真题解析...271

辽宁师范大学

2022 年辽宁师范大学 333 教育综合·真题真练 277
2021 年辽宁师范大学 333 教育综合·真题真练 277
2020 年辽宁师范大学 333 教育综合·真题真练 278
2019 年辽宁师范大学 333 教育综合·真题真练 278
2018 年辽宁师范大学 333 教育综合·真题真练 279
2017 年辽宁师范大学 333 教育综合·真题真练 279
2016 年辽宁师范大学 333 教育综合·真题真练 280
2015 年辽宁师范大学 333 教育综合·真题真练 280
2014 年辽宁师范大学 333 教育综合·真题真练 281
2013 年辽宁师范大学 333 教育综合·真题真练 281
2012 年辽宁师范大学 333 教育综合·真题真练 282
2011 年辽宁师范大学 333 教育综合·真题真练 283
2010 年辽宁师范大学 333 教育综合·真题真练 283
2022 年辽宁师范大学 333 教育综合·真题解析 285
2021 年辽宁师范大学 333 教育综合·真题解析 289
2020 年辽宁师范大学 333 教育综合·真题解析 294
2019 年辽宁师范大学 333 教育综合·真题解析 299
2018 年辽宁师范大学 333 教育综合·真题解析 304
2017 年辽宁师范大学 333 教育综合·真题解析 309
2016 年辽宁师范大学 333 教育综合·真题解析 314
2015 年辽宁师范大学 333 教育综合·真题解析 319
2014 年辽宁师范大学 333 教育综合·真题解析 323
2013 年辽宁师范大学 333 教育综合·真题解析 328
2012 年辽宁师范大学 333 教育综合·真题解析 333
2011 年辽宁师范大学 333 教育综合·真题解析 339
2010 年辽宁师范大学 333 教育综合·真题解析 345

吉林师范大学

2022 年吉林师范大学 333 教育综合·真题真练 351
2021 年吉林师范大学 333 教育综合·真题真练 351
2020 年吉林师范大学 333 教育综合·真题真练 352
2019 年吉林师范大学 333 教育综合·真题真练 353
2018 年吉林师范大学 333 教育综合·真题真练 354
2017 年吉林师范大学 333 教育综合·真题真练 355
2016 年吉林师范大学 333 教育综合·真题真练 355
2015 年吉林师范大学 333 教育综合·真题真练 356
2014 年吉林师范大学 333 教育综合·真题真练 356
2022 年吉林师范大学 333 教育综合·真题解析 358
2021 年吉林师范大学 333 教育综合·真题解析 362
2020 年吉林师范大学 333 教育综合·真题解析 367
2019 年吉林师范大学 333 教育综合·真题解析 373
2018 年吉林师范大学 333 教育综合·真题解析 379
2017 年吉林师范大学 333 教育综合·真题解析 385
2016 年吉林师范大学 333 教育综合·真题解析 390
2015 年吉林师范大学 333 教育综合·真题解析 395
2014 年吉林师范大学 333 教育综合·真题解析 401

2022年 北京师范大学 333 教育综合·真题真练

一、名词解释
《白鹿洞书院揭示》 义务教育 自由七艺 皮格马利翁效应

二、简答题
1. 试评韩愈的教育思想。
2. 简述我国教育目的的基本要求和基本精神。
3. 简述影响课程实施的主要因素。
4. 简述赫尔巴特的教育性教学思想及其意义。

三、分析论述题
1. 结合现实，谈谈你对德育与教学关系的认识。
2. 一所中学对新生进行了心理测评，区分出了场独立型与场依存型的学生。A老师建议学校也让班主任参与心理测评，分班时，尽量把场独立型的学生分配到场独立型班主任的班级，把场依存型的学生分配到场依存型班主任的班级，这样班主任与学生就能更合拍，方便教学与管理。

请从个别差异和因材施教的角度来评价A老师的建议。

2021年 北京师范大学 333 教育综合·真题真练

一、名词解释
美育 教育评价 新教育运动 教育即生长

二、简答题
1. 简要评析21世纪我国基础教育课程改革的主要内容与成效。
2. 简述欧洲文艺复兴时期全人教育理想及其影响。
3. 简述什么是变式练习，及其在技能形成过程中的作用。
4. 简述双重编码理论并举例说明。

三、分析论述题
1. 材料：在民主观念放任的情况下，人们已经忘记教育为何物。从上一个世纪起教育开始与科学分道扬镳，因此人们所理解的教育只是将青年人培养成有用之才。当某一科学被运用到经济之中时，这门科学马上身价百倍，人们为了获利，纷纷追求它，并在学校中推广这一学说。因此，科学和培养科学人才的重要性得到前所未有的强调……人们也因此愿意付出最大的物质代价。科学价值的评判与精神价值的评判不可同日而语。培养出来的科技人员只是服务于某些目的的专业工人，他们并没有受到真正的教育。因为技能的培训、专业技能的提高还不能算是人的陶冶，连科学思维方式的训练也谈不上，更何况理解的培养。

结合以上材料，论述你对教育意义和价值的理解。

2. 评述蔡元培"思想自由，兼容并包"的思想、教育实践及影响。

2020年 北京师范大学 333 教育综合·真题真练

一、名词解释

劳动教育　稷下学宫　教育现代化　美国进步主义教育运动

二、简答题

1. 简述科学性与思想性相统一的教学原则。
2. 简述《中庸》的基本教育思想。
3. 简述埃里克森社会发展理论的主要观点。
4. 简述奥苏伯尔提出的有意义接受学习的三大要素。

三、分析论述题

1. 论述班级授课制的时代局限性和变革趋势。
2. 材料分析题。

材料：教育的目标就是要克制儿童的欲望，发展儿童的理智，关键在于用理智和原则规范儿童的行为。

有时候，我们需要用严厉的方法约束儿童，要求儿童完成他应该完成的事情，制约儿童是一种有效的教育方法；但是我们也不想看到孩子失去个性，没有自由，因为儿童受到管制而变得怯懦、不自信。这样的儿童在未来也同样没有成就。当然，那些挥霍青春的儿童，如果能得到规范的管理和要求，一旦走向正途，前途不可限量。谁要是能调和这两种矛盾，他就可以觅得教育的真谛。

（1）洛克认为教育目标是什么？关键是什么？
（2）矛盾的地方是指什么？为什么洛克说调和了矛盾就能觅得教育的真谛？
（3）谈谈你如何看待这对矛盾。

2019年 北京师范大学 333 教育综合·真题真练

一、名词解释

课程　学制　《颜氏家训》　观察学习

二、简答题

1. 简述19世纪末20世纪初的实验教育学的主要观点和意义。
2. 简述王安石的教育改革。
3. 简述德育过程及其基本规律。
4. 简述教师的基本素养并说明它们之间的关系。

三、分析论述题

1. 学生问老师："我非常清楚我们家一个月能收多少房租，我的钱够我花三辈子了，我为什么要上学？读书有何用？"

分析并评价这位学生的想法，并说明教师应如何引导。

2. 小明期中考试语文成绩不理想，他对同学说："大家都在猜老师会默写哪一篇文章，你猜中了，我没猜中。"可见所有成败人们都会寻找解释和借口。

韦纳提出了成败归因理论。说明成败归因理论的基本观点及其教育实践启示。

2018年 北京师范大学333教育综合·真题真练

一、名词解释

有教无类　全纳教育　隐性课程　终身教育思潮

二、简答题

1. 简述斯宾塞生活准备说。
2. 简述韩愈对教师问题的见解。
3. 简述我国中小学教学方法的内涵和基本类型。
4. 我国中小学教师职业道德包含哪些内容？

三、分析论述题

1. 有校长说："如果没有升学率的压力，我真想好好做德育。"

试从学校教学和德育关系的角度谈谈你对这一论点的看法。

2. 有位老师学习了现代教育学的理论，想实践一下，然后对孩子们进行成功教育。当他在课堂上提问的时候，有学生回答出来，老师就表扬他，让他坐下；如果有同学回答不上来，老师先让他站一会，先不要坐下，等下次他回答上来再坐下。这位老师运行了一段时间，但是发现教学效果并没有取得良好的效果，班上的学生举手的越来越少了。

（1）请结合强化理论，分析这位教师做法中的问题。
（2）请给出改进措施建议。

2017年 北京师范大学 333 教育综合·真题真练

一、名词解释
操作性条件反射　艾宾浩斯遗忘曲线　班级授课制　双轨学制

二、简答题
1. 影响学习迁移的因素。
2. 赞科夫的发展性教学原则。
3. 简述癸卯学制。
4. 简述我国的基本学制。

三、分析论述题
1. 材料：小迪本来自信开朗、成绩优异，母亲去世后，他的学习成绩开始变得很差，汤老师一开始不喜欢他，在他的作业本上批了一个大写的"差"字，后来了解情况后开始鼓励他关心他，后来小迪考上博士并邀请汤老师参加他的婚礼。在婚礼上，他向老师表达了谢意。

   用自我效能感分析材料，回答下列问题：根据材料你想到了什么？小迪的学习变化最主要受什么影响？

2. 辨析教育教学是要遵循儿童的身心发展规律还是要尊重儿童的需要和兴趣，怎样协调二者冲突？
3. 评述我国中小学教育存在的问题，选两个问题分析原因并给出解决的思路和方法。

2016年 北京师范大学 333 教育综合·真题真练

一、名词解释
教育　班级授课制　榜样法　校长负责制　接受学习　心智技能

二、简答题
1. 简述教育的文化功能。
2. 简述课程设计的基本任务。
3. 简述蔡元培的教育独立思想。
4. 简述杜威的教育目的论。

三、分析论述题
1. 教育过程中智力活动与非智力活动的关系。
2. 王守仁的教育思想。

3. 苏霍姆林斯基的和谐教育思想。
4. 举例论述社会规范学习的心理过程。

2015年 北京师范大学 333 教育综合·真题真练

一、名词解释
教育目的　学校管理　教学评价　课程标准　社会性发展　学习策略

二、简答题
1. 简述教育的基本要素及各要素之间的相互关系。
2. 简述影响人的身心发展的基本要素。
3. 简述孟子的教育思想。
4. 简述赫尔巴特的教育思想。

三、分析论述题
1. 论述德育是培养知情意行的过程。
2. 论述陈鹤琴的"活教育"思想。
3. 论述终身教育思想。
4. 举例论述影响知识理解的因素。

2014年 北京师范大学 333 教育综合·真题真练

一、名词解释
教育　苏湖教法　进步主义教育　赫尔巴特的教育目的论
最近发展区　奥苏伯尔的有意义接受学习

二、简答题
1. 简述德育的基本途径。
2. 简述活动课程的主要特征。
3. 简述教师专业素质的主要内容。
4. 简述社会规范学习的心理过程。

三、分析论述题
1. 试分析陶行知"生活教育"的主要内容。

2. 试论述夸美纽斯关于班级授课制的基本观点。
3. 试分析促进知识迁移的措施。
4. 试论述教育的社会功能。

2013年 北京师范大学 333 教育综合·真题真练

一、名词解释
京师大学堂　三舍法　美国《国家处在危险之中：教育改革势在必行》的报告
洛克的"白板说"　心理健康　学习动机

二、简答题
1. 简述现代教育的主要特点。
2. 简述学校教育的主要价值。
3. 简述个人本位论教育目的的观点。
4. 简述教学任务。

三、分析论述题
1. 试论述蔡元培的基本思想
2. "生长的目的是获得更多和更好的生长，教育的目的就是获得更多和更好的教育。教育并不在其本身之外附加什么目的，使教育成为在这种外在目的的附属物。"

"传统教育里儿童坐在固定的座位上，静聆讲解和记诵课本，全然处于消极被动地位，单凭教师去吸取与生活无干的教条，谈不到掌握知识，谈不到积极、自觉和爱好、兴趣，更不能自由探索和启发智慧，其结果是抑制儿童的活动和滞塞儿童的创造才能。"

"教学法的因素和思维的因素是相同的。在理想的教学过程中，教师应鼓舞儿童在活动时开动大脑，运用观察和推测、实验和分析、比较和判断，使他们手、足、耳、目和头脑等身体器官，成为智慧的源泉。"

上述名言皆出自哪位教育家？试根据材料分析他的教育思想。
3. 试论述德育原则中理论与实际相结合的原则。
4. 试论述有意义学习的实质与条件。

2012年 北京师范大学 333 教育综合·真题真练

一、名词解释
京师同文馆　生活教育　贝尔－兰卡斯特制　知识表征　自我提高内驱力　恩物

二、简答题

1. 简述教育的政治功能。
2. 简述我国教育目的的基本精神。
3. 简述课程多样化的内涵。
4. 简述启发性教学原则的基本要求。

三、分析论述题

1. 试评述孔子的教育实践与思想。
2. 论述德育过程是提高学生自我教育能力的过程。
3. 论述韦纳的动机理论。
4. 材料:"我们要提醒自己,教育本身并无目的。只是人,即家长和老师等才有目的;教育这个抽象概念并无目的。所以,他们的目的有无穷的变异,随着不同的儿童而不同,随着儿童的生长和教育者经验的增长而变化,即使能以文字表达的最正确的目的,如果我们没有认识到它们并不是目的,而是给教育者的建议,在他们解放和指导他们所遇到的具体环境的各种力量时,建议他们怎样观察,怎样展望未来和怎样选择,那么这种目的,作为文字,将是有害无益的。……牢记以上这些条件,我们将进而提出一切良好的教育目的所应具备的几个特征:①一个教育目的必须根据受教育者的特定个人的固有活动和需要。……②一个教育目的必须能转化为与受教育者的活动进行合作的方法,必须提出一种解放和组织他们的能力所需要的环境。……③教育者必须警惕所谓一般的和终极的目的。……"

——摘录自《民主主义与教育》第八章"教育的目的"第118至122页

(1) 这个思想是谁提出的?请对这个人做简要的介绍。
(2) 该材料所包含的基本观点及其意义。
(3) 该作者其他主要的教育观念。

2011年 北京师范大学333教育综合·真题真练

一、名词解释

鸿都门学　中体西用　最近发展区　元认知策略　苏格拉底法　道尔顿制

二、简答题

1. 试评"环境决定论"。
2. 学校教育中,怎样培养学生的创造力?
3. 简述德育的疏导原则。
4. 教育为什么要"以人为本"?

三、分析论述题

1. 论述蔡元培的"思想自由,兼容并包"原则及其对北大的改革。
2. 论述教学原则中的科学性和思想性统一原则。

3.论述诊断性评价、形成性评价和终结性评价的内涵。
4.论述杜威的教育思想。

2010年 北京师范大学333教育综合·真题真练

一、名词解释
有教无类　壬戌学制　做中学　教学形式阶段论　横向迁移　先行组织者

二、简答题
1.简述教育的社会流动功能及其当代意义。
2.简述活动课程的内涵及特点。
3.如何处理教师主导作用与学生主体性的关系。
4.简述德育中教育影响的一致性和连贯性原则的内涵及基本要求。

三、分析论述题
1.试论述科举制度与学校教育的关系。
2.试论述个人本位论与社会本位论教育目的的分歧和调和原则。
3.试论述维果茨基的社会文化历史发展理论及其对教育教学的启示。
4."这种教育,我们或是受之于自然,或是受之于人,或是受之于事物,我们的才能和器官的内在发展,是自然的教育;别人教我们如何利用这种发展,是人的教育;我们对影响我们的事物获得良好的经验,是事物的教育。"

这段话出自卢梭的教育名著《爱弥儿》,请你根据卢梭的教育思想,结合自己的理解,谈谈你对教育的认识。

2022年 北京师范大学333教育综合·真题解析

一、名词解释

《白鹿洞书院揭示》

《白鹿洞书院揭示》是中国书院发展史上的一个纲领性学规，在这个学规中，朱熹明确了教育的目的，阐明了教育教学的过程，提出了修身、处事、接物的基本要求。

义务教育

我国《义务教育法》中规定的义务教育是指："义务教育是国家统一实施的所有适龄儿童、少年必须接受的教育，是国家必须予以保障的公共性事业。"

自由七艺

"七艺"是西方教育史上对七种教学科目的总称。"七艺"中的前"三艺"，即文法、修辞、辩证法是由智者派首先确定下来的，后来柏拉图将"四艺"，即算术、几何、天文和音乐作为教学科目详加论述，将其合称为"七艺"。

皮格马利翁效应

皮格马利翁效应也称教师期望，是指课堂教学过程中，当教师对学生所要达到的心理、智力、知识、能力、行为状况或变化预先设定时，这种内在主观倾向性往往会反映在教师的外在行为上，从而给学生造成某种特定的心理环境，影响学生的自我概念和学业成绩。

二、简答题

1.试评韩愈的教育思想。

【答案要点】

（1）道统说。

①在思想文化方面，主张复兴儒学。

②在道德规范方面，把仁义与道德并提，基本内容是仁义。

（2）"性三品"说与教育作用。

①"性三品"：人性分三品，上品之性为善，中品之性可善可恶，下品之性为恶；人性中有性也有情，性是情的基础；性可移，但性的品级不可移。

②教育的作用：人性决定教育所起的作用，教育对不同的人性发挥不同的作用；人性规定教育的权利；人性决定教育的内容。

（3）论人才的培养与选拔。

①人才的培养：用德礼而重学校；学校的任务在于训练官吏；整顿国学；恢复发展地方学校。

②人才选拔：韩愈认为，依靠科举选拔不出具有真才实学者，反而会埋没治国安邦的人才。他要求统治者爱惜人才，不拘一格地选拔人才。

（4）师道观。

①教师的地位：学习一定要有教师的指导，教师是社会所必需。

②教师的任务："传道、授业、解惑"。

③教师的标准：以"道"为求师的标准，主张"学无常师"。
④师生关系：提倡"相师"，确立民主性的师生关系。

2. 简述我国教育目的的基本要求和基本精神。

【答案要点】

2015年新修订的《中华人民共和国教育法》规定："教育必须为社会主义现代化建设服务，必须与生产劳动和社会实践相结合，培养德、智、体、美等方面全面发展的社会主义事业的建设者和接班人。"这是目前教育目的最规范的表述。

我国教育目的表述虽几经变化，但其基本精神却是一致的，就是培养学生成为未来国家、社会发展的实践主体与主人。其基本点包括以下几个方面：培养"劳动者"或"社会主义建设人才"；坚持全面发展；培养独立个性。

综上所述，我国教育目的的价值取向的出发点与归宿在于：培养德、智、体、美、劳全面发展，具有创新精神、实践能力和独立个性的社会主义现代化需要的各级各类人才。

3. 简述影响课程实施的主要因素。

【答案要点】

（1）课程计划本身的特点。新课程计划往往是对原有课程的一种变革，而课程实施则是把新课程计划投入实践中去。因此，课程计划本身的特点就是影响课程实施的一个因素，包括合理性、和谐性、明确性、复杂性、可传播性和可操作性几个方面。

（2）教师的特征。教师是课程实施成败的决定性力量，特别是在课堂教学层面，教师是课程实施的核心。教师的影响主要体现在几个方面：教师的参与、教师的态度、教师所具备的能力、教师与其他参与者之间的交流与合作。

（3）学校的特点。包括几个方面：学校领导和行政部门的态度与工作；学校的支持系统；学校的环境；学生的学习。

（4）校外环境。校外环境包括政府机构和社会各界。

4. 简述赫尔巴特的教育性教学思想及其意义。

【答案要点】

（1）内涵：指以教学来进行教育的原则。赫尔巴特指出，不存在"无教学的教育"，也不存在"无教育的教学"，即教育是通过教学而且只有通过教学才能真正产生实际作用，教学是道德教育的基本途径。

（2）措施：首先要求教学的目的与整个教育的目的保持一致。因此教学工作的最高目的在于养成德行。为了实现这个最终目的，教学还必须为自己设立一个近期的、较为直接的目的，即"多方面的兴趣"。

（3）意义：赫尔巴特的突出贡献在于，运用其心理学的研究成果，具体阐明了教育与教学之间存在的内在的本质联系，使道德教育获得了坚实的基础。

三、分析论述题

1. 结合现实，谈谈你对德育与教学关系的认识。

【答案要点】

（1）德育工作和教学工作都是围绕共同的育人目标而各有侧重的两个工作方面。它们是一个不可分割的整体，我们绝对不能将相互联系的事物的两个方面割裂开来、对立起来。德育在诸育中处于领导和指导地位。教学在学校工作中居于主要地位，是学校工作的主要部分。从实践上看，德育工作离不开教学工作,因为没有教学工作,学校就不叫学校,育人就要落空。同时,教学工作也离不开德育工作,因为不抓德育,学校就要偏离办学方向,不能完成"培养德、智、体、美全面发展的建设者和接班人"的任务。

(2)课程教学在学校中处于核心的地位,学习德育的任务、内容主要通过课程教学来实施。主要体现在以下几个方面:

①通过德育课程实施德育。根据中小学生的年龄特点,中小学由浅入深地开设了诸如《品德与生活》《品德与社会》《思想品德课程》等德育课程。

②在学科课程中渗透德育。各门学科课程都包含着丰富的思想教育因素,例如语文课可培养学生热爱祖国语言文字和中华优秀文化的思想感情,历史课可以培养学生对祖国历史和文化的认同感,树立对国家、民族的历史责任感和历史使命感。

③通过综合实践活动增强德育的针对性和实效性。综合实践活动课程由研究性学习、社会实践与社区服务、劳动与技术教育、信息技术教育等方面组成,其宗旨是促使学生改变学习方式,培养创新精神与实践能力,形成关心国家命运和前途的崇高品德,树立爱国主义精神和社会责任感。

2. 请从个别差异和因材施教的角度来评价 A 老师的建议。

【答案要点】

从因材施教的角度来说,A 老师的建议是针对学生认知风格的差异来提出的,师生认知风格的匹配符合因材施教原则,有一定的合理性。场依存型学生和场独立型学生在学习上有以下差异:在专业上,场依存型学生比较喜欢人文科学和社会科学,场独立型学生对抽象和理论的东西更感兴趣,比较喜欢自然科学;在记忆方面,场独立型学生善于记忆缺乏组织的材料、更能打破思维定势,场依存型学生擅长记忆包含社会性内容的材料;在问题解决方面,场独立型学生更能打破思维定势,采用新的解题方法;在学习动机方面,场依存型学生更易接受别人的暗示,场独立型学生更倾向于在内在动机下学习。在生生认知风格统一且师生认知风格匹配的情况下,学生之间的差异缩小了,教师能够更好地了解学生的认知风格,采用合适的教学方法,布置恰当的学习任务,使学生受益更大。

从个别差异的角度来说,这种采用教师与学习者的认知类型相一致的策略,缺乏失配策略,也会带来一些负面作用:第一,剥夺了学生学习其他智力技能的机会,加大了班级与班级学生间的差异而不是缩小差异;第二,可能将学生刻板化,在教学过程中,过于在意师生认知风格的匹配,可能也会限制学生在其他方面学业成功的机会,因为在具体的教学情境中,教师提供的教学内容和方式只适合同类型认知风格学生某些方面特性的发挥,这样虽然发挥了在某一风格下的优势,但是不足的部分没有得到弥补和锻炼,学生也难以得到全面的发展。

综上所述,A 老师的建议既有其合理之处,也有不全面的地方。作为教师,不能只用单一风格进行教学,应该调整自己的教学风格,提供多模式的教学。既要提供适应学生类型的匹配策略,让学生尽快地掌握知识,同时也要考虑到学生认知类型的劣势,提供失配策略,让学生弥补认知类型的缺陷,促进学生的全面发展。

2021年 北京师范大学 333 教育综合·真题解析

一、名词解释

美育

美育即培养学生正确的审美观，发展他们鉴赏美、创造美的能力，培养其高尚情操和文明素质的教育。我国普通中学在美育方面的要求主要是：通过音乐、美术、文学教育等审美活动，充实学生的精神生活，培养他们感受美、欣赏美和创造美的能力，养成审美情趣和高尚情操。

教育评价

教育评价是指以教育为对象，根据一定的目标，采用一切可行的评价技术和方法，对教育现象及其效果进行测定，分析目标实现程度，从而做出价值判断。

新教育运动

新教育运动也称新学校运动，是指19世纪末20世纪初在欧洲兴起的教育改革运动，初期以建立不同于传统学校的新学校作为新教育的"实验室"为其特征。第二次世界大战以后，新教育运动逐步走向衰落。新教育运动中著名的实验学校有乡村寄宿学校、儿童之家和生活学校。

教育即生长

杜威提出了"教育即生长"的观念，要求摒除压抑、阻碍儿童自由发展之物，使教育和教学适应儿童的心理发展水平和兴趣、需要的要求。

二、简答题

1. 简要评析21世纪我国基础教育课程改革的主要内容与成效。

【答案要点】

（1）主要内容。

①转变课程功能。改变课程过于注重知识传授的倾向，强调形成积极主动的学习态度，使获得基础知识与基本技能的过程同时成为学会学习和形成正确价值观的过程。

②优化课程结构。改变课程结构过于强调学科本位、科目过多和缺乏整合的现状，整体设置九年一贯的课程门类和课时比例，体现课程结构的均衡性、综合性和选择性。

③更新课程内容。改变课程内容"繁、难、偏、旧"和过于注重书本知识的现状，加强课程内容与学生生活以及现代社会和科技发展的联系，关注学生的学习兴趣和经验，精选终身学习必备的基础知识和技能。

④转变学习方式。改变课程实施过于强调接受学习、死记硬背、机械训练的现状，倡导学生主动参与、乐于探究、勤于动手，培养学生搜集处理信息的能力、获取新知识的能力、分析和解决问题的能力以及交流与合作的能力。

⑤改革课程评价。改变课程评价过分强调甄别与选拔的功能，发挥评价促进学生发展、教师提高和改进教学实践的功能。

⑥深化课程管理体系改革。改变课程管理过于集中的状况，实行国家、地方、学校三级课程管理，增强课程对地方、学校及学生的适应性。

（2）成效。

①明确区分义务教育与高中阶段教育，建立合理的课程结构，更新课程内容。

②突出学生的发展，科学制定课程标准。

③加强了新时期学生思想品德教育的针对性和实效性。

④以创新精神和实践能力的培养为重点，建立新的教学方式，促进学习方式的变革。

⑤建立促进学生发展、教师提高的评价体系。

⑥制定国家、地方、学校三级课程管理政策，提高课程的适应性，满足不同地方、学校和学生的需要。

2. 简述欧洲文艺复兴时期全人教育理想及其影响。

【答案要点】

文艺复兴时期人文主义思潮的核心是关于人的理论。许多人文主义者在对基督教神学和封建专制制度的批判中，提出了种种崭新的关于"人"的看法。

（1）反对禁欲主义，肯定人的自然本性和现实生活。人文主义者认为，人天生具有追求现世幸福的权利，他们从人的现实生活中出发，关怀人的现实生活和未来生活。

（2）追求人的个性解放，实现个人理想。人文主义者强调个性解放、突出个人性格、挖掘个人潜能、依靠个人奋斗、实现个人理想、体现个人价值。

（3）主张人生而平等，批判等级制度。文艺复兴时期的人文主义者虽然没有从根本上冲破中世纪神学世界观框架的束缚，但许多人文主义思想家却在不断地修正着这个框架并改变了它的重心。

文艺复兴的人文主义是一个以人文学科的研究与学术为基础而与基督教神学的人生观相对立，以人和人的现实生活为中心，以培养多才多艺、全面发展的人为理想，以促进和实现人类幸福的现实生活为目的的文化运动。人文主义者最根本的目的，是追求文化和智力的统一，即塑造拥有最高智慧的全才。这种人应该是受传统陶冶而变得文明，受文学训练而能明晰地表达，是社会的充分参与者，充当政治和领袖的角色。

3. 简述什么是变式练习，及其在技能形成过程中的作用。

【答案要点】

（1）含义。

变式练习是学习以产生式表征的程序性知识的必要条件，它是指在其他教学条件不变的情况下，变化概念和规则的例证。

（2）作用。

①促进产生式知识的自动化。为使头脑中的产生式知识进一步熟练并达到自动化的程度，学习者应对其进一步进行深加工和协调，并加强变式练习，才能变成心智技能。

②促进动作技能的获得。动作技能是在大量练习的基础上获得的。研究表明，动作技能越复杂，练习量越多，遗忘发生的越少；动作技能越简单，练习量越少，遗忘也越明显。

4. 简述双重编码理论并举例说明。

【答案要点】

双重编码理论由心理学家佩维奥提出，他认为在人脑中同时存在着两种信息编码和存储系统：一是表象系统，它对具体的事物或事件信息进行编码、存储、转化和提取，其表征类似于知觉；二是言语符号系统，主要用言语听觉、抽象概念或命题形式对信息进行加工。

佩维奥认为，表象和言语是相互平行和相互联系的两个认知系统。言语编码加工抽象的语言信息，表象编码加工具体的形象信息。表象编码似乎是空间加工，而言语编码是有序加工。在信息加工过程中，两个系统可能是重叠的，也可能是其中一种占优势。在一定条件下，表象码和言语码可以互译，言语码可以通过译码以感性形象再现，表象码也可以用言语形式储存信息。

三、分析论述题

1. 结合以上材料，论述你对教育意义和价值的理解。

【答案要点】

从教育的本质可以看出，教育既需要满足人的发展需求，也需要满足一定社会的发展需要，这决定了教育的意义可以从对人和对社会两个角度揭示。

（1）教育对人的作用。

①教育促进个体个性化，指个体在社会活动中形成自主性和独特性的过程。包括三部分：教育能促进主体意识的发展，培养个体合理的自主性；教育能促进个体特征的发展，培养个体的独特性；教育开发人的创造性和促进人的个体价值的实现。

②教育促进个体社会化，指个体接受文化规范，学习其所处社会行为模式，由自然人转化为社会人的过程，包括三个方面：教育促进人的观念社会化；教育促进人的行为和能力社会化；教育促进人的职业、身份和角色的社会化。

（2）教育对社会的作用。

①教育的经济功能。教育是使可能的劳动力转变为现实的劳动力的基本途径；现代教育是使知识形态的生产力转化为直接的生产力的一种重要途径；现代教育是提高劳动生产率的重要因素。

②教育的政治功能。教育通过传播一定的社会的政治意识形态，完成年轻一代的政治社会化；教育通过造就政治管理人才，促进政治体制的变革与完善；教育通过提高全民文化素质，推动国家的民主政治建设；教育是形成社会舆论、影响政治时局的重要力量。

③教育的文化功能。教育具有传递文化、选择文化、发展文化的功能。

④教育的生态功能。建设生态文明的理念；普及生态文明知识，提高民族素质；建设生态文明的社会活动。

教育的价值：

①教育具有促进人类生存发展的价值。教育首先反映了延续人类生命、维护民族生存和民族独立以及促进人类自身发展的价值。

②教育具有促进科学技术发展及其转化的价值。教育不但将各种完整性和系统性的科学技术知识传递给各种层次的人才，还通过人才对科学技术知识的不断丰富和体系化而实现科学技术的持续发展和转化。

③教育具有促进经济发展的价值。资本主义教育的经济价值体现为产生剩余价值，而社会主义教育则在于为了不断满足人民日益增长的物质文化生活需求而为社会生产物质财富。

④教育具有为政治服务的价值。教育能够为一定的统治阶级服务，为其培养统治阶级所需要的人才。

⑤教育具有影响人生的价值。教育可以为人的持续发展提供动力，使其获得学习知识和更新知识的能力，进而为人类的物质文明和精神文明发展持续贡献力量，实现人生价值。

2. 评述蔡元培"思想自由，兼容并包"的思想、教育实践及影响。

【答案要点】

（1）抱定宗旨，改变校风。蔡元培明确大学的宗旨，认为大学应该成为"研究高尚学问之地"。他改革北大的第一步就是要为师生创造研究高深学问的条件和氛围。具体措施有：改变学生的观念；整顿教师队伍，延聘积学热心的教员；发展研究所，广积图书，引导师生研究兴趣；砥砺德行，培养正当兴趣。

（2）贯彻"思想自由，兼容并包"的办学原则。蔡元培明确声明，在学术上"循'思想自由'原则，取兼容并包主义"，这是他办理北京大学的基本指导思想。该思想不仅体现在学术上，也体现在教师的聘任上。蔡元培以"学诣为主"，罗致各类学术人才，使北大教师队伍一时呈现出流派纷呈的局面。

（3）教授治校，民主管理。1912年由蔡元培主持制定的《大学令》中，确立了教授治校、民主管理的大学校务管理原则，规定大学设立评议会，各科设立教授会。蔡元培到任北大后，当年即组织了评议会。1919年，评议会通过学校内部组织章程，决定：第一，设立行政会议，作为全校最高的行政机构和执行机构，负责组织实施评议会议决的事项，下设各种委员会分管各类事务；第二，设立教务会议及教务处，由各系主任组成，并互相推选教务长一人，统一领导全校的教务工作；第三，设立总务处，主管全校的人事和事务工作。

管理体制的改革，体现了蔡元培教授治校、民主管理的思想，目的是把推动学校发展的责任交给教授，让真正懂得学术的人来管理学校。新的管理体制的建立，改变了京师大学堂遗留下来的封建衙门作风，提高了工作效率，促进了学校的蓬勃发展。

（4）学科与教学体制改革。在学科与教学体制改革方面，蔡元培主要有三个措施：第一，扩充文理，改变"轻学而重术"的思想；第二，沟通文理，废科设系；第三，改年级制为选科制，发展学生个性。

北京大学的改革不仅仅使自身改变了面貌，也是我国高等教育近代化发展中的一个里程碑。这次改革的灵魂是"思想自由，兼容并包"，其中"兼容并包"不仅包容不同的学术和学说流派、不同的人物和主张，也在男生之外包容女生，在正式生之外包容旁听生。北大因此成为新文化运动和马克思主义的传播中心、五四运动的策源地，其影响远远超出了教育领域。

2020年 北京师范大学333教育综合·真题解析

一、名词解释

劳动教育

马卡连柯认为，劳动教育就是人的劳动品质的教育，也是公民将来生活水平及其幸福的教育。其目的是要发展儿童的体力、智力和培养他们从事生产劳动的技能技巧，尤其重要的是使学生在道德上和精神上得到良好的发展。

稷下学宫

稷下学宫是战国时代齐国一所著名的高等学府，因其建立于齐国都城临淄的稷门附近而得名。它既是百家争鸣的中心与缩影，也是当时教育上的重要创造。稷下学宫对中国古代学术、文化和教育的发展产生过重大的历史影响。

教育现代化

教育现代化主要表现在教育观念的现代化、教育功能的现代化、教育内容的现代化、教育手段的现代化等方面，教育现代化不只是一种状态，更是一个过程。

美国进步主义教育运动

进步主义教育运动是指19世纪80年代至20世纪50年代在美国出现的以杜威教育哲学为主要理论基础、以进步主义教育协会为组织中心、以改革美国学校教育为宗旨的教育革新思潮和实践活动。

二、简答题

1. 简述科学性与思想性相统一的教学原则。

【答案要点】

科学性和思想性统一原则指教学要以马克思主义为指导,授予学生以科学知识,并结合知识教学对学生进行社会主义品德和核心价值观教育。贯彻科学性和思想性统一原则的基本要求如下:

(1)保证教学的科学性。在教学中,教师要以马克思主义的观点和方法来分析教材,使选择和补充的教学内容都能切合时代的需要,反映学科的进步;力求传授给学生的知识及其方法、过程都是科学的、准确无误的、富有教益的。

(2)发掘教材的思想性,注意在教学中对学生进行思想品德教育。人文社会学科具有鲜明的思想性,是提高学生思想道德修养、进行人生观教育的重要教材;自然学科也蕴含着丰富的人文精神,尤其是它所运用的研究方法、经历的艰辛过程和所揭示的客观规律,均有利于养成学生的实事求是的科学态度。

(3)重视补充有价值的资料、事例或录像。如果教师能深入领悟、吃透教材,根据教学需要补充一些有价值的资料,包括生动的故事与实例、经典的格言、动人的录像,将开启学生的心智,震撼学生的心灵,使他们获益匪浅。

(4)教师要不断提高自己的专业水平和思想修养。教学的科学性和思想性主要靠教师来保障。

2. 简述《中庸》的基本教育思想。

【答案要点】

《中庸》也是《礼记》中的一篇,主要阐述先秦儒家的人生哲学和修养问题,提出了"中庸之道",即一种道德修养,为人处世的准则与方法,与《大学》互为阐发,具有较强的理论色彩的思辨性。

(1)"尊德性"与"道问学"。

《中庸》开篇指出:"天命之谓性,率性之谓道,修道之谓教。"意谓:天所赋予人的就叫作"性",循性而行叫作"道",修治此道叫作"教"。

由此可见,人们可以从两条途径得到完善:

第一,发掘人的内在天性,进而达到对外部世界的体认,这就是"尊德性"或"自诚明,谓之性"。

第二,通过向外部世界的求知,以达到人的内在本性的发扬,这就是"道问学"或"自明诚,谓之教"。无论是"尊德性"还是"道问学",都说明人是通过向外求知以完其本性和向内省察以有助于求知来完善自身的。

(2)学问思辨行。

《中庸》把学习过程具体概括为学、问、思、辨、行五个先后相继的步骤,即"博学之,审问之,慎思之,明辨之,笃行之"。这一表述概括了知识获得过程的基本环节和顺序,是对从孔子到荀子先秦儒家学习过程思想——学、思、行的发挥和完整表述。

《中庸》强调,这五个步骤是一个完整的过程,只有每个步骤的充分实现,才能有个人学习的进步。

3. 简述埃里克森社会发展理论的主要观点。

【答案要点】

(1)心理社会发展的内涵。

埃里克森认为个体的人格发展是在社会背景下进行的,受文化和社会背景的影响和制约。人格的发展是一个经历一系列阶段的过程，每个阶段都有一种特定的危机和特定的任务，即亟待解决的心理社会问题。危机的解决标志着前一阶段向后一阶段的转化。危机的成功解决有助于自我力量的增强和对环境的适应；不成功的解决则会削弱自我的力量，阻碍对环境的适应。

（2）心理社会发展的阶段。

①出生到 18 个月：婴儿期。这一阶段的主要矛盾是信任对怀疑。

② 18 个月到 3 岁：儿童期。这一阶段的主要矛盾是自主对羞怯。

③ 3 到 6 岁：学龄初期。这一阶段的主要矛盾是主动对内疚。

④ 6 到 12 岁：学龄期。这一阶段的主要矛盾是勤奋对自卑。

⑤ 12 到 18 岁：青春期。这一阶段的主要矛盾是角色同一性对角色混乱。

⑥ 18 到 30 岁：成年初期。这一阶段的主要矛盾是友爱亲密对孤独。

⑦ 30 到 60 岁：成年中期。这一阶段的主要矛盾是繁殖对停滞。

⑧ 60 岁以后：成年晚期。这一阶段的主要矛盾是完美无憾对悲观绝望。

4. 简述奥苏伯尔提出的有意义接受学习的三大要素。

【答案要点】

（1）有意义学习的实质。

有意义学习就是符号所代表的新知识与学习者认知结构中已有的适当观念建立非任意的和实质性的联系。

①非任意的联系是指新知识与认知结构中有关观念存在某种合理的或逻辑上的联系。

②实质性的联系是指新的符号或观念与学习者认知结构中已有的表象，已经有意义的符号、概念或命题的联系，是一种非字面的联系。

（2）有意义学习的条件。

①有意义学习的材料必须具有逻辑意义，这种逻辑意义指的是材料本身在人的学习能力范围内而且与有关观念能够建立非任意的和实质性的联系。

②学习者必须具有有意义学习的心向，也就是积极主动地把新知识与认知结构中原有的适当知识加以联系的倾向。

③学习者认知结构中必须具有适当的知识，以便与新知识进行联系。

④学习者必须积极主动地使这种具有潜在意义的新知识与他认知结构中有关的原有知识发生相互作用，导致原有知识得到改造，新知识获得实际意义，即心理意义。

三、分析论述题

1. 论述班级授课制的时代局限性和变革趋势。

【答案要点】

班级授课制是一种集体教学形式。它把一定数量的学生按年龄与知识程度编成固定的班级，根据周课表和作息时间表，安排教师有计划地给全班学生上课，分别学习所设置的各门课程。

（1）局限性。

①不利于照顾个别差异。教学的原则之一是要照顾学生的个别差异，实行因材施教，而在班级授课制中要完全落实因材施教有很大难度。班级授课制是面向学生集体展开教学活动，教学内容、教学进度、教学目标等有统一要求，全班同学参与统一的教学活动。尽管教师力求让教学适应班级里的每个学生，但是这在实际操作中存在很大的难度。一般而言，班级教学只能照顾到班级里的大多数学生，这就导致部分学生的学习需求不能得到充分的满足。

②不利于发挥学生的主体性。班级授课中，教学活动主要由教师设计与组织，学生要适应教师安排的学习活动，学习的独立性、自主性等受到一定的限制。同时，在有限的课时里，学生自主探索，实践的机会少，不利于培养学生的创造力、实践能力。由于学生人数比较多，学生表现自我的

机会也很有限。

③不利于理论联系实际。班级授课主要是让学生在固定的教室里学习书本知识，学生很少到实际的情境中接触现实，容易产生理论脱离实际的现象。

④不利于实现教学的灵活性。班级授课中，教师必须按照规定的时间来上课，并按照课时来分割教学内容，精确设计一节课的进程，在某种程度上来讲，这使得教学进程显得比较机械，缺乏灵活性。

（2）变革趋势。

①根据学生年龄、学科性质等不同情况，对每节课的时间长度，做有弹性的不同规定。

②加强班级教学中的小组与个别指导活动。

③提高学生在教学活动中的主体地位与作用。

④注重到特定的实验室、作业室里上课，或在现场教学。

⑤将班级上课、分组学习、个别辅导恰当地结合起来。

⑥防止班级的人数超限，逐步实现小班教学。

⑦允许成绩优异或有特长的学生跳级、选班或选课等。

2. 材料分析题。

问1：洛克认为教育目标是什么？关键是什么？

问2：矛盾的地方是指什么？为什么洛克说调和了矛盾就能觅得教育的真谛？

问3：谈谈你如何看待这对矛盾。

【答案要点】

问1：洛克认为教育的目标就是要克制儿童的欲望，发展儿童的理智，关键在于用理智和原则规范儿童的行为。

问2：矛盾的地方在于既要约束儿童，使儿童得到规范的管理和要求，又要给予儿童一定的自由，让他们发展个性。洛克说调和了矛盾就能觅得教育的真谛，即如果可以既使儿童发展理性，使他们的行为得到规范，又能让他们充分发展个性，那么这种教育就达到了人的全面发展的目的，是一种理想的教育。

问3：规范教育和个性教育是辩证统一的关系。

（1）规范教育是个性教育的基础。让儿童自由发展的前提是他们的道德品行和行为习惯是符合规范的。儿童，尤其是低龄儿童，缺乏辨别事物优劣的能力，也不懂得如何抵制诱惑，在这种前提下如果放任儿童发展个性，可能会导致他们形成不良的道德观念、不好的行为习惯，朝着坏的方向去发展，不仅不利于自身发展，也不利于社会和谐。因此，对于儿童应该先通过一定时期的规范教育，使他们形成良好的道德基础和辨别能力之后，再给予他们个性发展的空间，使他们的个性朝着好的方向发展。

（2）规范教育是个性教育的保障。在儿童发展个性的过程中，需要时刻通过规范教育来对他们的发展进行监控和调整。儿童需要到达一定的年龄之后，才能进行社会规范的内化，才能够真正拥有自主的道德发展，因此，在这个过程中，如果儿童的个性发展出现了偏颇，那么就仍然需要一定的规范教育来对他们的认识和行为进行及时的纠正，以保证他们能够一直在正向的道路上发展自主、完善、积极的个性。发展个性也不是放任自流，儿童仍需一定的引导。

（3）规范教育与个性教育缺一不可。规范教育培养的是儿童的道德观念和行为习惯，个性教育培养的是儿童的个性心理特征和个性倾向性，两者并不是对立、冲突的关系。在教育教学实践中，往往容易侧重于其中一点而忽略另外一点，导致出现过于严格要求学生或放任学生的现象。但其实两者都是缺一不可的，要达到人的全面和谐发展，既要培养儿童的道德观，又要促进儿童的个性发展，在实际教学中应该有意识地将这两者放在同等重要的地位。

2019年 北京师范大学 333 教育综合·真题解析

一、名词解释

课程

课程是由一定的育人目标、特定的知识经验和预期的学习活动方式构成的一种蕴含着丰富、基本而又有创造性与潜质的一套计划与设定。

学制

学制即学校教育制度,它是现代教育制度的核心部分。指的是一个国家各级各类学校的系统及其管理规则,它规定着各级各类学校的性质、任务、入学年限、修业年限以及它们之间的关系。

《颜氏家训》

颜之推写出了我国封建社会第一部系统完整的家庭教科书——《颜氏家训》,用以训诫其子孙。主要包括以下主张:家教奠基,父母有责;教儿婴孩,勿失良机;偏宠有害,严教是爱;注意环境的影响;重视家庭的语言教育;重视儿童心理观察。

观察学习

观察学习是一种间接学习的形式,人类的大多数行为是通过观察而习得的,人们通过观察他人的行为及其后果,可获得榜样行为的符号表征和经验教训,并可引导观察者今后的行为。

二、简答题

1. 简述19世纪末20世纪初的实验教育学的主要观点和意义。

【答案要点】

(1)反对以赫尔巴特为代表的强调概念思辨的教育学。

(2)提倡把实验心理学的研究成果和方法运用于教育研究,从而使教育研究真正"科学化"。

(3)把教育实验分为三阶段:就某一问题构成假设;根据假设制订实验计划,进行实验;将实验结果应用于实际,以证明其正确性。

(4)认为教育实验与心理实验的差别在于心理实验是在实验室里进行的,而教育实验则要在真正的学校环境和教学实践活动中进行。

(5)主张用实验、统计和比较的方法探索儿童心理发展过程的特点及其智力发展水平,用实验数据作为学制、课程和教学方法改革的依据。

实验教育学所强调的基本原则和方法,成为新教育家们进行教育革新和教育实践的基本思维方式,深刻影响了各类新学校的实验,推动了教育科学按照儿童身心发展规律来进行。但当实验教育学及其后继者把科学的实验方法夸大为教育科学研究的唯一有效的方法时,它就走上了"唯科学主义"的迷途,受到了来自文化教育学的批判。

2. 简述王安石的教育改革。

【答案要点】

王安石的教育改革主要指"熙宁兴学",具体内容如下:

(1)改革太学,创立"三舍法"。具体措施有:扩增太学校舍;充实和整顿太学师资;创立"三舍法"。

（2）恢复和发展州县地方学校，整顿教育教学工作。

（3）恢复和创设武学、律学和医学。使北宋的专科学校教育进入了一个新的发展阶段。

（4）编撰《三经新义》作为统一教材。为了统一思想，宋神宗下诏根据《诗经》《尚书》《周礼》编写《三经新义》，自此，《三经新义》不仅成为士子必须学习的官定统一教材，而且也是科举考试的基本内容和标准答案。

"熙宁兴学"因为王安石被逐出朝廷而半途夭折，但是它将北宋教育事业向前推进了一大步，并对后来的兴学运动产生了深刻影响。

3. 简述德育过程及其基本规律。

【答案要点】

德育过程是学生在教师的引导下，主动积极地进行道德认识和道德实践，逐步提高自我修养能力，形成个人品德的过程。具体表现在以下几个方面：

（1）德育过程是学生在教师教导下的个体品德的自主建构过程。学生的思想道德认识和行为习惯不是与生俱来的，是学生在与社会环境的相互作用过程中，尤其是在教师有目的有意识的教育引导下，逐步形成自己的思想认识，发展自己的道德素质的。包含以下三个方面：学生对环境影响的主动吸收；教师对学生的积极引导；外部活动与内部活动相互促进。

（2）德育过程是培养学生知、情、意、行整体和谐的发展过程。学生的品德包含知、情、意、行四个要素。所以德育过程也是培养学生思想品德的知、情、意、行整体和谐的发展过程。包含以下三个方面的含义：思想道德发展的整体性；德育过程有多种开端；德育实践的针对性。

（3）德育过程是提高学生自我教育能力的过程。在德育过程中，要引导学生积极参与社会学习、生活交往和道德践行，培养和提升他们的思想品德素质，均有赖于发挥学生个人的能动性和自我教育能力。包含三个方面的内容：自我教育能力培育的意义；自我教育能力的构成因素；学生自我教育能力的发展。

4. 简述教师的基本素养并说明它们之间的关系。

【答案要点】

（1）高尚的师德。热爱教育事业，富有献身精神和人文精神；热爱学生，诲人不倦；热爱集体，团结协作；严于律己，为人师表。

（2）先进、科学的教育理念。教育理念是教师在对教育工作本质理解的基础上形成的关于教育的观念和理性信念，它是以观念或信念的形式存在于教师头脑中的对教育现象和教育问题的看法。

（3）宽厚的文化素养。一个好教师的基本条件之一，就是要有比较渊博的知识和多方面的才能。

（4）专门的教育素养。教师的专门教育素养水平及其合理结构是教育教学任务得以完成的重要保证，它主要包括三个方面的内容：教育理论素养；教育能力素养；教育研究素养。

（5）健康的心理素质。健康的心理素质体现在心理活动的方方面面，概括起来主要指：教师要有轻松愉快的心境、昂扬振奋的精神、乐观幽默的情绪以及坚韧不拔的毅力等。

（6）强健的身体素质。教师的身体素质是指教师在教学活动中的自然力，是教师的身体健康状态和身体素质状态在教学中的表现。

三、分析论述题

1. 分析并评价这位学生的想法，并说明教师应如何引导。

【答案要点】

该学生过于片面地看待教育的作用，其观点是不正确的。学习知识与技能并将其作为谋生的手段，只是教育功能的一个方面，作为个人来说，除了谋求生存之外，还应该考虑个体的全面发展和自我实现，而教育正是实现这一目标最理想的途径。教育对人的发展的作用主要体现在：

（1）教育在人的发展中起引领作用，主要体现在：有意识地为年轻一代的成长选择、建构、调控良好的环境，对他们的生活、交往、学习与实践等活动进行正确的教导、示范和辅助，并注重尊重他们的主体地位和激发、引导他们内在的学习动力与自我发展的能动性和自主性，从各方面引领、关怀、维护他们的发展。

（2）学校教育主要通过传承文化科学知识来培养人。学校教育是教育者有意识地为儿童的身心发展精心设置的一种环境，它把经过选择的、重新组编的、人类长期积累起来的文化知识作为精神客体与儿童互动，以促进儿童的发展，使他们成人成才。文化知识蕴含着有利于人的发展的多方面价值：认识价值、陶冶价值、能力价值、实践价值。

（3）学校教育对提高人的现代性有显著的作用。教育在人的现代化过程中起着重要作用，是因为学生在学校里不仅学会了读、写、算等各个方面的基础知识与技巧，而且学到了与他们个人的发展和国家的未来有关的态度、价值和行为方式。

因此，作为学生，应该要正确地看待教育的作用，以正确的心态来对待教育。作为教师，在教授学生学科知识和技能的同时，也不能忘记情感态度和价值观的教育，除了日常教学外，还可以通过个人教育、班会、课外活动等加强对学生思想的建设，并通过一些实际的活动和实践性课程让学生实实在在地感受到教育的作用。

2. 韦纳提出了成败归因理论。说明成败归因理论的基本观点及其教育实践启示。

【答案要点】

美国心理学家韦纳提出的归因理论，既是解释学习动机最系统的理论之一，也是最能反映认知观点的动机理论。该理论集中于研究个体在行为之后，对自己行为结果成败的认知解释。他认为，个体对自己的行为及其结果有了解的动机，个体解释自己行为后果时的归因是复杂的，这种归因将影响其今后类似行为动机的强弱。

实证研究发现，人们通常将自己的成败归为以下六种原因：能力强弱、努力程度、任务难易、运气好坏、身心状况和其他。这六种因素又分别纳入原因来源、稳定性和可控性三个维度之中。原因来源指个体认为导致其行为成败的原因是来自体内部还是外部。稳定性指个体认为导致其成败的因素是否稳定。可控性指个体认为导致其成败的因素能否受个人意志控制。将失败归因于内部、稳定、不可控的因素时最消极，会产生习得性无助感，使人动机水平降低，并产生认知障碍、情绪失调。

韦纳得出三个基本结论：

（1）当个体将成功归因于能力和努力等内部因素时，会产生骄傲、自豪感，增强自信心和动机水平；将成功归因于任务容易、运气好、别人帮助等外部因素时，则满意感较少。当个体将失败归因于能力弱、不努力等内部原因时，会产生愧疚感；将失败归因于任务太难、运气不好或教师评分不公正等外部原因时，则较少产生愧疚感。无论成败，归因于努力比归因于能力会产生更强的情绪体验。努力而成功会让人感到愉快，努力而失败的人也应该受到鼓励，不努力而失败会让人感到愧疚。

（2）在取得同样的成绩时，能力低者应得到更多的奖赏。

（3）能力低而努力的人应受到最高评价，而能力高但不努力的人则应受到最低评价。

韦纳的归因理论在教育上的意义在于它能从学生的观点显示出学习成败的原因。了解学生的自我归因可预测其今后的学习动机。学生的自我归因未必正确，却十分重要，教师应注意了解和辅导。长期消极归因有碍于学生健康成长。教师的反馈是影响学生自我归因的重要因素，学生的自我归因并不完全以考分高低为依据，很大程度受到教师对其成绩评价和态度的制约。

2018年 北京师范大学 333 教育综合·真题解析

一、名词解释

有教无类

"有教无类"的本意是不分贵贱贫富和种族，人人都可以入学接受教育。孔子的教学实践切实地贯彻了这一办学方针，他的弟子来自各个诸侯国，分布地区广泛；弟子成分复杂，出身于不同的阶级和阶层，大多数出身于平民。

全纳教育

全纳教育是1994年6月10日在西班牙萨拉曼卡召开的"世界特殊需要教育大会"上通过的一项宣言中提出的一种新的教育思想。其中心思想是：每个儿童都有其特殊的个性、兴趣、能力和学习需求，学校应全面接纳所有有各种需求的学生，而不排斥任何人。

隐性课程

隐性课程也称潜在课程、隐蔽课程，是以内隐的、间接的方式呈现的课程，是学生在显性课程以外所获得的所有学校教育的经验，不作为获得特定教育学历或资格证书的必备条件。

终身教育思潮

终身教育思潮产生于20世纪50年代的法国，是现代欧美国家一种强调把教育贯穿人的一生的教育思潮，现已成为一种被视为未来教育战略的国际性教育思潮，代表人物是保罗·朗格朗。

二、简答题

1. 简述斯宾塞生活准备说。

【答案要点】

斯宾塞主张教育的目的是为完满生活做准备。为实现此目的，教育应从当时古典主义的传统束缚中解放出来，应该切实适应社会生活与生产的需要。他认为："学校科目中几乎可以完全忽视的东西，却是同人生事业最有密切关系的。"针对古典主义者就古典学科价值所做的辩解，斯宾塞提出最重要的问题并不在于某些知识是否有价值，而在于它们的比较价值。比较的尺度在于各类知识与生活、生产和个人发展的关系。为此，斯宾塞提出："我们的第一步显然应当是按照重要的程度把人类生活的几种主要活动加以分类。它们可以自然地排列成为：直接有助于自我保全的活动；从获得生活必需品而间接有助于自我保全的活动；目的在抚养和教育子女的活动；与维持正常的社会和政治关系有关的活动；在生活中的闲暇时间用于满足爱好和感情的各种活动。"

2. 简述韩愈对教师问题的见解。

【答案要点】

（1）教师的地位。由"人非生而知之者"出发，肯定"学者必有师"。强调后天学习的重要性，认为学习一定要有教师的指导，教师是社会所必需。

（2）教师的任务。"传道、授业、解惑"是教师的基本任务，其中最主要的是"传道"，"授业"和"解惑"都要贯穿"传道"，为"传道"服务。

（3）教师的标准。以学"道"为求师的标准，主张"学无常师"。韩愈认为教师教学的主要任务在于"传道",学生求学的任务主要在于学道,能否当教师也就以"道"为标准来衡量。

(4)师生关系。提倡"相师",确立民主性的师生关系。教师与学生年龄有差别,而闻道则不以年龄大小定先后,学术业务也可能各有专长。教师与弟子相互学习,教学相长。

3. 简述我国中小学教学方法的内涵和基本类型。

【答案要点】

(1)内涵。

教学方法指为完成教学任务而采用的方法,包括教师教的方法和学生学的方法,是教师引导学生探讨与掌握知识技能、获得身心发展而共同活动的方法。

(2)基本类型。

①讲授法:指教师通过语言系统地向学生传授科学文化知识、思想理念,并促进他们的智能与品德发展的方法。

②谈话法:通过师生问答、对话的形式来引导学生思考、探究,以获取或巩固知识,促进学生智能发展的方法。

③练习法:指学生在教师指导下运用知识去反复完成一定的操作、作业与习题,以加深理解和形成技能技巧的方法。

④演示法:指教师通过展示实物、直观教具、实验或播放有关教学内容的软件、特制的课件,使学生认识事物、获得知识或巩固知识的方法。

⑤实验法:指在教师指导下学生运用一定的仪器设备进行独立作业,观察事物的特性,探求其发展和变化规律,以获得知识和技能、培养科学精神的方法。

⑥实习作业法:指学生在教师指导下进行的学科实践活动,以培养学生专业操作能力的方法。

⑦讨论法:指学生在教师指导下为解决某个问题而进行探讨、评析,以辨明是非、获取真知、锻炼思维和培养独立思考能力的方法。

⑧研究法:指学生在教师的指导下通过独立的探索,创造性地解决问题,获取知识和发展科研能力的方法。

⑨问题教学法:指在教师引导下,学生主要通过积极参与对问题的分析、探索,主动地发现或建构新知,获得学习与探究的方法、能力与科学人文精神的教学方法。

⑩读书指导法:指教师指导学生通过阅读教科书、参考书以及获取或巩固知识的方法。包括指导学生预习、复习、阅读参考书、自学教材等。

4. 我国中小学教师职业道德包含哪些内容?

【答案要点】

(1)爱国守法。热爱祖国,热爱人民,拥护中国共产党领导,拥护社会主义。全面贯彻国家教育方针,自觉遵守教育法律法规,依法履行教师职责权利。不得有违背党和国家方针政策的言行。

(2)爱岗敬业。忠诚于人民教育事业,志存高远,勤恳敬业,甘为人梯,乐于奉献。对工作高度负责,认真备课上课,认真批改作业,认真辅导学生,不得敷衍塞责。

(3)关爱学生。关心爱护全体学生,尊重学生人格,平等公正对待学生。对学生严慈相济,做学生的良师益友。保护学生安全,关心学生健康,维护学生权益。不讽刺、挖苦、歧视学生,不体罚或变相体罚学生。

(4)教书育人。遵循教育规律,实施素质教育。循循善诱、诲人不倦、因材施教。培养学生良好品行,激发学生创新精神,促进学生全面发展。不以分数作为评价学生的唯一标准。

(5)为人师表。坚守高尚情操,知荣明耻,严于律己,以身作则。衣着得体,语言规范,举止文明。关心集体,团结协作,尊重同事,尊重家长。作风正派,廉洁奉公。自觉抵制有偿家教,不利用职务之便谋取私利。

（6）终身学习。崇尚科学精神，树立终身学习理念，拓宽知识视野，更新知识结构。潜心钻研业务，勇于探索创新，不断提高专业素养和教育教学水平。

三、分析论述题

1. 试从学校教学和德育关系的角度谈谈你对这一论点的看法。

【答案要点】

该论点是对德育育人理念的背离，是错误的。学校德育除了专门的德育工作外，还渗透于学科教学之中。作为校长，应该要做到兼顾德育和教学，从理论上来说，这也是可行的。

（1）德育工作和教学工作都是围绕共同的育人目标而各有侧重的两个工作方面。它们是一个不可分割的整体，我们绝对不能将相互联系的事物的两个方面割裂开来、对立起来。德育在诸育中处于领导和指导地位。教学在学校工作中居于主要地位，是学校工作的主要部分。从实践上看，德育工作离不开教学工作，因为没有教学工作，学校就不叫学校，育人就要落空。同时，教学工作也离不开德育工作，因为不抓德育，学校就要偏离办学方向，不能完成"培养德、智、体、美全面发展的建设者和接班人"的任务。

（2）课程教学在学校中处于核心的地位，学习德育的任务、内容主要通过课程教学来实施。主要体现在以下几个方面：

①通过德育课程实施德育。根据中小学生的年龄特点，中小学由浅入深开设了诸如《品德与生活》《品德与社会》《思想品德课程》等德育课程。

②在学科课程中渗透德育。各门学科课程都包含着丰富的思想教育因素，例如语文课可培养学生热爱祖国语言文字和中华优秀文化的思想感情，历史课可以培养学生对祖国历史和文化的认同感，树立对国家、民族的历史责任感和历史使命感。

③通过综合实践活动增强德育的针对性和实效性。综合实践活动课程由研究性学习、社会实践与社区服务、劳动与技术教育、信息技术教育等方面组成，其宗旨是促使学生改变学习方式，培养创新精神与实践能力，形成关心国家命运和前途的崇高品德，树立爱国主义精神和社会责任感。

综上来说，该校长观点的主要错误就在于没有把握好德育与教学的关系，将德育与教学片面地、分开来对待，认为德育只能通过单一的德育工作来开展，没有看到教学过程中蕴含的德育效果。

2. 问1：请结合强化理论，分析这位教师做法中的问题。

问2：请给出改进措施建议。

【答案要点】

问1：强化理论的主要内容如下：

任何学习行为都是为了获得某种报偿。人的某种学习行为完全取决于先前这种行为和刺激因强化而建立的牢固联系。如果学习行为受到强化就会产生强烈的学习动机；如果学习行为没有受到强化就会缺乏学习动机；如果学习行为受到了惩罚就会产生逃避学习的动机。

有五种类型的强化可用于增强学生学习动机：社交强化物；活动强化物；象征性强化物；实物强化物；食物强化物。

该教师的问题主要在于对没有回答出问题的学生的做法上，对于没有回答出问题的学生，先让其站一下，等下次回答出问题再坐下，其实相当于是一种惩罚措施。教师的初衷可能是想通过暂时"站一会儿"的方式来激励学生积极思考，以便下次可以回答出问题。但在学生眼中，"站一会儿"就相当于一种厌恶刺激，因为在全班面前这样做会降低其自尊心，让其感到"羞耻"或"丢脸"，学生为了避免这种厌恶刺激，所以降低了自己举手回答问题的频率，因为不举手不回答就不存在答对或答错的结果，自然也可以完全避免"站一会儿"。

问2：在教育过程中，教师应多用正强化的手段来塑造学生的积极行为，用不予以强化的方法来消除消极行为，并应慎重地对待惩罚，因为惩罚只能让学生明白什么不能做，并不能让学生知道什么能做和应该怎么做。

奖励和惩罚是特殊的评价，对学习动机有极大的激励作用。表扬和奖励能使学生获得成就感，增强自信心，因而比批评和惩罚更能够激发学习动机。该教师如想增加学生上课举手发言的频率，应该多采用奖励和表扬的方式，对正确回答的学生要进行表扬，对没有回答出来的学生取消"罚站"，对他们也要多加鼓励。除口头表扬外，还可以设置积分制，对于回答问题且答案正确的学生奖励2个积分，对回答了问题但没有答上来的学生奖励1个积分，积分积累到一定数目，可以兑换一些学生喜欢的实物小奖品，以此作为强化物来激励学生努力思考、上课积极举手回答问题。

2017年 北京师范大学 333 教育综合·真题解析

一、名词解释

操作性条件反射

操作性条件作用是由机体自身发出的，最初是自发的行为，这些行为由于受到强化而成为在特定情境中随意的或有目的的操作，机体主动地对环境产生这些操作以达到对环境的适应。

艾宾浩斯遗忘曲线

艾宾浩斯通过实验发现了遗忘的规律，并提出遗忘曲线：遗忘在学习之后立即开始，而且遗忘的进程是最初很快，以后逐渐缓慢，过了相当时间后，几乎不再遗忘。

班级授课制

班级授课制是一种集体教学形式。它把一定数量的学生按年龄与知识程度编成固定的班级，根据周课表和作息时间表，安排教师有计划地给全班学生上课，分别学习所设置的各门课程。

双轨学制

双轨学制是在18、19世纪的西欧出现的一种学制，其主要结构为：一轨自上而下，是为资产阶级的子女设立的，包含大学、中学；另一轨从下而上，是为劳动人民的子女设立的，包含小学及其后的职业学校。

二、简答题

1. 影响学习迁移的因素。

【答案要点】

（1）相似性。

①学习材料的相似性。包含结构特性的相似和表面特性的相似。前者即本质特征的相似，后者即非本质特征的相似。

②学习目标与学习过程的相似性。由于加工过程往往受到活动目标的制约，因此，目标要求是否相似将在一定程度上决定了加工过程是否相似，进而决定了能否产生迁移。

（2）原有认知结构。

①原有经验水平。原有经验的概括水平越高，迁移的可能性越大，效果越好；概括水平越低，迁移的范围越小，效果也越差。

②原有经验的组织性。组织合理的经验结构不仅表现在其抽象、概括性方面，还表现在经验的丰富性方面。

③原有经验的可利用性。要产生迁移，原有的经验结构须能够被有效地激活、提取。

（3）学习定势。

定势通常指先于一定的活动而又指向该活动的一种动力准备状态，也称为心向。定势对迁移的影响表现为两种：促进和阻碍。

2. 赞科夫的发展性教学原则。

【答案要点】

（1）以高难度进行教学的原则。难度的含义是要求学生通过努力克服障碍。但高难度并不意味着越难越好，困难的程度要控制在学生的"最近发展区"的范围内。

（2）以高速度进行教学的原则。这一原则要求教学不断地向前运动，以各方面内容丰富的知识来充实学生的头脑，为学生深入地理解所学知识创造有利的条件。

（3）理论知识起主导作用的原则。这一原则要求学生在一般发展的基础上，尽可能深入领会有关概念和规律性的知识。

（4）使学生理解学习过程的原则。实验教学不仅要求学生会背，而且要求学生学会分析、比较、综合、归纳，了解所学知识之间的联系，等等。

（5）使班上所有的学生都得到一般发展的原则。这条原则的本质在于让优、中、差三类学生都以自己现有的智力水平为起点，按照自己最大的可能性得到理想的一般发展。

3. 简述癸卯学制。

【答案要点】

"癸卯学制"是中国近代由中央政府颁布并首次得到施行的全国性法定学制系统，较"壬寅学制"更为系统完备。学制主系列分为三段七级。

第一阶段为初等教育，包括蒙养院 4 年、初等小学堂 5 年和高等小学堂 4 年。蒙养院是幼儿教育机构，招收 3~7 岁幼儿，将其纳入学制系统标志着我国学前幼儿教育已进入国家规划发展的新阶段。初等小学堂规划为强迫教育阶段，儿童 7 岁进入学龄期后就应入学接受教育。高等小学堂旨在培养国民善性、国民知识、国民体质。

第二阶段为中等教育，设中学堂 5 年。

第三阶段为高等教育，分为高等学堂或大学预科 3 年、大学堂 3~4 年、通儒院 5 年。从小学堂到大学堂，学习年限为 20~21 年。在主系列之外，还设有实业类和师范类的平行学堂。

4. 简述我国的基本学制

【答案要点】

经过一个世纪的发展，我国已建立了比较完整的学制，在 1995 年颁布的《中华人民共和国教育法》里得到了确认。它包括以下几个层次的教育：

（1）学前教育：招收 3~6、7 岁的幼儿。

（2）初等教育：指全日制小学教育，招收 6、7 岁儿童入学，学制为 5~6 年。在成人教育方面，还包括成人业余初等教育。

（3）中等教育：指全日制普通中学、各类中等职业学校和业余中学。全日制中学修业年限为 6

年，初中 3 年，高中 3 年。职业高中 2~3 年，中等专业学校 3~4 年，技工学校 2~3 年。属成人教育的各类业余中学，修业年限适当延长。

（4）高等教育：指全日制大学、专门学院、专科学校、研究生院和各种形式的业余大学。高等学校招收高中毕业生和同等学力者。专业学校修业为 2~3 年，大学和专门学院为 4~5 年，业余大学修业年限适当延长，硕士研究生修业年限为 2~3 年，博士研究生为 3 年，在职研究生修业年限适当延长。

三、分析论述题

1. 用自我效能感分析材料，回答下列问题：根据材料你想到了什么？小迪的学习变化最主要受什么影响？

【答案要点】

自我效能感由班杜拉提出，是指个体对自己能否成功进行某一成就行为的主观判断。它影响着个体对行为的选择、付出多大努力以及坚持多久。

（1）理论观点。

班杜拉指出，人的行为受行为结果的影响，但行为的出现不是由于随后的强化，而是由于人认识了强化与行为之间的依赖关系后建立了对下一步强化的期望。他将期望分为两种：结果期望和效能期望。

①结果期望，是指人对自己某种行为会导致某一结果的推测，这是传统的期望概念。如儿童感到上课注意听讲就会获得他所希望取得的好成绩，他就可能认真听讲。

②效能期望，指人对自己能否做出某种行为的能力的推测或判断。即人对自己行为能力的推测。它意味着人是否确信自己能够成功地进行带来某一结果的行为。例如，学生不仅知道认真听讲可以带来好成绩，还感到自己有能力听懂所讲内容时，他才会认真听讲。

（2）自我效能感对行为的影响。

①影响对活动的选择和坚持。人倾向于选择并做完自认为能胜任的工作，而回避自认为不能胜任的任务。

②影响在困难面前的态度。自我效能感高者有信心克服困难，更加努力，低者则信心不足，甚至放弃努力。

③影响新行为的获得和习得行为的表现。自我效能感高者表现自如，低者则畏手畏脚。

④影响活动时的情绪。自我效能感高者能够承受压力，情绪饱满，轻松；低者则感到紧张、焦虑。

（3）影响自我效能感的因素。

①直接经验。学习者的亲身经验对自我效能感的影响是最大的。成功的经验会提高人的自我效能感，多次失败的经验会降低人的自我效能感。

②替代性经验。学习者通过观察榜样的行为而获得的间接经验对自我效能感的形成也有重要的影响。当学习者看到与自己水平差不多的人取得了成功时就会增强自我效能感，反之就会降低自我效能感。

③言语说服。他人的建议、劝告和解释以及对自我的引导也有助于改变个体的自我效能感，但不持久，一旦面临令人困惑或难于处理的情境就会消失。

④情绪唤起和身心状况。情绪和生理状态也影响自我效能的形成。在充满紧张、危险的场合或认知负荷较大的情况下，情绪易于唤起，而高度的情绪唤起和紧张的生理状态会妨碍行为操作，降低个体对成功的预期水准。

小迪的学习方式主要受教师的鼓励关心影响以及情绪和生理状态影响，即受到言语说服因素、情绪唤起和身心状况因素影响。最开始，受母亲去世影响，小迪身心负荷较大，因此成绩大幅度下降，汤老师了解情况后，通过言语说服鼓励开解他，然后小迪的情绪被唤起，自我效能感加强。

2. 辨析教育教学是要遵循儿童的身心发展规律还是要尊重儿童的需要和兴趣，怎样协调二者冲突？

【答案要点】

教育教学应该在遵循儿童身心发展规律的基础上尊重儿童的需要和兴趣。儿童身心发展的规律主要如下：

（1）顺序性。

①基本含义：在正常情况下，人的发展具有一定的方向性和顺序性，既不能逾越，也不能逆向发展。如个体动作的发展就遵循自上而下、由躯体中心向外围、从粗动作向细动作的发展规律性。就心理而言，儿童的发展总是从无意注意到有意注意，从机械记忆到意义记忆，从具体形象思维到抽象逻辑思维，从喜怒哀乐等一般情绪发展到道德感、理智感、美感等高级情感。

②教学指导：个体身心发展的顺序性，决定了教育教学工作的顺序性，在不同的发展阶段展开不同的教育活动，同时更应该按照发展的序列来施教，做到循序渐进。

（2）不平衡性。

①基本含义：人的发展不总是匀速直线前进的，不同的系统的发展速度、起始时间、达到的成熟水平是不同的；同一机能系统在发展的不同时期也有不同的发展速率。从总体发展来看，幼儿期出现第一个加速发展期，青春发育期出现第二个加速发展期。

②教学指导：人的发展的不平衡性要求教育要掌握和利用人的发展的成熟机制，抓住发展的关键期，促进学生健康地发展。

（3）阶段性。

①基本含义：人的发展变化既体现出量的积累，又表现出质的飞跃。当某些代表新质要素的量积累到一定程度时，就会导致质的飞跃，从而表现出发展的阶段性。个体的身心发展的阶段性表现为不同年龄阶段的个体具有不同的年龄特征及主要矛盾，面临着不同的发展任务。

②教学指导：人的发展的阶段性要求教育要从学生的实际出发，尊重不同年龄阶段学生的特点，并根据这些特点提出不同的发展任务，采用不同的教育内容和方法，进行有针对性的教育，以便有效地促进他们的个性发展。

（4）个别差异性。

①基本含义：人的发展的个体差异表现在身心发展的速度、水平、表现方式等方面。如在发展速度上，有的儿童早慧，有的儿童大器晚成。

②教学指导：人的发展的个别差异性要求教育要深入了解学生，针对学生不同的发展水平及不同的兴趣等因材施教，引导学生扬长避短、发展个性，促进学生自由发展。

（5）整体性。

①基本含义：人的生理、心理和社会性等方面的发展是密切联系在一起的，并在发展过程中相互作用，使人的发展表现出明显的整体性。

②教学指导：人的发展的整体性要求教育要把学生看作复杂的整体，促进学生在体、智、德、美、行等方面全面和谐地发展，把学生培养成完整和完善的人。

作为教育工作者，既要考虑到儿童的发展规律，又要兼顾到儿童的需要和兴趣，并以此为基础来对课程和教学方法进行改革。

3. 评述我国中小学教育存在的问题，选两个问题分析原因并给出解决的思路和方法。

【答案要点】

我国中小学教育存在诸多问题：如教育公平、校园欺凌现象、教育评价机制不完善、教师负担重、德育贯彻不彻底、中小学生考试作弊严重等。现就教育公平和教育评价机制不完善进行分析和探讨。

（1）教育公平。

①原因：目前国家面对许许多多的教育公平与质量的问题，如城乡公平缺失、地区公平缺失、阶层公平缺失、决策机制的问题等。其中城乡公平缺失问题的原因有：地区经济发展不平衡、师资配置机制不完善、城乡教师学历差距大、缺乏有利的社会氛围等。

②解决思路和方法：国家出台相关政策和改革措施，加大教育经费的投入，确保落实4%的目标；加强教育基础设施建设，树立新型教育基础设施建设理念，借助教育信息化的力量，缩小教育差距，促进教育公平；优化教育投入结构，向义务教育、学前教育倾斜；大力推动和促进当前的新课程改革，提高教育质量。

（2）教育评价机制不完善。

①原因：现实中的教育评价存在许多"沉疴痼疾"，如以分数来评价学生，以学生成绩来衡量教师教学水平，以升学率来评价学校等，重结果轻过程，重定量轻定性，这些弊病严重影响了我国教育的发展进程，已到了迫切需要进行变革的时候。

②解决思路和方法：架构丰富的课程资源，为教育评价改革奠定基础，学校在课程设计上要注重基础性、选择性和综合性。将国家课程、地方课程与校本课程重新架构，为学生提供丰富的课程资源，为每一个孩子提供适合的教育，开发适应学校特色和学生需求的校本课程。改革作业评价，减轻学生负担。提高作业质量，减轻学生课业负担，实现作业布置的针对性、选择性、综合性、实效性，避免反复抄写问题等。改革学生评价，促进德、智、体、美、劳全面发展。改革学生评价，树立科学的质量观。坚持以德为先、以人为本、能力为重、全面发展，创新德、智、体、美、劳过程性评价方法。改革教师评价，促进教师专业化发展，营造和谐育人环境。建立和完善教师评价机制，以学校发展目标和中心工作为指导，主要围绕师德师风、教育、教学三方面，建立科学规范、公平合理的评价机制。坚持把师德师风作为第一标准，并作为教师业绩考核、职称评聘、评优奖励首要要求。

2016年 北京师范大学333教育综合·真题解析

一、名词解释

教育

教育是人的发展与社会发展的中介活动，其主旨在于以人为本、育人成人，培养人成为他所生存的那个时代的社会实践主体，引导人和社会的持续发展。

班级授课制

班级授课制是一种集体教学形式。它把一定数量的学生按年龄与知识程度编成固定的班级，根据周课表和作息时间表，安排教师有计划地给全班学生上课，分别学习所设置的各门课程。

榜样法

榜样法即榜样示范法，指以他人的高尚品德、模范行为和卓越成就来影响学生品德的方法。教师应向学生提供好榜样，主要有四类：历史伟人，现实的英雄模范，优秀教师、家长的风范，优秀学生。

校长负责制

校长负责制是我国中小学现行的管理体制。校长负责制指校长受上级政府主管部门的委托，在党支部和教代会的监督下，对学校进行全面领导和负责的制度。

接受学习

接受学习又称传授-接受教学，是指教师主要通过语言传授、演示与示范使学生掌握基础知识、基本技能，并对他们进行思想情趣熏陶的教学。

心智技能

心智技能是指一种借助于内部语言在人脑中进行的认知活动方式，如默读、心算、写作和分析等技能，具有观念性、内潜性、简缩性的特点。

二、简答题

1. 简述教育的文化功能。

【答案要点】

（1）传递文化。文化教化的前提是人类对文化的创造与传递。教育起着传递文化的作用。尤其是学校教育因其具有明确的目的性、计划性等特点，一直承担着传承文化的重任。

（2）选择文化。为了有效地传承文化，必须发挥教育对文化的选择功能。教育的选择功能十分重要，体现了教育对文化发展的积极引导和自觉规范。

（3）发展文化。文化的生命不仅在于它的保存和积累，更在于它的更新与创造。随着社会的日益开放化，学校在加强国际文化交流中的作用也日益明显。教育通过广泛的文化交流，不断地吸收其他民族的文化精华，补充、更新和发展本民族的文化，也是文化发展的一种重要方式。

2. 简述课程设计的基本任务。

【答案要点】

（1）确定课程编制的指导思想。这里指在哲学层面上确定指导课程编制的原则，一般讲，指处理好社会需求、儿童发展、知识体系之间的辩证关系。

（2）了解有关需求。任何一种课程都有一定的需求做基础，了解这些需求，能够使特定的课程具有一定的针对性，从而使其获得可持续发展。

（3）研制课程目标。目标主要有三种表述形式，分别是行为目标理论、生成性目标、表现性目标。

（4）选择和组织课程内容。根据目标以及当时的社会、社区、学校的特定情况，选择基本的课程内容。课程内容的组织主要考虑内容的排列、秩序和统整，其共性要求是知识的逻辑性与儿童的心理发展相统一。

3. 简述蔡元培的教育独立思想。

【答案要点】

1922年，蔡元培发表《教育独立议案》，阐明教育独立的基本观点和方法，成为教育独立思潮中的重要篇章。教育独立的基本要求可以大致归结为：

（1）教育经费独立。政府指定固定的款项，专作教育经费，不能移作他用。建立独立的教育会计制度等。

（2）教育行政独立。设立专管教育的行政机构，不附设于政府部门，由懂教育的专业人士主持。教育总长不得因政局的变动而频繁变动。

（3）教育学术和内容独立。教育方针应保持稳定，不受政治的干扰。能自由编辑、出版、选用教科书。

（4）教育脱离宗教而独立。

教育独立思想在推进收回教育权运动、抵制殖民教育方面起到了积极作用。蔡元培关于教育脱离政治、脱离政党的主张，是一种历史唯心主义的观点，但反映了他反对军阀分子控制教育，希望按照教育规律办好教育事业的美好愿望；教育脱离宗教的主张更含有反对帝国主义文化侵略的革命意义。

4. 简述杜威的教育目的论。

【答案要点】

（1）教育无目的论。

从教育本质论出发，杜威反对外在的、固定的、终极的教育目的，认为教育无目的。杜威所希求的是过程内的目的，这个目的就是"生长"。杜威认为在非民主的社会里，教育目的是外在于并强加于教育过程的，包含权威与专制色彩。而在民主的社会里，教育目的应该内在于教育的过程之中，杜威主张以生长为教育的目的，其主要意图在于反对外在因素对儿童发展的压制，在于要求教育尊重儿童的愿望和要求，使儿童从教育本身中、从生长过程中得到乐趣。

（2）教育的社会目的。

杜威强调过程内的目的不等于否定社会性的目的。杜威要求教育为社会进步服务，为民主制度的完善服务。他认为，教育是社会进步及社会改革的基本方法，学校是社会进步和改革的最基本和最有效的工具。在民主社会中，个人发展与社会进步是统一的。

教育要培养具有良好公民素质、民主思想和生活能力的人，要培养具有科学思想和精神，能解决实践问题的人，要培养具有道德品质和社会意识的人，要培养具有一定职业素养的人。

三、分析论述题

1. 教育过程中智力活动与非智力活动的关系。

【答案要点】

（1）教学活动既要注重引导学生进行智力活动，也要重视调节学生的非智力活动。学生的智力活动，主要指为认知事物、掌握知识而进行的感知、观察、思维等心理因素的活动，它是进行学习、认识世界的工具。学生的非智力活动，主要指在认知事物、掌握知识过程中诱发的好奇、欲求、情趣等心理因素的活动，它是学生进行学习、研究与实践的内在动力。在教学过程中，学生的智力活动与非智力活动同在，各有特点与功能，二者相互依存，相互作用。只有正确地发挥其整体功能，才能提高学生的学习效能和教学的质量。

（2）按教学需要调节学生的非智力活动，才能有成效地进行智力活动。在教学中，调节非智力活动需要注重两个方面。一方面，要改进教学本身，使教学的内容和过程都富有知识性、趣味性、启发性、吸引力，以便激发、保持学生的求知欲和学习兴趣，使他们能够生气勃勃地主动学习。另一方面，要提高学生的自我教育能力，让他们能够逐步按教学要求自觉加强学习的注意力、毅力、责任感等，以提高学习效率。

2. 王守仁的教育思想。

【答案要点】

（1）"致良知"与教育作用。

①致良知。

王守仁十分重视教育对于人的发展所起的重要作用，提出了"学以去其昏蔽"的思想，其目的是激发本心所具有的"良知"。其具体内容包括两个方面："心即理"，王守仁认为万物都靠心的认识而存在，"理"并不在"心"外，而在"心"中；良知即是天理，良知不仅是宇宙的造化者，而且也是伦理道德观念，是"心之本体"。

②教育作用。

教育是"致良知"或"学以去其昏蔽"的过程。从积极的角度来说，王守仁又认为教育的作用是"明其心"。无论是"学以去其昏蔽"，还是"明其心"，其实质是相同的，教育的作用就在于实现"存天理、灭人欲"的根本任务。基于此，他认为用功求学受教育，并不是为了增加什么新内容，而是为了日减"人欲"。

（2）"随人分限所及"的教育原则。

王守仁认为儿童时期正处在一个重要的发展时期，儿童的精力、身体、智力等方面都处于发展过程，教学必须考虑儿童的接受能力发展到何种程度，便就在这个程度进行教学，不可躐等。他把这种量力施教的思想概括为"随人分限所及"。

（3）论教学。

①教学内容。

王守仁认为凡是有助于"求其心"者均可作为教育内容，读经、习礼、写字、弹琴、习射等无可不学。读经的作用是帮助学习者明本心，但"六经"不过是人"心"展开过程的记载，其作用无非是帮助人明白和发展"心"中的"理"。因此王守仁认为读书不能迷信书中的东西，认为"六经皆史"而已。

②教学原则与方法。

讲学方式：教师的讲学方式应该多种多样，包括读书、谈话、问对、诗歌、习礼等。

教学方法：知行并进、自求其得、循序渐进、因材施教。

（4）论儿童教育。

①揭露和批判传统儿童教育不顾儿童的身心特点。王守仁指出当时从事儿童教育的老师每天只是督促儿童读书识字，责备他们修身，对待儿童就像对付囚犯，这种不顾儿童的身心特点，把他们当作小大人是传统儿童教育的致命弱点。

②儿童教育必须顺应儿童的性情。王守仁认为，一般来说儿童的性情总是爱好嬉游而厌恶拘束，因此他主张儿童教育必须顺应儿童的身心特点，这样儿童就能不断地长进。

③儿童教育的内容是"诗歌""习礼"和"读书"。王守仁认为对儿童进行诗歌、习礼和读书教育，是为了培养儿童的意志，调理他们的性情，使他们在德育、智育、体育和美育诸方面都得到发展。

④要"随人分限所及"，量力施教。教育必须根据儿童的接受能力水平来进行。

王守仁的儿童教育思想的目的是为了向儿童灌输封建伦理道德，但他反对"小大人式"的传统儿童教育方法和粗暴的体罚等教育手段，要求顺应儿童性情、根据儿童的接受能力施教，使他们在德育、智育、体育和美育诸方面得到发展等主张，反映了其教育思想的自然主义倾向。

3. 苏霍姆林斯基的和谐教育思想。

【答案要点】

（1）全面和谐教育的含义。

苏霍姆林斯基认为，为了培养全面和谐发展的人，就必须深入地改善整个教育过程，实施和谐的教育。全面和谐的教育包含两层含义：

①要把学生认识和改造世界的活动和谐地结合起来，要求学生的体力劳动与智力活动的结合、课堂教学与课外活动的结合、教育与自我教育的结合。

②要把德、智、体、美、劳诸育和谐地结合起来，强调的是诸育的相互渗透和交织，统一为一个完整的过程。

（2）全面和谐发展教育实施。

①德育，在全面和谐的教育中应占有主导的地位。德育贯穿于学校教学、教育工作的各个方面，德育任务的完成有赖于其他各育的实施，学校里所做的一切都应当包含深刻的道德意义。

②智育，是学校的主要任务。智育应当包括获得知识、形成科学世界观、发展认识和创造能力、养成脑力劳动文明等。

③体育，被视为一个人得以全面发展、和谐发展的最重要因素。苏霍姆林斯基认为体育工作首先要关注人的身体健康，其次要关注体育在培养道德、审美和智育等方面的重要作用，要保证人的身体发育、精神生活以及多方面的活动的协调一致。

④美育，苏霍姆林斯基对美育的重视以他对情感在人的个性形成中的重要作用的认识为基础，认为"美是心灵的体操"，要通过各种活动潜移默化地培养学生的美感。

⑤劳动教育，苏霍姆林斯基认为脱离劳动就不可能有教育，应该尽早开始劳动教育。劳动既是学生认识和理解世界的手段，也是他们进行自我认识和自我教育的重要途径。劳动具有经济的价值；劳动能丰富学生的精神生活，提高他们的道德素养，完善审美情操；创造性劳动是道德修养的源泉和精神文明的基础。

（3）全面和谐发展教育的原则。包括：第一，全面与和谐不可分割；第二，多方面教育的相互配合；第三，个性发展与社会需要相适应；第四，学生自由；第五，尊重儿童，重视自我教育。

（4）评价。

苏霍姆林斯基的教育理论与实践对20世纪70—80年代苏联教育理论的发展产生了很大的影响，如苏联教育家巴班斯基就接受了苏霍姆林斯基关于教育和教学工作整体性的观点，将全面和谐发展学生的个性作为学校理想的观点，等等。此外，他的教育理论与实践在中国教育界也受到了十分广泛的关注。

4. 举例论述社会规范学习的心理过程。

【答案要点】

（1）社会规范的依从。

依从即表面上接受规范，按照规范的要求来行动，但对规范的必要性或根据缺乏认识，甚至有抵触情绪。依从具有一定的盲目性和被动性，个体对规范所要求的行为缺乏足够的了解，只是迫于权威或环境的压力才遵从了规范。因此，依从水平上的规范是最不稳定的，一旦外部监控和压力消失了，相应的规范行为就可能会动摇和改变。依从是规范内化的初级阶段，也是进一步内化的基础。

依从包括从众和服从。从众现象指主体对于某种行为要求的依据或必要性缺乏认识与体验，跟随他人行动的现象；服从现象指主体对于某种行为本身的必要性缺乏认识甚至有抵触时，由于某种权威的命令或现实的压力，仍然遵从这种行为要求的现象。依从具有盲目性、被动性、工具性、情境性的特点。

影响社会规范依从的因素可以分为群体特征、个性特征和外界压力。其中群体特征包括群体规范、群体舆论和群体凝聚力；个性特征指不同个体在相同的群体中，面对相同情境会有不同的表现；外界压力包括直接的外部压力和间接的外部压力。

（2）社会规范的认同。

认同比依从深入了一层，简单地说，它是对自己所认可、仰慕的榜样的遵从、模仿。认同具有自觉性和主动性，虽然学习者对规范必要性的认识还有不足，但他已有明确的行为意图，团体的规范对学习者具有一定的吸引力和感染力。相应地，认同水平的规范已经具有一定的稳定性，是规范内化的深入阶段。

认同包括偶像认同和价值认同。偶像认同指出于对某人或者某团体的崇拜、仰慕等趋同心理而产生的遵从现象；价值认同指个体出于对规范本身的意义及必要性的认识而发生的对规范的遵从现象。认同具有自觉性、主动性和稳定性的特点。

影响社会规范认同的因素包括规范本身的特性、榜样的特点和强化方式。

（3）社会规范的内化。

社会规范的内化是社会规范接受的高级水平，是品德形成的最高阶段，指主体随着对规范认识的概括化与系统化，以及对规范体验的逐步累积与深化，最终形成一种价值信念作为个体规范行为的驱动力。内化具有高度自觉性、高度主动性和坚定性的特点。

影响社会规范内化的因素包括对规范价值的认知和对价值规范的情感体验。

2015年 北京师范大学 333 教育综合·真题解析

一、名词解释

教育目的

教育目的是对教育活动所要培养的人的个体素质的总的预期与设想，是对社会历史活动的主体的个体素质的规定。它体现一定社会对受教育者质量规格的界定和要求，也体现人自身发展所应该达到的水准和高度。

学校管理

学校管理是学校管理者在一定的社会历史条件下，通过一定的组织机构和制度，采用一定的方法和手段，带领师生员工，充分发挥学校人、财、物、时、空和信息等资源的最佳整体功能，实现学校工作目标的组织活动。简言之，学校管理是管理者通过一定的组织形式以实现目标的活动。

教学评价

教学评价是对教学工作质量所做的测量、分析和评定。它以参与教学活动的教师、学生、教学目标、内容、方法、教学设备、场地和时间等因素的优化组合的过程和效果为评价对象，是对教学活动的整体功能所做的评价。

课程标准

课程标准是指在一定课程理论指导下，依据培养目标和课程方案以纲要形式编制的关于课程的性质与价值、目标与内容、教学实施建议以及课程资源开发等方面的指导性文件，一般由说明、课程目标、课程内容标准和课程实施建议等部分组成。

社会性发展

社会性发展是指个体在其生物特性基础上，在与社会生活环境相互作用的过程中，掌握社会规范，形成社会技能，学习社会角色，获得社会性需要、态度、价值，发展社会行为，适应社会环境的过程。

学习策略

学习策略是指学习者为了提高学习的效果和效率，有目的、有意识地制定的有关学习过程的复杂的方案，具有主动性、有效性、过程性和程序性的特征。

二、简答题

1. 简述教育的基本要素及各要素之间的相互关系。

【答案要点】

（1）教育者。教育者是指参与教育活动、与受教育者在教学或教导上互动，对受教育者体、智、德、美、行等方面产生影响的人，主要指教师。

（2）受教育者。受教育者是指参与教育活动、与教育者在教学与教导上互动，以期自身获得发展的人，主要是学生。

（3）教育内容。教育内容是指教育者引导受教育者在教育活动中学习的前人积累的经验，包括书本知识和实际经验。

（4）教育活动方式。教育活动方式是指教育者引导受教育者学习教育内容所选用的交互活动方式，是教育者、受教育者与教育内容三者形成一个有目的地培养人的教育活动的中介和纽带。

教育活动的基本要素之间既相互独立，又相互规定，共同构成一个完整的实践系统。没有教育者，教育活动就不可能开展，受教育者也不可能得到有效的指导；没有受教育者，教育活动就失去了对象，无的放矢；没有教育内容和教育活动方式，教育就成了无米之炊，再好的教育意图、发展目标，也都无法实现。

2. 简述影响人的身心发展的基本要素。

【答案要点】

（1）遗传在人发展中的作用。遗传素质是人的发展的生理前提；遗传素质的成熟程度制约着人的发展过程及年龄特征；遗传素质的差异性对人的发展有一定的影响；遗传素质具有可塑性。

（2）环境在人的发展中的作用。环境是人的发展的外部条件；环境的给定性与主体的选择性。

（3）个体活动在人的发展中的作用。个体活动是人的发展的决定因素；个体活动制约着环境影响的内化与主体的自我建构；个体通过能动的活动选择、构建着自我的发展。

（4）教育对人的发展的作用。教育在人的发展中起引领作用；学校教育主要通过传承文化科学知识来培养人；学校教育对提高人的现代性有显著的作用。

3. 简述孟子的教育思想。

【答案要点】

（1）"性善论"与教育作用。

①"性善论"说明了人性是人类所独有的、区别于动物的本质属性。人之需要社会伦理与政治，是为人的内在本质所决定的。

②教育作用：教育对人的作用为扩充"善性"；教育对社会的作用为"得民心"。

（2）"明人伦"与教育目的。

孟子第一次明确地概括出中国古代学校教育的目的就是"明人伦"。"人伦"就是"人道",具体来说就是五对关系:"父子有亲,君臣有义,夫妇有别,长幼有序,朋友有信。"在"五伦"中,孟子尤重父子——孝、长幼——悌这两种关系,并以此为中心建立了一个道德规范体系——五常,即仁、义、礼、智、信。

(3)人格理想与修养学说。

①"大丈夫"的理想人格:"富贵不能淫,贫贱不能移,威武不能屈。"

②"大丈夫"的修养方法:持志养气、动心忍性、存心养性、反求诸己。

(4)教学思想:教亦多术、深造自得、盈科而进、专心致志。

4. 简述赫尔巴特的教育思想。

【答案要点】

(1)道德教育理论。

①教育目的论。可能的目的指与儿童未来所从事的职业有关的目的;必要的目的指教育所要达到的最高和最为基本的目的。

②教育性教学原则。教育性教学原则是指以教学来进行教育的原则。赫尔巴特指出,不存在"无教学的教育",也不存在"无教育的教学"。即教育是通过教学而且只有通过教学才能真正产生实际作用,教学是道德教育的基本途径。

③儿童的管理与训育。赫尔巴特认为"儿童管理"是一种道德教育,主要目的在于创造秩序,预防某些恶行,为随后进行的教学创造必要的条件;训育是指有目的地进行培养,其目的在于形成性格的道德力量,是为了美德的形成。

(2)课程理论。

课程必须与儿童的经验和兴趣相适应;课程要与统觉过程相适应;课程必须要与儿童发展阶段相适应。

(3)教学理论

①教学进程理论。赫尔巴特提出了三种不同的教学方法:单纯提示的教学、分析教学和综合教学。这三种教学方法的联系,就产生了所谓的"教学进程"。

②教学形式阶段理论。"赫尔巴特四段教学法":明了、联合、系统、方法。

三、分析论述题

1. 论述德育是培养知情意行的过程。

【答案要点】

学生的品德包含知、情、意、行四个要素。所以德育过程也是培养学生思想品德的知、情、意、行整体和谐的发展过程。

(1)思想道德发展的整体性。

个体思想品德的发展是品德各要素协调统一的发展。依据这一品德形成规律,开展德育活动时,就应该注意全面性,兼顾知、情、意、行各要素。个体品德结构中的知、情、意、行等要素,是相互制约、相互促进的,共同推动着个体思想品德的发展;应该晓之以理、动之以情、导之以行、持之以恒,全面关心学生品德中知、情、意、行的培养,使它们全面而和谐地发展。

(2)德育过程有多种开端。

开展德育可以有多种开端,既可以从知或情的培养入手,也可以从行的锻炼开始。在思想品德的发展过程中,知、情、意、行诸因素的发展往往是不平衡的,而且每个学生的品德发展也有显著差异。这就要求我们进行德育时，必须针对不同情况加以灵活处理，有的放矢，因材施教。

（3）德育实践的针对性。

道德品质的知、情、意、行的培养不能一概而论，简单对待，用一种方法进行，应该根据知、情、意、行每一要素的特点，开展具有针对性的教育活动。

①学生的道德认识，既可以通过学习间接经验的方式，如听讲、看书、背诵等方式习得，也可以通过直接经验的方式，如亲历道德实践和社会活动等方式获取。

②要注重学生的道德情感培育。

③德育的最终目标是要促进学生实现道德认知、道德情感向行为的转化。

2. 论述陈鹤琴的"活教育"思想。

【答案要点】

陈鹤琴是中国近代学前儿童教育理论和实践的开创者。其通过对长子陈一鸣的追踪研究，力行观察、实验方法，探索中国儿童心理发展及教育规律。同时创办了中国第一所实验幼稚园——鼓楼幼稚园，进行中国化、科学化的幼儿园实验，总结并形成了系统的、有民族特色的学前教育思想。

"活教育"思想体系包括以下内容：

（1）"活教育"的目的论。陈鹤琴提出"活教育"的目的是"做人，做中国人，做现代中国人。"

①"做人"是"活教育"最为一般意义的目的。"活教育"提倡学习如何做人，如何求社会进步、人类发展。学会"做人"，是个体参与社会生活、增进人类全体，同时也是个体幸福的基础。

②"做中国人"体现了"活教育"目的的民族特征，指要懂得爱护这块生养自己的土地，爱自己国家长期延续的光荣历史，爱与自己共命运的同胞。并且，应该与其他中国人团结起来共同谋国家发展。

③"做现代中国人"体现了时代精神，有五个具体方面的要求：要有健全的身体；要有建设的能力；要有创造的能力；要能够合作；要服务。

"活教育"目的论从普遍而抽象的人类情感和认识理性出发，逐层赋予教育以民族意识、国家观念、时代精神和现实需求等含义，使教育目标逐渐具体，表达了陈鹤琴对人的发展、教育与社会变革的追求。

（2）"活教育"的课程论。"大自然、大社会都是活教材"，是陈鹤琴对"活教育"课程论的概括表述。"活教材"是指取自大自然、大社会的"直接的书"，即让儿童在与自然、社会的直接接触中，在亲身观察中获取经验和知识。既然"活教育"的课程内容应该来源于自然、社会和儿童的生活，其组织形式也必须符合儿童的活动和生活的方式，符合儿童与自然、社会环境的交往方式。

"活教育"的课程打破惯常按学科组织的体系，采取活动中心和活动单元的形式，即能体现儿童生活整体性和连贯性的"五指活动"形式。"五指活动"包括儿童健康活动、儿童社会活动、儿童科学活动、儿童艺术活动、儿童文学活动。

（3）"活教育"的教学论。"做中教，做中学，做中求进步"是活教育教学方法的基本原则。陈鹤琴认为，"做"是学生学习的基础，因此也是"活教育"教学论的出发点。它强调儿童在学习过程中的主体地位和在活动中直接经验的获取。陈鹤琴提出了"活教育"的17条教学原则，这些教学原则体现出的特点有：

①强调以"做"为基础，确立学生在教学活动中的主体性。陈鹤琴认为，"做"是学生学习的基础，因此，凡儿童自己能够做的，就应当让他自己做。在教学中鼓励儿童自己去做、去思想、去发现，是激发学生主体性的最有效的手段。

②鼓励学生在"做"的同时，教师要进行有效的指导。但指导不是替代，更不是直接告知结果，

而是运用各种心理学、教育学规律予以启发、诱导。

陈鹤琴还归纳出"活教育"教学的四个步骤：实验观察、阅读思考、创作发表和批评研讨。这四个步骤体现了以"做"为基础的学生主动学习。

"活教育"思想明显地受到杜威实用主义教育思想的影响，陈鹤琴对此也毫不讳言。但"活教育"如同陶行知的"生活教育"理论一样，吸取了杜威实用主义教育的合理内核，即批判传统教育忽视儿童生活和主体性，力图去除以学校和课堂为中心而脱离社会生活、以书本知识为中心而脱离实际和实践、以教师为中心而漠视学生的存在等弊端，同时也充分考虑到中国的时代背景和国情。这是一种有吸收、有创造、有创新的教育思想。"活教育"是对中国现代教育产生过重要影响的教育思想，其精神至今都未过时，不少观点对当今的教育改革仍然富有启发。

3. 论述终身教育思想。

【答案要点】

终身教育是人一生各阶段当中所受各种教育的总和，也是人所受的不同类型教育的综合。前者从纵向上讲，说明终身教育不仅仅是青少年的教育，而且涵盖了人的一生；后者从横向上讲，说明终身教育既包括正规教育，也包括非正规教育和非正式教育。

终身教育的特点在于：

（1）终身教育思想是对教育全新的理解，教育不局限于学校，也包括家庭、社会对人的影响。

（2）终身教育使教育与生产、生活重新结合，打破教育长期与劳动世界相隔绝的局面。

（3）终身教育的对象更广泛，学习形式更多样。

终身教育的理念符合"人即目的""机会均等""差别性对待"的原则。终身教育是实现教育平等制度的基础，是现代教育制度的创新，是未来学制发展的趋势。

4. 举例论述影响知识理解的因素。

【答案要点】

（1）客观因素。

①学习材料的内容。学习材料的意义性、学习材料内容的具体程度、学习材料的相对复杂性和难度都会影响学生对知识的理解。

②学习材料的形式。采用直观的方式如实物、模型和言语等可以为抽象的内容提供具体感性信息的支持，影响学生对知识的理解；当所教的内容较为复杂时，多媒体和虚拟现实技术等计算机技术则会起到很好的教学辅助作用。

③教师言语的提示和指导。教师在不同教学阶段的言语提示对学生的学习有直接的影响。在教学中，教师言语的作用不应仅仅局限于对某一具体知识的描述和解释，重要的是用言语引导学生进行主动建构。

（2）主观因素。

①原有的知识经验背景。学生对新信息的理解会受到原有知识经验背景的制约，这种知识背景有着丰富而广泛的含义，它包括来源不同的、以不同的表征方式存在的知识经验，是一个动态的、整合的认知结构。

②学生的能力水平。学生的认知发展水平和学生的语言能力直接影响知识的理解。

③主动理解的意识与方法。学生要有主动理解的意识倾向和主动理解的策略与方法。

北京师范大学 333 教育综合·真题解析

一、名词解释

教育

教育是人的发展与社会发展的中介活动,其主旨在于以人为本、育人成人,培养人成为他所生存的那个时代的社会实践主体,引导人和社会的持续发展。

苏湖教法

"苏湖教法"又称"分斋教学法",是胡瑗在主持湖州州学时创立的新的教学制度,在"庆历兴学"时被用于太学的教学。胡瑗一反当时盛行的重视诗赋声律的学风,提倡经世致用的实学,主张"明体达用",在学校内设立经义斋和治事斋,创立"分斋教学"制度。

进步主义教育

进步主义教育也称进步主义教育运动,是指19世纪80年代至20世纪50年代在美国出现的以杜威教育哲学为主要理论基础、以进步主义教育协会为组织中心、以改革美国学校教育为宗旨的教育革新思潮和实践活动。

赫尔巴特的教育目的论

赫尔巴特认为,教育的基本目的可以区分为两种,即"可能的目的"和"必要的目的":可能的目的指与儿童未来所从事的职业有关的目的,必要的目的指教育所要达到的最高和最为基本的目的。

最近发展区

维果茨基认为,在进行教学时必须注意到儿童的两种水平,一种是儿童现有的发展水平,另一种是即将达到的发展水平,维果茨基把这两种水平之间的差距称为最近发展区,即独立解决问题的真实发展水平和在成人指导下或与其他儿童合作情况下解决问题的潜在发展水平之间的差距。

奥苏伯尔的有意义接受学习

有意义接受学习就是符号所代表的新知识与学习者认知结构中已有的适当观念建立非任意的和实质性的联系。有意义学习的类型包括表征学习、概念学习和命题学习。

二、简答题

1. 简述德育的基本途径。

【答案要点】

(1) 思想政治课与其他学科教学。知识转化为品德需要将知识与学生生活相联系,与学生思想"对话",以激发学生的道德需要,并用这些道德认识来探寻做人的道理,调节对人、对事应持有的态度,并付诸行动。

(2) 劳动和其他社会实践。有意义的劳动和社会实践,能够提高学生的责任意识、服务意识,形成学生勤俭、朴实、艰苦、顽强等许多好的品德,在德育上有着不可或缺、不可替代的意义。

(3) 课外活动和校外活动。通过课外活动进行德育,能调动学生的积极性,培养他们的自律能力,形成互助友爱、团结合作、尊重规则等品德。

（4）学校共青团、少先队活动。开展团队活动，能激发学生强烈的上进心、荣誉感，使他们能够严于律己，自觉提高思想品德，是德育的重要途径。

（5）心理咨询。通过个别谈心、咨询、讲座等多种方式对学生进行心理健康教育，可以帮助学生处理好学习、交往、择业等方面的问题，使他们成为积极向上、心理健康的人。

（6）班主任工作。通过班主任工作，学校不仅能有效地管理学生基层组织和个人，而且能对教育学生的其他途径的活动起协调作用，是学校德育的一个特别重要的途径。

（7）校园生活。校园生活包括上述活动在内的全部学校生活。要建立良好的校园生活，一是要研究如何使德育在各个途径中真正到位，使之互相补充，构成整体效应；二是要根据学校实际，研究如何增加跨越班级的活动与交往，逐步形成学校特色；三是要研究如何使校园生活能够体现时代精神，蕴含深厚文化，让学生在生活中养成现代文明习气和人文情怀。

2. 简述活动课程的主要特征。

【答案要点】

活动课程又称经验课程、儿童中心课程，与学科课程相对立，它打破学科逻辑的界限，是以学生的兴趣、需要、经验和能力为基础，通过引导学生自己组织有目的的系列活动而编制的课程。其主要特点如下：

（1）重视儿童的兴趣、需要、能力和阅历，以及儿童在学习中的自我指导作用与内在动力。

（2）注重引导儿童从做中学，通过探究、交往、合作等活动使学生的经验得到改组与改造。

（3）强调解决问题的动态活动的过程。

（4）把课程资源作为解决问题的工具，反对预先确定目标的观念。

3. 简述教师专业素质的主要内容。

【答案要点】

（1）高尚的师德。热爱教育事业，富有献身精神和人文精神；热爱学生，诲人不倦；热爱集体，团结协作；严于律己，为人师表。

（2）先进、科学的教育理念。教育理念是教师在对教育工作本质理解的基础上形成的关于教育的观念和理性信念，它是以观念或信念的形式存在于教师头脑中的对教育现象和教育问题的看法。

（3）宽厚的文化素养。一个好教师的基本条件之一，就是要有比较渊博的知识和多方面的才能。

（4）专门的教育素养。教师的专门教育素养水平及其合理结构是教育教学任务得以完成的重要保证，它主要包括三个方面的内容：教育理论素养；教育能力素养；教育研究素养。

（5）健康的心理素质。健康的心理素质体现在心理活动的方方面面，概括起来主要指：教师要有轻松愉快的心境、昂扬振奋的精神、乐观幽默的情绪以及坚韧不拔的毅力等。

（6）强健的身体素质。教师的身体素质是指教师在教学活动中的自然力，是教师的身体健康状态和身体素质状态在教学中的表现。

4. 简述社会规范学习的心理过程。

【答案要点】

（1）社会规范的依从。依从，即表面上接受规范，按照规范的要求来行动，但对规范的必要性或根据缺乏认识，甚至有抵触情绪。依从具有一定的盲目性和被动性。包括从众和服从。

（2）社会规范的认同。认同比依从深入了一层，简单地说，它是对自己所认可、仰慕的榜样的遵从、模仿。认同具有自觉性和主动性。包括偶像认同和价值认同。

（3）社会规范的内化。社会规范的内化是社会规范接受的高级水平，是品德形成的最高阶段，指主体随着对规范认识的概括化与系统化，以及对规范体验的逐步累积与深化，最终形成一种价值信念作为个体规范行为的驱动力。

三、分析论述题

1. 试分析陶行知"生活教育"的主要内容。

【答案要点】

（1）"生活即教育"。

"生活即教育"是陶行知生活教育理论的核心。其内涵包括：生活含有教育的意义；实际生活是教育的中心；生活决定教育，教育改造生活。

"生活即教育"所强调的是教育以生活为中心，所反对的是传统教育脱离生活而以书本为中心。尽管它在生活与教育的区别和系统的知识传授方面有所忽视，但在破除传统教育脱离民众、脱离社会生活的弊端方面，有十分重要的意义。

（2）"社会即学校"。

"社会即学校"是生活教育理论另一重要主张，是"生活即教育"思想在学校与社会关系问题上的具体化。"社会即学校"，是指"社会含有学校的意味"，或者说"以社会为学校"。由于到处是生活，到处都是教育，"整个的社会是生活的场所，亦即教育之场所"。

"社会即学校"，也指"学校含有社会的意味"。也就是说，学校通过与社会生活相结合，一方面运用社会的力量使学校进步，另一方面动员学校的力量帮助社会进步，使学校真正成为社会生活必不可少的组成部分。

"社会即学校"扩大了学校教育的内涵和作用，对于传统的学校观、教育观有所改变。传统学校与社会生活脱节，学生孤陋寡闻，而以社会为学校，使得教育的材料、教育的方法、教育的工具、教育的环境可以大大地增加，有利于拓展学生的知识，增强学生的能力。"社会即学校"，还可以使被传统学校拒之门外的劳苦大众能够受到起码的教育，贯穿了普及民众教育的苦心，同样也值得肯定。

（3）"教学做合一"。

"教学做合一"是生活教育理论的又一重要主张，是"生活即教育"在教学方法问题上的具体化。其含义为：教的方法根据学的方法，学的方法根据做的方法。事怎样做便怎样学，怎样学便怎样教。教与学都以做为中心。包括以下四个要点："教学做合一"要求在"劳力上劳心"；"教学做合一"是因为"行是知之始"；"教学做合一"要求"有教先学"和"有学有教"；"教学做合一"还是对注入式教学法的否定。

（4）启示。

陶行知的生活教育理论是一种大众的、为人民大众服务的教育理论，且还是一种不断进取创造，旨在探索具有中国民族特色的教育道路的理论。生活教育理论还在教育观念的改变方面颇有建树，无论是强调学校教育与社会生活、生产劳动相结合，还是要求手脑并用、在劳力上劳心，都是对学校与社会割裂、书本与生活脱节、劳心与劳力分离的传统教育的反动，显示出强烈的时代气息，至今都富有启示意义。陶行知的生活教育理论是我国民族教育理论宝库中十分可贵的遗产，值得我们珍惜并认真研究借鉴。

2. 试论述夸美纽斯关于班级授课制的基本观点。

【答案要点】

（1）目的：为实现普及教育、提高教学效率，改变教师只对学生进行个别教学和指导的状况，夸美纽斯总结新旧各教派学校中实行班级授课的经验，提出并全面系统地论述了班级授课制度。

（2）具体措施：

①根据儿童年龄及知识水平分成不同班级,每个班级一间教室,由一个教师对一个班级的学生同时授课。

②为每个班级制订统一的教学计划,编写统一的教材,规定统一的作息时间,使每年、每月、每日、每时的教学计划都有计划地进行。

③把全班学生分成若干小组,每组十人,委托一个优秀学生做组长,协助教师管理学生,考查学业。

（3）评价：夸美纽斯关于班级授课制的论述,为彻底改革个别教学提供了理论基础,在实践中对普及教育的发展起了推动作用,这是他对世界教育的贡献。采取班级授课制,可以扩大教育对象,提高教学效率,促进学生集体的形成,锻炼学生的交往能力,也为学校教学管理的制度化、标准化提供了可能；不过夸美纽斯过分强调集体教学,忽视了个别指导,而且认为每班的学生越多越好,这是不科学的。

3. 试分析促进知识迁移的措施。

【答案要点】

（1）整合学科内容。教师要注意把各个独立的教学内容整合起来,鼓励学生把在某一门学科中学到的知识运用到其他学科中去。

（2）加强知识联系。教师要重视简单的知识技能与复杂的知识技能、新旧知识技能之间的联系。教师要促使学生把已学过的内容迁移到新的学习内容中去。

（3）强调概括总结。教师在教学中要注意启发学生对所学内容进行概括总结。一方面,在教学中,教师要引导学生自己对原理进行概括,培养和提高其概括总结的能力,充分利用原理的迁移；另一方面,在讲解原理时,教师要在最大范围内列举各种变式,使学生正确把握其内涵和外延。

（4）重视学习策略。教师应有意识地教学生学会如何学习,帮他们掌握概括化的认知策略和元认知策略,从而促进学习的迁移。

（5）培养迁移意识。教师可以通过反馈和归因控制等方式使学生形成关于学习和学校的积极态度。教师要注意对学生的反馈,当学生用其他学科的知识来解决某一学科的问题时应给予鼓励。

4. 试论述教育的社会功能。

【答案要点】

（1）教育的社会变迁功能。

①教育的经济功能。

教育是使可能的劳动力转变为现实的劳动力的基本途径。一个人只有经过教育和训练,掌握一定生产部门的劳动知识和技能,并能生产某种使用价值,他才能成为现实的生产力。

现代教育是使知识形态的生产力转化为直接的生产力的重要途径。科学技术是一种知识形态的生产力,要使其转化为现实的生产力,除了要通过科学研究、发明创造或革新实践外,其技术成果的推广、经验的总结与提升都需要教育与教学的紧密配合。

现代教育是提高劳动生产率的重要因素。现代生产的生产率提高依靠科学技术在生产中的应用、推广和不断革新,依靠提高劳动者受教育的程度与质量,依靠劳动者的素质、扩大脑力劳动者的比重、发挥劳动者在生产和改革中的创造性。

②教育的政治功能。

教育通过传播一定的社会政治意识,完成年轻一代的政治社会化。教育作为传递知识、训练思维与培养情感的活动,能向年轻一代传播一定的社会政治意识,促进他们的政治社会化,从而为一定社会政治秩序的稳定创造重要条件。

教育通过造就政治管理人才,促进政治体制的变革与完善。由于科技向管理部门的全面渗透,社会越发展，国家对政治管理人才的素质要求越高，通过教育选拔、培养政治管理人才显得越重要。

教育通过提高全民文化素质，推动国家的民主政治建设。普及教育的程度越高，国民的文化素质越高，其国民就越能认识到民主的价值，在政治生活和社会生活中就越能履行民主的权利。

教育是形成社会舆论、影响政治时局的重要力量。学校是知识分子和青少年集中的地方，他们有见解，勇于发表意见，通过教育者和受教育者的言论、演讲和社会活动等，来宣传思想，造就舆论，借以影响群众，为一定的政治、经济服务。

③教育的文化功能。

传递文化。教育起着传递文化的作用。尤其是学校教育因其具有明确的目的性、计划性等特点，一直承担着传承文化的重任。

选择文化。教育的选择功能十分重要，体现了教育对文化发展的积极引导和自觉规范。

发展文化。教育通过广泛的文化交流，不断地吸收其他民族的文化精华，补充、更新和发展本民族的文化，也是文化发展的一种重要方式。

④教育的生态功能。

树立建设生态文明的理念。通过在学校里和社会上加强生态文明的教育与宣传，让学生从小养成爱护自然、节约资源、保护生态环境的思想情感，从而逐步在全社会牢固树立建设生态文明的观念。

普及生态文明知识，提高民族素质。我们应当有计划地普及生态文明知识，并注意指导与督促人们将知识运用于生活实践。

引导建设生态文明的社会活动。学校的生态文明教育不应局限在校内，要组织学生参加到社区的生态文明建设中去。

（2）教育的社会流动功能。

教育的社会流动功能是指社会成员通过教育的培养、筛选和提高，能够在不同的社会区域、社会层次、职业岗位、科层组织之间转换、调整和变动，以充分发挥其个人的智慧才能，实现其人生价值。它包括横向流动功能和纵向流动功能。前者指改变其环境而不提升其社会层级地位；后者指改变其社会层级地位及作用。

教育的社会流动功能在当代的重要意义：教育是个人社会流动的基础；教育是现代社会流动的主要通道；教育深刻影响社会公平。

北京师范大学 333 教育综合·真题解析

一、名词解释

京师大学堂

京师大学堂是清末维新变法时期维新派首次设立的全国最高教育行政机构兼最高学府。《京师大学堂章程》对于大学堂的性质、办学宗旨、课程、入学条件、学成出身、教习聘用、机构设置、经费筹措及使用都做了详细规定，办学宗旨为"中学为体，西学为用"。

三舍法

"三舍法"是王安石在"熙宁兴学"期间改革太学最重要的措施。"三舍法"是严格的升舍考试制度,它将学生平时行艺和考试成绩相结合,学行优劣与任职使用相结合,这有利于调动学生学习的积极性,提高太学教育质量。同时又把上舍考试和科举考试结合起来,融养士与取士于太学,提高了太学地位。

美国《国家处在危险之中:教育改革势在必行》的报告

1983年,美国中小学教育质量调查委员会提出《国家在危机中:教育改革势在必行》的报告。该报告成了美国20世纪80年代中期开始的教育改革的纲领性文件,改革的中心是提高教育质量。

洛克的"白板说"

白板说由洛克提出,洛克反对"天赋观念"论,认为人出生后心灵如同一块白板,一切知识是建立在由外部而来的感官经验之上的。

心理健康

心理健康是个体一种良好而持续的心理状态,表现为个人具有生命的活力、积极的内心体验、良好的社会适应,并能有效地发挥个人的身心潜能和积极的社会功能。

学习动机

学习动机是动机在学习活动中的表现,是引起和维持个体进行学习活动,并使活动朝向一定的学习目标,以满足某种学习需要的一种内部心理状态。它的主要内容包括知识价值观、学习兴趣、学习效能感和成败归因。

二、简答题

1. 简述现代教育的主要特点。

【答案要点】

(1)学校教育逐步普及。由于资本主义生产尤其是机器大工业生产在欧洲兴起,因而西欧的资本主义国家最先提出普及教育的要求。1619年,德意志魏玛邦在宗教改革的影响下颁布了学校法令,规定父母送6~12岁男女儿童入学,这是普及教育的开端。

(2)教育的公共性日益突出。随着大工业生产发展的需要,随着工人阶级和其他劳动人民对教育权的争取,对受教育权的阶级垄断越来越不合时宜,受到来自被统治阶级和统治阶级两方面的批判。在此情形下,大力发展学校教育逐渐成为社会的公共事业和共同话题。

(3)教育的生产性不断增强。在现代社会,随着工业生产的发展和科学技术的进步,科技与教育在生产中的作用增强。现代教育与生产劳动的逐步结合,对提高社会生产效率和增加社会财富起着重要作用,日益成为经济发展的有力保证。

(4)教育制度逐步完善。随着学校数量的增加,学校教育的层次、种类及其运行和管理的复杂化,需要一定的教育宗旨、制度、要求等,以推动学校教育系统有条不紊地运行。教育制度化的实现,使得教育系统中的各级各类学校、各种教育机构和教育行政部门的工作均有制度可循,能排除来自内外部的干扰,使教育活动有序有效地开展,取得了良好效果。

2. 简述学校教育的主要价值。

【答案要点】

(1)学校教育主要通过传承文化科学知识来培养人。学校教育是教育者有意识地为儿童的身心发展精心设置的一种环境,它把经过选择的、重新组编的、人类长期积累起来的文化知识作为精神客体与儿童互动,以促进儿童的发展,使他们成人成才。文化知识蕴含着有利于人的发展的多方面价值:认识价值、陶冶价值、能力价值、实践价值。

(2)学校教育对提高人的现代性有显著的作用。教育在人的现代化过程中起着重要作用,是因为学生在学校里不仅学会了读、写、算等各个方面的基础知识与技巧,而且学到了与他们个人的发展和国家的未来有关的态度、价值和行为方式。

3. 简述个人本位论教育目的的观点。

【答案要点】

个人本位论的代表人物有卢梭、裴斯泰洛齐、福禄培尔等,其主要观点如下:

(1)教育目的是根据个人发展的需要制定的,而不是根据社会的需要制定的。教育的真谛在于使个人的发展的潜在可能与倾向得到完善的发展,除此之外没有其他目的。

(2)个人价值高于社会价值。社会价值只有在有助于个人发展时才有价值,否则,单纯地关注社会价值的实现就会压抑和排斥个人价值。应由个人来决定社会,个人价值恒久高于社会价值。

(3)人生来就有健全的潜在本能,教育的基本职能就在于使这种潜能得到发展。如果按照社会的要求去要求个人,就会阻碍个人潜能的健全发展。

4. 简述教学任务。

【答案要点】

教学的基本任务是促进学生全面发展。这一任务是通过引导学生掌握基础知识和基本技能、发展学生的智能和体能、培养学生良好的审美情趣和道德品质来实现的。

(1)引导学生掌握基础知识和基本技能。教学的首要任务就是引导学生掌握基础知识和基本技能。基础知识是人类对客观世界认识的基本成果,是人类长期历史实践的基本经验的总结,具有广泛的应用价值和迁移价值。基本技能是各门学科中最常用、最重要的技能。掌握基础知识和基本技能,是学生进一步学习、成长为优秀人才的基础。

(2)发展学生的智能和体能。学生智能和体能的发展不仅是顺利开展教学的必要条件,而且是培育和发展人的基本要求,是教学的一项重要任务。

(3)培养学生良好的审美情趣和道德品质。审美情趣是个体在审美活动中表现出来的一种价值倾向。教学中的内容包含着大量有关自然、社会生活和艺术品等美的因素,这些因素对学生健康的审美情趣培养起着重要作用。青少年阶段是个体的审美情趣培育的重要时期,需要教学的正确引导和帮助。另外,培养学生科学的世界观、提高学生的道德品质,体现了教学的基本性质和方向,同样是教学的一项重要任务。

三、分析论述题

1. 试论述蔡元培的基本思想。

【答案要点】

(1)"五育"并举的教育方针。

①军国民教育。指将军事教育引入到学校和社会教育之中,让学生和民众受到一定的军事教育和训练。在学校教育中,强调学生生活的军事化,特别是体育的军事化。

②实利主义教育。即密切教育与国民经济生活的关系,加强职业技能的培训,使教育能发挥提高国家经济能力和改善人民生活水平的作用。

③公民道德教育。蔡元培认为,公民道德的基本内容不外乎法国资产阶级革命所标榜的自由、平等、博爱,虽然与封建道德的专制等级性不相容,但他明确指出中国传统伦理特别是儒家伦理中的一些基本范畴,其内涵是与自由、平等、博爱的精神相通的。

④世界观教育。是蔡元培独创并被作为教育的最高境界。世界观教育就是要培养人们立足于现象世界但又超脱现象世界而贴近实体世界的观念和精神境界。

⑤美感教育。美感教育与世界观教育紧密联系。蔡元培认为，美感介于现象世界和实体世界之间，是两者之间的桥梁。

（2）高等教育思想。

①抱定宗旨，改变校风。蔡元培明确大学的宗旨，认为大学应该成为"研究高尚学问之地"。

②贯彻"思想自由，兼容并包"的办学原则。蔡元培明确声明，在学术上"循'思想自由'原则，取兼容并包主义"，这是他办理北京大学的基本指导思想。该思想不仅体现在学术上，也体现在教师的聘任上。

③教授治校，民主管理。1912年由蔡元培主持制定的《大学令》中，确立了教授治校、民主管理的大学校务管理原则，规定大学设立评议会，各科设立教授会。

④学科与教学体制改革。包括扩充文理，改变"轻学而重术"的思想；沟通文理，废科设系；改年级制为选科制。

（3）教育独立思想。

1922年，蔡元培发表《教育独立议案》，阐明教育独立的基本观点和方法，成为教育独立思潮中的重要篇章。教育独立的基本要求可以大致归结为：教育经费独立；教育行政独立；教育学术和内容独立；教育脱离宗教而独立。

（4）蔡元培对近代中国教育发展的贡献和影响。

蔡元培在民国历史的几个关键时期被委以教育要职，对民国教育的大政方针和宏观布局有重大影响。他的教育思想贯穿着对民主、科学、自由、个性的追求，充满了爱国主义激情。他在教育实践中表现出不屈从压力、锐意改革、坚守信念的品质。他在民国初期改革封建教育，建立资产阶级民主教育制度，反映的是新时代对教育的要求；20世纪20年代提倡教育独立是在教育面临深重危机下的一次无奈抗争；他对北京大学的改革，包容博大，规模恢宏，影响深远，凸显了他作为杰出教育改革家的远大理想和个性品质。

2. 上述名言皆出自哪位教育家？试根据材料分析他的教育思想。

【答案要点】

该名言出自杜威，杜威是20世纪美国著名的哲学家和教育家，其主要教育思想如下：

（1）论教育的本质。

杜威对于"什么是教育"的问题，给出的回答是：教育即生活、教育即生长、教育即经验的持续不断的改造。

（2）论教育的目的。

教育无目的论。从教育本质论出发，杜威反对外在的、固定的、终极的教育目的，认为教育无目的。杜威所希求的是过程内的目的，这个目的就是"生长"。

教育的社会目的。杜威强调过程内的目的不等于否定社会性的目的。杜威要求教育为社会进步服务，为民主制度的完善服务。他认为教育是社会进步及社会改革的基本方法，学校是社会进步和改革的最基本和最有效的工具。在民主社会中，个人发展与社会进步是统一的。

（3）论课程与教材。

从做中学。杜威以其经验论为基础，要求从做中学、从经验中学，要求以活动性、经验性的主动作业来取代传统书本式教材的统治地位。

教材心理学化。"教材心理学化"是指把各门学科的教材或知识各部分恢复到它所被抽象出来之前的原来的经验。

（4）论思维与教学方法。

反省思维。杜威所力倡的反省思维是指对某个经验情境中的问题进行反复的、严肃的、持续不断的思考，其功能在于求得一个新情境，把困难解决、疑虑排除、问题解答。

五步教学法。杜威根据科学的实验主义探究方法和反省思维方式，提出了五步教学法，即创设疑难的情境、确定疑难所在、提出问题的种种假设、推断哪种假设能解决这个困难、验证这种假设。

（5）论道德教育。

杜威认为道德教育的主要任务是协调个人与社会的关系。他认为个人的充分发展是社会进步的必要条件，社会的进步又可以为个人的发展提供更好的基础。

教育的道德性和教育的社会性是相通的，道德教育应在社会性的情境中进行而不能只停留于口头说教；要求学校生活、教材、教法皆应渗透社会精神，视学校生活、教材、教法为"学校道德三位一体"，这三者都是道德教育的重要途径。

（6）杜威教育思想的影响。

杜威是西方现代教育派的理论代表。他对传统教育的整个理论体系发起挑战，奠定了现代教育的理论大厦的基石。

杜威是新教育的思想旗手，他的教育理论突破以往建立在主客体两分之上的传统教育的弊端，将知行合一，使教学中死的知识变为活的知识，突破了内发论和外铄论，将教育看作人与环境的交互过程中经验的观点具有很高的创造性。

杜威奠定了儿童中心论，解决教育与儿童相脱离的问题，并通过学校与社会的统一、思维与经验的统一，解决教育与实践、学校与社会脱离的问题。

杜威提出了做中学这一建立在新哲学和心理学基础上的新方法，拓宽了教学形式和方法，提高了教学专业化水平。

杜威的教育理论对世界教育进程发挥了巨大作用，对日本、中国、苏联等国的教育具有直接的影响。

杜威的理论偏重儿童、活动、经验三中心而使得教育实践忽视了系统知识的传授以致引发了自由与纪律、教师与学生关系等诸多矛盾。另外根据经验和教材心理化原则编写新型教材的设想过于理想化，难以实现。

3. 试论述德育原则中理论与实际相结合的原则。

【答案要点】

理论与实际相结合的原则即理论和生活相结合原则，指进行德育要注重引导学生把思想政治观念和社会道德规范的学习同参与生活实践结合起来，把提高道德认识与养成良好道德行为结合起来，做到心口如一、言行一致。

对青少年来说，注重理论与生活实践的结合十分必要。道德知识与原理在一定的意义上可以通过言教与学习获得，而道德情感、道德行为与习惯的形成则复杂得多，需要经过长期的生活体验与实际锻炼，克服各种内外的障碍才能达到。

贯彻理论和生活相结合原则的基本要求如下：

（1）理论学习要结合学生生活实际，切实提高学生的思想。思想认识是行为的先导。在德育中，以一定的道德观念和思想政治理论教育学生是必要的。道德源于生活，品德养成于生活，但这并不意味着可以拒斥理论的学习，而是表明了理论的教育与学习必须以学生的实际生活为基点，同学生的实际生活相结合。

（2）注重实践，培养道德行为习惯。德育要以生活为基础，要寓于经常的活动与交往中。德育的理论学习要见诸行动，要注重引导学生的实践活动与交往，组织他们适当地参加集体生活、公益劳动、社会服务、政治活动，让他们在实践中锻炼成长，深化思想认识和情感体验，养成好的行为习惯，这是学校德育不可或缺的方面。

4.试论述有意义学习的实质与条件。

【答案要点】

（1）有意义学习的实质。

有意义学习就是符号所代表的新知识与学习者认知结构中已有的适当观念建立非任意的和实质性的联系。有意义学习的类型包括表征学习、概念学习和命题学习。

①非任意的联系是指新知识与认知结构中有关观念存在某种合理的或逻辑上的联系。

②实质性的联系是指新的符号或观念与学习者认知结构中已有的表象、已经有意义的符号、概念或命题的联系，是一种非字面的联系。

（2）有意义学习的条件。

①有意义学习的材料必须具有逻辑意义，这种逻辑意义指的是材料本身在人的学习能力范围内而且与有关观念能够建立非任意的和实质性的联系。

②学习者必须具有有意义学习的心向，也就是积极主动地把新知识与认知结构中原有的适当知识加以联系的倾向。

③学习者认知结构中必须具有适当的知识，以便与新知识进行联系。

④学习者必须积极主动地使这种具有潜在意义的新知识与他认知结构中有关的原有知识发生相互作用，导致原有知识得到改造，新知识获得实际意义，即心理意义。

2012年 北京师范大学333教育综合·真题解析

一、名词解释

京师同文馆

京师同文馆最初是作为外语学校设立的，是近代中国被动开放的产物，1902年，京师同文馆并入京师大学堂。在教学内容的设置上，重视外语学习以及科学技术的学习。就其历史地位而言，它是洋务学堂的开端，也是中国近代新教育的开端。

生活教育

生活教育是陶行知提出的教育理论，其主要内涵包括"生活即教育""社会即学校""教学做合一"。生活教育理论是一种大众的、为人民大众服务的教育理论，且还是一种不断进取创造，旨在探索具有中国民族特色的教育道路的理论，也是我国民族教育理论宝库中十分可贵的遗产。

贝尔-兰卡斯特制

贝尔-兰卡斯特制又称导生制，其具体实施是：教师在学生中选择一些年龄较大、学习成绩较好的学生充任导生，教师先对导生进行教学，然后由他们去教其他学生。通过这种教学方式，学生的数额得以大大增加，也在一定程度上缓解了教师奇缺的压力，因而一度广受欢迎，但因其难以保证教育质量而最终被人们所抛弃。

知识表征

知识的表征是指知识在头脑中的表现形式和组织结构。知识是通过个体与信息，甚至是整个情境相互作用而获得的，个体一旦获得知识就会在头脑中用某种形式和方式来代表其意义，把它储存起来。

自我提高内驱力

自我提高内驱力是个体因自己的胜任能力或工作能力而赢得相应地位的需要。它不直接指向学习任务本身，而是将成就看作赢得地位与自尊心的根源，是一种外部动机。

恩物

恩物是福禄培尔创制的一套供儿童使用的教学用品，其教育价值就在于它是帮助儿童认识自然及其内在规律的重要工具。恩物作为自然的象征，能帮助儿童由易到难、由简及繁、循序渐进地认识自然，发展儿童的想象力和创造力。

二、简答题

1. 简述教育的政治功能。

【答案要点】

（1）教育通过传播一定的社会的政治意识，完成年轻一代的政治社会化。人的社会化是人的发展的重要方面，而政治社会化又是人的社会化的重要方面。教育作为传递知识、训练思维与培养情感的活动，能向年轻一代传播一定的社会政治意识，促进他们的政治社会化，从而为一定社会政治秩序的稳定创造重要条件。

（2）教育通过造就政治管理人才，促进政治体制的变革与完善。现代社会强调法治，使得教育更重视培养政治管理人才。由于科技向管理部门的全面渗透，社会越发展，国家对政治管理人才的素质要求越高，通过教育选拔、培养政治管理人才显得越重要。

（3）教育通过提高全民文化素质，推动国家的民主政治建设。一个国家的政治是否民主，取决于政体和国民素质。普及教育的程度越高，国民的文化素质越高，其国民就越能认识到民主的价值，在政治生活和社会生活中就越能履行民主的权利。

（4）教育是形成社会舆论、影响政治时局的重要力量。学校是知识分子和青少年集中的地方，他们有见解，勇于发表意见，通过教育者和受教育者的言论、演讲和社会活动等，来宣传思想，造就舆论，借以影响群众，为一定的政治、经济服务。

2. 简述我国教育目的的基本精神。

【答案要点】

2015年新修订的《中华人民共和国教育法》规定："教育必须为社会主义现代化建设服务，必须与生产劳动和社会实践相结合，培养德、智、体、美等方面全面发展的社会主义事业的建设者和接班人。"这是目前教育目的最规范的表述。

我国教育目的表述虽几经变化，但其基本精神却是一致的，就是培养学生成为未来国家、社会发展的实践主体与主人。其基本点包括以下几个方面：培养"劳动者"或"社会主义建设人才"；坚持全面发展；培养独立个性。

综上所述，我国教育目的的价值取向的出发点与归宿在于：培养德、智、体、美、劳全面发展，具有创新精神、实践能力和独立个性的社会主义现代化需要的各级各类人才。

3. 简述课程多样化的内涵。

【答案要点】

课程的多样化主要指课程应当广泛反映不同地区的不同经济社会发展的要求；反映不同民族、

阶级、阶层、群体的不同文化、利益与需求；反映不同学生个人的个性发展的选择与诉求。它有助于以人为本、实事求是，尊重不同地区、群体与个人的差异、特色及其对教育与课程的追求；有助于肯定各方面的独特价值，调动个人的积极性，增加社会的民主、公平，促使社会与个人都能得到发展。

4. 简述启发性教学原则的基本要求。

【答案要点】

启发性教学原则指在教学中教师要激发学生的学习主体性，引导他们经过积极思考与探究自觉地掌握科学知识，学会分析问题和解决问题，树立求真意识和人文情怀。其基本要求如下：

（1）调动学生学习的主动性。在激发学生的学习主动性上，教师要发挥个人的创造性，善于运用发人深思的提问、令人心动的讲述，充分显示教学内容的吸引力，以便激起学生的求知欲和积极性，全神贯注地投入学习。

（2）善于提问激疑，引导教学步步深入。在启发过程中，教师要有耐心，给学生以思考时间；要有重点，问题不能多，不能启而不发；要善于与学生探讨，引导学生一步步去获取新知识和领悟人生的价值。

（3）注重通过解决实际问题启发学生获取知识。接触实际问题对学生更具诱惑力和挑战性，会使他们更积极主动地进行学习和完成任务。

（4）引导学生反思学习过程。教学要引导学生反思学习过程，了解学习过程，分析学习过程中的顺利与障碍、长处与缺点，寻找原因，克服失误，使学习程序简捷、有效，注重积淀适合自己的学习方式，学会学习。

（5）发扬教学民主。要创造宽松、和谐、民主、平等、坦率、活跃的课堂教学氛围，这是启发教学的重要条件。

三、分析论述题

1. 试评述孔子的教育实践与思想。

【答案要点】

（1）创办私学与编订"六经"。

孔子大约在他30岁正式招生办学，开始他的教育生涯。他创办的私学产生了广泛的社会影响，是春秋时期规模最大、持续时间最长、影响最深远的学校。

孔子于晚年完成了《诗》《书》《礼》《乐》《易》《春秋》的编纂和校订工作，整理和保存了我国古代文化典籍，奠定了儒家教育内容的基础。后世将上述典籍称为"六经"。

（2）"庶、富、教"：教育与社会发展。

孔子认为教育对社会发展有重要作用，是立国治国的三大要素之一。教育事业的发展要建立在经济发展的基础上。治国的三个重要条件，首先是"庶"，要有较多的劳动力；其次是"富"，要使人民群众有丰足的物质生活；再次是"教"，要使人民受到政治伦理教育，知道如何安分守己。"庶"与"富"是实施教育的先决条件，只有在"庶"与"富"的基础上开展教育才会取得成效。

（3）"性相近也，习相远也"：教育与人的发展。

孔子对教育在人的发展过程中起关键性作用持肯定态度。他在中国历史上首次提出"性相近也，习相远也"。"性"指的是先天素质，"习"指的是后天习染，包括教育与社会环境的影响。孔子认为人的先天素质没有多大差别，只是由于后天教育和社会环境的影响作用，才造成人的发展有重大的差别。从"习相远"的观点出发，孔子认为人要发展，教育条件是很重要的，认为人的生活环境应当受到重视，要争取积极因素的影响，排除消极因素的影响。

（4）"有教无类"与教育对象。

"有教无类"的本意是不分贵贱贫富和种族，人人都可以入学接受教育。孔子的教学实践切实地贯彻了这一办学方针，他的弟子来自各个诸侯国，分布地区广泛；弟子成分复杂，出身于不同的阶级和阶层，大多数出身于平民。

（5）"学而优则仕"与教育目标。

孔子提出由平民中培养德才兼备的从政君子，这条培育人才的路线可简括称之为"学而优则仕"。"学而优则仕"包含多方面的意思：学习是通往做官的途径，培养官员是教育最主要的政治目的，而学习成绩优良是做官的重要条件；如果不学习或虽经学习而成绩不优良，也就没有做官的资格。

（6）以"六艺"为教育内容。

孔子继承西周贵族"六艺"教育传统，吸收采择了有用学科，又根据现实需要创设新学科，虽袭用"六艺"的名称，但对所传授的学科都做了调整，充实了内容。孔子教学的"六艺"即其编撰的"六经"。

（7）教学方法。

主要有因材施教、启发诱导、学思行结合、好学求是的态度。

（8）论道德教育。

孔子的教育目的是培养从政的君子，而成为君子的主要条件是具有道德品质修养，因此，道德教育居首要地位。孔子主张以"礼"为道德规范，以"仁"为最高道德准则。凡符合"礼"的道德行为都要以"仁"的精神为指导，因此，"礼"和"仁"成为道德教育的主要内容。道德修养的原则与方法：立志、克己、力行、中庸、内省和改过。

（9）论教师品格。

教师要学而不厌、温故知新、诲人不倦、以身作则、爱护学生、教学相长。

（10）深远的历史影响。

孔子是全世界公认伟大的思想家和教育家，他毕生从事教育活动，建树了丰功伟绩。他在实践基础上提出的一些首创的教育学说，为中国古代教育奠定了理论基础。

2. 论述德育过程是提高学生自我教育能力的过程。

[答案要点]

在德育过程中，要引导学生积极参与社会学习、生活交往和道德践行，培养和提升他们的思想品德素质，均有赖于发挥学生个人的能动性和自我教育能力。

（1）自我教育能力培育的意义。

一方面，自我教育能力是德育的一个重要条件，只有注意培养与提高学生的这种能力，德育才能进行得更顺利、更有效。另一方面，学生的自我教育能力的形成又是学生思想道德发展过程的一个重要标志。

（2）自我教育能力的构成因素。

①自我期望能力，是个体设定自我发展愿景的能力。它是自我教育的内在目的和动力。儿童自幼就有做"好孩子""好学生"的热切期望，这是学生自我期望能力发展的心理基础。

②自我评价能力，是个体对自我发展现状和趋势的评判能力。它是进行自我教育的认识基础。

③自我调控能力，是在自我评价的基础上建立起来的自觉调节、控制自己思想与行为的能力。它是进行自我教育的重要机制。

（3）学生自我教育能力的发展。

儿童自我意识与自我教育能力的发展是有规律的，大致是从"自我中心"发展到"他律"，又从"他律"发展到"自律"。教师应该依据这一规律，从实际出发，因势利导，有目的地培养学生的自我意识，提高学生的自我期望、自我评价和自我调控能力，形成和发展他们的自我教育能力，充分发挥他们在自身品德建构中的主体作用。

3. 论述韦纳的动机理论。

【答案要点】

美国心理学家韦纳提出的归因理论，既是解释学习动机最系统的理论之一，也是最能反映认知观点的动机理论。该理论集中于研究个体在行为之后，对自己行为结果成败的认知解释。他认为，个体对自己的行为及其结果有了解的动机，个体解释自己行为后果时的归因是复杂的，这种归因将影响其今后类似行为动机的强弱。

实证研究发现，人们通常将自己的成败归为以下六种原因：能力强弱、努力程度、任务难易、运气好坏、身心状况和其他。这六种因素又分别纳入原因来源、稳定性和可控性三个维度之中。原因来源指个体认为导致其行为成败的原因是来自个体内部还是外部。稳定性指个体认为导致其成败的因素是否稳定。可控性指个体认为导致其成败的因素能否受个人意志控制。将失败归因于内部、稳定、不可控的因素时最消极，会产生习得性无助感，使人动机水平降低，并产生认知障碍、情绪失调。

韦纳得出三个基本结论：

（1）当个体将成功归因于能力和努力等内部因素时，会产生骄傲、自豪感，增强自信心和动机水平；将成功归因于任务容易、运气好、别人帮助等外部因素时，则满意感较少。当个体将失败归因于能力弱、不努力等内部原因时，会产生愧疚感；将失败归因于任务太难、运气不好或教师评分不公正等外部原因时，则较少产生愧疚感。无论成败，归因于努力比归因于能力会产生更强的情绪体验。努力而成功会让人感到愉快，努力而失败的人也应该受到鼓励，不努力而失败会让人感到愧疚。

（2）在取得同样的成绩时，能力低者应得到更多的奖赏。

（3）能力低而努力的人应受到最高评价，而能力高但不努力的人则应受到最低评价。

韦纳的归因理论在教育上的意义在于它能从学生的观点显示出学习成败的原因。了解学生的自我归因可预测其今后的学习动机。学生的自我归因未必正确，却十分重要，教师应注意了解和辅导。长期消极归因有碍于学生健康成长。教师的反馈是影响学生自我归因的重要因素，学生的自我归因并不完全以考分高低为依据，很大程度受到教师对其成绩评价和态度的制约。

4. 问1：这个思想是谁提出的？请对这个人做简要的介绍。

问2：该材料所包含的基本观点及其意义。

问3：该作者其他主要的教育观念。

【答案要点】

问1：该思想由杜威提出。杜威是20世纪美国著名的哲学家和教育家，他以实用主义哲学、民主主义政治理想和机能心理学为基础，通过批判地继承前人的思想，构建起庞大的教育哲学体系，成为现代教育的代表人物。主要著作有《民主主义与教育》《我的教育信条》等。

问2：基本观点及其意义如下：

（1）教育无目的论。

从教育本质论出发，杜威反对外在的、固定的、终极的教育目的，认为教育无目的。杜威所希求的是过程内的目的，这个目的就是"生长"。

杜威认为在非民主的社会里，教育目的是外在于并强加于教育过程的，包含权威与专制色彩。

而在民主的社会里，教育目的应该内在于教育的过程之中。杜威主张以生长为教育的目的，其主要意图在于反对外在因素对儿童发展的压制，在于要求教育尊重儿童愿望和要求，使儿童从教育本身中、从生长过程中得到乐趣。

（2）教育的社会目的。

杜威强调过程内的目的不等于否定社会性的目的。杜威要求教育为社会进步服务，为民主制度的完善服务。他认为，教育是社会进步及社会改革的基本方法，学校是社会进步和改革的最基本和最有效的工具。在民主社会中，个人发展与社会进步是统一的。

教育要培养具有良好公民素质、民主思想和生活能力的人，要培养具有科学思想和精神，能解决实践问题的人，要培养具有道德品质和社会意识的人，要培养具有一定职业素养的人。

问3：该作者的其他教育观念如下：

（1）论教育的本质。

杜威对于"什么是教育"的问题，给出的回答是：教育即生活、教育即生长、教育即经验的持续不断的改造。

（2）论课程与教材。

从做中学。杜威以其经验论为基础，要求从做中学、从经验中学，要求以活动性、经验性的主动作业来取代传统书本式教材的统治地位。

教材心理学化。"教材心理学化"是指把各门学科的教材或知识各部分恢复到它所被抽象出来之前的原来的经验。

（3）论思维与教学方法。

反省思维。杜威所力倡的反省思维是指对某个经验情境中的问题进行反复的、严肃的、持续不断的思考，其功能在于求得一个新情境，把困难解决、疑虑排除、问题解答。

五步教学法。杜威根据科学的实验主义探究方法和反省思维方式，提出了五步教学法，即创设疑难的情境、确定疑难所在、提出问题的种种假设、推断哪种假设能解决这个困难、验证这种假设。

（4）论道德教育。

杜威认为道德教育的主要任务是协调个人与社会的关系。他认为个人的充分发展是社会进步的必要条件，社会的进步又可以为个人的发展提供更好的基础。

教育的道德性和教育的社会性是相通的，道德教育应在社会性的情境中进行而不能只停留于口头说教；要求学校生活、教材、教法皆应渗透社会精神，视学校生活、教材、教法为"学校道德三位一体"，这三者都是道德教育的重要途径。

2011年 北京师范大学333教育综合·真题解析

一、名词解释

鸿都门学

鸿都门学创办于东汉灵帝时期，因校址位于洛阳的鸿都门而得名。鸿都门学在性质上属于一种研究文学艺术的专门学校，规模曾发展到千人以上。鸿都门学的创办是统治集团内部各派政治力量的较量在教育上的反映，同时也与汉灵帝的个人爱好有密切关系。

中体西用

"中学为体，西学为用"是洋务派关于中西文化关系的核心命题，也是洋务教育的指导思想。洋务派提出"中体西用"，认为在突出"中学"主导地位的前提下，应肯定"西学"的辅助作用和器用价值。1898年初，张之洞发表《劝学篇》，围绕"旧学为体，新学为用"的主旨集中阐述，形成了一个比较完整的思想体系。

最近发展区

维果茨基认为，在进行教学时必须注意到儿童的两种水平，一种是儿童现有的发展水平，另一种是即将达到的发展水平，维果茨基把这两种水平之间的差距称为最近发展区，即独立解决问题的真实发展水平和在成人指导下或与其他儿童合作情况下解决问题的潜在发展水平之间的差距。

元认知策略

元认知策略是对信息加工流程进行控制的策略，可分为计划策略、监察策略和调节策略。计划策略包括设置目标、浏览等；监察策略包括自我检查、集中注意力等；调节策略包括调整阅读速度、重新阅读等。

苏格拉底法

苏格拉底法也称"问答法""产婆术"，是由讥讽、助产术、归纳和定义四个步骤组成的独特的方法。这是苏格拉底探讨伦理哲学的研究方法，也是他的教学方法。

道尔顿制

道尔顿制是美国进步主义教育家帕克赫斯特针对班级授课制的弊端在道尔顿中学实施的一种个别教学制度，也称"道尔顿计划"，主要内容包括在学校废除课堂教学、课程表和年级制，代之以"公约"或"合同式"的学习；将教室改为作业室或实验室，用表格法来了解学生的学习进度等。

二、简答题

1.试评"环境决定论"。

【答案要点】

环境决定论片面强调环境和教育在人的发展中的决定作用，忽视了其他因素对人的发展的影响。持这种观点的代表人物主要是美国行为主义心理学的创始人华生，华生关于环境决定论曾有一个著名的论断："给我一打健康的婴儿，如果让我在由我所控制的环境中培养他们，不论他们的前辈的才能、爱好、倾向、能力、职业和种族情况如何，我保证能把其中任何一个人训练成我选定的任何一种专家：医生、律师、艺术家、富商、甚至乞丐和盗贼。"

环境决定论有其合理性，但过于片面。除了环境外，遗传、个体活动和教育等因素都可以影响人的发展，人的发展是这些因素共同作用的结果。

（1）遗传在人发展中的作用。遗传素质是人的发展的生理前提；遗传素质的成熟程度制约着人的发展过程及年龄特征；遗传素质的差异性对人的发展有一定的影响；遗传素质具有可塑性。

（2）环境在人的发展中的作用。环境是人的发展的外部条件；环境的给定性与主体的选择性。

（3）个体活动在人的发展中的作用。个体活动是人的发展的决定因素；个体活动制约着环境影响的内化与主体的自我建构；个体通过能动的活动选择、构建着自我的发展。

（4）教育对人的发展的作用。教育在人的发展中起引领作用；学校教育主要通过传承文化科学知识来培养人；学校教育对提高人的现代性有显著的作用。

2. 学校教育中，怎样培养学生的创造力。

（1）营造鼓励创造的环境。首先，应倡导民主式的教育和管理。其次，应改革考试制度，为学生创造宽松的学习环境。再次，应增加自主选择课程的机会和有针对性的课程设计。最后，应为学生提供创造性人物的榜样。

（2）培养创造性的教师队伍。首先，要转变教师的教育教学观念，使教师理解并鼓励学生的创造思维；其次，要教给教师必要的创造技法和思维策略；再次，为教师提供明晰的、具有实用价值的有关创造性的知识及相应的教学策略和技能；最后，教师应不断学习关于创造性的心理学知识，用心理学的理论指导自己的实践。

（3）培育创造意识，激发创造动机。只有当个人具有自觉的创造意识、强烈的创造动机，才易产生新思想、新方法、新观点。需要做到：树立学生创新的自信心；激发创造热情；磨砺创造意志；培养创造勇气。

（4）发展和培养创造性思维。创造性思维的培养应注意以下几个方面：加大思维的"前进跨度"；加大思维的"联想跨度"；加大"转换跨度"；给学生大胆探索与推测的机会。

（5）开设创造课程，教给创造技法。在创造性课程的教学中，注重教给学生基本的创造技巧与方法是培养创造性的有效措施，主要创造技法有：头脑风暴法；系统探求法；联想类比法；组合创新法；对立思考法；转换思考法。

（6）塑造创造性人格。主要方法有：保护好奇心；解除对错误的恐惧心理；鼓励独创性与多样性。此外，自信与乐观、忍耐与有恒心、合作、严谨等也是创造性人格培养的重要方面。

3. 简述德育的疏导原则。

【答案要点】

疏导原则指进行德育要循循善诱、以理服人，从提高学生认识入手，调动学生的主动性，使他们积极向上。也称循循善诱原则。贯彻疏导原则的基本要求如下：

（1）讲明道理，疏通思想。对青少年进行德育，要注重摆事实、讲道理，做深入细致的思想工作，启发他们自觉认识问题，自觉履行道德规范。

（2）因势利导、循循善诱。要善于把学生的积极性和志趣引导到正确方向上去。

（3）以表扬、激励为主，坚持正面教育。在青少年的成长过程中，要坚持正面教育，对他们表现的积极性和微小的进步，都要注意肯定，多加赞许、表扬和激励，引导他们步步向前，以培养他们的优良品德。批评与处分只能作为辅助的办法。

4. 教育为什么要"以人为本"？

【答案要点】

（1）树立以人为本的教育观，意味着肯定教育的根本主旨在于促进人的全面发展，在生产力发展的基础上尽可能地满足大多数人的文化需要，尽可能地让每个人有公平的受教育机会，尽可能地开发每个人的发展潜能，启发每个人的能动性、创造性，引导每个人成为社会的主人、国家的公民，自觉地为人民服务，为社会主义现代化建功立业，在实现民族复兴梦中实现自我。

（2）树立以人为本的教育观，还意味着肯定人是自我教育、自我发展的主体。教育对人的个性素质的发展只是人的发展的外因，必须经过人的发展的内因，经过人的自我教育，才能转化为人的个性素质。教育必须尊重人在自我教育、自我发展中的主体地位。教育的艺术和教育的实效，取决于培养和发挥人的自我教育、自我发展的能动性。

三、分析论述题

1. 论述蔡元培的"思想自由，兼容并包"原则及其对北大的改革。

【答案要点】

（1）抱定宗旨，改变校风。蔡元培明确大学的宗旨，认为大学应该成为"研究高尚学问之地"。他改革北大的第一步就是要为师生创造研究高深学问的条件和氛围。具体措施有：改变学生的观念；整顿教师队伍，延聘积学热心的教员；发展研究所，广积图书，引导师生研究兴趣；砥砺德行，培养正当兴趣。

（2）贯彻"思想自由，兼容并包"的办学原则。蔡元培明确声明，在学术上"循'思想自由'原则，取兼容并包主义"，这是他办理北京大学的基本指导思想。该思想不仅体现在学术上，也体现在教师的聘任上。蔡元培以"学诣为主"，罗致各类学术人才，使北大教师队伍一时呈现出流派纷呈的局面。

（3）教授治校，民主管理。1912年由蔡元培主持制定的《大学令》中，确立了教授治校、民主管理的大学校务管理原则，规定大学设立评议会，各科设立教授会。蔡元培到任北大后，当年即组织了评议会。1919年，评议会通过学校内部组织章程，决定：第一，设立行政会议，作为全校最高的行政机构和执行机构，负责组织实施评议会议决的事项，下设各种委员会分管各类事务；第二，设立教务会议及教务处，由各系主任组成，并互相推选教务长一人，统一领导全校的教务工作；第三，设立总务处，主管全校的人事和事务工作。

管理体制的改革，体现了蔡元培教授治校、民主管理的思想，目的是把推动学校发展的责任交给教授，让真正懂得学术的人来管理学校。新的管理体制的建立，改变了京师大学堂遗留下来的封建衙门作风，提高了工作效率，促进了学校的蓬勃发展。

（4）学科与教学体制改革。在学科与教学体制改革方面，蔡元培主要有三个措施：第一，扩充文理，改变"轻学而重术"的思想；第二，沟通文理，废科设系；第三，改年级制为选科制，发展学生个性。

北京大学的改革不仅仅使自身改变了面貌，也是我国高等教育近代化发展中的一个里程碑。这次改革的灵魂是"思想自由，兼容并包"，其中"兼容并包"不仅包容不同的学术和学说流派、不同的人物和主张，也在男生之外包容女生，在正式生之外包容旁听生。北大因此成为新文化运动和马克思主义的传播中心、五四运动的策源地，其影响远远超出了教育领域。

2. 论述教学原则中的科学性和思想性统一原则。

【答案要点】

科学性和思想性统一原则指教学要以马克思主义为指导，授予学生以科学知识，并结合知识教学对学生进行社会主义品德和核心价值观教育。

科学性和思想性统一原则，是培养德、智、体、美全面发展人才的要求，是建设社会主义物质文明和精神文明的要求，也是教学的教育性规律的反映，体现了我国教学的根本方向和质量标准。我国社会主义中小学的教学，尤其重视科学性和思想性的统一。一般来说，科学性是思想性的基础，不讲科学性，把错误的知识传授给学生，就是误人子弟，更谈不上思想性；思想性又为科学性的动力，不讲思想性无法激发学生努力追求真知，明确学习文化科学知识的正确方向，必然会深刻印象教学的科学性。

贯彻科学性和思想性统一原则的基本要求如下：

（1）保证教学的科学性。在教学中，教师要以马克思主义的观点和方法来分析教材，使选择和补充的教学内容都能切合时代的需要，反映学科的进步；力求传授给学生的知识及其方法、过程都是科学的、准确无误的、富有教益的。

（2）发掘教材的思想性，注意在教学中对学生进行思想品德教育。人文社会学科具有鲜明的思想性，是提高学生思想道德修养、进行人生观教育的重要教材；自然学科也蕴含着丰富的人文精神，尤其是它所运用的研究方法、经历的艰辛过程和所揭示的客观规律，均有利于养成学生的实事求是的科学态度。

（3）重视补充有价值的资料、事例或录像。一般来说，教材的思想性寓于科学知识之中，大都十分内隐，自然科学尤其是这样。如果教师能深入领悟、吃透教材，根据教学需要补充一些有价值的资料，包括生动的故事与实例、经典的格言、动人的录像，情况则大不一样，将开启学生的心智，震撼学生的心灵，使他们获益匪浅。

（4）教师要不断提高自己的专业水平和思想修养。教学的科学性和思想性主要靠教师来保障。

3. 论述诊断性评价、形成性评价和终结性评价的内涵。

【答案要点】

根据评价在教学中的作用不同，教学评价可被分为诊断性评价、形成性评价、终结性评价。

（1）诊断性评价：在学期教学或单元教学开始时，对学生现有的知识水平和能力发展的评价，如各种摸底考试。其目的是为了弄清学生现有知识和能力发展情况，优点与不足之处，以便更好地改进教学，因材施教，因势利导。

（2）形成性评价：在教学进程中，对学生的知识掌握和能力发展所做的比较经常而及时的测评，包括对学生的提问、书面测验、作业批改等。其目的不注重于成绩的评定，而是使师与生都能及时获得反馈信息，更好地改进教与学，以促进教师和学生的发展、提高。

（3）终结性评价：在一个大的学习阶段，对学生学习的成果进行制度化的正规考查、考试及成绩评定，也称总结性评价。其目的是为学生评定一定阶段的学习成绩。

4. 论述杜威的教育思想。

【答案要点】

杜威是20世纪美国著名的哲学家和教育家，其主要教育思想如下：

（1）论教育的本质。

杜威对于"什么是教育"的问题，给出的回答是：教育即生活、学校即社会、教育即生长、教育即经验的持续不断的改造。

（2）论教育的目的。

教育无目的论。从教育本质论出发，杜威反对外在的、固定的、终极的教育目的，认为教育无目的。杜威所希求的是过程内的目的，这个目的就是"生长"。

教育的社会目的。杜威强调过程内的目的不等于否定社会性的目的。杜威要求教育为社会进步服务，为民主制度的完善服务。他认为教育是社会进步及社会改革的基本方法，学校是社会进步和改革的最基本和最有效的工具。在民主社会中，个人发展与社会进步是统一的。

（3）论课程与教材。

从做中学。杜威以其经验论为基础，要求从做中学、从经验中学，要求以活动性、经验性的主动作业来取代传统书本式教材的统治地位。

教材心理学化。"教材心理学化"是指把各门学科的教材或知识各部分恢复到它所被抽象出来之前的原来的经验。

（4）论思维与教学方法。

反省思维。杜威所力倡的反省思维是指对某个经验情境中的问题进行反复的、严肃的、持续不断的思考，其功能在于求得一个新情境，把困难解决、疑虑排除、问题解答。

五步教学法。杜威根据科学的实验主义探究方法和反省思维方式，提出了五步教学法，即创设疑难的情境、确定疑难所在、提出问题的种种假设、推断哪种假设能解决这个困难、验证这种假设。

（5）论道德教育。

杜威认为道德教育的主要任务是协调个人与社会的关系。他认为个人的充分发展是社会进步的必要条件，社会的进步又可以为个人的发展提供更好的基础。

教育的道德性和教育的社会性是相通的，道德教育应在社会性的情境中进行而不能只停留于口头说教；要求学校生活、教材、教法皆应渗透社会精神，视学校生活、教材、教法为"学校道德三位一体"，这三者都是道德教育的重要途径。

（6）杜威教育思想的影响。

杜威是西方现代教育派的理论代表。他对传统教育的整个理论体系发起挑战，奠定了现代教育的理论大厦的基石。

杜威是新教育的思想旗手，他的教育理论突破以往建立在主客体两分之上的传统教育的弊端，将知行合一，使教学中死的知识变为活的知识，突破了内发论和外铄论，将教育看作人与环境的交互过程中经验的观点具有很高的创造性。

杜威奠定了儿童中心论，解决教育与儿童相脱离的问题，并通过学校与社会的统一、思维与经验的统一，解决教育与实践、学校与社会脱离的问题。

杜威提出了做中学这一建立在新哲学和心理学基础上的新方法，拓宽了教学形式和方法，提高了教学专业化水平。

杜威的教育理论对世界教育进程发挥了巨大作用，对日本、中国、苏联等国具有直接的影响。

杜威的理论偏重儿童、活动、经验三中心而使得教育实践忽视了系统知识的传授以致引发了自由与纪律、教师与学生关系等诸多矛盾。另外，根据经验和教材心理化原则编写新型教材的设想过于理想化，难以实现。

2010年 北京师范大学 333 教育综合·真题解析

一、名词解释

有教无类

"有教无类"的本意是不分贵贱贫富和种族，人人都可以入学接受教育。孔子的教学实践切实地贯彻了这一办学方针，他的弟子来自各个诸侯国，分布地区广泛；弟子成分复杂，出身于不同的阶级和阶层，大多数出身于平民。

壬戌学制

1922年，教育部在北京专门召开了学制会议，同年11月公布了《学校系统改革案》。该学制又被称为"新学制"或"壬戌学制"，由于采用的是美国式的六三三分段法，又称"六三三学制"。壬戌学制最显著的特点是根据儿童身心发展规律划分教育阶段。

做中学

杜威反对以教师、教科书、教室为中心的传统教学方法而提出"从做中学",这是一种通过主动作业、在经验的情境中思维的方法,从而达到经验与思维的统一、思维与教学的统一、课程与作业的统一、教材与教法的统一。

教学形式阶段论

赫尔巴特认为兴趣活动可以划分为四个阶段:注意、期待、要求和行动。儿童在学习活动中的思维方式有两种:专心与审思。在此基础上,他提出了教学形式阶段理论,即"赫尔巴特四段教学法",四个阶段分别是明了、联合、系统、方法。

横向迁移

学习迁移按照不同抽象和概括水平可以分为横向迁移和竖向迁移。横向迁移又称水平迁移,指处于同一抽象和概括水平的经验之间的相互影响。

先行组织者

先行组织者是指先于学习任务本身呈现的一种引导性材料,它要比学习任务本身具有更高的抽象、概括和综合水平,并且能清晰地与认知结构中原有的观念和新的学习任务关联。

二、简答题

1. 简述教育的社会流动功能及其当代意义。

【答案要点】

教育的社会流动功能是指社会成员通过教育的培养、筛选和提高,能够在不同的社会区域、社会层次、职业岗位、科层组织之间转换、调整和变动,以充分发挥其个人的智慧才能,实现其人生价值。它包括横向流动功能和纵向流动功能。前者指改变其环境而不提升其社会层级地位,后者指改变其社会层级地位及作用。

教育的社会流动功能在当代的重要意义:

(1)教育是个人社会流动的基础。不管从事什么行业,要在社会上生存与流动,就要有一定的文化知识和能力,必须接受一定的教育。它使享受这一教育的人能够选择自己将要从事的职业,参与建设集体的未来和继续学习。

(2)教育是现代社会流动的主要通道。今天,我国农村的年轻一代要成功地进行社会流通,尤其是向上流通,必须经过教育,甚至只有经过优质的高等教育才能实现。

(3)教育深刻影响社会公平。教育的社会流动,实质上涉及教育机会均等与社会公平问题。到近代,人们才逐步提出普及教育与入学机会人人均等的要求。如今,各国纷纷实行普及义务教育制度,注重教育公平,这是教育发展的趋势。

2. 简述活动课程的内涵及特点。

【答案要点】

活动课程又称经验课程、儿童中心课程,与学科课程相对立,它打破学科逻辑的界限,是以学生的兴趣、需要、经验和能力为基础,通过引导学生自己组织有目的的系列活动而编制的课程。其主要特点如下:

(1)重视儿童的兴趣、需要、能力和阅历,以及儿童在学习中的自我指导作用与内在动力。

(2)注重引导儿童从做中学,通过探究、交往、合作等活动使学生的经验得到改组与改造。

(3)强调解决问题的动态活动过程。

(4)把课程资源作为解决问题的工具,反对预先确定目标的观念。

3. 如何处理教师主导作用与学生主体性的关系。

【答案要点】

（1）发挥教师的主导作用是学生简捷有效地学习知识、发展身心的必要条件。教师主导作用是针对能否引导学生积极学习与上进而言的。因而学生的主动性、反思性、创造性发挥得怎样，学习的效果怎样，又是衡量教师主导作用发挥得好坏的根本标志。

（2）尊重学生、调动学生的学习主动性是教师有效地教学的一个主要因素。学生的学习主动性、积极性发挥得怎么样，直接影响并最终决定着学生个人的学习质量、成效和身心发展的方向与水平。

（3）防止忽视学生积极性和忽视教师主导作用的偏向。最可靠的措施是普遍提高教师的修养和水平，加强对学生的了解、沟通，提高教师的责任感与创造性，这样才能实现师生之间民主平等、尊师爱生、教学相长的互动与合作，使师、生两方面的主动性都能得到弘扬，在教学互动的过程中达到动态的平衡和相得益彰。

4. 简述德育中教育影响的一致性和连贯性原则的内涵及基本要求。

【答案要点】

教育影响的一致性和连贯性原则指德育应当有目的、有计划地把来自各方面对学生的影响加以组织，使其优化为教育的合力前后连贯地进行，以获得最大的成效。

贯彻教育影响一致性和连贯性的基本要求如下：

（1）组建教师集体，使校内对学生的教育影响一致。为了提高德育工作的效率和效果，使全体教师对学生的影响与要求一致起来，有必要组建相应的教师集体。

（2）做好衔接工作，使对学生的教育前后连贯和一致。德育要做好衔接工作，包括小学与初中、初中与高中以及学期之间的思想教育衔接工作；做好教师因工作调换而产生的衔接工作。

（3）发挥学校教育的引领作用，使学校、家庭和社会对学生的教育得到整合、优化。学校应与家庭和社会的有关机构建立和保持联系，形成一定的教育协作制度；要及时、定期地交流情况；要分工负责；要引导学生提升自我修养。

三、分析论述题

1. 试论述科举制度与学校教育的关系

【答案要点】

科举制度即个人自愿报考，县州逐级考试筛选，全国举子定时集中到京都，按科命题，同场竞试，以文艺才能为标准，评定成绩，限量选优录取，是一种选官制度，以这种方式选拔国家官员。

唐初的统治者重视兴办学校，又重视利用科举。学校教育制度是培养人才的制度，成为国家社会人才的重要来源，学校不断输送人才供科举考试选拔，是科举赖以发展的基础。科举考试成为国家政权选拔优秀人才的重要渠道，也为学校培养的人才开辟了政治出路。中国历来有"学而优则仕"的教育传统，为学修身，以从政为官为第一目标，科举是联通学校教育与从政为官的桥梁。学校教育与科举考试，皆独立而并举，相辅相成，关系相当密切。

从统治集团的立场来看，学校与科举，两者都是不可缺少的政治工具，只是两者的特点和效用各有不同。学校培养人才需要一定的条件，要有人力、物力、财力的投入，还需要较长费心培植的周期。而科举考试，似乎可以走捷径，坐待收获，可以依靠行政权力，确定选拔的科目、方法、日期，就可以派出考官，以考试选拔录取人才，在较短时间内就能受到显著的成效，并产生轰动的社会效应。历史上随着皇朝政权的稳固，政治形势转入和平发展时期，统治者常以功利的观点来看待学校与科举的关系，越来越重视科举的政治作用。科举考试受重视，居于主导地位，学校教育受轻视，居于次要地位。学校教育要适应科举考试的需要，成为科举的附庸，学校作为考试的预备场所，一切都受到科举考试的直接支配。科举考试对学校教育发挥着导向调控作用，直接影响着学校教育。

2. 试论述个人本位论与社会本位论教育目的的分歧和调和原则。

【答案要点】

（1）个人本位论。

代表人物有卢梭、裴斯泰洛齐、福禄培尔等。主要观点：

①教育目的是根据个人发展的需要制定的，而不是根据社会的需要制定的。

②个人价值高于社会价值。社会价值只有在有助于个人发展时才有价值，应由个人来决定社会，个人价值恒久高于社会价值。

③人生来就有健全的潜在本能，教育的基本职能就在于使这种潜能得到发展。

（2）社会本位论。

代表人物：德国哲学家那托尔普、法国思想家涂尔干、德国教育家凯兴斯泰纳等。主要观点：

①个人的一切发展都有赖于社会，都受社会的制约，人的一切发展也是为了满足社会的需要。

②教育除了满足社会需要以外并无其他目的。

③教育结果的好坏是以其社会功能发挥的程度来衡量的，离开了社会，就无法对教育的结果做出衡量。

（3）分歧和调和原则：

个人本位论把个人自身的需要作为制定教育目的的依据，在一定的历史条件下具有一定的进步意义；但如果只强调个人的需求与个性的发展，而一味贬低和反对满足社会发展的需要，则是片面的、错误的。

社会本位论者从社会需要出发来选择教育目的的价值取向，无疑是看到了教育的社会作用，在今天这样生产高度社会化的时代，也具有一定的借鉴价值；但只是站在社会的立场看教育而抹杀了个人在选择教育目的过程中的作用，并以此来排斥教育满足个人发展的需要，则是片面的、不正确的。

要正确理解教育目的的价值取向，必须坚持以马克思主义关于人的全面发展思想为指导，认识个人发展与社会发展是密切相关的两个方面。作为一种培养人的教育，既要满足社会发展需要，又要满足个人发展需要，在历史发展过程中，二者是对立统一地辩证地向前发展的。

3. 试论述维果茨基的社会文化历史发展理论及其对教育教学的启示。

【答案要点】

（1）文化历史发展理论的主要观点。

维果茨基从种系和个体发展的角度分析了心理发展的实质，提出了文化历史发展理论，以此来说明人的高级心理机能的社会历史发生问题。他提出，人的高级心理是随意的心理过程，不是先天就有的，而要受人类文化历史所制约。

①两种工具的理论。维果茨基认为人有两种工具，一种是物质工具，如原始人使用的石刀，现代人使用的机器；另一种是精神工具，主要指人类所特有的语言、符号等。物质工具和精神工具一样，受人类文化历史发展的影响，是不断发展变化的。

②两种心理机能的理论。维果茨基认为必须区分两种心理机能：作为动物进化结果的低级心理机能，是个体早期以直接的方式与外界相互作用时表现出来的特征；作为历史发展结果的高级心理机能，是以符号系统为中介的心理机能，受到社会历史发展规律的制约。在个体发展过程中，这两种心理机能是融合在一起的。

（2）心理发展的实质。

维果茨基认为，心理发展是指一个人的心理从出生到成年，在环境与教育影响下，通过掌握高级心理机能的工具——语言、符号这一中介，在低级心理机能的基础上，逐渐向高级心理机能转化的过程。心理机能由低级向高级发展的标志有以下几个方面：随意机能的不断发展；抽象－概括机能的提高；高级心理结构的形成；心理活动的社会文化历史制约性；心理活动的个性化。

（3）教学与认知发展的关系。

①教学的含义。

广义的教学：指儿童通过活动和交往掌握精神生产的手段，它带有自发的性质。

狭义的教学：指有目的、有计划进行的一种交际形式，它"创造"着儿童心理的发展。

②最近发展区。

维果茨基认为，在进行教学时，必须注意到儿童有两种发展水平：一种是儿童现有的发展水平，另一种是即将达到的发展水平，维果茨基把这两种水平之间的差异称为"最近发展区"，即独立解决问题的真实发展水平和在成人指导下或与其他儿童合作情况下解决问题的潜在发展水平之间的差距。

③教学应当走在发展的前面。

维果茨基主张教学应当走在儿童现有发展水平的前面，一方面，教学决定着儿童发展的内容、水平和速度等；另一方面教学也创造着最近发展区。教学需要注重学生的最近发展区，把儿童潜在的发展水平变成实际的发展水平，同时不断创造新的最近发展区。

④学习存在着最佳期。

维果茨基认为，儿童在学习任何内容时都有一个最佳年龄。教师在开始教学时要处于儿童的最佳期内，教学最佳期是由最近发展区决定的，随着最近发展区的动态发展而不断变化，并且教学最佳期也是因人而异的，因此教师要把握教学的适当时机。

⑤认知发展的"内化"学说。

内化是指将外部实践活动转化为内部心理活动的过程。学生是认识的主体，教师在教学中起主导作用，学生的学习主要是掌握人类的经验并内化于自身的认知结构之中的过程。教育必须重视内化，促进学生从外部语言向内部语言转化，促进个性发展。

（4）维果茨基的理论对教学的影响。

①在搭建支架的基础上发展出了支架式教学。教学支架就是教学者给学生提供适当的指导和支持。这种指导和支持处于学生的最近发展区内，而且要随着儿童认知发展的变化进行调整。

②阐释了在相互作用情境下学习的机制。由于最近发展区是一个动态的区域，需要教师通过与学生的相互作用不断地获得学生发展的反馈，这种在最近发展区内相互作用的实质是教师与学生共同协作的认知活动，使学生和教师的认知结构得到精细加工和重新建构。交互式教学就体现了这种相互作用。

③对于合作学习有一定的指导作用。教师要尽量组织、安排能力水平不同的学生进行合作学习，接受能力较强的同伴的指导是促进儿童在最近发展区内发展的最有效的一种方式。

④情境认知理论及其教学模式的应用。任何学习都处在一定的社会或实际的有意义的背景里，这些背景尤其是社会性作用将通过不同途径影响学习的过程和结果。因此教师在教学过程中要引导学生从旁观者逐渐转变为教学活动的参与者，在社会性互动中获得知识和技能。

4. 这段话出自卢梭的教育名著《爱弥儿》，请你根据卢梭的教育思想，结合自己的理解，谈谈你对教育的认识。

【答案要点】

（1）自然教育的基本含义。

卢梭自然主义教育的核心是"回归自然"。一方面，善良的人性存在于纯洁的自然状态之中。只有"回归自然"、远离喧嚣社会的教育，才有利于保持人的善良天性。因此15岁之前的教育必须在远离城市的农村进行。另一方面，每个人都是由自然的教育、事物的教育、人为的教育三者培养起来的，只有三种教育圆满地结合才能达到预期的目的。三者之中，应以自然的教育为基准，才能使教育回归自然，达到应有的成效。

（2）自然教育的培养目标。

自然教育最终目的是培养"自然人"，即身心调和发达、体脑两健、能力强盛的新人，也就是摆脱封建羁绊的资产阶级新人。"自然人"具有以下特征：第一，自然人是能独立自主的人，他能独自体现出自己的价值；第二，在自然的秩序中，所有的人都是平等的；第三，自然人又是自由的人，他是无所不宜、无所不能的；第四，自然人还是自食其力的人。可无须仰赖他人为生，这是独立自主的可靠保证。

（3）自然教育的方法原则。

卢梭猛烈抨击了当时向儿童强迫灌输旧的道德和知识、摧残儿童天性的做法，他提出以下几点原则和方法：第一，树立正确的儿童观，应当把成人看作成人，把孩子看作孩子；第二，对儿童实施消极教育。此外，让他们在同自然的接触中，体会到自己所犯的错误和过失带来的自然后果，使儿童服从于自然法则，结合具体事例让他们从自己的直接经验中受到教育；第三，根据儿童天性的个体差异，因材施教。

（4）自然主义教育的实施。

卢梭根据自然教育的原则，根据人的自然发展的进程和不同年龄时期身心的特点，把自然教育分为婴儿期、儿童期、少年期和青春期。婴儿期主要进行体育；儿童期主要进行感官训练和身体发育，这个时期的儿童不宜进行理性教育，不应强迫儿童读书；少年期主要进行智育和劳动教育；青春期主要接受道德教育，包括宗教教育、爱情教育和性教育。

（5）影响。

卢梭是西方教育史上具有划时代意义的教育思想家，他对封建社会进行了猛烈的抨击，提出了反映新兴资产阶级利益的教育思想，是现代教育思想的重要来源。

①卢梭提出的自然主义教育思想是教育思想史上由教育适应自然向教育心理学化过渡的一个重要环节。在封建社会压制人性的情况下，提倡性善论、尊重儿童天性具有历史进步意义。他呼吁培养身心调和发展的自然人和自由人也反映了对人的发展的合理要求。

②卢梭论证了自然主义教育的内容和方法。如重视感觉教育的价值；反对古典主义和教条主义，要求人们学习真实有用的知识；反对向儿童灌输道德教条，要求养成符合自然发展的品德等。这些观点既是在前人的基础上的发展，也反映了近代教育的发展方向。

③卢梭的教育理论对欧美教育产生了深远影响。德国的泛爱教育运动、瑞士的裴斯泰洛齐的教育实验、美国进步主义教育运动等，无不受到卢梭自然教育理论的启发。

2022年 中央民族大学 333 教育综合·真题真练

一、名词解释

教育适应生活说　个体本位论　外铄论　筛选假设理论　实验教育学　教学模式

二、简答题

1. 简述学制建立的依据。
2. 简述学记中的教育原则和方法。
3. 简述人文主义教育的基本特征。
4. 简述激发学生学习动机的措施。

三、分析论述题

1. 评析教育是生产力的观点。
2. 阐述心理发展与教育的关系。
3. 论述夸美纽斯的教育思想和贡献。
4. 阐释科举考试方法的价值。

2021年 中央民族大学 333 教育综合·真题真练

一、名词解释

课程标准　学制　顺应　终身学习　教学评价　《学记》

二、简答题

1. 简述最近发展区。
2. 简述日本明治维新时期的教育改革。
3. 简述现代教育特征。
4. 简述美国进步主义教育家帕克的昆西教学法。

三、分析论述题

1. 论述蔡元培的教育思想和意义。
2. 如果一个学生自暴自弃，放弃学习，教师应该怎么做？
3. 比较斯巴达和雅典的教育。
4. 论述学习动机的培养与激发。

2020年 中央民族大学 333 教育综合·真题真练

一、名词解释

有教无类　活动课程　《颜氏家训》　思维定势　贝尔—兰卡斯特制

二、简答题

1. 奥苏伯尔有意义学习的实质和条件。
2. 昆体良的教育思想。
3. 西周教育的特点。
4. 简述教师素养。

三、分析论述题

1. 杜威和赫尔巴特教学过程的比较。
2. 学习动机的影响因素。
3. 唐代科举制的作用和影响。
4. 德育过程中知、情、意、行的关系。

2019年 中央民族大学 333 教育综合·真题真练

一、名词解释

诊断性评价　教师专业化　《学记》　三舍法　鸿都门学　要素教育

二、简答题

1. 简述教育的社会功能。
2. 简述活动课程的特点。
3. 简述师生关系的特征。
4. 简述罗杰斯的学习观和教学观。

三、分析论述题

1. 论述教育评价的 CIPP 模式。
2. 试述终身主义教育思潮。
3. 试述归因理论及其教育价值。
4. 论述洋务运动的教育改革。

2018年 中央民族大学 333 教育综合·真题真练

一、名词解释
榜样法　分组教学　修辞学校　生计教育　自我效能感　程序性知识

二、简答题
1. 简述教育的相对独立性及其主要表现。
2. 简述学制制定的依据。
3. 简述教师专业发展的主要内容。
4. 简述洋务学堂的特点。

三、分析论述题
1. 加德纳的多元智力理论及其意义。
2. 试述永恒主义教育理论及其对当代世界教育实践的影响。
3. 论述颜之推的家庭教育思想。
4. 分析分科课程、活动课程、综合课程的特点，以及我国基础教育课程设置的现状。

2017年 中央民族大学 333 教育综合·真题真练

一、名词解释
常模参照测验　"六艺"《学记》　智者　多元智力理论　同化

二、简答题
1. 简述班主任工作的内容。
2. 简述中小学常用的教学方法。
3. 评述夸美纽斯的班级授课制。
4. 简述布鲁纳的认知发现说。

三、分析论述题
1. 有人说"近朱者赤"，也有人说"近墨者黑"。请运用相关理论并结合个体经历谈谈你的看法。
2. 论述晏阳初的乡村教育实验。
3. 论述苏霍姆林斯基的教育思想。
4. 论述激发学习动机的途径与方法。

2016年 中央民族大学 333 教育综合·真题真练

一、名词解释

学习的迁移　有教无类　公学　"五育"并举　京师同文馆　义务教育

二、简答题

1. 简述疏导原则。
2. 简述书院的特点。
3. 简述奥苏伯尔的认知同化理论。
4. 列举五种欧美现代教育思潮。

三、分析论述题

1. 论述1922年新学制。
2. 论述赞科夫的发展性教学。
3. 如何提高学生的学习积极能动性？
4. 教师的素养及角色发展趋势。

2015年 中央民族大学 333 教育综合·真题真练

一、名词解释

德育　活动课程　元认知　"六艺"　《国防教育法》　先行组织者

二、简答题

1. 简述建构主义教学观。
2. 简述1922年新学制。
3. 苏霍姆林斯基的教育理论。
4. 掌握知识与发展智力的关系。

三、分析论述题

1. 教学过程中的教育方法有哪些？
2. 论述科举制度的历史发展和影响。
3. 创造性的培养。
4. 张之洞"中体西用"思想的历史性及局限性。

2014年 中央民族大学 333 教育综合·真题真练

一、名词解释
学校教育　心理发展　人的发展　教师资格证制度　产婆术　学习的高原现象

二、简答题
1. 简述教育的社会制约性。
2. 简述蔡元培的教育思想。
3. 简述科举制度的影响。

三、分析论述题
1. 孔子的教育思想。
2. 赫尔巴特的道德教育理论。
3. 学生品德不良成因的分析。
4. 论述陈鹤琴的活教育思想。
5. 如何推进依法治校？

2013年 中央民族大学 333 教育综合·真题真练

一、名词解释
学校教育　教育目的　分组教学　讲授法　最近发展区

二、简答题
1. 奥苏伯尔的关于学习的性质和分类。
2. 教育研究的一般过程。
3. 列举五种欧美现代教育思潮。

三、分析论述题
1. 人的发展的特点及其教育意义。
2. 陶行知的生活教育理论。
3. 赞科夫的发展性教学理论。
4. 联系实际论述问题解决能力的培养。
5. 论述杜威的教育思想。

2012年 中央民族大学 333 教育综合·真题真练

一、名词解释
"五育"并举　学校教育　"六艺"教育　产婆术　学习动机

二、简答题
1. 简述德育途径。
2. 简述蔡元培的"五育"并举。
3. 简述裴斯泰洛齐的教育思想。

三、分析论述题
1. 论述教育的社会功能。
2. 论述《学记》的贡献。
3. 论述加里培林的阶段形成理论。
4. 结合实际论述激发学习动机的方法。
5. 论述教育的社会制约性和独立性以及二者的关系。

2011年 中央民族大学 333 教育综合·真题真练

一、名词解释
课程标准　最近发展区　"六艺"　恩物　因材施教原则

二、简答题
1. 简述学校教育在人的发展中的作用。
2. 教师专业化的内涵。
3. 简述问题解决的基本过程。

三、分析论述题
1. 论述教育的社会功能。
2. 论述《师说》的教师观。
3. 结合中国的教育改革，谈谈当今很多教育不公平事件，举例说明它们出现的原因和解决措施。

2022年 中央民族大学 333 教育综合·真题解析

一、名词解释

教育适应生活说

教育适应生活说是指主张教育是对现实生活适应的学说，创始人是美国教育家杜威。他提出，教育是生活的过程，学校生活应与儿童自己的生活相契合，满足儿童的需要和兴趣。此外，学校生活应与学校以外的社会生活相契合，适应现代社会变化的趋势并成为推动社会发展的重要力量。

个体本位论

个人本位论认为教育目的是根据个人发展的需要制定的，而不是根据社会的需要制定的，个人价值高于社会价值，人生来就有健全的潜在本能，教育的基本职能就在于使这种潜能得到发展。代表人物有卢梭、裴斯泰洛齐等。

外铄论

外铄论认为，人的发展主要依靠外铄力量的推动，包括环境的刺激和要求、他人的影响、学校的教育和训练等。性恶论、环境决定论、教育万能论、行为主义心理学都持外铄论的观点。

筛选假设理论

筛选假设理论即筛选理论。筛选理论认为，教育是一种标识个人能力的工具，它揭示了已内含于人的未来的生产特征，表明了一个人固有的生产力，从而为雇主识别、选拔不同能力的求职者提供依据，起到筛选作用。

实验教育学

实验教育学是19世纪末20世纪初在欧美一些国家兴起的用自然科学的实验法研究儿童发展及其与教育关系的理论。其代表人物是德国教育学家梅伊曼和拉伊，代表著作主要有梅伊曼的《实验教育学纲要》及拉伊的《实验教育学》。

教学模式

教学模式是指在一定教学理论指导下为设计和组织教学而在实践中建立起来的各种类型教学活动的基本结构或者是一整套开展教学活动的方法论体系，主要包括理论依据、教学目标、教学程序、实施条件和教学评价五个要素。

二、简答题

1. 简述学制建立的依据。

【答案要点】

（1）社会生产力和科技发展水平。教育制度的产生和建立取决于生产力发展水平和科学技术发展状况，教育制度的发展和完善在很大程度上也取决于生产力和科技发展水平。

（2）社会经济制度。教育制度作为社会的基本制度之一，受社会的政治经济制度的制约。不同的政治经济制度决定了不同阶级享有不同的教育，也决定了各级各类学校的教育目的、入学条件、修业年限、教育内容以及它们之间的关系等教育制度方面的问题。

（3）人的身心发展规律。学制中关于入学年龄、修业年限、教育目标、学习内容的确立必须根据人的身心发展规律制定。此外，学制中关于各级各类学校的分段与衔接、升级升学制度、特殊教育制度也是依据人的身心发展规律制定的。

（4）本民族语言、文字、习俗、习惯等文化传统。在学制的改革与发展中，要发扬本民族的优秀文化传统，吸收其他民族的长处。

（5）历史经验的继承与发展。学制总是在不断地发展变化、完善，以适应发展变化的情况。但是，任何国家学制的发展和革新必须立足于本国的历史，不是对过去的全盘否定，而是在对过去继承基础上的发展。

2. 简述学记中的教育原则和方法。

【答案要点】

（1）教育原则。

①豫时孙摩：豫，即预防性原则；时，即及时施教原则；孙，即循序渐进原则；摩，即学习观摩原则。

②长善救失：要求教师懂得并掌握教育的辩证法，坚持正面教育，善于因势利导，利用积极因素，克服消极因素，将缺点转化为优点。

③启发诱导：君子的教育在于诱导学生，靠的是引导而不是强迫服从，是启发而不是全部讲解。只有这样，才能调动学生学习和思考的积极性、主动性，使学生的思维能力得到锻炼和发展。

④藏息相辅：既有有计划的正课学习，又有课外活动和自习，有张有弛，让学生感到学习的乐趣，感受到老师、同学的可亲可爱，使学习成为学生的一种内在需要。

（2）教学方法。

①讲解法：语言简约而意思通达、义理微妙而说得精善、通过举例使道理明白易晓。

②问答法：教师的提问应先易后难坚，要循着问题的内在逻辑，而答问则应随其所问，有针对性地作答，恰如其分，适可而止，无过与不及。

③练习法：根据学习的内容来安排必要的练习，练习需要有规范，并且应逐步地进行。

3. 简述人文主义教育的基本特征。

【答案要点】

（1）人本主义。人文主义教育在培养目标上注重个性发展，在教育教学方法上反对禁欲主义，尊重儿童天性，坚信通过教育这种后天的力量可以重塑个人、改造社会和自然，这些都表现出人本主义内涵，人的力量、人的价值被充分肯定。

（2）古典主义。人文主义教育思想吸收了许多古人的见解，人文主义教育实践尤其是课程设置亦具有古典性质，但这种古典主义绝非纯粹的"复古"，实则含有古为今用、托古改制的内涵，这在当时是进步的。

（3）世俗性。不论从教育目的还是从课程设置等方面看，人文主义教育洋溢着浓厚的世俗精神，教育更关注今生而非来世。

（4）宗教性。几乎所有的人文主义教育家都信仰上帝，他们希冀以世俗和人文精神改造中世纪陈腐专横的宗教性，以造就一种更富世俗色彩和人性色彩的宗教性。

（5）贵族性。人文主义教育的对象主要是上层子弟，教育的形式多为宫廷教育和家庭教育而非大众教育，教育的目的主要是培养上层人物如君主、侍臣、绅士等。

4. 简述激发学生学习动机的措施。

【答案要点】

（1）创设问题情境，实施启发式教学。

（2）根据作业难度，恰当控制动机水平。
（3）充分利用反馈信息，给予恰当的评定。
（4）妥善进行奖惩，维护内部学习动机。
（5）合理设置课堂环境，妥善处理竞争和合作。
（6）适当进行归因训练，促使学生继续努力。
（7）培养自我效能感，增强学生成功的自信心。
（8）维护学生自我价值，警惕自我妨碍策略。
（9）维护内在需要，促进外部动机内化。

三、分析论述题

1. 评析教育是生产力的观点。

【答案要点】

教育是生产力的观点认为教育作为培养、提高劳动者知识和技能的手段，是一种必不可少的生产力。教育过程不仅进行精神生产，而且进行着劳动力再生产。教育是生产力的观点主要体现在教育的经济功能上：

（1）教育是使可能的劳动力转变为现实的劳动力的基本途径。

劳动力是生产力中能动的要素。个体的生命的成长只构成了可能的劳动力，一个人只有经过教育和训练，掌握一定生产部门的劳动知识和技能，并能生产某种使用价值，他才能成为现实的生产力。

（2）现代教育是使知识形态的生产力转化为直接的生产力的重要途径。

科学技术是一种知识形态的生产力，要使其转化为现实的生产力，除了要通过科学研究、发明创造或革新实践外，其技术成果的推广、经验的总结与提升都需要教育与教学的紧密配合。

（3）现代教育是提高劳动生产率的重要因素。

现代生产有其显著特点，它的生产率提高依靠科学技术在生产中的应用、推广和不断革新，依靠提高劳动者受教育的程度与质量，依靠劳动者的素质、扩大脑力劳动者的比重、发挥劳动者在生产和改革中的创造性。

2. 阐述心理发展与教育的关系。

【答案要点】

教育与学生的心理发展之间存在着一种相互依存的辩证关系。

一方面，教育对儿童的心理发展起着主导的作用，教育作为一种决定性的条件制约着心理发展的过程和方向。没有适当的、科学的教育，儿童的心理无法正常发展。但需要注意的是，教育只是心理发展的主要条件，但不是唯一的条件。除了教育之外，遗传素质、家庭环境和社会环境等因素也会对儿童的心理发展产生重要的影响。

另一方面，教育必须以学生心理发展的水平和特点为依据，遵循教学的准备性原则。所谓准备性原则，就是根据学生原有的准备状况进行新的教学。任何教育、教学都要考虑学生的学习准备水平。学习准备水平即学生原有的知识和原有的心理发展水平，教材、教法的选择必须考虑儿童的年龄心理特点。

辩证地分析认识教育和心理发展的一般关系，目的是为了在学校教学实践中贯彻教学与发展的互惠原则。

3. 论述夸美纽斯的教育思想和贡献。

【答案要点】

（1）教育的目的。包括两方面：

①宗教性目的：认为人生的最终目的是为达到"永生"，教育的目的是使人为来世生活做好准备。

②现实性目的：通过教育使人认识和研究世界上一切事物，培养和发展他们的各种能力、德行和信仰，以便享受现世的幸福，并为永生做好准备。

（2）教育的作用。夸美纽斯认为教育是改造社会、建设国家的手段。人都是有一定天赋的，而这些天赋发展得如何，关键在于教育。只要接受合理的教育，任何人的智力都能够得到发展。

（3）泛智主义教育观。基于教育的崇高目的，夸美纽斯提出了"将一切事物教给一切人"的泛智主义教育观，并由此大力主张普及教育于全体儿童和民众。内容主要包括教育内容泛智化和教育对象普及化。

（4）普及教育。夸美纽斯认为普及教育就是"人人都可接受教育"，其核心是泛智论。实现普及教育的可能性一方面在于人自身具有接受教育的先天条件，另一方面在于教育可以改进社会和塑造人，社会和人的进步离不开教育。

（5）统一学制。为了使国家便于管理全国的学校，使所有儿童都有上学的机会，夸美纽斯提出建立全国统一学制的主张。他把人的学习期划分为四个阶段，并按这种年龄分期设立相应的学校。各级学校均按照适应自然的原则，采取班级授课制和学年制开展工作，分别开设不同的课程来教育和培养儿童。

（6）管理实施。夸美纽斯强调国家对教育的管理职责，认为国家应该设立督学对全国的教育进行监督，以保证全国教育的统一发展。

（7）学年制。为改变当时学校教学活动缺乏统一安排的无序状况，夸美纽斯制定了学校教学活动的学年、学日制度。

（8）班级授课制。为实现普及教育、提高教学效率，改变教师只对学生进行个别教学和指导的状况，夸美纽斯总结新旧各教派学校中实行班级授课的经验，提出并全面系统地论述了班级授课制度。

（9）论教育和教学的基本原则。

①论教育适应自然的原则。教育适应自然的原则是贯穿夸美纽斯整个教育理论体系的一条根本的指导性原则，他的"自然"包括自然界及其普遍法则和人的与生俱来的天性。

②主要教学原则，包括直观性原则、激发学生求知欲望原则、巩固性原则、量力性原则、系统性和循序渐进性原则、因材施教原则。

（10）夸美纽斯教育思想的影响。夸美纽斯是教育史上第一位系统地总结教学原则的教育家，他的教育理论包含了大量宝贵的教学经验，在一定程度上反映了教学工作的客观规律性，具有普遍的指导意义。夸美纽斯是一位杰出的教育革新家，他的教育思想具有明显的民主主义、人文主义色彩。在继承前人经验的基础上，夸美纽斯提出了系统的教育思想。他论述了教育的作用，呼吁开展普及教育，试图使所有人都能接受普及教育。并详细制定了学年制度和班级授课制度，提出了各级学校课程设置，编写了许多教科书，且系统地阐述了教育的基本原则和方法等。

4. 阐释科举考试方法的价值。

【答案要点】

科举制度即个人自愿报考，县州逐级考试筛选，全国举子定时集中到京都，按科命题，同场竞试，以文艺才能为标准，评定成绩，限量选优录取，是一种选官制度，以这种方式选拔国家官员。

（1）科举考试对学校教育的价值。

学校教育制度是培养人才的制度，成为国家社会人才的重要来源，学校不断输送人才供科举考试选拔，是科举赖以发展的基础；科举考试是国家选拔人才的重要渠道，也为学校培养的人才开辟了政治出路。

科举考试受重视，居于主导地位，学校教育受轻视，居于次要地位。学校教育要适应科举考试的需要，成为科举的附庸，学校作为考试的预备场所，一切都受到科举考试的直接支配。科举考试对学校教育发挥着导向调控的作用，直接影响着学校教育。

（2）科举考试对社会发展的价值。

扩大了统治基础，有利于加强中央集权。通过科举考试，平民及中小地主阶层获得了参政的机会，打破了门阀士族地主垄断统治权力的局面，扩大了封建统治的统治基础。同时，通过科举考试，朝廷将选士大权收归于中央政府，强化了中央集权的统治。

使选士与育士紧密结合。促进人们的思想统一于儒学，成为实施儒家"学而优则仕"原则的途径。刺激学校教育的发展，有利于教育的普及。

使选拔人才较为客观公正。隋唐科举考试在发展的过程中逐步建立了较为完备的考试制度，同时逐步建立了一系列的考试防范措施，加强了考试管理。

2021年 中央民族大学 333 教育综合·真题解析

一、名词解释

课程标准

课程标准是指在一定课程理论指导下，依据培养目标和课程方案以纲要形式编制的关于课程的性质与价值、目标与内容、教学实施建议以及课程资源开发等方面的指导性文件，一般由说明、课程目标、课程内容标准和课程实施建议等部分组成。

学制

学制即学校教育制度，它是现代教育制度的核心部分。指的是一个国家各级各类学校的系统及其管理规则，它规定着各级各类学校的性质、任务、入学年限、修业年限以及它们之间的关系。

顺应

顺应是指儿童通过改变已有图式或形成新的图式来适应新刺激的认知过程。顺应是图式发生质变的过程，通过顺应，儿童的认知能力达到一个新的水平。

终身学习

终身学习的内涵至少包括三个方面：学习是贯穿人的一生的自觉行动和主动诉求；社会要确保社会成员有适时参与学习的条件与机会；社会的一切组织和机关都是学习的场所。

教学评价

教学评价是对教学工作质量所做的测量、分析和评定。它以参与教学活动的教师、学生、教学目标、内容、方法、教学设备、场地和时间等因素的优化组合的过程和效果为评价对象，是对教学活动的整体功能所做的评价。

《学记》

《学记》是中国古代最早的一篇专门论述教育、教学问题的论著,因此有人认为它是"教育学的雏形"。《学记》是先秦时期儒家教育和教学活动的理论总结,它主要论述教育的具体实施,偏重于说明教学过程的各种关系。

二、简答题

1. 简述最近发展区。

【答案要点】

维果茨基认为,在进行教学时,必须注意到儿童有两种发展水平:一种是儿童现有的发展水平,另一种是即将达到的发展水平。维果茨基把这两种水平之间的差异称为"最近发展区",即独立解决问题的真实发展水平和在成人指导下或与其他儿童合作情况下解决问题的潜在发展水平之间的差距。

维果茨基主张教学应当走在儿童现有发展水平的前面,一方面,教学决定着儿童发展的内容、水平和速度等;另一方面教学也创造着最近发展区。教学需要注重学生的最近发展区,把儿童潜在的发展水平变成实际的发展水平,同时不断创造新的最近发展区。

2. 简述日本明治维新时期的教育改革。

【答案要点】

(1)建立中央集权式的教育管理体制。1871年,明治政府在中央设立文部省,统一管理全国的文化教育事业并兼管宗教事务。1872年颁布的《学制令》,在确立教育领导体制的基础上,建立全国的学校教育体制。规定实行中央集权式的大学区制。

(2)初等教育的发展。1886年颁布的《小学令》规定初等教育年限为八年,分两个阶段实施。前4年为寻常小学阶段,实施义务教育;后4年为高等小学阶段,实施收费制。

(3)中等教育的发展。1886年颁布的《中学校令》规定,中学承担实业教育及为学生升入高等学校做准备的基础教育两大任务;中学类型分为寻常中学与高等中学两类。

(4)高等教育的发展。日本近代高等教育的发展始于明治维新时期的教育改革,这一改革既吸取借鉴了欧美发展高等教育的经验,同时又较好地利用了本国已有的教育基础。新大学的创办以1877年东京大学的成立为肇端。1886年颁布《帝国大学令》,改东京大学为帝国大学。

(5)师范教育的发展。1886年颁布的《师范学校令》为日本师范教育的规范发展提供了政策支撑。《师范学校令》将师范学校分为寻常师范学校与高等师范学校两类。

3. 简述现代教育特征。

【答案要点】

(1)学校教育逐步普及。由于资本主义生产尤其是机器大工业生产在欧洲兴起,因而西欧的资本主义国家最先提出普及教育的要求。1619年,德意志魏玛邦在宗教改革的影响下颁布了学校法令,规定父母送6~12岁男女儿童入学,这是普及教育的开端。

(2)教育的公共性日益突出。随着大工业生产发展的需要,随着工人阶级和其他劳动人民对教育权的争取,对受教育权的阶级垄断越来越不合时宜,受到来自被统治阶级和统治阶级两方面的批判。在此情形下,大力发展学校教育逐渐成为社会的公共事业和共同话题。

(3)教育的生产性不断增强。在现代社会,随着工业生产的发展和科学技术的进步,科技与教育在生产中的作用增强。现代教育与生产劳动的逐步结合,对提高社会生产效率和增加社会财富起着重要作用,日益成为经济发展的有力保证。

（4）教育制度逐步完善。随着学校数量的增加，学校教育的层次、种类及其运行和管理的复杂化，需要一定的教育宗旨、制度、要求等，以推动学校教育系统有条不紊地运行。教育制度化的实现，使得教育系统中的各级各类学校、各种教育机构和教育行政部门的工作均有制度可循，能排除来自内外部的干扰，使教育活动有序有效地开展，取得了良好效果。

4. 简述美国进步主义教育家帕克的昆西教学法。

【答案要点】

昆西教学法是指帕克在昆西学校和库克师范学校进行的教育改革实验所采取的新的教育方法和措施。帕克是美国进步教育运动的先驱者，主要著作是《关于教育学的谈话》。昆西教学法的主要特征有：

（1）强调儿童应处于学校教育的中心。认为儿童具有内在的能力，能自发地学习和工作。教师必须了解儿童和他的本性，提供相应的条件，满足其要求和需要。

（2）重视学校的社会功能。强调学校应成为理想的家庭、完善的社区和民主政治雏形，在促进民主制度的发展方面发挥巨大作用。

（3）主张学校课程应尽可能与实践活动相联系。将各门学科联系起来，使学生获得知识的整体。同时，也将学习内容与生活联系，并围绕一个核心安排相互联系的科目。

（4）强调培养儿童自我探索和创造的精神。教师的工作是要指导学生发现真理，使学生养成探究、发现和使用真理的习惯。

三、分析论述题

1. 论述蔡元培的教育思想和意义。

【答案要点】

（1）"五育"并举的教育方针。

①军国民教育。指将军事教育引入学校和社会教育之中，让学生和民众受到一定的军事教育和训练。在学校教育中，强调学生生活的军事化，特别是体育的军事化。

②实利主义教育。即密切教育与国民经济生活的关系，加强职业技能的培训，使教育能发挥提高国家经济能力和改善人民生活水平的作用。

③公民道德教育。蔡元培认为，公民道德的基本内容不外乎法国资产阶级革命所标榜的自由、平等、博爱，虽然与封建道德的专制等级性不相容，但他明确指出中国传统伦理特别是儒家伦理中的一些基本范畴，其内涵是与自由、平等、博爱的精神相通的。

④世界观教育。是蔡元培独创并被作为教育的最高境界。世界观教育就是要培养人们立足于现象世界但又超脱现象世界而贴近实体世界的观念和精神境界。

⑤美感教育。美感教育与世界观教育紧密联系。蔡元培认为，美感介于现象世界和实体世界之间，是两者之间的桥梁。

（2）高等教育思想。

①抱定宗旨，改变校风。蔡元培明确大学的宗旨，认为大学应该成为"研究高尚学问之地"。

②贯彻"思想自由，兼容并包"的办学原则。蔡元培明确声明，在学术上"循'思想自由'原则，取兼容并包主义"，这是他办理北京大学的基本指导思想。该思想不仅体现在学术上，也体现在教师的聘任上。

③教授治校，民主管理。1912年由蔡元培主持制定的《大学令》中，确立了教授治校、民主管理的大学校务管理原则，规定大学设立评议会，各科设立教授会。

④学科与教学体制改革。包括扩充文理，改变"轻学而重术"的思想；沟通文理，废科设系；

改年级制为选科制。

（3）教育独立思想。

1922年，蔡元培发表《教育独立议案》，阐明教育独立的基本观点和方法，成为教育独立思潮中的重要篇章。教育独立的基本要求可以大致归结为：教育经费独立；教育行政独立；教育学术和内容独立；教育脱离宗教而独立。

（4）蔡元培对近代中国教育发展的贡献和影响。

蔡元培在民国历史的几个关键时期被委以教育要职，对民国教育的大政方针和宏观布局有重大影响。他的教育思想贯穿着对民主、科学、自由、个性的追求，充满了爱国主义激情。他在教育实践中表现出不屈从压力、锐意改革、坚守信念的品质。他在民国初期改革封建教育，建立资产阶级民主教育制度，反映的是新时代对教育的要求；20世纪20年代提倡教育独立是在教育面临深重危机下的一次无奈抗争；他对北京大学的改革，包容博大，规模恢宏，影响深远，凸显了他作为杰出教育改革家的远大理想和个性品质。

2. 如果一个学生自暴自弃，放弃学习，教师应该怎么做？

【答案要点】

学生自暴自弃，放弃学习，一方面可能是产生了习得性无助。一个人在将失败归因于内部、稳定、不可控的因素时最消极，会产生习得性无助感，使人动机水平降低，并产生认知障碍、情绪失调。习得性无助的个体经历了某种学习后，在情感、认知和行为上表现出消极的特殊的心理状态。另一方面可能是因为没有掌握到学习的窍门，不懂得如何学习，导致学习效果不佳，从而产生了放弃的心理。

因此，要帮助学生重拾学习的信心，首先就要重新激发该学生的学习动机，具体措施如下：

（1）培养学生的自我效能感，增强学生成功的自信心。学业不良的学生，由于对自己的学习能力持怀疑态度，表现出很低的自我效能感。因此，在教学中可以通过一定的方法改变和提高该生的自我效能感，这也是辅导该生最紧急、最重要的任务。

提高自我效能感具体措施如下：选择难易适中的任务，让学生不断地获得成功体验，进而提高自我效能感；通过获得替代性经验和强化来提高他们的自我效能感。当一个人看到与自己水平接近的学生学习成功时，就会增强他的自我效能感，激发其学习动机；引导学生坦然面对失败，从失败中找出可以改进的因素，进而提高自己的学习技能，增强获得成功的自信。

（2）适当进行归因训练，促使学生继续努力。教师应指导该生进行成败归因。让学生学会正确而有积极意义地归因是对学生进行心理教育的一项重要内容。学生学会归因的过程也就是提高自我认识的过程，通过归因训练可以帮助学生在从了解自己到认识别人的过程中建立起明确的自我观念。

（3）妥善进行奖惩，维护内部学习动机。对于这位学生尽量多表扬、鼓励，少批评和惩罚，让他获得成就感，增强自信心。

其次，在激发该生学习动机的过程中，还要教他正确的学习策略，让他掌握高效学习的方法，可以通过学习策略的教学训练，使该生学会学习。具体如下：

交叉学习式教学训练模式。该模式先是独立地教授学习策略，再将它与具体的学科内容结合起来，根据具体学习情境的差异，要求并帮助学生把所学的策略运用于具体的学习活动中。教师可以利用课余时间，对该生开展专门的学习策略课程教学，帮助该生快速掌握相应的学习策略。然后，在上课的过程中有意识地将学习策略穿插到教学之中，使该生能够将学习策略与学科学习相结合，并通过课后训练帮助该生将所习得的学习策略运用到各科知识的学习之中，从而提高他的学习效果。

3. 比较斯巴达和雅典的教育。

【答案要点】

（1）地理环境。

①斯巴达地处高山平原，适合发展农业，地理位置较为封闭，与外界交通不便。

②雅典三面临海，地理位置优越，有利于工商业的发展。

（2）政治背景。

①斯巴达为保守的军事贵族寡头统治，为了镇压和奴役土著居民，举国皆兵。

②雅典是奴隶主民主政体。经济的繁荣发展与政治上的民主倾向为雅典形成独特的公民民主意识提供了宽松的社会环境和稳固的经济基础。

（3）教育体制。

①斯巴达的教育完全由城邦负责，公民子女出生后，由长老代表国家检查新生儿的体质情况。

②雅典的城邦重视教育，但并不绝对控制，公民子女出生后，由父亲进行体格检查。

（4）教育方法。

①斯巴达是武士教育，教育方法野蛮残忍；

②雅典是公民教育，教育方法温和民主。

（5）教育目的。

①斯巴达的教育目的是培养英勇果敢的战士。教育的任务是要使每一个斯巴达人在经过长期而严肃的训练后，成为一个坚韧不拔的战士和绝对服从的公民。

②雅典教育的主要目的是培养青少年勇敢、强健的体魄以及理智、聪慧和公正的品质，使其既能够担负保卫城邦的重任，更能够履行公民参政议政的职责，即培养身心和谐发展的合格公民。

（6）教育内容。

①斯巴达教育只重军事体育训练和道德教育，轻视知识学术，鄙视思考和言辞，生活方式狭隘，除了军事作战外，不知其他。

②雅典人注重对青少年儿童进行多方面的教育，包括道德熏陶、体格训练、文化教育以及音乐、舞蹈等，但又反对专业化或职业化。

（7）女子教育。

①斯巴达人非常重视女子教育。女子通常和男子接受同样的军事、体育训练，其目的是造就体格强壮的母亲，以生育健康的子女；当男子出征时，妇女能担任防守本土的职责。

②雅典忽视女子教育，妇女社会地位低下，深居简出，女孩子只是在家庭中接受教育。

4. 论述学习动机的培养与激发

【答案要点】

（1）创设问题情境，实施启发式教学。

想要实施启发式教学，关键在于创设问题情境。所谓问题情境，指的是一种适度的疑难情境。在学习过程中，仅仅让学生简单地重复已经学过或者过难的东西，学生都不会感兴趣。只有在学习那些"似懂非懂""似会非会"的东西时，学生才感兴趣而且迫切希望掌握它。

（2）根据作业难度，恰当控制动机水平。

教师在教学时，要根据学习任务的不同难度，恰当控制学生学习的动机水平。在学习较简单的课题时，应尽量使学生集中注意力；在学习较复杂的课题时，则应尽量创造轻松自由的课堂气氛。在学生遇到困难或出现问题时，要尽量心平气和地耐心引导，以免学生过度紧张和焦虑。

（3）充分利用反馈信息，给予恰当的评定。

心理学研究表明，来自学习结果的种种反馈信息，对学习效果有明显影响。一方面学习者可以根据反馈信息调整学习活动，改进学习策略，另一方面学习者为了取得更好的成绩或避免再犯错误而增加了学习动机，从而保持了学习的主动性和积极性。

（4）妥善进行奖惩，维护内部学习动机。

在对学生进行评价时，奖励和惩罚对于学习动机的激发具有不同的作用。一般而言，表扬与奖励比批评与指责能更有效地激发学生的学习动机，因为前者能使学生获得成就感，增强自信心。但过多使用表扬和奖励，或者使用不当，也会产生消极作用。

（5）合理设置课堂环境，妥善处理竞争和合作。

学生的学习主要是在课堂上进行的，课堂的合作与竞争环境无疑是影响学习动机的一个重要的外部因素。在教学活动中，合作与竞争都是必要的，应该强调竞争与合作的相互补充和合理运用。极端的竞争会对学生的学习行为和集体团结产生消极影响。适量与适度的竞争与合作的恰当结合，会有效激励学生的学习动机。

（6）适当进行归因训练，促使学生继续努力。

在学生完成某一学习任务后，教师应指导学生进行成败归因。一方面，要引导学生找出成功或失败的真正原因，即进行正确归因；另一方面，教师也应根据每个学生过去一贯的成绩的优劣差异，从有利于今后学习的角度进行积极归因。

（7）培养自我效能感，增强学生成功的自信心。

自我效能感影响学生的自我评价和自信心，进而影响学习成绩。尤其是学业不良的学生，由于对自己的学习能力持怀疑态度，表现出很低的自我效能感。因此，教师在教学中要通过一定的方法改变和提高他们的自我效能感。

提高自我效能感具体措施如下：选择难易适中的任务，让学生不断地获得成功体验，进而提高自我效能感；通过获得替代性经验和强化来提高他们的自我效能感。当一个人看到与自己水平接近的学生学习成功时，就会增强他的自我效能感，激发其学习动机；引导学生坦然面对失败，从失败中找出可以改进的因素，进而提高自己的学习技能，增强获得成功的自信。

（8）维护学生自我价值，警惕自我妨碍策略。

自我价值理论指出，学生有保护和表现自我价值的需要，这是个人追求成功的内在动力。教师要理解和尊重学生的这种需要，引导他们把自我价值的实现方式与正向、积极的学习行为相联系，避免学生不断从环境中体验到对自我价值的威胁感，从而采取各种自我妨碍的逃避策略。

（9）维护内在需要，促进外部动机内化。

兴趣、好奇心、探索欲，是人类学习的最早动力。源于内部需要的学习动机具有更多的坚持性和抗干扰性。然而，不是每个孩子都对教育中涉及的所有内容充满好奇和兴趣。因此，教师要帮助学生将外部调控的学习动机不断内化，形成相对自主调控的学习动机。

2020年 中央民族大学333教育综合·真题解析

一、名词解释

有教无类

"有教无类"的本意是不分贵贱贫富和种族，人人都可以入学接受教育。孔子的教学实践切实地贯彻了这一办学方针，他的弟子来自各个诸侯国，分布地区广泛；弟子成分复杂，出身于不同的阶级和阶层，大多数出身于平民。

活动课程

活动课程又称经验课程、儿童中心课程，与学科课程相对立，它打破学科逻辑的界限，是以学生的兴趣、需要、经验和能力为基础，通过引导学生自己组织有目的的系列活动而编制的课程。

《颜氏家训》

颜之推写出了我国封建社会第一部系统完整的家庭教科书——《颜氏家训》，用以训诫其子孙。主要包括以下主张：家教奠基，父母有责；教儿婴孩，勿失良机；偏宠有害，严教是爱；注意环境的影响；重视家庭的语言教育；重视儿童心理观察。

思维定势

思维定势通常指人在解决一些相似的问题之后会出现一种易以惯用的方式解决问题的倾向，也称为心向。思维定势有时能够对迁移起促进作用，有时也会对迁移起阻碍作用。

贝尔－兰卡斯特制

贝尔－兰卡斯特制又称导生制，其具体实施是：教师在学生中选择一些年龄较大、学习成绩较好的学生充任导生，教师先对导生进行教学，然后由他们去教其他学生。通过这种教学方式，学生的数额得以大大增加，也在一定程度上缓解了教师奇缺的压力，因而一度广受欢迎，但因其难以保证教育质量而最终被人们所抛弃。

二、简答题

1. 奥苏伯尔有意义学习的实质和条件。

【答案要点】

（1）有意义学习的实质。

有意义学习就是符号所代表的新知识与学习者认知结构中已有的适当观念建立非任意的和实质性的联系。有意义学习的类型包括表征学习、概念学习和命题学习。

（2）有意义学习的条件。

①有意义学习的材料必须具有逻辑意义。

②学习者必须具有有意义学习的心向。

③学习者认知结构中必须具有适当的知识，以便与新知识进行联系。

④学习者必须积极主动地使这种具有潜在意义的新知识与他认知结构中有关的原有知识发生相互作用，导致原有知识得到改造，新知识获得实际意义，即心理意义。

2. 昆体良的教育思想。

【答案要点】

（1）教育目的。昆体良认为，德行是雄辩家的首要品质，所以教育目的是培养善良而精于雄辩术的人。

（2）教育适应天性。教育的关键在于：要研究儿童的天赋、倾向、才能，根据其倾向和才能进行教育和教学；教育必须遵循儿童的年龄特点。

（3）论学校教育的优势。昆体良认为，学校是儿童最好的学习场所，认为学校教育比家庭教育优越得多。

（4）学前教育思想。昆体良十分重视学前教育，认为在幼儿能说话的前后就应该对他进行智育，但在7岁前每次的学习量应当很少；主张教幼儿认识字母、书写和阅读，他在教育史上第一次提出了双语教育问题；关于学前教育的方法，昆体良认为应注意要进行快乐教育，使儿童热爱学习。

（5）教学理论：班级授课制思想的萌芽；专业教育应该建立在广博的普通知识基础上；改进教学方法；倡导因材施教；教学要"适度"；注意培养学生的能力。

（6）对教师的要求：教师应该是德才兼备的；教师对学生应宽严相济；教师对学生的教育要有耐心；教师应当懂得教学艺术，教学应当简明扼要；教师要因材施教。

3. 西周教育的特点。

【答案要点】

西周官学的基本特征即"学在官府"。奴隶主贵族建立国家机构，设官分职，从事管理。为了管理的需要，制定法纪规章，有文字记录，汇集成专书，由当官者来掌握。这种现象，历史上称之为"学术官守"，并由此而造成"学在官府"。

由于只有官府有学，民间私家无学术，所以要学习专门知识，只有到官府之中才有可能。"学在官府"这种历史现象，有其客观原因：

（1）唯官有书，而民无书。朝廷为了政治需要，将书册交由官府主管，士人若要学习，只有到官府，求之主管书册的官司才能读到。

（2）惟官有器，而民无器。民间不具备学习礼、乐、舞、射的器具，只有官府才具有备集这些器具的物质条件，因此学习礼、乐、舞、射，也只有在官府的人才具有条件。

（3）惟官有学，而民无学。只有为官的人掌握学术，以官府为传授基地，教其子弟；只有官学，没有私学；只有贵族子弟有受教育的权利，庶人和平民没有受教育的权利。

4. 简述教师素养。

【答案要点】

（1）高尚的师德。热爱教育事业，富有献身精神和人文精神；热爱学生，诲人不倦；热爱集体，团结协作；严于律己，为人师表。

（2）先进、科学的教育理念。教育理念是教师在对教育工作本质理解的基础上形成的关于教育的观念和理性信念，它是以观念或信念的形式存在于教师头脑中的对教育现象和教育问题的看法。

（3）宽厚的文化素养。一个好教师的基本条件之一，就是要有比较渊博的知识和多方面的才能。

（4）专门的教育素养。教师的专门教育素养水平及其合理结构是教育教学任务得以完成的重要保证，它主要包括三个方面的内容：教育理论素养；教育能力素养；教育研究素养。

（5）健康的心理素质。健康的心理素质体现在心理活动的方方面面，概括起来主要指：教师要有轻松愉快的心境、昂扬振奋的精神、乐观幽默的情绪以及坚韧不拔的毅力等。

（6）强健的身体素质。教师的身体素质是指教师在教学活动中的自然力，是教师的身体健康状态和身体素质状态在教学中的表现。

三、分析论述题

1. 杜威和赫尔巴特教学过程的比较。

【答案要点】

（1）杜威的教学过程理论。

杜威根据科学的实验主义探究方法和反省思维方式，提出了五步教学法，五个阶段的顺序并不固定，实际思维中，有时两个阶段可以合二为一。

①创设疑难的情境。学生要有一个真实的经验的情境——要有一个对活动本身感兴趣的连续的活动。

②确定疑难所在。在这个情境内部产生一个真实的问题，作为思维的刺激物。

③提出问题的种种假设。他要占有知识资料，从事必要的观察，对付这个问题。

④推断哪种假设能解决这个困难。他必须有条不紊地展开他所想出的解决问题的方法。

⑤验证这种假设。他要有机会和需要通过应用检验他的观念，使这个观念意义明确，并且让他自己发现它们是否有效。

（2）赫尔巴特的教学过程理论。

赫尔巴特认为，兴趣活动可以划分为注意、期待、要求和行动四个阶段。儿童在学习活动中的思维方式有专心与审思两种。在此基础上，他提出了教学形式阶段理论，即"赫尔巴特四段教学法"。

①明了：当一个表象由自身的力量突出在感官前，兴趣活动对它产生注意；这时，学生处于静止的专心活动；教师通过运用直观教具和讲解的方法，进行明确的提示，使学生获得清晰的表象，以做好观念联合，即学习新知识的准备。

②联合：由于新表象的产生并进入意识，激起原有观念的活动，因而产生新旧观念的联合，但又尚未出现最后的结果；这时，兴趣活动处于获得新观念前的期待阶段；教师的主要任务是与学生进行无拘无束的谈话，运用分析的教学方法。

③系统：新旧观念最初形成的联系并不是十分有序的，因而需要对前一阶段由专心活动得到的结果进行审思；兴趣活动处于要求阶段；这时，需要采用综合的教学方法，使新旧观念间的联合系统化，从而获得新的概念。

④方法：新旧观念间的联合形成后需要进一步巩固和强化，这就要求学生自己进行活动，通过练习巩固新习得的知识。

（3）比较。

相同点：

①都重视兴趣在学习和教学中的作用。

赫尔巴特认为只有学生对学习产生兴趣，教学才能有效地进行，课程内容的选择与编制必须与儿童的经验兴趣一致。杜威认为兴趣是影响教学的重要因素，秉承"教育即生活，教育即生长，教育即经验的改组改造"的本质论，他认为个体的发展是一个自动自发的过程，而儿童的兴趣是其发展的内在动力。课程的设置，教材的编制，教学法的选择是要以儿童的兴趣为基础的。

②在不同师生观的基础上，都重视学生在教学中的地位。

赫尔巴特在统觉和兴趣的基础上，制定了一套完整的教学过程，主张教育教学应以学生为出发点，关注学生的未来生活和发展。杜威认为学校实施的一切教育活动都应该以儿童的需要和兴趣为基础，儿童是教育教学的出发点。两者在不同程度上都肯定了学生在教学中的地位。

不同点：

①时代背景不同。

赫尔巴特教育思想形成于封建社会向资本主义社会过渡时期，赫尔巴特经历了整个过程，其思想也由进步性转变为妥协性。杜威教育思想是在变化的历史背景中形成的，变化是当时美国社会显著的特征，形成了以娴于自治、崇尚自由、笃信民主制度为特征的社会思想。

②理论基础不同。

赫尔巴特认识论属反映论。他认为人的认识是后天形成的，是人脑对客观现实的反映。反映的基本因素是主体和客体，且主体依赖客体，客体制约主体。学生的学习过程就是对知识的反映过程，就是理解、接受知识，因此，教学任务是认识知识。杜威认识论属经验论，是反映论的否定。他指出了"变化"是任何事物发展共有的特点。主、客体是一体的，并统一于"经验"之中，可见"由于对人的主观作用的不同看法，赫尔巴特与杜威演化出接受与改造两种不同的'学习过程观'，从而产生了认识论的根本差异。

2. 学习动机的影响因素。

【答案要点】

（1）内部因素。

①需要与目标结构。每个学生认知需要的强度不同，反映在学习动机上也有强度差异。学生的学习目标可分为两类，即掌握目标和成绩目标。掌握目标定向者倾向于把学习的成败归因于内部原因，成绩目标定向者倾向于把学习的成败归因于运气、能力和任务难度等外部原因。

②成熟与年龄特点。年幼儿童的动机主要是生理性动机，随着年龄的增长，社会性动机及其作用也日益增长。年幼儿童对生理安全过分关注，而中学生对社会影响比较关注。

③性格特征与个别差异。学生的兴趣爱好、好奇心、意志品质都影响着学习动机的形成。

④志向水平与价值观。学生的人生观、世界观、价值观所直接反映的理想情况或志向水平影响其学习动机和目标结构的形成。

⑤焦虑程度。焦虑程度会影响学习动机和学业成绩。大量研究表明，中等程度的焦虑对学习是有益的，焦虑程度过低或过高都会对学习产生不良影响。

（2）外部因素。

①家庭环境与社会舆论。社会要求通过家庭对学生的动机起影响作用；在学生动机形成过程中，家庭文化背景、精神面貌也起着极其重要的作用。

②教师的榜样作用。教师是学生学习动机的榜样；教师的期望也会对学生的动机和行为产生不同的影响；教师还是沟通社会、学校的要求与学生的成长，形成正确动机的纽带，要善于把各种外部因素与学生的内部因素结合起来。

3. 唐代科举制的作用和影响。

【答案要点】

科举制度即个人自愿报考，县州逐级考试筛选，全国举子定时集中到京都，按科命题，同场竞试，以文艺才能为标准，评定成绩，限量选优录取，是一种选官制度，以这种方式选拔国家官员。

（1）积极影响。

①扩大了统治基础，有利于加强中央集权。通过科举考试，平民及中小地主阶层获得了参政的机会，打破了门阀士族地主垄断统治权力的局面，扩大了封建统治的统治基础。同时，通过科举考试，朝廷将选士大权收归于中央政府，强化了中央集权的统治。

②使选士与育士紧密结合。促进人们的思想统一于儒学，成为实施儒家"学而优则仕"原则的途径。刺激学校教育的发展，有利于教育的普及。

③使选拔人才较为客观公正。隋唐科举考试在发展的过程中逐步建立了较为完备的考试制度，同时逐步建立了一系列的考试防范措施，加强了考试管理。

（2）消极影响。

①国家只重科举取士，而忽略了学校教育。学校成为科举考试的预备机构，一切教学活动都围绕着科举考试来进行，学校失去了相对独立的地位和作用。

②束缚思想，败坏学风。学校教学安排围绕科举进行，导致学校教育中重文辞少实学，重记诵而不求义理，形成了教条主义、形式主义的学习风气。在科举制的影响下，读书的目的不是求知求真，而是为了功名利禄，具有强烈的功利色彩。

③科举考试内容的狭隘也阻碍了中国文化的和谐发展，特别是科技文化的发展。

4. 德育过程中知、情、意、行的关系

【答案要点】

学生的品德包含知、情、意、行四个要素。所以德育过程也是培养学生思想品德的知、情、意、行整体和谐的发展过程。

（1）思想道德发展的整体性。

个体思想品德的发展是品德各要素协调统一的发展。依据这一品德形成规律，开展德育活动时，就应该注意全面性，兼顾知、情、意、行各要素。个体品德结构中的知、情、意、行等要素，是相互制约、相互促进的，共同推动着个体思想品德的发展；应该晓之以理、动之以情、导之以行、持之以恒，全面关心学生品德中知、情、意、行的培养，使它们全面而和谐地发展。

（2）德育过程有多种开端。

开展德育可以有多种开端，既可以从知或情的培养入手，也可以从行的锻炼开始。在思想品德的发展过程中，知、情、意、行诸因素的发展往往是不平衡的，而且每个学生的品德发展也有显著差异。这就要求我们进行德育时，必须针对不同情况加以灵活处理，有的放矢，因材施教。

（3）德育实践的针对性。

道德品质的知、情、意、行的培养不能一概而论，简单对待，用一种方法进行，应该根据知、情、意、行每一要素的特点，开展具有针对性的教育活动。

①学生的道德认识，既可以通过学习间接经验的方式，如听讲、看书、背诵等方式习得，也可以通过直接经验的方式，如亲历道德实践和社会活动等方式获取。

②要注重学生的道德情感培育。

③德育的最终目标是要促进学生实现道德认知、道德情感向行为的转化。

2019年 中央民族大学333教育综合·真题解析

一、名词解释

诊断性评价

根据评价在教学中的作用不同，可以将教学评价分为诊断性评价、形成性评价、总结性评价。诊断性评价指在学期教学或单元教学开始时，对学生现有的知识水平和能力发展的评价，如各种摸底考试。

教师专业化

教师专业发展是指教师在整个专业生涯中，依托专业组织、专门的培养制度和管理制度，通过持续的专业教育，习得教育教学专业技能，形成专业理想、专业道德和专业能力，从而实现专业自主的过程。

《学记》

《学记》是中国古代最早的一篇专门论述教育、教学问题的论著，因此有人认为它是"教育学的雏形"。《学记》是先秦时期儒家教育和教学活动的理论总结，它主要论述教育的具体实施，偏重于说明教学过程的各种关系。

三舍法

"三舍法"是王安石在"熙宁兴学"期间改革太学最重要的措施。"三舍法"是严格的升舍考试制度,它将学生平时行艺和考试成绩相结合,学行优劣与任职使用相结合,这有利于调动学生学习的积极性,提高太学教育质量。同时又把上舍考试和科举考试结合起来,融养士与取士于太学,提高了太学地位。

鸿都门学

鸿都门学创办于东汉灵帝时期,因校址位于洛阳的鸿都门而得名。鸿都门学在性质上属于一种研究文学艺术的专门学校,规模曾发展到千人以上。鸿都门学的创办是统治集团内部各派政治力量的较量在教育上的反映,同时也与汉灵帝的个人爱好有密切关系。

要素教育

要素教育论由裴斯泰洛齐提出,其基本思想是:初等学校的各种教育都应该从最简单的要素开始,然后逐渐转到日益复杂的要素,循序渐进地促进人的和谐发展。

二、简答题

1. 简述教育的社会功能。

【答案要点】

(1)教育的社会变迁功能。

教育的社会变迁功能是指教育通过开发人的潜能,提高人的素质,引导人的社会化,影响人的社会实践,推动社会的发展和变革。教育的社会变迁功能表现在社会生活的各个领域。

①教育的经济功能:教育是使可能的劳动力转变为现实的劳动力的基本途径;现代教育是使知识形态的生产力转化为直接的生产力的重要途径;现代教育是提高劳动生产率的重要因素。

②教育的政治功能:教育通过传播一定的社会的政治意识,完成年轻一代的政治社会化;教育通过造就政治管理人才,促进政治体制的变革与完善;教育通过提高全民文化素质,推动国家的民主政治建设;教育是形成社会舆论、影响政治时局的重要力量。

③教育的文化功能:传递文化;选择文化;发展文化。

④教育的生态功能:树立建设生态文明的理念;普及生态文明知识,提高民族素质;引导建设生态文明的社会活动。

(2)教育的社会流动功能。

教育的社会流动功能是指社会成员通过教育的培养、筛选和提高,能够在不同的社会区域、社会层次、职业岗位、科层组织之间转换、调整和变动,以充分发挥其个人的智慧才能,实现其人生价值。它包括横向流动功能和纵向流动功能。

2. 简述活动课程的特点。

【答案要点】

活动课程又称经验课程、儿童中心课程,与学科课程相对立,它打破学科逻辑的界限,是以学生的兴趣、需要、经验和能力为基础,通过引导学生自己组织有目的的系列活动而编制的课程。其主要特点如下:

(1)重视儿童的兴趣、需要、能力和阅历,以及儿童在学习中的自我指导作用与内在动力。

(2)注重引导儿童从做中学,通过探究、交往、合作等活动使学生的经验得到改组与改造。

(3)强调解决问题的动态活动的过程。

(4)把课程资源作为解决问题的工具,反对预先确定目标的观念。

3. 简述师生关系的特征。

【答案要点】

理想师生关系具有三个基本特征：

（1）尊师爱生，相互配合。尊师即尊重教师，尊重教师的劳动和教师的人格与尊严。尊师是学生对教师正确的认识、情感和行为的综合体现，是人类的美德。爱生就是爱护学生，这是教师热爱教育事业的重要体现，是教师对学生进行教育的感情基础，是教师的基本道德要求，也是培养学生热爱他人、热爱集体的道德情感基础。尊师爱生体现了新型师生关系，其目的在于相互配合与合作，顺利开展教育活动。

（2）民主平等，和谐亲密。师生关系的民主平等体现了师生在教育过程中相互尊重人格和权利、相互开放、平等对话、相互理解、相互接纳等关系。和谐亲密体现了师生的人际亲和力、心理融洽度。

（3）共享共创，教学相长。共享就是教师和学生共同体验和分享教育中的欢乐、成功、失望与不安，它是师生情感交流深化的表现。共创就是教师和学生在相互适应的基础上，相互启发，使师生的认识不断深化、共同生活的质量不断跃进。共享共创的结构是教师和学生相互促进、共同发展。

4. 简述罗杰斯的学习观和教学观。

【答案要点】

（1）自由学习观。

①知情统一的教学目标。教育应该要培养"躯体、心智、情感、精神、心力融汇一体"的人，即既用情感的方式也用认知方式行事的情知合一的人，他称这种情知融为一体的人为"全人"或"功能完善者"。

②有意义学习。有意义学习是一种与个人各部分经验都融合在一起，使个人的行为、态度、个性以及未来的选择行动方针发生重大变化的学习。它不仅仅是增长知识，更是要引起整个人的变化，对个人的生存和发展有价值。

③自由学习。罗杰斯所倡导的学习原则的核心就是让学生自由学习。自由学习就是教师要信任学生、信任学生的学习潜能，为学生提供各种学习的资源和促进学习的气氛，让学生自己决定如何学习，使其在交往中形成适应自己风格的、促进学习的最佳方法。

（2）学生中心的教学观。

①对传统教学方式的批判。罗杰斯对传统教育的师生关系进行了猛烈的批判，认为教师的任务是为学生提供各种学习资源和促进学习的气氛，让学生自己决定如何学习。

②促进学习的心理气氛因素：真诚一致；无条件积极关注；同理心。

③学生中心的教学观。"以学生为中心"教学模式的基本特征包括：教学过程无固定结构；教学无固定内容；教师不做任何指导。这种模式又称为"非指导性教学"。

三、分析论述题

1. 论述教育评价的 CIPP 模式。

【答案要点】

（1）内容：该评价模式由斯塔弗尔比姆提出，CIPP 是由背景评价、输入评价、过程评价、成果评价这几种评价名称的英文首字母组成。

①背景评价：要确定课程计划实施机构的背景；明确评价对象及其需要；明确满足需要的机会；诊断需要的基本问题；判断目标是否已反映了这些需要。

②输入评价：帮助决策者达到目标的最佳手段，对各种可供选择的课程计划进行评价。

③过程评价：主要是通过描述实际过程来确定或预测课程计划本身或实施过程中存在的问题，从而为决策者提供如何修正课程计划的有效信息。

④成果评价：要测量、解释和评判课程计划的成绩。

（2）评价：CIPP评价模式考虑到影响课程计划的种种因素，可以弥补其他评价模式的不足，相对来说比较全面。但它的操作过程比较复杂，难以被一般人掌握。

2. 试述终身主义教育思潮。

【答案要点】

终身教育思潮产生于20世纪50年代的法国，是现代欧美国家一种强调把教育贯穿人的一生的教育思潮，现已成为一种被视为未来教育战略的国际性教育思潮，代表人物是保罗·朗格朗。

（1）终身教育的缘由：终身教育是应对人类在现代社会中所面临各种新挑战的需要，是一种能够使人在各方面做好准备并应付新的挑战的教育模式和教育观念。

（2）终身教育的含义：终身教育包括了教育的各个方面、各项内容，从一个人出生的那一刻起一直到生命终结时为止的不间断的发展，也包括了在教育发展过程中的各个阶段之间的内在联系。它并不是传统教育的简单延伸，而是包括一切正规教育、非正规教育以及非正式教育。其基本特点是具有连续性和整体性。此外终身教育没有固定的教育内容和方法，强调人的个性发展。

（3）终身教育的目标：实现更美好的生活，使人过一种更和谐、更充实和符合生命真谛的生活。具体目标包含两方面：培养新人；实现教育民主化。

终身教育理论自20世纪60年代中期兴起以后，在教育领域中引起了一场广泛而深刻的革命。终身教育已成为建立一个学习化社会的象征。许多国家把终身教育作为教育改革和发展的战略重点，但终身教育的具体实施规划仍需进一步探讨。

3. 试述归因理论及其教育价值。

【答案要点】

（1）基本假设：寻求理解是行为的基本动因。

（2）海德。海德最早提出归因理论，认为人们具有理解世界和控制环境两种需要，使这两种需要得到满足的根本手段就是了解人们行为的原因，他把行为的原因分为外部环境和个人原因。

（3）罗特。罗特对归因理论进行了发展，提出控制点的概念，并依据控制点把个体分为内控型和外控型。内控型的人认为自己可以控制周围的环境，无论成功还是失败都是由于自己的能力或努力等内部因素造成的；外控型的人则感到自己无法控制周围的环境，无论成败都归因于他人的影响或运气的好坏等外在因素。

（4）韦纳。韦纳对行为结果的归因进行了系统探讨，发现人们倾向于将活动成败的原因归结为六个因素：即能力高低、努力程度、任务难易、运气好坏、身心状态、外界环境等。这六个因素可归为三个维度，即内部归因和外部归因、稳定性归因和非稳定性归因、可控归因和不可控归因。最后，将三维度与六因素结合起来，组成归因模式。

（5）不同归因的影响。

①当个体将成功归因于能力和努力等内部因素时，会产生骄傲、自豪感，增强自信心和动机水平。

②将成功归因于任务容易、运气好、别人帮助等外部原因时，则满意感较少。当个体将失败归因于能力弱、不努力等内部原因时，会产生愧疚感；将失败归因于任务太难、运气不好或教师评分不公正等外部原因时，则较少产生愧疚感。

③归因于努力相比于归因于能力，无论成败都会引发更强烈的情绪体验。努力而成功体验到愉

快，不努力而失败体验到羞愧，努力而失败也应受到鼓励。

（6）成败归因的影响因素。

①他人操作的有关信息。即个体根据别人的行为结果的有关信息来解释自己的行为结果的原因。如班级大部分人拿到高分，则易产生外部归因；班级少部分人拿到高分，则易产生内部归因。

②先前的观念或因果图式。即个体以往的经验或行为结果的历史。如结果与之前的结果一致，则易归于稳定因素；否则归因于不稳定因素。过去因努力而成功者，更易将成功归因于努力等内部因素；若经努力而失败，则易归因于不可控因素，如运气等。

③自我知觉。即个体对自己能力的看法。自认为有能力者，易将成功归因于能力，将失败归因于教师的偏见、测验不公正等。

（7）教学应用。

该理论的教育意义在于它能从学生的观点显示出学习成败的原因。了解学生的自我归因可预测其今后的学习动机。学生的自我归因未必正确却十分重要，教师应注意了解和辅导。

4. 论述洋务运动的教育改革。

【答案要点】

（1）洋务学堂。

①洋务学堂的兴办和类别。

从1861年清政府设立"总理各国事务衙门"到1895年签订《马关条约》的30多年间，洋务派创办洋务学堂30余所，它们是随着洋务运动的展开而逐渐开办的，其目的在于培养洋务活动所需要的翻译、外交、工程技术、水陆军事等多方面的专门人才，教学内容以"西文"和"西艺"为主。主要分为外国语学堂、军事学堂和技术实业学堂三大类。其中较为著名的有京师同文馆、福建船政学堂等。

②洋务学堂的特点。

一方面，洋务学堂与中国传统学校有显著的差异，因此又被称为新式学堂，表现出"新式"的特点。另一方面，洋务学堂本质上还是套种在传统封建教育体制边上的幼苗，根植于半殖民地半封建社会的土壤，难脱其桎梏和影响，又表现出新旧杂糅的特点。

"新式"特点：洋务学堂的培养目标是造就各项洋务事业需要的专门人才，广泛分布于外交、律例、水陆军事等诸多领域；洋务学堂以学习"西文""西艺"为主，注意学以致用；洋务学堂能按照知识的接受规律由浅入深、循序渐进地安排教学内容，重视理解，注意教学中的理论与实践结合，很多学校安排有实践课程，有的还建立了实习制度；洋务学堂均制订有分年课程计划，确定了学制年限，采用班级授课制。

"新旧杂糅"的特点：洋务学堂是洋务大臣们各自为政办起来的，缺乏全国性的整体规划和学制系统；在"中体西用"的总原则下，在传授西文西艺的同时并未放弃对四书五经的学习；洋务学堂由封建官僚所举办，在管理上带有封建官僚习气。

总的来说，洋务学堂以西方近代科技文化作为主要课程，在形式上引入了资本主义因素，初步具备了近代教育的特征。在它产生之初，并未有意与以科举为核心的旧教育体制对抗，甚至还乞求后者的容纳，但它产生之后，逐渐动摇和瓦解了旧的教育体制，实际启动了近代中国教育改革的进程。

（2）幼童留美与派遣留欧。

洋务运动开始后，出国留学由从前的零散自发变为由政府统一派遣。洋务派认识到，要全面深入地学习西方的先进技术，国内的学堂存在诸多局限。于是，向国外派遣留学生，便被纳入洋务计划。留学方向主要是美国和欧洲。

洋务留学教育虽然规模小、人数少，但是却是中国教育走向世界过程中最名副其实的一步。相比引入西学，派出留学生直接学习在学习成果上要更加彻底。归国留学生回国后在事业上取得突出成就，取得了一定的社会地位，有力地回击了守旧派"终鲜实效"的预言，也改变了人们的科举正途观念。洋务留学教育对中国近代化的推进具有巨大功劳。

2018年 中央民族大学333教育综合·真题解析

一、名词解释

榜样法

榜样法即榜样示范法，指以他人的高尚品德、模范行为和卓越成就来影响学生品德的方法。教师应向学生提供好榜样，主要有四类：历史伟人，现实的英雄模范，优秀教师、家长的风范，优秀学生。

分组教学

分组教学指按学生的能力或学习成绩把他们分为水平不同的小组进行教学。其类型包括能力分组和作业分组、内部分组和外部分组。分组教学能较好地照顾个别差异，重视学生的个别性，有利于因材施教，有利于发展学生的个性特点。

修辞学校

古希腊准备担任公职的贵族子弟，在读完文法学校后进入修辞学校或雄辩术学校。16岁入学，学习两到三年；课程有修辞学、哲学、希腊文、法律、数学、天文、音乐等；这种学校的教育目的主要是培养学生的雄辩、演说才能。

生计教育

生计教育是美国教育总署署长马兰于1971年倡导的一种教育。他提出，生计教育的实质在于以职业教育和劳动教育为核心，引导帮助人们学会许多新的知识和技能，以在适应瞬息万变的社会的过程中，实现个人生存与社会发展的双重目的。

自我效能感

自我效能感由班杜拉提出，是指个体对自己能否成功进行某一成就行为的主观判断。它影响着个体对行为的选择、付出多大努力以及坚持多久。

程序性知识

从信息加工的角度，知识可以分为陈述性知识和程序性知识。其中，程序性知识是关于"怎么做"的知识，如怎样进行推理、决策或者解决某类问题等。

二、简答题

1. 简述教育的相对独立性及其主要表现。

【答案要点】

教育的相对独立性是指作为社会一个子系统的教育，它对社会的能动作用具有自身的特点和规律性，它的历史发展也有其独特连续性和继承性。主要表现为以下几方面：

（1）教育是培养人的活动，通过所培养的人作用于社会。教育尤其是学校教育，是有意识地影响人、培育人、塑造人的社会活动。它主要通过引导和促进年轻一代社会化、个性化，成为社会活动的参与者和继承者，以保证并促进社会的生存、延续与发展。

（2）教育具有自身的活动特点、规律及原理。教育是培养人的活动，而人具有特殊的身心发展和成熟的规律。教育教学及其相关活动必须认识、遵循和创造性地运用这些基本特点与规律，才能有效地培育人才。此外，还应重视和遵循前人的宝贵经验，并在此基础上继续发展、前进。

（3）教育具有自身发展的传统与连续性。由于教育有自身的规律和特有的社会功能，它一经产生、发展便将形成和强化其相对独立性，具有发展的连续性、继承性和惯性。因此，无论是办学校、发展教育事业，或进行教育改革，都要重视与借鉴教育的历史经验，都应在原有的基础上积极改进、稳步前行。

2. 简述学制制定的依据。

【答案要点】

（1）社会生产力和科技发展水平。教育制度的产生和建立取决于生产力发展水平和科学技术发展状况，教育制度的发展和完善在很大程度上也取决于生产力和科技发展水平。

（2）社会经济制度。教育制度作为社会的基本制度之一，受社会的政治经济制度的制约。不同的政治经济制度决定了不同阶级享有不同的教育，也决定了各级各类学校的教育目的、入学条件、修业年限、教育内容以及它们之间的关系等教育制度方面的问题。

（3）人的身心发展规律。学制中关于入学年龄、修业年限、教育目标、学习内容的确立必须根据人的身心发展规律制定。此外，学制中关于各级各类学校的分段与衔接、升级升学制度、特殊教育制度也是依据人的身心发展规律制定的。

（4）本民族语言、文字、习俗、习惯等文化传统。在学制的改革与发展中，要发扬本民族的优秀文化传统，吸收其他民族的长处。

（5）历史经验的继承与发展。学制总是在不断地发展变化、完善，以适应发展变化的情况。但是，任何国家学制的发展和革新必须立足于本国的历史，不是对过去的全盘否定，而是对过去继承基础上的发展。

3. 简述教师专业发展的主要内容。

【答案要点】

教师专业发展，又称教师专业成长，是指教师在整个专业生涯中，依托专业组织、专门的培养制度和管理制度，通过持续的专业教育，习得教育教学专业技能，形成专业理想、专业道德和专业能力，从而实现专业自主的过程。它包括教师群体的专业发展和教师个体的专业发展。

（1）教师群体的专业发展是指教师职业不断成熟，逐渐达到专业标准，并获得相应的专业地位的过程。它既是教师个体专业化的条件与保障，同时也最终代表着教师职业的专业化。主要包括：

①教育知识技能的体系化，形成学科专业和教育专业，国家对教师任职既有规定的学历标准，也有必要的教育知识、教育能力和职业道德的要求。

②国家有教师教育的专门机构、专门教育内容和措施，教师教育专业化。

③国家有对教师资格和教师教育机构的认定制度和管理制度。

④形成社会公认的教师专业团体。

（2）教师个体的专业发展是指教师作为专业人员，从专业理想到专业知识、专业能力、专业心理品质等方面由不成熟到比较成熟的发展过程，即由一个专业新手发展成为专家型教师或教育家型教师的过程。教师个体专业发展途径包括师范教育、新教师的入职辅导、教师的在职培训、教师专业发展学校、同伴互助和教师的自我教育。

4. 简述洋务学堂的特点。

【答案要点】

一方面，洋务学堂与中国传统学校有显著的差异，因此又被称为新式学堂，表现出"新式"的特点。另一方面，洋务学堂本质上还是套种在传统封建教育体制边上的幼苗，根植于半殖民地半封建社会的土壤，难脱其桎梏和影响，又表现出新旧杂糅的特点。

（1）"新式"特点。

①培养目标。洋务学堂的培养目标是造就各项洋务事业需要的专门人才，广泛分布于外交、律例、水陆军事等诸多领域。

②教学内容。洋务学堂以学习"西文""西艺"为主，注意学以致用。

③教学方法。洋务学堂能按照知识的接受规律由浅入深、循序渐进地安排教学内容，重视理解，注意教学中的理论与实践结合，很多学校安排有实践课程，有的还建立了实习制度。

④教学组织形式。洋务学堂均制订有分年课程计划，确定了学制年限，采用班级授课制。

（2）"新旧杂糅"的特点。

①洋务学堂是洋务大臣们各自为政办起来的，缺乏全国性的整体规划和学制系统。

②在"中体西用"的总原则下，在传授西文西艺的同时并未放弃对四书五经的学习。

③洋务学堂由封建官僚所举办，在管理上带有封建官僚习气。

三、分析论述题

1. 加德纳的多元智力理论及其意义。

【答案要点】

（1）主要内容。

多元智力理论认为，不存在单纯的某种智力和达到目标的唯一方法，每个人都会用自己的方式来发掘各自的大脑资源，这种为达到目的所发挥的各种个人才智才是真正的智力，造就了人与人之间的不同。人的智力可以分为八种：

①逻辑数学智力：运算和推理等科学或数学的一般能力，以及处理较长推理、识别秩序、发现模型和建立因果模型的能力。

②语言智力：运用语言达到各种目的的能力以及对声音、韵律、语意、语序和灵活操纵语言的敏感能力，包括听、说、读和写的能力。

③音乐智力：感受、辨别、记忆、理解、评价、改变和表达音乐的能力。

④空间智力：准确感受视觉-空间世界的能力。包括感受、辨别、记忆、再造、转换以及修改物体的空间关系，并借此表达思想和情感的能力。

⑤身体运动智力：控制自己身体运动和技术性地处理目标的能力。

⑥人际关系智力：与人相处和交往的能力，表现为觉察他人情绪、情感、气质、意图和需求的能力并据此做出适当反应的能力。

⑦内省智力：认识、洞察和反省自身的能力，并在正确的自我意识和自我评价的基础上形成自尊、自律和自制的能力。

⑧自然智力：认识物质世界的相似和相异性及动物、植物和自然环境其他事物的能力。

（2）启示。

①加德纳认为用学校的标准化考试来区分儿童智力高低和考查学校教育的效果，是片面的，这

种做法过分强调语言智力和逻辑数学智力，否认了学生的其他潜能。

②他提出了"以个人为中心的教育"。强调每个学生都具备这八种智能，但所擅长的智能各不相同，教育要以学生的智能为基础，同时要培养学生的特长智能。

③多元智能理论还指导教师从多种智能途径增进学生对学科内容的理解。

2. 试述永恒主义教育理论及其对当代世界教育实践的影响。

【答案要点】

永恒主义教育亦称"新古典主义教育"，产生于20世纪30年代，是现代欧美国家一种强调理性训练以及人的理性和教育基本原则的永恒性的教育思潮，代表人物有美国的赫钦斯、艾德勒，英国的利文斯通和法国的阿兰等。其主要观点包括以下几个方面：

（1）发展人的理性是教育永恒不变的原则。永恒主义教育家认为，同宇宙中实在具有永恒不变性一样，理性乃是人性中共同的最主要的永恒不变的特性，因此，他们认为，建立在这种永恒不变的人性基础上并为表现和发展这种人性的教育，在本质上也是不变的。每个时代的教育，每个地方的教育，对每个人的教育，在本质上是一样的。教育的性质是永恒不变的，人类社会两千多年来的教育基本特点也仍适合于我们的时代。

（2）教育的主要目的是培养永恒的理性。人类天性中存在共同要素，即以理性为特征的人性，教育的首要目的就应该是引出这种共同要素，对人施以"人性的教育"，关注那些"属于人之作为人的东西"及"人与人之间相通的东西"，使人的理性和精神力量得到充分的发展，达到人性的"自我实现"、人的进步与完善。

（3）永恒的古典学科应该在学校课程中占有中心地位。永恒主义教育家认为，教育应该传承永恒的真理。通过一些抽绎出我们人性的共同因素的永恒课程来传授永恒真理。这些永恒课程是由世界名著构成的。这样的课程应该成为普通教育的核心。这是培养永恒的理性的最好途径。

（4）学生通过教师的教学进行学习。为了培养永恒的理性，应当通过教师的教学来激发学生的思维活动和理智训练。学生的学习既然是为了开发他们内在的潜能，发展他们的理性，就应该通过教师的教学，激发学生的思维活动和理智训练。

永恒主义教育对进步教育的批判比要素主义更加激烈，但从整体上来看，它并未提出新的价值判断标准。永恒主义教育在教育理论上有一定影响，但在教育实践中的影响范围不大，主要限于大学和上层知识界中的少数人。

3. 论述颜之推的家庭教育思想。

【答案要点】

《颜氏家训》以讨论家庭教育为主，而家庭教育基本是长辈对未成年人主要是儿童的教育。儿童教育应当注意一些基本的原则：

（1）及早施教。幼年时期是奠定基础的重要阶段，长辈应及早地对幼儿进行教育，早期教育甚至可以从胎教开始。早期教育的效果最佳，其理由是：儿童年幼时期，心灵纯净，各种思想观念还没有形成，可塑性很大；幼年时期受外界干扰少，精神专注，记忆力也处于旺盛时期，能把学习材料牢固地记住。

（2）严慈相济。善于教育子女的父母，能把慈爱与严格要求相结合，并能收到良好的教育效果。善于教育子女的父母，能把慈爱与严格要求相结合，并能收到良好的教育效果。父母应当严肃地对待儿童教育，树立威严，严加督训。

（3）均爱原则。在家庭教育中应该切忌偏宠，不论子女聪慧与否，都应以同样的爱护与教育标准来对待。

（4）重视语言教育。语言是社会交往的工具，语言的学习应成为儿童教育的一项重要内容，对儿童进行的语言教育应注意规范，重视通用语言，而不应强调方言。父母对儿童学习正确的语言负有重要的责任，不可轻视。

（5）重视品德教育。道德的教育应包括以孝悌为中心的人伦道德教育和立志教育两方面。颜之推认为对儿童进行道德教育应该以"风化"的方式进行，这是一种通过长辈道德行为的示范，使儿童受到潜移默化的影响，从而形成所要求的德行的教育过程。立志教育即为生活理想的教育，颜之推要求士族应教育其后代以实行尧舜的政治思想为志向，继承世代家业，注重气节培养。

4. 分析分科课程、活动课程、综合课程的特点，以及我国基础教育课程设置的现状。

【答案要点】

（1）分科课程也称学科课程，是指根据学校培养目标和科学发展，分门别类地从各门科学中选择适合学生年龄特征与发展水平的知识所组成的教学科目。分科课程的特点有：

①重视成人生活的分析及对儿童为适应未来社会生活需要所做准备的要求，有明确的目的与目标。

②能够按照人类整理的科学文化知识的逻辑系统，结合学生身心发展的特点进行教学。

③强调课程与教材内在的伦理精神价值和智能训练价值。

（2）活动课程又称经验课程、儿童中心课程，与学科课程相对立，它打破学科逻辑的界限，是以学生的兴趣、需要、经验和能力为基础，通过引导学生自己组织有目的的系列活动而编制的课程。活动课程的特点有：

①重视儿童的兴趣、需要、能力和阅历，以及儿童在学习中的自我指导作用与内在动力。

②注重引导儿童从做中学，通过探究、交往、合作等活动使学生的经验得到改组与改造。

③强调解决问题的动态活动的过程。

④把课程资源作为解决问题的工具，反对预先确定目标的观念。

（3）综合课程，又称"广域课程""统合课程"或"合成课程"。它采取合并相关学科的办法，减少教学科目，把几门学科的教学内容组织在一门综合学科之中，根本目的是克服学科课程分科过细的缺点。综合课程的特点有：

①打破了旧的学科界限，促进了知识的融合，有利于增强课程的内在联系，使学校课程更加贴近学生生活。

②有利于学生开阔视野，从整体上去认知世界，形成科学的世界观和方法论。

③有利于减少学科书目，减轻学习负担。

（4）现状：我国新一轮基础教育课程改革整体设置九年义务教育课程。

①小学教育：以综合课程为主。小学低年级开设品德与生活、语文、数学、体育、艺术等课程，小学高年级开设品德与社会、语文、数学、科学、外语、综合实践活动、体育、艺术等课程。

②初中教育：设置分科与综合相结合的课程，主要包括思想品德、语文、数学、外语、科学、历史与社会、体育与健康、艺术以及综合实践活动，鼓励学校创造条件开设选修课程。

③普通高中教育：在九年义务教育基础上进一步提高国民素质、面向大众的基础教育。普通高中学制为三年。课程由必修和选修两部分构成。课程设置注重时代性、基础性和选择性，以分科课程为主，开设语文、数学、外语、物理、化学、历史、地理、通用技术、综合实践活动、艺术、体育与健康等课程。所有课程均包括若干必修和选修模块。

2017年 中央民族大学 333 教育综合·真题解析

一、名词解释

常模参照测验

常模参照测验是参照被测群体的实际水平解释分数的测验。常模是指群体的平均分数，它一般可以反映群体的水平。

"六艺"

"六艺"即礼、乐、射、御、书、数。礼包括政治、伦理、道德、礼仪各个领域；乐包括诗歌、音乐和舞蹈；射指射箭的技术训练；御指驾驭马拉战车的技术训练；书指文字书写；数指算法。其中，"礼、乐、射、御"为"大艺"，是大学的课程；"书、数"为"小艺"，是小学的课程。

《学记》

《学记》是中国古代最早的一篇专门论述教育、教学问题的论著，因此有人认为它是"教育学的雏形"。《学记》是先秦时期儒家教育和教学活动的理论总结，它主要论述教育的具体实施，偏重于说明教学过程的各种关系。

智者

"智者"又称诡辩家，在荷马时代，是指某种精神方面的能力和技巧，以及拥有这些能力和技巧的人。后来各行各业具有专门知识和技艺的人，也被称为"智者"。到前5世纪后期，"智者"被用来专指以收费授徒为职业的巡回教师。

多元智力理论

多元智力理论由加德纳提出，他认为每个人都会用自己的方式来发掘各自的大脑资源，这种为达到目的所发挥的各种个人才智才是真正的智力，人的智力可以分为：逻辑数学智力、语言智力、音乐智力、空间智力、身体运动智力、人际关系智力、内省智力、自然智力。

同化

同化是指儿童把新的刺激物纳入已有图式中的认知过程。同化是图式发生量变的过程，它不能引起图式的质变，但影响图式的生长。

二、简答题

1. 简述班主任工作的内容。

【答案要点】

（1）了解和研究学生。了解学生，包括个人和集体两方面。了解学生个人情况，包括个人德、智、体的发展，他的情趣、特长、习性、诉求，家庭状况和交往情况。了解学生集体情况，是在了解学生个人情况的基础上汇集而成，包括全班学生的年龄、性别、家庭等一般情况；学生德、智、体发展的一般水平和有特殊才能的学生情况，班风与传统等。

（2）教导学生学好功课。学好功课是学生的主要任务也是班主任的一项经常性的重要任务。有成效地完成这一任务，主要靠各科教师，但班主任的作用不可忽视。

（3）组织班会活动。班会是向学生进行思想教育的一个重要阵地。有计划地组织班会活动是班主任的一项重要任务。

（4）组织课外活动、校外活动和指导课余生活。课外活动与校外活动对培养学生的志趣、才能，丰富和活跃他们的生活，促进他们德、智、体全面发展有重要意义。对课余活动，班主任的责任是经常关心、了解、给予必要的指导。

（5）组织学生的劳动。每学期开学之初，学校应当根据情况对各班学生的劳动做出统一的计划和安排。班主任则应按学校的安排与要求，有目的有计划地组织好本校学生的劳动。

（6）协调各方面对学生的要求。调节和统一校内外各方面对学生的要求，这是有成效地教育学生的重要条件，也是班主任工作的一项重要内容。

（7）评定学生操行。操行评定是对学生一学期以来的思想品德发展变化情况的评价。

（8）做好班主任工作的计划与总结。为了能够较自觉地做好班主任工作，一要加强计划性，使工作有条不紊地进行；二要注意总结工作经验，以便不断改进和提高。二者是互为基础、相互促进的。

2. 简述中小学常用的教学方法。

【答案要点】

（1）讲授法：指教师通过语言系统地向学生传授科学文化知识、思想理念，并促进他们的智能与品德发展的方法。

（2）谈话法：通过师生问答、对话的形式来引导学生思考、探究，以获取或巩固知识，促进学生智能发展的方法。

（3）练习法：指学生在教师指导下运用知识去反复完成一定的操作、作业与习题，以加深理解和形成技能技巧的方法。

（4）演示法：指教师通过展示实物、直观教具、实验或播放有关教学内容的软件、特制的课件，使学生认识事物、获得知识或巩固知识的方法。

（5）实验法：指在教师指导下学生运用一定的仪器设备进行独立作业，观察事物的特性，探求其发展和变化规律，以获得知识和技能、培养科学精神的方法。

（6）实习作业法：指学生在教师指导下进行的学科实践活动，以培养学生专业操作能力的方法。

（7）讨论法：指学生在教师指导下为解决某个问题而进行探讨、评析，以辨明是非、获取真知、锻炼思维和独立思考能力的方法。

（8）研究法：指学生在教师的指导下通过独立的探索，创造性地解决问题，获取知识和发展科研能力的方法。

（9）问题教学法：指在教师引导下，学生主要通过积极参与对问题的分析、探索，主动地发现或建构新知，获得学习与探究的方法、能力与科学人文精神的教学方法。

（10）读书指导法：指教师指导学生通过阅读教科书、参考书以获取或巩固知识的方法。包括指导学生预习、复习、阅读参考书、自学教材等。

3. 评述夸美纽斯的班级授课制。

【答案要点】

（1）目的：为实现普及教育、提高教学效率，改变教师只对学生进行个别教学和指导的状况，夸美纽斯总结新旧各教派学校中实行班级授课的经验，提出并全面系统地论述了班级授课制度。

（2）具体措施：其一，根据儿童年龄及知识水平分成不同班级，每个班级一间教室，由一个教师对一个班级的学生同时授课；其二，为每个班级制定统一的教学计划，编写统一的教材，规定统一的作息时间，使每年、每月、每日、每时的教学计划都有计划地进行；其三，把全班学生分成若干小组，每组十人，委托一个优秀学生做组长，协助教师管理学生、考查学业。

（3）评价：夸美纽斯关于班级授课制的论述，为彻底改革个别教学提供了理论基础，在实践中对普及教育的发展起了推动作用，这是他对世界教育的贡献。采取班级授课制，可以扩大教育对象，提高教学效率，促进学生集体的形成，锻炼学生的交往能力，也为学校教学管理的制度化、标准化提供了可能；不过夸美纽斯过分强调集体教学，忽视了个别指导，而且认为每班的学生越多越好，这是不科学的。

4. 简述布鲁纳的认知发现说。

【答案要点】

（1）认知学习观。

①认知表征系统：布鲁纳把智慧生长看作形成表征系统的过程，他认为人类的智慧生长经历了三种表征系统阶段：动作表征、映象表征、符号表征。

②学习的实质：学习的实质是主动形成认知结构。

③学习的过程：获得、转化和评价。

（2）结构教学观。

①教学的目的在于理解学科的基本结构。

②发现学习的准备性：布鲁纳认为任何一门学科最基本的观念是既简单又强有力的，他提出任何学科的基础都可以用某种适当的形式教给任何年龄的任何人，主张向儿童提供具有挑战性但又合适的机会使其发展步步向前，引导儿童智慧发展。

③培养直觉思维：布鲁纳认为直觉思维、预感的训练是正式的学术学科和日常生活中创造性思维的重要特征。

④激发内在动机：布鲁纳强调学习是一个主动的过程，主张教师要使学生主动地参加到学习中去，并且体验到有能力掌控他的外部世界，以此来激发学生的内在学习动机。

⑤学科基本结构的教学原则：动机原则、结构原则、程序原则、强化原则。

（3）发现学习。

①概念：发现学习是指学生在学习情境中，经过自己探索寻找，从而获得问题答案的一种学习方式，布鲁纳所说的发现不只限于寻求人类尚未知晓的事物的行为，也包括用自己的头脑亲自获取知识的一切形式。

②教学阶段：提出问题、做出假设、验证假设、形成结论。

三、分析论述题

1. 有人说"近朱者赤"，也有人说"近墨者黑"。请运用相关理论并结合个体经历谈谈你的看法。

【答案要点】

"近朱者赤，近墨者黑"比喻的是接近好的事物会让人变好，接近不好的事物也会让人变坏，强调的是环境对人的影响，这种说法属于环境决定论的观点。环境决定论片面强调环境和教育在人的发展中的决定作用，忽视了其他因素对人的发展的影响。除了环境外，遗传、个体活动和教育等因素都可以影响人的发展，人的发展是这些因素共同作用的结果。

（1）遗传在人发展中的作用。

①遗传素质是人的发展的生理前提。遗传素质，是人的发展的自然的或生理的前提条件，为人的发展提供了可能。

②遗传素质的成熟程度制约着人的发展过程及年龄特征。遗传素质的成熟过程，表现为人身体的各种器官的形态、结构和机能的发展变化与完善，为一定年龄阶段的身心特点的出现提供了可能，制约着人的发展的年龄阶段。

③遗传素质的差异性对人的发展有一定的影响。遗传素质的差异不仅表现在体态和感觉器官的功能上，也表现在神经活动的类型上。人们对外界事物反应的快慢、情感表现的强弱和是否容易转移等方面，也存在着差异。

④遗传素质具有可塑性。随着环境、教育和实践活动的作用，人的遗传素质会逐渐地发生变化，这就说明了遗传素质具有可塑性。

（2）环境在人的发展中的作用。

①环境是人的发展的外部条件。人的生存与发展环境根据其性质可以分为自然环境和社会环境。社会环境是儿童得以发展的现实条件和现实源泉，对人的发展起着不可替代的作用。

②环境的给定性与主体的选择性。环境的给定性：指的是由自然与社会、历史遗产与他人为儿童个体所创设的环境，它对于儿童来说是客观的、先在的、给定的。主体的选择性：人是具有能动性的主体，他对环境变化的刺激做出的回应是可以由主体内在的意愿来选择和决定的。

（3）个体活动在人的发展中的作用。

①个体活动是人的发展的决定因素。学生的主体活动既是学生存在和发展的方式，又是教育的重要基础。教育必须通过引领和组织学生的主体活动来促进学生的身心与个性的发展。

②个体活动制约着环境影响的内化与主体的自我建构。人在同环境相互作用的过程中，既改造着环境，也在改造环境的活动中发展和提升了个人的素质，从人的发展的视域看，实质上是一个自我建构的过程。学生的能动性主要表现为：在教育者的影响下，在积极参与社会生活和交往活动的基础上能动地进行自我认识、自我发展和自我建构。

③个体通过能动的活动选择、构建着自我的发展。个人通过能动的活动不仅能把握自己与外部世界的关系，而且能把自身的发展当作自己认识的对象和自觉实践的对象，选择与建构自己的发展。人的发展过程就是通过能动的活动不断自我超越的过程。

（4）教育对人的发展的作用。

①教育在人的发展中起引领作用，主要体现在：有意识地为年轻一代的成长选择、建构、调控良好的环境，对他们的生活、交往、学习与实践等活动进行正确的教导、示范和辅助，并注重尊重他们的主体地位和激发、引导他们内在的学习动力与自我发展的能动性和自主性，从各方面引领、关怀、维护他们的发展。

②学校教育主要通过传承文化科学知识来培养人。学校教育是教育者有意识地为儿童的身心发展精心设置的一种环境，它把经过选择的、重新组编的、人类长期积累起来的文化知识作为精神客体与儿童互动，以促进儿童的发展，使他们成人成才。文化知识蕴含着有利于人的发展的多方面价值：认识价值、陶冶价值、能力价值、实践价值。

③学校教育对提高人的现代性有显著的作用。教育在人的现代化过程中起着重要作用，是因为学生在学校里不仅学会了读、写、算等各个方面的基础知识与技巧，而且学到了与他们个人的发展和国家的未来有关的态度、价值和行为方式。

2. 论述晏阳初的乡村教育实验。

【答案要点】

（1）以县为单位的教育实验。

晏阳初是中国现代史上著名的教育家、世界平民教育运动与乡村改造运动的倡导者。20世纪20年代后期，晏阳初、陶行知、黄炎培、梁漱溟等一大批有见识的教育家，将平民教育实验运动从大城市转向中国广大的农村地区，随后形成了声势浩大的乡村建设实验运动。晏阳初主持的中华平民教育促进总会所进行的河北定县乡村平民教育实验，在这场运动中占有举足轻重的地位。

定县的乡村平民教育实验是与晏阳初对平民教育认识的发展紧密联系的。晏阳初认为，农村建设的工作最重要的是必须有具体的方案，具体的方案又必须以事实为依据，必须靠有系统的精确调查。在定县乡村平民教育实验的基础上，晏阳初对于县范围内如何具体实施乡村教育总结了一套成功的经验。这集中体现为他所概括的"四大教育"和"三大方式"。

（2）"四大教育"与"三大方式"。

①四大教育。晏阳初把中国农村的问题归结为"愚""穷""弱""私"四个方面，他认为，要解决这四点，就必须通过"四大教育"来进行，分别是：以文艺教育攻愚，培养知识力；以生计教育攻穷，培养生产力；以卫生教育攻弱，培养强健力；以公民教育攻私，培养团结力。

②"三大方式"。在定县乡村平民教育实验中，针对过去教育与社会相脱节、与生活实际相背离的弊端，在强调发挥教育的整体功能作用时，晏阳初提出了在农村推行"四大教育"的"三大方式"，分别是：学校式教育、家庭式教育、社会式教育。

（3）"化农民"与"农民化"。

定县试验加强了知识分子和农民之间的沟通，在此基础上，晏阳初提出了"农民科学化，科学简单化"的平民教育目标，认为想要"化农民"必须先"农民化"。

（4）晏阳初教育思想和实践的评价。

晏阳初所提出的中国农村四大基本问题，只看到了社会现象的表层，没能认识到其背后的根源——帝国主义侵略和封建残余的剥削；他否认了旧中国社会问题的根源是阶级压迫和剥削，反而把由于阶级压迫和剥削所造成的愚、穷、弱、私等社会现象作为问题根源。因此，晏阳初在为解决中国社会问题上所采取的办法是改良主义的，其理论不能解决旧中国农村的根本问题，无法达到复兴农村、拯救国家的根本目的。

但是，晏阳初的平民教育思想和乡村改造理论是有可取之处的：首先，晏阳初是一位爱国的教育改革家，他的平民教育和乡村改造理论颇有中国特色。其次，虽然晏阳初的乡村教育实验并没有从根本上解决实验区农村的根本问题，但总体来说还是有所助益的。最后，晏阳初"四大教育""三大方式"的理论打破了狭隘的教育观念，把乡村教育视为是与乡村经济、文化、卫生、道德等方面共同进行，学校、家庭、社会相互促进的系统工程，这在中国教育史上是一种创新，直至今天仍具有教育意义。

3. 论述苏霍姆林斯基的教育思想。

【答案要点】

苏霍姆林斯基是苏联著名的教育理论家和实践家，被誉为"教育思想的泰斗"。贯穿于他一生的教育实践主线是全面和谐发展的教育思想。主要著作有《给教师的一百条建议》《把整个心灵献给孩子》《帕夫雷什中学》等，被称为"活的教育学"和"学校生活的百科全书"。

（1）全面和谐教育的含义。

苏霍姆林斯基认为，为了培养全面和谐发展的人，就必须深入地改善整个教育过程，实施和谐的教育。全面和谐的教育包含两层含义：要把学生认识和改造世界的活动和谐地结合起来，要求学生的体力劳动与智力活动结合、课堂教学与课外活动结合、教育与自我教育结合；要把德、智、体、美、劳诸育和谐地结合起来，强调的是诸育的相互渗透和交织，统一为一个完整的过程。

（2）全面和谐发展教育实施。

①德育，在全面和谐的教育中应占有主导的地位。德育贯穿于学校教学、教育工作的各个方面，德育任务的完成有赖于其他各育的实施，学校里所做的一切都应当包含深刻的道德意义。

②智育，是学校的主要任务。智育应当包括获得知识、形成科学世界观、发展认识和创造能力、养成脑力劳动文明等。

③体育，被视为一个人得以全面发展、和谐发展的最重要因素。苏霍姆林斯基认为体育工作首

先要关注人的身体健康,其次要关注体育在培养道德、审美和智育等方面的重要作用,要保证人的身体发育、精神生活以及多方面的活动的协调一致。

④美育,苏霍姆林斯基对美育的重视以他对情感在人的个性形成中的重要作用的认识为基础,认为"美是心灵的体操",要通过各种活动潜移默化地培养学生的美感。

⑤劳动教育,苏霍姆林斯基认为脱离劳动就不可能有教育,应该尽早开始劳动教育。劳动既是学生认识和理解世界的手段,也是他们进行自我认识和自我教育的重要途径。劳动具有经济的价值;劳动能丰富学生的精神生活,提高他们的道德素养,完善审美情操;创造性劳动是道德修养的源泉和精神文明的基础。

(3)全面和谐发展教育的原则:全面与和谐不可分割;多方面教育的相互配合;个性发展与社会需要相适应;学生自由;尊重儿童,重视自我教育。

(4)苏霍姆林斯基教育思想的评价。

苏霍姆林斯基的教育理论与实践对20世纪70—80年代苏联教育理论的发展产生了很大的影响,如苏联教育家巴班斯基就接受了苏霍姆林斯基关于教育和教学工作整体性的观点,将全面和谐发展学生的个性作为学校理想的观点。此外,他的教育理论与实践在中国教育界也受到了十分广泛的关注。

4. 论述激发学习动机的途径与方法。

【答案要点】

(1)创设问题情境,实施启发式教学。

想要实施启发式教学,关键在于创设问题情境。所谓问题情境,指的是一种适度的疑难情境。在学习过程中,仅仅让学生简单地重复已经学过或者过难的东西,学生都不会感兴趣。只有在学习那些"似懂非懂""似会非会"的东西时,学生才感兴趣而且迫切希望掌握它。

(2)根据作业难度,恰当控制动机水平。

教师在教学时,要根据学习任务的不同难度,恰当控制学生学习的动机水平。在学习较简单的课题时,应尽量使学生集中注意力;在学习较复杂的课题时,则应尽量创造轻松自由的课堂气氛。在学生遇到困难或出现问题的,要尽量心平气和地耐心引导,以免学生过度紧张和焦虑。

(3)充分利用反馈信息,给予恰当的评定。

心理学研究表明,来自学习结果的种种反馈信息,对学习效果有明显影响。一方面学习者可以根据反馈信息调整学习活动,改进学习策略,另一方面学习者为了取得更好的成绩或避免再犯错误而增加了学习动机,从而保持了学习的主动性和积极性。

(4)妥善进行奖惩,维护内部学习动机。

在对学生进行评价时,奖励和惩罚对于学习动机的激发具有不同的作用。一般而言,表扬与奖励比批评与指责能更有效地激发学生的学习动机,因为前者能使学生获得成就感,增强自信心。但过多使用表扬和奖励,或者使用不当,也会产生消极作用。

(5)合理设置课堂环境,妥善处理竞争和合作。

学生的学习主要是在课堂上进行的,课堂的合作与竞争环境无疑是影响学习动机的一个重要的外部因素。在教学活动中,合作与竞争都是必要的,应该强调竞争与合作的相互补充和合理运用。极端的竞争会对学生的学习行为和集体团结产生消极影响。适量与适度的竞争与合作的恰当结合,会有效激励学生的学习动机。

(6)适当进行归因训练,促使学生继续努力。

在学生完成某一学习任务后,教师应指导学生进行成败归因。一方面,要引导学生找出成功或失败的真正原因,即进行正确归因;另一方面,教师也应根据每个学生过去一贯的成绩的优劣差异,从有利于今后学习的角度进行积极归因。

（7）培养自我效能感，增强学生成功的自信心。

自我效能感影响学生的自我评价和自信心，进而影响学习成绩。尤其是学业不良的学生，由于对自己的学习能力持怀疑态度，表现出很低的自我效能感。因此，教师在教学中要通过一定的方法改变和提高他们的自我效能感。

提高自我效能感具体措施如下：选择难易适中的任务，让学生不断地获得成功体验，进而提高自我效能感；通过获得替代性经验和强化来提高他们的自我效能感。当一个人看到与自己水平接近的学生学习成功时，就会增强他的自我效能感，激发其学习动机；引导学生坦然面对失败，从失败中找出可以改进的因素，进而提高自己的学习技能，增强获得成功的自信。

（8）维护学生自我价值，警惕自我妨碍策略。

自我价值理论指出，学生有保护和表现自我价值的需要，这是个人追求成功的内在动力。教师要理解和尊重学生的这种需要，引导他们把自我价值的实现方式与正向、积极的学习行为相联系，避免学生不断从环境中体验到对自我价值的威胁感，从而采取各种自我妨碍的逃避策略。

（9）维护内在需要，促进外部动机内化。

兴趣、好奇心、探索欲，是人类学习的最早动力。源于内部需要的学习动机具有更多的坚持性和抗干扰性。然而，不是每个孩子都对教育中涉及的所有内容充满好奇和兴趣。因此，教师要帮助学生将外部调控的学习动机不断内化，形成相对自主调控的学习动机。

2016年 中央民族大学 333 教育综合·真题解析

一、名词解释

学习的迁移

学习迁移即知识迁移，是指已获得的知识、技能、态度或理解对新知识、新技能或态度的形成的影响。根据迁移发生的领域，可将迁移分为知识与技能的迁移、情感和态度的迁移；根据迁移的方向，可将迁移分为顺向迁移、逆向迁移。

有教无类

"有教无类"的本意是不分贵贱贫富和种族，人人都可以入学接受教育。孔子的教学实践切实地贯彻了这一办学方针，他的弟子来自各个诸侯国，分布地区广泛；弟子成分复杂，出身于不同的阶级和阶层，大多数出身于平民。

公学

公学是一种私立教学机构，相对于私人延聘家庭教师的教学而言，这种学校是由公众团体集资兴办，其教学目的是培养一般公职人员，其学生是在公开场所接受教育。

"五育"并举

1912年初，蔡元培发表《对于教育方针之意见》一文，提出了军国民教育、实利主义教育、公民道德教育、世界观教育和美感教育"五育并举"的教育思想，成为制定民国教育方针的理论基础。

京师同文馆

京师同文馆最初是作为外语学校设立的，是近代中国被动开放的产物，1902年，京师同文馆并入京师大学堂。在教学内容的设置上，重视外语学习以及科学技术的学习。就其历史地位而言，它是洋务学堂的开端，也是中国近代新教育的开端。

义务教育

我国《义务教育法》中规定的义务教育是指："义务教育是国家统一实施的所有适龄儿童、少年必须接受的教育，是国家必须予以保障的公共性事业。"

二、简答题

1. 简述疏导原则。

【答案要点】

疏导原则指进行德育要循循善诱、以理服人，从提高学生认识入手，调动学生的主动性，使他们积极向上。也称循循善诱原则。贯彻疏导原则的基本要求如下：

（1）讲明道理，疏通思想。对青少年进行德育，要注重摆事实、讲道理，做深入细致的思想工作，启发他们自觉认识问题，自觉履行道德规范。

（2）因势利导、循循善诱。要善于把学生的积极性和志趣引导到正确方向上去。

（3）以表扬、激励为主，坚持正面教育。在青少年的成长过程中，要坚持正面教育，对他们表现的积极性和微小的进步，都要注意肯定，多加赞许、表扬和激励，引导他们步步向前，以培养他们的优良品德。批评与处分只能作为辅助的办法。

2. 简述书院的特点。

【答案要点】

（1）书院精神：自由讲学。书院注重讨论，学术风气浓厚，开辟了新的学风，推动了教育和学术的发展。

（2）书院功能：育才、研究和藏书。

（3）培养目标：注重人格修养，强调道德与学问并进，培养学生的学术志趣。

（4）管理形式：较为简单，管理人员少，强调学生遵照院规自我约束、自我管理为主。

（5）课程设置：灵活具有弹性，教学以学生自学、独立研究为主，师生、学生之间注重质疑问难与讨论。

（6）教学组织：教学与研究相结合，教学形式多样，注重讲明义理，躬亲实践。

（7）规章制度：书院作为一种教育制度得以确立，在教育目标、教学方法、教学顺序等方面用学规的形式加以阐明，最著名的是《白鹿洞书院揭示》，它说明南宋后书院已经制度化。

（8）师生关系：较之官学更为平等、学术切磋多于教训，学生来去自由，关系融洽、感情深厚。

（9）学术氛围：教学与学术研究并重，学术氛围自由宽松，人格教育与知识教育并重。

3. 简述奥苏伯尔的认知同化理论。

【答案要点】

奥苏伯尔的认知同化理论认为，有意义学习是通过新信息与学生认知结构中已有的有关观念相互作用而发生的，这种相互作用导致了新旧知识有意义的同化。根据新旧观念的概括水平及其联系方式的不同，奥苏伯尔提出了三种认知同化过程。

（1）影响认知同化的因素。

①固着观念。指认知结构中对新知识起固定作用的适当观念。如学生在学习了"力"的概念之

后就可以更好地理解"浮力"的特征和规律。

②可辨别性。指新材料与原有观念之间区别的程度。

③清晰稳定性。认知结构中的固着观念是否清晰、稳定也影响学生能否对新旧观念做出区分。

（2）同化模式。

①下位学习。又称类属学习，是指学习者认知结构中原有的观念在包摄和概括的水平上高于新知识，在新旧知识之间构成一种类属关系，可以分为派生类属学习和相关类属学习。

②上位学习。又称总括学习，是指学习者在已形成若干观念的基础上学习包摄程度更高的知识。如学生熟悉了胡萝卜、菠菜这些概念之后再学习蔬菜这一概念。

③组合学习。又称并列学习，指新概念或新命题与认知结构中的观念不产生下位关系又不产生上位关系时，它们之间可能存在组合关系。

4. 列举五种欧美现代教育思潮。

【答案要点】

（1）改造主义教育。

改造主义教育是实用主义教育的一个分支，产生于 20 世纪 30 年代的美国，影响于 50 年代。改造主义教育是一种把"社会改造"作为教育的主要目标，强调学校成为"社会改造"的主要工具的教育思潮，代表人物是布拉梅尔德。

（2）要素主义教育。

要素主义教育是 20 世纪 30 年代末作为实用主义教育和进步教育的对立面出现的。要素主义教育是现代欧美国家一种强调学校教育的任务主要是传授人类文化遗产共同要素的教育思潮。1938 年在美国成立的"要素主义者促进美国教育委员会"，是要素主义教育形成的标志。代表人物有巴格莱、科南特等人。

（3）永恒主义教育。

永恒主义教育亦称"新古典主义教育"，产生于 20 世纪 30 年代，是现代欧美国家一种强调理性训练以及人的理性和教育基本原则的永恒性的教育思潮，代表人物有美国的赫钦斯、艾德勒，英国的利文斯通和法国的阿兰等。

（4）新托马斯主义教育。

新托马斯主义教育是现代欧美国家一种以托马斯·阿奎那宗教神学理论为思想基础的、提倡基督教教育和希望培养"真正的基督徒"的教育思潮。

（5）新行为主义教育。

新行为主义教育产生于 20 世纪 30 年代的美国，是现代欧美国家一种运用有关人类行为及学习过程理论来阐释教育和教学问题的教育思潮。它以新行为主义心理学为理论基础，代表人物有美国的托尔曼、斯金纳、加涅等。

三、分析论述题

1. 论述 1922 年新学制。

【答案要点】

1922 年，教育部在北京专门召开了学制会议。同年 11 月以大总统令公布了《学校系统改革案》。该学制又被称为"新学制"或"壬戌学制"，由于采用的是美国式的六三三分段法，又称"六三三学制"。

（1）"新学制"的七项标准：其一，适应社会进化之需要；其二，发扬平民教育精神；其三，谋个性之发展；其四，注意国民经济力；其五，注意生活教育；其六，使教育易于普及；其七，多留各地伸缩余地。

这七项标准体现出来的主流是新文化运动以来所倡导的"民主"与"科学"的精神，尤其是实用主义的教育思想。它对其后民国一系列教育改革产生了深远的影响。

（2）新学制的学制体系。

①初等教育。儿童满6周岁入学。小学教育6年，其中初级小学8年，为义务教育，可以单独设立；高级小学2年，可以根据地方具体情况，增加职业准备的课程。

②中等教育。中学教育为6年，分初、高中两级，各3年。初级中学为普通教育，可以单独设立。高级中学实行分科制，设普通科、农、工、商、师范、家事等科，普通科又可以分为文科和理科，主要目标是升学。新学制倡导综合中学模式，以方便学生根据个性和家庭情况选择升学或职业预备。

③高等教育。高等教育分为专门学校和大学两种，专门学校的最低修业年限为3年，取消"壬子癸丑学制"的大学预科制。大学修业年限是4到6年，其中规定医科和法科大学应至少5年。

（3）新学制的特点：

①根据儿童身心发展规律划分教育阶段。

②初等教育阶段趋于合理，更加务实。

③中等教育阶段是改制的核心，是新学制中的精粹。

④建立了比较完善的职业教育系统。

⑤改革师范教育制度。

⑥缩短高等教育年限，取消大学预科。

（4）新学制的课程标准。小学取消、改设、合并了一些课程；初级中学课程设社会、言文、算学、自然、艺术、体育6科；高级中学分为普通科和职业科。

2. 论述赞科夫的发展性教学。

【答案要点】

（1）发展性教学理论。

赞科夫认为，教学的核心是要使学生的一般发展取得成效。一般发展的具体含义如下：

①一般发展是指儿童心理的一般发展。指的是个性的所有方面的进步。

②一般发展不同于特殊发展。一般发展在学习任何学科、任何情境中都会表现出来。

③一般发展不同于全面发展。这里的一般发展指的是发展的心理学和教育学方面。

④一般发展有别于智力发展。不仅发展学生的智力，还包括情感、意志、品质、性格等方面。

⑤一般发展还包括身体发展和心理发展。但赞科夫主要研究的是教学与儿童心理一般发展的关系。

（2）五项教学论体系的新原则。

①以高难度进行教学的原则。这一原则在实验教学论体系中起决定性作用。难度的含义是要求学生通过努力克服障碍。但高难度并不意味着越难越好，困难的程度要控制在学生的"最近发展区"的范围内。

②以高速度进行教学的原则。这一原则要求教学不断地向前运动，以各方面内容丰富的知识来充实学生的头脑，为学生深入地理解所学知识创造有利的条件。要克服多余的、重复烦琐的讲解以及机械的练习，以节约时间、加快进度。要善于利用一切手段提高学习质量。

③理论知识起主导作用的原则。这一原则不贬低学龄初期儿童掌握技巧的重大意义，而是要求学生在一般发展的基础上，尽可能深入领会有关概念和规律性的知识。

④使学生理解学习过程的原则。实验教学不仅要求学生会背，而且要求学生学会分析、比较、综合、归纳，了解所学知识之间的联系，等等。这样做有利于发展学生的思维能力，提高他们学习

的主动性与创造性，教会他们学习。

⑤使班上所有的学生都得到一般发展的原则。这条原则的本质在于让优、中、差三类学生都以自己现有的智力水平为起点，按照自己最大的可能性得到理想的一般发展。

（3）评价。

赞科夫的教育理论对苏联教育理论与实践的发展影响较大。他的发展性教学理论的一些观点为苏联教育理论界所接受，并被吸收到20世纪70—80年代出版的教育著作和教科书中。但其理论也存在一定的局限性，他的研究主要从儿童心理的角度进行，很少考虑教学过程的社会政治与道德要求，过分强调认知方面的智育。此外，其对待传统教学理论的全盘否定态度是不科学的。

3. 如何提高学生的学习积极能动性。

【答案要点】

（1）创设问题情境，实施启发式教学。

想要实施启发式教学，关键在于创设问题情境。所谓问题情境，指的是一种适度的疑难情境。在学习过程中，仅仅让学生简单地重复已经学过或者过难的东西，学生都不会感兴趣。只有在学习那些"似懂非懂""似会非会"的东西时，学生才感兴趣而且迫切希望掌握它。

（2）根据作业难度，恰当控制动机水平。

教师在教学时，要根据学习任务的不同难度，恰当控制学生学习的动机水平。在学习较简单的课题时，应尽量使学生集中注意力；在学习较复杂的课题时，则应尽量创造轻松自由的课堂气氛。在学生遇到困难或出现问题，要尽量心平气和地耐心引导，以免学生过度紧张和焦虑。

（3）充分利用反馈信息，给予恰当的评定。

心理学研究表明，来自学习结果的种种反馈信息，对学习效果有明显影响。一方面学习者可以根据反馈信息调整学习活动，改进学习策略，另一方面学习者为了取得更好的成绩或避免再犯错误而增加了学习动机，从而保持了学习的主动性和积极性。

（4）妥善进行奖惩，维护内部学习动机。

在对学生进行评价时，奖励和惩罚对于学习动机的激发具有不同的作用。一般而言，表扬与奖励比批评与指责能更有效地激发学生的学习动机，因为前者能使学生获得成就感，增强自信心。但过多使用表扬和奖励，或者使用不当，也会产生消极作用。

（5）合理设置课堂环境，妥善处理竞争和合作。

学生的学习主要是在课堂上进行的，课堂的合作与竞争环境无疑是影响学习动机的一个重要的外部因素。在教学活动中，合作与竞争都是必要的，应该强调竞争与合作的相互补充和合理运用。极端的竞争会对学生的学习行为和集体团结产生消极影响。适量与适度的竞争与合作的恰当结合，会有效激励学生的学习动机。

（6）适当进行归因训练，促使学生继续努力。

在学生完成某一学习任务后，教师应指导学生进行成败归因。一方面，要引导学生找出成功或失败的真正原因，即进行正确归因；另一方面，教师也应根据每个学生过去一贯的成绩的优劣差异，从有利于今后学习的角度进行积极归因。

（7）培养自我效能感，增强学生成功的自信心。

自我效能感影响学生的自我评价和自信心，进而影响学习成绩。尤其是学业不良的学生，由于对自己的学习能力持怀疑态度，表现出很低的自我效能感。因此，教师在教学中要通过一定的方法改变和提高他们的自我效能感。

提高自我效能感具体措施如下：选择难易适中的任务，让学生不断地获得成功体验，进而提高自我效能感；通过获得替代性经验和强化来提高他们的自我效能感。当一个人看到与自己水平接近的学生学习成功时，就会增强他的自我效能感，激发其学习动机；引导学生坦然面对失败，从失败中找出可以改进的因素，进而提高自己的学习技能，增强获得成功的自信。

（8）维护学生自我价值，警惕自我妨碍策略。

自我价值理论指出，学生有保护和表现自我价值的需要，这是个人追求成功的内在动力。教师要理解和尊重学生的这种需要，引导他们把自我价值的实现方式与正向、积极的学习行为相联系，避免学生不断从环境中体验到对自我价值的威胁感，从而采取各种自我妨碍的逃避策略。

（9）维护内在需要，促进外部动机内化。

兴趣、好奇心、探索欲，是人类学习的最早动力。源于内部需要的学习动机具有更多的坚持性和抗干扰性。然而，不是每个孩子都对教育中涉及的所有内容充满好奇和兴趣。因此，教师要帮助学生将外部调控的学习动机不断内化，形成相对自主调控的学习动机。

4. 教师的素养及角色发展趋势。

【答案要点】

（1）教师的素养。

①高尚的师德：热爱教育事业，富有献身精神和人文精神；热爱学生，诲人不倦；热爱集体，团结协作；严于律己，为人师表。

②先进、科学的教育理念。教育理念是教师在对教育工作本质理解的基础上形成的关于教育的观念和理性信念，它是以观念或信念的形式存在于教师头脑中的对教育现象和教育问题的看法。先进、科学的教育理念体现在教师的所有努力都要有利于学生精神世界的丰富、人格尊严的维护和美好人性的成长。如学生主体观、教学交往观、发展性教学评价观等。

③宽厚的文化素养。教师的主要任务是通过向学生传授科学文化知识，培养其能力，促进其个性生动活泼地发展。一个好教师的基本条件之一，就是要有比较渊博的知识和多方面的才能。因此，教师对自己所教学科知识应科学、深入地把握，能对自己所教专业融会贯通、深入浅出、高瞻远瞩，达到运用自如的境界，在教学过程中不出知识性的错误。同时，教师还应有比较广博的文化修养。

④专门的教育素养。教师的专门教育素养水平及其合理结构是教育教学任务得以完成的重要保证，它主要包括三个方面的内容：教育理论素养、教育能力素养、教育研究素养。

⑤健康的心理素质。教师的心理健康不仅会直接影响教育工作的优劣成败，而且会影响学生的心理健康水平。因此，教师应该注重提高自己的心理素质。健康的心理素质体现在心理活动的方方面面，概括起来主要指：教师要有轻松愉快的心境、昂扬振奋的精神、乐观幽默的情绪以及坚韧不拔的毅力等。

⑥强健的身体素质。教师的身体素质是指教师在教学活动中的自然力，是教师的身体健康状态和身体素质状态在教学中的表现。它主要通过健康的体魄、旺盛的精力、蓬勃的活力、有节律的生活方式和锻炼习惯等体现。教师的身体素质在教育教学中具有重要的教育意义。

（2）教师角色发展的趋势。

①在教学过程中更多地履行多样化的职能，更多地承担组织教学的责任。

②从强调知识的传授转向着重组织学生的学习。

③注重学习的个性化，改进师生关系。

④实现教师之间更为广泛的合作，改进教师与教师的关系。

⑤更广泛地利用现代教育技术，掌握必需的知识与技能。

⑥更密切地与家长和其他社区成员合作，更经常地参与社会生活。

⑦更广泛地参加校内服务和课外活动。

⑧削弱加之于孩子们身上——特别是大龄孩子及其家长身上的传统权威。

2015年 中央民族大学 333 教育综合·真题解析

一、名词解释

德育

学校德育是指学生在教师的引导下,以学习活动、社会实践、日常生活、人际交往为基础,同经过选择的人类文化,特别是一定的道德观念、政治意识、处世准则、行为规范相互作用,经过自己的观察、感受、判断、践行和改善,以形成行为习惯、道德品质、人生价值和社会理想的教育。

活动课程

活动课程又称经验课程、儿童中心课程,与学科课程相对立,它打破学科逻辑的界限,是以学生的兴趣、需要、经验和能力为基础,通过引导学生自己组织有目的的系列活动而编制的课程。

元认知

元认知就是对认知的认知,具体地说,是关于个人自己认知过程的知识和调节这些过程的能力,是对思维和学习活动的认知和控制。

"六艺"

"六艺"即礼、乐、射、御、书、数。礼包括政治、伦理、道德、礼仪各个领域;乐包括诗歌、音乐和舞蹈;射指射箭的技术训练;御指驾驭马拉战车的技术训练;书指文字书写;数指算法。其中,"礼、乐、射、御"为"大艺",是大学的课程;"书、数"为"小艺",是小学的课程。

《国防教育法》

1958年美国总统批准颁布了《国防教育法》,内容包括加强普通学校的自然科学、数学和现代外语的教学;加强职业技术教育;强调天才教育和增拨大量教育经费。

先行组织者

先行组织者是指先于学习任务本身呈现的一种引导性材料,它要比学习任务本身具有更高的抽象、概括和综合水平,并且能清晰地与认知结构中原有的观念和新的学习任务关联。

二、简答题

1. 简述建构主义教学观。

【答案要点】

(1)教学不再是传递客观而确定的现成知识,而是激活学生原有的相关知识经验,促进知识经验的"生长";教学是促进学生的知识建构活动,以实现知识经验的重新组织、转换和改造,以此来培养学生的求知欲和探究能力。

(2)教学要为学生创设理想的学习情境,激发学生的推理、分析、鉴别等高级的思维活动,同时给学生提供丰富的信息资源、处理信息的工具以及适当的帮助和支持,促进他们自身建构意义以及解决问题的活动。

2. 简述1922年新学制。

【答案要点】

（1）"新学制"的七项标准：适应社会进化之需要；发扬平民教育精神；谋个性之发展；注意国民经济力；注意生活教育；使教育易于普及；多留各地伸缩余地。

（2）新学制的学制体系。

①初等教育。儿童满6周岁入学。小学教育6年，其中初级小学4年，为义务教育，可以单独设立；高级小学2年，可以根据地方具体情况，增加职业准备的课程。

②中等教育。中学教育为六年，分初、高中两级，各3年。初级中学为普通教育，可以单独设立。高级中学实行分科制，设普通科、农、工、商、师范、家事等科，普通科又可以分为文科和理科，主要目标是升学。新学制倡导综合中学模式，以方便学生根据个性和家庭情况选择升学或职业预备。

③高等教育。高等教育分为专门学校和大学两种，专门学校的最低修业年限为3年，取消"壬子癸丑学制"的大学预科制。大学修业年限是4到6年，其中规定医科和法科大学应至少5年。

（3）新学制的特点：

①根据儿童身心发展规律划分教育阶段。

②初等教育阶段趋于合理，更加务实。

③中等教育阶段是改制的核心，是新学制中的精粹。

④建立了比较完善的职业教育系统。

⑤改革师范教育制度。

⑥缩短高等教育年限，取消大学预科。

（4）新学制的课程标准。小学取消、改设、合并了一些课程；初级中学课程设社会、言文、算学、自然、艺术、体育6科；高级中学分为普通科和职业科。

3. 苏霍姆林斯基的教育理论

【答案要点】

（1）全面和谐教育的含义。

苏霍姆林斯基认为，为了培养全面和谐发展的人，就必须深入地改善整个教育过程，实施和谐的教育。全面和谐的教育包含两层含义：

①要把学生认识和改造世界的活动和谐地结合起来，要求学生的体力劳动与智力活动的结合、课堂教学与课外活动的结合、教育与自我教育的结合。

②要把德、智、体、美、劳诸育和谐地结合起来，强调的是诸育的相互渗透和交织，统一为一个完整的过程。

（2）全面和谐发展教育实施，包括德育、智育、体育、美育和劳动教育。

（3）全面和谐发展教育的原则，包括全面与和谐不可分割；多方面教育的相互配合；个性发展与社会需要相适应；学生自由；尊重儿童，重视自我教育。

4. 掌握知识与发展智力的关系

【答案要点】

（1）智力的发展与知识的掌握二者相互依存，相互促进。在教学过程中，学生智力的发展依赖于他们知识的掌握，对学生来说，掌握、运用知识及其反思、改进的过程，也就是他们运用和发展智力的过程；同时，学生对知识的掌握又依赖于他们的智力发展。

（2）生动活泼地理解和创造性地运用知识才能有效地发展智力。在教学中要引导学生通过生动活泼的教学活动，透彻地理解知识原理，了解获取知识的过程与方法，学会独立思考、推理与论证，创造性地解决实际问题，这样才能使学生的智力获得高水平的发展。

（3）防止单纯抓知识教学或只重能力发展的片面性。在教学实践中，有的教师忽视引导学生通过探究、反思有意识地锻炼学生的智力，有的教师忽视通过系统知识和原理的学习与运用来发展智力。这两者都不利于提高教学质量。

三、分析论述题

1. 教学过程中的教育方法有哪些？

【答案要点】

（1）讲授法。指教师通过语言系统地向学生传授科学文化知识、思想理念，并促进他们的智能与品德发展的方法，可分为讲读、讲述、讲解和讲演四种。

基本要求：精炼讲授内容，讲授内容要有科学性、系统性、思想性、启发性和趣味性；注重讲授的策略与方式；讲究语言艺术。

（2）谈话法。通过师生问答、对话的形式来引导学生思考、探究，以获取或巩固知识，促进学生智能发展的方法。也称问答法。

基本要求：要准备好谈话计划；要善问；要善于启发诱导；要做好小结。

（3）练习法。指学生在教师指导下运用知识去反复完成一定的操作、作业与习题，以加深理解和形成技能技巧的方法。

基本要求：提高练习的自觉性；循序渐进、逐步提高；严格要求。

（4）演示法。指教师通过展示实物、直观教具、实验或播放有关教学内容的软件、特制的课件，使学生认识事物、获得知识或巩固知识的方法。演示的特点在于加强教学的可观察性。

基本要求：做好演示前的准备；让学生明确演示的目的、要求；讲究演示的方法。

（5）实验法。指在教师指导下学生运用一定的仪器设备进行独立作业，观察事物的特性，探求其发展和变化规律，以获得知识和技能、培养科学精神的方法。可分为探究性实验和验证性实验。

基本要求：做好实验的准备；明确实验的目的、要求与做法；注意指导实验过程；做好实验小结。

（6）实习作业法。指学生在教师指导下进行的学科实践活动，以培养学生专业操作能力的方法。其实践性、独立性、创造性都很强，能培养学生独立工作和实践的能力与品质。

基本要求：做好实习作业的准备；做好实习作业的动员；做好实习作业过程中的指导；做好实习作业总结。

（7）讨论法。指学生在教师指导下为解决某个问题而进行探讨、评析，以辨明是非、获取真知、锻炼思维和独立思考能力的方法。讨论的种类有课堂讨论、短暂讨论、全班讨论及小组讨论等。

基本要求：讨论的问题要有吸引力；要善于对学生启发、引导；③做好讨论小结。

（8）研究法。指学生在教师的指导下通过独立的探索，创造性地解决问题，获取知识和发展科研能力的方法。

基本要求：正确选定研究课题；提供必要的条件；让学生独立思考与探索；循序渐进、因材施教。

（9）问题教学法。指在教师引导下，学生主要通过积极参与对问题的分析、探索，主动地发现或建构新知，获得学习与探究的方法、能力与科学人文精神的教学方法。

基本要求：创设情境，明确问题；引导学生积极探索、分析和解决问题；组织学生交流和研讨，得出基本结论。

（10）读书指导法。指教师指导学生通过阅读教科书、参考书以及获取或巩固知识的方法。包括指导学生预习、复习、阅读参考书、自学教材等。

基本要求：提出明确的目的、要求和思考题；教给学生读书的方法；善于在读书中发现问题和解决问题；适当组织学生交流读书心得。

2. 论述科举制度的历史发展和影响。

【答案要点】

科举制度即个人自愿报考，县州逐级考试筛选，全国举子定时集中到京都，按科命题，同场竞试，以文艺才能为标准，评定成绩，限量选优录取，是一种选官制度，以这种方式选拔国家官员。

（1）历史发展。

①科举制度的产生。科举制度是由察举制演化而来的。隋炀帝大业二年"始建进士科"是科举考试制度确立的标志。它产生于隋朝，发展于唐朝。

②唐代科举制度的发展。唐代选官，沿用隋代科举考试制度，但又不是全部照旧，而是有发展有创新，逐步调整，使科举考试制度趋于健全。主要改革措施集中在科目标准与贡举名额、科目设置与适时变化、考试内容与项目调整几方面。

③宋朝的科举制度。宋元时期的科举制度渐趋于完善和成熟，成为选拔各级官员的主要途径，对社会发展和学校教育产生了重要影响。宋朝科举制度的变化主要表现在以下几个方面：扩大科举科目、扩大科举名额、确定"三年一贡举"、殿试成为定制、建立新制，防止科场作弊。

④元朝的科举制度。元朝的科举考试分为乡试、会试和御试三级。将地方解送考试称之为乡试，即始于元朝。相对于其他朝代，元朝科举制度具有以下特点：民族歧视明显、规定从《四书》中出题、以《四书章句集注》为答案标准、科举制度日益严密。

⑤明朝的科举制度。明朝科举制是中国科举制度史上的鼎盛时期。它在继承宋、元科举制度的基础上，建立了称为"永制"的科举定式，将八股文作为一种固定的考试文体，并将学校教育纳入科举体系，这严重地影响和制约着学校教育的发展。

⑥清朝的科举制度。清朝的科举制度是国家人才选拔的根本制度，它在沿袭明制的基础上根据自身的利益和实际需要进行损益，建立了更为严密的制度体系。但是清朝科场舞弊层出不穷，积重难返，学校成为科举的附庸，丧失了作为教育机构的独立性。突出表现在以下三个方面：学校以科举中式为目的、教学内容空疏无用、教学管理松弛。

（2）影响。

积极影响：

①扩大了统治基础，有利于加强中央集权。通过科举考试，平民及中小地主阶层获得了参政的机会，打破了门阀士族地主垄断统治权力的局面，扩大了封建统治的统治基础。同时，通过科举考试，朝廷将选士大权收归于中央政府，强化了中央集权的统治。

②使选士与育士紧密结合。促进人们的思想统一于儒学，成为实施儒家"学而优则仕"原则的途径。刺激学校教育的发展，有利于教育的普及。

③使选拔人才较为客观公正。隋唐科举考试在发展的过程中逐步建立了较为完备的考试制度，同时逐步建立了一系列的考试防范措施，加强了考试管理。

消极影响：

①国家只重科举取士，而忽略了学校教育。学校成为科举考试的预备机构，一切教学活动都围绕着科举考试来进行，学校失去了相对独立的地位和作用。

②束缚思想，败坏学风。学校教学安排围绕科举进行，导致学校教育中重文辞少实学，重记诵而不求义理，形成了教条主义、形式主义的学习风气。在科举制的影响下，读书的目的不是求知求真，而是为了功名利禄，具有强烈的功利色彩。

③科举考试内容的狭隘也阻碍了中国文化的和谐发展，特别是科技文化的发展。

3. 创造性的培养。

【答案要点】

（1）营造鼓励创造的环境。这是促进学生创造性发展的必要条件。首先，应倡导民主式的教育和管理。其次，应改革考试制度，为学生创造宽松的学习环境。再次，应增加自主选择课程的机会和有针对性的课程设计。最后，应为学生提供创造性人物的榜样。

（2）培养创造性的教师队伍。首先，要转变教师的教育教学观念，使教师理解并鼓励学生的创造思维；其次，要教给教师必要的创造技法和思维策略；再次，为教师提供明晰的、具有实用价值的有关创造性的知识及相应的教学策略和技能；最后，教师应不断学习关于创造性的心理学知识，用心理学的理论指导自己的实践。

（3）培育创造意识，激发创造动机。只有当个人具有自觉的创造意识、强烈的创造动机时，才易产生新思想、新方法、新观点。需要做到：树立学生创新的自信心；激发创造热情；磨砺创造意志；培养创造勇气。

（4）发展和培养创造性思维。创造性思维是创造性的核心。创造性思维的培养应注意以下几个方面：加大思维的"前进跨度"，培养思维的跳跃能力；加大思维的"联想跨度"，使学生敢于把习惯上认为毫不相干的、表面上看来微不足道的问题联系起来或进行移植；加大"转换跨度"，引导学生敢于否定原来的设想，善于打破固有的思路；给学生大胆探索与推测的机会。

（5）开设创造课程，教给创造技法。教学是培养学生创造性的重要途径。因此，开设创造性课程已成为国内外开发创造性的有效途径。在创造性课程的教学中，注重教给学生基本的创造技巧与方法是培养创造性的有效措施。促进创造性发展的主要创造技法有头脑风暴法、系统探求法、联想类比法、组合创新法、对立思考法和转换思考法。

（6）塑造创造性人格。创造性人格是创造性的重要组成部分，培养学生的创造性人格是培养创造性的重要内容。主要方法有：保护好奇心；解除对错误的恐惧心理；鼓励独创性与多样性。此外，自信与乐观、忍耐与有恒心、合作、严谨等也是创造性人格培养的重要方面。

4. 张之洞"中体西用"思想的历史性及局限性

【答案要点】

（1）主要思想。

"中学为体，西学为用"是洋务派关于中西文化关系的核心命题，也是洋务教育的指导思想。洋务运动的过程实质上是一场对近代西方文明成果的移植过程，由此引发了一个核心问题：引入的西学与中国固有文化之间是怎样的关系？对此，洋务派提出的典型方案就是"中体西用"，认为在突出"中学"主导地位的前提下，应该肯定"西学"的辅助作用和器用价值。

1898年初，张之洞发表《劝学篇》，围绕"旧学为体，新学为用"的主旨集中阐述，形成了一个比较完整的思想体系。《劝学篇》是对洋务运动的理论总结，并试图为以后的中国改革提供理论模式，通篇主旨归为"中学为体，西学为用"。

"中学"包括四书五经、中国史事、政书、地图等。张之洞认为对"中学"的各方面都要通其大概，尤其是纲常名教。"西学"包括西政、西艺、西史，其中，张之洞着重强调西政和西艺。西政是指西方有关文教制度、工商财政、军事建制和法律行政等管理层面的文化，西艺即近代西方科技。在办理教育和个人学习时，应该根据具体情况分出西政与西艺的轻重缓急。张之洞认为西艺难学，适合年少者，着眼于长远；西政相对易学，适合年长者，着眼于当前急需。对于中、西学的关系，可以概括为"旧学为体、新学为用，不使偏废"。

（2）历史作用。

①洋务派提出"中体西用"，在不危及"中体"的前提下侧重强调采纳西学，既体现了洋务派

的文化教育观,也是洋务派应对守旧派的策略。

②在"中体西用"形式下,"西学"教育的规模不断扩大。在两次鸦片战争中,"中体西用"的内涵被不断调整,"西用"的范围不断延伸,逐渐纳入新的成分。

③洋务运动时期,"中体西用"理论为"西学"教育的合理性进行了有效论证,促进了资本主义文化在中国的传播。在此原则下实施的留学教育和举办的新式学堂给僵化的封建教育体制打开了缺口,改变了单一的传统教育结构。

(3)局限性。

①"中体西用"思想本质上还是为了维护封建专制统治,阻碍了后来维新思想的广泛传播,不利于近代刚刚开始的思想启蒙运动。

②"中体西用"作为一种文化整合方案和教育宗旨来说是粗糙的。它是在没有克服中西文化固有矛盾情况下的直接嫁接,必然会引起两者之间的排异反应。

2014年 中央民族大学 333 教育综合·真题解析

一、名词解释

学校教育

学校教育指一种专门组织的不断趋向规范化、制度化、体系化的教育。它是根据一定的社会现实和未来需要,遵循受教育者身心发展的规律,有目的、有计划、有组织地对受教育者身心施加影响,把他们培养成为一定社会或阶级所需要的人的活动。

心理发展

心理发展是指个体从胚胎期经由出生、成熟、衰老一直到死亡的整个生命过程中所发生的持续而稳定的内在心理变化过程,主要包括认知发展、人格发展和社会性发展三个方面。

人的发展

人的发展有两种含义,一种是将它看成是人类的发展或进化的过程;另一种则将它看成是人类个体的成长变化过程,即个体发展。

教师资格证制度

2001年4月1日起,国家开展了全面实施教师资格认定工作,这是国家实行的一种职业资格制度。教师资格是由国家对符合相应教师资格条件并提出申请的人员认定的资格,是公民获得教师职位、从事教师工作的前提条件。

产婆术

苏格拉底法也称"问答法""产婆术",是由讥讽、助产术、归纳和定义四个步骤组成的独特的方法。这是苏格拉底探讨伦理哲学的研究方法,也是他的教学方法。

学习的高原现象

动作技能练习的过程中,会出现高原现象,即练习到一定阶段时,进步会暂时停顿的现象。它表现为练习曲线保持在一定的水平而不再上升,甚至有所下降。但是在高原期后,练习曲线又会上升，即表示练习成绩又可以有所进步。

二、简答题

1. 简述教育的社会制约性。

【答案要点】

教育的社会制约性是指在社会历史发展的过程中，教育的目的与制度、内容与方法、规模与速度，都受到一定社会的生产力、经济政治与文化等因素的制约。

（1）生产力对教育的制约：生产力的发展制约教育事业发展的规模和速度；生产力的发展水平制约人才的培养规格和教育结构；生产力的发展制约教学内容、教学方法和教学组织形式的发展和改革。

（2）社会经济政治制度对教育的制约：社会经济政治制度制约教育的性质；社会经济政治制度制约教育的宗旨和目的；社会经济政治制度制约教育的领导权；社会经济政治制度制约受教育权；社会经济政治制度制约教育内容、教育结构和教育管理体制。

（3）文化对教育的制约：文化知识制约教育的内容与水平；文化模式制约教育的背景与模式；文化传统制约教育传统的特性。

2. 简述蔡元培的教育思想。

【答案要点】

五育并举的教育方针：1912年初，蔡元培发表《对教育方针之意见》一文，从"养成共和国民健全之人格"的观点出发，提出军国民教育、实利主义教育、公民道德教育、世界观教育和美感教育的五育并举教育思想，成为制定民国元年教育方针的理论基础。

高等教育思想：抱定宗旨，改变校风；"思想自由，兼容并包"；教授治校，民主管理；学科与教学体制改革。

教育独立思想：1922年，蔡元培发表《教育独立议案》，阐明教育独立的基本观点和方法，其主要内容包括：教育经费独立；教育行政独立；教育学术和内容独立；教育脱离宗教而独立。

3. 简述科举制度的影响。

【答案要点】

科举制度即个人自愿报考，县州逐级考试筛选，全国举子定时集中到京都，按科命题，同场竞试，以文艺才能为标准，评定成绩，限量选优录取，是一种选官制度，以这种方式选拔国家官员。

（1）积极影响。

①扩大了统治基础，有利于加强中央集权。科举考试打破了门阀士族地主垄断统治权力的局面，扩大了封建统治的统治基础。同时，通过科举考试，朝廷强化了中央集权的统治。

②使选士与育士紧密结合。促进人们的思想统一于儒学，成为实施儒家"学而优则仕"原则的途径。刺激学校教育的发展，有利于教育的普及。

③使选拔人才较为客观公正。隋唐科举考试在发展的过程中逐步建立了较为完备的考试制度，同时逐步建立了一系列的考试防范措施，加强考试管理。

（2）消极影响。

①国家只重科举取士，而忽略了学校教育。学校的教学活动都围绕着科举考试来进行，失去了相对独立的地位和作用。

②束缚思想，败坏学风。学校教学安排围绕科举进行，导致学校形成了教条主义、形式主义的学习风气。在科举制的影响下，读书具有强烈的功利色彩。

③科举考试内容的狭隘也阻碍了中国文化的和谐发展，特别是科技文化的发展。

三、分析论述题

1. 孔子的教育思想。

【答案要点】

（1）创办私学与编订"六经"。

孔子大约在他30岁正式招生办学，开始他的教育生涯。他创办的私学产生了广泛的社会影响，是春秋时期规模最大、持续时间最长、影响最深远的学校。

孔子于晚年完成了《诗》《书》《礼》《乐》《易》《春秋》的编纂和校订工作，整理和保存了我国古代文化典籍，奠定了儒家教育内容的基础。后世将其称为"六经"。

（2）"庶、富、教"：教育与社会发展。

孔子认为教育对社会发展有重要作用，是立国治国的三大要素之一。教育事业的发展要建立在经济发展的基础上。治国的三个重要条件，首先是"庶"，要有较多的劳动力；其次是"富"，要使人民群众有丰足的物质生活；再次是"教"，要使人民受到政治伦理教育，知道如何安分守己。"庶"与"富"是实施教育的先决条件，只有在"庶"与"富"的基础上开展教育才会取得成效。

（3）"性相近也，习相远也"：教育与人的发展。

孔子对教育在人的发展过程中起关键性作用持肯定态度。他在中国历史上首次提出"性相近也，习相远也"。"性"指的是先天素质，"习"指的是后天习染，包括教育与社会环境的影响。孔子认为人的先天素质没有多大差别，只是由于后天教育和社会环境的影响作用，才造成人的发展有重大的差别。从"习相远"的观点出发，孔子认为人要发展，教育条件是很重要的，认为人的生活环境应当受到重视，要争取积极因素的影响，排除消极因素的影响。

（4）"有教无类"与教育对象。

"有教无类"的本意是不分贵贱贫富和种族，人人都可以入学接受教育。孔子的教学实践切实地贯彻了这一办学方针，他的弟子来自各个诸侯国，分布地区广泛；弟子成分复杂，出身于不同的阶级和阶层，大多数出身于平民。

（5）"学而优则仕"与教育目标。

孔子提出由平民中培养德才兼备的从政君子，这条培育人才的路线可简括称之为"学而优则仕"。"学而优则仕"包含多方面的意思：学习是通往做官的途径，培养官员是教育最主要的政治目的，而学习成绩优良是做官的重要条件；如果不学习或虽经学习而成绩不优良，也就没有做官的资格。

（6）以"六艺"为教育内容。

孔子继承西周贵族"六艺"教育传统，吸收采择了有用学科，又根据现实需要创设了新学科，虽袭用"六艺"的名称，但对所传授的学科都做了调整，充实了内容。孔子教学的"六艺"即其编撰的"六经"。

（7）教学方法。

主要有因材施教、启发诱导、学思行结合、好学求是的态度。

（8）论道德教育。

孔子的教育目的是培养从政的君子，而成为君子的主要条件是具有道德品质修养，因此，道德教育居首要地位。孔子主张以"礼"为道德规范，以"仁"为最高道德准则。凡符合"礼"的道德行为都要以"仁"的精神为指导，因此，"礼"和"仁"成为道德教育的主要内容。道德修养的原则与方法：立志、克己、力行、中庸、内省和改过。

（9）论教师品格。

教师要学而不厌、温故知新、诲人不倦、以身作则、爱护学生、教学相长。

（10）深远的历史影响。

孔子是全世界公认伟大的思想家和教育家，他毕生从事教育活动，建树了丰功伟绩。他在实践基础上提出的一些首创的教育学说，为中国古代教育奠定了理论基础。

2. 赫尔巴特的道德教育理论。

【答案要点】

（1）教育目的论。

赫尔巴特认为，教育的基本目的可以区分为两种，即"可能的目的"和"必要的目的"：可能的目的指与儿童未来所从事的职业有关的目的，这种目的是多方面的，教育的目的就是要发展这种多方面的兴趣，使人的各种能力得到和谐发展，即兴趣的多方面性；必要的目的指教育所要达到的最高和最为基本的目的，即要养成内心自由、完善、仁慈、正义和公平五种道德观念。

（2）教育性教学原则。

内涵：指以教学来进行教育的原则。赫尔巴特指出，不存在"无教学的教育"，也不存在"无教育的教学"，即教育是通过教学，而且只有通过教学才能真正产生实际作用，教学是道德教育的基本途径。

措施：首先要求教学的目的与整个教育的目的保持一致。因此教学工作的最高目的在于养成德行。为了实现这个最终目的，教学还必须为自己设立一个近期的、较为直接的目的，即"多方面的兴趣"。

评价：赫尔巴特的突出贡献在于，运用其心理学的研究成果，具体阐明了教育与教学之间存在的内在的本质联系，使道德教育获得了坚实的基础；但他把教学完全从属于教育，把教育和教学完全等同起来，也是一种机械论的倾向。

（3）儿童的管理与训育。

赫尔巴特认为，"儿童管理"是一种道德教育，主要目的在于创造秩序，预防某些恶行，为随后进行的教学创造必要的条件。训育是指有目的地进行培养，其目的在于形成性格的道德力量，是为了美德的形成，包括四个阶段：道德判断、道德热情、道德决定和道德自制。具体措施：维持的训育；起决定作用的训育；调节的训育；抑制的训育；道德的训育；提醒的训育。

3. 学生品德不良成因的分析。

【答案要点】

（1）客观原因。

①家庭方面。主要有五种：家庭成员的溺爱、迁就；家庭对孩子要求过高、过严，又缺乏正确的教育方法；家庭成员教育的不一致性；家长缺乏表率作用；家庭结构的剧变。

②学校方面。某些教育工作者存在某些错误观念或方法上的偏颇，如：片面追求升学率，忽视学生的品德教育；不了解学生真实的内心世界，不能自发地进行教育；教育方法不当，使得学生厌烦；对矫正品行不良学生缺乏信心、恒心和毅力。此外，学校教育和家庭教育不一致，相互脱节，也会削弱教育的力量。

③社会方面。影响个体的品德行为的有：长期封建社会遗留下来的某些腐朽思想；现实生活中的某些不正之风；思想不健康甚至低级趣味的文艺作品；朋友、邻居、社区，以及影响个体的各种社会活动。

（2）主观原因。

①不正确的道德认识。儿童和青少年处于品德形成的过程中，他们的道德认识还不明确、不稳定，一些学生不理解或不能正确理解有关的道德要求和道德准则，缺乏独立的道德评价能力，常常不能明辨是非、分清善恶。

②异常的情感表现。品行不良的学生由于长期处于错误观念的支配下，常常造成情感上的异常状态，往往对真正关心他们的老师家长怀有戒心，或处于对立情绪中。

③明显的意志薄弱。有些品行不良的学生并非在道德认识方面无知，而是因为意志薄弱导致正确的认知不能战胜不合理的欲望。"明知故犯"的学生常是意志薄弱者。

④不良习惯的支配。偶然的不良行为经过多次重复就会变成不良习惯，不良习惯又支配不良行为，如此恶性循环必然导致学生的品行不良。

⑤某些性格缺陷。学生某些性格上的缺陷会直接导致品德不良。比如执拗、任性、骄傲、自私等消极性格特点，很容易让个体表现出无视他人和集体的利益，为私利我行我素，甚至做出破坏集体纪律和违反社会公德的行为。

⑥某些需要未得到满足。当学生的需要没有通过正常途径得到满足，他们就可能会通过一些不正当的方法去满足自己的需要，从而沾染上不良行为。

4. 论述陈鹤琴的活教育思想。

【答案要点】

陈鹤琴是中国近代学前儿童教育理论和实践的开创者。其通过对长子陈一鸣的追踪研究，力行观察、实验方法，探索中国儿童心理发展及教育规律；同时创办了中国第一所实验幼稚园——鼓楼幼稚园，进行中国化、科学化的幼儿园实验，总结并形成了系统的、有民族特色的学前教育思想。

"活教育"思想体系包括以下内容：

（1）"活教育"的目的论。陈鹤琴提出"活教育"的目的是"做人，做中国人，做现代中国人。"

①"做人"是"活教育"最为一般意义的目的。"活教育"提倡学习如何做人，如何求社会进步、人类发展。学会"做人"，是个体参与社会生活、增进人类全体，同时也是个体幸福的基础。

②"做中国人"体现了"活教育"目的的民族特征，指要懂得爱护这块生养自己的土地，爱自己国家长期延续的光荣历史，爱与自己共命运的同胞。并且，应该与其他中国人团结起来共同谋国家发展。

③"做现代中国人"体现了时代精神，有五个具体方面的要求：要有健全的身体；要有建设的能力；要有创造的能力；要能够合作；要服务。

"活教育"目的论从普遍而抽象的人类情感和认识理性出发，逐层赋予教育以民族意识、国家观念、时代精神和现实需求等含义，使教育目标逐渐具体，表达了陈鹤琴对人的发展、教育与社会变革的追求。

（2）"活教育"的课程论。"大自然、大社会都是活教材"，是陈鹤琴对"活教育"课程论的概括表述。"活教材"是指取自大自然、大社会的"直接的书"，即让儿童在与自然、社会的直接接触中，在亲身观察中获取经验和知识。既然"活教育"的课程内容应该来源于自然、社会和儿童的生活，其组织形式也必须符合儿童的活动和生活的方式，符合儿童与自然、社会环境的交往方式。

"活教育"的课程打破惯常按学科组织的体系，采取活动中心和活动单元的形式，即能体现儿童生活整体性和连贯性的"五指活动"形式。"五指活动"包括儿童健康活动、儿童社会活动、儿童科学活动、儿童艺术活动、儿童文学活动。

（3）"活教育"的教学论。"做中教，做中学，做中求进步"是活教育教学方法的基本原则。陈鹤琴认为，"做"是学生学习的基础，因此也是"活教育"教学论的出发点。它强调儿童在学习过程中的主体地位和在活动中直接经验的获取。陈鹤琴提出了"活教育"的17条教学原则，这些教学原则体现出的特点有：

①强调以"做"为基础，确立学生在教学活动中的主体性。陈鹤琴认为，"做"是学生学习的基础，因此，凡儿童自己能够做的，就应当让他自己做。在教学中鼓励儿童自己去做、去思想、去

发现，是激发学生主体性的最有效的手段。

②鼓励学生在"做"的同时，教师要进行有效的指导。但指导不是替代，更不是直接告知结果，而是运用各种心理学、教育学规律予以启发、诱导。

陈鹤琴还归纳出"活教育"教学的四个步骤：实验观察、阅读思考、创作发表和批评研讨。这四个步骤体现了以"做"为基础的学生主动学习。

"活教育"思想明显地受到杜威实用主义教育思想的影响，陈鹤琴对此也毫不讳言。但"活教育"如同陶行知的"生活教育"理论一样，吸取了杜威实用主义教育的合理内核，即批判传统教育忽视儿童生活和主体性，力图去除以学校和课堂为中心而脱离社会生活、以书本知识为中心而脱离实际和实践、以教师为中心而漠视学生的存在等弊端，同时也充分考虑到中国的时代背景和国情。这是一种有吸收、有创造、有创新的教育思想。"活教育"是对中国现代教育产生过重要影响的教育思想，其精神至今都未过时，不少观点对当今的教育改革仍然富有启发。

5. 如何推进依法治校？

【答案要点】

为推进依法治校工作，学校管理者应采取以下措施：

（1）注重依法行政。依法行政是依法治校的前提和保障，因此，要求教育行政部门严格依据法律规定的职责对学校进行管理，维护学校办学的自主权；要探索综合执法机制和监督机制，依法监督办学活动，维护学校教育的正常秩序；要依法建立和规范申诉制度，建立面向社会的举报制度，及时办理教师和学生申诉案件，发现和纠正学校的违法行为，特别是教师侵犯学生权益的违法行为；要积极配合有关部门开展校园及周边环境的治理工作，保护学校的合法权益。

（2）加强制度建设。学校要依据法律法规制定和完善学校章程，经主管教育行政部门审核后，作为学校管理的重要制度；要建立健全学校教育教学制度，保障国家教育方针的贯彻落实；要建立健全学校行政制度，完善校长决策程序，发挥学校党组织的政治保障作用；要完善学校财物和资产管理制度，依法收费，依法管理好学校财物。

（3）推进民主建设。要进一步完善教职工代表大会制度，切实保障教职工参与学校民主管理和民主监督的权利；要全面实行校务公开制度，学校改革与发展的重大决策、学校的财物收支情况以及教职工的福利待遇和其他权益，应及时向教职工公布；学校的招生规定和收费项目与标准，应向学生、家长和社会公开；还要建立家长委员会和推动社区参与学校管理与监督，学校涉及学生权益的重要决策，要充分听取社区与家长委员会的意见。

（4）开展法治教育。依法治校的关键在于转变观念，学校要多采用学生喜闻乐见的方式，开展生动活泼的法治教育，提高师生员工的法律素养；学校领导与教师要带头学习法律知识，增强法治观念；要把具有遵纪守法素质作为考评校长、教师的重要内容。

（5）维护教师权益。学校要依法聘任合格教师，明确双方的权利与责任，尊重教师权益，保障教师的待遇；要建立校内教师申诉渠道，维护教师合法权益；要加强对教师的教育与管理，做到奖惩分明，严厉惩处教师侵犯学生人身权的违法犯罪行为。

（6）保护学生权益。要注重保护学生的人身和财产安全，建立与完善完全管理制度，以预防和减少学生伤害事故；要建立应对各类突发事件的工作预案，增强预防和妥善处理事故的能力；要健全学籍管理制度，依法保护学生的受教育权；中小学一般不得开除学生，对学生处分要做到公正、恰当，重在教育。

2013年 中央民族大学 333 教育综合·真题解析

一、名词解释

学校教育

学校教育指一种专门组织的不断趋向规范化、制度化、体系化的教育。它是根据一定的社会现实和未来需要，遵循受教育者身心发展的规律，有目的、有计划、有组织地对受教育者身心施加影响，把他们培养成为一定社会或阶级所需要的人的活动。

教育目的

教育目的是对教育活动所要培养的人的个体素质的总的预期与设想，是对社会历史活动的主体的个体素质的规定。它体现一定社会对受教育者质量规格的界定和要求，也体现人自身发展所应该达到的水准和高度。

分组教学

分组教学指按学生的能力或学习成绩把他们分为水平不同的小组进行教学。其类型包括能力分组和作业分组、内部分组和外部分组。分组教学能较好地照顾个别差异，重视学生的个别性，有利于因材施教，有利于发展学生的个性特点。

讲授法

讲授法指教师通过语言系统地向学生传授科学文化知识、思想理念，并促进他们的智能与品德发展的方法。可分为讲读、讲述、讲解和讲演四种。

最近发展区

维果茨基认为，在进行教学时必须注意到儿童的两种水平，一种是儿童现有的发展水平，另一种是即将达到的发展水平，维果茨基把这两种水平之间的差距称为最近发展区，即独立解决问题的真实发展水平和在成人指导下或与其他儿童合作情况下解决问题的潜在发展水平之间的差距。

二、简答题

1. 奥苏伯尔的关于学习的性质和分类。

【答案要点】

关于学习的性质。奥苏伯尔认为有意义学习就是符号所代表的新知识与学习者认知结构中已有的适当观念建立非任意的和实质性的联系。非任意的联系是指新知识与认知结构中有关观念存在某种合理的或逻辑上的联系。实质性的联系是指新的符号或观念与学习者认知结构中已有的表象、已经有意义的符号、概念或命题的联系，是一种非字面的联系。

关于学习的分类。奥苏伯尔根据两个维度对认知领域的学习进行了分类：一个维度是学习的形式，分为接受的和发现的；另一个维度是学习的性质，即学习材料与学习者原有知识的关系，可分为机械的和有意义的。这两个维度互不依赖，彼此独立。

2. 教育研究的一般过程。

【答案要点】

进行教育研究主要包括以下几个阶段：

（1）选择和确定研究问题。选择恰当和可行的问题既是研究的起点，也是研究过程展开的必要条件。

（2）文献检索与综述。在选择和确定研究问题的过程中，需要对相关的文献进行搜集整理与综述。

（3）进行研究设计。合理的研究设计直接影响研究预定目标的实现，影响研究工作的效率，影响研究结果的科学性和可靠性。

（4）收集研究资料。收集资料的过程由具体的研究方法确定，包括量化研究资料和质化研究资料等。

（5）整理与分析资料。整理和分析资料是将取得的研究资料进行梳理和分析的过程，并在分析的基础上寻找研究发现、确定研究结论。

（6）撰写研究报告。研究报告是对研究过程和结果的整理与概括，展示了研究的成果。

（7）总结与评价。总结与评价有助于研究者提高研究水平，提出进一步的研究问题。

3. 列举五种欧美现代教育思潮。

【答案要点】

（1）改造主义教育。

改造主义教育是实用主义教育的一个分支，产生于20世纪30年代的美国，影响于50年代。改造主义教育是一种把"社会改造"作为教育的主要目标，强调学校成为"社会改造"的主要工具的教育思潮，代表人物是布拉梅尔德。

（2）要素主义教育。

要素主义教育是20世纪30年代末作为实用主义教育和进步教育的对立面出现的。要素主义教育是现代欧美国家一种强调学校教育的任务主要是传授人类文化遗产共同要素的教育思潮。1938年在美国成立的"要素主义者促进美国教育委员会"，是要素主义教育形成的标志。代表人物有巴格莱、科南特等人。

（3）永恒主义教育。

永恒主义教育亦称"新古典主义教育"，产生于20世纪30年代，是现代欧美国家一种强调理性训练以及人的理性和教育基本原则的永恒性的教育思潮，代表人物有美国的赫钦斯、艾德勒，英国的利文斯通和法国的阿兰等。

（4）新托马斯主义教育。

新托马斯主义教育是现代欧美国家一种以托马斯·阿奎那宗教神学理论为思想基础的、提倡基督教教育和希望培养"真正的基督徒"的教育思潮。

（5）新行为主义教育。

新行为主义教育产生于20世纪30年代的美国，是现代欧美国家一种运用有关人类行为及学习过程理论来阐释教育和教学问题的教育思潮。它以新行为主义心理学为理论基础，代表人物有美国的托尔曼、斯金纳、加涅等。

三、分析论述题

1. 人的发展的特点及其教育意义。

【答案要点】

（1）未完成性。

人是未完成的动物，人的未完成性与人的非特定化密切相关。对儿童来说，他们不仅处于未完成状态，而且处于未成熟状态。

儿童发展的未成熟性、未完成性，蕴含着人的发展的不确定性、可选择性、开放性和可塑性，潜藏着巨大的生命活力和发展的可能性，都充分说明了人的可教育性和需教育性。

（2）能动性。

人的发展的能动性主要表现在两个方面：

①人的发展是一个具有社会性的能动发展过程，这是人的发展区别于动物发展的一个质的特性。

②人在其发展的过程中是自决的，人在发展过程中表现出的主动、自主、自觉、自决和自我塑造等能动性，是人的生长发展与动物生长发展最重要的不同，它为教育活动提供了科学依据，指明了努力方向。

2. 陶行知的生活教育理论。

【答案要点】

（1）"生活即教育"。

"生活即教育"是陶行知生活教育理论的核心。其内涵包括：生活含有教育的意义；实际生活是教育的中心；生活决定教育，教育改造生活。

"生活即教育"所强调的是教育以生活为中心，所反对的是传统教育脱离生活而以书本为中心。尽管它在生活与教育的区别和系统的知识传授方面有所忽视，但在破除传统教育脱离民众、脱离社会生活的弊端方面，有十分重要的意义。

（2）"社会即学校"。

"社会即学校"是生活教育理论另一重要主张，是"生活即教育"思想在学校与社会关系问题上的具体化。"社会即学校"，是指"社会含有学校的意味"，或者说"以社会为学校"。由于到处是生活，到处都是教育，"整个的社会是生活的场所，亦即教育之场所"。

"社会即学校"，也指"学校含有社会的意味"。也就是说，学校通过与社会生活相结合，一方面运用社会的力量使学校进步，另一方面动员学校的力量帮助社会进步，使学校真正成为社会生活必不可少的组成部分。

"社会即学校"扩大了学校教育的内涵和作用，对于传统的学校观、教育观有所改变。传统学校与社会生活脱节，学生孤陋寡闻，而以社会为学校，使得教育的材料、教育的方法、教育的工具、教育的环境可以大大地增加，有利于拓展学生的知识，增强学生的能力。"社会即学校"，还可以使被传统学校拒之门外的劳苦大众能够受到起码的教育，贯穿了普及民众教育的苦心，同样也值得肯定。

（3）"教学做合一"。

"教学做合一"是生活教育理论的又一重要主张，是"生活即教育"在教学方法问题上的具体化。其含义为：教的方法根据学的方法，学的方法根据做的方法。事怎样做便怎样学，怎样学便怎样教。教与学都以做为中心。包括以下四个要点："教学做合一"要求在"劳力上劳心"；"教学做合一"是因为"行是知之始"；"教学做合一"要求"有教先学"和"有学有教"；"教学做合一"还是对注入式教学法的否定。

（4）启示。

陶行知的生活教育理论是一种大众的、为人民大众服务的教育理论，且还是一种不断进取创造，旨在探索具有中国民族特色的教育道路的理论。生活教育理论还在教育观念的改变方面颇有建树，无论是强调学校教育与社会生活、生产劳动相结合，还是要求手脑并用、在劳力上劳心，都是对学校与社会割裂、书本与生活脱节、劳心与劳力分离的传统教育的反动，显示出强烈的时代气息，至今都富于启示。陶行知的生活教育理论是我国民族教育理论宝库中十分可贵的遗产，值得我们珍惜并认真研究借鉴。

3. 赞科夫的发展性教学理论。

【答案要点】

（1）发展性教学理论。

赞科夫认为，教学的核心是要使学生的一般发展取得成效。一般发展的具体含义如下：

①一般发展是指儿童心理的一般发展。指的是个性的所有方面的进步。

②一般发展不同于特殊发展。一般发展在学习任何学科、任何情境中都会表现出来。

③一般发展不同于全面发展。这里的一般发展指的是发展的心理学和教育学方面。

④一般发展有别于智力发展。不仅发展学生的智力，还包括情感、意志、品质、性格等方面。

⑤一般发展还包括身体发展和心理发展。但赞科夫主要研究的是教学与儿童心理一般发展的关系。

（2）五项教学论体系的新原则。

①以高难度进行教学的原则。这一原则在实验教学论体系中起决定性作用。难度的含义是要求学生通过努力克服障碍。但高难度并不意味着越难越好，困难的程度要控制在学生的"最近发展区"的范围内。

②以高速度进行教学的原则。这一原则要求教学不断地向前运动，以各方面内容丰富的知识来充实学生的头脑，为学生深入地理解所学知识创造有利的条件。要克服多余的重复烦琐的讲解以及机械的练习，以节约时间、加快进度。要善于利用一切手段提高学习质量。

③理论知识起主导作用的原则。这一原则不贬低学龄初期儿童掌握技巧的重大意义，而是要求学生在一般发展的基础上，尽可能深入领会有关概念和规律性的知识。

④使学生理解学习过程的原则。实验教学不仅要求学生会背，而且要求学生学会分析、比较、综合、归纳，了解所学知识之间的联系，等等。这样做有利于发展学生的思维能力，提高他们学习的主动性与创造性，教会他们学习。

⑤使班上所有的学生都得到一般发展的原则。这条原则的本质在于让优、中、差三类学生都以自己现有的智力水平为起点，按照自己最大的可能性得到理想的一般发展。

（3）评价。

赞科夫的教育理论对苏联教育理论与实践的发展影响较大。他的发展性教学理论的一些观点为苏联教育理论界所接受，并被吸收到20世纪70—80年代出版的教育著作和教科书中。但其理论也存在一定的局限性，他的研究主要从儿童心理的角度进行，很少考虑教学过程的社会政治与道德要求，过分强调认知方面的智育。此外，其对待传统教学理论的全盘否定态度是不科学的。

4. 联系实际论述问题解决能力的培养。

【答案要点】

在实际教学中，学生问题解决的能力可以结合各门学科的内容来进行训练和提高。教师要把重点放在课题的知识上，放在特定学科的问题解决的逻辑推理和策略上，放在有效解决问题的一般原理和原则上。具体措施如下：

（1）鼓励质疑。教师要尽量从自己提出问题过渡到让学生质疑，从而培养学生主动质疑的内在动机，鼓励学生主动提问，形成一种自由探究的气氛。

（2）设置难度适当的问题。教师给学生的问题要可解，但要有一定的难度。

（3）帮助学生正确表征问题。学生运用所学知识解释问题，或者画草图、列表、写方程式等，这对回忆相关信息都有很好的作用。

（4）帮助学生养成分析问题的习惯。教师要帮助学生发展系统考虑问题的方式和系统分析的习惯，教师既不能让学生盲目尝试错误练习，也不能过分热心，先把答案告诉学生。

（5）辅导学生从记忆中提取信息。教师需要帮助学生从记忆中迅速提取与解决问题有关的信息，并能很快找出可利用的信息，明确问题解决情境与欲达到的目的，迅速做出判断。

（6）训练学生陈述自己的假设及其步骤。教师要培养学生由跟从别人的言语指导转变到自行指导思考，然后再要求他们自己用言语把指导步骤表达出来。

（7）提供结构不良问题，培养实际解决问题的能力。通过对这些问题的解决，能让学生将解决问题的能力迁移到实际领域中去。

5. 论述杜威的教育思想。

【答案要点】

杜威是20世纪美国著名的哲学家和教育家，其主要教育思想如下：

（1）论教育的本质。

杜威对于"什么是教育"的问题，给出的回答是：教育即生活、学校即社会、教育即生长、教育即经验的持续不断的改造。

（2）论教育的目的。

教育无目的论。从教育本质论出发，杜威反对外在的、固定的、终极的教育目的，认为教育无目的。杜威所希求的是过程内的目的，这个目的就是"生长"。

教育的社会目的。杜威强调过程内的目的不等于否定社会性的目的。杜威要求教育为社会进步服务，为民主制度的完善服务。他认为教育是社会进步及社会改革的基本方法，学校是社会进步和改革的最基本和最有效的工具。在民主社会中，个人发展与社会进步是统一的。

（3）论课程与教材。

从做中学。杜威以其经验论为基础，要求从做中学、从经验中学，要求以活动性、经验性的主动作业来取代传统书本式教材的统治地位。

教材心理学化。"教材心理学化"是指把各门学科的教材或知识各部分恢复到它所被抽象出来之前的原来的经验。

（4）论思维与教学方法。

反省思维。杜威所力倡的反省思维是指对某个经验情境中的问题进行反复的、严肃的、持续不断的思考，其功能在于求得一个新情境，把困难解决、疑虑排除、问题解答。

五步教学法。杜威根据科学的实验主义探究方法和反省思维方式，提出了五步教学法，即创设疑难的情境、确定疑难所在、提出问题的种种假设、推断哪种假设能解决这个困难、验证这种假设。

（5）论道德教育。

杜威认为道德教育的主要任务是协调个人与社会的关系。他认为个人的充分发展是社会进步的必要条件，社会的进步又可以为个人的发展提供更好的基础。

教育的道德性和教育的社会性是相通的，道德教育应在社会性的情境中进行而不能只停留于口头说教；要求学校生活、教材、教法皆应渗透社会精神，视学校生活、教材、教法为"学校道德三位一体"，这三者都是道德教育的重要途径。

（6）杜威教育思想的影响。

杜威是西方现代教育派的理论代表。他对传统教育的整个理论体系发起挑战，奠定了现代教育的理论大厦的基石。

杜威是新教育的思想旗手，他的教育理论突破以往建立在主客体两分之上的传统教育的弊端，将知行合一，使教学中死的知识变为活的知识，突破了内发论和外铄论，将教育看作人与环境的交互过程中经验的观点具有很高的创造性。

杜威奠定了儿童中心论，解决教育与儿童相脱离的问题，并通过学校与社会的统一、思维与经验的统一，解决教育与实践、学校与社会脱离的问题。

杜威提出了做中学这一建立在新哲学和心理学基础上的新方法，拓宽了教学形式和方法，提高了教学专业化水平。

杜威的教育理论对世界教育进程发挥了巨大作用，对日本、中国、苏联等国具有直接的影响。

杜威的理论偏重儿童、活动、经验三中心而使得教育实践忽视了系统知识的传授以致引发了自由与纪律、教师与学生关系等诸多矛盾。另外，根据经验和教材心理化原则编写新型教材的设想过于理想化，难以实现。

2012年 中央民族大学 333 教育综合·真题解析

一、名词解释

"五育"并举

1912年初，蔡元培发表《对于教育方针之意见》一文，提出了军国民教育、实利主义教育、公民道德教育、世界观教育和美感教育"五育并举"的教育思想，成为制定民国教育方针的理论基础。

学校教育

学校教育指一种专门组织的不断趋向规范化、制度化、体系化的教育。它是根据一定的社会现实和未来需要，遵循受教育者身心发展的规律，有目的、有计划、有组织地对受教育者身心施加影响，把他们培养成为一定社会或阶级所需要的人的活动。

"六艺"教育

"六艺"即礼、乐、射、御、书、数。礼包括政治、伦理、道德、礼仪各个领域，乐包括诗歌、音乐和舞蹈，射指射箭的技术训练，御指驾驭马拉战车的技术训练，书指文字书写，数指算法。其中，"礼、乐、射、御"为"大艺"，是大学的课程；"书、数"为"小艺"，是小学的课程。

产婆术

苏格拉底法也称"问答法""产婆术"，是由讥讽、助产术、归纳和定义四个步骤组成的独特的方法。这是苏格拉底探讨伦理哲学的研究方法，也是他的教学方法。

学习动机

学习动机是动机在学习活动中的表现，是引起和维持个体进行学习活动，并使活动朝向一定的学习目标，以满足某种学习需要的一种内部心理状态。它的主要内容包括知识价值观、学习兴趣、学习效能感和成败归因。

二、简答题

1. 简述德育途径。

【答案要点】

（1）思想政治课与其他学科教学。知识转化为品德需要将知识与学生生活相联系，与学生思想"对话"，以激发学生的道德需要，并用这些道德认识来探寻做人的道理，调节对人、对事应持有的态度，并付诸行动。

（2）劳动和其他社会实践。有意义的劳动和社会实践，能够提高学生的责任意识、服务意识，形成学生勤俭、朴实、艰苦、顽强等许多好的品德，在德育上有着不可或缺、不可替代的意义。

（3）课外活动和校外活动。通过课外活动进行德育，能调动学生的积极性，培养他们的自律能力，形成互助友爱、团结合作、尊重规则等品德。

（4）学校共青团、少先队活动。开展团队活动，能激发学生强烈的上进心、荣誉感，使他们能够严于律己，自觉提高思想品德，是德育的重要途径。

（5）心理咨询。通过个别谈心、咨询、讲座等多种方式对学生进行心理健康教育，可以帮助学生处理好学习、交往、择业等方面问题，使他们成为积极向上、心理健康的人。

（6）班主任工作。通过班主任工作，学校不仅能有效地管理学生基层组织和个人，而且能对教育学生的其他途径的活动起协调作用，是学校德育的一个特别重要的途径。

（7）校园生活。校园生活包括上述活动在内的全部学校生活。要建立良好的校园生活，一是要研究如何使德育在各个途径中真正到位，使之互相补充，构成整体效应；二是要根据学校实际，研究如何增加跨越班级的活动与交往，逐步形成学校特色；三是要研究如何使校园生活能够体现时代精神，蕴含深厚文化，让学生在生活中养成现代文明习气和人文情怀。

2. 简述蔡元培的"五育"并举。

【答案要点】

（1）军国民教育。指将军事教育引入学校和社会教育之中，让学生和民众受到一定的军事教育和训练。在学校教育中强调学生生活的军事化，特别是体育的军事化。

（2）实利主义教育。即密切教育与国民经济生活的联系，加强职业技能的培训，使教育能发挥提高国家经济能力和改善人民生活水平的作用。

（3）公民道德教育。蔡元培认为公民道德的基本内容不外乎法国资产阶级革命所标榜的自由、平等、博爱，虽然与封建道德的专制等级性不相容，但他明确指出中国传统伦理特别是儒家伦理中的一些基本范畴，其内涵是与自由、平等、博爱的精神相通的。

（4）世界观教育。是蔡元培独创并被作为教育的最高境界。世界观教育就是要培养人们立足于现象世界但又超脱现象世界而贴近实体世界的观念和精神境界。

（5）美感教育。美感教育与世界观教育紧密联系，美感介于现象世界和实体世界之间，是两者之间的桥梁。利用美感这种超越利害关系、人我之分界的特性去破除现象世界的意识，陶冶、净化人的心灵。美感教育是世界观教育的主要途径。

3. 简述裴斯泰洛齐的教育思想。

【答案要点】

（1）论教育目的。裴斯泰洛齐认为，教育的首要功能应是促进人的发展，尤其是人的能力的发展。教育的最终目的是发展各人天赋的内在力量，使其经过锻炼后，能人尽其才，在社会上达到他应有的地位。

（2）论教育心理学化。教育心理学化就是要把教育提高到科学的水平，将教育科学建立在人的心理活动规律的基础上。

（3）论要素教育。初等学校的各种教育都应该从最简单的要素开始，然后逐渐转到日益复杂的要素，循序渐进地促进人的和谐发展。

（4）初等学校各科教学法。裴斯泰洛齐根据教学心理学化和要素教育的理念，具体地研究了初等学校各科教学法，包括语言教学、算术教学、测量教学和地理教学几方面。

（5）教育与生产劳动相结合。裴斯泰洛齐是西方教育史上第一位将教育与生产劳动相结合付诸实践的教育家，并在自己的教育实践活动中，推动和发展了这一思想。

三、分析论述题

1. 论述教育的社会功能。

【答案要点】

（1）教育的社会变迁功能。

①教育的经济功能。

教育是使可能的劳动力转变为现实的劳动力的基本途径。一个人只有经过教育和训练，掌握一定生产部门的劳动知识和技能，并能生产某种使用价值，他才能成为现实的生产力。

现代教育是使知识形态的生产力转化为直接的生产力的重要途径。科学技术是一种知识形态的生产力，要使其转化为现实的生产力，除了要通过科学研究、发明创造或革新实践外，其技术成果的推广、经验的总结与提升都需要教育与教学的紧密配合。

现代教育是提高劳动生产率的重要因素。现代生产的生产率提高依靠科学技术在生产中的应用、推广和不断革新，依靠提高劳动者受教育的程度与质量，依靠劳动者的素质、扩大脑力劳动者的比重、发挥劳动者在生产和改革中的创造性。

②教育的政治功能。

教育通过传播一定的社会的政治意识，完成年轻一代的政治社会化。教育作为传递知识、训练思维与培养情感的活动，能向年轻一代传播一定的社会政治意识，促进他们的政治社会化，从而为一定社会政治秩序的稳定创造重要条件。

教育通过造就政治管理人才，促进政治体制的变革与完善。由于科技向管理部门的全面渗透，社会越发展，国家对政治管理人才的素质要求越高，通过教育选拔、培养政治管理人才显得越重要。

教育通过提高全民文化素质，推动国家的民主政治建设。普及教育的程度越高，国民的文化素质越高，其国民就越能认识到民主的价值，在政治生活和社会生活中就越能履行民主的权利。

教育是形成社会舆论、影响政治时局的重要力量。学校是知识分子和青少年集中的地方，他们有见解，勇于发表意见，通过教育者和受教育者的言论、演讲和社会活动等，来宣传思想，造就舆论，借以影响群众，为一定的政治、经济服务。

③教育的文化功能。

传递文化。教育起着传递文化的作用。尤其是学校教育因其具有明确的目的性、计划性等特点，一直承担着传承文化的重任。

选择文化。教育的选择功能十分重要，体现了教育对文化发展的积极引导和自觉规范。

发展文化。教育通过广泛的文化交流，不断地吸收其他民族的文化精华，补充、更新和发展本民族的文化，也是文化发展的一种重要方式。

④教育的生态功能。

树立建设生态文明的理念。通过在学校里和社会上加强生态文明的教育与宣传，让学生从小养成爱护自然、节约资源、保护生态环境的思想情感，从而逐步在全社会牢固树立建设生态文明的观念。

普及生态文明知识，提高民族素质。我们应当有计划地普及生态文明知识，并注意指导与督促人们将知识运用于生活实践。

引导建设生态文明的社会活动。学校的生态文明教育不应局限在校内，要组织学生参加到社区的生态文明建设中去。

（2）教育的社会流动功能。

教育的社会流动功能是指社会成员通过教育的培养、筛选和提高，能够在不同的社会区域、社会层次、职业岗位、科层组织之间转换、调整和变动，以充分发挥其个人的智慧才能，实现其人生价值。它包括横向流动功能和纵向流动功能。前者指改变其环境而不提升其社会层级地位，后者指改变其社会层级地位及作用。

教育的社会流动功能在当代的重要意义：教育是个人社会流动的基础；教育是现代社会流动的主要通道；教育深刻影响社会公平。

2. 论述《学记》的贡献。

【答案要点】

（1）教育的作用与教育目的。

①对个人的作用与目的。教育通过对人有目的、有计划地培养，使每个人都形成良好的道德和智慧，懂得去维护国家利益和社会安定。

②对社会的作用与目的。《学记》认为实现良好政治的最佳途径是"化民成俗"，即兴办学校，推行教育，作育人才，以教化人民群众遵守社会秩序，养成良风美俗。

（2）教育制度与学校管理。

①学制与学年。关于学制系统，《学记》以托古的方式，提出了从中央到地方按行政建制建学的设想。关于学年，《学记》把大学教育年限定为两段、五级、九年。

②视学与考试。《学记》十分重视大学开学和入学教育，把它作为教育管理的重要环节。学习过程中，规定每隔一年考查一次，以表示这一阶段学业的完成。

（3）教育、教学的原则。

①豫时孙摩。即预防性原则、及时施教原则、循序渐进原则、学习观摩原则。

②长善救失。长善救失原则要求教师懂得并掌握教育的辩证法，坚持正面教育，善于因势利导，利用积极因素，克服消极因素，将缺点转化为优点。

③启发诱导。君子的教育在于诱导学生，靠的是引导而不是强迫服从，是启发而不是全部讲解。只有这样，才能调动学生学习和思考的积极性、主动性，使学生的思维能力得到锻炼和发展。

④藏息相辅。既有有计划的正课学习，又有课外活动和自习，有张有弛，让学生感到学习的乐趣，感受到老师、同学的可亲可爱，使学习成为学生的一种内在需要。

（4）教学方法。

①讲解法。"约而达"，即语言简约而意思通达；"微而臧"，即义理微妙而说得精善；"罕譬而喻"，即举少量典型的例证而使道理明白易晓。

②问答法。教师的提问应先易简后难坚，要循着问题的内在逻辑，而答问则应随其所问，有针对性地作答，恰如其分，适可而止，无过与不及。

③练习法。根据学习的内容来安排必要的练习，练习需要有规范，并且应逐步地进行。

（5）尊师重教与"教学相长"。

①尊师重教。

《学记》十分尊师。首先，社会上每个人，从君到民，都是教师教出来的，尤其是以教育为治术就离不开好老师。社会要尊师，君主应当带头。其次，把为师、为长、为君视为一个逻辑过程，使为师实际上成为为君的一种素质、一项使命。再次，没有教师的教育引导，五服之内的人们也不会懂得相亲相爱。

②对教师的要求。

"记问之识，不足以为人师"。强调学识只是为师的条件，而非充分条件。

"君子既知教之所由兴，又知教之所由废，然后可以为人师也"。指出懂得教育成败的原理可以为师。

"君子知至学之难易，而知其美恶，然后能博喻，能博喻然后能为师"。指出善于在分析达成学习目标的难易程度和学生素质高下的基础上，采取各种有针对性的教学方法，可以为师。

教师自我提高的规律：教学相长。"教学相长"的本意并非指教与学双方的相互促进，而是仅指教这一方的以教为学。它说明了教师本身的学习是一种学习，而教导他人的过程更是一种学习，正是这两种不同形式的学习相互推动，使教师不断进步。后人在注释"教学相长"时做了引申，将其视为教学过程中教师、学生双方的互相促进、共同提高的过程。

（6）评价。

《学记》为中国教育理论的发展树立了典范，其历史意义和理论价值十分显著。它的出现，意味着中国古代教育思维专门化的形成，是中国教育理论发展的良好开端。

3. 论述加里培林的阶段形成理论。

【答案要点】

苏联著名心理学家加里培林等人根据维果茨基的活动论的观点提出，学生心智技能的形成"是外部物质活动转化到……知觉、表象和概念水平的结果"。这种转化过程需要经历五个阶段。

（1）活动定向阶段。活动定向是让学生在头脑中形成对活动程序和活动结果的映像。教师需要根据学生的基础水平，将活动分解成学生能够理解，并且能够做到的操作程序，建立起学生对原型活动的定向预期。

（2）物质活动或物质化活动阶段。物质活动是指运用实物的教学活动，物质化活动则是指利用实物的模拟品进行的教学活动，如标本、模型和示意图等。这两者都是基本的直观形式，后者是前者的一种变形。

（3）有声的言语活动阶段。有声的言语活动指不直接依赖实物或模拟品，而是借助出声的外部言语活动来完成各个操作步骤。这是活动从外部形式向内部形式转化的开始。通过这种出声的言语活动，学生可抽象并简化各步动作，并促使活动定型化与自动化。教师需要指导学生运用言语确切地表达各步实际动作，也要对言语动作进行展开、概括和简化的不断改造。

（4）无声的外部言语活动阶段。无声的外部言语活动是指以词的声音表象、动觉表象为中介，进行智力活动。这种不出声的外部言语活动貌似是知识言语减去了声音，实际是动作向智力转向的开始。这种言语不出声的变化要求学生对言语机制进行很大的改造，需要学生重新学习，教师同样需要指导学生对无声的外部言语动作进行展开、概括和简化。

（5）内部言语活动阶段。内部言语活动是指凭借简化了的内部言语，似乎不需要多少意识参与就能自动化进行的智力活动。这一阶段是外部动作转化为内在智力的最后阶段。其特点之一是简缩，这是由于它是指向学习者自己的，不必考虑到外部言语作为交际手段的机能。其特点之二是自动化，这是由于它的进行基本上是学习者自己觉察不到的。

4. 结合实际论述激发学习动机的方法。

【答案要点】

（1）创设问题情境，实施启发式教学。

想要实施启发式教学，关键在于创设问题情境。所谓问题情境，指的是一种适度的疑难情境。在学习过程中，仅仅让学生简单地重复已经学过或者过难的东西，学生都不会感兴趣。只有在学习那些"似懂非懂""似会非会"的东西时，学生才感兴趣而且迫切希望掌握它。

（2）根据作业难度，恰当控制动机水平。

教师在教学时，要根据学习任务的不同难度，恰当控制学生学习的动机水平。在学习较简单的课题时，应尽量使学生集中注意力；在学习较复杂的课题时，则应尽量创造轻松自由的课堂气氛。在学生遇到困难或出现问题，要尽量心平气和地耐心引导，以免学生过度紧张和焦虑。

（3）充分利用反馈信息，给予恰当的评定。

心理学研究表明，来自学习结果的种种反馈信息，对学习效果有明显影响。一方面学习者可以根据反馈信息调整学习活动，改进学习策略，另一方面学习者为了取得更好的成绩或避免再犯错误而增加了学习动机，从而保持了学习的主动性和积极性。

（4）妥善进行奖惩，维护内部学习动机。

在对学生进行评价时，奖励和惩罚对于学习动机的激发具有不同的作用。一般而言，表扬与奖励比批评与指责能更有效地激发学生的学习动机，因为前者能使学生获得成就感，增强自信心。但过多使用表扬和奖励，或者使用不当，也会产生消极作用。

（5）合理设置课堂环境，妥善处理竞争和合作。

学生的学习主要是在课堂上进行的，课堂的合作与竞争环境无疑是影响学习动机的一个重要的外部因素。在教学活动中，合作与竞争都是必要的，应该强调竞争与合作的相互补充和合理运用。极端的竞争会对学生的学习行为和集体团结产生消极影响。适量与适度的竞争与合作的恰当结合，会有效激励学生的学习动机。

（6）适当进行归因训练，促使学生继续努力。

在学生完成某一学习任务后，教师应指导学生进行成败归因。一方面，要引导学生找出成功或失败的真正原因，即进行正确归因；另一方面，教师也应根据每个学生过去一贯的成绩的优劣差异，从有利于今后学习的角度进行积极归因。

（7）培养自我效能感，增强学生成功的自信心。

自我效能感影响学生的自我评价和自信心，进而影响学习成绩。尤其是学业不良的学生，由于对自己的学习能力持怀疑态度，表现出很低的自我效能感。因此，教师在教学中要通过一定的方法改变和提高他们的自我效能感。

提高自我效能感具体措施如下：选择难易适中的任务，让学生不断地获得成功体验，进而提高自我效能感；通过获得替代性经验和强化来提高他们的自我效能感。当一个人看到与自己水平接近的学生学习成功时，就会增强他的自我效能感，激发其学习动机；引导学生坦然面对失败，从失败中找出可以改进的因素，进而提高自己的学习技能，增强获得成功的自信。

（8）维护学生自我价值，警惕自我妨碍策略。

自我价值理论指出，学生有保护和表现自我价值的需要，这是个人追求成功的内在动力。教师要理解和尊重学生的这种需要，引导他们把自我价值的实现方式与正向、积极的学习行为相联系，避免学生不断从环境中体验到对自我价值的威胁感，从而采取各种自我妨碍的逃避策略。

（9）维护内在需要，促进外部动机内化。

兴趣、好奇心、探索欲，是人类学习的最早动力。源于内部需要的学习动机具有更多的坚持性和抗干扰性。然而，不是每个孩子都对教育中涉及的所有内容充满好奇和兴趣。因此，教师要帮助学生将外部调控的学习动机不断内化，形成相对自主调控的学习动机。

5. 论述教育的社会制约性和独立性以及二者的关系。

【答案要点】

（1）教育的社会制约性。

教育的社会制约性是指在社会历史发展的过程中，教育的目的与制度、内容与方法、规模与速度，都受到一定社会的生产力、经济政治与文化等因素的制约。

①生产力对教育的制约。生产力的发展制约教育事业发展的规模和速度；生产力的发展水平制约人才的培养规格和教育结构；生产力的发展制约教学内容、教学方法和教学组织形式的发展和改革。

②社会经济政治制度对教育的制约。社会经济政治制度制约教育的性质；社会经济政治制度制约教育的宗旨和目的；社会经济政治制度制约教育的领导权；社会经济政治制度制约受教育权；社会经济政治制度制约教育内容、教育结构和教育管理体制。

③文化对教育的制约。文化知识制约教育的内容与水平。文化是教育的基础，教育的本质是通过传承和创新文化来培养人才；文化模式制约教育的背景与模式；文化传统制约教育传统的特性。

（2）教育的独立性。

教育的相对独立性是指作为社会一个子系统的教育，它对社会的能动作用具有自身的特点和规律性，它的历史发展也有其独特连续性和继承性。主要表现为以下几方面：

①教育是培养人的活动，通过所培养的人作用于社会。教育尤其是学校教育，是有意识地影响人、培育人、塑造人的社会活动。它主要通过引导和促进年轻一代社会化、个性化，成为社会活动的参与者和继承者，以保证并促进社会的生存、延续与发展。

②教育具有自身的活动特点、规律及原理。教育是培养人的活动，而人具有特殊的身心发展和成熟的规律。教育教学及其相关活动必须认识、遵循和创造性地运用这些基本特点与规律，才能有效地培育人才。此外，还应重视和遵循前人的宝贵经验，并在此基础上继续发展、前进。

③教育具有自身发展的传统与连续性。由于教育有自身的规律和特有的社会功能，它一经产生、发展便将形成和强化其相对独立性，具有发展的连续性、继承性和惯性。因此，无论是办学校、发展教育事业，或进行教育改革，都要重视与借鉴教育的历史经验，都应在原有的基础上积极改进、稳步前行。

（3）二者的关系。

教育的相对独立性与教育的社会功能是具有内在联系的。可以说，教育的社会功能是教育的相对独立性的依据和主要体现。如果教育没有自己特有的社会功能，便不可能发展成为社会的一个重要的子系统，形成教育的相对独立性。

由于教育具有相对独立性，我们在分析研究教育问题时，不能单就生产力的发展水平、经济与科技及发展水平、政治制度与文化要求来考查教育；还应当重视教育的相对独立性，注重发挥教育特有的社会功能，注意遵循教育自身的规律性和发展的连续性。

但是，我们也不能把教育的相对独立性理解为绝对独立性。因为，教育归根到底是由生产力的发展水平和政治经济制度的性质决定的，受民族文化的发展状况与需求的制约，也就是说教育的社会制约性仍是其根本的特性。

中央民族大学 333 教育综合·真题解析

一、名词解释

课程标准

课程标准是指在一定课程理论指导下,依据培养目标和课程方案以纲要形式编制的关于课程的性质与价值、目标与内容、教学实施建议以及课程资源开发等方面的指导性文件,一般由说明、课程目标、课程内容标准和课程实施建议等部分组成。

最近发展区

维果茨基认为,在进行教学时必须注意到儿童的两种水平,一种是儿童现有的发展水平,另一种是即将达到的发展水平,维果茨基把这两种水平之间的差距称为最近发展区,即独立解决问题的真实发展水平和在成人指导下或与其他儿童合作情况下解决问题的潜在发展水平之间的差距。

"六艺"

"六艺"即礼、乐、射、御、书、数。礼包括政治、伦理、道德、礼仪各个领域,乐包括诗歌、音乐和舞蹈,射指射箭的技术训练,御指驾驭马拉战车的技术训练,书指文字书写,数指算法。其中,"礼、乐、射、御"为"大艺",是大学的课程;"书、数"为"小艺",是小学的课程。

恩物

恩物是福禄培尔创制的一套供儿童使用的教学用品,其教育价值就在于它是帮助儿童认识自然及其内在规律的重要工具。恩物作为自然的象征,能帮助儿童由易到难、由简及繁、循序渐进地认识自然,发展儿童的想象力和创造力。

因材施教原则

因材施教原则指进行德育要从学生品德发展的实际出发,根据他们的年龄特征和个性差异进行不同的教育,使每个学生的品德都能得到最优的发展。

二、简答题

1. 简述学校教育在人的发展中的作用。

【答案要点】

(1)教育在人的发展中起引领作用。教育有意识地为年轻一代的成长选择、建构、调控良好的环境,对他们的生活、交往、学习与实践等活动进行正确的教导、示范和辅助,并注重尊重他们的主体地位和激发、引导他们内在的学习动力与自我发展的能动性和自主性,从各方面引领、关怀、维护他们的发展。

(2)学校教育主要通过传承文化科学知识来培养人。文化知识蕴含着有利于人的发展的多方面价值:促进人的认识的发展;促进人的精神的发展;促进人的能力的发展;促进人的实践的发展。

(3)学校教育对提高人的现代性有显著的作用。教育在人的现代化过程中起着重要作用,是因为学生在学校里不仅学会了读、写、算等各个方面的基础知识与技巧,而且学到了与他们个人的发展和国家的未来有关的态度、价值和行为方式。

2. 教师专业化的内涵。

【答案要点】

教师专业化是当今世界教师教育发展的重要趋势，是教师教育发展到一定阶段的必然归宿和核心体现。教师的专业化主要体现在教师的专业发展上：教师专业发展指教师在整个专业生涯中，依托专业组织、专门的培养制度和管理制度，通过持续的专业教育，习得教育教学专业技能，形成专业理想、专业道德和专业能力，从而实现专业自主的过程。它包括教师群体的专业发展和教师个体的专业发展。

（1）教师群体的专业发展是指教师职业不断成熟，逐渐达到专业标准，并获得相应的专业地位的过程。它既是教师个体专业化的条件与保障，同时也最终代表着教师职业的专业化。主要包括：教育知识技能的体系化，形成学科专业和教育专业；国家对教师任职既有规定的学历标准，也有必要的教育知识、教育能力和职业道德的要求；国家有教师教育的专门机构、专门教育内容和措施，教师教育专业化；国家有对教师资格和教师教育机构的认定制度和管理制度；形成社会公认的教师专业团体。

（2）教师个体的专业发展是指教师作为专业人员，从专业理想到专业知识、专业能力、专业心理品质等方面由不成熟到比较成熟的发展过程，即由一个专业新手发展成为专家型教师或教育家型教师的过程。教师个体专业发展途径包括师范教育、新教师的入职辅导、教师的在职培训、教师专业发展学校、同伴互助和教师的自我教育。

3. 简述问题解决的基本过程。

【答案要点】

（1）理解和表征问题阶段。

①识别有效信息：确定问题到底是什么，找出相关信息并忽略无关的细节。

②理解信息含义：准确地表征问题要求学生有某一领域特定的知识。成功地表征问题有两个任务，第一个是语言理解，需要理解问题中每一个句子的含义。

③整体表征：第二个任务是将问题的所有句子综合在一起，达成对整个问题的准确理解。

④问题归类：将要解决的问题归入某一类中，一个特定的图式就会被激活，这个图式将引导对有关信息的注意，并预期正确答案应该会是什么样的。

（2）寻求解答阶段。

①算法式。将达到目标的各种可能的方法都列出来，具体化，逐一加以尝试。

②启发式。根据目标的指引，试图不断地将问题状态转换成与目标状态相近的状态，只试探那些对成功趋向目标状态有价值的操作，也就是使用一般的策略试图解决问题。

（3）执行计划或尝试某种解答阶段。

当表征某个问题并选好某种解决方案后，下一步就是执行计划、尝试解答。

（4）评价阶段。

评价结果的方法之一就是寻找能够证实或证伪这种解答的证据，对解答进行核查。

三、分析论述题

1. 论述教育的社会功能。

【答案要点】

（1）教育的社会变迁功能。

①教育的经济功能。

教育是使可能的劳动力转变为现实的劳动力的基本途径。一个人只有经过教育和训练，掌握一定生产部门的劳动知识和技能，并能生产某种使用价值，他才能成为现实的生产力。

现代教育是使知识形态的生产力转化为直接的生产力的重要途径。科学技术是一种知识形态的生产力，要使其转化为现实的生产力，除了要通过科学研究、发明创造或革新实践外，其技术成果的推广、经验的总结与提升都需要教育与教学的紧密配合。

现代教育是提高劳动生产率的重要因素。现代生产的生产率提高依靠科学技术在生产中的应用、推广和不断革新，依靠提高劳动者受教育的程度与质量，依靠劳动者的素质、扩大脑力劳动者的比重、发挥劳动者在生产和改革中的创造性。

②教育的政治功能。

教育通过传播一定社会的政治意识，完成年轻一代的政治社会化。教育作为传递知识、训练思维与培养情感的活动，能向年轻一代传播一定的社会政治意识，促进他们的政治社会化，从而为一定社会政治秩序的稳定创造重要条件。

教育通过造就政治管理人才，促进政治体制的变革与完善。由于科技向管理部门的全面渗透，社会越发展，国家对政治管理人才的素质要求越高，通过教育选拔、培养政治管理人才显得越重要。

教育通过提高全民文化素质，推动国家的民主政治建设。普及教育的程度越高，国民的文化素质越高，其国民就越能认识到民主的价值，在政治生活和社会生活中就越能履行民主的权利。

教育是形成社会舆论、影响政治时局的重要力量。学校是知识分子和青少年集中的地方，他们有见解，勇于发表意见，通过教育者和受教育者的言论、演讲和社会活动等，来宣传思想、造就舆论，借以影响群众，为一定的政治、经济服务。

③教育的文化功能。

传递文化。教育起着传递文化的作用。尤其是学校教育因其具有明确的目的性、计划性等特点，一直承担着传承文化的重任。

选择文化。教育的选择功能十分重要，体现了教育对文化发展的积极引导和自觉规范。

发展文化。教育通过广泛的文化交流，不断地吸收其他民族的文化精华，补充、更新和发展本民族的文化，也是文化发展的一种重要方式。

④教育的生态功能。

树立建设生态文明的理念。通过在学校里和社会上加强生态文明的教育与宣传，让学生从小养成爱护自然、节约资源、保护生态环境的思想情感，从而逐步在全社会牢固树立建设生态文明的观念。

普及生态文明知识，提高民族素质。我们应当有计划地普及生态文明知识，并注意指导与督促人们将知识运用于生活实践。

引导建设生态文明的社会活动。学校的生态文明教育不应局限在校内，要组织学生参加到社区的生态文明建设中去。

（2）教育的社会流动功能。

教育的社会流动功能是指社会成员通过教育的培养、筛选和提高，能够在不同的社会区域、社会层次、职业岗位、科层组织之间转换、调整和变动，以充分发挥其个人的智慧才能，实现其人生价值。它包括横向流动功能和纵向流动功能。前者指改变其环境而不提升其社会层级地位；后者指改变其社会层级地位及作用。

教育的社会流动功能在当代的重要意义：教育是个人社会流动的基础；教育是现代社会流动的主要通道；教育深刻影响社会公平。

2. 论述《师说》的教师观。

【答案要点】

《师说》是韩愈论师道的重要教育论著，是中国古代第一篇集中论述教师问题的文章，提倡尊师重道，集中体现了他的教育思想。

（1）教师的地位。由"人非生而知之者"出发，肯定"学者必有师"。强调后天学习的重要性，认为学习一定要有教师的指导，教师是社会所必需。

（2）教师的任务。"传道、授业、解惑"是教师的基本任务。"传道"传的是儒家的仁义之道，"授业"授的是儒学的"六艺经传"与古文，"解惑"是解决学"道"与"业"过程中的疑问。三项最主要的是"传道"，"授业"和"解惑"都要贯穿"传道"，为"传道"服务。

（3）教师的标准。以"道"为求师的标准，主张"学无常师"。韩愈认为教师教学的主要任务在于"传道"，学生求学的任务主要在于学道，能否当教师也就以"道"为标准来衡量。社会上有道的人不少，皆可为师，求学的范围不应受到限制，应当学无常师。韩愈提出以道为师、学无常师的主张，在当时对打破士大夫们妄自尊大的心理，促进思想和文学上的交流，具有一定的积极意义。

（4）师生关系。提倡"相师"，确立民主性的师生关系。韩愈认为，士大夫应当矫正"耻学于师"的坏风气，形成相互学习的新风气，不限于同辈朋友之间，也要实行于教师学生之间。教师与学生年龄有差别，而闻道则不以年龄大小定先后，学术业务也可能各有专长。"弟子不必不如师，师不必贤于弟子"，教师与弟子相互学习，教学相长，是理所当然的事情。韩愈把师生的关系看为是可以相互转化的，这种具有辩证法因素的民主性的教育思想，在教育发展史上有重要意义。

（5）评价。韩愈既肯定了教师在传道、授业、解惑方面的主导作用，又强调了教师必须树立师生平等和教学民主的观念。这是对封建社会"师道尊严"传统的一大突破。在今天，韩愈关于师生关系的观点更具有现实意义。

3. 结合中国的教育改革，谈谈当今很多教育不公平事件，举例说明它们出现的原因和解决措施

【答案要点】

（1）中国当前的教育不公平面主要表现在以下方面：
①城乡之间、地区之间存在明显的差距问题。
②农民工子女接受教育需要妥善解决的问题。
③优质教育资源短缺引发的教育机会不公平问题。

（2）现以城乡教育差距为例进行阐述。

城乡之间、地区之间存在明显的差距问题产生的原因：由于我国城乡二元经济结构一直没有变革，地区之间的经济与社会发展长期存在严重的不平衡，必然导致城乡之间教育发展的不平衡，导致教育的种种差异与不公平。

①首先，教育经费与设备配置的差异导致教育条件的不公平。
②其次，师资力量与教学水平的差异导致教育过程的不公平。
③再次，城乡学校的教育条件与教学水平的差距导致教育结构的不公平。
④最后，教育投入的差距深刻影响教育的公平。

因此，关注与促进缩小城乡与地区差距是实现教育公平的基础。

解决对策：
①要巩固和完善建立起来的义务教育经费保障机制，教育公共投入应继续向农村义务教育倾斜，由国家全面负责农村义务教育经费。
②要建立义务教育学校建设的基本指标体系或质量底线，切实保障并大力改善农村学校和城市薄弱学校的办学条件。
③要从政策层面重新系统思考农村教师问题，要逐步消除城乡二元社会结构，采取以"特岗计划"为先导，发挥好师范院校的培训作用，大力提高农村教师待遇，促进城乡教师的合理流动，从根本上解决农村教师问题。

2022年 天津师范大学 333 教育综合·真题真练

一、名词解释
教育的独立性　骑士教育　设计教学法　社会性发展　形成性评价　先行组织者策略

二、简答题
1. 简述班集体的培养方法。
2. 简述梁启超的教育思想。
3. 简述操作技能的训练方法。
4. 简述人格发展的一般规律。

三、分析论述题
1. 论述教师在教学过程中应如何认识和处理掌握知识和智力发展间的关系。
2. 论述德育中的说服法。
3. 论述孔子的道德教育思想。
4. 论述结构主义教育思想。

2021年 天津师范大学 333 教育综合·真题真练

一、名词解释
教学评价　"苏格拉底法"　教育目的　最近发展区　元认知　朱子读书法

二、简答题
1. 简述教学过程中应当处理好的几种关系。
2. 简述德育的途径和方法。
3. 简述教育的经济功能和政治功能。
4. 简述蔡元培的教育实践和教育思想。

三、分析论述题
1. 论述教师的素养。
2. 论述布鲁纳的认知-发现说。
3. 论述赫尔巴特道德教育理论。
4. 论述书院的产生与发展及其特点。

2020年 天津师范大学 333 教育综合·真题真练

一、简答题

1. 简述教育的质的规定性。
2. 简述班主任的基本素养。
3. 简述裴斯泰洛齐的教育心理学化。
4. 简述蒙学教材的分类及特点。
5. 简述创造性的含义及培养。

二、分析论述题

1. 分析论述学生掌握知识的基本阶段的两种模式。
2. 论述德育的过程。
3. 论述苏霍姆林斯基的教育理论。
4. 论述陶行知的生活教育理论。
5. 论述激发和培养学生的学习动机。

2019年 天津师范大学 333 教育综合·真题真练

一、名词解释

课程 教育目的 产婆术 心智技能 循序渐进原则 学习动机

二、简答题

1. 教学方法选择的依据。
2. 科尔伯格的道德理论。
3. 中小学德育的培养途径。
4. 《学记》中的教育教学原则。

三、分析论述题

1. 教师的职业道德素养。
2. 建构主义学习理论。
3. 杜威的教育本质论与教育目的论。
4. 个体能动性在人身心发展中的作用。

2018年 天津师范大学 333 教育综合·真题真练

一、名词解释

课程标准　德育原则　结构主义教育　学习策略　多元智力理论　创造性智力多因素论

二、简答题

1. 教育的生态功能。
2. 我国教育目的基本精神。
3. 王守仁的儿童教育思想。
4. 新时代教师的基本素养。

三、分析论述题

1. 选择教学方法的依据。
2. 孔子的教育内容和教学方法。
3. 赫尔巴特的教育思想。
4. 皮亚杰的认知发展阶段理论及其对教育的启示。

2017年 天津师范大学 333 教育综合·真题真练

一、名词解释

学校教育　产婆术　活动课程　程序教学　稷下学宫　观察学习

二、简答题

1. 简述"三纲领八条目"。
2. 德育的基本原则。
3. 杜威的五步教学法。
4. 文艺复兴时期人文主义教育的特征。

三、分析论述题

1. 赞科夫的发展性教学原则。
2. 如何提高学生的问题解决能力？
3. 教师角色冲突及解决方法。
4. 教育如何适应个体身心发展？

2016年 天津师范大学 333 教育综合·真题真练

一、名词解释

互联网＋教育　恩物　昆西教学法　孔子"六经"　课程设计　苏湖教学法

二、简答题

1. 简述认知发展与教学的辩证关系。
2. 简述德育过程的特点。
3. 简述卢梭的自然教育理论。
4. 简述教学的基本环节。
5. 简述教师劳动的特点。

三、分析论述题

1. 教育的社会变迁功能。
2. 促进知识应用与迁移的措施。
3. 比较陶行知和杜威的教育思想理论。

2015年 天津师范大学 333 教育综合·真题真练

一、名词解释

《颜氏家训》　绅士教育　学习策略　有意义学习　学校教育制度　德育过程

二、简答题

1. 简述孔子的教学思想。
2. 简述泰勒的课程原理理论。
3. 简述教学过程的实质。
4. 简述教师的权利与义务。

三、分析论述题

1. 论述蔡元培教育思想与实践。
2. 论述环境、教育、遗传在人的身心发展中的作用。
3. 论述创造性及培养措施。
4. 杜威有关教育本质的教育理论。

2014年 天津师范大学 333 教育综合·真题真练

一、名词解释
京师同文馆　朱子读书法　道尔顿制　教育心理学化　最近发展区　成功智力理论

二、简答题
1. 简述教育与政治制度的关系。
2. 简述课程内容的设计。
3. 简述掌握知识与发展智力的关系。
4. 德育的途径与方法。

三、分析论述题
1. 论述教师应具备的基本素养。
2. 论述陶行知"生活教育"的理论体系。
3. 评述赫尔巴特的课程理论。
4. 论述学习动机的培养与激发。

2013年 天津师范大学 333 教育综合·真题真练

一、名词解释
教学模式　课程标准　元认知策略　技能　《学记》　教育性教学原则

二、简答题
1. 简述教育与文化的关系。
2. 简述建立良好师生关系的途径与方法。
3. 简述书院教育的特点。
4. 简述美国"八年研究"主要涉及的问题。

三、分析论述题
1. 如何看待班级授课制。
2. 论述陈鹤琴"活教育"思想体系。
3. 评述结构主义教育及其影响。
4. 如何提高学生解决问题的能力?

2012年 天津师范大学 333 教育综合·真题真练

一、名词解释
范例教学模式　因材施教原则　自我效能感　学习策略　科举制度　苏格拉底

二、简答题
1. 浅析课程实施的概念及其运行结构。
2. 简述陶行知的"生活教育"思想。
3. 简述赫尔巴特的教学阶段论。
4. 简述杜威教学方法的五个阶段。

三、分析论述题
1. 如何看待普通中小学的性质与任务？
2. 如何理解教师专业发展的内涵及发展途径？
3. 说明班杜拉的观察学习过程及其对教学工作的启示。
4. 论述蔡元培"五育"并举的教育方针。

2011年 天津师范大学 333 教育综合·真题真练

一、名词解释
教育制度　教学策略　校本课程　六艺　中体西用　自我效能感

二、简答题
1. 教学过程中应当处理好的几种关系。
2. 我国教育目的的基本精神。
3. 我国20世纪20年代新文化运动时期的教育思潮。
4. 欧洲文艺复兴时期人文主义教育的基本特征。

三、分析论述题
1. 教师劳动的特点。
2. 孔子的道德教育思想及其现实意义。
3. 论述终身教育思想及其影响。
4. 如何培养学生的学习动机。

2010年 天津师范大学 333 教育综合·真题真练

一、名词解释
教育目的　课程　守恒　成就动机　苏格拉底法　《1988年教育改革法》

二、简答题
1. 简述人的身心发展的一般规律。
2. 简述人文主义教育的特征。
3. 简述美国公立学校运动的主要内容。
4. 简述宋朝历史上三次著名的兴学运动。

三、分析论述题
1. 试论述掌握知识与发展智力的关系。
2. 联系实际分析学校管理的发展趋势。
3. 分析论述蔡元培的大学教育思想和对北大的改革。
4. 举例说明加里培林的智慧技能按阶段形成的理论。

2022年 天津师范大学 333 教育综合·真题解析

一、名词解释

教育的独立性

教育的独立性即教育的相对独立性。教育的相对独立性是指作为社会一个子系统的教育，它对社会的能动作用具有自身的特点和规律性，它的历史发展也有其独特连续性和继承性。

骑士教育

骑士教育是中世纪世俗教育的一种主要形式，以培养当时封建制度中骑士阶层的成员为目的。它是一种特殊形式的家庭教育，并无专设的教育机构，也没有专职的教育人员。

设计教学法

设计教学法是美国进步主义教育家克伯屈提出的新的教育方法。他将设计教学法定义为在社会环境中进行的有目的的活动，重视教学活动的社会的和道德的因素。强调有目的的活动是设计教学法的核心，儿童自动的、自发的、有目的的学习是设计教学法的本质。

社会性发展

社会性发展是指个体在其生物特性基础上，在与社会生活环境相互作用的过程中，掌握社会规范，形成社会技能，学习社会角色，获得社会性需要、态度、价值，发展社会行为，适应社会环境的过程。

形成性评价

形成性评价是指在教学进程中，对学生的知识掌握和能力发展所做的比较经常而及时的测评，包括对学生的提问、书面测验、作业批改等。其目的在于使师生都能及时获得反馈信息，从而更好地改进教与学，以促进师生的发展和提高。

先行组织者策略

为了促进有意义学习的产生，奥苏伯尔提出了先行组织者策略。先行组织者是指先于学习任务本身呈现的一种引导性材料，它要比学习任务本身具有更高的抽象、概括和综合水平，并且能清晰地与认知结构中原有的观念和新的学习任务关联。

二、简答题

1. 简述班集体的培养方法。

【答案要点】

（1）确定集体的目标。建构集体首先要使集体明确奋斗的目标，集体的目标应当由班主任同全班同学一道讨论确定，以便统一认识，调动大家的积极性。

（2）健全组织、培养干部以形成集体核心。要注重班集体的组织与功能，关键是要做好班干部的选拔与培养，以形成集体核心，使班级能正常开展工作。

（3）有计划地开展集体活动。班集体是通过开展集体活动逐步形成的，只有在为实现集体的共同目标而进行的系列活动中，全班学生才能充分交往、沟通、协作、紧密团结，形成集体的核心。

（4）培养正确的舆论和良好的班风。班主任应经常注意组织学生学习政治理论、道德规范，以提高他们的认识；注重表扬好人好事，形成正确舆论基础；善于抓住重大偶发事件，形成正确舆论。

（5）做好个别教育工作。个别教育工作包括促进每个学生个性的全面发展；做好后进生的思想转变工作；做好偶发事件中的个别教育。

2. 简述梁启超的教育思想。

【答案要点】

（1）"开民智"与"兴民权"。梁启超思想的突出之点是在维新变法期间明确地将"开民智"与"兴民权"联系起来，为"兴民权"而"开民智"。

（2）培养"新民"的教育目的。"新民"必须具有新道德、新思想、新精神、新的特性和品质，这种"新民"是具有资产阶级政治信仰、思想观念、道德修养和适应资本主义生活的知识技能的新国民。

（3）倡导师范教育、女子教育和儿童教育。梁启超积极倡导设计师范学校，培养符合时代要求的教师；在女子教育方面，他认为接受教育是女子的天赋权利，并参与了中国第一所女学的筹办；他还倡导对中国儿童教育进行改革。

（4）论述近代学校制度。梁启超列出了一份《教育期区分表》，将受教育者分为四个年龄阶段，认为应该根据学生身心发展的阶段性特征来确定学制的不同阶段和年限。

3. 简述操作技能的训练方法。

【答案要点】

（1）指导与示范。该部分有四个要点：掌握相关知识、明确练习目的和要求、形成正确的动作映像、获得一定的学习的策略。

（2）练习。练习是指以形成某种技能为目的的学习活动，是以掌握一定的动作方式为目标而进行的反复操作过程。

（3）反馈。在技能练习的过程中，让学生及时地了解自己的学习效果，有利于提高练习效率。对于教师而言，注意反馈的内容、频率和方式是至关重要的。

（4）积极的接纳态度。如果学习者没有积极的接纳态度，就难以进行主动学习，即使被迫学会新的技能，也会因为疏于使用而荒废。

4. 简述人格发展的一般规律。

【答案要点】

（1）连续性和阶段性并存。从人的一生来看，个体人格的发展是连续不断的。但是，在不同的阶段又有不同的表现，体现出阶段性的特点。

（2）发展具有定向性和顺序性。个体人格发展指向一定的方向并遵循一定的先后顺序，这种顺序是不可逆的，也是不可逾越的。

（3）发展表现出不平衡性。同一个体内，个体人格在不同时间段发展的快慢不同；同一时间段，个体人格的不同方面，发展的快慢也不同。

（4）共同性和差异性。个体人格发展表现出一些共有的特点，但是每个个体又都有自己的独特性，世界上没有完全相同的两个人。

三、分析论述题

1. 论述教师在教学过程中应如何认识和处理掌握知识和智力发展间的关系。

【答案要点】

（1）智力的发展与知识的掌握二者相互依存，相互促进。在教学过程中，学生智力的发展依赖于他们知识的掌握程度。对学生来说，掌握、运用知识及反思、改进的过程，也就是他们运用和发展智力的过程；同时，学生对知识的掌握又依赖于他们的智力发展，只有那些智力发展好的学生，他们的接受能力才强、学习效率才高，而智力发展较差的学生在学习中则有较多的困难。

（2）生动活泼地理解和创造性地运用知识才能有效地发展智力。通过传授知识来发展学生智力是教学的一个重要任务，然而知识不等于智力，一个学生知识的多少并不一定能标志他的智力发展的高低。因此，在教学中不仅要教给学生知识，而且要引导学生通过生动活泼的教学活动，透彻地理解知识原理，了解学生获取知识的过程与方法，学会独立思考、推理与论证，创造性地解决实际问题，这样才能使学生的智力获得高水平的发展。

（3）防止单纯抓知识教学或只重能力发展的片面性。在教学实践中，有的认为"双基"教学抓好了，学生的智力就自然地发展了，却忽视引导学生通过探究、反思有意识地锻炼学生的智力；有的则只注重学生自主探究、反思，却忽视通过系统知识和原理的学习与运用来发展智力。这两者都不利于提高教学质量。

2. 论述德育中的说服法。

【答案要点】

说服法又称明理教育法，是通过引导学生摆事实，讲道理，经过思想情感上的沟通与互动，让他们悟明道德真谛，自觉践行的方法。明理教育法是德育的一个基本的方法，因为运用其他德育方法都要以明理为基础或结合明理进行才能有效，才能让学生在思想品德的发展上做到自主、自律。

（1）明理教育法包括讲理、沟通、报告、讨论、参观等。

①讲理。这是一种比较系统地阐述道德规范和价值观，提高学生认识水平的方式。讲理一定要联系学校生活社会生活实际，使学、思、行结合起来，以获得良好效果。

②沟通。一般是指师生通过思想情感上的连通、交流与互动以了解、关怀学生，化解师生之间存在的偏见、分歧与矛盾，让学生提高认识，转变态度，积极参与社会群体活动来提高思想品德的方式。

③报告。当学生思想认识上有一些共同问题需要解决时，采用报告或讲座较有效，如形势报告、英雄模范事迹报告、法制教育讲座等。报告可以帮助学生较系统而深入地认识问题，但报告的次数不宜多，每次报告的时间不宜太长。

④讨论。是就某个思想道德问题各抒己见辨明真理以提高思想认识的方法。尤其是当学生对某些社会或道德问题产生分歧，感到迷茫时，通过讨论、争辩，不仅能对问题理解得更深入，而且能培养学生尊重他人、尊重事实、坚持真理、修正错误的良好品质。

⑤参观。参观是通过接触实际来提高学生的思想认识。如参观历史博物馆、烈士陵园等，真实而典型的事实最具有教育意义。

（2）运用明理教育法要注意以下几点要求。

①要有针对性。要针对解决的问题，有的放矢，触动和启发学生的心灵。切忌一般化、空洞冗长、唠叨，使学生感到单调、厌烦，产生抵触情绪。

②要有知识性和趣味性。青少年渴求知识，期望更多地了解社会、人生。故说理要注意给学生以新知，使他们喜闻乐见，深受启示，并乐于去实践。

③要善抓时机。说理的成效，往往不取决于花多少时间，讲了多少道理，而取决于是否善于捕捉教育的时机，拨动学生的心弦，引起他们的情感共鸣。

④要注重互尊互动。对学生说理，教师的态度要诚恳、深情、语重心长、与人为善，同时要尊重学生，耐心倾听学生的意见，不能一个人喋喋不休。

3. 论述孔子的道德教育思想。

【答案要点】

（1）道德教育的内容。

孔子的教育目的是培养从政的君子，而成为君子的主要条件是具有道德品质修养，因此，道德教育居首要地位。孔子主张以"礼"为道德规范，以"仁"为最高道德准则。凡符合"礼"的道德行为都要以"仁"的精神为指导，因此，"礼"和"仁"成为道德教育的主要内容。

（2）道德修养的原则与方法。

①立志。认为人不应以当前的物质生活为满足，还应有对未来的精神上更高的追求，要有自己的理想。

②克己。主张应着重在要求自己上，约束和克制自己的言行，使之合乎礼、仁的规范。"君子求诸己，小人求诸人。"

③力行。要求言行一致，不要出现脱节，道德认识依靠道德实践的检验而证实，"言必信，行必果"。

④中庸。待人处事都要中庸，防止发生偏向，一切行为都要中道而行。

⑤内省。就日常所做的事进行自我检查，查看其是否合乎道德规范。

⑥改过。人人都会犯错，但要以正确的态度重视改过，鼓励学生要勇于改正错误。

4. 论述结构主义教育思想。

【答案要点】

结构主义教育产生于20世纪50年代末，是现代欧美国家一种强调认知结构的研究和认知能力的发展的教育思潮。它以结构主义心理学为理论基础，侧重研究课程教学改革问题，代表人物有皮亚杰、布鲁纳等。其主要观点包括以下几个方面：

（1）教育和教学应重视学生的认知能力发展。教育是教育者引导学习者实现知识的转化，并使学习活动内化的构造过程。其主要任务就是促使学生的认知能力得到发展。

（2）注重掌握各门学科的基本结构。学科的基本结构是指一门学科的基本概念、定义、原理、原则和方法。掌握学科的基本结构有助于理解和把握整个学科的内容。

（3）主张学科基础的早期学习。任何一门学科的基础知识都能以一定的形式教给任何阶段的任何儿童，因此，尽早让儿童掌握学科的基本结构是有效和便捷地进行教学的主要途径。

（4）倡导发现法和发现学习。发现学习就是引导儿童从事物表面现象去探索具有规律性的潜在结构的一种学习途径。

（5）认为教师是结构教学中的主要辅导者。教师应从儿童的心理能力出发，考虑一门学科的基本结构在学习中的作用以及如何使学生理解和掌握该门学科的基本结构。

结构主义教育思想为心理学研究和教育研究的相互协作提供了一个范例，对现代西方课程论影响很大，并成为20世纪60年代美国课程改革的指导思想。但是结构主义教育有些观点过于天真和理想化，导致课程教材改革的难度偏大，引起了人们不同的评论和争议。

2021年 天津师范大学 333 教育综合·真题解析

一、名词解释

教学评价

教学评价是对教学工作质量所做的测量、分析和评定。它以参与教学活动的教师、学生、教学目标、内容、方法、教学设备、场地和时间等因素的优化组合的过程和效果为评价对象，是对教学活动的整体功能所做的评价。

"苏格拉底法"

苏格拉底法也称"问答法""产婆术"，是由讥讽、助产术、归纳和定义四个步骤组成的独特的方法。这是苏格拉底探讨伦理哲学的研究方法，也是他的教学方法。

教育目的

教育目的是对教育活动所要培养的人的个体素质的总的预期与设想，是对社会历史活动的主体的个体素质的规定。它体现一定社会对受教育者质量规格的界定和要求，也体现人自身发展所应该达到的水准和高度。

最近发展区

维果茨基认为，在进行教学时必须注意到儿童的两种水平，一种是儿童现有的发展水平，另一种是即将达到的发展水平，维果茨基把这两种水平之间的差距称为最近发展区，即独立解决问题的真实发展水平和在成人指导下或与其他儿童合作情况下解决问题的潜在发展水平之间的差距。

元认知

元认知就是对认知的认知，具体地说，是关于个人自己认知过程的知识和调节这些过程的能力，是对思维和学习活动的认知和控制。

朱子读书法

朱子一生酷爱读书，对于如何读书有深切的体会，并提出了许多精辟的见解。他的弟子将其概括为"朱子读书法"六条，包括循序渐进、熟读精思、虚心涵泳、切己体察、着紧用力、居敬持志。

二、简答题

1. 简述教学过程中应当处理好的几种关系。

【答案要点】

（1）间接经验与直接经验的关系：学生认识的主要任务是学习间接经验；学习间接经验必须以学生个人的直接经验为基础；防止只重书本知识传授或直接经验积累的偏向。

（2）掌握知识与发展智力的关系：智力的发展与知识的掌握二者相互依存，相互促进；生动活泼地理解和创造性地运用知识才能有效地发展智力；防止单纯抓知识教学或只重智力发展的片面性。

（3）掌握知识与进行教育的关系：进行教育性教学是现代教学的重要特性；只有使所学知识引发了学生情感、态度的积极变化，才能让他们的思想真正得到提高；防止单纯传授知识或脱离知识教学的思想教育的偏向。

（4）智力活动与非智力活动的关系：教学活动既要注重引导学生进行智力活动，也要重视调节学生的非智力活动；按教学需要调节学生的非智力活动，才能有成效地进行智力活动。

（5）教师主导作用与学生主动性的关系：发挥教师的主导作用是学生简捷有效地学习知识、发展身心的必要条件；尊重学生、调动学生的学习主动性是教师有效地教学的一个主要因素；防止忽视学生积极性和忽视教师主导作用的偏向。

2. 简述德育的途径和方法。

【答案要点】

（1）德育的途径：思想政治课与其他学科教学；劳动和其他社会实践；课外活动和校外活动；学校共青团、少先队活动；心理咨询；班主任工作；校园生活。

（2）德育的方法：明理教育法；榜样示范法；情境陶冶法；实践锻炼法；自我修养法；制度育德法；奖惩法。

3. 简述教育的经济功能和政治功能。

【答案要点】

（1）教育的经济功能：教育是使可能的劳动力转变为现实的劳动力的基本途径；现代教育是使知识形态的生产力转化为直接的生产力的重要途径；现代教育是提高劳动生产率的重要因素。

（2）教育的政治功能：教育通过传播一定的社会的政治意识，完成年轻一代的政治社会化；教育通过造就政治管理人才，促进政治体制的变革与完善；教育通过提高全民文化素质，推动国家的民主政治建设；教育是形成社会舆论、影响政治时局的重要力量。

4. 简述蔡元培的教育实践和教育思想。

【答案要点】

（1）蔡元培的教育实践。

蔡元培的教育实践主要体现在改革北大上，主要有以下几个方面：抱定宗旨，改变校风；贯彻"思想自由，兼容并包"的办学原则；教授治校，民主管理；学科与教学体制改革。

（2）蔡元培的教育思想。

①五育并举的教育方针：1912年初，蔡元培发表《对教育方针之意见》一文，从"养成共和国民健全之人格"的观点出发，提出军国民教育、实利主义教育、公民道德教育、世界观教育和美感教育的五育并举教育思想，成为制定民国元年教育方针的理论基础。

②教育独立思想：1922年，蔡元培发表《教育独立议案》，阐明教育独立的基本观点和方法，其主要内容包括：教育经费独立；教育行政独立；教育学术和内容独立；教育脱离宗教而独立。

三、分析论述题

1. 论述教师的素养。

【答案要点】

（1）高尚的师德：热爱教育事业，富有献身精神和人文精神；热爱学生，诲人不倦；热爱集体，团结协作；严于律己，为人师表。

（2）先进、科学的教育理念。教育理念是教师在对教育工作本质理解的基础上形成的关于教育的观念和理性信念，它是以观念或信念的形式存在于教师头脑中的对教育现象和教育问题的看法。先进、科学的教育理念体现在教师的所有努力都要有利于学生精神世界的丰富、人格尊严的维护和美好人性的成长。如学生主体观、教学交往观、发展性教学评价观等。

（3）宽厚的文化素养。教师的主要任务是通过向学生传授科学文化知识，培养其能力，促进其个性生动活泼地发展。一个好教师的基本条件之一，就是要有比较渊博的知识和多方面的才能。因此，教师对自己所教学科知识应科学、深入地把握，能对自己所教专业融会贯通、深入浅出、高瞻远瞩，达到运用自如的境界，在教学过程中不出知识性的错误。同时，教师还应有比较广博的文化修养。

（4）专门的教育素养。教师的专门教育素养水平及其合理结构是教育教学任务得以完成的重要保证，它主要包括三个方面的内容：教育理论素养；教育能力素养；教育研究素养。

（5）健康的心理素质。教师的心理健康不仅会直接影响教育工作的优劣成败，而且会影响学生的心理健康水平。因此，教师应该注重提高自己的心理素质。健康的心理素质体现在心理活动的方方面面，概括起来主要指：教师要有轻松愉快的心境，昂扬振奋的精神，乐观幽默的情绪以及坚韧不拔的毅力等。

（6）强健的身体素质。教师的身体素质是指教师在教学活动中的自然力，是教师的身体健康状态和身体素质状态在教学中的表现。它主要通过健康的体魄、旺盛的精力、蓬勃的活力、有节律的生活方式和锻炼习惯等体现。教师的身体素质在教育教学中具有重要的教育意义。

2. 论述布鲁纳的认知–发现说。

【答案要点】

（1）认知学习观。

①认知表征系统。布鲁纳把智慧生长看作形成表征系统的过程，他认为人类的智慧生长经历了三种表征系统阶段：动作表征、映象表征和符号表征。

②学习的实质。学习的实质是主动形成认知结构。所谓认知结构就是编码系统，是"一组相互关联的、非具体性的类别"，它是人用以感知外界的分类模式，是新信息借以加工的依据，也是人的推理活动的参照框架。布鲁纳十分强调学习的主动性和认知结构的重要性，他认为，学习者不是被动地接受知识，而是主动地获取知识，并通过把新获得的知识和已有的认知结构联系起来，积极地建构其知识体系。

③学习的过程。学习包括获得、转化和评价三个过程。学习活动首先是新知识的获得；获得新知识以后还要对它进行转化，运用各种方法将它们变成另外的形式，以适合新任务，并获得更多的知识；评价是对知识转化的一种检查，通过评价可以核对我们处理知识的方法是否适合新的任务，或者运用得是否正确。

（2）结构教学观。

①教学的目的在于理解学科的基本结构。学科知识结构就是某一学术领域的基本观念，不仅包括一般原理，还包括学习的态度和方法，掌握有关某一知识结构就是理解它与许多其他事物之间有意义的联系。学习学科的基本结构的必要性包括促进理解、利于记忆、增强迁移、引导知识体系形成。

②发现学习的准备性。布鲁纳认为任何一门学科最基本的观念是既简单又强有力的，他提出任何学科的基础都可以用某种适当的形式教给任何年龄的任何人，主张向儿童提供具有挑战性但又合适的机会使其发展步步向前，引导儿童智慧发展。

③培养直觉思维。布鲁纳认为直觉思维、预感的训练是正式的学术学科和日常生活中创造性思维的重要特征，他指出鼓励猜想在培养直觉思维中的重要性。

④激发内在动机。布鲁纳强调学习是一个主动的过程，主张教师要使学生主动地参加到学习中去，并且体验到有能力掌控他的外部世界，以此来激发学生的内在学习动机。

⑤学科基本结构的教学原则：动机原则、结构原则、程序原则、强化原则。

（3）发现学习。

①概念：发现学习是指学生在学习情境中，经过自己探索寻找，从而获得问题答案的一种学习

方式，布鲁纳所说的发现不只限于寻求人类尚未知晓的事物的行为，也包括用自己的头脑亲自获取知识的一切形式。

②教学阶段：提出问题；做出假设；验证假设；形成结论。

③优点：有利于提高智力的潜力；有利于使外部奖赏向内部动机转移；学会将来进行发现的最优方法和策略；帮助信息的保持和检索。

④局限：完全放弃知识的系统讲授，而以发现法教学来替代，夸大了学生的学习能力，忽视了知识学习活动的特殊性；布鲁纳认为"任何科目都可以按某种适当的方式教给任何年龄的任何人"，这是无法实现的；发现法运用范围有限。

3. 论述赫尔巴特道德教育理论。

【答案要点】

（1）教育目的论。

赫尔巴特认为，教育的基本目的可以区分为两种，即"可能的目的"和"必要的目的"：可能的目的指与儿童未来所从事的职业有关的目的，这种目的是多方面的，教育的目的就是要发展这种多方面的兴趣，使人的各种能力得到和谐发展，即兴趣的多方面性；必要的目的指教育所要达到的最高和最为基本的目的，即要养成内心自由、完善、仁慈、正义和公平五种道德观念。

（2）教育性教学原则。

内涵：指以教学来进行教育的原则。赫尔巴特指出，不存在"无教学的教育"，也不存在"无教育的教学"，即教育是通过教学，而且只有通过教学才能真正产生实际作用，教学是道德教育的基本途径。

措施：首先要求教学的目的与整个教育的目的保持一致。因此教学工作的最高目的在于养成德行。为了实现这个最终目的，教学还必须为自己设立一个近期的、较为直接的目的，即"多方面的兴趣"。

评价：赫尔巴特的突出贡献在于，运用其心理学的研究成果，具体阐明了教育与教学之间存在的内在的本质联系，使道德教育获得了坚实的基础；但他把教学完全从属于教育，把教育和教学完全等同起来，也是一种机械论的倾向。

（3）儿童的管理与训育。

赫尔巴特认为，"儿童管理"是一种道德教育，主要目的在于创造秩序，预防某些恶行，为随后进行的教学创造必要的条件。训育是指有目的地进行培养，其目的在于形成性格的道德力量，是为了美德的形成，包括四个阶段：道德判断、道德热情、道德决定和道德自制。具体措施：维持的训育；起决定作用的训育；调节的训育；抑制的训育；道德的训育；提醒的训育。

4. 论述书院的产生与发展及其特点。

【答案要点】

（1）书院的产生。

书院是我国封建社会自唐以来一种重要的教育组织形式。"书院"的名称始出现于唐朝，当时有两种场所被称为书院：一种是由中央政府设立的主要用作收藏、校勘和整理图书的机构；另一种是由民间设立的主要供个人读书治学的地方，这类书院或者直接以个人名字称呼，或者以所在地命名。

（2）书院的发展。

①书院作为一种教育制度形成和兴盛在宋朝。宋朝书院在得到较大发展的基础上，出现了一些著名的书院，主要有白鹿洞书院、岳麓书院、应天府书院、嵩阳书院、石鼓书院、茅山书院等。

②元朝统治者对于书院采取保护、提倡和加强控制的政策，并创建了元朝第一所书院，即太极

书院。元朝书院发展有两种动向,一是在"汉化"政策影响下开始书院的重建工作;二是南宋灭亡以后,有些士人不仕新朝,纷纷隐居山林,自建书院,专事教授和学术研究。

③明朝书院由于受统治阶级文教政策及其内部矛盾的影响,其发展经历了沉寂—勃兴—禁毁的曲折过程。明朝书院的议政特点以无锡的东林书院为代表。

④清朝书院的发展大体上经历了两个时期:一是顺治元年(1644年)至雍正十年(1732年)为书院发展的前期,这个时期书院的发展表现为从沉寂转变为复苏;二是雍正十一年(1733年)至鸦片战争前为书院发展的后期。这个时期,清政府改变了对书院的政策,在积极提倡的同时加强了控制,使书院得到很大的发展,但与此同时,书院官学化的倾向日趋严重,这是清朝后期书院发展的基本特点。

(3)书院教育的特点。

书院最初属于私学性质,尽管在发展的过程中有官学化倾向,但在培养目标、管理形式、课程设置、教学方法以及师生关系等方面都表现出与官学不同的特点。

①书院精神:自由讲学。书院注重讨论,学术风气浓厚,开辟了新的学风,推动了教育和学术的发展。

②书院功能:育才、研究和藏书。

③培养目标:注重人格修养,强调道德与学问并进,培养学生的学术志趣。

④管理形式:较为简单,管理人员少,强调学生遵照院规自我约束、自我管理为主。

⑤课程设置:灵活具有弹性,教学以学生自学、独立研究为主,师生、学生之间注重质疑问难与讨论。

⑥教学组织:教学与研究相结合,教学形式多样,注重讲明义理,躬亲实践。

⑦规章制度:书院作为一种教育制度得以确立,在教育目标、教学方法、教学顺序等方面用学规的形式加以阐明,最著名的是《白鹿洞书院揭示》,它说明南宋后书院已经制度化。

⑧师生关系:较之官学更为平等、学术切磋多于教训,学生来去自由,关系融洽、感情深厚。

⑨学术氛围:教学与学术研究并重,学术氛围自由宽松,人格教育与知识教育并重。

2020年 天津师范大学 333 教育综合·真题解析

一、简答题

1. 简述教育的质的规定性。

【答案要点】

教育的质的特点指教育是一种有目的地培养人的社会活动,是人类社会生活不可或缺的重要组成部分。教育有其相对稳定的质的特点,表现在以下三个方面:

(1)有目的地培养人的活动。教育是有目的地选择目标、组织内容及活动方式来培养人,促进人的发展。

(2)教育者引导受教育者传承人类经验的互动活动。需要由有经验的父母、年长一代,或学有专长的教师有目的地引导年轻一代以及其他的受教育者来学习、传承、践行人类经验,并在生活、交往与实践中领悟经验的社会意义,才能有效地发展他们的智能和品行,把他们培养成为既能适应又能促进社会发展需要的人和各种专门人才。

（3）激励与教导受教育者自觉学习和自我教育的活动。教育者与受教育者的教学互动是以激励学生学习为基础和动力的，旨在使青少年学生积极主动地成为自觉学习、自我教育的人。

2. 简述班主任的基本素养。

【答案要点】

（1）为人师表的风范。班主任应严于律己，其为人处世、一言一行、性情作风等各方面均能为人师表，为学生表率。

（2）相信教育的力量。只有相信教育力量的班主任，才能不畏困难曲折，把学生教育好。

（3）要有家长的情怀。班主任对待学生要像家长对待孩子一样，有深厚的情感，能无微不至地关怀，与学生彼此信赖。

（4）较强的组织亲和力。班主任要善于与人打交道，善于亲近学生、与学生打成一片，这样才能便于组织学生开展活动。

（5）能歌善舞、多才多艺。班主任要有广泛的兴趣、多才多艺，易与学生打成一片，便于开展工作。

3. 简述裴斯泰洛齐的教育心理学化。

【答案要点】

教育心理学化就是要把教育提高到科学的水平，将教育科学建立在人的心理活动规律的基础上。具体体现在：

（1）教育目的心理学化。要求将教育的目的和理论指导置于儿童本性发展的自然法则的基础上。只有认真探索和遵循儿童的心理活动和心理发展的规律性，才能有效地达到应有的教育目的。

（2）教学内容心理学化。必须使教学内容的选择和编制适合儿童的学习心理规律。裴斯泰洛齐力图从客观现象和人的心理过程探索教育和教育内容中普遍存在的基本要素，并以此为核心来组织各科课程和教学内容，提出"要素教育"理论。

（3）教学原则和教学方法的心理学化。教学要遵循自然的规律，要使教学程序与学生的认识过程相协调。在此原则下，提出了直观性教学原则、循序渐进原则。

（4）要让儿童成为他自己的教育者。教育者不仅要让儿童接受教育，还要使儿童成为教育中的动因，要适应儿童的心理时机，尽力调动儿童的能动性和积极性，使他们懂得自我教育。

4. 简述蒙学教材的分类及特点

【答案要点】

（1）蒙学教材的分类。

①识字教学类。如《三字经》《百家姓》《千字文》等。主要目的是教儿童识字，掌握文字工具，同时也综合介绍一些基础知识。

②伦理道德类。如《童蒙训》《少仪外传》《性理字训》等，侧重于向儿童传授伦理道德知识以及为人处世、待人接物的准则。

③历史教学类。如《十七史蒙求》《叙古千文》《史学提要》《历代蒙求》《左氏蒙求》等。这类教材既向儿童传授历史知识，又对他们进行思想教育。

④诗歌教学类。如《训蒙诗》《小学诗礼》等，选择适合儿童的诗词歌赋供他们学习，对他们进行文辞和美感教育。

⑤名物制度和自然常识教学的教材。以《名物蒙求》为代表，内容涉及天文、地理、人事、鸟兽、草木、衣服、建筑、器具等。

（2）蒙学教材的特点。

①按专题分类编写，使蒙学教材在内容和形式上呈现多样化。

②一些著名学者如朱熹等亲自编撰蒙学教材，对提高蒙学教材的质量起了重要作用。

③注意儿童的心理特点，采用韵语形式，文字简练，通俗易懂，并力求将识字教育、基本知识教育和伦理道德教育有机地结合起来。

5. 简述创造性的含义及培养。

【答案要点】

（1）创造性的含义：创造性是个体利用一定内外条件，产生新颖、独特、有社会和个人价值产品的心理特性。这种心理品质是综合的、多维的，它包括与创造活动密切联系的认知品质、人格品质和适应性品质。创造性表现于创造活动之中，其结果以"产品"为标志，其水平以产品的"价值"为标准。

（2）创造性的培养：营造鼓励创造的环境；培养创造性的教师队伍；培育创造意识，激发创造动机；发展和培养创造性思维；开设创造课程，教给创造技法；塑造创造性人格。

二、分析论述题

1. 分析论述学生掌握知识的基本阶段的两种模式。

【答案要点】

（1）传授-接受教学的学生掌握知识的基本阶段。

传授-接受教学又称接受学习，是指教师主要通过语言传授、演示与示范使学生掌握基础知识、基本技能，并对他们进行思想情趣熏陶的教学。

①基本阶段：引起学习动机；感知教材；理解教材；巩固知识；运用知识；检查知识、技能和技巧。

②具体要求：要根据具体情况有创意地设计教学过程阶段；完成预计的教学阶段任务也不可机械死板，要根据情况变化，灵活机智地进行。

③优点：注重书本知识的授受，能充分发挥教师的主导作用；按学科的逻辑系统，循序渐进地教学，也能较好地调动学生个人的学习积极性，使他们掌握系统的科学知识与技能，获得自身智慧、品德、审美的发展。

④缺点：由于以书本知识学习为主，易脱离社会生活实际，使学生感到抽象、死板、难以理解；常常是教师讲得多，学生活动得少，容易出现注入式教学；注重面向集体，忽视个别指导，不易使每个学生都能理解，都能得到较好的发展；特易忽视教学民主、忽视学生主动性、创造性和独立思考能力的培育与发展。

（2）问题-探究教学的学生获取知识的基本阶段。

问题-探究教学是指在教师引导下，学生主要通过积极参与对问题的分析、探索，主动地发现或建构新知，获得学习与探究的方法、能力与科学人文精神的教学。

①基本阶段：明确问题；深入探究；做出结论。

②具体要求：要根据具体情况创造性地运用；要善于将学生的好奇心引导到获取真知的探究目的上来。

③优点：注重引导学生对问题的探究，强调学生的学习主体性，注重激发学生的求知欲，调动学生的主动性、创造性；它注重让学生经历探究的艰难困苦，体验获取新知的乐趣和严格要求，尝到克服困难达到成功的兴奋和喜悦，不仅使他们获得的知识与能力更切实，而且有助于他们逐步掌握思维与研究的方法，养成大胆怀疑、小心验证、实事求是的科学精神。

④缺点：探究教学的工作量大，费时过多，而学生获得的知识量相对较少；若探究教学过多，可能影响教学任务的完成；若无高水平的教师引导，学生的主动性就难以发挥，容易出现自发与盲目，迷失探究的方向，影响教学的质量。

2. 论述德育的过程。

【答案要点】

德育过程是学生在教师的引导下，主动积极地进行道德认识和道德实践，逐步提高自我修养能力，形成个人品德的过程。

（1）德育过程是学生在教师教导下的个体品德的自主建构过程。

学生的思想道德认识和行为习惯不是与生俱来的，是学生在与社会环境的相互作用过程中，尤其是在教师有目的、有意识的教育引导下，逐步形成自己的思想认识，发展自己的道德素质的。包含以下三个方面：

①学生对环境影响的主动吸收。学生在吸取社会和教育影响的活动中，不完全是被动的教育客体，也是能动地选择、吸收环境与教育影响的主体。外界的影响只有通过学生自己的理解、选择、吸取与践行，才能内化成为他们自己的观点、立场，成长为他们的品德习性。

②教师对学生的积极教导。教师的教导是学生品德健全发展的一个必不可少的指针与动力。教师应该在正确的政治、教育、心理等学科理念的指导下，通过课程、活动、师生互动等途径积极开展对学生的教育引导。

③外部活动与内部活动相互促进。在德育过程中我们既要组织好学生的各种外显的实际活动，以启迪、激发和引导他们积极开展内部的心理活动，促进他们思想认识的提高、价值观念的明确、情感上的认同以及品德的发展；又要激发学生内部的思想、情感与意志活动，把他们的能动性引导到道德实践活动中去，进一步推动学生思想品德的发展与提升。

（2）德育过程是培养学生知、情、意、行整体和谐的发展过程。

学生的品德包含知、情、意、行四个要素。所以德育过程也是培养学生思想品德的知、情、意、行整体和谐的发展过程。

①思想道德发展的整体性。个体思想品德的发展是品德各要素协调统一的发展。依据这一品德形成规律，开展德育活动时，就应该注意全面性，兼顾知、情、意、行各要素。个体品德结构中的知、情、意、行等要素，是相互制约、相互促进的，共同推动着个体思想品德的发展；应该晓之以理、动之以情、导之以行、持之以恒，全面关心学生品德中知、情、意、行的培养，使它们全面而和谐地发展。

②德育过程有多种开端。开展德育可以有多种开端，既可以从知或情的培养入手，也可以从行的锻炼开始。在思想品德的发展过程中，知、情、意、行诸因素的发展往往是不平衡的，而且每个学生的品德发展也有显著差异。这就要求我们进行德育时，必须针对不同情况加以灵活处理，有的放矢，因材施教。

③德育实践的针对性。道德品质的知、情、意、行的培养不能一概而论，简单对待，用一种方法进行，应该根据知、情、意、行每一要素的特点，开展具有针对性的教育活动。

（3）德育过程是提高学生自我教育能力的过程。

在德育过程中，要引导学生积极参与社会学习、生活交往和道德践行，培养和提升他们的思想品德素质，均有赖于发挥学生个人的能动性和自我教育能力。

①自我教育能力培育的意义。一方面，自我教育能力是德育的一个重要条件，只有注意培养与提高学生的这种能力，德育才能进行得更顺利、更有效。另一方面，学生的自我教育能力的形成又是学生思想道德发展过程的一个重要标志。

②自我教育能力的构成因素。自我教育能力主要由自我期望能力、自我评价能力、自我调控能力所构成。

③学生自我教育能力的发展。儿童自我意识与自我教育能力的发展是有规律的，大致是从"自我中心"发展到"他律"，又从"他律"发展到"自律"。教师应该依据这一规律，从实际出发，因势利导，有目的地培养学生的自我意识，提高学生的自我期望、自我评价和自我调控能力，形成和发展他们的自我教育能力，充分发挥他们在自身品德建构中的主体作用。

3. 论述苏霍姆林斯基的教育理论。

【答案要点】

苏霍姆林斯基是苏联著名的教育理论家和实践家，被誉为"教育思想的泰斗"。贯穿于他一生的教育实践主线是全面和谐发展的教育思想。主要著作有《给教师的一百条建议》《把整个心灵献给孩子》《帕夫雷什中学》等，被称为"活的教育学"和"学校生活的百科全书"。

（1）全面和谐教育的含义。

苏霍姆林斯基认为，为了培养全面和谐发展的人，就必须深入地改善整个教育过程，实施和谐的教育。全面和谐的教育包含两层含义：要把学生认识和改造世界的活动和谐地结合起来，要求学生的体力劳动与智力活动结合、课堂教学与课外活动结合、教育与自我教育结合；要把德、智、体、美、劳诸育和谐地结合起来，强调的是诸育的相互渗透和交织，统一为一个完整的过程。

（2）全面和谐发展教育实施。

德育，在全面和谐的教育中应占有主导的地位。德育贯穿于学校教学、教育工作的各个方面，德育任务的完成有赖于其他各育的实施，学校里所做的一切都应当包含深刻的道德意义。

智育，是学校的主要任务。智育应当包括获得知识、形成科学世界观、发展认识和创造能力，养成脑力劳动文明等。

体育，被视为一个人得以全面发展、和谐发展的最重要因素。苏霍姆林斯基认为体育工作首先要关注人的身体健康，其次要关注体育在培养道德、审美和智育等方面的重要作用，要保证人的身体发育、精神生活以及多方面活动的协调一致。

美育，苏霍姆林斯基对美育的重视以他对情感在人的个性形成中的重要作用的认识为基础，认为"美是心灵的体操"，要通过各种活动潜移默化地培养学生的美感。

劳动教育，苏霍姆林斯基认为脱离劳动就不可能有教育，应该尽早开始劳动教育。劳动既是学生认识和理解世界的手段，也是他们进行自我认识和自我教育的重要途径。劳动具有经济的价值；劳动能丰富学生的精神生活，提高他们的道德素养，完善审美情操；创造性劳动是道德修养的源泉和精神文明的基础。

（3）全面和谐发展教育的原则。

全面与和谐不可分割；多方面教育的相互配合；个性发展与社会需要相适应；学生自由；尊重儿童，重视自我教育。

（4）苏霍姆林斯基教育思想的评价。

苏霍姆林斯基的教育理论与实践对20世纪70—80年代苏联教育理论的发展产生了很大的影响，如苏联教育家巴班斯基就接受了苏霍姆林斯基关于教育和教学工作整体性的观点，将全面和谐发展学生的个性作为学校理想的观点。此外，他的教育理论与实践在中国教育界也受到了十分广泛的关注。

4. 论述陶行知的生活教育理论。

【答案要点】

（1）"生活即教育"。

"生活即教育"是陶行知生活教育理论的核心。其内涵包括：生活含有教育的意义；实际生活是教育的中心；生活决定教育，教育改造生活。

"生活即教育"所强调的是教育以生活为中心，所反对的是传统教育脱离生活而以书本为中心。尽管它在生活与教育的区别和系统的知识传授方面有所忽视，但在破除传统教育脱离民众、脱离社会生活的弊端方面，有十分重要的意义。

（2）"社会即学校"。

"社会即学校"是生活教育理论另一重要主张，是"生活即教育"思想在学校与社会关系问题上的具体化。"社会即学校"，是指"社会含有学校的意味"，或者说"以社会为学校"。由于到处是生活，到处都是教育，"整个的社会是生活的场所，亦即教育之场所"。

"社会即学校"，也指"学校含有社会的意味"。也就是说，学校通过与社会生活相结合，一方面运用社会的力量使学校进步，另一方面动员学校的力量帮助社会进步，使学校真正成为社会生活必不可少的组成部分。

"社会即学校"扩大了学校教育的内涵和作用，对于传统的学校观、教育观有所改变。传统学校与社会生活脱节，学生孤陋寡闻，而以社会为学校，使得教育的材料、教育的方法、教育的工具、教育的环境可以大大地增加，有利于拓展学生的知识，增强学生的能力。"社会即学校"，还可以使被传统学校拒之门外的劳苦大众能够受到起码的教育，贯穿了普及民众教育的苦心，同样也值得肯定。

（3）"教学做合一"。

"教学做合一"是生活教育理论的又一重要主张，是"生活即教育"在教学方法问题上的具体化。其含义为：教的方法根据学的方法，学的方法根据做的方法。事怎样做便怎样学，怎样学便怎样教。教与学都以做为中心。包括以下四个要点："教学做合一"要求在"劳力上劳心"；"教学做合一"是因为"行是知之始"；"教学做合一"要求"有教先学"和"有学有教"；"教学做合一"还是对注入式教学法的否定。

（4）启示。

陶行知的生活教育理论是一种大众的、为人民大众服务的教育理论，且还是一种不断进取创造，旨在探索具有中国民族特色的教育道路的理论。生活教育理论还在教育观念的改变方面颇有建树，无论是强调学校教育与社会生活、生产劳动相结合，还是要求手脑并用、在劳力上劳心，都是对学校与社会割裂、书本与生活脱节、劳心与劳力分离的传统教育的反动，显示出强烈的时代气息，至今都富于启示。陶行知的生活教育理论是我国民族教育理论宝库中十分可贵的遗产，值得我们珍惜并认真研究借鉴。

5. 论述激发和培养学生的学习动机。

【答案要点】

（1）创设问题情境，实施启发式教学。

想要实施启发式教学，关键在于创设问题情境。所谓问题情境，指的是一种适度的疑难情境。在学习过程中，仅仅让学生简单地重复已经学过或者过难的东西，学生都不会感兴趣。只有在学习那些"似懂非懂""似会非会"的东西时，学生才感兴趣而且迫切希望掌握它。

（2）根据作业难度，恰当控制动机水平。

教师在教学时，要根据学习任务的不同难度，恰当控制学生学习的动机水平。在学习较简单的课题时，应尽量使学生集中注意力；在学习较复杂的课题时，则应尽量创造轻松自由的课堂气氛；在学生遇到困难或出现问题，要尽量心平气和地耐心引导，以免学生过度紧张和焦虑。

（3）充分利用反馈信息，给予恰当的评定。

心理学研究表明，来自学习结果的种种反馈信息，对学习效果有明显影响。一方面学习者可以根据反馈信息调整学习活动，改进学习策略，另一方面学习者为了取得更好的成绩或避免再犯错误而增加了学习动机，从而保持了学习的主动性和积极性。

（4）妥善进行奖惩，维护内部学习动机。

在对学生进行评价时，奖励和惩罚对于学习动机的激发具有不同的作用。一般而言，表扬与奖励比批评与指责能更有效地激发学生的学习动机，因为前者能使学生获得成就感，增强自信心。但过多使用表扬和奖励，或者使用不当，也会产生消极作用。

（5）合理设置课堂环境，妥善处理竞争和合作。

学生的学习主要是在课堂上进行的，课堂的合作与竞争环境无疑是影响学习动机的一个重要的外部因素。在教学活动中，合作与竞争都是必要的，应该强调竞争与合作的相互补充和合理运用。极端的竞争会对学生的学习行为和集体团结产生消极影响。适量与适度的竞争与合作的恰当结合，会有效激励学生的学习动机。

（6）适当进行归因训练，促使学生继续努力。

在学生完成某一学习任务后，教师应指导学生进行成败归因。一方面，要引导学生找出成功或失败的真正原因，即进行正确归因；另一方面，教师也应根据每个学生过去一贯的成绩的优劣差异，从有利于今后学习的角度进行积极归因。

（7）培养自我效能感，增强学生成功的自信心。

自我效能感影响学生的自我评价和自信心，进而影响学习成绩。尤其是学业不良的学生，由于对自己的学习能力持怀疑态度，表现出很低的自我效能感。因此，教师在教学中要通过一定的方法改变和提高他们的自我效能感。

提高自我效能感具体措施如下：选择难易适中的任务，让学生不断地获得成功体验，进而提高自我效能感；通过获得替代性经验和强化来提高他们的自我效能感，当一个人看到与自己水平接近的学生学习成功时，就会增强他的自我效能感，激发其学习动机；引导学生坦然面对失败，从失败中找出可以改进的因素，进而提高自己的学习技能，增强获得成功的自信。

（8）维护学生自我价值，警惕自我妨碍策略。

自我价值理论指出，学生有保护和表现自我价值的需要，这是个人追求成功的内在动力。教师要理解和尊重学生的这种需要，引导他们把自我价值的实现方式与正向、积极的学习行为相联系，避免学生不断从环境中体验到对自我价值的威胁感，从而采取各种自我妨碍的逃避策略。

（9）维护内在需要，促进外部动机内化。

兴趣、好奇心、探索欲，是人类学习的最早动力。源于内部需要的学习动机具有更多的坚持性和抗干扰性。然而，不是每个孩子都对教育中涉及的所有内容充满好奇和兴趣。因此，教师要帮助学生将外部调控的学习动机不断内化，形成相对自主调控的学习动机。

2019年 天津师范大学 333 教育综合·真题解析

一、名词解释

课程

课程是由一定的育人目标、特定的知识经验和预期的学习活动方式构成的一种蕴含着丰富、基本而又有创造性与潜质的一套计划与设定。

教育目的

教育目的是对教育活动所要培养的人的个体素质的总的预期与设想，是对社会历史活动的主体的个体素质的规定。它体现一定社会对受教育者质量规格的界定和要求，也体现人自身发展所应该达到的水准和高度。

产婆术

苏格拉底法也称"问答法""产婆术"，是由讥讽、助产术、归纳和定义四个步骤组成的独特的方法。这是苏格拉底探讨伦理哲学的研究方法，也是他的教学方法。

心智技能

心智技能是指一种借助于内部语言在人脑中进行的认知活动方式，如默读、心算、写作和分析等技能，具有观念性、内潜性、简缩性的特点。

循序渐进原则

循序渐进原则指教学要按照学科的逻辑系统和学生认识的顺序逐步进行，使学生系统地掌握基础知识、基本技能，形成严密的逻辑思维能力。也称系统性原则。

学习动机

学习动机是动机在学习活动中的表现，是引起和维持个体进行学习活动，并使活动朝向一定的学习目标，以满足某种学习需要的一种内部心理状态。它的主要内容包括知识价值观、学习兴趣、学习效能感和成败归因。

二、简答题

1. 教学方法选择的依据。

【答案要点】

（1）学科的任务、内容和教学法特点，课题与课时的教学目的和任务。

（2）教学过程、教学原则和班级上课的特点。

（3）学生的情趣、水平、智能的发展与个别差异、独立思考能力、学习态度、学风与习惯。

（4）教师的思想与业务水平、实际经验与能力、教学的习惯与特长。

（5）学生参与教学过程中的答问、讨论、作业、评析的积极性与水平。

（6）师与生双边活动的配合、互动的状况与质量。

（7）班、组活动与个人活动结合的状况，课堂教学、课外作业或课外活动结合的状况与质量。

（8）学校与地方可能提供的物质与仪器设备、社会条件、自然环境等。

（9）学科、单元、课题乃至每节课所规定的课时，其他可利用的时间，如早、晚自习等。

（10）对可能取得的成效的缜密预计与意外状况出现时的应变措施。

2. 科尔伯格的道德理论。

【答案要点】

美国心理学家科尔伯格认为儿童道德的发展是分阶段的，他在研究中发现道德发展不是只有两个水平，而应该有多个水平，提出了著名的"三水平六阶段"的道德发展阶段论。

（1）前习俗水平。大约出现在幼儿园及小学低中年级阶段。该时期的特征是儿童遵守规范，但尚未形成自己的主见，着眼于人物行为的具体结果，关心自身的利害。包括惩罚和服从的定向阶段和工具性的相对主义定向阶段。

（2）习俗水平。在小学中年级以上出现，一直到青年、成年。该时期的特征是个人逐渐认识到团体的行为规范，进而接受并付诸实践。包括人际协调的定向阶段和维护权威或秩序的定向阶段。

（3）后习俗水平。该阶段已经发展到超越现实道德规范的约束，达到完全自律的境界，这个水平是理想的境界，成人也只有少数人才能达到。包括社会契约定向阶段和普遍道德原则的定向阶段。

3. 中小学德育的培养途径。

【答案要点】

（1）思想政治课与其他学科教学。知识转化为品德需要将知识与学生生活相联系，与学生思想"对话"，以激发学生的道德需要，并用这些道德认识来探寻做人的道理，调节对人、对事应持有的态度，并付诸行动。

（2）劳动和其他社会实践。有意义的劳动和社会实践，能够提高学生的责任意识、服务意识，形成学生勤俭、朴实等许多好的品德。

（3）课外活动和校外活动。通过课外活动进行德育，能调动学生的积极性，培养他们的自律能力，形成互助友爱、团结合作、尊重规则等品德。

（4）学校共青团、少先队活动。开展团队活动，能激发学生强烈的上进心、荣誉感，使他们能够严于律己，自觉提高思想品德。

（5）心理咨询。通过个别谈心、咨询、讲座等方式对学生进行心理健康教育，可以帮助学生处理好学习、交往、择业等方面的问题，使他们成为积极向上、心理健康的人。

（6）班主任工作。通过班主任工作，学校不仅能有效地管理学生基层组织和个人，而且能对教育学生的其他途径的活动起协调作用，是学校德育的一个特别重要的途径。

（7）校园生活。要建立良好的校园生活，一是要研究如何使德育在各个途径中真正到位，使之互相补充，构成整体效应；二是要根据学校实际，研究如何增加跨越班级的活动与交往，逐步形成学校特色；三是要研究如何使校园生活能够体现时代精神，蕴含深厚文化，让学生在生活中养成现代文明习气和人文情怀。

4.《学记》中的教育教学原则。

【答案要点】

（1）豫时孙摩。
①豫，即预防性原则：要求事先估计学生可能会产生的种种不良倾向，预先采取预防措施。
②时，即及时施教原则：要求掌握学习的最佳时机，适时而学，适时而教。
③孙，即循序渐进原则：教学必须遵循一定的顺序，包括内容的顺序和年龄的顺序。
④摩，即学习观摩原则：学习要相互观摩，取长补短。同时，借助集体的力量进行学习。

（2）长善救失。长善救失原则要求教师懂得并掌握教育的辩证法，坚持正面教育，善于因势利导，利用积极因素，克服消极因素，将缺点转化为优点。

（3）启发诱导。君子的教育在于诱导学生，靠的是引导而不是强迫服从，是启发而不是全部讲解。只有这样，才能调动学生学习和思考的积极性、主动性，使学生的思维能力得到锻炼和发展。

（4）藏息相辅。既有有计划的正课学习，又有课外活动和自习，有张有弛，让学生感到学习的乐趣，感受到老师、同学的可亲可爱，使学习成为学生的一种内在需要。

三、分析论述题

1. 教师的职业道德素养。

【答案要点】

教师职业道德是指教师在从事教育劳动时所遵循的行为规范和必备品德。它是调整教师与学生、教师与教师、教师与学校领导、教师与学生家长以及教师与社会其他方面关系时所必须遵循的基本道德规范和行为准则，是一般社会道德在教师职业中的特殊体现。

（1）爱国守法。热爱祖国，热爱人民，拥护中国共产党领导，拥护社会主义。全面贯彻国家教育方针，自觉遵守教育法律法规，依法履行教师职责权利。不得有违背党和国家方针政策的言行。

（2）爱岗敬业。忠诚于人民教育事业，志存高远，勤恳敬业，甘为人梯，乐于奉献。对工作高度负责，认真备课上课，认真批改作业，认真辅导学生，不得敷衍塞责。

（3）关爱学生。关心爱护全体学生，尊重学生人格，平等公正对待学生。对学生严慈相济，做学生良师益友。保护学生安全，关心学生健康，维护学生权益。不讽刺、挖苦、歧视学生，不体罚或变相体罚学生。

（4）教书育人。遵循教育规律，实施素质教育。循循善诱、诲人不倦、因材施教。培养学生良好品行，激发学生创新精神，促进学生全面发展。不以分数作为评价学生的唯一标准。

（5）为人师表。坚守高尚情操，知荣明耻，严于律己，以身作则。衣着得体，语言规范，举止文明。关心集体，团结协作，尊重同事，尊重家长。作风正派，廉洁奉公。自觉抵制有偿家教，不利用职务之便谋取私利。

（6）终身学习。崇尚科学精神，树立终身学习理念，拓宽知识视野，更新知识结构。潜心钻研业务，勇于探索创新，不断提高专业素养和教育教学水平。

2. 建构主义学习理论。

【答案要点】

（1）知识观。

建构主义者质疑知识的客观性和确定性，强调知识的动态性。具体体现在以下几方面：

①知识的动态性。知识不是对现实的准确表征，只是一种解释、一种假设，不是问题的最终答案。它会随着人类的进步而不断地被"革命"，并随之出现新的假设。

②知识的情境性。知识并不能精确地概括世界的法则，不能拿来便用，而是需要针对具体情境进行再创造。

③知识学习的主动建构性。知识不可能以实体的形式存在于具体个体之外，学习者对于命题的理解只能由个体基于自己的经验背景而建构起来，取决于特定情境下的学习历程。

（2）学生观。

建构主义认为，学生并不是被动接受教师传授的知识，而总是以自己的经验背景或自己的经验来建构对事物的理解。具体表现在以下几方面：

①建构主义者完全否定心灵白板说，强调学生经验世界的丰富性和差异性。

②学生并不是空着脑袋走进教室的，当问题呈现时，他们基于相关的经验，依靠推理和判断能力，形成对问题的某种解释。

③教学不能无视学生的先前经验，要把儿童现有的知识经验作为新知识的生长点，引导儿童从原有的知识经验中"生长"出新的知识经验。

④教学要增进学生之间的合作，使他看到那些与他不同的观点，促进学习的进行。

（3）学习观。

建构主义认为，学习是学习者主动地赋予信息以意义，建构自己的知识经验的过程，具有三个重要特征：

①主动建构性。面对新信息、新概念、新现象或新问题，学习者需要主动激活头脑中的先前知识经验，通过高层次思维活动，对各种信息和观念进行加工转换，对新旧知识进行综合和概括，解释有关现象，形成新的假设和推论。

②社会互动性。学习是通过对某种社会文化的参与，内化相关知识和技能，掌握有关工具的过程，这一过程常常需要通过一个学习共同体的合作互动来完成。

③情境性。建构主义者提出，知识存在于具体的、情境性的、可感知的活动中，它不是一套独立于情境的知识符号，不可能脱离活动情境而抽象地存在，它只有通过实际情境中的应用活动才能真正被人理解。

（4）教学观。

教学不再是传递客观而确定的现成知识，而是激活学生原有的相关知识经验，促进知识经验的"生长"；教学是促进学生的知识建构活动，以实现知识经验的重新组织、转换和改造，以此来培养学生的求知欲和探究能力。

教学要为学生创设理想的学习情境，激发学生的推理、分析、鉴别等高级的思维活动，同时给学生提供丰富的信息资源、处理信息的工具以及适当的帮助和支持，促进他们自身建构意义以及解决问题的活动。

3. 杜威的教育本质论与教育目的论。

【答案要点】

（1）论教育的本质。

①教育即生活。杜威认为教育是生活的过程，学校是社会生活的一种形式，那么学校生活也是生活的一种形式。学校生活应与儿童自己的生活相契合，满足儿童的需要和兴趣，使校园成为儿童的乐园，使儿童在现实的学校生活中得到乐趣。学校生活应与学校以外的社会生活相契合，适应现代社会变化的趋势并成为推动社会发展的重要力量，校园不应是世外桃源而应积极参与社会生活。杜威要做的就是改造不合时宜的学校教育和学校生活，使之更富活力，更有乐趣，更具实效，更有益于儿童发展和社会改造。

②学校即社会。杜威"学校即社会"意在使学校生活成为一种经过选择的、净化的、理想的社会生活，使学校成为一个合乎儿童发展的雏形的社会。而要将此落于实处，就必须改革学校课程，从分科课程转变为活动课程。"学校即社会"是对"教育即生活"这一命题的进一步引申，代表社会生活的活动性课程的引入是使学校与社会生活相联系的基本保证。杜威坚信教育是社会进步及社会改革的基本方法，通过教育改造社会生活，使之更完善、更美好。

③教育即生长。杜威针对当时教育无视儿童天性，消极对待儿童，不考虑儿童的需要和兴趣的现象，提出了"教育即生长"的观念。杜威要求摒除压抑、阻碍儿童自由发展之物，使教育和教学适应儿童的心理发展水平和兴趣、需要。他所理解的生长是机体与外部环境、内在条件与外部条件交互作用的结果，是一个持续不断的社会化的过程。杜威要求尊重儿童但不同意放纵儿童，这也是杜威与进步主义教育实践的一个重要区别。

④教育即经验的改造。教育即经验的改造是指构成人的身心的各种因素在外部环境和人的主动经验过程中统一的全面改造、发展、生长的连续过程，包含四个方面：经验是一种行为，涵盖认识的、情感的、意志的等理性、非理性因素，成为儿童各方面发展和生长的载体；经验是有机体与环境相互作用的过程，机体不仅受环境的塑造，同时也对环境加以改变；经验的过程是一个主动的过程，有机体既接受着环境塑造，也主动改造着环境；经验是一个连续发展的过程，不存在终极目的的发展过程，因此教育就是个人经验的不断生长。

（2）论教育的目的。

①教育无目的论。从教育本质论出发，杜威反对外在的、固定的、终极的教育目的，认为教育无目的。杜威所希求的是过程内的目的，这个目的就是"生长"。杜威认为在非民主的社会里，教育目的是外在于并强加于教育过程的，包含权威与专制色彩。而在民主的社会里，教育目的应该内

在于教育的过程之中，杜威主张以生长为教育的目的，其主要意图在于反对外在因素对儿童发展的压制，在于要求教育尊重儿童愿望和要求，使儿童从教育本身中、从生长过程中得到乐趣。

②教育的社会目的。杜威强调过程内的目的不等于否定社会性的目的。杜威要求教育为社会进步服务，为民主制度的完善服务。他认为，教育是社会进步及社会改革的基本方法，学校是社会进步和改革的最基本和最有效的工具。在民主社会中，个人发展与社会进步是统一的。

教育要培养具有良好公民素质、民主思想和生活能力的人，要培养具有科学思想和精神，能解决实践问题的人，要培养具有道德品质和社会意识的人，要培养具有一定职业素养的人。

4. 个体能动性在人身心发展中的作用。

【答案要点】

（1）个体活动是人的发展的决定因素。个体的活动、个体的社会实践是个体与环境互动的中介，是个体发展的基础，是个体发展的决定性因素。学生的主体活动既是学生存在和发展的方式，又是教育的重要基础。教育必须通过引领和组织学生的主体活动来促进学生的身心与个性的发展。

（2）个体活动制约着环境影响的内化与主体的自我建构。人在同环境相互作用的过程中，既改造着环境，也在改造环境的活动中发展和提升了个人的素质，从人的发展的视域看，实质上是一个自我建构的过程。学生的能动性主要表现为：在教育者的影响下，在积极参与社会生活和交往活动的基础上能动地进行自我认识、自我发展和自我建构。

（3）个体通过能动的活动选择、构建着自我的发展。个人通过能动的活动不仅能把握自己与外部世界的关系，而且能把自身的发展当作自己认识的对象和自觉实践的对象，选择与建构自己的发展。人的发展过程就是通过能动的活动不断自我超越的过程。

2018年 天津师范大学333教育综合·真题解析

一、名词解释

课程标准

课程标准是指在一定课程理论指导下，依据培养目标和课程方案以纲要形式编制的关于课程的性质与价值、目标与内容、教学实施建议以及课程资源开发等方面的指导性文件，一般由说明、课程目标、课程内容标准和课程实施建议等部分组成。

德育原则

德育原则是教师对学生进行德育应该遵循的基本要求。它以个体品德发展规律和社会发展要求为依据，概括了德育实践的宝贵经验，反映了德育过程的规律性。

结构主义教育

结构主义教育产生于20世纪50年代末，是现代欧美国家一种强调认知结构的研究和认知能力的发展的教育思潮。它以结构主义心理学为理论基础，侧重研究课程教学改革问题，代表人物有皮亚杰、布鲁纳等。

学习策略

学习策略是指学习者为了提高学习的效果和效率，有目的、有意识地制定的有关学习过程的复杂的方案，具有主动性、有效性、过程性和程序性的特征。

多元智力理论

多元智力理论由加德纳提出，他认为每个人都会用自己的方式来发掘各自的大脑资源，这种为达到目的所发挥的各种个人才智才是真正的智力，人的智力可以分为：逻辑数学智力、语言智力、音乐智力、空间智力、身体运动智力、人际关系智力、内省智力、自然智力。

创造性

创造性是个体利用一定内外条件，产生新颖、独特、有社会和个人价值产品的心理特性。这种心理品质是综合的、多维的，它包括与创造活动密切联系的认知品质、人格品质和适应性品质。创造性表现于创造活动之中，其结果以"产品"为标志，其水平以产品的"价值"为标准。

智力多因素论

持智力多因素理论观点的学者认为，人的智力是由两种或两种以上因素构成的。智力多因素理论主要包括斯皮尔曼提出的二因素理论、卡特尔提出的流体智力和晶体智力理论、瑟斯顿提出的群因素理论等。

二、简答题

1. 教育的生态功能。

【答案要点】

（1）树立建设生态文明的理念。通过在学校里和社会上加强生态文明的教育与宣传，让学生从小养成爱护自然、节约资源、保护生态环境的思想情感，从而逐步在全社会牢固树立建设生态文明的观念。

（2）普及生态文明知识，提高民族素质。造成生态灾害与失衡的原因很多，大多都与人的素质不高相关。因此，我们应当有计划地普及生态文明知识，并注意指导与督促他们将知识运用于生活实践。只要从小普及生态文明知识，养成保护生态环境的行为习惯，最终就能提高民族的生态文明素质。

（3）引导建设生态文明的社会活动。生态文明建设关涉社会的移风易俗，因此，学校的生态文明教育不应局限在校内，要组织学生参加到社区的生态文明建设中去。

2. 我国教育目的基本精神。

【答案要点】

2015年新修订的《中华人民共和国教育法》规定："教育必须为社会主义现代化建设服务，必须与生产劳动和社会实践相结合，培养德、智、体、美等方面全面发展的社会主义事业的建设者和接班人。"这是目前教育目的最规范的表述。

我国教育目的的表述虽几经变化，但其基本精神却是一致的，就是培养学生成为未来国家、社会发展的实践主体与主人。其基本点包括以下几个方面：培养"劳动者"或"社会主义建设人才"；坚持全面发展；培养独立个性。

综上所述，我国教育目的的价值取向的出发点与归宿在于：培养德、智、体、美、劳全面发展，具有创新精神、实践能力和独立个性的社会主义现代化需要的各级各类人才。

3. 王守仁的儿童教育思想。

【答案要点】

（1）揭露和批判传统儿童教育不顾儿童的身心特点。王守仁指出当时从事儿童教育的老师每天只是督促儿童读书识字，责备他们修身，对待儿童就像对付囚犯，这种不顾儿童的身心特点，把他们当作小大人的教育方法是传统儿童教育的致命弱点。

（2）儿童教育必须顺应儿童的性情。王守仁认为，一般来说儿童的性情总是爱好嬉游而厌恶拘束，因此他主张儿童教育必须顺应儿童的身心特点，这样儿童就能不断地长进。

（3）儿童教育的内容是"诗歌""习礼"和"读书"。王守仁认为对儿童进行诗歌、习礼和读书教育，是为了培养儿童的意志，调理他们的性情，在德育、智育、体育和美育诸方面都得到发展。

（4）要"随人分限所及"，量力施教。教育必须根据儿童的接受能力水平来进行。

王守仁的儿童教育思想的目的是为了向儿童灌输封建伦理道德，但他反对"小大人式"的传统儿童教育方法和粗暴的体罚等教育手段，要求顺应儿童性情、根据儿童的接受能力施教，使他们在德育、智育、体育和美育诸方面得到发展等主张，反映了其教育思想的自然主义倾向。

4. 新时代教师的基本素养。

【答案要点】

（1）高尚的师德：热爱教育事业，富有献身精神和人文精神；热爱学生，诲人不倦；热爱集体，团结协作；严于律己，为人师表。

（2）先进、科学的教育理念。教育理念是教师在对教育工作本质理解的基础上形成的关于教育的观念和理性信念，它是以观念或信念的形式存在于教师头脑中的对教育现象和教育问题的看法。

（3）宽厚的文化素养。一个好教师的基本条件之一，就是要有比较渊博的知识和多方面的才能。

（4）专门的教育素养。教师的专门教育素养水平及其合理结构是教育教学任务得以完成的重要保证，它主要包括三个方面的内容：教育理论素养、教育能力素养、教育研究素养。

（5）健康的心理素质。健康的心理素质体现在心理活动的方方面面，概括起来主要指：教师要有轻松愉快的心境、昂扬振奋的精神、乐观幽默的情绪以及坚韧不拔的毅力等。

（6）强健的身体素质。教师的身体素质是指教师在教学活动中的自然力，是教师的身体健康状态和身体素质状态在教学中的表现。

三、分析论述题

1. 选择教学方法的依据。

【答案要点】

教学方法是将知识的教育价值转化为学生精神财富的手段。教学方法的选择与设计取决于面临的教学任务、学科知识的特点与学生的经验基础。现代教学提倡以系统的观点为指导来选用教学方法，优化教学。主要的依据如下：

（1）学科的任务、内容和教学法特点，课题与课时的教学目的和任务。

（2）教学过程、教学原则和班级上课的特点。

（3）学生的情趣、水平、智能的发展与个别差异、独立思考能力、学习态度、学风与习惯。

（4）教师的思想与业务水平、实际经验与能力、教学的习惯与特长。

（5）学生参与教学过程中的答问、讨论、作业、评析的积极性与水平。

（6）师与生双边活动的配合、互动的状况与质量。

（7）班、组活动与个人活动结合的状况，课堂教学、课外作业或课外活动结合的状况与质量。

（8）学校与地方可能提供的物质与仪器设备、社会条件、自然环境等。

（9）学科、单元、课题乃至每节课所规定的课时，其他可利用的时间，如早、晚自习等。

（10）对可能取得的成效的缜密预计与意外状况出现时的应变措施。

2.孔子的教育内容和教学方法。

【答案要点】

（1）以"六艺"为教育内容。

孔子继承西周贵族"六艺"教育传统，吸收采择了有用学科，又根据现实需要创设了新学科，虽袭用"六艺"的名称，但对所传授的学科都做了调整，充实了内容。孔子教学的"六艺"即其编撰的"六经"，其中作为对弟子普遍传授的主要教材是《诗》《书》《礼》《乐》四种。

主要有以下特点：

①偏重社会人事，敬鬼神而远之，具有强烈的人世性。

②偏重文事。他虽要求从政人才文武兼备，但在教学内容的安排上，有关军事知识技能的教学居于次要地位。

③轻视科技与生产劳动。他所要培养的是从政人才，不是从事工农的劳动者，因此不强调掌握自然知识和科学技术。这为教育与生产劳动相分离制造理论，造成深远的历史影响。

（2）教学方法。

①因材施教。

孔子是我国历史上首倡因材施教的教育家。实行因材施教的前提条件是承认学生间的个体差异，并了解学生特点。孔子了解学生最常用的方法是谈话和个别观察，主张在了解学生的基础上，根据学生的具体情况，有针对性地进行教育。

②启发诱导。

孔子是世界上最早提出启发式教学的教育家，比苏格拉底的"助产术"早几十年。他认为，不论学习知识或培养道德，都要建立在学生自觉需要的基础上，应充分发挥学生的主动性、积极性。

他主张"不愤不启、不悱不发，举一隅不以三隅反，则不复也"。"愤"与"悱"是内在心理状态在外部容色言辞上的表现，意思是教学时必先让学生认真思考，已经思考相当时间但还想不通，然后可以去启发他；虽经思考并已有所领会，但未能以适当的言辞表达出来，此时可以去开导他。教师的启发是在学生思考的基础上进行的，启发后应让学生再思考，获得进一步的领会。

训练学生思考的方法："由博返约"，博学以获得较多的具体知识，"返约"则是在对具体事物分析的基础上进行综合、归纳，形成基本的原理、原则与观点；"叩其两端"，即从考查事物的不同方面辨明是非，进而解决问题。

③学思行结合。

学。"学而知之"是孔子进行教学的主导思想，学是求知的途径，也是求知的唯一手段。他主张"学而时习之"，对学习过的知识要时常复习才能牢固掌握。

思。孔子提倡学习知识面要广泛，在学习的基础上认真深入地进行思考，把学习与思考结合起来。在论述学与思的关系时，他说"学而不思则罔，思而不学则殆"。

行。孔子强调学习知识还要"学以致用"。如果不能应用，学得再多也没有意义。学是为行服务的，从学与行的关系来看，学是手段，行是目的，行比学更重要。

由学而思进而行，这是孔子所探究和总结的学习过程，也就是教育过程，与人的一般认识过程基本符合。这一思想对后来的教学理论和实践产生了深远的影响。

④好学求是的态度。

孔子认为，教学需要师生双方配合协作，学生端正学习态度，是教学成功的重要条件。首先要有好学、乐学的态度；其次要有不耻下问的态度；最后还要有实事求是的态度。

3. 赫尔巴特的教育思想。

【答案要点】

（1）教育思想的理论基础。

赫尔巴特教育思想具有伦理学和心理学双重理论基础。他认为伦理学为教育指明目的，而心理学则指出教育的途径、手段和障碍。

（2）道德教育理论。

①教育目的论。赫尔巴特认为，教育的基本目的可以区分为两种，即"可能的目的"和"必要的目的"。可能的目的：指与儿童未来所从事的职业有关的目的。这种目的是多方面的，教育的目的就是要发展这种多方面的兴趣，使人的各种能力得到和谐发展，即兴趣的多方面性。必要的目的：指教育所要达到的最高和最为基本的目的。即要养成内心自由、完善、仁慈、正义和公平五种道德观念。

②教育性教学原则。教育性教学原则是指以教学来进行教育的原则。赫尔巴特指出，不存在"无教学的教育"，也不存在"无教育的教学"。即教育是通过教学，而且只有通过教学才能真正产生实际作用，教学是道德教育的基本途径。

③儿童的管理与训育。赫尔巴特认为，"儿童管理"是一种道德教育，主要目的在于创造秩序，预防某些恶行，为随后进行的教学创造必要的条件。训育是指有目的地进行培养，其目的在于形成性格的道德力量，是为了美德的形成。四个阶段：道德判断、道德热情、道德决定和道德自制。具体措施：维持的训育；起决定作用的训育；调节的训育；抑制的训育；道德的训育；提醒的训育。

（3）课程理论。

赫尔巴特以其心理学说为依据，提出了较为完整的课程理论。主要观点如下：课程必须与儿童的经验和兴趣相适应；课程要与统觉过程相适应；课程必须要与儿童发展阶段相适应。

（4）教学理论。

①教学进程理论。统觉过程的完成大体上具有三个环节：感官的刺激、新旧观念的分析和联合、统觉团的形成。与此相应，赫尔巴特提出了三种不同的教学方法：单纯提示的教学、分析教学和综合教学。这三种教学方法的联系，就产生了所谓的"教学进程"。

②教学形式阶段理论。赫尔巴特的教学形式阶段，实际上就是课堂教学的完整过程，是一个包括教学方法、教学形式等内在的规范化的教学程序。他认为，兴趣活动可以划分为四个阶段：注意、期待、要求和行动。儿童在学习活动中的思维方式有两种：专心与审思。在此基础上，他提出了教学形式阶段理论，即"赫尔巴特四段教学法"，四个阶段分别是明了、联合、系统、方法。

（5）赫尔巴特教育思想的评价。

①贡献：赫尔巴特是近代教育家中试图使教育学成为一门科学的开山之祖，在历史上首次提出了心理学是一门科学并将其作为教学论的基础，在当时具有非常积极的意义。他最重要的贡献是教育性教学的理论与实践。其思想深刻影响了近代教育科学的形成与各国教育事业的发展。

②局限性：赫尔巴特教育理论受到其社会政治观点的影响，带有明显的保守色彩。他的哲学观点使其教育思想带有思辨特征。他主要关注文科中学的教育和教学，把性格形成作为教育目的，带有旧时代贵族教育色彩。其儿童管理思想主要反映了普鲁士集权教育压制儿童的特征。他的心理学仍属于科学心理学诞生前的哲学心理学范畴，建立在这种心理学基础上的教育理论的合理性与先进性还有待商榷。

4. 皮亚杰的认知发展阶段理论及其对教育的启示。

【答案要点】

（1）认知发展阶段理论。

① 0~2岁：感知运动阶段。这一时期为儿童思维的萌芽期。在这一阶段，儿童主要通过探索感知觉与运动之间的关系来获得动作经验，其中，手的抓取、嘴的吮吸是他们探索世界的主要手段。这个阶段的一个显著标志是儿童渐渐获得了客体永久性，即当某一客体从儿童的视野中消失时，儿童知道该客体并非不存在。

② 2~7岁：前运算阶段。这一时期是儿童表象思维阶段。在这一阶段，儿童能运用语言或较为抽象的符号来代表他们经历过的事物，凭借表象思维，他们可以进行各种象征性活动或游戏、延缓性模仿以及绘画活动等。这一阶段的儿童在认知方面具有以下特点：具体形象性；泛灵论；自我中心主义；集体的独白；思维的不可逆性和刻板性；尚未获得物体守恒的概念；集中化。

③ 7~11/12岁：具体运算阶段。这一阶段相当于小学阶段。此阶段儿童的认知结构已经发生了重组和改善，思维具有一定的弹性，可以逆转，已经获得长度、体积、质量和面积等的守恒，能凭借具体事物或从具体事物中获得的表象进行逻辑思维和群集运算。但其思维仍然需要具体事物的支持。这一阶段的儿童在认知方面具有以下特点：去集中化；去自我中心；刻板地遵守规则；逻辑思维和群集运算。

④ 11岁至成年：形式运算阶段。此阶段儿童的思维已经超越了对具体的可感知的事物的依赖，能以命题的形式进行，并能发现命题之间的关系，能理解符号的意义，能进行一定的概括。思维已经接近成人的水平。这一阶段的儿童在认知方面具有以下特点：抽象思维获得发展；青春期自我中心。

（2）对教育的启示。

根据皮亚杰的认知发展理论，教育教学应注意以下几点：

①提供活动。教师既应为学生创设大量的物理活动，也应为他们提供相应的心理活动机会。在形式运算阶段前，教师应为学生提供从现实物体和事件中学习的机会。

②创设最佳的难度。皮亚杰认为认知发展是通过不平衡来促进的。因而，教师要通过提问来引起学生认知的不平衡，并提供有关的学习材料或活动材料，促使学生的认知发展。

③关注儿童的思维过程。在教学中，教师必须认识到儿童思考问题的方式与成人不同，并根据儿童当前的认知水平提供适宜的学习活动，这样才能真正促进儿童的认知发展。

④认识儿童认知发展水平的有限性。教师需要认识各年龄阶段儿童认知发展所达到的水平，遵循儿童认知发展顺序来设计课程，这样在教学中就会更加主动。

⑤让儿童多参与社会活动。儿童在参与社会活动的过程中，能够逐渐认识到他人的观点与自己的不同，引发认知发展。

2017年

天津师范大学333教育综合·真题解析

一、名词解释

学校教育

学校教育指一种专门组织的不断趋向规范化、制度化、体系化的教育。它是根据一定的社会现实和未来需要，遵循受教育者身心发展的规律，有目的、有计划、有组织地对受教育者身心施加影响，把他们培养成为一定社会或阶级所需要的人的活动。

产婆术

苏格拉底法也称"问答法""产婆术",是由讥讽、助产术、归纳和定义四个步骤组成的独特的方法。这是苏格拉底探讨伦理哲学的研究方法,也是他的教学方法。

活动课程

活动课程又称经验课程、儿童中心课程,与学科课程相对立,它打破学科逻辑的界限,是以学生的兴趣、需要、经验和能力为基础,通过引导学生自己组织有目的的系列活动而编制的课程。

程序教学

程序教学指通过教学机器呈现程序化教材而进行自学的一种方法。它把一门课程学习的总目标分为几个单元,再把每个单元分成许多小步子。学生在学完每一步骤的课程后,就会马上知道自己的学习结果,即能得到及时强化,然后按顺序进入下一步的学习。

稷下学宫

稷下学宫是战国时代齐国一所著名的高等学府,因其建立于齐国都城临淄的稷门附近而得名。它既是百家争鸣的中心与缩影,也是当时教育上的重要创造。稷下学宫对中国古代学术、文化和教育的发展产生过重大的历史影响。

观察学习

观察学习是一种间接学习的形式,人类的大多数行为是通过观察而习得的,人们通过观察他人的行为及其后果,可获得榜样行为的符号表征和经验教训,并可引导观察者今后的行为。

二、简答题

1. 简述"三纲领八条目"。

【答案要点】

(1) 三纲领。《大学》开篇就说"大学之道,在明明德,在亲民,在止于至善。"这是儒家对大学教育目的和为学做人目标的纲领性表达。"明明德""亲民"和"止于至善"被称为"三纲领"。

①明明德:就是指把人天生的善性——"明德"发扬光大,这是每个人为学做人的第一步。

②亲民:个人的完善从来就不是儒家的目标,他们要求凡事都须由己及人,把个人自身的善转化为他人、尤其是民众的善,于是高一步的目标是"亲民"。

③止于至善:是大学教育的终极目标,每个人都应在其不同身份时做到尽善尽美。

(2) 八条目。为了实现"三纲领",《大学》进一步提出一系列具体的步骤,即"八条目":格物、致知、诚意、正心、修身、齐家、治国、平天下。

①格物、致知:格物就是学习儒家"六行""六德""六艺"之类,致知则是在格物基础上的提高,即从寻求事物的理开始,旨在借着综合而得最后的启迪。

②诚意、正心:诚意主要指人的意念、动机的纯正;正心就是不受各种情绪的左右,始终保持认识的中正,要求摆脱情绪对人认识和道德活动的影响。

③修身:不再局限于个人内心的自省与自律,开始走出自我,在与他人的相互关系中再认识、要求和提高自我,是人的一种综合修养过程,是人品质的全面养成。

④齐家、治国、平天下:这是个人完善的最高境界。齐家是一个施教过程,即成为家庭与家族的楷模,为人效法;治国是齐家的扩大和深化,而平天下是治国的扩大。

2. 德育的基本原则。

【答案要点】

(1) 理论和生活相结合原则。指进行德育要注重引导学生把思想政治观念和社会道德规范的学习同参与生活实践结合起来，把提高道德认识与养成良好道德行为结合起来。

（2）疏导原则。指进行德育要循循善诱、以理服人，从提高学生认识入手，调动学生的主动性，使他们积极向上。

（3）长善救失原则。指进行德育要调动学生自我教育的积极性，依靠和发扬他们自身的积极因素去克服他们品德上的消极因素，促进学生的道德成长。

（4）严格要求与尊重学生相结合原则。指进行德育要把对学生的思想品行的严格要求与对他们个人的尊重信赖结合起来，使教育者的严格要求易于转化为学生主动的道德自律。

（5）因材施教原则。指进行德育要从学生品德发展的实际出发，根据他们的年龄特征和个性差异进行不同的教育，使每个学生的品德都能得到最优的发展。

（6）在集体中教育原则。指进行德育有赖于学生的社会交往、共同活动，注意依靠学生集体，通过集体活动进行教育，充分发挥学生集体在教育中的巨大作用。

（7）教育影响一致性和连贯性原则。指德育应当有目的、有计划地把来自各方面对学生的影响加以组织，使其优化为教育的合力前后连贯地进行，以获得最大的成效。

3. 杜威的五步教学法。

【答案要点】

杜威根据科学的实验主义探究方法和反省思维方式，提出了五步教学法，五个阶段的顺序并不固定，实际思维中，有时两个阶段可以合二为一。

（1）创设疑难的情境。学生要有一个真实的经验的情境，要有一个对活动本身感兴趣的连续的活动。

（2）确定疑难所在。在这个情境内部产生一个真实的问题，作为思维的刺激物。

（3）提出问题的种种假设。他要占有知识资料，从事必要的观察，对付这个问题。

（4）推断哪种假设能解决这个困难。他必须有条不紊地展开他所想出的解决问题的方法。

（5）验证这种假设。他要有机会和需要通过应用检验他的观念，使这些观念意义明确，并且让他自己发现它们是否有效。

4. 文艺复兴时期人文主义教育的特征。

【答案要点】

（1）人本主义。人文主义教育在培养目标上注重个性发展，在教育教学方法上反对禁欲主义，尊重儿童天性，坚信通过教育这种后天的力量可以重塑个人、改造社会和自然，这些都表现出人本主义内涵，人的力量、人的价值被充分肯定。

（2）古典主义。人文主义教育思想吸收了许多古人的见解，人文主义教育实践尤其是课程设置亦具有古典性质，但这种古典主义绝非纯粹的"复古"，实则含有古为今用、托古改制的内涵，这在当时是进步的。

（3）世俗性。不论从教育目的还是从课程设置等方面看，人文主义教育洋溢着浓厚的世俗精神，教育更关注今生而非来世。

（4）宗教性。几乎所有的人文主义教育家都信仰上帝，他们希冀以世俗和人文精神改造中世纪陈腐专横的宗教性，以造就一种更富世俗色彩和人性色彩的宗教性。

（5）贵族性。人文主义教育的对象主要是上层子弟，教育的形式多为宫廷教育和家庭教育而非大众教育，教育的目的主要是培养上层人物如君主、侍臣、绅士等。

三、分析论述题

1. 赞科夫的发展性教学原则。

【答案要点】

（1）发展性教学理论。

赞科夫认为，教学的核心是要使学生的一般发展取得成效。一般发展的具体含义如下：

①一般发展是指儿童心理的一般发展。指的是个性的所有方面的进步。

②一般发展不同于特殊发展。一般发展在学习任何学科、任何情境中都会表现出来。

③一般发展不同于全面发展。这里的一般发展指的是发展的心理学和教育学方面。

④一般发展有别于智力发展。不仅发展学生的智力，还包括情感、意志、品质、性格等方面。

⑤一般发展还包括身体发展和心理发展。但赞科夫主要研究的是教学与儿童心理一般发展的关系。

（2）五项教学论体系的新原则。

①以高难度进行教学的原则。这一原则在实验教学论体系中起决定性作用。难度的含义是要求学生通过努力克服障碍。但高难度并不意味着越难越好，困难的程度要控制在学生"最近发展区"的范围内。

②以高速度进行教学的原则。这一原则要求教学不断地向前运动，以各方面内容丰富的知识来充实学生的头脑，为学生深入地理解所学知识创造有利的条件。要克服多余的重复烦琐的讲解以及机械的练习，以节约时间、加快进度。要善于利用一切手段提高学习质量。

③理论知识起主导作用的原则。这一原则不贬低学龄初期儿童掌握技巧的重大意义，而是要求学生在一般发展的基础上，尽可能深入领会有关概念和规律性的知识。

④使学生理解学习过程的原则。实验教学不仅要求学生会背，而且要求学生学会分析、比较、综合、归纳，了解所学知识之间的联系，等等。这样做有利于发展学生的思维能力，提高他们学习的主动性与创造性，教会他们学习。

⑤使班上所有的学生都得到一般发展的原则。这条原则的本质在于让优、中、差三类学生都以自己现有的智力水平为起点，按照自己最大的可能性得到理想的一般发展。

（3）评价。

赞科夫的教育理论对苏联教育理论与实践的发展影响较大。他的发展性教学理论的一些观点为苏联教育理论界所接受，并被吸收到20世纪70—80年代出版的教育著作和教科书中。但其理论也存在一定的局限性，他的研究主要从儿童心理的角度进行，很少考虑教学过程的社会政治与道德要求，过分强调认知方面的智育。此外，其对待传统教学理论的全盘否定态度是不科学的。

2. 如何提高学生的问题解决能力？

【答案要点】

问题解决是指个体在面临问题情境而没有现成方法可以利用时，将已知情境转化为目标情境的认知过程。当常规或自动化的反应不适用于当前的情境时，问题解决者需要超越对过去所学规则的简单应用，对所学规则进行一定的组合，产生一个解答，达到问题解决的目的。它涉及认知、情感和行为活动成分。

在实际教学中，学生问题解决的能力可以结合各门学科的内容来进行训练和提高。教师要把重点放在课题的知识上，放在特定学科的问题解决的逻辑推理和策略上，放在有效解决问题的一般原理和原则上。具体措施如下：

（1）鼓励质疑。教师要尽量从自己提出问题过渡到让学生质疑，从而培养学生主动质疑的内在动机，鼓励学生主动提问，形成一种自由探究的气氛。

（2）设置难度适当的问题。教师给学生的问题要可解，但要有一定的难度。

（3）帮助学生正确表征问题。学生运用所学知识解释问题，或者画草图、列表、写方程式等，这对回忆相关信息都有很好的作用。

（4）帮助学生养成分析问题的习惯。教师要帮助学生发展系统考虑问题的方式和系统分析的习惯，教师既不能让学生盲目尝试错误练习，也不能过分热心，先把答案告诉学生。

（5）辅导学生从记忆中提取信息。教师需要帮助学生从记忆中迅速提取与解决问题有关的信息，并能很快找出可利用的信息，明确问题解决情境与欲达到的目的，迅速做出判断。

（6）训练学生陈述自己的假设及其步骤。教师要培养学生由跟从别人的言语指导转变到自行指导思考，然后再要求他们自己用言语把指导步骤表达出来。

（7）提供结构不良问题，培养实际解决问题的能力。通过对这些问题的解决，能让学生将解决问题的能力迁移到实际领域中去。

3. 教师角色冲突及解决方法。

【答案要点】

（1）教师角色的常见冲突。

由于个人在社会不同群体中所处的地位不同，往往需要同时扮演若干个角色。当这些角色与个人的期待发生矛盾、难以取得一致时，就会出现角色冲突。教师职业常见的角色冲突主要有：

①社会"楷模"与"普通人"的角色冲突。社会期望教师为人师表，成为学生的表率、社会的楷模。但许多教师并不想当这样的角色，他们认为教师也是普通人，也可以穿着时髦、随意嬉笑，这种心理冲突在青年教师身上比较突出。

②"令人羡慕"的职业与教师地位低下的实况冲突。教师头上有许多令人羡慕的桂冠，但实际的社会地位仍然很卑微；教师被誉为人类灵魂的工程师，但工资待遇却又极低。这使得许多教师的心理及生活处于矛盾冲突之中。

③教育者与研究者的角色冲突。教师角色要求教师与儿童维持一种密切持久的关系，在时间与精力上大量投入，许多教师有被耗干的感觉，形成教师在教书育人与自身发展、教育研究、创新上的矛盾。

④教师角色与家庭角色的冲突。教师在学校工作艰辛，下班之后可能还需要继续做工作上的事，使得其难以兼顾家庭，从而引发家庭矛盾。

（2）调适教师角色冲突的解决方式。

①主观上，首先要树立自尊、自信、自律、自强的自我意识；其次要根据实际情况的需要，善于处理多种角色的矛盾冲突，做到有主有辅，有急有缓，统筹兼顾；最后要善于控制自己的思想情绪，意志坚定地完成所承担的任务。

②客观上，首先要进一步提高教师的社会地位与经济待遇，改善教师的生活和工作条件，解决教师的实际困难；其次要努力创造条件，给教师提供选修、培训与发展、提高的机会；最后要提高教师的思想修养，增强其责任感与使命感等。

4. 教育如何适应个体身心发展？

【答案要点】

（1）顺序性。

基本含义：在正常情况下，人的发展具有一定的方向性和顺序性，既不能逾越，也不能逆向发展。如个体动作的发展就遵循自上而下、由躯体中心向外围、从粗动作向细动作的发展规律性。就心理而言，儿童的发展总是从无意注意到有意注意，从机械记忆到意义记忆，从具体形象思维到抽象逻辑思维，从喜怒哀乐等一般情绪发展到道德感、理智感、美感等高级情感。

教学指导：个体身心发展的顺序性，决定了教育教学工作的顺序性，在不同的发展阶段展开不同的教育活动，同时更应该按照发展的序列来施教，做到循序渐进。

（2）不平衡性。

基本含义：人的发展不总是匀速直线前进的，不同的系统的发展速度、起始时间、达到的成熟水平是不同的；同一机能系统在发展的不同时期也有不同的发展速率。从总体发展来看，幼儿期出现第一个加速发展期；青春发育期出现第二个加速发展期。

教学指导：人的发展的不平衡性要求教育要掌握和利用人的发展的成熟机制，抓住发展的关键期，促进学生健康地发展。

（3）阶段性。

基本含义：人的发展变化既体现出量的积累，又表现出质的飞跃。当某些代表新质要素的量积累到一定程度时，就会导致质的飞跃，从而表现出发展的阶段性。个体的身心发展的阶段性表现为不同年龄阶段的个体具有不同的年龄特征及主要矛盾，面临着不同的发展任务。

教学指导：人的发展的阶段性要求教育要从学生的实际出发，尊重不同年龄阶段学生的特点，并根据这些特点提出不同的发展任务，采用不同的教育内容和方法，进行有针对性的教育，以便有效地促进他们的个性发展。

（4）个别差异性。

基本含义：人的发展的个体差异表现在身心发展的速度、水平、表现方式等方面。如在发展速度上，有的儿童早慧，有的儿童大器晚成。

教学指导：人的发展的个别差异性要求教育要深入了解学生，针对学生不同的发展水平及不同的兴趣等因材施教，引导学生扬长避短、发展个性，促进学生自由发展。

（5）整体性。

基本含义：人的生理、心理和社会性等方面的发展是密切联系在一起的，并在发展过程中相互作用，使人的发展表现出明显的整体性。

教学指导：人的发展的整体性要求教育要把学生看作复杂的整体，促进学生在体、智、德、美、行等方面全面和谐地发展，把学生培养成完整和完善的人。

天津师范大学333教育综合·真题解析

一、名词解释

互联网+教育

"互联网+教育"首先是互联网技术手段在教育上的应用，是利用网络技术、多媒体技术、交互技术等技术手段实施的教育形式。进一步而言，"互联网+教育"还是互联网技术与教育的深度融合，可推动教育系统进行革命性变革，使教育体系更具灵活性和有效性。更进一步来说，"互联网+教育"是以互联网为基础设施和创新要素，构建了新的教育生态和服务模式。

恩物

恩物是福禄培尔创制的一套供儿童使用的教学用品，其教育价值就在于它是帮助儿童认识自然及其内在规律的重要工具。恩物作为自然的象征，能帮助儿童由易到难、由简及繁、循序渐进地认识自然，发展儿童的想象力和创造力。

昆西教学法

昆西教学法是指帕克在昆西学校和库克师范学校进行的教育改革实验所采取的新的教育方法和措施。主要特征有：强调儿童应处于学校教育的中心；重视学校的社会功能；主张学校课程应尽可能与实践活动相联系；强调培养儿童自我探索和创造的精神。

孔子"六经"

孔子于晚年完成了《诗》《书》《礼》《乐》《易》《春秋》的编纂和校订工作，整理和保存了我国古代文化典籍，奠定了儒家教育内容的基础，后世将上述典籍称为"六经"。

课程设计

课程设计是以一定的课程观为指导制定课程标准、选择和组织课程内容、预设学习活动方式的活动，是对课程目标、教育经验和预设学习活动方式的具体化过程。

苏湖教学法

"苏湖教法"又称"分斋教学法"，是胡瑗在主持湖州州学时创立的新的教学制度，在"庆历兴学"时被用于太学的教学。胡瑗一反当时盛行的重视诗赋声律的学风，提倡经世致用的实学，主张"明体达用"，在学校内设立经义斋和治事斋，创立"分斋教学"制度。

二、简答题

1. 简述认知发展与教学的辩证关系。

【答案要点】

（1）认知发展阶段制约教学的内容和方法。因为任何知识的获得都必须通过学生主动的同化才有可能，而主动的同化则须以适当的运算结构的存在为前提。所以，各门具体学科的教学都应研究如何对不同发展阶段的学生提出既不超出当时的认知结构的同化能力，又能促使他们向更高级阶段发展的富有启迪作用的适当内容。

（2）教学促进学生的认知发展。大量研究表明，通过适当的教育训练来加快各个认知发展阶段转化的速度是可能的。此外，最近发展区的提出也说明了儿童发展的可能性，其意义在于教育者不应该只看到儿童已达到的水平，还应该看到其仍处于形成的状态、正在发展的过程之中。所以教学要适应最近发展区，走在发展的前面。

2. 简述德育过程的特点。

【答案要点】

（1）德育过程是学生在教师教导下的个体品德的自主建构过程。学生的思想道德认识和行为习惯不是与生俱来的，是学生在与社会环境的相互作用过程中，尤其是在教师有目的有意识的教育引导下，逐步形成自己的思想认识，发展自己的道德素质的。包含以下三个方面：学生对环境影响的主动吸收；教师对学生的积极引导；外部活动与内部活动相互促进。

（2）德育过程是培养学生知、情、意、行整体和谐的发展过程。学生的品德包含知、情、意、行四个要素。所以德育过程也是培养学生思想品德的知、情、意、行整体和谐的发展过程。包含以下三个方面的含义：思想道德发展的整体性；德育过程有多种开端；德育实践的针对性。

（3）德育过程是提高学生自我教育能力的过程。在德育过程中，要引导学生积极参与社会学习、生活交往和道德践行，培养和提升他们的思想品德素质，均有赖于发挥学生个人的能动性和自我教育能力。包含三个方面的含义：自我教育能力培育的意义；自我教育能力的构成因素；学生自我教育能力的发展。

3. 简述卢梭的自然教育理论。

【答案要点】

（1）卢梭自然主义教育的核心是"回归自然"。自然教育最终目的是培养"自然人"，即身心调和发达、体脑两健、能力强盛的新人，也就是摆脱封建羁绊的资产阶级新人。

（2）自然教育的方法原则：树立正确的儿童观、消极教育、自然后果律、根据儿童天性的个体差异因材施教。

（3）自然教育的实施：卢梭根据自然教育的原则，根据人的自然发展的进程和不同年龄时期身心的特点，把自然教育分为婴儿期、儿童期、少年期和青春期。

4. 简述教学的基本环节。

【答案要点】

（1）备课。备好课是上好课的先决条件。上课前，教师必须备好课，编制出学期教学进度计划，写出课题计划与课时计划。

（2）上课。上好课，是提高教学质量的关键。应以现代教学理念为指导，遵循教学规律与原则，创造性地运用教学方法。

（3）布置与批改作业。作业是深化对知识的理解和巩固知识的有效手段，是课堂教学的延续，是教学活动的有机组成部分。

（4）课外辅导。课外辅导是课堂教学的一种必要补充，是适应个别差异、实施因材施教的重要举措。主要分为集体辅导和个别辅导。

（5）学业成绩评定。评定学生成绩的方式主要有考查和考试。

5. 简述教师劳动的特点。

【答案要点】

（1）教师劳动的复杂性。教师劳动的复杂性主要受以下三方面的影响：其一，学生状况的复杂性决定着教师劳动的复杂性；其二，教师任务的多样性制约着教师劳动的复杂性；其三，影响学生发展因素的广泛性制约着教师劳动的复杂性。

（2）教师劳动的示范性。教育是教师引导、培养学生的活动，它要求教师以身作则，具有示范性。教师的劳动对象是处在发展过程中的青少年学生，他们具有尊敬教师、乐于接受教师的教导、以教师为表率的所谓"向师性"的特点。因此，教师必须严格要求自己，以身作则，通过示范的方式去影响学生，以便取得最佳教育效果。

（3）教师劳动的创造性。教师劳动创造性的最重要特征之一是他的工作对象，即儿童经常在发生变化，永远是新的，今天同昨天就不一样。此外，教师劳动的创造性还表现在因材施教上，表现在对教育、教学的原则、方法、内容的运用、选择和处理上，表现在教育教学过程中教师对各种突发情况做出及时反应、妥善处理的应变能力上。

（4）教师劳动的专业性。教师劳动的专业性突出表现在教师对育人的崇高敬业精神和道德修养上，对教育教学专门化知识和技能的掌握与教育活动的自主权上。

三、分析论述题

1. 教育的社会变迁功能。

【答案要点】

教育的社会变迁功能是指教育通过开发人的潜能，提高人的素质，引导人的社会化，影响人的社会实践，推动社会的发展和变革。教育的社会变迁功能表现在社会生活的各个领域。

（1）教育的经济功能。

①教育是使可能的劳动力转变为现实的劳动力的基本途径。一个人只有经过教育和训练，掌握一定生产部门的劳动知识和技能，并能生产某种使用价值，他才能成为现实的生产力。

②现代教育是使知识形态的生产力转化为直接的生产力的重要途径。科学技术是一种知识形态的生产力，要使其转化为现实的生产力，除了要通过科学研究、发明创造或革新实践外，其技术成果的推广、经验的总结与提升都需要教育与教学的紧密配合。

③现代教育是提高劳动生产率的重要因素。现代生产的生产率提高依靠科学技术在生产中的应用、推广和不断革新，依靠提高劳动者受教育的程度与质量，依靠劳动者的素质、扩大脑力劳动者的比重、发挥劳动者在生产和改革中的创造性。

（2）教育的政治功能。

①教育通过传播一定的社会的政治意识，完成年轻一代的政治社会化。教育作为传递知识、训练思维与培养情感的活动，能向年轻一代传播一定的社会政治意识，促进他们的政治社会化，从而为一定社会政治秩序的稳定创造重要条件。

②教育通过造就政治管理人才，促进政治体制的变革与完善。由于科技向管理部门的全面渗透，社会越发展，国家对政治管理人才的素质要求越高，通过教育选拔、培养政治管理人才显得越重要。

③教育通过提高全民文化素质，推动国家的民主政治建设。普及教育的程度越高，国民的文化素质越高，其国民就越能认识到民主的价值，在政治生活和社会生活中就越能履行民主的权利。

④教育是形成社会舆论、影响政治时局的重要力量。学校是知识分子和青少年集中的地方，他们有见解，勇于发表意见，通过教育者和受教育者的言论、演讲和社会活动等，来宣传思想，造就舆论，借以影响群众，为一定的政治、经济服务。

（3）教育的文化功能。

①传递文化。教育起着传递文化的作用。尤其是学校教育因其具有明确的目的性、计划性等特点，一直承担着传承文化的重任。

②选择文化。教育的选择功能十分重要，体现了教育对文化发展的积极引导和自觉规范。

③发展文化。教育通过广泛的文化交流，不断地吸收其他民族的文化精华，补充、更新和发展本民族的文化，也是文化发展的一种重要方式。

（4）教育的生态功能。

①树立建设生态文明的理念。通过在学校里和社会上加强生态文明的教育与宣传，让学生从小养成爱护自然、节约资源、保护生态环境的思想情感，从而逐步在全社会牢固树立建设生态文明的观念。

②普及生态文明知识，提高民族素质。我们应当有计划地普及生态文明知识，并注意指导与督促人们将知识运用于生活实践。

③引导建设生态文明的社会活动。学校的生态文明教育不应局限在校内，要组织学生参加到社区的生态文明建设中去。

2. 促进知识应用与迁移的措施。

【答案要点】

（1）整合学科内容。教师要注意把各个独立的教学内容整合起来，鼓励学生把在某一门学科中学到的知识运用到其他学科中去。

（2）加强知识联系。教师要重视简单的知识技能与复杂的知识技能、新旧知识技能之间的联系。教师要促使学生把已学过的内容迁移到新的学习内容中去。

（3）强调概括总结。教师在教学中要注意启发学生对所学内容进行概括总结。一方面，在教学中，教师要引导学生自己对原理进行概括，培养和提高其概括总结的能力，充分利用原理的迁移；另一方面，在讲解原理时，教师要在最大范围内列举各种变式，使学生正确把握其内涵和外延。

（4）重视学习策略。教师应有意识地教学生学会如何学习，帮他们掌握概括化的认知策略和元认知策略，从而促进学习的迁移。

（5）培养迁移意识。教师可以通过反馈和归因控制等方式使学生形成关于学习和学校的积极态度。教师要注意对学生的反馈，当学生用其他学科的知识来解决某一学科的问题时应给予鼓励。

3. 比较陶行知和杜威的教育思想理论。

【答案要点】

（1）杜威的教育本质论。

①教育即生活。杜威认为教育是生活的过程，学校是社会生活的一种形式，那么学校生活也是生活的一种形式。

②学校即社会。杜威"学校即社会"意在使学校生活成为一种经过选择的、净化的、理想的社会生活，使学校成为一个合乎儿童发展的雏形的社会。而要将此落于实处，就必须改革学校课程，从分科课程转变为活动课程。

③教育即生长。杜威针对当时教育无视儿童天性，消极对待儿童，不考虑儿童的需要和兴趣的现象，提出了"教育即生长"的观念。杜威要求摒除压抑、阻碍儿童自由发展之物，使教育和教学适应儿童的心理发展水平和兴趣、需要。

④教育即经验的改造。教育即经验的改造是指构成人的身心的各种因素在外部环境和人的主动经验过程中统一的全面改造、发展、生长的连续过程，包含四个方面。

（2）陶行知的生活教育理论。

"生活即教育"是陶行知教育思想的核心，集中反映了他在教育目的、内容和方法等方面的主张，反映了陶行知探索适合中国国情和时代需要的教育理论的努力。

①生活即教育。"生活即教育"是陶行知生活教育理论的核心，其内涵十分丰富。第一，生活含有教育的意义；第二，实际生活是教育的中心；第三，生活决定教育，教育改造生活。

②社会即学校。"社会即学校"是生活教育理论另一重要主张，是"生活即教育"思想在学校与社会关系问题上的具体化。社会即学校是指社会含有学校的意味，或者说以社会为学校；社会即学校也指学校含有社会的意味，也就是说，学校通过与社会生活相结合，一方面运用社会的力量使学校进步，另一方面动员学校的力量帮助社会进步，使学校真正成为社会生活必不可少的组成部分。

③教学做合一。"教学做合一"是生活教育理论的又一重要主张，是"生活即教育"在教学方法问题上的具体化。"教学做合一"要求在"劳力上劳心"；认为"行是知之始"；要求"有教先学"和"有学有教"；是对注入式教学法的否定。

（3）比较。

①相同点。

都强调教育与生活的联系、学校与社会的联系。

都对传统的学校观和教育观有所改变，都有利于拓展学生的知识，增强学生的能力。

两者都强调做的重要性，都重视教学中学生的"做"。

②不同点。

理论的社会背景和历史影响不同。

对"生活"的理解不同，杜威强调体现社会精神的学校生活和儿童生活，陶行知强调现实社会生活。

对教育的理解不同，杜威强调的是学校教育，陶行知强调的是社会意义上的教育。

杜威认为社会的改造要依靠教育的改造，他希冀通过教育改造社会生活，使之更完善、更美好；陶行知的主张贯穿了普及民众教育的苦心，使得被传统学校拒之门外的劳苦大众能够受到起码的教育。

杜威只强调了在做中学，而陶行知强调了教学做三者的结合。

2015年 天津师范大学333教育综合·真题解析

一、名词解释

《颜氏家训》

颜之推写出了我国封建社会第一部系统完整的家庭教科书——《颜氏家训》，用以训诫其子孙。主要包括以下主张：家教奠基，父母有责；教儿婴孩，勿失良机；偏宠有害，严教是爱；注意环境的影响；重视家庭的语言教育；重视儿童心理观察。

绅士教育

洛克认为教育的最高目的在于培养绅士。所谓绅士教育就是培养既具有封建贵族遗风，又具有新兴资产阶级特点的新式人才的教育。洛克主张把社会中上层家庭的子弟培养成为身体强健、举止优雅、有德行、智慧和实际才干的事业家。

学习策略

学习策略是指学习者为了提高学习的效果和效率，有目的、有意识地制定的有关学习过程的复杂的方案，具有主动性、有效性、过程性和程序性的特征。

有意义学习

有意义学习就是符号所代表的新知识与学习者认知结构中已有的适当观念建立非任意的和实质性的联系。有意义学习的类型包括表征学习、概念学习和命题学习。

学校教育制度

学制即学校教育制度，它是现代教育制度的核心部分。指的是一个国家各级各类学校的系统及其管理规则，它规定着各级各类学校的性质、任务、入学年限、修业年限以及它们之间的关系。

德育过程

德育过程是学生在教师的引导下，主动积极地进行道德认识和道德实践，逐步提高自我修养能力，形成个人品德的过程。

二、简答题

1. 简述孔子的教学思想。

【答案要点】

（1）因材施教。孔子主张在了解学生的基础上，根据学生的具体情况，有针对性地进行教育。

（2）启发诱导。教师的启发是在学生思考的基础上进行的，启发后应让学生再思考，获得进一步的领会。

（3）学思行结合。由学而思进而行，这是孔子所探究和总结的学习过程，也就是教育过程，与人的一般认识过程基本符合。

（4）好学求是的态度。学生端正学习态度，是教学成功的重要条件。首先要有好学、乐学的态度；其次要有不耻下问的态度；最后还要有实事求是的态度。

2. 简述泰勒的课程原理理论。

【答案要点】

泰勒于1949年出版的《课程与教学的基本原理》，被视为现代课程理论的奠基石。

（1）理论内容。①课程设计与开发的四个基本问题：学校应达到哪些教育目标？提供哪些教育经验才能实现这些目标？怎样才能有效地组织这些教育经验？怎样才能确定这些目标正在得到实现？②课程编制的四个步骤：确定目标、选择经验、组织实施、评价结果。

（2）评价：人们把泰勒的这些理论称为"泰勒原理"，其课程开发模式称为"目标模式"，对课程理论的发展有很大影响，至今仍在西方课程领域中占有主要的地位。

3. 简述教学过程的实质。

【答案要点】

（1）教学过程是一种特殊的认识过程。教学过程作为特殊的认识过程，其特殊性在于它是学生个体的认识过程，具有不同于人类总体认识的显著特点：间接性、引导性、简捷性。

（2）教学过程是以认识过程为基础的学生全面发展的过程。教学过程不只是要学生完成认识世界的任务，更重要的是在这个过程中促进学生的全面发展。

（3）教学过程是以交往为背景和手段的活动过程。在教学过程中，教师不仅运用交往引导学生进行认知，而且通过交往对学生达致情感的沟通、同情与共鸣。

（4）教学过程也是一种促进学生身心发展、追寻与实现价值目标的过程。在教学活动中，教师引导学生学习知识、开展交往、认识与作用世界，进行多方面的演练与实践，其实都是为了促进学生的身心发展，以追寻与实现使他们成人、成才的价值增值目标。

4. 简述教师的权利与义务。

【答案要点】

（1）教师的权利。

①独立工作的权利，即教师依法享有对学生实施教育、指导、评价的权利。

②自我发展的权利，即教师依法享有发展自己、提高专业文化水平的权利。

③参与管理的权利，即教师可以通过各种合法途径参与学校的管理。

④争取合理报酬、享受各种待遇的权利。法律明确规定：教师享有"按时获取工资报酬，享受国家规定的福利待遇以及寒暑假期的带薪休假"的权利。

（2）教师的义务。

①遵守宪法、法律和职业道德，为人师表。

②贯彻国家的教育方针，遵守规章制度，执行学校的教学计划，履行教师聘约，完成教育教学

工作任务。

③对学生进行宪法所确定的基本原则的教育和爱国主义、民族团结教育，法制教育以及思想品德、文化、科学技术教育，组织、带领学生开展有益的社会活动。

④关心、爱护全体学生，尊重学生人格，促进学生在品德、智力、体质等方面全面发展。

⑤制止有害于学生的行为或者其他侵犯学生合法权益的行为，批评和抵制有害于学生健康成长的现象。

⑥不断提高思想政治觉悟和教育教学业务水平。

三、分析论述题

1. 论述蔡元培教育思想与实践。

【答案要点】

（1）教育思想。

①"五育"并举的教育方针。

军国民教育。指将军事教育引入学校和社会教育之中，让学生和民众受到一定的军事教育和训练。在学校教育中，强调学生生活的军事化，特别是体育的军事化。

实利主义教育。即密切教育与国民经济生活的关系，加强职业技能的培训，使教育能发挥提高国家经济能力和改善人民生活水平的作用。

公民道德教育。蔡元培认为，公民道德的基本内容不外乎法国资产阶级革命所标榜的自由、平等、博爱，虽然与封建道德的专制等级性不相容，但他明确指出中国传统伦理特别是儒家伦理中的一些基本范畴，其内涵是与自由、平等、博爱的精神相通的。

世界观教育。是蔡元培独创并被作为教育的最高境界。世界观教育就是要培养人们立足于现象世界但又超脱现象世界而贴近实体世界的观念和精神境界。

美感教育。美感教育与世界观教育紧密联系。蔡元培认为，美感介于现象世界和实体世界之间，是两者之间的桥梁。

②教育独立思想。

1922年，蔡元培发表《教育独立议案》，阐明教育独立的基本观点和方法，成为教育独立思潮中的重要篇章。教育独立的基本要求可以大致归结为：教育经费独立；教育行政独立；教育学术和内容独立；教育脱离宗教而独立。

（2）改革北京大学的教育实践。

①抱定宗旨，改变校风。蔡元培明确大学的宗旨，认为大学应该成为"研究高尚学问之地"。他改革北大的第一步就是要为师生创造研究高深学问的条件和氛围。具体措施有：改变学生的观念；整顿教师队伍，延聘积学热心的教员；发展研究所，广积图书，引导师生研究兴趣；砥砺德行，培养正当兴趣。

②贯彻"思想自由，兼容并包"的办学原则。蔡元培明确声明，在学术上"循'思想自由'原则，取兼容并包主义"，这是他办理北京大学的基本指导思想。该思想不仅体现在学术上，也体现在教师的聘任上。蔡元培以"学诣为主"，罗致各类学术人才，使北大教师队伍一时呈现出流派纷呈的局面。

③教授治校，民主管理。1912年由蔡元培主持制定的《大学令》中，确立了教授治校、民主管理的大学校务管理原则，规定大学设立评议会，各科设立教授会。蔡元培到任北大后，当年即组织了评议会。1919年，评议会通过学校内部组织章程，决定：第一，设立行政会议，作为全校最高的行政机构和执行机构，负责组织实施评议会议决的事项，下设各种委员会分管各类事务；第二，

设立教务会议及教务处，由各系主任组成，并互相推选教务长一人，统一领导全校的教务工作；第三，设立总务处，主管全校的人事和事务工作。

④学科与教学体制改革。在学科与教学体制改革方面，蔡元培主要有三个措施：第一，扩充文理，改变"轻学而重术"的思想；第二，沟通文理，废科设系；第三，改年级制为选科制，发展学生个性。

（3）蔡元培对近代中国教育发展的贡献和影响。

蔡元培在民国历史的几个关键时期被委以教育要职，对民国教育的大政方针和宏观布局有重大影响。他的教育思想贯穿着对民主、科学、自由、个性的追求，充满了爱国主义激情。他在教育实践中表现出不屈从压力、锐意改革、坚守信念的品质。他在民国初期改革封建教育，建立资产阶级民主教育制度，反映的是新时代对教育的要求；20世纪20年代提倡教育独立是在教育面临深重危机下的一次无奈抗争；他对北京大学的改革，包容博大，规模恢宏，影响深远，凸显了他作为杰出教育改革家的远大理想和个性品质。

2. 论述环境、教育、遗传在人的身心发展中的作用。

【答案要点】

（1）环境在人的发展中的作用。

①环境是人的发展的外部条件。社会环境是儿童得以发展的现实条件和现实源泉，对人的发展起着不可替代的作用。

②环境的给定性。指的是由自然与社会、历史遗产与他人为儿童个体所创设的环境，它对于儿童来说是客观的、先在的、给定的。主体的选择性：人是具有能动性的主体，他对环境变化的刺激做出的回应是可以由主体内在的意愿来选择和决定的。

（2）教育对人的发展的作用。

①教育在人的发展中起引领作用，主要体现在：有意识地为年轻一代的成长选择、建构、调控良好的环境，对他们的生活、交往、学习与实践等活动进行正确的教导、示范和辅助，并注重尊重他们的主体地位和激发、引导他们内在的学习动力与自我发展的能动性和自主性，从各方面引领、关怀、维护他们的发展。

②学校教育主要通过传承文化科学知识来培养人。学校教育是教育者有意识地为儿童的身心发展精心设置的一种环境，它把经过选择的、重新组编的、人类长期积累起来的文化知识作为精神客体与儿童互动，以促进儿童的发展，使他们成人成才。文化知识蕴含着有利于人的发展的多方面价值：认识价值、陶冶价值、能力价值、实践价值。

③学校教育对提高人的现代性有显著的作用。教育在人的现代化过程中起着重要作用，是因为学生在学校里不仅学会了读、写、算等各个方面的基础知识与技巧，而且学到了与他们个人的发展和国家的未来有关的态度、价值和行为方式。

（3）遗传在人发展中的作用。

①遗传素质是人的发展的生理前提，为人的发展提供了可能。

②遗传素质的成熟过程，表现为人身体的各种器官的形态、结构和机能的发展变化与完善，为一定年龄阶段的身心特点的出现提供了可能，制约着人的发展的年龄阶段。

③遗传素质的差异不仅表现在体态和感觉器官的功能上，也表现在神经活动的类型上。

④人们对外界事物反应的快慢、情感表现的强弱和是否容易转移等方面，也存在着差异。

随着环境、教育和实践活动的作用，人的遗传素质会逐渐地发生变化，这就说明了遗传素质具有可塑性。

3. 论述创造性及培养措施。

【答案要点】

（1）创造性的内涵。

创造性是个体利用一定内外条件，产生新颖、独特、有社会和个人价值产品的心理特性。这种心理品质是综合的、多维的，它包括与创造活动密切联系的认知品质、人格品质和适应性品质。创造性表现于创造活动之中，其结果以"产品"为标志，其水平以产品的"价值"为标准。

（2）创造性的培养措施。

①营造鼓励创造的环境。这是促进学生创造性发展的必要条件。首先，应倡导民主式的教育和管理。其次，应改革考试制度，为学生创造宽松的学习环境。再次，应增加自主选择课程的机会和有针对性的课程设计。最后，应为学生提供创造性人物的榜样。

②培养创造性的教师队伍。首先，要转变教师的教育教学观念，使教师理解并鼓励学生的创造思维；其次，要教给教师必要的创造技法和思维策略；再次，为教师提供明晰的、具有实用价值的有关创造性的知识及相应的教学策略和技能；最后，教师应不断学习关于创造性的心理学知识，用心理学的理论指导自己的实践。

③培育创造意识，激发创造动机。只有当个人具有自觉的创造意识、强烈的创造动机，才易产生新思想、新方法、新观点。需要做到：树立学生创新的自信心；激发创造热情；磨砺创造意志；培养创造勇气。

④发展和培养创造性思维。创造性思维是创造性的核心。创造性思维的培养应注意以下几个方面：加大思维的"前进跨度"，培养思维的跳跃能力；加大思维的"联想跨度"，使学生敢于把习惯上认为毫不相干的、表面上看来微不足道的问题联系起来或进行移植；加大"转换跨度"，引导学生敢于否定原来的设想，善于打破固有的思路；给学生大胆探索与推测的机会。

⑤开设创造课程，教给创造技法。教学是培养学生创造性的重要途径。因此，开设创造性课程已成为国内外开发创造性的有效途径。在创造性课程的教学中，注重教给学生基本的创造技巧与方法是培养创造性的有效措施。促进创造性发展的主要创造技法有：头脑风暴法、系统探求法、联想类比法、组合创新法、对立思考法、转换思考法。

⑥塑造创造性人格。创造性人格是创造性的重要组成部分，培养学生的创造性人格是培养创造性的重要内容。主要方法有：保护好奇心；解除对错误的恐惧心理；鼓励独创性与多样性。此外，自信与乐观、忍耐与有恒心、合作、严谨等也是创造性人格培养的重要方面。

4. 杜威有关教育本质的教育理论。

【答案要点】

杜威对于"什么是教育"的问题，给出的回答是：教育即生活、学校即社会、教育即生长、教育即经验的持续不断的改造。

（1）教育即生活。

杜威认为教育是生活的过程，学校是社会生活的一种形式，那么学校生活也是生活的一种形式。

学校生活应与儿童自己的生活相契合，满足儿童的需要和兴趣，使校园成为儿童的乐园，使儿童在现实的学校生活中得到乐趣；学校生活应与学校以外的社会生活相契合，适应现代社会变化的趋势并成为推动社会发展的重要力量，校园不应是世外桃源而应积极参与社会生活。

杜威要做的就是改造不合时宜的学校教育和学校生活，使之更富活力，更有乐趣，更具实效，更有益于儿童发展和社会改造。

（2）学校即社会。

杜威"学校即社会"意在使学校生活成为一种经过选择的、净化的、理想的社会生活，使学校成为一个合乎儿童发展的雏形的社会。而要将此落于实处，就必须改革学校课程，从分科课程转变为活动课程。

"学校即社会"是对"教育即生活"这一命题的进一步引申，代表社会生活的活动性课程的引入是使学校与社会生活相联系的基本保证。杜威坚信教育是社会进步及社会改革的基本方法，通过教育改造社会生活，使之更完善、更美好。

（3）教育即生长。

杜威针对当时教育无视儿童天性，消极对待儿童，不考虑儿童的需要和兴趣的现象，提出了"教育即生长"的观念。

杜威要求摒除压抑、阻碍儿童自由发展之物，使教育和教学适应儿童的心理发展水平和兴趣、需要。他所理解的生长是机体与外部环境、内在条件与外部条件交互作用的结果，是一个持续不断的社会化的过程。杜威要求尊重儿童但不同意放纵儿童，这也是杜威与进步主义教育实践的一个重要区别。

（4）教育即经验的改造。

教育即经验的改造是指构成人的身心的各种因素在外部环境和人的主动经验过程中统一的全面改造、发展、生长的连续过程，包含四个方面：

①经验是一种行为，涵盖认识的、情感的、意志的等理性、非理性因素，成为儿童各方面发展和生长的载体。在经验过程中，儿童不仅能够获得知识，而且可以形成能力、养成品德。

②经验是有机体与环境相互作用的过程，机体不仅受环境的塑造，同时也对环境加以改变。经验的过程就是一个实验探究的过程、运用智慧的过程、理性的过程。

③经验的过程是一个主动的过程，有机体既接受着环境塑造，也主动改造着环境。

④经验是一个连续发展的过程，不存在终极目的的发展过程，因此教育就是个人经验的不断生长。

（5）评价。

①积极性。杜威关于教育本质的这三个论点具有重要的意义：这些观点是杜威改革旧教育的纲领，他的意图是要使教育为缓和社会矛盾、完善美国社会制度服务，对于推动当时的教育改革有积极意义；杜威关于教育本质的观点是他的教育哲学的三个主要命题，内涵丰富并具有启发意义；杜威力图把教育的社会功能与个体发展功能统一起来，并把社会活动视为使两者得以协调的重要手段或中介。

②局限性。杜威对于教育本质的表述不够科学。如"教育即生长"给人以重视个体的生物性而回避社会性的印象，并且生长有方向、方式之异，有好坏优劣之别，所以仅说"教育即生长"是不严谨的；又如"教育即生活"的口号表述过于简要，也易使人不得要领，从而在理解上产生歧义；"学校即社会"的提法也存在着片面性，它忽视社会与个体发展的各自的相对独立性，进而导致抹杀学校与社会的本质区别。

2014年 天津师范大学 333 教育综合·真题解析

一、名词解释

京师同文馆

京师同文馆最初是作为外语学校设立的，是近代中国被动开放的产物，1902年，京师同文馆并入京师大学堂。在教学内容的设置上，重视外语学习以及科学技术的学习。就其历史地位而言，它是洋务学堂的开端，也是中国近代新教育的开端。

朱子读书法

朱子一生酷爱读书，对于如何读书有深切的体会，并提出了许多精辟的见解。他的弟子将其概括为"朱子读书法"六条，包括循序渐进、熟读精思、虚心涵泳、切己体察、着紧用力、居敬持志。

道尔顿制

道尔顿制是美国进步主义教育家帕克赫斯特针对班级授课制的弊端在道尔顿中学实施的一种个别教学制度，也称"道尔顿计划"，主要内容包括在学校废除课堂教学、课程表和年级制，代之以"公约"或"合同式"的学习；将教室改为作业室或实验室，用表格法来了解学生的学习进度等。

教育心理学化

裴斯泰洛齐是第一个明确提出"教育心理学化"的教育家，教育心理学化就是要把教育提高到科学的水平，将教育科学建立在人的心理活动规律的基础上。

最近发展区

维果茨基认为，在进行教学时必须注意到儿童的两种水平，一种是儿童现有的发展水平，另一种是即将达到的发展水平，维果茨基把这两种水平之间的差距称为最近发展区，即独立解决问题的真实发展水平和在成人指导下或与其他儿童合作情况下解决问题的潜在发展水平之间的差距。

成功智力理论

斯滕伯格成功智力理论的内涵有四个基本方面：成功智力是在个体生活的社会文化背景之下，依据个人的标准，在生活中获得成功的能力；个体达到成功的能力依赖于利用自身的长处，纠正、弥补自己的不足；个体通过达到智力的平衡去适应、塑造和选择环境；成功通过分析性、创新性和实践性三个方面的智力及良好的人格平衡来实现。

二、简答题

1. 简述教育与政治制度的关系。

【答案要点】

（1）教育被社会发展所制约：社会经济政治制度制约教育的性质；社会经济政治制度制约教育的宗旨和目的；社会经济政治制度制约教育的领导权；社会经济政治制度制约受教育权；社会经济政治制度制约教育内容、教育结构和教育管理体制。

（2）教育也能动地反作用于社会：教育通过传播一定的社会的政治意识，完成年轻一代的政治社会化；教育通过造就政治管理人才，促进政治体制的变革与完善；教育通过提高全民文化素质，推动国家的民主政治建设；教育是形成社会舆论、影响政治时局的重要力量。

2. 简述课程内容的设计。

【答案要点】

（1）课程内容的概念。课程内容是课程的核心要素，是根据课程目标从人类的经验体系中选择出来，并按照一定的学科逻辑序列和儿童心理发展需求组织编排而成的知识体系和经验体系。它以学科文化知识为核心，主要包括间接经验，但也包括设计一定的实践—交往活动要求学生获取的直接经验，以及预期的学习活动方式。

（2）课程内容的选择。课程内容是依据课程目标从各门科学或学科中的系统的知识理论及方法选编而成的，其理论知识十分丰富。总体来看，分为直接经验和间接经验。

（3）课程内容的组织。泰勒明确提出课程内容组织的三条规则：第一，连续性，指直线式地陈述主要的课程内容；第二，顺序性，要求每一后继内容应以前面的内容为基础，同时又对前面的内容加以深化、拓展；第三，整合性，强调保持各种课程内容之间的横向联系，以便有助于学生获得一种统一观念。

3. 简述掌握知识与发展智力的关系。

【答案要点】

（1）智力的发展与知识的掌握二者相互依存，相互促进。在教学过程中，学生智力的发展依赖于他们知识的掌握，对学生来说，掌握、运用知识及其反思、改进的过程，也就是他们运用和发展智力的过程；同时，学生对知识的掌握又依赖于他们的智力发展。

（2）生动活泼地理解和创造性地运用知识才能有效地发展智力。在教学中要引导学生通过生动活泼的教学活动，透彻地理解知识原理，了解获取知识的过程与方法，学会独立思考、推理与论证，创造性地解决实际问题，这样才能使学生的智力获得高水平的发展。

（3）防止单纯抓知识教学或只重能力发展的片面性。在教学实践中，有的教师忽视引导学生通过探究、反思有意识地锻炼学生的智力，有的教师忽视通过系统知识和原理的学习与运用来发展智力。这两者都不利于提高教学质量。

4. 德育的途径与方法。

【答案要点】

（1）德育的途径：思想政治课与其他学科教学；劳动和其他社会实践；课外活动和校外活动；学校共青团、少先队活动；心理咨询；班主任工作；校园生活。

（2）德育的方法：明理教育法；榜样示范法；情境陶冶法；实践锻炼法；自我修养法；制度育德法；奖惩法。

三、分析论述题

1. 论述教师应具备的基本素养。

【答案要点】

（1）高尚的师德：热爱教育事业，富有献身精神和人文精神；热爱学生，诲人不倦；热爱集体，团结协作；严于律己，为人师表。

（2）先进、科学的教育理念。教育理念是教师在对教育工作本质理解的基础上形成的关于教育的观念和理性信念，它是以观念或信念的形式存在于教师头脑中的对教育现象和教育问题的看法。先进、科学的教育理念体现在教师的所有努力都要有利于学生精神世界的丰富、人格尊严的维护和美好人性的成长。如学生主体观、教学交往观、发展性教学评价观等。

（3）宽厚的文化素养。教师的主要任务是通过向学生传授科学文化知识，培养其能力，促进其个性生动活泼地发展。一个好教师的基本条件之一，就是要有比较渊博的知识和多方面的才能。因此，教师对自己所教学科知识应科学、深入地把握，能对自己所教专业融会贯通、深入浅出、高瞻远瞩，达到运用自如的境界，在教学过程中不出知识性的错误。同时，教师还应有比较广博的文化修养。

（4）专门的教育素养。教师的专门教育素养水平及其合理结构是教育教学任务得以完成的重要保证，它主要包括三个方面的内容：教育理论素养、教育能力素养、教育研究素养。

（5）健康的心理素质。教师的心理健康不仅会直接影响教育工作的优劣成败，而且会影响学生的心理健康水平。因此，教师应该注重提高自己的心理素质。健康的心理素质体现在心理活动的方方面面，概括起来主要指：教师要有轻松愉快的心境，昂扬振奋的精神，乐观幽默的情绪以及坚韧不拔的毅力等。

（6）强健的身体素质。教师的身体素质是指教师在教学活动中的自然力，是教师的身体健康状态和身体素质状态在教学中的表现。它主要通过健康的体魄、旺盛的精力、蓬勃的活力、有节律的生活方式和锻炼习惯等体现。教师的身体素质在教育教学中具有重要的教育意义。

2. 论述陶行知"生活教育"的理论体系。

【答案要点】

（1）"生活即教育"。

"生活即教育"是陶行知生活教育理论的核心。其内涵包括：生活含有教育的意义；实际生活是教育的中心；生活决定教育，教育改造生活。

"生活即教育"所强调的是教育以生活为中心，所反对的是传统教育脱离生活而以书本为中心。尽管它在生活与教育的区别和系统的知识传授方面有所忽视，但在破除传统教育脱离民众、脱离社会生活的弊端方面，有十分重要的意义。

（2）"社会即学校"。

"社会即学校"是生活教育理论另一重要主张，是"生活即教育"思想在学校与社会关系问题上的具体化。"社会即学校"，是指"社会含有学校的意味"，或者说"以社会为学校"。由于到处是生活，到处都是教育，"整个的社会是生活的场所，亦即教育之场所"。

"社会即学校"，也指"学校含有社会的意味"。也就是说，学校通过与社会生活相结合，一方面运用社会的力量使学校进步，另一方面动员学校的力量帮助社会进步，使学校真正成为社会生活必不可少的组成部分。

"社会即学校"扩大了学校教育的内涵和作用，对于传统的学校观、教育观有所改变。传统学校与社会生活脱节，学生孤陋寡闻，而以社会为学校，使得教育的材料、教育的方法、教育的工具、教育的环境可以大大地增加，有利于拓展学生的知识，增强学生的能力。"社会即学校"，还可以使被传统学校拒之门外的劳苦大众能够受到起码的教育，贯穿了普及民众教育的苦心，同样也值得肯定。

（3）"教学做合一"。

"教学做合一"是生活教育理论的又一重要主张，是"生活即教育"在教学方法问题上的具体化。其含义为：教的方法根据学的方法，学的方法根据做的方法。事怎样做便怎样学，怎样学便怎样教。教与学都以做为中心。包括以下四个要点："教学做合一"要求在"劳力上劳心"；"教学做合一"是因为"行是知之始"；"教学做合一"要求"有教先学"和"有学有教"；"教学做合一"还是对注入式教学法的否定。

（4）启示。

陶行知的生活教育理论是一种大众的、为人民大众服务的教育理论，且还是一种不断进取创造，旨在探索具有中国民族特色的教育道路的理论。生活教育理论还在教育观念的改变方面颇有建树，无论是强调学校教育与社会生活、生产劳动相结合，还是要求手脑并用、在劳力上劳心，都是对学校与社会割裂、书本与生活脱节、劳心与劳力分离的传统教育的反动，显示出强烈的时代气息，至今都富于启示。陶行知的生活教育理论是我国民族教育理论宝库中十分可贵的遗产，值得我们珍惜并认真研究借鉴。

3. 评述赫尔巴特的课程理论。

【答案要点】

（1）课程必须与儿童的经验和兴趣相适应。

①经验与课程。一方面，儿童在日常生活中可以获得经验和同情，这是教学活动进行的基础。另一方面，儿童的经验并非完美无缺，需要教学加以补充和整理。因此，课程的内容必须与儿童的日常经验保持联系，通过使用直观教材使得儿童的经验变得更加丰富、真实和确切。

②兴趣与课程。只有与儿童经验相联系的内容，才能引起儿童的兴趣；只有能够引起兴趣的教学内容，才能使儿童保持意识的警觉状态，从而更好地接受教材。为了让课程与兴趣保持联系，赫尔巴特把兴趣分为经验的兴趣和同情的兴趣两大类，各类下又细分了三小类，并根据该分类对课程也进行了相应的划分。

（2）课程要与统觉过程相适应。

根据统觉原理，新的知识总是在原有的理智背景中形成的，以原有知识为基础。因此，课程安排应当使儿童能够不断地从熟悉的材料逐渐过渡到密切相关但还不熟悉的材料。为此，赫尔巴特提出"相关"和"集中"两项原则，目的是保持课堂教学的逻辑结构和知识的系统性。

①相关，指学校不同课程的安排应当相互影响、相互联系。

②集中，指在学校的所有课程中，选择一门科目作为学习的中心，其他科目都作为学习和理解它的手段。赫尔巴特把历史和数学所视为所有学科的中心。

（3）课程必须要与儿童发展阶段相适应。

赫尔巴特认为，儿童在一定发展阶段上最理想的学习内容应当是种族发展在相应阶段上所取得的文化发展。以此为基础，他将儿童发展分为婴儿期、幼儿期、童年期和青春期。每个时期对应不同的心理特征，应开设不同的课程。

①婴儿期（0~3岁）：进行身体的养护，加强感官训练，发展儿童的感受性。

②幼儿期（4~8岁）：教学内容以《荷马史诗》等为主，发展儿童的想象力。

③童年和青春期：分别教授数学、历史等，发展其理性。

（4）评价。

在欧美近代教育史上，赫尔巴特所提出的课程理论是最为完整和系统的。他在前人的基础上，力图赋予教育以严格和广泛的心理学基础，从而使课程的设置与编制有了明确的依据，避免课程设置中的盲目性和随意性。客观地说，无论在理论上还是在实践中，赫尔巴特虽未真正解决欧美近代学校的课程问题，但他为解决问题进行了有益的探索，并提出了一些卓有见地的主张。

4. 论述学习动机的培养与激发。

【答案要点】

（1）创设问题情境，实施启发式教学。

想要实施启发式教学，关键在于创设问题情境。所谓问题情境，指的是一种适度的疑难情境。在学习过程中，仅仅让学生简单地重复已经学过或者过难的东西，学生都不会感兴趣。只有在学习那些"似懂非懂""似会非会"的东西时，学生才感兴趣而且迫切希望掌握它。

（2）根据作业难度，恰当控制动机水平。

教师在教学时，要根据学习任务的不同难度，恰当控制学生学习的动机水平。在学习较简单的课题时，应尽量使学生集中注意力；在学习较复杂的课题时，则应尽量创造轻松自由的课堂气氛。在学生遇到困难或出现问题时，要尽量心平气和地耐心引导，以免学生过度紧张和焦虑。

（3）充分利用反馈信息，给予恰当的评定。

心理学研究表明，来自学习结果的种种反馈信息，对学习效果有明显影响。一方面学习者可以根据反馈信息调整学习活动，改进学习策略，另一方面学习者为了取得更好的成绩或避免再犯错误而增加了学习动机，从而保持了学习的主动性和积极性。

（4）妥善进行奖惩，维护内部学习动机。

在对学生进行评价时，奖励和惩罚对于学习动机的激发具有不同的作用。一般而言，表扬与奖励比批评与指责能更有效地激发学生的学习动机，因为前者能使学生获得成就感，增强自信心。但过多使用表扬和奖励，或者使用不当，也会产生消极作用。

（5）合理设置课堂环境，妥善处理竞争和合作。

学生的学习主要是在课堂上进行的，课堂的合作与竞争环境无疑是影响学习动机的一个重要的外部因素。在教学活动中，合作与竞争都是必要的，应该强调竞争与合作的相互补充和合理运用。极端的竞争会对学生的学习行为和集体团结产生消极影响。适量与适度的竞争与合作的恰当结合，会有效激励学生的学习动机。

（6）适当进行归因训练，促使学生继续努力。

在学生完成某一学习任务后，教师应指导学生进行成败归因。一方面，要引导学生找出成功或失败的真正原因，即进行正确归因；另一方面，教师也应根据每个学生过去一贯的成绩的优劣差异，从有利于今后学习的角度进行积极归因。

（7）培养自我效能感，增强学生成功的自信心。

自我效能感影响学生的自我评价和自信心，进而影响学习成绩。尤其是学业不良的学生，由于对自己的学习能力持怀疑态度，表现出很低的自我效能感。因此，教师在教学中要通过一定的方法改变和提高他们的自我效能感。

提高自我效能感具体措施如下：选择难易适中的任务，让学生不断地获得成功体验，进而提高自我效能感；通过获得替代性经验和强化来提高他们的自我效能感，当一个人看到与自己水平接近的学生学习成功时，就会增强他的自我效能感，激发其学习动机；引导学生坦然面对失败，从失败中找出可以改进的因素，进而提高自己的学习技能，增强获得成功的自信。

（8）维护学生自我价值，警惕自我妨碍策略。

自我价值理论指出，学生有保护和表现自我价值的需要，这是个人追求成功的内在动力。教师要理解和尊重学生的这种需要，引导他们把自我价值的实现方式与正向、积极的学习行为相联系，避免学生不断从环境中体验到对自我价值的威胁感，从而采取各种自我妨碍的逃避策略。

（9）维护内在需要，促进外部动机内化。

兴趣、好奇心、探索欲，是人类学习的最早动力。源于内部需要的学习动机具有更多的坚持性和抗干扰性。然而，不是每个孩子都对教育中涉及的所有内容充满好奇和兴趣。因此，教师要帮助学生将外部调控的学习动机不断内化，形成相对自主调控的学习动机。

2013年 天津师范大学 333 教育综合·真题解析

一、名词解释

教学模式

教学模式是指在一定教学理论指导下为设计和组织教学而在实践中建立起来的各种类型教学活动的基本结构或者是一整套开展教学活动的方法论体系。主要包括理论依据、教学目标、教学程序、实施条件和教学评价五个要素。

课程标准

课程标准是指在一定课程理论指导下，依据培养目标和课程方案以纲要形式编制的关于课程的性质与价值、目标与内容、教学实施建议以及课程资源开发等方面的指导性文件，一般由说明、课程目标、课程内容标准和课程实施建议等部分组成。

元认知策略

元认知策略是对信息加工流程进行控制的策略，可分为计划策略、监察策略和调节策略。计划策略包括设置目标、浏览等；监察策略包括自我检查、集中注意力等；调节策略包括调整阅读速度、重新阅读等。

技能

技能是通过练习形成的合乎规则或程序的身体或认知活动方式，包括身体方面的技能和认知方面的技能。技能有三个方面的特点：技能是由练习导致的；技能表现为身体或认知动作；合乎规则或程序是技能形成的前提。

《学记》

《学记》是中国古代最早的一篇专门论述教育、教学问题的论著，因此有人认为它是"教育学的雏形"。《学记》是先秦时期儒家教育和教学活动的理论总结，它主要论述教育的具体实施，偏重于说明教学过程的各种关系。

教育性教学原则

教育性教学原则是指以教学来进行教育的原则。赫尔巴特指出，不存在"无教学的教育"，也不存在"无教育的教学"。即教育是通过，而且只有通过教学才能真正产生实际作用，教学是道德教育的基本途径。

二、简答题

1. 简述教育与文化的关系。

【答案要点】

（1）文化对教育的制约。

①文化知识制约教育的内容与水平。文化是教育的主要资源，文化知识的发展特性与水平制约着教育的发展特性与水平。

②文化模式制约教育的背景与模式。首先，文化模式为教育提供了特定的背景；其次，文化模式还从多方面制约教育的模式。

③文化传统制约教育传统的特性。文化传统越久，对教育传统的制约性越大。

（2）教育的文化功能。

①传递文化。教育起着传递文化的作用。尤其是学校教育因其具有明确的目的性、计划性等特点，一直承担着传承文化的重任。

②选择文化。教育的选择功能十分重要，体现了教育对文化发展的积极引导和自觉规范。

③发展文化。教育通过广泛的文化交流，不断地吸收其他民族的文化精华，补充、更新和发展本民族的文化，也是文化发展的一种重要方式。

2. 简述建立良好师生关系的途径与方法。

【答案要点】

（1）了解和研究学生。包括了解学生个体的思想意识、道德品质、兴趣、需要、知识水平、学习态度和方法、个性特点、身体状况和班集体的特点及其形成原因。

（2）树立正确的学生观。正确的学生观来自教师对学生的观察和了解，来自教师向学生的学习和对自我的反思。

（3）热爱、尊重学生，公平对待学生。热爱学生包括热爱所有学生，对学生充满爱心，经常走到学生之中；尊重学生特别要尊重学生的人格；教师处理问题必须公正无私，使学生心悦诚服。

（4）主动与学生沟通，善于与学生交往。要求教师掌握沟通与交往的主动性，经常与学生保持接触、交心。同时教师还要掌握与学生交往的策略和技巧。

（5）努力提高自我修养，健全人格。教师要使师生关系和谐，就必须通过各方面的自我提升来吸引学生。

3. 简述书院教育的特点。

【答案要点】

（1）书院精神：自由讲学。书院注重讨论，学术风气浓厚，开辟了新的学风，推动了教育和学术的发展。

（2）书院功能：育才、研究和藏书。

（3）培养目标：注重人格修养，强调道德与学问并进，培养学生的学术志趣。

（4）管理形式：较为简单，管理人员少，强调学生遵照院规自我约束、自我管理为主。

（5）课程设置：灵活具有弹性，教学以学生自学、独立研究为主，师生、学生之间注重质疑问难与讨论。

（6）教学组织：教学与研究相结合，教学形式多样，注重讲明义理，躬亲实践。

（7）规章制度：书院作为一种教育制度得以确立，在教育目标、教学方法、教学顺序等方面用学规的形式加以阐明，最著名的是《白鹿洞书院揭示》，它说明南宋后书院已经制度化。

（8）师生关系：较之官学更为平等、学术切磋多于教训，学生来去自由，关系融洽、感情深厚。

（9）学术氛围：教学与学术研究并重，学术氛围自由宽松，人格教育与知识教育并重。

4. 简述美国"八年研究"主要涉及的问题。

【答案要点】

1930 年，美国进步教育协会成立了"大学与中学关系委员会"，试图通过加强中学与大学的合作关系来解决高中长期存在的问题。委员会制订了一项为期八年的大规模的高中教育改革实验研究计划，即"八年研究"计划，它主要涉及以下四个方面的问题：

（1）关于教育目的。通过实验，人们认识到高中除了升学以外，还有其他目的。学校教育的目的主要是实验个人的发展并有效地协调个人与社会的关系。

（2）关于教育管理。研究发现教育管理最有效的方式的全体教师共同参与对教学大纲的再评价和再计划。

（3）关于课程、方法的选择和安排。各学校在对待传统课程的做法上都有不同的特点，在实践中，许多学校更重视从青少年个人成长和社会问题出发，按照生活的单元来安排课程。

（4）关于评估工作。新的实验设计了许多对教育过程和目标的测验。

三、分析论述题

1. 如何看待班级授课制。

【答案要点】

（1）定义：一种集体教学形式。它把一定数量的学生按年龄与知识程度编成固定的班级，根据周课表和作息时间表，安排教师有计划地给全班学生上课，分别学习所设置的各门课程。

（2）优点：第一，形成了严格的教学制度；第二，以课为单位科学地组织教学；第三，能充分发挥教师的主导作用；第四，能促进学生的社会化与个性化；第五，便于传授系统的科学知识。

（3）缺点：第一，不利于照顾学生的个别差异；第二，不利于培养学生的兴趣、特长和发展个性；第三，不利于理论联系实际；第四，不利于实现教学的灵活性。

（4）改革趋势：第一，根据学生年龄、学科性质等不同情况，对每节课的时间长度，做有弹性的不同规定；第二，加强班级教学中的小组与个别指导活动；第三，提高学生在教学活动中的主体地位与作用；第四，注重到特定的实验室、作业室里上课，或在现场教学；第五，将班级上课、分组学习、个别辅导恰当地结合起来；第六，防止班级的人数超限，逐步实现小班教学；第七，允许成绩优异或有特长的学生跳级、选班或选课等。

2. 论述陈鹤琴"活教育"思想体系。

【答案要点】

陈鹤琴是中国近代学前儿童教育理论和实践的开创者。其通过对长子陈一鸣的追踪研究，力行观察、实验方法，探索中国儿童心理发展及教育规律；同时创办了中国第一所实验幼稚园——鼓楼幼稚园，进行中国化、科学化的幼儿园实验，总结并形成了系统的、有民族特色的学前教育思想。

"活教育"思想体系包括以下内容：

（1）"活教育"的目的论。

陈鹤琴提出"活教育"的目的是"做人，做中国人，做现代中国人"。

①"做人"是"活教育"最为一般意义的目的。"活教育"提倡学习如何做人，如何求社会进步、人类发展。学会"做人"，是个体参与社会生活、增进人类全体，同时也是个体幸福的基础。

②"做中国人"体现了"活教育"目的的民族特征，指要懂得爱护这块生养自己的土地，爱自己国家长期延续的光荣历史，爱与自己共命运的同胞。并且，应该与其他中国人团结起来共同谋国家发展。

③"做现代中国人"体现了时代精神，有五个具体方面的要求：要有健全的身体；要有建设的能力；要有创造的能力；要能够合作；要服务。

"活教育"目的论从普遍而抽象的人类情感和认识理性出发，逐层赋予教育以民族意识、国家观念、时代精神和现实需求等含义，使教育目标逐渐具体，表达了陈鹤琴对人的发展、教育与社会变革的追求。

（2）"活教育"的课程论。

"大自然、大社会都是活教材"，是陈鹤琴对"活教育"课程论的概括表述。"活教材"是指取自大自然、大社会的"直接的书"，即让儿童在与自然、社会的直接接触中，在亲身观察中获取经验和知识。既然"活教育"的课程内容应该来源于自然、社会和儿童的生活,其组织形式也必须符合儿童的活动和生活的方式,符合儿童与自然、社会环境的交往方式。

"活教育"的课程打破惯常按学科组织的体系,采取活动中心和活动单元的形式,即能体现儿童生活整体性和连贯性的"五指活动"形式。"五指活动"包括儿童健康活动、儿童社会活动、儿童科学活动、儿童艺术活动、儿童文学活动。

(3)"活教育"的教学论。

"做中教,做中学,做中求进步"是活教育教学方法的基本原则。陈鹤琴认为,"做"是学生学习的基础,因此也是"活教育"教学论的出发点。它强调儿童在学习过程中的主体地位和在活动中直接经验的获取。陈鹤琴提出了"活教育"的17条教学原则,这些教学原则体现出的特点有:

①强调以"做"为基础,确立学生在教学活动中的主体性。陈鹤琴认为,"做"是学生学习的基础,因此,凡儿童自己能够做的,就应当让他自己做。在教学中鼓励儿童自己去做、去思想、去发现,是激发学生主体性的最有效的手段。

②鼓励学生在"做"的同时,教师要进行有效的指导。但指导不是替代,更不是直接告知结果,而是运用各种心理学、教育学规律予以启发、诱导。

陈鹤琴还归纳出"活教育"教学的四个步骤:实验观察、阅读思考、创作发表和批评研讨。这四个步骤体现了以"做"为基础的学生主动学习。

"活教育"思想明显地受到杜威实用主义教育思想的影响,陈鹤琴对此也毫不讳言。但"活教育"如同陶行知的"生活教育"理论一样,吸取了杜威实用主义教育的合理内核,即批判传统教育忽视儿童生活和主体性,力图去除以学校和课堂为中心而脱离社会生活、以书本知识为中心而脱离实际和实践、以教师为中心而漠视学生的存在等弊端,同时也充分考虑到中国的时代背景和国情。这是一种有吸收、有创造、有创新的教育思想。"活教育"是对中国现代教育产生过重要影响的教育思想,其精神至今都未过时,不少观点对当今的教育改革仍然富有启发。

3.评述结构主义教育及其影响。

【答案要点】

结构主义教育产生于20世纪50年代末,是现代欧美国家一种强调认知结构的研究和认知能力的发展的教育思潮。它以结构主义心理学为理论基础,侧重研究课程教学改革问题,代表人物有皮亚杰、布鲁纳等。其主要观点包括以下几个方面:

(1)教育和教学应重视学生的认知能力发展。教育是教育者引导学习者实现知识的转化,并使学习活动内化的构造过程。其主要任务就是促使学生的认知能力得到发展。

(2)注重掌握各门学科的基本结构。学科的基本结构是指一门学科的基本概念、定义、原理、原则和方法。掌握学科的基本结构有助于理解和把握整个学科的内容。

(3)主张学科基础的早期学习。任何一门学科的基础知识都能以一定的形式教给任何阶段的任何儿童,因此,尽早让儿童掌握学科的基本结构是有效和便捷地进行教学的主要途径。

(4)倡导发现法和发现学习。发现学习就是引导儿童从事物表面现象去探索具有规律性的潜在结构的一种学习途径。

(5)认为教师是结构教学中的主要辅导者。教师应从儿童的心理能力出发,考虑一门学科的基本结构在学习中的作用以及如何使学生理解和掌握该门学科的基本结构。

结构主义教育思想为心理学研究和教育研究的相互协作提供了一个范例,对现代西方课程论影响很大,并成为20世纪60年代美国课程改革的指导思想。但是结构主义教育有些观点过于天真和理想化,导致课程教材改革的难度偏大,引起了人们不同的评论和争议。

4. 如何提高学生解决问题的能力？

【答案要点】

问题解决是指个体在面临问题情境而没有现成方法可以利用时，将已知情境转化为目标情境的认知过程。当常规或自动化的反应不适用于当前的情境时，问题解决者需要超越对过去所学规则的简单应用，对所学规则进行一定的组合，产生一个解答，达到问题解决的目的。它涉及认知、情感和行为活动成分。

在实际教学中，学生问题解决的能力可以结合各门学科的内容来进行训练和提高。教师要把重点放在课题的知识上，放在特定学科的问题解决的逻辑推理和策略上，放在有效解决问题的一般原理和原则上。具体措施如下：

（1）鼓励质疑。教师要尽量从自己提出问题过渡到让学生质疑，从而培养学生主动质疑的内在动机，鼓励学生主动提问，形成一种自由探究的气氛。

（2）设置难度适当的问题。教师给学生的问题要可解，但要有一定的难度。

（3）帮助学生正确表征问题。学生运用所学知识解释问题，或者画草图、列表、写方程式等，这对回忆相关信息都有很好的作用。

（4）帮助学生养成分析问题的习惯。教师要帮助学生发展系统考虑问题的方式和系统分析的习惯，教师既不能让学生盲目尝试错误练习，也不能过分热心，先把答案告诉学生。

（5）辅导学生从记忆中提取信息。教师需要帮助学生从记忆中迅速提取与解决问题有关的信息，并能很快找出可利用的信息，明确问题解决情境与欲达到的目的，迅速做出判断。

（6）训练学生陈述自己的假设及其步骤。教师要培养学生由跟从别人的言语指导转变到自行指导思考，然后再要求他们自己用言语把指导步骤表达出来。

（7）提供结构不良问题，培养实际解决问题的能力。通过对这些问题的解决，能让学生将解决问题的能力迁移到实际领域中去。

2012年 天津师范大学 333 教育综合·真题解析

一、名词解释

范例教学模式

由德国教育家瓦·根舍因、克拉夫基、施腾策尔等创立，该模式认为教学中需要重构教学内容，需要选择最典型的学科教材，使学生能够依靠特殊来掌握一般，理解带有规律性的经验性的知识，进而提高学生独立学习的能力。

因材施教原则

因材施教原则指进行德育要从学生品德发展的实际出发，根据他们的年龄特征和个性差异进行不同的教育，使每个学生的品德都能得到最优的发展。

自我效能感

自我效能感由班杜拉提出，是指个体对自己能否成功进行某一成就行为的主观判断。它影响着个体对行为的选择、付出多大努力以及坚持多久。

学习策略

学习策略是指学习者为了提高学习的效果和效率，有目的、有意识地制定的有关学习过程的复杂的方案，具有主动性、有效性、过程性和程序性的特征。

科举制度

科举制度即个人自愿报考，县州逐级考试筛选，全国举子定时集中到京都，按科命题，同场竞试，以文艺才能为标准，评定成绩，限量选优录取，是一种选官制度，以这种方式选拔国家官员。

苏格拉底

苏格拉底是古希腊著名的哲学家、教育家。在希腊哲学史上，苏格拉底是最早将对人的关注引入哲学领域的思想家之一，从而实现了从自然哲学向伦理哲学领域的转变。

二、简答题

1. 浅析课程实施的概念及其运行结构。

【答案要点】

（1）概念。课程实施是指把课程计划付诸实践的过程，即把书面的课程转化为具体的教学实践的过程。它是达到预期的课程目标的基本途径。

（2）结构。课程实施作为一个动态的序列化的实践过程，具有一定的运行结构。在课程实施的过程中，至少要考虑七个方面的问题：第一，安排课程表，明确各门课程的开设顺序和课时分配；第二，确定并分析教学任务；第三，研究学生的学习活动和个性特征，了解学生的学习特点；第四，选择并确定与学生的学习特点和教学任务相适应的教学模式；第五，对具体的教学单元和课程的类型和结构进行规划；第六，组织并开展教学活动；第七，评价教学活动的过程与结果，为下一轮的课程实施提供反馈性信息。

以上七个方面在运作过程中构成一个循环往复的动态结构，这便是课程实施的过程结构。

2. 简述陶行知的"生活教育"思想。

【答案要点】

（1）生活即教育。"生活即教育"是陶行知生活教育理论的核心，其内涵十分丰富。第一，生活含有教育的意义；第二，实际生活是教育的中心；第三，生活决定教育，教育改造生活。

（2）社会即学校。"社会即学校"是生活教育理论另一重要主张，是"生活即教育"思想在学校与社会关系问题上的具体化。社会即学校是指社会含有学校的意味，或者说以社会为学校；社会即学校也指学校含有社会的意味，也就是说，学校通过与社会生活相结合，一方面运用社会的力量使学校进步，另一方面动员学校的力量帮助社会进步，使学校真正成为社会生活必不可少的组成部分。

（3）教学做合一。"教学做合一"是生活教育理论的又一重要主张，是"生活即教育"在教学方法问题上的具体化。"教学做合一"要求在"劳力上劳心"；认为"行是知之始"；要求"有教先学"和"有学有教"；是对注入式教学法的否定。

3. 简述赫尔巴特的教学阶段论。

【答案要点】

赫尔巴特认为，兴趣活动可以划分为四个阶段：注意、期待、要求和行动。儿童在学习活动中的思维方式有两种：专心与审思。在此基础上，他提出了教学形式阶段理论，即"赫尔巴特四段教学法"。

（1）明了：当一个表象由自身的力量突出在感官前，兴趣活动对它产生注意；这时，学生处于静止的专心活动；教师通过运用直观教具和讲解的方法，进行明确的提示，使学生获得清晰的表象，以做好观念联合，即学习新知识的准备。

（2）联合：由于新表象的产生并进入意识，激起原有观念的活动，因而产生新旧观念的联合，但又尚未出现最后的结果；这时，兴趣活动处于获得新观念前的期待阶段；教师的主要任务是与学生进行无拘无束的谈话，运用分析的教学方法。

（3）系统：新旧观念最初形成的联系并不是十分有序的，因而需要对前一阶段由专心活动得到的结果进行审思；兴趣活动处于要求阶段；这时，需要采用综合的教学方法，使新旧观念间的联合系统化，从而获得新的概念。

（4）方法：新旧观念间的联合形成后需要进一步巩固和强化，这就要求学生自己进行活动，通过练习巩固新习得的知识。

4. 简述杜威教学方法的五个阶段。

【答案要点】

杜威根据科学的实验主义探究方法和反省思维方式，提出了五步教学法，五个阶段的顺序并不固定，实际思维中，有时两个阶段可以合二为一。

（1）创设疑难的情境。学生要有一个真实的经验的情境，要有一个对活动本身感兴趣的连续的活动。

（2）确定疑难所在。在这个情境内部产生一个真实的问题，作为思维的刺激物。

（3）提出问题的种种假设。他要占有知识资料，从事必要的观察，对付这个问题。

（4）推断哪种假设能解决这个困难。他必须有条不紊地展开他所想出的解决问题的方法。

（5）验证这种假设。他要有机会和需要通过应用检验他的观念，使这个观念意义明确，并且让他自己发现它们是否有效。

三、分析论述题

1. 如何看待普通中小学的性质与任务？

【答案要点】

普通中小学教育的性质是基础教育；它的任务是培养全体学生的基本素质，为他们学习做人和进一步接受专业教育打好基础，为提高民族素质打好基础。正确而深入地理解中小学教育的性质和任务，应该把握以下几个基本要点：

（1）为年轻一代做人打好基础。普通中小学的教育对象是青少年儿童，他们在这一时期要掌握科学文化基础知识和基本技能，发展思维能力和表达能力，形成良好的思想品德和高尚的审美情趣，拥有健康的身体，有自学能力和自我完善能力，为成为社会主义的建设者和接班人打好基础。普通中小学教育具有基础性、全面性和全体性，对青少年儿童的一生将产生深远影响。

（2）为年轻一代在未来接受专业教育打好基础。普通中小学教育首先要注重促进年轻一代的一般发展，以便为他们进一步接受专业教育打好基础。职业训练在中学阶段应占有合理的比重，才能完成培养各级各类建设人才和劳动者的任务。普通教育中可以适当渗透一点职业教育的经验，但是在要求个人具有较高的全面素质的当代，切忌将普通中小学教育办成职业教育，否则将影响学生的一般发展，导致个人的片面发展。

（3）为提高民族素质打好基础。提高民族素质不完全是教育的任务，更不完全是普通中小学教育的任务。但是，普通中小学，特别是义务教育，毕竟在其中起着奠基的作用，它为学生做人和接受专业教育打基础。因此，义务教育普及的程度和质量的高低，直接关系到民族素质的建构与提高。

2. 如何理解教师专业发展的内涵及发展途径?

【答案要点】

教师专业发展,又称教师专业成长,是指教师在整个专业生涯中,依托专业组织、专门的培养制度和管理制度,通过持续的专业教育,习得教育教学专业技能,形成专业理想、专业道德和专业能力,从而实现专业自主的过程。它包括教师群体的专业发展和教师个体的专业发展。促进教师专业发展的途径包括:

(1)加强和改革师范教育。

要发展师范教育,切实提高教师队伍的质量,第一,必须采取有效的政策性措施,鼓励和吸引大批优秀学生报考师范院校。第二,努力提高教师的社会地位和物质待遇,增强师范教育的吸引力。第三,联系现时代对教师作用和职能的新要求,使未来教师能获得与之相应的专业训练,尤其要树立师范生先进的教育理念。第四,吸收除正规教师以外的各种可能参与教育过程的人,并为其从教提供必要的职业帮助。

(2)实施教师资格考查制度。

实施教师资格考查制度,不仅有利于加强教师质量的管理与考核,而且为非师范专业毕业的大学生谋求教师职业开辟了道路,从而切实有效地充实了教师队伍。该制度包括三层含义:第一,教师资格制度是国家实行的一种职业资格制度;第二,教师资格制度是法律规定的,必须依法实施;第三,教师资格是教师职业许可。

(3)加强教师在职提高。

教师在职提高的主要途径包括教学反思、校本培训、校外支援与合作等形式。

①教学反思是指教师把自己放到研究者、反思者的位置,通过对教育、教学日常工作中出现的某些疑难问题的观察、分析、反思与解决,提升自己的专业理论水平和专业实践的智慧与能力。

②校本培训是指以教师任职的学校为组织单位,以提高教师专业素质为主要目标,通过教育、教学实践和教育科研活动等形式,对全体教师进行的全员性在职培训。

③校外专业支援与合作的主要形式有:跨校合作,包括学校与学校,学校与大学或师范院校的合作;专家指导,包括专家讲座、报告等;政府教育部门和教研机构组织的各类专业培训,包括短期培训、脱产进修、业余进修等。

3. 说明班杜拉的观察学习过程及其对教学工作的启示。

【答案要点】

(1)观察学习过程。

观察学习是一种间接学习的形式,人类的大多数行为是通过观察而习得的,人们通过观察他人的行为及其后果,可获得榜样行为的符号表征和经验教训,并可引导观察者今后的行为。其基本过程如下:

①注意过程。注意过程影响观察者对榜样行为的探索和知觉过程,决定观察者的观察内容。影响注意过程的因素有:榜样行为的特性、榜样的特征和观察者的特征。

②保持过程。保持过程使观察者将示范行为以某种形式储存在头脑中以便今后可以指导操作。示范信息的保持主要依赖两种符号系统——表象系统和言语系统。影响保持过程的因素有:注意过程的效果、榜样呈现的方式和次数以及观察者自身记忆能力、动机等。

③复制过程。观察者以内部表征为指导,将榜样行为再现出来。影响复制过程的因素有:观察的有效性、从属反应的有效性、反馈的及时性和准确性以及自我效能感。

④动机过程。动机过程决定个体复现榜样行为的具体内容,换言之,决定哪一种经由观察习得的行为得以表现。动机过程存在着三种强化:直接强化,指在模仿行为之后直接给出的强化,为学

习者提供信息和诱因；替代性强化，指观察者因看到榜样受强化而受到的强化；自我强化，指观察者依照自己的标准对行为做出判断后而进行的强化。

（2）启示。

①教授新行为、技能、态度和情感。教师需要将所期望的行为、技能、态度和情感以明确外显的方式示范出来，并对学生的模仿予以强化。同时，教师也要注意发挥自身的榜样作用，用自身对世界的好奇心、对本学科的热爱以及对学习的热情等感染学生。

②监控学生习得行为的表现。教师需要在创造榜样的同时，对良好的行为给予及时的表扬和鼓励，对错误的行为则给予批评和教育。

③对学生道德行为的养成具有现实指导意义。在该理论的基础上创建的认知行为矫正法在心理咨询和心理治疗中也得到广泛应用。

4. 论述蔡元培"五育"并举的教育方针。

【答案要点】

蔡元培是中国近代著名的资产阶级革命家和民主主义教育家。1912年初，蔡元培发表《对教育方针之意见》一文，从"养成共和国民健全之人格"的观点出发，提出军国民教育、实利主义教育、公民道德教育、世界观教育和美感教育的"五育"并举教育思想，成为制定民国元年教育方针的理论基础。

（1）军国民教育。指将军事教育引入学校和社会教育之中，让学生和民众受到一定的军事教育和训练。在学校教育中，强调学生生活的军事化，特别是体育的军事化。蔡元培认为，军国民教育并不是理想社会的教育，但在中国仍有提倡的必要。当时的中国不论是在国际形势还是国内形势上都处于不利地位，蔡元培提倡的军国民教育，有寓兵于民、对抗军阀拥兵自雄、捍卫民主共和的良苦用心。

（2）实利主义教育。即密切教育与国民经济生活的关系，加强职业技能的培训，使教育能发挥提高国家经济能力和改善人民生活水平的作用。蔡元培指出，世界各国的竞争不仅在军事，更在经济，武力需要财力的支持。而中国丰富的自然资源并未得到有效利用，人民失业，国家贫穷，因此需要发展实利主义教育。

（3）公民道德教育。蔡元培认为，公民道德的基本内容不外乎法国资产阶级革命所标榜的自由、平等、博爱，虽然与封建道德的专制等级性不相容，但他明确指出中国传统伦理特别是儒家伦理中的一些基本范畴，其内涵是与自由、平等、博爱的精神相通的。蔡元培尊重文化的继承性和发展性的统一。因此他在摒弃封建道德专制性和等级性的同时，汲取其中有利于资产阶级道德建设的养分。

（4）世界观教育。是蔡元培独创并被作为教育的最高境界。世界观教育就是要培养人们立足于现象世界但又超脱现象世界而贴近实体世界的观念和精神境界。现象世界中的人，由于存在人我差别的意识、追求幸福的意识，而纠缠于由此产生的种种矛盾。在实体世界中，人们摆脱了现象世界的种种矛盾，实现意志的完全自由和人性的最大发展，思想和言论也不受某一门哲学或宗教教义的束缚。

（5）美感教育。美感教育与世界观教育紧密联系。蔡元培认为，美感介于现象世界和实体世界之间，是两者之间的桥梁。世界观教育是引导人们具有实体世界的观念，但不是靠简单的说教可以实现的，其有效的方式是通过美感教育，利用美感这种超越利害关系、人我之分界的特性去破除现象世界的意识，陶冶、净化人的心灵。所以，美感教育是世界观教育的主要途径。大力提倡美感教育是蔡元培教育思想和实践的一个重要特点。

蔡元培认为，"五育"不可偏废，其中军国民教育、实利主义教育、公民道德教育偏于现象世界，隶属于政治教育；世界观教育和美感教育以追求实体世界之观念为目的，为超越政治的教育。根据当时流行的德、智、体三育的说法，蔡元培认为，军国民教育为体育，实利主义教育为智育，公民道德教育为德育，美感教育可以辅助德育，世界观教育将德、智、体三育合而为一，是教育的最高境界。学校中每种教学科目虽于"五育"中各有侧重，但又同时兼通数育。

2011年 天津师范大学333教育综合·真题解析

一、名词解释

教育制度

教育制度是指一个国家各级各类实施教育的机构体系及其组织运行的规则。它包括相互联系的两个方面：一是各级各类教育机构与组织；二是教育机构与组织赖以存在和运行的规则，如各种相关的教育法律、规则、条例等。

教学策略

教学策略是在特定教学情境下，为完成特定的教学任务而产生的，包括教学活动中方法的选择、材料的组织、对师生行为的规范等。

校本课程

课程有多种类型，按照开发与实施的主体不同，可以分为国家课程、地方课程与校本课程。校本课程即以学校为课程编制主体，自主开发与实施的一种课程，是相对于国家课程和地方课程的一种课程。

六艺

"六艺"即礼、乐、射、御、书、数。礼包括政治、伦理、道德、礼仪各个领域；乐包括诗歌、音乐和舞蹈；射指射箭的技术训练；御指驾驭马拉战车的技术训练；书指文字书写；数指算法。其中，"礼、乐、射、御"为"大艺"，是大学的课程；"书、数"为"小艺"，是小学的课程。

中体西用

"中学为体，西学为用"是洋务派关于中西文化关系的核心命题，也是洋务教育的指导思想。洋务派提出"中体西用"，认为在突出"中学"主导地位的前提下，应肯定"西学"的辅助作用和器用价值。1898年初，张之洞发表《劝学篇》，围绕"旧学为体，新学为用"的主旨集中阐述，形成了一个比较完整的思想体系。

自我效能感

自我效能感由班杜拉提出，是指个体对自己能否成功进行某一成就行为的主观判断。它影响着个体对行为的选择、付出多大努力以及坚持多久。

二、简答题

1. 教学过程中应当处理好的几种关系。

【答案要点】

（1）间接经验与直接经验的关系：学生认识的主要任务是学习间接经验；学习间接经验必须以学生个人的直接经验为基础；防止只重书本知识传授或直接经验积累的偏向。

（2）掌握知识与发展智力的关系：智力的发展与知识的掌握二者相互依存，相互促进；生动活泼地理解和创造性地运用知识才能有效地发展智力；防止单纯抓知识教学或只重能力发展的片面性。

（3）掌握知识与进行教育的关系：进行教育性教学是现代教学的重要特性；只有使所学知识引发了学生情感、态度的积极变化，才能让他们的思想真正得到提高；防止单纯传授知识或脱离知识教学的思想教育的偏向。

（4）智力活动与非智力活动的关系：教学活动既要注重引导学生进行智力活动，也要重视调节学生的非智力活动；按教学需要调节学生的非智力活动，才能有成效地进行智力活动。

（5）教师主导作用与学生主动性的关系：发挥教师的主导作用是学生简捷有效地学习知识、发展身心的必要条件；尊重学生、调动学生的学习主动性是教师有效地教学的一个主要因素；防止忽视学生积极性和忽视教师主导作用的偏向。

2. 我国教育目的的基本精神。

【答案要点】

2015年新修订的《中华人民共和国教育法》规定："教育必须为社会主义现代化建设服务，必须与生产劳动和社会实践相结合，培养德、智、体、美等方面全面发展的社会主义事业的建设者和接班人。"这是目前教育目的最规范的表述。

我国教育目的表述虽几经变化，但其基本精神却是一致的，就是培养学生成为未来国家、社会发展的实践主体与主人。其基本点包括以下几个方面：培养"劳动者"或"社会主义建设人才"；坚持全面发展；培养独立个性。

综上所述，我国教育目的的价值取向的出发点与归宿在于：培养德、智、体、美、劳全面发展，具有创新精神、实践能力和独立个性的社会主义现代化需要的各级各类人才。

3. 我国20世纪20年代新文化运动时期的教育思潮。

【答案要点】

（1）平民教育运动。平民教育思潮的共同点，在于批判传统的"贵族主义"的等级教育，破除千百年来封建统治者独占教育的局面，使普通平民百姓享有教育权利，获得文化知识，改变生存状况。

（2）工读主义教育运动。工读主义教育思潮的基本主张有：以工兼学、勤工俭学、工人求学、学生做工、工学结合、工学并进，培养朴素工作和艰苦求学的精神，以求消除体脑差别。

（3）职业教育思潮。职业教育思潮是由清末民初的实利主义教育思想发展演变而来，且受到欧美职业教育思想传入中国的推波助澜。

（4）勤工俭学运动。1915年，蔡元培等人在法国创立"勤工俭学会"，以"勤于工作，俭于求学，以进劳动者之智识"为宗旨，并规定了留法勤工俭学的程序、费用、求学、工作等细目，创造了半工半读的教育形式。

（5）科学教育思潮。基本内涵为：一是"物质上之知识"的传授；二是应用科学方法于教育研究和对人的科学精神、科学态度的训练，而尤以后者为重。

（6）国家主义教育思潮。国家主义教育思潮是一种具有强烈资产阶级民族主义色彩的社会思潮，于20世纪初在中国兴起，是政治上的国家主义在教育领域的反映。

4.欧洲文艺复兴时期人文主义教育的基本特征。

【答案要点】

（1）人本主义。人文主义教育在培养目标上注重个性发展，在教育教学方法上反对禁欲主义，尊重儿童天性，坚信通过教育这种后天的力量可以重塑个人、改造社会和自然，这些都表现出人本主义内涵，人的力量、人的价值被充分肯定。

（2）古典主义。人文主义教育思想吸收了许多古人的见解，人文主义教育实践尤其是课程设置亦具有古典性质，但这种古典主义绝非纯粹的"复古"，实则含有古为今用、托古改制的内涵，这在当时是进步的。

（3）世俗性。不论从教育目的还是从课程设置等方面看，人文主义教育洋溢着浓厚的世俗精神，教育更关注今生而非来世。

（4）宗教性。几乎所有的人文主义教育家都信仰上帝，他们希冀以世俗和人文精神改造中世纪陈腐专横的宗教性，以造就一种更富世俗色彩和人性色彩的宗教性。

（5）贵族性。人文主义教育的对象主要是上层子弟，教育的形式多为宫廷教育和家庭教育而非大众教育，教育的目的主要是培养上层人物如君主、侍臣、绅士等。

三、分析论述题

1.教师劳动的特点。

【答案要点】

（1）教师劳动的复杂性。

教师劳动的复杂性主要受以下三方面的影响：学生状况的复杂性决定着教师劳动的复杂性；教师任务的多样性制约着教师劳动的复杂性；影响学生发展因素的广泛性制约着教师劳动的复杂性。

（2）教师劳动的示范性。

教育是教师引导、培养学生的活动，它要求教师以身作则，具有示范性。教师的劳动对象是处在发展过程中的青少年学生，他们具有尊敬教师、乐于接受教师的教导、以教师为表率的所谓"向师性"的特点。因此，教师必须严格要求自己，以身作则，通过示范的方式去影响学生，以便取得最佳教育效果。

（3）教师劳动的创造性。

①教师劳动创造性的最重要特征之一是他的工作对象——儿童经常在发生变化，永远是新的，今天同昨天就不一样。

②教师劳动的创造性表现在因材施教上。教师不仅要针对学生集体的特点，而且还要针对学生个体的特点有的放矢地进行教育，创造性地开展工作，才能收到良好的效果。

③教师劳动的创造性，也表现在对教育、教学的原则、方法、内容的运用、选择和处理上。

④教师劳动的创造性，还表现在教育教学过程中，教师对各种突发情况做出及时反应、妥善处理的应变能力上，即教育机智。

⑤教师劳动的创造性，并不意味着它会自动产生。一位教师要创造性地开展教育工作，必须经历艰苦的劳动和长期的积累，善于反思与探究，机智地开展工作，才能涌现创造性。

（4）教师劳动的专业性。

1966年，国际劳工组织、联合国教科文组织在《关于教师地位的建议》中提出："教育工作应被视为专门职业，这种职业是一种要求教员具备经过严格而持续不断的研究才能获得并维持专业知识及专门技能的公共业务；要求对所辖学生的教育和福利具有个人的及共同的责任感。"1993年颁布的《中华人民共和国教师法》也明确规定"教师是履行教育教学职责的专业人员"。这从根本上肯定了教师劳动的专业性。

教师劳动的专业性突出表现在教师对育人的崇高敬业精神和道德修养上，对教育教学专门化知识和技能的掌握与教育活动的自主权上。

2. 孔子的道德教育思想及其现实意义。

【答案要点】

（1）道德教育的内容。

孔子的教育目的是培养从政的君子，而成为君子的主要条件是具有道德品质修养，因此，道德教育居首要地位。孔子主张以"礼"为道德规范，以"仁"为最高道德准则。凡符合"礼"的道德行为都要以"仁"的精神为指导，因此，"礼"和"仁"成为道德教育的主要内容。

（2）道德修养的原则与方法。

①立志。认为人不应以当前的物质生活为满足，还应有对未来的精神上有更高的追求，要有自己的理想。

②克己。主张应着重在要求自己上，约束和克制自己的言行，使之合乎礼、仁的规范。"君子求诸己，小人求诸人。"

③力行。要求言行一致，不要出现脱节，道德认识依靠道德实践的检验而证实。"言必信，行必果。"

④中庸。待人处事都要中庸，防止发生偏向，一切行为都要中道而行。

⑤内省。就日常所做的事进行自我检查，查看其是否合乎道德规范。

⑥改过。人人都会犯错，但要以正确的态度重视改过，鼓励学生要勇于改正错误。

（3）现实意义。

孔子这些有关道德教育的主张含有许多带规律性的东西，在今天仍有可供借鉴之处。总之，一个人能够确立起远大的理想和宏伟目标，有为实现政治抱负和信念的献身精神；善于自省自克，严于律己，宽以待人；坚持身体力行，言行一致；又能改过迁善，其道德修养一定会不断进步，迅速提高。我们要重视道德教育，以仁为最高的道德准则，鼓励人们提高道德水平，遵循道德修养原则。

3. 论述终身教育思想及其影响。

【答案要点】

终身教育思潮产生于20世纪50年代的法国，是现代欧美国家一种强调把教育贯穿人的一生的教育思潮，现已成为一种被视为未来教育战略的国际性教育思潮，代表人物是保罗·朗格朗。

（1）终身教育的缘由：终身教育是应对人类在现代社会中所面临各种新挑战的需要，是一种能够使人在各方面做好准备并应付新的挑战的教育模式和教育观念。

（2）终身教育的含义：终身教育包括了教育的各个方面、各项内容，从一个人出生的那一刻起一直到生命终结时为止的不间断的发展，也包括了在教育发展过程中的各个阶段之间的内在联系。它并不是传统教育的简单延伸，而是包括一切正规教育、非正规教育以及非正式教育。其基本特点是具有连续性和整体性。此外终身教育没有固定的教育内容和方法，强调人的个性发展。

（3）终身教育的目标：实现更美好的生活，使人过一种更和谐、更充实和符合生命真谛的生活。具体目标包含两方面：培养新人；实现教育民主化。

终身教育理论自20世纪60年代中期兴起以后，在教育领域中引起了一场广泛而深刻的革命。终身教育已成为建立一个学习化社会的象征。许多国家把终身教育作为教育改革和发展的战略重点，但终身教育的具体实施规划仍需进一步探讨。

4. 如何培养学生的学习动机。

【答案要点】

（1）创设问题情境，实施启发式教学。

想要实施启发式教学，关键在于创设问题情境。所谓问题情境，指的是一种适度的疑难情境。在学习过程中，仅仅让学生简单地重复已经学过或者过难的东西，学生都不会感兴趣。只有在学习那些"似懂非懂""似会非会"的东西时，学生才感兴趣而且迫切希望掌握它。

（2）根据作业难度，恰当控制动机水平。

教师在教学时，要根据学习任务的不同难度，恰当控制学生学习的动机水平。在学习较简单的课题时，应尽量使学生集中注意力；在学习较复杂的课题时，则应尽量创造轻松自由的课堂气氛。在学生遇到困难或出现问题，要尽量心平气和地耐心引导，以免学生过度紧张和焦虑。

（3）充分利用反馈信息，给予恰当的评定。

心理学研究表明，来自学习结果的种种反馈信息，对学习效果有明显影响。一方面学习者可以根据反馈信息调整学习活动，改进学习策略，另一方面学习者为了取得更好的成绩或避免再犯错误而增加了学习动机，从而保持了学习的主动性和积极性。

（4）妥善进行奖惩，维护内部学习动机。

在对学生进行评价时，奖励和惩罚对于学习动机的激发具有不同的作用。一般而言，表扬与奖励比批评与指责能更有效地激发学生的学习动机，因为前者能使学生获得成就感，增强自信心。但过多使用表扬和奖励，或者使用不当，也会产生消极作用。

（5）合理设置课堂环境，妥善处理竞争和合作。

学生的学习主要是在课堂上进行的，课堂的合作与竞争环境无疑是影响学习动机的一个重要的外部因素。在教学活动中，合作与竞争都是必要的，应该强调竞争与合作的相互补充和合理运用。极端的竞争会对学生的学习行为和集体团结产生消极影响。适量与适度的竞争与合作的恰当结合，会有效激励学生的学习动机。

（6）适当进行归因训练，促使学生继续努力。

在学生完成某一学习任务后，教师应指导学生进行成败归因。一方面，要引导学生找出成功或失败的真正原因，即进行正确归因；另一方面，教师也应根据每个学生过去一贯的成绩的优劣差异，从有利于今后学习的角度进行积极归因。

（7）培养自我效能感，增强学生成功的自信心。

自我效能感影响学生的自我评价和自信心，进而影响学习成绩。尤其是学业不良的学生，由于对自己的学习能力持怀疑态度，表现出很低的自我效能感。因此，教师在教学中要通过一定的方法改变和提高他们的自我效能感。

提高自我效能感具体措施如下：选择难易适中的任务，让学生不断地获得成功体验，进而提高自我效能感；通过获得替代性经验和强化来提高他们的自我效能感，当一个人看到与自己水平接近的学生学习成功时，就会增强他的自我效能感，激发其学习动机；引导学生坦然面对失败，从失败中找出可以改进的因素，进而提高自己的学习技能，增强获得成功的自信。

（8）维护学生自我价值，警惕自我妨碍策略。

自我价值理论指出，学生有保护和表现自我价值的需要，这是个人追求成功的内在动力。教师要理解和尊重学生的这种需要，引导他们把自我价值的实现方式与正向、积极的学习行为相联系，避免学生不断从环境中体验到对自我价值的威胁感，从而采取各种自我妨碍的逃避策略。

（9）维护内在需要，促进外部动机内化。

兴趣、好奇心、探索欲，是人类学习的最早动力。源于内部需要的学习动机具有更多的坚持性和抗干扰性。然而，不是每个孩子都对教育中涉及的所有内容充满好奇和兴趣。因此，教师要帮助学生将外部调控的学习动机不断内化，形成相对自主调控的学习动机。

2010年 天津师范大学 333 教育综合·真题解析

一、名词解释

教育目的

教育目的是对教育活动所要培养的人的个体素质的总的预期与设想，是对社会历史活动的主体的个体素质的规定。它体现一定社会对受教育者质量规格的界定和要求，也体现人自身发展所应该达到的水准和高度。

课程

课程是由一定的育人目标、特定的知识经验和预期的学习活动方式构成的一种蕴涵着丰富、基本而又有创造性与潜质的一套计划与设定。

守恒

守恒是指不论物体形态如何变化，其质量是恒定不变的。在皮亚杰的认知发展阶段理论中，前运算阶段的儿童还未获得守恒的概念，直到具体运算阶段才逐渐掌握守恒。

成就动机

成就动机的含义指一种努力克服障碍、施展才能、力求又快又好地解决某一问题的愿望或趋势。它是在人的成就需要的基础上产生的，是激励个体从事自己认为重要或有价值的工作，并力求获得成功的一种内在驱动力。

苏格拉底法

苏格拉底法也称"问答法""产婆术"，是由讥讽、助产术、归纳和定义四个步骤组成的独特的方法。这是苏格拉底探讨伦理哲学的研究方法，也是他的教学方法。

《1988年教育改革法》

1988年，英国国会通过了一项重要的教育改革法案，即《1988年教育改革法》。这部法案对英国教育体制全面进行改革，主要内容涉及普通中小学教育、高等教育、职业技术教育、教育管理和教育经费等。

二、简答题

1. 简述人的身心发展的一般规律。

【答案要点】

（1）顺序性。在正常情况下，人的发展具有一定的方向性和顺序性，既不能逾越，也不能逆向发展。如个体动作的发展就遵循自上而下、由躯体中心向外围、从粗动作向细动作的发展规律性。就心理而言，儿童的发展总是从无意注意到有意注意，从机械记忆到意义记忆，从具体形象思维到抽象逻辑思维，从喜怒哀乐等一般情绪发展到道德感、理智感、美感等高级情感。

（2）不平衡性。人的发展不总是匀速直线前进的，不同系统的发展速度、起始时间、达到的成熟水平是不同的；同一机能系统在发展的不同时期也有不同的发展速率。从总体发展来看，幼儿期出现第一个加速发展期；青春发育期出现第二个加速发展期。

（3）阶段性。人的发展变化既体现出量的积累，又表现出质的飞跃。当某些代表新质要素的量积累到一定程度时，就会导致质的飞跃，从而表现出发展的阶段性。个体的身心发展的阶段性表现为不同年龄阶段的个体具有不同的年龄特征及主要矛盾，面临着不同的发展任务。

（4）个别差异性。人的发展的个体差异表现在身心发展的速度、水平、表现方式等方面。如在发展速度上，有的儿童早慧，有的儿童大器晚成。

（5）整体性。人的生理、心理和社会性等方面的发展是密切联系在一起的，并在发展过程中相互作用，使人的发展表现出明显的整体性。

2. 简述人文主义教育的特征。

【答案要点】

（1）人本主义。人文主义教育在培养目标上注重个性发展，在教育教学方法上反对禁欲主义，尊重儿童天性，坚信通过教育这种后天的力量可以重塑个人、改造社会和自然，这些都表现出人本主义内涵，人的力量、人的价值被充分肯定。

（2）古典主义。人文主义教育思想吸收了许多古人的见解，人文主义教育实践尤其是课程设置亦具有古典性质，但这种古典主义绝非纯粹的"复古"，实则含有古为今用、托古改制的内涵，这在当时是进步的。

（3）世俗性。不论从教育目的还是从课程设置等方面看，人文主义教育洋溢着浓厚的世俗精神，教育更关注今生而非来世。

（4）宗教性。几乎所有的人文主义教育家都信仰上帝，他们希冀以世俗和人文精神改造中世纪陈腐专横的宗教性，以造就一种更富世俗色彩和人性色彩的宗教性。

（5）贵族性。人文主义教育的对象主要是上层子弟，教育的形式多为宫廷教育和家庭教育而非大众教育，教育的目的主要是培养上层人物如君主、侍臣、绅士等。

3. 简述美国公立学校运动的主要内容。

【答案要点】

（1）内涵。19世纪30年代，美国出现了公立学校运动。公立学校运动主要是指依靠公共税收维持，由公共教育机关管理，面向所有公众的免费的义务教育运动。19世纪上半期，美国公立学校运动的进行主要是在小学；19世纪后期至20世纪初期，主要是在中学。

（2）表现。建立地方税收制度，兴办公共小学，实行强迫入学和免费教育。

（3）评价。美国公立学校运动奠定了美国资本主义教育制度的基础，促进了普及义务教育的开展，同时也促进了美国师范学校的发展。

4. 简述宋朝历史上三次著名的兴学运动。

【答案要点】

（1）"庆历兴学"。第一次兴学运动在宋仁宗庆历四年（1044年），由范仲淹主持，史称"庆历兴学"。措施：普遍设立地方学校；改革科举考试；创建太学。

（2）"熙宁兴学"。第二次兴学运动是在熙宁年间（1068—1077年），由王安石主持，史称"熙宁兴学"。措施：改革太学，创立"三舍法"；恢复和发展州县地方学校；恢复和创设武学、律学和医学；编撰《三经新义》作为统一教材。

（3）"崇宁兴学"。第三次兴学运动是蔡京在崇宁年间（1102—1106年）主持的，史称"崇宁兴学"。措施：全国普遍设立地方学校；建立县学、州学、太学三级相联系的学制系统；新建辟雍，发展太学；恢复设立医学，创立算学、书学、画学等专科学校；罢科举，改由学校取士。

三、分析论述题

1. 试论述掌握知识与发展智力的关系。

【答案要点】

（1）智力的发展与知识的掌握二者相互依存，相互促进。在教学过程中，学生智力的发展依赖于他们知识的掌握程度。对学生来说，掌握、运用知识及反思、改进的过程，也就是他们运用和发展智力的过程；同时，学生对知识的掌握又依赖于他们的智力发展，只有那些智力发展好的学生，他们的接受能力才强、学习效率才高，而智力发展较差的学生在学习中则有较多的困难。

（2）生动活泼地理解和创造性地运用知识才能有效地发展智力。通过传授知识来发展学生智力是教学的一个重要任务，然而知识不等于智力，一个学生知识的多少并不一定能标志他的智力发展的高低。因此，在教学中不仅要教给学生知识，而且要引导学生通过生动活泼的教学活动，透彻地理解知识原理，了解学生获取知识的过程与方法，学会独立思考、推理与论证，创造性地解决实际问题，这样才能使学生的智力获得高水平的发展。

（3）防止单纯抓知识教学或只重能力发展的片面性。在教学实践中，有的认为"双基"教学抓好了，学生的智力就自然地发展了，却忽视通过探究、反思有意识地锻炼学生的智力；有的则只注重学生自主探究、反思，却忽视通过系统知识和原理的学习与运用来发展学生的智力。这两者都不利于提高教学质量。

2. 联系实际分析学校管理的发展趋势。

【答案要点】

（1）学校管理法治化。

随着科教兴国战略的实施和依法治国方略的确立，依法治教已成为党和政府管理教育的基本方针，而依法治校是依法治教的重要组成部分，将成为21世纪学校管理的必然选择。依法治校可分为两个方面：政府及教育行政部门依法管理学校；学校管理者依法管理学校。

为推进依法治校工作，学校管理者应采取以下措施：转变行政管理职能，切实依法行政；加强制度建设，依法加强管理；推进民主建设，完善民主监督；加强法制教育，提高法律素质；严格教师管理，维护教师权益；完善学校保护机制，依法保护学生权益。

（2）学校管理人性化。

人性化管理是指学校管理工作要以人为本，关注人的情感、满足人的需要、崇尚人的价值、尊重人的主体人格和地位。

为推进学校管理人性化，学校管理者应采取以下措施：考虑人的因素，一切要从人的实际出发；考虑个体差异，懂得每个人都有自己的思想、情感、兴趣和爱好；强调人的内在价值，把满足需要作为工作的起点，通过激励的方式来提高工作效率；努力构建充满尊重、理解和信任的人际环境，增强教职工和学生的集体归属感；加强校园文化环境建设，充分发挥校园文化的管理和育人功能；转变管理观念和方式，贯彻管理即育人、管理即服务的思想。

（3）学校管理民主化。

民主管理以对个体价值的肯定为基础，以个体才能的充分发挥和潜能挖掘为前提，积极吸引全员参与管理活动，集思广益，共同参与，以取得最优的管理效益。

实施民主管理应做好以下工作：学校管理者应充分肯定个体价值，树立"以人为本"的管理理念；

广大教职员工要不断提高自身素质，积极参与民主管理；管理体制上要充分保障教职员工的民主参与权利。

（4）学校管理信息化。

在信息化时代，学校管理呈现出信息化的新特点。它表现在两个方面：学校对信息技术的开发和使用，把计算机、网络、多媒体等现代技术运用到管理上，以提高学校管理的实效；学校管理方式的信息化，实行"人-机"管理，即注重对有关信息资源的管理。

为推进学校管理信息化，学校管理者应采取以下措施：实现信息化管理，要加强硬件投入与软件开发，打好学校管理信息化的物质基础；提高学校教职员工的信息管理素养，以保障信息化管理的运行；改进培训内容和方式，使其具有针对性，满足教师需求；完善学校信息化管理规章制度，以便学校信息化管理有效性。

（5）学校管理校本化。

校本管理是指学校在教育方针与法规的指引下，可以根据自己的实际情况和需要自主确定发展的目标与任务，进行管理工作。简言之，校本管理即以学校为本位的自主管理。

实施校本管理应注意做好以下工作：教育行政部门要简政放权；倡导集体参与、共同决策；开展校本研究，提高学校管理者决策能力。

3. 分析论述蔡元培的大学教育思想和对北大的改革。

【答案要点】

（1）抱定宗旨，改变校风。

蔡元培明确大学的宗旨，认为大学应该成为"研究高尚学问之地"。他改革北大的第一步就是要为师生创造研究高深学问的条件和氛围。具体措施有：改变学生的观念；整顿教师队伍，延聘积学热心的教员；发展研究所，广积图书，引导师生研究兴趣；砥砺德行，培养正当兴趣。

（2）贯彻"思想自由，兼容并包"的办学原则。

蔡元培明确声明，在学术上"循'思想自由'原则，取兼容并包主义"，这是他办理北京大学的基本指导思想。该思想不仅体现在学术上，也体现在教师的聘任上。蔡元培以"学诣为主"，罗致各类学术人才，使北大教师队伍一时呈现出流派纷呈的局面。

（3）教授治校，民主管理。

1912年由蔡元培主持制定的《大学令》中，确立了教授治校、民主管理的大学校务管理原则，规定大学设立评议会，各科设立教授会。蔡元培到任北大后，当年即组织了评议会。1919年，评议会通过学校内部组织章程，决定：第一，设立行政会议，作为全校最高的行政机构和执行机构，负责组织实施评议会议决的事项，下设各种委员会分管各类事务；第二，设立教务会议及教务处，由各系主任组成，并互相推选教务长一人，统一领导全校的教务工作；第三，设立总务处，主管全校的人事和事务工作。

管理体制的改革，体现了蔡元培教授治校、民主管理的思想，目的是把推动学校发展的责任交给教授，让真正懂得学术的人来管理学校。新的管理体制的建立，改变了京师大学堂遗留下来的封建衙门作风，提高了工作效率，促进了学校的蓬勃发展。

（4）学科与教学体制改革。

在学科与教学体制改革方面，蔡元培主要有三个措施：第一，扩充文理，改变"轻学而重术"的思想；第二，沟通文理，废科设系；第三，改年级制为选科制，发展学生个性。

北京大学的改革不仅仅使自身改变了面貌，也是我国高等教育近代化发展中的一个里程碑。这次改革的灵魂是"思想自由，兼容并包"，其中"兼容并包"不仅包容不同的学术和学说流派、不同的人物和主张，也在男生之外包容女生，在正式生之外包容旁听生。北大因此成为新文化运动和马克思主义的传播中心、五四运动的策源地,其影响远远超出了教育领域。

4. 举例说明加里培林的智慧技能按阶段形成的理论。

【答案要点】

苏联著名心理学家加里培林等人根据维果茨基的活动论的观点提出,学生心智技能的形成"是外部物质活动转化到……知觉、表象和概念水平的结果"。这种转化过程需要经历五个阶段。

(1) 活动定向阶段。活动定向是让学生在头脑中形成对活动程序和活动结果的映像。教师需要根据学生的基础水平,将活动分解成学生能够理解,并且能够做到的操作程序,建立起学生对原型活动的定向预期。

(2) 物质活动或物质化活动阶段。物质活动是指运用实物的教学活动,物质化活动则是指利用实物的模拟品进行的教学活动。这两者都是基本的直观形式,后者是前者的一种变形。

(3) 有声的言语活动阶段。有声的言语活动指不直接依赖实物或模拟品,而是借助出声的外部言语活动来完成各个操作步骤。这是活动从外部形式向内部形式转化的开始。通过这种出声的言语活动,学生可抽象并简化各步动作,并促使活动定型化与自动化。教师需要指导学生运用言语确切地表达各步实际动作,也要对言语动作进行展开、概括和简化的不断改造。

(4) 无声的外部言语活动阶段。无声的外部言语活动是指以词的声音表象、动觉表象为中介,进行智力活动。这种不出声的外部言语活动貌似是知识言语减去了声音,实际是动作向智力转向的开始。这种言语不出声的变化要求学生对言语机制进行很大的改造,需要学生重新学习,教师同样需要指导学生对无声的外部言语动作进行展开、概括和简化。

(5) 内部言语活动阶段。内部言语活动是指凭借简化了的内部言语,似乎不需要多少意识参与就能自动化进行的智力活动。这一阶段是外部动作转化为内在智力的最后阶段。其特点之一是简缩,这是由于它是指向学习者自己的,不必考虑到外部言语作为交际手段的机能。其特点之二是自动化,这是由于它的进行基本上是学习者自己觉察不到的。

2022年 东北师范大学 333 教育综合·真题真练

一、简答题
1. 简述教育的基本要素。
2. 简述活动课程与学科课程的优缺点。
3. 简述《学记》对教育理论的主要贡献。
4. 简述美国 19 世纪公立学校运动的主要内容和影响。
5. 简述罗杰斯有意义学习的基本内涵。

二、分析论述题
1. 评述中国 1922 年"新学制"。
2. 试述夸美纽斯教学理论的主要内容及历史贡献。
3. 影响人的发展的基本因素。
4. 论述如何在德育过程中培养学生的知、情、意、行。
5. 如何和培养和激发学生学习动机的主要策略。

2021年 东北师范大学 333 教育综合·真题真练

一、简答题
1. 简述我国中小学常用的德育原则。
2. 简述科举制度对学校教育的影响。
3. 简述中世纪大学的主要成就及其影响。
4. 简要阐述规范学习的心理过程。

二、分析论述题
1. 结合案例论述教育的政治功能和经济功能。
2. 联系实际论述马克思的人的全面发展学说的主要内容及其现实意义。
3. 结合实际谈谈生产力对教育的制约。
4. 试述"中体西用"思想的主要内容和历史作用。
5. 试述赞科夫教学理论的主要内容及其影响。
6. 试述教育心理学在研究内容上呈现的新趋势。

2020年 东北师范大学 333 教育综合·真题真练

一、简答题
1. 教学评价 CIPP 模式。
2. 简述稷下学宫。
3. 简述建构主义的学习理论。

二、分析论述题
1. 中小学主要教学组织形式。
2. 教育是什么？选一种观点论述。
3. 试论蔡元培的教育思想及对北大的改革。
4. 试论裴斯泰洛齐的教育思想。
5. 结合布卢姆的教育目标分类学，就中小学任何一门课程谈谈怎样出高质量的测试题。
6. 教师如何帮助学生进行学习迁移。

2019年 东北师范大学 333 教育综合·真题真练

一、简答题
1. 在教学中如何处理掌握知识和发展能力之间的关系？
2. 简述美国1958年《国防教育法》制定的背景及主要内容。
3. 简述学习者的个体差异。

二、分析论述题
1. 如何理解教育公平是社会公平的基础？
2. 一个合格教师的专业素养由哪些方面构成？教师应如何提高自身的专业素养？
3. 试述陶行知生活教育理论的基本内容及其现实启示。
4. 试比较古代雅典和斯巴达的教育体制。
5. 介绍三种学习迁移的理论。
6. 论述奥苏伯尔的有意义学习理论及其在教学中的作用。

2018年 东北师范大学 333 教育综合·真题真练

一、名词解释
癸卯学制　智者

二、简答题
1. 简述教育的基本形态及其特点。
2. 简述教师的主要角色定位。

三、分析论述题
1. 论述教育与生产力的关系。
2. 论述教学原则。
3. 论述学习策略的各种类型及意义。
4. 论述维纳的成败归因理论。
5. 论述《学记》的教育思想。
6. 论述杜威的教育本质观。

2017年 东北师范大学 333 教育综合·真题真练

一、名词解释
教育目的　外铄论　说服法　学校管理　《学记》　书院　英国公学　《莫雷尔法案》

二、简答题
1. 简述自我效能感的影响因素。
2. 新一轮课程改革的六大目标。
3. 简述教师的专业素养。
4. 简述韩愈的教师观及其现实意义。
5. 简述陈鹤琴的课程论及其现实意义。
6. 赫尔巴特四段教学法。
7. 简述裴斯泰洛齐的要素教育。

三、分析论述题
1. 小欣有一道数学题不会做，老师发现后并没有直接教她怎么做，而是一步一步地找到与该数学题接近的题的答案，请问老师这种方法符合维果斯基和布鲁纳的理论吗？并结合他们的理论论述如何达到教育目的。

2. 论述教学过程中应处理好的几对关系。

2016年 东北师范大学 333 教育综合·真题真练

一、名词解释
学制　培养目标　道德教育　教师　精细加工策略　同化

二、简答题
1. 简述教学与教育、智育的关系。
2. 简述班级授课制的优缺点。
3. 简述蒙学教材及其特点。
4. 简述《国防教育法》的基本内容。

三、分析论述题
1. 试论学校教育对人的身心发展的重要作用。
2. 试论蔡元培的"五育"并举教育方针。
3. 试论卢梭的自然主义教育思想及其现实意义。
4. 试论观察学习的过程及其在教育中的作用。

2015年 东北师范大学 333 教育综合·真题真练

一、名词解释
狭义的教育　隐性课程　榜样示范法　教学评价　骑士教育
《教育诗》　朱子读书法　京师同文馆　发现学习　自我效能感

二、简答题
1. 简述教学工作的基本环节及其各自的意义。
2. 简述教师劳动的特点。

三、分析论述题
1. 试从经济、政治、文化三个方面联系实际论述教育的社会功能。
2. 试分析比较赫尔巴特和杜威课程理论的异同。
3. 论述孔子的道德教育思想及其对当代德育的启示。
4. 结合实际谈谈：面对一个考试失败无能为力、自暴自弃的学生，教师应该怎样做？

2014年 东北师范大学 333 教育综合·真题真练

一、名词解释
美育　因材施教　学习策略　最近发展区

二、简答题
1. 教育的基本职能。
2. 简述《学记》在教学论上的主要贡献。
3. 英国《1988 教育改革法》的主要内容。

三、分析论述题
1. 结合我国的教育方针的最新表述及精神实质，就我国当前教育实践在教育方针贯彻执行上所存在的问题谈谈自己的看法。
2. 论述基础教育的奠基性价值及其实现。
3. 评述 1922 年壬戌学制改革。
4. 评述杜威关于教学方法的理论。
5. 结合实际谈谈如何激发和维持学生的学习动机。

2013年 东北师范大学 333 教育综合·真题真练

一、名词解释
义务教育　活动课程　班级授课制　直观性教学原则　《学记》　中华职业教育社

二、简答题
1. 简述我国教育目的在《教育法》中的体现及其体现的精神实质。
2. 简述教学与智育的关系。
3. 简述苏格拉底法的基本内容。
4. 简述科尔伯格的道德发展理论。

三、分析论述题
1. 有人说"一两遗传胜过一吨黄金"，这种说法对吗？说明你的道理。
2. 试论述杜威的课程与教材论的相关内容及其现实意义。
3. 某地某学校根据学生入学前的智商高低来分快慢班，谈谈你的想法，并用心理学的相关知识进行评价。
4. 论述孔子的教学方法及其现实意义。

2012年 东北师范大学 333 教育综合·真题真练

一、名词解释
课程标准　义务教育　学而优则仕　苏格拉底法
生活教育　《学制令》　流体智力　先行组织者

二、简答题
1. 中小学研究性学习的目标。
2. 皮亚杰认知发展阶段论的主要内容。
3. 归因理论的基本观点。

三、分析论述题
1. 在全面发展教育中如何认识和处理各育的关系。
2. 教学中掌握知识与发展智力的关系。
3. 评述终身教育思潮。
4. 孔子的德育论及其当代价值。

2011年 东北师范大学 333 教育综合·真题真练

一、名词解释
有教无类　"五育"并举的教育方针　苏格拉底法
《初等教育法》　概括化理论　努力管理策略

二、简答题
1. 简要回答教学过程中应处理好的几种关系。
2. 简要回答我国教育目的的基本精神。
3. 影响人身心发展的因素及其各自作用。
4. 列出两例我国基础教育中存在的主要问题，并就其中一例做深入分析。
5. 简述奥苏伯尔的有意义接受说。
6. 简述成败归因理论。

三、分析论述题
1. 试论《学记》在教育管理和教学论上的贡献。
2. 试论 20 世纪 60 年代美国中小学的课程改革。

2010年 东北师范大学 333 教育综合·真题真练

一、名词解释
美育 因材施教 《论语》 蔡元培 《理想国》 终身教育

二、简答题
1. 简述全面发展教育的组成部分及其各自的地位作用。
2. 简述影响人身心发展的因素及其各自的地位作用。
3. 简述教育的本体功能。
4. 简要介绍几种主要的动机理论。

三、分析论述题
1. 什么是创造性？如何对学生的创造性进行培养？
2. 评述 20 世纪 60 年代美国的课程改革。
3. 试分析论述陶行知的生活教育思想及其当代价值。
4. 结合我国近年来对应试教育和素质教育的讨论，谈谈你对素质教育的认识和理解。

东北师范大学 333 教育综合·真题解析

一、简答题

1. 简述教育的基本要素。

【答案要点】

（1）教育者。教育者是指参与教育活动、与受教育者在教学或教导上互动，对受教育者体、智、德、美、行等方面产生影响的人，主要指教师。

（2）受教育者。受教育者是指参与教育活动、与教育者在教学与教导上互动，以期自身获得发展的人，主要是学生。

（3）教育内容。教育内容是指教育者引导受教育者在教育活动中学习的前人积累的经验，包括书本知识和实际经验。

（4）教育活动方式。教育活动方式是指教育者引导受教育者学习教育内容所选用的交互活动方式，是教育者、受教育者与教育内容三者形成一个有目的地培养人的教育活动的中介和纽带。

2. 简述活动课程与学科课程的优缺点。

【答案要点】

（1）活动课程。

优点：能调动学生的积极性、自主性，发挥他们个人的潜力、个性和创造性，提高学生处理各种实际问题和适应社会生活的能力与品德修养。

缺点：不重视系统的科学文化知识的教学；缺乏规范性，其教学过程不易理性地引导，存在较大难度；对教师要求过高，不易实施与落实，学生也往往学不到预期的系统的科学基础知识。

（2）学科课程。

优点：符合学生认识特点，便于在短时间内掌握人类长期积累起来的科学文化知识与基本技能。

缺点：往往忽视儿童现实的兴趣与欲求，易与学生的生活和经验脱节，使学生被动、消极，造成死记硬背等弊端。

3. 简述《学记》对教育理论的主要贡献。

【答案要点】

（1）教育的作用与教育目的。

《学记》将教育与政治高度结合起来，使教育成为政治的手段。尽管它也说明了教育在人的发展中的作用，但人的发展问题是服从于政治与社会的发展的。因此，教育与人的关系只是一个中介。

（2）教育制度与学校管理。

①学制与学年。关于学制系统，《学记》提出了从中央到地方按行政建制建学的设想。关于学年，《学记》把大学教育年限定为两段、五级、九年。

②视学与考试。《学记》十分重视大学开学和入学教育，把它作为教育管理的重要环节。

（3）教育、教学的原则：豫时孙摩、长善救失、启发诱导、藏息相辅。

（4）教学方法：讲解法、问答法、练习法。

（5）尊师重教与"教学相长"。《学记》强调尊师，同时也对教师提出了四个方面的要求。

4. 简述美国 19 世纪公立学校运动的主要内容和影响。

【答案要点】

（1）内涵。19 世纪 30 年代，美国出现了公立学校运动。公立学校运动主要是指依靠公共税收维持，由公共教育机关管理，面向所有公众的免费的义务教育运动。19 世纪上半期，美国公立学校运动的进行主要是在小学；19 世纪后期至 20 世纪初期，主要是在中学。

（2）表现。建立地方税收制度，兴办公共小学，实行强迫入学和免费教育。

（3）评价。美国公立学校运动奠定了美国资本主义教育制度的基础，促进了普及义务教育的开展，同时也促进了美国师范学校的发展。

5. 简述罗杰斯有意义学习的基本内涵。

【答案要点】

（1）有意义学习的含义。

有意义学习是一种与个人各部分经验都融合在一起，使个人的行为、态度、个性以及在未来选择行动方针时发生重大变化的学习。它不仅仅是增长知识，更是要引起整个人的变化，对个人的生存和发展有价值。

（2）有意义学习的四个要素。

①个人参与。学习者的情感和认知两方面都投入学习活动。

②自动自发。即便在推动力或刺激来自外界时，也要求发现、获得、掌握和领会的感觉是来自内部的。

③全面发展。学习者的行为、态度、人格等获得全面发展。

④自我评价。学习者评估自己的学习需求、学习目标是否完成。

二、分析论述题

1. 评述中国 1922 年"新学制"。

【答案要点】

1922 年，教育部在北京专门召开了学制会议。同年 11 月以大总统令公布了《学校系统改革案》。该学制又被称为"新学制"或"壬戌学制"，由于采用的是美国式的六三三分段法，又称"六三三学制"。

（1）"新学制"的七项标准：适应社会进化之需要；发扬平民教育精神；谋个性之发展；注意国民经济力；注意生活教育；使教育易于普及；多留各地伸缩余地。

这七项标准体现出来的主流是新文化运动以来所倡导的"民主"与"科学"的精神，尤其是实用主义的教育思想。它对其后民国一系列教育改革产生了深远的影响。

（2）新学制的学制体系。

①初等教育。儿童满 6 周岁入学。小学教育六年，其中初级小学 4 年，为义务教育，可以单独设立；高级小学 2 年，可以根据地方具体情况，增加职业准备的课程。

②中等教育。中学教育为 6 年，分初、高中两级，各 3 年。初级中学为普通教育，可以单独设立。高级中学实行分科制，设普通科、农、工、商、师范、家事等科，普通科又可以分为文科和理科，主要目标是升学。新学制倡导综合中学模式，以方便学生根据个性和家庭情况选择升学或职业预备。

③高等教育。高等教育分为专门学校和大学两种，专门学校的最低修业年限为三年，取消"壬子癸丑学制"的大学预科制。大学修业年限是 4 到 6 年，其中规定医科和法科大学应至少 5 年。

（3）新学制的特点：

①根据儿童身心发展规律划分教育阶段。

②初等教育阶段趋于合理，更加务实。

③中等教育阶段是改制的核心，是新学制中的精粹。

④建立了比较完善的职业教育系统。

⑤改革师范教育制度。

⑥缩短高等教育年限，取消大学预科。

（4）新学制的课程标准。小学取消、改设、合并了一些课程；初级中学课程设社会、言文、算学、自然、艺术、体育6科；高级中学分为普通科和职业科。

2. 试述夸美纽斯教学理论的主要内容及历史贡献。

【答案要点】

（1）教育的目的。包括两方面：①宗教性目的：认为人生的最终目的是为达到"永生"，教育的目的是使人为来世生活做好准备。②现实性目的：通过教育使人认识和研究世界上一切事物，培养和发展他们的各种能力、德行和信仰，以便享受现世的幸福，并为永生做好准备。

（2）教育的作用。夸美纽斯认为教育是改造社会、建设国家的手段。人都是有一定天赋的，而这些天赋发展得如何，关键在于教育。只要接受合理的教育，任何人的智力都能够得到发展。

（3）泛智主义教育观。基于教育的崇高目的，夸美纽斯提出了"将一切事物教给一切人"的泛智主义教育观，并由此大力主张普及教育于全体儿童和民众。内容主要包括教育内容泛智化和教育对象普及化。

（4）普及教育。夸美纽斯认为普及教育就是"人人都可接受教育"，其核心是泛智论。实现普及教育的可能性一方面在于人自身具有接受教育的先天条件，另一方面在于教育可以改进社会和塑造人，社会和人的进步离不开教育。

（5）统一学制。为了使国家便于管理全国的学校，使所有儿童都有上学的机会，夸美纽斯提出建立全国统一学制的主张。他把人的学习期划分为四个阶段，并按这种年龄分期设立相应的学校。各级学校均按照适应自然的原则，采取班级授课制和学年制开展工作，分别开设不同的课程来教育和培养儿童。

（6）管理实施。夸美纽斯强调国家对教育的管理职责，认为国家应该设立督学对全国的教育进行监督，以保证全国教育的统一发展。

（7）学年制。为改变当时学校教学活动缺乏统一安排的无序状况，夸美纽斯制定了学校教学活动的学年、学日制度。

（8）班级授课制。为实现普及教育、提高教学效率，改变教师只对学生进行个别教学和指导的状况，夸美纽斯总结新旧各教派学校中实行班级授课的经验，提出并全面系统地论述了班级授课制度。

（9）论教育和教学的基本原则。

①论教育适应自然的原则。教育适应自然的原则是贯穿夸美纽斯整个教育理论体系的一条根本的指导性原则，他的"自然"包括自然界及其普遍法则和人的与生俱来的天性。

②主要教学原则，包括直观性原则、激发学生求知欲望原则、巩固性原则、量力性原则、系统性和循序渐进性原则、因材施教原则。

（10）夸美纽斯教育思想的影响。夸美纽斯是教育史上第一位系统地总结教学原则的教育家，他的教育理论包含了大量宝贵的教学经验，在一定程度上反映了教学工作的客观规律性，具有普遍的指导意义。夸美纽斯是一位杰出的教育革新家，他的教育思想具有明显的民主主义、人文主义色彩。在继承前人经验的基础上，夸美纽斯提出了系统的教育思想。他论述了教育的作用，呼吁开展普及教育，试图使所有人都能接受普及教育。并详细制定了学年制度和班级授课制度，提出了各级学校课程设置，编写了许多教科书，且系统地阐述了教育的基本原则和方法等。

3. 影响人的发展的基本因素。

【答案要点】

（1）遗传在人发展中的作用。

①遗传素质是人的发展的生理前提。遗传素质，是人的发展的自然的或生理的前提条件，为人的发展提供可能。

②遗传素质的成熟程度制约着人的发展过程及年龄特征。遗传素质的成熟过程，表现为人身体的各种器官的形态、结构和机能的发展变化与完善，为一定年龄阶段的身心特点的出现提供了可能，制约着人的发展的年龄阶段。

③遗传素质的差异性对人的发展有一定的影响。遗传素质的差异不仅表现在体态和感觉器官的功能上，也表现在神经活动的类型上。人们对外界事物反应的快慢、情感表现的强弱和是否容易转移等方面，也存在着差异。

④遗传素质具有可塑性。随着环境、教育和实践活动的作用，人的遗传素质会逐渐地发生变化，这就说明了遗传素质具有可塑性。

（2）环境在人的发展中的作用。

①环境是人的发展的外部条件。人的生存与发展环境根据其性质可以分为自然环境和社会环境。社会环境是儿童得以发展的现实条件和现实源泉，对人的发展起着不可替代的作用。

②环境的给定性与主体的选择性。环境的给定性：指的是由自然与社会、历史遗产与他人为儿童个体所创设的环境，它对于儿童来说是客观的、先在的、给定的。主体的选择性：人是具有能动性的主体，他对环境变化的刺激做出的回应是可以由主体内在的意愿来选择和决定的。

（3）个体活动在人的发展中的作用。

①个体活动是人的发展的决定因素。学生的主体活动既是学生存在和发展的方式，又是教育的重要基础。教育必须通过引领和组织学生的主体活动来促进学生的身心与个性的发展。

②个体活动制约着环境影响的内化与主体的自我建构。人在同环境相互作用的过程中，既改造着环境，也在改造环境的活动中发展和提升了个人的素质，从人的发展的视域看，实质上是一个自我建构的过程。学生的能动性主要表现为：在教育者的影响下，在积极参与社会生活和交往活动的基础上能动地进行自我认识、自我发展和自我建构。

③个体通过能动的活动选择、构建着自我的发展。个人通过能动的活动不仅能把握自己与外部世界的关系，而且能把自身的发展当作自己认识的对象和自觉实践的对象，选择与建构自己的发展。人的发展过程就是通过能动的活动不断自我超越的过程。

（4）教育对人的发展的作用。

①教育在人的发展中起引领作用，主要体现在：有意识地为年轻一代的成长选择、建构、调控良好的环境，对他们的生活、交往、学习与实践等活动进行正确的教导、示范和辅助，并注重尊重他们的主体地位和激发、引导他们内在的学习动力与自我发展的能动性和自主性，从各方面引领、关怀、维护他们的发展。

②学校教育主要通过传承文化科学知识来培养人。学校教育是教育者有意识地为儿童的身心发展精心设置的一种环境，它把经过选择的、重新组编的、人类长期积累起来的文化知识作为精神客体与儿童互动，以促进儿童的发展，使他们成人成才。文化知识蕴含着有利于人的发展的多方面价值：认识价值、陶冶价值、能力价值、实践价值。

③学校教育对提高人的现代性有显著的作用。教育在人的现代化过程中起着重要作用，是因为学生在学校里不仅学会了读、写、算等各个方面的基础知识与技巧，而且学到了与他们个人的发展和国家的未来有关的态度、价值和行为方式。

4. 论述如何在德育过程中培养学生的知、情、意、行。

【答案要点】

学生的品德包含知、情、意、行四个要素。所以德育过程也是培养学生思想品德的知、情、意、行整体和谐的发展过程。

（1）思想道德发展的整体性。

个体思想品德的发展是品德各要素协调统一的发展。依据这一品德的形成规律，开展德育活动时，就应该注意全面性，兼顾知、情、意、行各要素。个体品德结构中的知、情、意、行等要素，是相互制约、相互促进的，共同推动着个体思想品德的发展；应该晓之以理、动之以情、导之以行、持之以恒，全面关心学生品德中知、情、意、行的培养，使它们全面而和谐地发展。

（2）德育过程有多种开端。

开展德育可以有多种开端，既可以从知或情的培养入手，也可以从行的锻炼开始。在思想品德的发展过程中，知、情、意、行诸因素的发展往往是不平衡的，而且每个学生的品德发展也有显著差异。这就要求我们进行德育时，必须针对不同情况加以灵活处理，有的放矢，因材施教。

（3）德育实践的针对性。

道德品质的知、情、意、行的培养不能一概而论，简单对待，用一种方法进行，应该根据知、情、意、行每一要素的特点，开展具有针对性的教育活动。

①学生的道德认识，既可以通过学习间接经验的方式，如听讲、看书、背诵等方式习得，也可以通过直接经验的方式，如亲历道德实践和社会活动等方式获取。

②要注重学生的道德情感培育。

③德育的最终目标是要促进学生实现道德认知、道德情感向行为的转化。

5. 如何培养和激发学生学习动机的主要策略

【答案要点】

（1）创设问题情境，实施启发式教学。

想要实施启发式教学，关键在于创设问题情境。所谓问题情境，指的是一种适度的疑难情境。在学习过程中，仅仅让学生简单地重复已经学过或者过难的东西，学生都不会感兴趣。只有在学习那些"似懂非懂""似会非会"的东西时，学生才感兴趣而且迫切希望掌握它。

（2）根据作业难度，恰当控制动机水平。

教师在教学时，要根据学习任务的不同难度，恰当控制学生学习的动机水平。在学习较简单的课题时，应尽量使学生集中注意力；在学习较复杂的课题时，则应尽量创造轻松自由的课堂气氛。在学生遇到困难或出现问题，要尽量心平气和地耐心引导，以免学生过度紧张和焦虑。

（3）充分利用反馈信息，给予恰当的评定。

心理学研究表明，来自学习结果的种种反馈信息，对学习效果有明显影响。一方面学习者可以根据反馈信息调整学习活动，改进学习策略，另一方面学习者为了取得更好的成绩或避免再犯错误而增加了学习动机，从而保持了学习的主动性和积极性。

（4）妥善进行奖惩，维护内部学习动机。

在对学生进行评价时，奖励和惩罚对于学习动机的激发具有不同的作用。一般而言，表扬与奖励比批评与指责能更有效地激发学生的学习动机，因为前者能使学生获得成就感，增强自信心。但过多使用表扬和奖励，或者使用不当，也会产生消极作用。

（5）合理设置课堂环境，妥善处理竞争和合作。

学生的学习主要是在课堂上进行的，课堂的合作与竞争环境无疑是影响学习动机的一个重要的外部因素。在教学活动中，合作与竞争都是必要的，应该强调竞争与合作的相互补充和合理运用。

极端的竞争会对学生的学习行为和集体团结产生消极影响。适量与适度的竞争与合作的恰当结合，会有效激励学生的学习动机。

（6）适当进行归因训练，促使学生继续努力。

在学生完成某一学习任务后，教师应指导学生进行成败归因。一方面，要引导学生找出成功或失败的真正原因，即进行正确归因；另一方面，教师也应根据每个学生过去一贯的成绩的优劣差异，从有利于今后学习的角度进行积极归因。

（7）培养自我效能感，增强学生成功的自信心。

自我效能感影响学生的自我评价和自信心，进而影响学习成绩。尤其是学业不良的学生，由于对自己的学习能力持怀疑态度，表现出很低的自我效能感。因此，教师在教学中要通过一定的方法改变和提高他们的自我效能感。

提高自我效能感的具体措施如下：选择难易适中的任务，让学生不断地获得成功体验，进而提高自我效能感；通过获得替代性经验和强化来提高他们的自我效能感，当一个人看到与自己水平接近的学生学习成功时，就会增强他的自我效能感，激发其学习动机；引导学生坦然面对失败，从失败中找出可以改进的因素，进而提高自己的学习技能，增强获得成功的自信。

（8）维护学生自我价值，警惕自我妨碍策略。

自我价值理论指出，学生有保护和表现自我价值的需要，这是个人追求成功的内在动力。教师要理解和尊重学生的这种需要，引导他们把自我价值的实现方式与正向、积极的学习行为相联系，避免学生不断从环境中体验到对自我价值的威胁感，从而采取各种自我妨碍的逃避策略。

（9）维护内在需要，促进外部动机内化。

兴趣、好奇心、探索欲，是人类学习的最早动力。源于内部需要的学习动机具有更多的坚持性和抗干扰性。然而，不是每个孩子都对教育中涉及的所有内容充满好奇和兴趣。因此，教师要帮助学生将外部调控的学习动机不断内化，形成相对自主调控的学习动机。

2021年 东北师范大学333教育综合·真题解析

一、简答题

1. 简述我国中小学常用的德育原则。

【答案要点】

（1）理论和生活相结合原则。指进行德育要注重引导学生把思想政治观念和社会道德规范的学习同参与生活实践结合起来，把提高道德认识与养成良好道德行为结合起来。

（2）疏导原则。指进行德育要循循善诱、以理服人，从提高学生认识入手，调动学生的主动性，使他们积极向上。

（3）长善救失原则。指进行德育要调动学生自我教育的积极性，依靠和发扬他们自身的积极因素去克服他们品德上的消极因素，促进学生的道德成长。

（4）严格要求与尊重学生相结合原则。指进行德育要把对学生的思想品行的严格要求与对他们个人的尊重信赖结合起来，使教育者的严格要求易于转化为学生主动的道德自律。

（5）因材施教原则。指进行德育要从学生品德发展的实际出发，根据他们的年龄特征和个性差异进行不同的教育，使每个学生的品德都能得到最优的发展。

（6）在集体中教育原则。指进行德育有赖于学生的社会交往、共同活动，注意依靠学生集体，通过集体活动进行教育，充分发挥学生集体在教育中的巨大作用。

（7）教育影响一致性和连贯性原则。指德育应当有目的、有计划地把来自各方面对学生的影响加以组织，使其优化为教育的合力前后连贯地进行，以获得最大的成效。

2. 简述科举制度对学校教育的影响。

【答案要点】

科举制度即个人自愿报考，县州逐级考试筛选，全国举子定时集中到京都，按科命题，同场竞试，以文艺才能为标准，评定成绩，限量选优录取，是一种选官制度，以这种方式选拔国家官员。

唐初，学校教育制度是培养人才的制度，成为国家社会人才的重要来源，学校不断输送人才供科举考试选拔，是科举赖以发展的基础；科举考试是国家选拔人才的重要渠道，也为学校培养的人才开辟了政治出路。

唐朝稳定发展时期，科举考试受重视，居于主导地位，学校教育受轻视，居于次要地位。学校教育要适应科举考试的需要，成为科举的附庸，学校作为考试的预备场所，一切都受到科举考试的直接支配。科举考试对学校发挥着导向调控的作用，直接影响着学校教育。

3. 简述中世纪大学的主要成就及其影响。

【答案要点】

（1）中世纪大学的主要成就。

①教育目的。中世纪大学的基本目的是进行职业训练，培养社会所需要的专业人才。因此大学教育往往分文、法、神、医等专业学院来进行。

②领导体制。中世纪大学按领导体制分为两种，一种为"学生"大学，一种为"先生"大学。前者由学生主管校务，教授的选聘、学费的数额、学期的时限和授课时数等，均由学生决定；后者由教师掌管校务，学校诸事均由教师决定。

③课程设置。大学的课程开始并不固定，各大学甚至各教师自己规定开设的课程。13世纪以后，课程趋向统一。文学院属大学预科，一般课程六年。学生结束学习后分别进入法学院、神学院、医学院，学习有关专业课程。

④教学方法。中世纪大学最常用的教学方法是演讲，由阅读、评注和介绍作业等部分构成，同时穿插不同程度的讨论。此外，还采用辩论的方法。

⑤学位制度。中世纪大学已经有了学位制度。学生学习3~7年，修完规定的课程，考试及格便可以获得"硕士""博士"学位。最初这两种学位并无程度上的差别，以后分化成表示不同学术水平的独立学位。

（2）中世纪大学的意义。

①中世纪大学的产生在当时是进步现象，有积极意义。它打破了教会对教育的垄断，促进了教育普及。它一开始是世俗性教育团体，不受教会统治，使较多的人可以不受封建等级限制而得到教育，符合当时新兴的市民阶级对世俗教育的要求。

②对于后世高等教育的发展具有重要意义。现代意义的大学基本上直接起源于欧洲中世纪大学，现代大学的一系列组织结构和制度原则都与欧洲中世纪大学有着直接的历史联系。

③中世纪大学还培养了一大批人才，促进了古希腊罗马文化、阿拉伯文化等多种科学文化的保存、交流和发展。

4. 简要阐述规范学习的心理过程。

【答案要点】

（1）社会规范的依从。依从，即表面上接受规范，按照规范的要求来行动，但对规范的必要性或根据缺乏认识，甚至有抵触情绪。依从具有一定的盲目性和被动性。包括从众和服从。

（2）社会规范的认同。认同比依从深入了一层，简单地说，它是对自己所认可、仰慕的榜样的遵从、模仿。认同具有自觉性和主动性。包括偶像认同和价值认同。

（3）社会规范的内化。社会规范的内化是社会规范接受的高级水平，是品德形成的最高阶段，指主体随着对规范认识的概括化与系统化，以及对规范体验的逐步累积与深化，最终形成一种价值信念作为个体规范行为的驱动力。

二、分析论述题

1. 结合案例论述教育的政治功能和经济功能。

【答案要点】

（1）政治功能。

①教育通过传播一定的社会的政治意识，完成年轻一代的政治社会化。人的社会化是人的发展的重要方面，而政治社会化又是人的社会化的重要方面。教育作为传递知识、训练思维与培养情感的活动，能向年轻一代传播一定的社会政治意识，促进他们的政治社会化，从而为一定社会政治秩序的稳定创造重要条件。

②教育通过造就政治管理人才，促进政治体制的变革与完善。现代社会强调法治，使得教育更重视培养政治管理人才。由于科技向管理部门的全面渗透，社会越发展，国家对政治管理人才的素质要求越高，通过教育选拔、培养政治管理人才显得越重要。

③教育通过提高全民文化素质，推动国家的民主政治建设。一个国家的政治是否民主，取决于政体和国民素质。普及教育的程度越高，国民的文化素质越高，其国民就越能认识到民主的价值，在政治生活和社会生活中就越能履行民主的权利。

④教育是形成社会舆论、影响政治时局的重要力量。学校是知识分子和青少年集中的地方，他们有见解，勇于发表意见，通过教育者和受教育者的言论、演讲和社会活动等，来宣传思想，造就舆论，借以影响群众，为一定的政治、经济服务。

（2）经济功能。

①教育是使可能的劳动力转变为现实的劳动力的基本途径。劳动力是生产力中能动的要素。个体的生命的成长只构成了可能的劳动力，一个人只有经过教育和训练，掌握一定生产部门的劳动知识和技能，并能生产某种使用价值，他才能成为现实的生产力。

②现代教育是使知识形态的生产力转化为直接的生产力的重要途径。科学技术是一种知识形态的生产力，要使其转化为现实的生产力，除了要通过科学研究、发明创造或革新实践外，其技术成果的推广、经验的总结与提升都需要教育与教学的紧密配合。

③现代教育是提高劳动生产率的重要因素。现代生产有其显著特点，它的生产率提高依靠科学技术在生产中的应用、推广和不断革新，依靠提高劳动者受教育的程度与质量，依靠劳动者的素质、扩大脑力劳动者的比重、发挥劳动者在生产和改革中的创造性。

2. 联系实际论述马克思的人的全面发展学说的主要内容及其现实意义。

【答案要点】

马克思运用历史唯物主义观点分析了人的发展与社会进步的关系，认为人的发展是一个社会历史过程，受社会生产力和生产关系的制约。

（1）人的全面发展是一个社会历史过程。

①古代社会：以人的依赖关系为基础，个人没有人身自由，没有独立性和个性。

②现代社会：以物的依赖性为基础的人的独立性。在这种社会形态下，促使个人随之摆脱了人的依赖关系，获得了人身的一定的独立自主与自由。

③共产主义：在这个阶段，人们既摆脱了人的依赖关系，又摆脱了物的依赖关系，个人将得到全面而自由的发展。

（2）人的全面发展的内涵。

马克思、恩格斯所讲的人的发展，是包括人的社会关系、体力、智力、道德精神面貌、意志、情感、个性及审美意识和实践能力等各方面的和谐统一发展。人的全面发展过程是人不断走向自由和解放的过程，是人类历史追求的真正目的。

（3）人的全面发展学说的现实意义。

马克思关于人的自由而全面发展学说是在继承和发展历史上有关理论基础上的新的探索和科学概括，是我们选择社会主义教育目的价值取向的理论基础。

①社会主义制度的建立为人的全面发展拓宽了道路。我国建设中国特色社会主义各项事业，既要着眼于人民现实的物质文化生活的需要，同时也要促进人的自由而全面的发展。这是马克思主义关于建设社会主义新社会的本质要求。

②要依据我国的特点尽可能地促进人的全面发展。结合我国处于社会主义初级阶段的现实情况，采取各种切实举措，提高人的素质，促进人的全面发展，并以此作为现阶段我国教育目的的基本价值取向。

③人的全面发展是构建社会主义和谐社会的基本内涵。教育作为专门培养人的社会实践活动，就是要通过培养全面发展的人来实现我们的社会发展理想和人的发展的理想。

④追求人的全面发展与实现人的自由发展必须和谐统一。我国当前教育改革与发展应该高度重视马克思对人的自由发展的憧憬，在引导学生全面发展的同时，关注学生个性的自由发展，着注重培养学生的创新精神、批判意识与独立个性。

3. 结合实际谈谈生产力对教育的制约。

【答案要点】

（1）生产力的发展制约教育事业发展的规模和速度。物质资料的生产是社会存在与发展的基础。教育事业发展的规模和速度，归根结底是由生产力发展的水平和状况决定的，一定的教育必须与一定的生产力发展相适应，这是学校教育发展必须遵循的规律。

（2）生产力的发展水平制约人才的培养规格和教育结构。不同的生产力发展水平，对教育所培养的人提出了不同层次的要求。生产力的发展与分工，也必然引起教育结构的变化。因此学校教育结构必须反映经济的技术结构和产业结构的发展变革。这样教育为生产培养的人才在总量、类型和质量上才能满足生产力发展的需求。

（3）生产力的发展制约教学内容、教学方法和教学组织形式的发展和改革。生产力的发展推动了科学技术的发展，也必然促进教学内容的发展与更新。教学方法和教学组织形式的变革也是一样，如班级教学组织形式的产生与改进、多媒体教学等现代方法的运用，都是与生产力的发展和科学技术的运用紧密相关的。

4. 试述"中体西用"思想的主要内容和历史作用。

【答案要点】

（1）主要思想。

"中学为体，西学为用"是洋务派关于中西文化关系的核心命题，也是洋务教育的指导思想。洋务运动的过程实质上是一场对近代西方文明成果的移植过程，由此引发了一个核心问题：引入的西学与中国固有文化之间是怎样的关系？对此，洋务派提出的典型方案就是"中体西用"，认为在突出"中学"主导地位的前提下，应该肯定"西学"的辅助作用和器用价值。

1898年初，张之洞发表《劝学篇》，围绕"旧学为体，新学为用"的主旨集中阐述，形成了一个比较完整的思想体系。《劝学篇》是对洋务运动的理论总结，并试图为以后的中国改革提供理论模式，通篇主旨归为"中学为体，西学为用"。

"中学"包括四书五经、中国史事、政书、地图等。张之洞认为对"中学"的各方面都要通其大概，尤其是纲常名教。"西学"包括西政、西艺、西史，其中，张之洞着重强调西政和西艺。西政是指西方有关文教制度、工商财政、军事建制和法律行政等管理层面的文化；西艺即近代西方科技。在办理教育和个人学习时，应该根据具体情况分出西政与西艺的轻重缓急。张之洞认为西艺难学，适合年少者，着眼于长远；西政相对易学，适合年长者，着眼于当前急需。对于中、西学的关系，可以概括为"旧学为体、新学为用，不使偏废"。

（2）历史作用。

①洋务派提出"中体西用"，在不危及"中体"的前提下侧重强调采纳西学，既体现了洋务派的文化教育观，也是洋务派应对守旧派的策略。

②在"中体西用"形式下，"西学"教育的规模不断扩大。两次鸦片战争中，"中体西用"的内涵被不断调整，"西用"的范围不断延伸，逐渐纳入新的成分。

③洋务运动时期，"中体西用"理论为"西学"教育的合理性进行了有效论证，促进了资本主义文化在中国的传播。在此原则下实施的留学教育和举办的新式学堂给僵化的封建教育体制打开了缺口，改变了单一的传统教育结构。

5. 试述赞科夫教学理论的主要内容及其影响。

【答案要点】

（1）发展性教学理论。

赞科夫认为，教学的核心是要使学生的一般发展取得成效。一般发展的具体含义如下：

①一般发展是指儿童心理的一般发展。指的是个性的所有方面的进步。

②一般发展不同于特殊发展。一般发展在学习任何学科、任何情境中都会表现出来。

③一般发展不同于全面发展。这里的一般发展指的是发展的心理学和教育学方面。

④一般发展有别于智力发展。不仅发展学生的智力，还包括情感、意志、品质、性格等方面。

⑤一般发展还包括身体发展和心理发展。但赞科夫主要研究的是教学与儿童心理一般发展的关系。

（2）五项教学论体系的新原则。

①以高难度进行教学的原则。这一原则在实验教学论体系中起决定性作用。难度的含义是要求学生通过努力克服障碍。但高难度并不意味着越难越好，困难的程度要控制在学生"最近发展区"的范围内。

②以高速度进行教学的原则。这一原则要求教学不断地向前运动，以各方面内容丰富的知识来充实学生的头脑，为学生深入地理解所学知识创造有利的条件。要克服多余的重复烦琐的讲解以及机械的练习，以节约时间、加快进度。要善于利用一切手段提高学习质量。

③理论知识起主导作用的原则。这一原则不贬低学龄初期儿童掌握技巧的重大意义，而是要求学生在一般发展的基础上，尽可能深入领会有关概念和规律性的知识。

④使学生理解学习过程的原则。实验教学不仅要求学生会背，而且要求学生学会分析、比较、

综合、归纳，了解所学知识之间的联系，等等。这样做有利于发展学生的思维能力，提高他们学习的主动性与创造性，教会他们学习。

⑤使班上所有的学生都得到一般发展的原则。这条原则的本质在于让优、中、差三类学生都以自己现有的智力水平为起点，按照自己最大的可能性得到理想的一般发展。

（3）评价。

赞科夫的教育理论对苏联教育理论与实践的发展影响较大。他的发展性教学理论的一些观点为苏联教育理论界所接受，并被吸收到20世纪70—80年代出版的教育著作和教科书中。但其理论也存在一定的局限性，他的研究主要从儿童心理的角度进行，很少考虑教学过程的社会政治与道德要求，过分强调认知方面的智育。此外，对待传统教学理论的全盘否定态度是不科学的。

6. 试述教育心理学在研究内容上呈现的新趋势。

【答案要点】

教育心理学在研究内容上，强调教与学并重、认知与非认知并举、传统领域与新领域互补。

（1）教学心理与学习心理并重。

①教与学的心理动力的深入研究。主要包括成败归因、成就动机、自我效能感方面的研究。

②教与学的策略的研究。主要包括学习策略、教学策略、问题解决策略等方面的研究。

③专家系统及专家型教师研究。专家系统主要研究其特征方面。专家型教师的研究主要集中在：专家型教师的知识构成、教师教学专长的基本特点、教师教学专长的发展阶段、专家型教师的培养。

④阅读理解和写作教学研究。关于阅读理解的研究重点包括对阅读理解过程的解释、阅读诊断及诊断矫正性阅读教学、阅读理解教学策略。写作教学研究大多与阅读理解研究相结合。

⑤创造性及其培养研究。存在三种有关的研究取向：人格特质的研究取向、认知过程的研究取向、社会心理学的研究取向。

⑥教与学评价研究。发展出了多元化评价，多元化评价采用多种途径，在非结构化的情境中评价学生的学习结果。

（2）认知与非认知研究并举。

建构主义的兴起，使教育心理学的研究重新考虑非认知因素在学习和教学中的影响，特别是人本主义强调从完整的人的角度去研究教育问题，从而使教育心理学研究更趋全面化和合理化。

（3）新兴领域与传统领域互补。

①学校心理健康教育与学生健全心理素质培养研究。学校心理健康与学生心理素质培养是我国传统教育中长期忽视的，是当前素质教育实践中出现的新问题，所以教育心理学应该系统研究。

②网络教育心理学研究。如何根据网络教育的特点对网络教育进行研究，以使其发挥最大作用，这给教育心理学提出了新的挑战。

③现代教育技术的心理学研究。在教育信息技术时代，关于教育技术的研究是教育心理学亟待解决的问题。

④教育人性化与教育生态化的研究。教育人性化对教学理念、教学方法等都提出了新的要求，对传统的教育心理学中教与学的理论是一个冲击和挑战。未来的教育心理学研究将充分考虑研究的生态效度，使教育心理学的理论研究贴近教学实践，改变理论与实践脱节的现状。

2020年 东北师范大学 333 教育综合·真题解析

一、简答题

1. 教学评价 CIPP 模式。

【答案要点】

（1）内容：该评价模式由斯塔弗尔比姆提出，CIPP 是由背景评价、输入评价、过程评价、成果评价这几种评价名称的英文首字母组成。

①背景评价：要确定课程计划实施机构的背景；明确评价对象及其需要；明确满足需要的机会；诊断需要的基本问题；判断目标是否已反映了这些需要。

②输入评价：帮助决策者达到目标的最佳手段，对各种可供选择的课程计划进行评价。

③过程评价：主要是通过描述实际过程来确定或预测课程计划本身或实施过程中存在的问题，从而为决策者提供如何修正课程计划的有效信息。

④成果评价：要测量、解释和评判课程计划的成绩。

（2）评价：CIPP 评价模式考虑到影响课程计划的种种因素，可以弥补其他评价模式的不足，相对来说比较全面。但它的操作过程比较复杂，难以被一般人掌握。

2. 简述稷下学宫。

【答案要点】

稷下学宫是战国时代齐国一所著名的高等学府，因其建立于齐国都城临淄的稷门附近而得名。它既是百家争鸣的中心与缩影，也是当时教育上的重要创造，稷下学宫对中国古代学术、文化和教育的发展产生过重大的历史影响。

（1）产生的历史条件：主要包括经济、政治两方面。此外，养士之风的盛行也是一个重要原因。

（2）性质：稷下学宫是一所由官家举办而由私家主持的特殊形式的学校；稷下学宫是一所集讲学、著述、育才活动为一体并兼有咨议作用的高等学府。

（3）特点：学术自由、待遇优厚、管理规范。

（4）历史意义：促进了战国时期思想学术的发展；显示了中国古代士人的独立性和创造精神；创造了一个独特的教育典范。

3. 简述建构主义的学习理论。

【答案要点】

（1）知识观。

建构主义者质疑知识的客观性和确定性，强调知识的动态性。具体体现在以下几方面：知识的动态性；知识的情境性；知识学习的主动建构性。

（2）学生观。

建构主义认为，学生并不是被动接受教师传授的知识，而总是以自己的经验背景或自己的经验来建构对事物的理解。

（3）学习观。

建构主义认为，学习是学习者主动地赋予信息以意义，建构自己的知识经验的过程，具有三个重要特征：主动建构性；社会互动性；情境性。

（4）教学观。

①教学是激活学生原有的相关知识经验，促进知识经验的"生长"，促进学生的知识建构活动，以实现知识经验的重新组织、转换和改造，以此来培养学生的求知欲和探究能力。

②教学要为学生创设理想的学习情境，激发学生的推理、分析、鉴别等高级的思维活动，同时给学生提供丰富的信息资源、处理信息的工具以及适当的帮助和支持，促进他们自身建构意义以及解决问题的活动。

二、分析论述题

1. 中小学主要教学组织形式。

【答案要点】

（1）个别教学制。

①定义：个别教学制是教师面对个别或少数学生进行教学的一种教学组织形式。在个别教学中，每个学生所学的内容和进度可以有所不同，教师对每个学生教的方法和要求也有所区别，自然学生学习的成效各不一样，甚至差距极大。

②优点：教师能够根据每个学生的特点包括天赋、接受能力和努力程度而因材施教，加强教学的针对性，比较充分地发展每个学生的潜能、特长和个性。

③缺点：教师每次只能教一个学生，教学具有较大的随意性。因此教学的规模较小、教学成本较高，但效率不高。

（2）班级授课制。

①定义：一种集体教学形式。它把一定数量的学生按年龄与知识程度编成固定的班级，根据周课表和作息时间表，安排教师有计划地给全班学生上课，分别学习所设置的各门课程。

②优点：形成了严格的教学制度；以课为单位科学地组织教学；能充分发挥教师的主导作用；能促进学生的社会化与个性化；便于传授系统的科学知识。

③缺点：不利于照顾学生的个别差异；不利于培养学生的兴趣、特长和发展个性；不利于理论联系实际；不利于实现教学的灵活性。

④改革趋势：根据学生年龄、学科性质等不同情况，对每节课的时间长度，做有弹性的不同规定；加强班级教学中的小组与个别指导活动；提高学生在教学活动中的主体地位与作用；注重到特定的实验室、作业室里上课，或在现场教学；将班级上课、分组学习、个别辅导恰当地结合起来；防止班的人数超限，逐步实现小班教学；允许成绩优异或有特长的学生跳级、选班或选课等。

（3）分组教学制。

①定义：指按学生的能力或学习成绩把他们分为水平不同的小组进行教学。

②类型：能力分组和作业分组；内部分组和外部分组。

③优点：能较好地照顾个别差异，重视学生的个别性，有利于因材施教，有利于发展学生的个性特点。

④缺点：对学生能力和水平的鉴别不一定科学，却要按能力和水平进行分组教学，忽视了学生的发展性；对学生心理发展的负面影响较大，被分到快班的学生容易骄傲自满，被分到慢班的学生容易产生破罐子破摔的心理；家长、学生、教师和学校就分组教学问题很难达成一致；考虑到学生的发展性，分组必须经常进行，教育管理上比较麻烦。

（4）走班制。

①定义：指教室和教师固定而学生不固定的一种教学组织形式。学生根据自己的兴趣和能力选择适合自身发展的班级，在不同的教室中流动上课。

②优点：不同学科、不同层次的班级，其教学内容和要求不同，作业和考试的难度也不一样。走班制把学生的兴趣和能力放在更加突出的位置，有利于因材施教。

③缺点：流动性影响了同辈群体的形成和增加了班级管理的难度；分层上课使学生心理产生困扰；分层教学使教师压力增大。

2. 教育是什么？选一种观点论述。

【答案要点】

教育是人的发展与社会发展的中介活动，其主旨在于以人为本、育人成人，培养人成为他所生存的那个时代的社会实践主体，引导人和社会的持续发展。教育是一种有目的地培养人的社会活动，是教育者引导受教育者传承人类经验的互动活动，是激励与教导受教育者自觉学习和自我教育的活动。

对"教育是什么"的回答被看成是一种对教育的本质的阐释，中外教育史上有许多教育家都对"教育是什么"做过各种回答，此处选择杜威的教育观念来进行论述。杜威对于"什么是教育"的问题，给出的回答是：教育即生活、学校即社会、教育即生长、教育即经验的持续不断的改造。

（1）教育即生活。

杜威认为教育是生活的过程，学校是社会生活的一种形式，那么学校生活也是生活的一种形式。

学校生活应与儿童自己的生活相契合，满足儿童的需要和兴趣，使校园成为儿童的乐园，使儿童在现实的学校生活中得到乐趣；学校生活应与学校以外的社会生活相契合，适应现代社会变化的趋势并成为推动社会发展的重要力量，校园不应是世外桃源而应积极参与社会生活。

杜威要做的就是改造不合时宜的学校教育和学校生活，使之更富活力，更有乐趣，更具实效，更有益于儿童发展和社会改造。

（2）学校即社会。

杜威"学校即社会"意在使学校生活成为一种经过选择的、净化的、理想的社会生活，使学校成为一个合乎儿童发展的雏形的社会。而要将此落于实处，就必须改革学校课程，从分科课程转变为活动课程。

"学校即社会"是对"教育即生活"这一命题的进一步引申，代表社会生活的活动性课程的引入是使学校与社会生活相联系的基本保证。杜威坚信教育是社会进步及社会改革的基本方法，通过教育改造社会生活，使之更完善、更美好。

（3）教育即生长。

杜威针对当时教育无视儿童天性，消极对待儿童，不考虑儿童的需要和兴趣的现象，提出了"教育即生长"的观念。

杜威要求摒除压抑、阻碍儿童自由发展之物，使教育和教学适应儿童的心理发展水平和兴趣、需要。他所理解的生长是机体与外部环境、内在条件与外部条件交互作用的结果，是一个持续不断的社会化的过程。杜威要求尊重儿童但不同意放纵儿童，这也是杜威与进步主义教育实践的一个重要区别。

（4）教育即经验的持续不断的改造。

教育即经验的改造是指构成人的身心的各种因素在外部环境和人的主动经验过程中统一的全面改造、发展、生长的连续过程，包含四个方面：

①经验是一种行为，涵盖认识的、情感的、意志的等理性、非理性因素，成为儿童各方面发展和生长的载体。

②经验是有机体与环境相互作用的过程，机体不仅受环境的塑造，同时也对环境加以改变。

③经验的过程是一个主动的过程，有机体既接受着环境塑造，也主动改造着环境。

④经验是一个连续发展的过程，不存在终极目的的发展过程，因此教育就是个人经验的不断生长。

3. 试论蔡元培的教育思想及对北大的改革。

【答案要点】

（1）教育思想。

①"五育"并举的教育方针。

军国民教育。指将军事教育引入学校和社会教育之中，让学生和民众受到一定的军事教育和训练。在学校教育中，强调学生生活的军事化，特别是体育的军事化。

实利主义教育。即密切教育与国民经济生活的关系，加强职业技能的培训，使教育能发挥提高国家经济能力和改善人民生活水平的作用。

公民道德教育。蔡元培认为，公民道德的基本内容不外乎法国资产阶级革命所标榜的自由、平等、博爱，虽然与封建道德的专制等级性不相容，但他明确指出中国传统伦理特别是儒家伦理中的一些基本范畴，其内涵是与自由、平等、博爱的精神相通的。

世界观教育。是蔡元培独创并被作为教育的最高境界。世界观教育就是要培养人们立足于现象世界但又超脱现象世界而贴近实体世界的观念和精神境界。

美感教育。美感教育与世界观教育紧密联系。蔡元培认为，美感介于现象世界和实体世界之间，是两者之间的桥梁。

②教育独立思想。

1922年，蔡元培发表《教育独立议案》，阐明教育独立的基本观点和方法，成为教育独立思潮中的重要篇章。教育独立的基本要求可以大致归结为：教育经费独立；教育行政独立；教育学术和内容独立；教育脱离宗教而独立。

（2）改革北京大学的教育实践。

①抱定宗旨，改变校风。蔡元培明确大学的宗旨，认为大学应该成为"研究高尚学问之地"。他改革北大的第一步就是要为师生创造研究高深学问的条件和氛围。具体措施有：改变学生的观念；整顿教师队伍，延聘积学热心的教员；发展研究所，广积图书，引导师生研究兴趣；砥砺德行，培养正当兴趣。

②贯彻"思想自由，兼容并包"的办学原则。蔡元培明确声明，在学术上"循'思想自由'原则，取兼容并包主义"，这是他办理北京大学的基本指导思想。该思想不仅体现在学术上，也体现在教师的聘任上。蔡元培以"学诣为主"，罗致各类学术人才，使北大教师队伍一时呈现出流派纷呈的局面。

③教授治校，民主管理。1912年由蔡元培主持制定的《大学令》中，确立了教授治校、民主管理的大学校务管理原则，规定大学设立评议会，各科设立教授会。蔡元培到任北大后，当年即组织了评议会。1919年，评议会通过学校内部组织章程，决定：第一，设立行政会议，作为全校最高的行政机构和执行机构，负责组织实施评议会议决的事项，下设各种委员会分管各类事务；第二，设立教务会议及教务处，由各系主任组成，并互相推选教务长一人，统一领导全校的教务工作；第三，设立总务处，主管全校的人事和事务工作。

④学科与教学体制改革。在学科与教学体制改革方面，蔡元培主要有三个措施：第一，扩充文理，改变"轻学而重术"的思想；第二，沟通文理，废科设系；第三，改年级制为选科制，发展学生个性。

（3）蔡元培对近代中国教育发展的贡献和影响。

蔡元培在民国历史的几个关键时期被委以教育要职，对民国教育的大政方针和宏观布局有重大影响。他的教育思想贯穿着对民主、科学、自由、个性的追求，充满了爱国主义激情。他在教育实践中表现出不屈从压力、锐意改革、坚守信念的品质。他在民国初期改革封建教育，建立资产阶级民主教育制度，反映的是新时代对教育的要求；20世纪20年代提倡教育独立是在教育面临深重危机下的一次无奈抗争；他对北京大学的改革，包容博大，规模恢宏，影响深远，凸显了他作为杰出教育改革家的远大理想和个性品质。

4. 试论裴斯泰洛齐的教育思想。

【答案要点】

（1）论教育目的。

裴斯泰洛齐认为，教育的首要功能应是促进人的发展，尤其是人的能力的发展。教育的最终目的是发展各人天赋的内在力量，使其经过锻炼后，能人尽其才，在社会上达到他应有的地位。其基本内涵有以下几个方面：

①教育可以使人的"心、脑、手"的潜能得到充分发展。

②教育的措施既要适合儿童的天性，也要符合他们所处的社会条件，使人能够遵守社会秩序，让人达到道德状态，成为对社会有用的人。

③教育要使人的德、智、体得到全面发展，因为只有这样，人才能成为个性完整的人。

④教育可以使人成为人格得到发展的真正独立的人。

（2）论教育心理学化。

教育心理学化就是要把教育提高到科学的水平，将教育科学建立在人的心理活动规律的基础上。主要包括教育目的心理学化、教育内容心理学化、教学原则和教学方法的心理学化、要让儿童成为他自己的教育者。

（3）论要素教育。

要素教育论的基本思想是：初等学校的各种教育都应该从最简单的要素开始，然后逐渐转到日益复杂的要素，循序渐进地促进人的和谐发展。要素教育既要求初等学校让每个人在德、智、体几方面都能受到基本的教育而得到和谐的发展，又要求在德育、智育、体育的每一个方面都通过"要素方法"获得均衡的发展。

（4）初等学校各科教学法。

裴斯泰洛齐根据教学心理学化和要素教育的理念，具体地研究了初等学校各科教学法。裴斯泰洛齐是现代初等学校各科教学法的奠基人。其内容涉及语言教学、算术教学、测量教学、地理教学。

（5）教育与生产劳动相结合。

在新庄"贫儿之家"时，裴斯泰洛齐便开始了教育与生产劳动相结合的初步试验。裴斯泰洛齐主要重视生产劳动的经济价值，因此教育与生产劳动相结合，只是一种单纯的、机械的外部结合，教学与劳动之间并无内在意义的联系。

斯坦兹时期，裴斯泰洛齐关注生产劳动的教育价值，将两者在人的内部结合起来，深信教育与生产劳动相结合对培养人的重大教育意义，并认为这是基于教育心理学化的教育途径。因此，他不仅把学习与劳动相结合视为帮助贫苦人民掌握劳动技能从而改变贫困状况的手段，而且将其与体育、智育、德育联系起来，肯定其对人的和谐发展具有重要的教育价值。

（6）评价。

①裴斯泰洛齐的教育思想具有鲜明的民主性和革新性，反映了时代对教育的要求，反映了一定的教育自身的规律。

②他的教育实践和国民教育理论，对欧美国家的教育和19世纪上半期的许多著名教育家都产生了很大的影响。

③在他的教育思想体系中,也存在缺陷和不足。如,在他的基本教育观中,具有一定的唯心主义色彩;在论述要素主义以及教学原则、教学方法时,又表现出一些机械主义和形式主义。

5. 结合布卢姆的教育目标分类学,就中小学任何一门课程谈谈怎样出高质量的测试题。

【答案要点】

以布卢姆为代表的美国心理学家在20世纪50年代提出了著名的教育目标分为体系,将教学目标分为认知、情感、动作技能三大领域,每个领域的目标又由低级到高级分成若干层次。

(1)认知领域的教学目标分类。

布卢姆将认知领域的教学目标从低到高依次分为知道、领会、应用、分析、综合、评价六级层次。其中,除第一级"知道"外,其余五级均属于高层次智力技能范畴。智力技能与知识的不同之处在于:它是加工知识的方式,需要学习者在思维中对知识予以组织。

认知目标分类的意义不仅在于为教师确定教学目标、评定教学质量提供了一个依据,而且它提醒我们,在设计教学目标或进行教学评价时,不能只停留在传授或要求"知道"的水平上,还应重视培养学生的智力技能。而学生智力技能的培养,不能只局限于理解的水平,还应重视创新能力与判断能力的培养。

(2)情感领域的教学目标分类。

情感教学是教学的重要目标之一。根据其价值内化的程度,可以分为五级,每一级均由连续的子类构成,具体如下:接受、注意,反应,价值化,价值观的组织,价值或价值系统的性格化。

该分类启示我们:情感是一个价值标准不断内化的过程;该分类对情感发展的连续描绘,为教师完成情感教学的任务提供了方向与途径;每门学科都应该重视相应情感的培养。

(3)动作技能领域的教学目标分类。

动作技能主要分为知觉、定向、在指导下做出反应、机械化动作、复杂的外显反应、适应、创新。该目标分类描述了动作技能由低级向高级发展的过程,对操作技能课的教学目标设计具有指导意义。

布卢姆等人规定,在测量时,凡是测验情境与原先的学习情境相同,或只有细微的改变,这样的测验所测量的是知识,或者说,所测量的是回忆知识的能力。如果测验的情境与原先学习时的情境发生程度不同的变化,那么所测验的是高低层次不同的智慧能力。变化程度小的测验情境,所测量的是领会和运用能力;变化程度高的测验情境,所测量的是分析、综合和评价能力。这样,教师和教育测量人员可以在并不知道知识与智慧能力的本质的条件下,采用上述操作方法,编制学习结果的测验题,从而测量到高层次的智慧能力。

6. 教师如何帮助学生进行学习迁移。

【答案要点】

(1)整合学科内容。教师要注意把各个独立的教学内容整合起来,鼓励学生把在某一门学科中学到的知识运用到其他学科中去。

(2)加强知识联系。教师要重视简单的知识技能与复杂的知识技能、新旧知识技能之间的联系。教师要促使学生把已学过的内容迁移到新的学习内容中去。

(3)强调概括总结。教师在教学中要注意启发学生对所学内容进行概括总结。一方面,在教学中,教师要引导学生自己对原理进行概括,培养和提高其概括总结的能力,充分利用原理的迁移;另一方面,在讲解原理时,教师要在最大范围内列举各种变式,使学生正确把握其内涵和外延。

(4)重视学习策略。教师应有意识地教学生学会如何学习,帮他们掌握概括化的认知策略和元认知策略,从而促进学习的迁移。

（5）培养迁移意识。教师可以通过反馈和归因控制等方式使学生形成关于学习和学校的积极态度。教师要注意对学生的反馈，当学生用其他学科的知识来解决某一学科的问题时应给予鼓励。

2019年 东北师范大学 333 教育综合·真题解析

一、简答题

1. 在教学中如何处理掌握知识和发展能力之间的关系？

【答案要点】

（1）智力的发展与知识的掌握二者相互依存，相互促进。在教学过程中，学生智力的发展依赖于他们知识的掌握，对学生来说，掌握、运用知识及其反思、改进的过程，也就是他们运用和发展智力的过程；同时，学生对知识的掌握又依赖于他们的智力发展。

（2）生动活泼地理解和创造性地运用知识才能有效地发展智力。在教学中要引导学生通过生动活泼的教学活动，透彻地理解知识原理，了解获取知识的过程与方法，学会独立思考、推理与论证，创造性地解决实际问题，这样才能使学生的智力获得高水平的发展。

（3）防止单纯抓知识教学或只重能力发展的片面性。在教学实践中，有的教师忽视引导学生通过探究、反思有意识地锻炼学生的智力，有的教师忽视通过系统知识和原理的学习与运用来发展智力。这两者都不利于提高教学质量。

2. 简述美国 1958 年《国防教育法》制定的背景及主要内容。

【答案要点】

（1）背景。

1957 年，苏联卫星上天后，美国朝野震惊，开始反思自身的教育问题，并将教育提高到保卫国家国防的高度，要求对教育进行改革。在此背景下，1958 年美国总统批准颁布了《国防教育法》。

（2）主要内容。

①加强普通学校的自然科学、数学和现代外语的教学。

②加强职业技术教育。要求各地区设立职业技术教育领导机构，有计划地开展职业技术训练。

③强调"天才教育"。鼓励有才能的学生完成中等教育，攻读考入高等教育机构所必需的课程并升入该类机构，以便培养拔尖人才。

④增拨大量教育经费。作为对各级学校的财政援助。

3. 简述学习者的个体差异。

【答案要点】

（1）认知差异。

①认知水平的差异。主要表现为智力水平的差异，而智力水平的差异又表现为智力发展水平的差异和智力发展速度的差异。

②认知类型差异。认知类型又叫认知风格，是人在信息加工的过程中所偏好的相对稳定的态度和方式。认知类型差异就是人们在感知、理解、记忆、思维等过程中采用的与众不同的方式，主要表现为知觉类型的差异、记忆类型的差异、思维类型的差异。

（2）人格差异。

①性格差异。主要表现为性格类型的差异，是指在某一类人身上共同具有的某些性格特质的组合，主要有以下两种：外向型和内向型；独立型和顺从型。

②气质差异。气质就是平常所说的脾气秉性，是表现在心理活动的强度、速度、灵活性与指向性的一种稳定的心理特征。心理学家把人的气质分为多血质、胆汁质、抑郁质和黏液质四种类型。

（3）性别差异。

性别差异是指男女两性的生理差异及在智力、人格和成就等方面的心理差异。

二、分析论述题

1. 如何理解教育公平是社会公平的基础？

【答案要点】

鉴于教育在整个现代社会中的基础性、全局性和先导性地位，教育公平是一种重要的社会公平，在整个社会公平体系中具有基础性地位。

在不同的历史时期，人们对于教育机会的认识与要求是不同的。两千年前，孔子便提出了有教无类的主张，但这仅仅是美好的愿望。到了近代，人们才逐步提出普及教育与入学的机会人人均等的要求。但是我国直到今天，入学机会均等也远未能实现。因为家庭、财富、权力乃至居住地，对个人的教育机会都起着或大或小的作用，弱势群体与强势群体在教育机会上的差距也仍在扩大。从这些方面来说，我国当前仍然存在很多教育不公平的问题，主要体现在：城乡之间、地区之间存在明显的差距问题；农民工子女接受教育需要妥善解决的问题；优质教育资源短缺引发的教育机会不公平问题。在当今世界，一个人如果连优质的普及义务教育也未能得到，他是很难生存的，更谈不上实现人生价值。

教育关涉到个人能力与素质的提高，尤其是基础教育实为走向生活的通行证，可以说每个人所受教育的程度与质量，对他一生的前途都有深远的影响。收入不公平影响人的一时，教育不公平影响人的一生。

综上所述，教育公平影响个人的发展，而社会发展又离不开个人的发展。从微观层面来说，人民群众通过教育可以实现社会流动，提高个人素质，减少不公平现象的发生，因此说教育公平是社会公平的基础。从宏观层面来说，国家通过减少教育不公现象，以制度化要求逐步改善教育不公的现状，促进了社会公平，保证了社会的稳定运行。

2. 一个合格教师的专业素养由哪些方面构成？教师应如何提高自身的专业素养？

【答案要点】

（1）高尚的师德：热爱教育事业，富有献身精神和人文精神；热爱学生，诲人不倦；热爱集体，团结协作；严于律己，为人师表。

（2）先进、科学的教育理念。教育理念是教师在对教育工作本质理解的基础上形成的关于教育的观念和理性信念，它是以观念或信念的形式存在于教师头脑中的对教育现象和教育问题的看法。先进、科学的教育理念体现在教师的所有努力都要有利于学生精神世界的丰富、人格尊严的维护和美好人性的成长。如学生主体观、教学交往观、发展性教学评价观等。

（3）宽厚的文化素养。教师的主要任务是通过向学生传授科学文化知识，培养其能力，促进其个性生动活泼地发展。一个好教师的基本条件之一，就是要有比较渊博的知识和多方面的才能。因此，教师对自己所教学科知识应科学、深入地把握，能对自己所教专业融会贯通、深入浅出、高瞻远瞩，达到运用自如的境界，在教学过程中不出知识性的错误。同时，教师还应有比较广博的文化修养。

（4）专门的教育素养。教师的专门教育素养水平及其合理结构是教育教学任务得以完成的重要保证，它主要包括三个方面的内容：教育理论素养；教育能力素养；教育研究素养。

（5）健康的心理素质。教师的心理健康不仅会直接影响教育工作的优劣成败，而且会影响学生的心理健康水平。因此，教师应该注重提高自己的心理素质。健康的心理素质体现在心理活动的方方面面，概括起来主要指：教师要有轻松愉快的心境，昂扬振奋的精神，乐观幽默的情绪以及坚韧不拔的毅力等。

（6）强健的身体素质。教师的身体素质是指教师在教学活动中的自然力，是教师的身体健康状态和身体素质状态在教学中的表现。它主要通过健康的体魄、旺盛的精力、蓬勃的活力、有节律的生活方式和锻炼习惯等体现。教师的身体素质在教育教学中具有重要的教育意义。

3. 试述陶行知生活教育理论的基本内容及其现实启示。

【答案要点】

（1）"生活即教育"。

"生活即教育"是陶行知生活教育理论的核心。其内涵包括：生活含有教育的意义；实际生活是教育的中心；生活决定教育，教育改造生活。

"生活即教育"所强调的是教育以生活为中心，所反对的是传统教育脱离生活而以书本为中心。尽管它在生活与教育的区别和系统的知识传授方面有所忽视，但在破除传统教育脱离民众、脱离社会生活的弊端方面，有十分重要的意义。

（2）"社会即学校"。

"社会即学校"是生活教育理论另一重要主张，是"生活即教育"思想在学校与社会关系问题上的具体化。"社会即学校"，是指"社会含有学校的意味"，或者说"以社会为学校"。由于到处是生活，到处都是教育，"整个的社会是生活的场所，亦即教育之场所"。

"社会即学校"，也指"学校含有社会的意味"。也就是说，学校通过与社会生活相结合，一方面运用社会的力量使学校进步，另一方面动员学校的力量帮助社会进步，使学校真正成为社会生活必不可少的组成部分。

"社会即学校"扩大了学校教育的内涵和作用，对于传统的学校观、教育观有所改变。传统学校与社会生活脱节，学生孤陋寡闻，而以社会为学校，使得教育的材料、教育的方法、教育的工具、教育的环境可以大大地增加，有利于拓展学生的知识，增强学生的能力。"社会即学校"，还可以使被传统学校拒之门外的劳苦大众能够受到起码的教育，贯穿了普及民众教育的苦心，同样也值得肯定。

（3）"教学做合一"。

"教学做合一"是生活教育理论的又一重要主张，是"生活即教育"在教学方法问题上的具体化。其含义为：教的方法根据学的方法，学的方法根据做的方法。事怎样做便怎样学，怎样学便怎样教。教与学都以做为中心。包括以下四个要点："教学做合一"要求在"劳力上劳心"；"教学做合一"是因为"行是知之始"；"教学做合一"要求"有教先学"和"有学有教"；"教学做合一"还是对注入式教学法的否定。

（4）启示。

陶行知的生活教育理论是一种大众的、为人民大众服务的教育理论，且还是一种不断进取创造，旨在探索具有中国民族特色的教育道路的理论。生活教育理论还在教育观念的改变方面颇有建树，无论是强调学校教育与社会生活、生产劳动相结合，还是要求手脑并用、在劳力上劳心，都是对学校与社会割裂、书本与生活脱节、劳心与劳力分离的传统教育的反动，显示出强烈的时代气息，至今都富于启示。陶行知的生活教育理论是我国民族教育理论宝库中十分可贵的遗产，值得我们珍惜并认真研究借鉴。

4. 试比较古代雅典和斯巴达的教育体制。

【答案要点】

(1) 地理环境。

①斯巴达地处高山平原,适合发展农业,地理位置较为封闭,与外界交通不便。

②雅典三面临海,地理位置优越,有利于工商业的发展。

(2) 政治背景。

①斯巴达为保守的军事贵族寡头统治,为了镇压和奴役土著居民,举国皆兵。

②雅典是奴隶主民主政体。经济的繁荣发展与政治上的民主倾向为雅典形成独特的公民民主意识提供了宽松的社会环境和稳固的经济基础。

(3) 教育体制。

①斯巴达的教育完全由城邦负责,公民子女出生后,由长老代表国家检查新生儿的体质情况。

②雅典的城邦重视教育,但并不绝对控制,公民子女出生后,由父亲进行体格检查。

(4) 教育方法。

①斯巴达是武士教育,教育方法野蛮残忍。

②雅典是公民教育,教育方法温和民主。

(5) 教育目的。

①斯巴达的教育目的是培养英勇果敢的战士。教育的任务是要使每一个斯巴达人在经过长期而严肃的训练后,成为一个坚韧不拔的战士和绝对服从的公民。

②雅典教育的主要目的是培养青少年勇敢、强健的体魄以及理智、聪慧和公正的品质,使其既能够担负保卫城邦的重任,更能够履行公民参政议政的职责,即培养身心和谐发展的合格公民。

(6) 教育内容。

①斯巴达教育只重军事体育训练和道德教育,轻视知识学术,鄙视思考和言辞,生活方式狭隘,除了军事作战外,不知其他。

②雅典人注重对青少年儿童进行多方面的教育,包括道德熏陶、体格训练、文化教育以及音乐、舞蹈等,但又反对专业化或职业化。

(7) 女子教育。

①斯巴达人非常重视女子教育。女子通常和男子接受同样的军事、体育训练,其目的是造就体格强壮的母亲,以生育健康的子女;当男子出征时,妇女能担任防守本土的职责。

②雅典忽视女子教育,妇女社会地位低下,深居简出,女孩子只是在家庭中受教育。

5. 介绍三种学习迁移的理论。

【答案要点】

(1) 形式训练说。这是一种早期的学习迁移理论,源于古希腊罗马。它主张迁移要经过一个"形式训练"的过程才能产生。这种理论以官能心理学为理论基础,认为通过一定的训练,心智的各种官能可以得到发展,从而转移到其他学习上去。该理论认为,在学校教育中,传递知识不如训练官能重要,知识的价值在于其作为训练官能的材料。20世纪初以后,形式训练说不断遭到来自心理学实验结果的驳斥,许多研究表明,形式训练说所主张的官能可以因训练而得以普遍促进的假设,缺乏足够的实验依据和现实依据。

(2) 相同元素说。桑代克于20世纪初提出相同元素说,认为只有在原先的学习情境与新的学习情境有相同要素时,原先的学习才有可能迁移到新的学习中去。并且,迁移的程度取决于这两种情境相同要素的多少。也就是说,相同要素越多,迁移的程度越高;相同要素越少,迁移的程度越低。伍德沃斯后来把相同元素说改为共同要素说，也就是说在两种活动中有共同的成分才能发生迁移。代表性实验有桑代克和伍德沃斯的面积估计实验。

（3）概括化理论。该理论由贾德提出，他以实验研究了原理和概括性的迁移。这一理论认为，在经验中学到的原理原则是迁移发生的主要原因。学习者在A学习中获得的一般原理可以部分地或全部地运用到B活动的学习中。根据迁移的概括化理论，对原理了解、概括得越好，对新情境中学习的迁移就越好。代表性实验有贾德的水下打靶实验。

6. 论述奥苏伯尔的有意义学习理论及其在教学中的作用。

【答案要点】

（1）有意义学习理论。

①有意义学习的实质。

有意义学习就是符号所代表的新知识与学习者认知结构中已有的适当观念建立非任意的和实质性的联系。有意义学习的类型包括表征学习、概念学习和命题学习。

非任意的联系是指新知识与认知结构中有关观念存在某种合理的或逻辑上的联系。

实质性的联系是指新的符号或观念与学习者认知结构中已有的表象、已经有意义的符号、概念或命题的联系，是一种非字面的联系。

②有意义学习的条件。

有意义学习的材料必须具有逻辑意义，这种逻辑意义指的是材料本身在人的学习能力范围内而且与有关观念能够建立非任意的和实质性的联系。

学习者必须具有有意义学习的心向，也就是积极主动地把新知识与认知结构中原有的适当知识加以联系的倾向。

学习者认知结构中必须具有适当的知识，以便与新知识进行联系。

学习者必须积极主动地使这种具有潜在意义的新知识与他认知结构中有关的原有知识发生相互作用，导致原有知识得到改造，新知识获得实际意义，即心理意义。

（2）在教学中的作用。

①在安排学习内容时，要注意渐进性。在低年级的教学中，要先传授给学生一些具体的材料，以便学生掌握；在高年级的教学中，要尽可能先传授学科中具有最大包摄性、概括性和最有说服力的概念与原理，以便学生能对学习内容加以组织与综合。在高年级教学中，为了使学生有效地进行有意义的学习，教学过程中应该遵循逐渐分化和整合协调的教学原则。

②讲解式教学。讲解式教学在实际教学进程中可以分为两个阶段：

第一阶段，提供先行组织者。教师有必要在讲授新的学习内容之前向学习者提供"先行组织者"。提供先行组织者的方式可以灵活多样，比如上新课之前先作口头的介绍，概括前后学习内容的异同或联系，也可以详细讲解一个作为先行组织者的一般性的原理或概念，再转入新知识的学习中。合理地使用先行组织者不仅可以促进知识的学习，也有利于知识的保持。

第二阶段，呈现学习材料。教师呈现教材的方式，可以以讲解为主，讨论电影、电视为辅，无论采取何种形式，教师必须随时引导学生注意，而在讲解时用语要清楚准确，不致使学生难懂、误解或产生歧义。教师在讲解教材时，宜遵循两个原则，分别是逐渐分化和整合协调。

2018年 东北师范大学 333 教育综合·真题解析

一、名词解释

癸卯学制

癸卯学制是中国近代由中央政府颁布并首次得到施行的全国性法定学制系统。学制主系列分为三段七级。第一阶段为初等教育，包括蒙养院4年、初等小学堂5年和高等小学堂4年。第二阶段为中等教育，设中学堂5年。第三阶段为高等教育，分为高等学堂或大学预科3年、大学堂3~4年、通儒院5年。

智者

"智者"又称诡辩家，在荷马时代，是指某种精神方面的能力和技巧，以及拥有这些能力和技巧的人。后来各行各业具有专门知识和技艺的人，也被称为"智者"。到前5世纪后期，"智者"被用来专指以收费授徒为职业的巡回教师。

二、简答题

1. 简述教育的基本形态及其特点。

【答案要点】

依据教育的实施机构划分教育形态，可以将教育分为学校教育、家庭教育和社会教育。

（1）学校教育是由专业人员承担的，在专门机构——学校中进行的目的明确、组织严密、系统完善、计划性强的以影响学生身心发展为直接目标的社会实践活动。其特点包括可控性、专门性和相对稳定性。

（2）家庭教育是指一个人在家庭这个特殊社会结构中所受的教育，一般指一个人从出生到自己组成家庭之前所受到的来自家庭各方面的影响，包括有意识的知识传授、道德教育和有意识的家庭生活氛围的陶冶。其特点包括启蒙性、随机性和经验性、个别性。

（3）社会教育是指除学校教育、家庭教育以外的一切社会文化机构或团体对社会成员进行的教育。其特点包括对象的全民性、地点的广泛性、内容的实用性、时间的终身性。

2. 简述教师的主要角色定位。

【答案要点】

教师角色丛是指与教师特定的社会职业和地位相关的所有角色的集合。仅就教师与学生的关系而言，教师就要扮演多重角色。

（1）"家长代理人"和"朋友、知己者"的角色。低年级的学生倾向于把教师看作父母的化身，高年级的学生则往往将教师视为朋友。

（2）"传道、授业、解惑者"的角色。教师要传递正确的价值观，要善于引导学生掌握知识技能，注重启发学生智慧，解除学生的困惑，促进学生全面发展。

（3）"管理者"的角色。教师要创造一种和谐、民主、进取的集体环境，使学生积极参与民主管理，自觉接受领导、注重自我管理。

（4）"心理调节者"的角色。教师要适应时代要求，掌握基本的心理卫生常识，在日常工作中渗透心理健康教育。

（5）"研究者"的角色。教师应该成为教育的研究者、改革者，不断地提高自身的教育理论修养和教育、教学的质量。

三、分析论述题

1. 论述教育与生产力的关系。

【答案要点】

（1）生产力对教育的制约。

①生产力的发展制约教育事业发展的规模和速度。

物质资料的生产是社会存在与发展的基础。教育事业发展的规模和速度，归根结底是由生产力发展的水平和状况决定的，一定的教育必须与一定的生产力发展相适应，这是学校教育发展必须遵循的规律。

②生产力的发展水平制约人才的培养规格和教育结构。

不同的生产力发展水平，对教育所培养的人提出了不同层次的要求。生产力的发展与分工，也必然引起教育结构的变化。因此学校教育结构必须反映经济的技术结构和产业结构的发展变革。这样教育为生产培养的人才在总量、类型和质量上才能满足生产力发展的需求。

③生产力的发展制约教学内容、教学方法和教学组织形式的发展和改革。

生产力的发展推动了科学技术的发展，也必然促进教学内容的发展与更新。教学方法和教学组织形式的变革也是一样，如班级教学组织形式的产生与改进、多媒体教学等现代方法的运用，都是与生产力的发展和科学技术的运用紧密相关的。

（2）教育对生产力的影响。

①教育是使可能的劳动力转变为现实的劳动力的基本途径。一个人只有经过教育和训练，掌握一定生产部门的劳动知识和技能，并能生产某种使用价值，他才能成为现实的生产力。

②现代教育是使知识形态的生产力转化为直接的生产力的重要途径。科学技术是一种知识形态的生产力，要使其转化为现实的生产力，除了要通过科学研究、发明创造或革新实践外，其技术成果的推广、经验的总结与提升都需要教育与教学的紧密配合。

③现代教育是提高劳动生产率的重要因素。现代生产的生产率提高依靠科学技术在生产中的应用、推广和不断革新，依靠提高劳动者受教育的程度与质量，依靠劳动者的素质、扩大脑力劳动者的比重、发挥劳动者在生产和改革中的创造性。

2. 论述教学原则。

【答案要点】

教学原则是有效进行教学必须遵循的基本要求。它既指导教师的教，也指导学生的学，应贯彻于教学过程的各个方面和始终。我国的教学原则有：

（1）启发性原则。

①含义：指在教学中教师要激发学生的学习主体性，引导他们经过积极思考与探究自觉地掌握科学知识，学会分析问题和解决问题，树立求真意识和人文情怀。也称探究性原则或启发与探究相结合原则。

②基本要求：调动学生学习的主动性；善于提问激疑，引导教学步步深入；注重通过解决实际问题启发学生获取知识；引导学生反思学习过程；发扬教学民主。

（2）理论与实践相结合原则。

①含义：指教学要以学习基础知识为主导，将理论运用于解释和解决实际问题，学以致用，发展动脑、动手能力，并理解知识的含义，领悟知识的价值。

②基本要求：注重联系实际学好理论；重视引导学生运用知识；逐步培养与形成学生综合运用知识的能力；面向生活现实，培养学生的对策思维。

（3）科学性和思想性统一原则。

①含义：指教学要以马克思主义为指导，授予学生以科学知识，并结合知识教学对学生进行社会主义品德和核心价值观教育。

②基本要求：保证教学的科学性；发掘教材的思想性，注意在教学中对学生进行思想品德教育；重视补充有价值的资料、事例或录像；教师要不断提高自己的专业水平和思想修养。

（4）直观性原则。

①含义：指在教学中通过引导学生观察所学事物或图像，聆听教师用语言对所学对象的形象描绘，形成有关事物具体而清晰的表象，以便理解所学知识。

②基本要求：正确选择直观教具和现代化教学手段；直观要与讲解相结合；防止直观的不当与滥用；重视运用语言直观。

（5）循序渐进原则。

①含义：指教学要按照学科的逻辑系统和学生认识的顺序逐步进行，使学生系统地掌握基础知识、基本技能，形成严密的逻辑思维能力。也称系统性原则。

②基本要求：按教材的系统性进行教学；抓主要矛盾，解决好重点与难点；由浅入深、由易到难、由简到繁；将系统连贯性与灵活多样性结合起来。

（6）巩固性原则。

①含义：指教学要引导学生在理解的基础上牢固地掌握知识和技能，长久地保持在记忆中，能够根据需要迅速再现，有效地运用。

②基本要求：在理解的基础上巩固；把握巩固的度；重视组织各种复习；在扩充、改组和运用知识中积极巩固。

（7）发展性原则。

①含义：指教学的内容、方法和进度，既要适合学生已有的发展水平，又要有一定的难度，激励他们经过努力才能掌握，以便有效地促进学生的身心发展。

②基本要求：了解学生的发展水平，从实际出发进行教学；考虑学生认识发展的时代特点。

（8）因材施教原则。

①含义：指教师要从学生的实际情况与个性特点出发，有的放矢地进行有区别的教学，使每个学生都能扬长避短、长善救失，获得最佳发展。

②基本要求：针对学生的特点进行有区别的教学；采取灵活多样的举措，使学生的才能得到充分的发展。

3. 论述学习策略的各种类型及意义。

【答案要点】

（1）类型。

①奈斯伯特与舒克史密斯认为学习策略包括六个因素：提问、计划、调控、审核、矫正、自检。

②温斯坦的分类。温斯坦将学习策略分为以下四类：认知信息加工策略，如精细加工策略；积极学习策略，如应试策略；辅助性策略，如处理焦虑；元认知策略，如监控新信息的获得。

③丹瑟洛的分类。丹瑟洛将学习策略分为基本策略和辅助性策略：基本策略被用来直接操作课本材料，包括获得和存储信息的策略，及提取和使用这些信息的策略；辅助性策略主要用来维持合适的进行学习的心理状态，包括计划和时间安排、专心管理以及监控与诊断三种。

④迈克卡的分类。迈克卡等人将学习策略分为认知策略、元认知策略和资源管理策略，并对它

们之间的层次关系进行了分析。认知策略包括复述策略、精细加工策略、组织策略，元认知策略包括计划策略、监察策略、调节策略，资源管理策略包括时间管理策略、学习环境管理策略、努力管理策略、学业求助管理策略。

（2）意义。

①掌握学习策略是学会学习的必然要求。学习策略有助于提高学习质量和学习效率。因此现代教学应该将学习策略作为教学的重要内容，达到"教是为了不教"的目的。

②掌握学习策略是主体性教学的要求。教师的主体性应体现在其积极引导学生主动掌握有效的学习策略之中；学生的主体性主要表现在发展的主体性和学习过程的主体性两方面，这两个方面都涉及学生对学习策略的掌握。

③学习策略的掌握能有效提高学习的质量。在众多影响学习质量的因素中，学习策略是最重要的因素之一。学习活动和认知活动都涉及相应的效率问题，而学习策略能够提高学习效率，从而提高学习效果。

4. 论述维纳的成败归因理论。

【答案要点】

美国心理学家维纳提出的归因理论，既是解释学习动机最系统的理论之一，也是最能反映认知观点的动机理论。该理论集中于研究个体在行为之后，对自己行为结果成败的认知解释。他认为，个体对自己的行为及其结果有了解的动机，个体解释自己行为后果时的归因是复杂的，这种归因将影响其今后类似行为动机的强弱。

实证研究发现，人们通常将自己的成败归为以下六种原因：能力强弱、努力程度、任务难易、运气好坏、身心状况和其他。这六种因素又分别纳入原因来源、稳定性和可控性三个维度之中。原因来源指个体认为导致其行为成败的原因是来自个体内部还是外部。稳定性指个体认为导致其成败的因素是否稳定。可控性指个体认为导致其成败的因素能否受个人意志控制。将失败归因于内部、稳定、不可控的因素时最消极，会产生习得性无助感，使人动机水平降低，并产生认知障碍、情绪失调。

维纳得出三个基本结论：

（1）当个体将成功归因于能力和努力等内部因素时，会产生骄傲、自豪感，增强自信心和动机水平；将成功归因于任务容易、运气好、别人帮助等外部因素时，则满意感较少。当个体将失败归因于能力弱、不努力等内部原因时，会产生愧疚感；将失败归因于任务太难、运气不好或教师评分不公正等外部原因时，则较少产生愧疚感。无论成败，归因于努力比归因于能力会产生更强的情绪体验。努力而成功会让人感到愉快，努力而失败的人也应该受到鼓励，不努力而失败会让人感到愧疚。

（2）在取得同样的成绩时，能力低者应得到更多的奖赏。

（3）能力低而努力的人应受到最高评价，而能力高但不努力的人则应受到最低评价。

维纳的归因理论在教育上的意义在于它能从学生的观点显示出学习成败的原因。了解学生的自我归因可预测其今后的学习动机。学生的自我归因未必正确，却十分重要，教师应注意了解和辅导。长期消极归因有碍于学生健康成长。教师的反馈是影响学生自我归因的重要因素，学生的自我归因并不完全以考分高低为依据，很大程度受到教师对其成绩评价和态度的制约。

5. 论述《学记》的教育思想。

【答案要点】

（1）教育的作用与教育目的。

①对个人的作用与目的。教育通过对人有目的、有计划地培养，使每个人都形成良好的道德和智慧，懂得去维护国家利益和社会安定。

②对社会的作用与目的。《学记》认为实现良好政治的最佳途径是"化民成俗"，即兴办学校，推行教育，作育人才，以教化人民群众遵守社会秩序，养成良风美俗。

（2）教育制度与学校管理。

①学制与学年。关于学制系统，《学记》以托古的方式，提出了从中央到地方按行政建制建学的设想。关于学年，《学记》把大学教育年限定为两段、五级、九年。

②视学与考试。《学记》十分重视大学开学和入学教育，把它作为教育管理的重要环节。学习过程中，规定每隔一年考查一次，以表示这一阶段学业的完成。

（3）教育、教学的原则。

①豫时孙摩。即预防性原则、及时施教原则、循序渐进原则、学习观摩原则。

②长善救失。长善救失原则要求教师懂得并掌握教育的辩证法，坚持正面教育，善于因势利导，利用积极因素，克服消极因素，将缺点转化为优点。

③启发诱导。君子的教育在于诱导学生，靠的是引导而不是强迫服从，是启发而不是全部讲解。只有这样，才能调动学生学习和思考的积极性、主动性，使学生的思维能力得到锻炼和发展。

④藏息相辅。既有有计划的正课学习，又有课外活动和自习，有张有弛，让学生感到学习的乐趣，感受到老师、同学的可亲可爱，使学习成为学生的一种内在需要。

（4）教学方法。

①讲解法。"约而达"，即语言简约而意思通达；"微而臧"，即义理微妙而说得精善；"罕譬而喻"，即举少量典型的例证而使道理明白易晓。

②问答法。教师的提问应先易简后难坚，要循着问题的内在逻辑，而答问则应随其所问，有针对性地作答，恰如其分，适可而止，无过与不及。

③练习法。根据学习的内容来安排必要的练习，练习需要有规范，并且应逐步地进行。

（5）尊师重教与"教学相长"。

①尊师重教。《学记》十分尊师。首先，社会上每个人，从君到民，都是教师教出来的，尤其是以教育为治术就离不开好老师。社会要尊师，君主应当带头。其次，把为师、为长、为君视为一个逻辑过程，使为师实际上成为为君的一种素质、一项使命。再次，没有教师的教育引导，五服之内的人们也不会懂得相亲相爱。

②对教师的要求。

"记问之识，不足以为人师"。强调学识只是为师的条件，而非充分条件。

"君子既知教之所由兴，又知教之所由废，然后可以为人师也"。指出懂得教育成败的原理可以为师。

"君子知至学之难易，而知其美恶，然后能博喻，能博喻然后能为师"。指出善于在分析达成学习目标的难易程度和学生素质高下的基础上，采取各种有针对性的教学方法，可以为师。

教师自我提高的规律：教学相长。"教学相长"的本意并非指教与学双方的相互促进，而是仅指教这一方的以教为学。它说明了教师本身的学习是一种学习，而教导他人的过程更是一种学习，正是这两种不同形式的学习相互推动，使教师不断进步。后人在注释"教学相长"时做了引申，将其视为教学过程中教师、学生双方的互相促进、共同提高的过程。

（6）评价。

《学记》为中国教育理论的发展树立了典范，其历史意义和理论价值十分显著。它的出现，意味着中国古代教育思维专门化的形成，是中国教育理论发展的良好开端。

6. 论述杜威的教育本质观。

【答案要点】

杜威对于"什么是教育"的问题，给出的回答是：教育即生活、学校即社会、教育即生长、教育即经验的持续不断的改造。

（1）教育即生活。

杜威认为教育是生活的过程，学校是社会生活的一种形式，那么学校生活也是生活的一种形式。学校生活应与儿童自己的生活相契合，满足儿童的需要和兴趣，使校园成为儿童的乐园，使儿童在现实的学校生活中得到乐趣；学校生活应与学校以外的社会生活相契合，适应现代社会变化的趋势并成为推动社会发展的重要力量，校园不应是世外桃源而应积极参与社会生活。

杜威要做的就是改造不合时宜的学校教育和学校生活，使之更富活力，更有乐趣，更具实效，更有益于儿童发展和社会改造。

（2）学校即社会。

杜威"学校即社会"意在使学校生活成为一种经过选择的、净化的、理想的社会生活，使学校成为一个合乎儿童发展的雏形的社会。而要将此落于实处，就必须改革学校课程，从分科课程转变为活动课程。

"学校即社会"是对"教育即生活"这一命题的进一步引申，代表社会生活的活动性课程的引入是使学校与社会生活相联系的基本保证。杜威坚信教育是社会进步及社会改革的基本方法，通过教育改造社会生活，使之更完善、更美好。

（3）教育即生长。

杜威针对当时教育无视儿童天性，消极对待儿童，不考虑儿童的需要和兴趣的现象，提出了"教育即生长"的观念。

杜威要求摒除压抑、阻碍儿童自由发展之物，使教育和教学适应儿童的心理发展水平和兴趣、需要。他所理解的生长是机体与外部环境、内在条件与外部条件交互作用的结果，是一个持续不断的社会化的过程。杜威要求尊重儿童但不同意放纵儿童，这也是杜威与进步主义教育实践的一个重要区别。

（4）教育即经验的持续不断的改造。

教育即经验的改造是指构成人的身心的各种因素在外部环境和人的主动经验过程中统一的全面改造、发展、生长的连续过程，包含四个方面：

①经验是一种行为，涵盖认识的、情感的、意志的等理性、非理性因素，成为儿童各方面发展和生长的载体。在经验过程中，儿童不仅获得知识，而且形成能力、养成品德。

②经验是有机体与环境相互作用的过程，机体不仅受环境的塑造，同时也对环境加以改变。经验的过程就是一个实验探究的过程、运用智慧的过程、理性的过程。

③经验的过程是一个主动的过程，有机体既接受着环境塑造，也主动改造着环境。

④经验是一个连续发展的过程，不存在终极目的的发展过程，因此教育就是个人经验的不断生长。

（5）评价。

①积极性。杜威关于教育本质的这三个论点具有重要的意义：这些观点是杜威改革旧教育的纲领，他的意图是要使教育为缓和社会矛盾、完善美国社会制度服务，对于推动当时的教育改革有积极意义；杜威关于教育本质的观点是他的教育哲学的三个主要命题，内涵丰富并具有启发意义；杜威力图把教育的社会功能与个体发展功能统一起来，并把社会活动视为使两者得以协调的重要手段或中介。

②局限性。杜威对于教育本质的表述不够科学。如"教育即生长"给人以重视个体的生物性而回避社会性的印象，并且生长有方向、方式之异，有好坏优劣之别，所以仅说"教育即生长"是不严谨的；又如"教育即生活"的口号表述过于简要，也易使人不得要领，从而在理解上产生歧义；"学校即社会"的提法也存在着片面性，它忽视社会与个体发展的各自的相对独立性，进而导致抹杀学校与社会的本质区别。

2017年 东北师范大学 333 教育综合·真题解析

一、名词解释

教育目的

教育目的是对教育活动所要培养的人的个体素质的总的预期与设想，是对社会历史活动的主体的个体素质的规定。它体现一定社会对受教育者质量规格的界定和要求，也体现人自身发展所应该达到的水准和高度。

外铄论

外铄论认为，人的发展主要依靠外铄力量的推动，包括环境的刺激和要求、他人的影响、学校的教育和训练等。性恶论、环境决定论、教育万能论、行为主义心理学都持外铄论的观点。

说服法

说服法又称明理教育法，是通过引导学生摆事实，讲道理，经过思想情感上的沟通与互动，让他们悟明道德真谛，自觉践行的方法。

学校管理

学校管理是学校管理者在一定的社会历史条件下，通过一定的组织机构和制度，采用一定的方法和手段，带领师生员工，充分发挥学校人、财、物、时、空和信息等资源的最佳整体功能，实现学校工作目标的组织活动。简言之，学校管理是管理者通过一定的组织形式以实现学校教育目标的活动。

《学记》

《学记》是中国古代最早的一篇专门论述教育、教学问题的论著，因此有人认为它是"教育学的雏形"。《学记》是先秦时期儒家教育和教学活动的理论总结，它主要论述教育的具体实施，偏重于说明教学过程的各种关系。

书院

书院是我国封建社会自唐以来一种重要的教育组织形式。"书院"的名称始出现于唐朝，当时有两种场所被称为书院。一种是由中央政府设立的主要用作收藏、校勘和整理图书的机构。另一种是由民间设立的主要供个人读书治学的地方。

英国公学

公学是一种私立教学机构，相对于私人延聘家庭教师的教学而言，这种学校是由公众团体集资兴办，其教学目的是培养一般公职人员，其学生是在公开场所接受教育。

《莫雷尔法案》

《莫雷尔法案》又称《莫里尔法》。该法规定：联邦政府按各州在国会的议员人数，按照每位议员三万英亩的标准向各州拨赠土地，各州应将赠地收入用于开办或资助农业和机械工艺学院。利用这笔拨赠，大多数州专门创办了农业或机械工艺学院，有的州则在已有大学内附设农业或机械工艺学院。

二、简答题

1. 简述自我效能感的影响因素。

【答案要点】

（1）直接经验。学习者的亲身经验对自我效能感的影响是最大的。成功的经验会提高人的自我效能感，多次失败的经验会降低人的自我效能感。

（2）替代性经验。学习者通过观察榜样的行为而获得的间接经验对自我效能感的形成也有重要的影响。当学习者看到与自己水平差不多的人取得了成功时就会增强自我效能感，反之就会降低自我效能感。

（3）言语说服。他人的建议、劝告和解释以及对自我的引导也有助于改变个体的自我效能感，但不持久，一旦面临令人困惑或难于处理的情境就会消失。

（4）情绪唤起和身心状况。情绪和生理状态也影响自我效能的形成。在充满紧张、危险的场合或认知负荷较大的情况下，情绪易于唤起，而高度的情绪唤起和紧张的生理状态会妨碍行为操作，降低个体对成功的预期水准。

2. 新一轮课程改革的六大目标。

【答案要点】

（1）转变课程功能。改变课程过于注重知识传授的倾向，强调形成积极主动的学习态度，使获得基础知识与基本技能的过程同时成为学会学习和形成正确价值观的过程。

（2）优化课程结构。改变课程结构过于强调学科本位、科目过多和缺乏整合的现状，整体设置九年一贯的课程门类和课时比例，体现课程结构的均衡性、综合性和选择性。

（3）更新课程内容。改变课程内容"繁、难、偏、旧"和过于注重书本知识的现状，加强课程内容与学生生活以及现代社会和科技发展的联系，关注学生的学习兴趣和经验，精选终身学习必备的基础知识和技能。

（4）转变学习方式。改变课程实施过于强调接受学习、死记硬背、机械训练的现状，倡导学生主动参与、乐于探究、勤于动手，培养学生搜集处理信息的能力、获取新知识的能力、分析和解决问题的能力以及交流与合作的能力。

（5）改革课程评价。改变课程评价过分强调甄别与选拔的功能，发挥评价促进学生发展、教师提高和改进教学实践的功能。

（6）深化课程管理体系改革。改变课程管理过于集中的状况，实行国家、地方、学校三级课程管理，增强课程对地方、学校及学生的适应性。

3. 简述教师的专业素养。

【答案要点】

（1）高尚的师德。热爱教育事业，富有献身精神和人文精神；热爱学生，诲人不倦；热爱集体，团结协作；严于律己，为人师表。

（2）先进、科学的教育理念。教育理念是教师在对教育工作本质理解的基础上形成的关于教育的观念和理性信念，它是以观念或信念的形式存在于教师头脑中的对教育现象和教育问题的看法。

（3）宽厚的文化素养。一个好教师的基本条件之一，就是要有比较渊博的知识和多方面的才能。

（4）专门的教育素养。教师的专门教育素养水平及其合理结构是教育教学任务得以完成的重要保证，它主要包括三个方面的内容：教育理论素养、教育能力素养、教育研究素养。

（5）健康的心理素质。健康的心理素质体现在心理活动的方方面面，概括起来主要指：教师要有轻松愉快的心境、昂扬振奋的精神、乐观幽默的情绪以及坚韧不拔的毅力等。

（6）强健的身体素质。教师的身体素质是指教师在教学活动中的自然力，是教师的身体健康状态和身体素质状态在教学中的表现。

4. 简述韩愈的教师观及其现实意义。

【答案要点】

（1）教师的地位。由"人非生而知之者"出发，肯定"学者必有师"。强调后天学习的重要性，认为学习一定要有教师的指导，教师是社会所必需。

（2）教师的任务。"传道、授业、解惑"是教师的基本任务，其中最主要的是"传道"，"授业"和"解惑"都要贯穿"传道"，为"传道"服务。

（3）教师的标准。以"道"为求师的标准，主张"学无常师"。韩愈认为教师教学的主要任务在于"传道"，学生求学的任务主要在于学道，能否当教师也就以"道"为标准来衡量。

（4）师生关系。提倡"相师"，确立民主性的师生关系。教师与学生年龄有差别，而闻道则不以年龄大小定先后，学术业务也可能各有专长。教师与弟子相互学习，教学相长。

（5）现实意义。韩愈既肯定了教师在传道、授业、解惑方面的主导作用，又强调了教师必须树立师生平等和教学民主的观念。这是对封建社会"师道尊严"传统的一大突破。在今天，韩愈关于师生关系的观点更具有现实意义。

5. 简述陈鹤琴的课程论及其现实意义。

【答案要点】

"大自然、大社会都是活教材"，是陈鹤琴对"活教育"课程论的概括表述。"活教材"是指取自大自然、大社会的"直接的书"，即让儿童在与自然、社会的直接接触中，在亲身观察中获取经验和知识。既然"活教育"的课程内容应该来源于自然、社会和儿童的生活，其组织形式也必须符合儿童的活动和生活的方式，符合儿童与自然、社会环境的交往方式。

"活教育"的课程打破惯常按学科组织的体系，采取活动中心和活动单元的形式，即能体现儿童生活整体性和连贯性的"五指活动"形式。"五指活动"包括儿童健康活动、儿童社会活动、儿童科学活动、儿童艺术活动、儿童文学活动。

6. 赫尔巴特四段教学法。

【答案要点】

赫尔巴特认为，兴趣活动可以划分为四个阶段：注意、期待、要求和行动。儿童在学习活动中的思维方式有两种：专心与审思。在此基础上，他提出了教学形式阶段理论，即"赫尔巴特四段教学法"。

（1）明了：当一个表象由自身的力量突出在感官前，兴趣活动对它产生注意；这时，学生处于静止的专心活动；教师通过运用直观教具和讲解的方法，进行明确的提示，使学生获得清晰的表象，以做好观念联合，即学习新知识的准备。

（2）联合：由于新表象的产生并进入意识，激起原有观念的活动，因而产生新旧观念的联合，但又尚未出现最后的结果；这时，兴趣活动处于获得新观念前的期待阶段；教师的主要任务是与学生进行无拘无束的谈话，运用分析的教学方法。

(3) 系统：新旧观念最初形成的联系并不是十分有序的，因而需要对前一阶段由专心活动得到的结果进行审思；兴趣活动处于要求阶段；这时，需要采用综合的教学方法，使新旧观念间的联合系统化，从而获得新的概念。

(4) 方法：新旧观念间的联合形成后需要进一步巩固和强化，这就要求学生自己进行活动，通过练习巩固新习得的知识。

7. 简述裴斯泰洛齐的要素教育

【答案要点】

要素教育论的基本思想是：初等学校的各种教育都应该从最简单的要素开始，然后逐渐转到日益复杂的要素，循序渐进地促进人的和谐发展。要素教育既要求初等学校让每个人在德、智、体几方面都能受到基本的教育而得到和谐的发展，又要求在德育、智育、体育的每一个方面都通过"要素方法"获得均衡的发展。

(1) 道德教育最基本的要素是儿童对母亲的爱。随着孩子的成长，便由爱母亲发展到爱双亲，爱兄弟姐妹，爱周围的人。进入学校后，又把爱逐步扩大到爱所有人，爱全人类。

(2) 智育的基本要素是数目、形状和语言。教育就是在这些要素的基础上来进行教学和设计课程，从而促进儿童的心理发展。所对应的科目分别是算数、几何和语文。

(3) 体育的基本要素是关节活动。儿童的体育训练就是要从各种关节活动的训练开始，并随着年龄的增长逐渐进行较复杂的动作训练，以发展他们身体的力量和各种技能。

三、分析论述题

1. 小欣有一道数学题不会做，老师发现后并没有直接教她怎么做，而是一步一步地找到与该数学题接近的题的答案。请问老师这种方法符合维果斯基和布鲁纳的理论吗？并结合他们的理论论述如何达到教育目的。

【答案要点】

(1) 该老师的方法符合维果斯基和布鲁纳的理论。

维果斯基在搭建支架的基础上发展出了支架式教学。教学支架就是教学者给学生提供适当的指导和支持。这种指导和支持处于学生的最近发展区内，而且要随着儿童认知发展的变化进行调整。由于最近发展区是一个动态的区域，需要教师通过与学生的相互作用不断地获得学生发展的反馈，这种在最近发展区内的相互作用实质是教师与学生共同协作的认知活动，使学生和教师的认知结构得到精细加工和重新建构。老师给小欣提供的指导就属于一种教学支架，将小欣潜在的发展水平变成了实际的发展水平。

布鲁纳的发现学习是指学生在学习情境中，经过自己探索寻找，从而获得问题答案的一种学习方式，布鲁纳所说的发现不只限于寻求人类尚未知晓的事物的行为，也包括用自己的头脑亲自获取知识的一切形式。其教学阶段包括：提出问题，教师创设问题情境，使学生在这种情境中发现其中的矛盾，提出问题；做出假设，教师促使学生利用提供的某些材料，针对所提出的问题提出解答的假设；验证假设，学生用理论或者通过实验数据检查自己的假设；形成结论，学生根据实验获得的一些材料或结果，在仔细评价的基础上引出结论。老师没有直接告诉小欣答案，而是通过引导小欣，让其自己探索和发现解题的思路，有助于小欣自己对知识进行转换和组织，发展其智力潜力。

(2) 结合理论论述，言之有理即可。

2. 论述教学过程中应处理好的几对关系。

【答案要点】

(1) 间接经验与直接经验的关系。

①学生认识的主要任务是学习间接经验。学生要适应高度发展的文明社会，便必须以学习间接经验为主，便捷地掌握人类积累起来的基本科学文化知识。

②学习间接经验必须以学生个人的直接经验为基础。学生要把书本知识转化为自己能理解的知识，就必须以个人已有的或现时获得的感性经验为基础。

③防止只重书本知识传授或直接经验积累的偏向。只重书本知识的传授或只重直接经验的积累都违反了教学的规律，割裂了间接经验与直接经验的内在联系，影响了教学质量的提高。

（2）掌握知识与发展智力的关系。

①智力的发展与知识的掌握二者相互依存，相互促进。对学生来说，掌握、运用知识及反思、改进的过程，也是他们运用和发展智力的过程；同时，学生对知识的掌握又依赖于他们智力的发展。

②生动活泼地理解和创造性地运用知识才能有效地发展智力。在教学中要引导学生通过生动活泼的教学活动，透彻地理解知识原理，了解获取知识的过程与方法，学会独立思考、推理与论证，创造性地解决实际问题。

③防止单纯抓知识教学或只重能力发展的片面性。在教学实践中，有的教师忽视引导学生通过探究、反思有意识地锻炼学生的智力；有的教师忽视通过系统知识和原理的学习与运用来发展智力。这两者都不利于提高教学质量。

（3）掌握知识与进行教育的关系。

①进行教育性教学是现代教学的重要特性。教育性教学主要通过引导学生掌握知识及其蕴含的丰富而深刻的社会意义来实现。

②只有使所学知识引发了学生情感、态度的积极变化，才能让他们的思想真正得到提高。要使教学中传授的知识能给学生以深刻的影响，就要让他们感受到它的巨大意义或深远影响，引起他们思想情感深处的共鸣，在态度和价值追求上发生积极的变化，这样才能推动学生发展。

③防止单纯传授知识或脱离知识教学的思想教育的偏向。在教学中要防止两种偏向：一种是单纯传授知识、忽视思想教育的偏向；另一种是脱离知识教学，另搞一套思想教育的偏向。

（4）智力活动与非智力活动的关系。

①教学活动既要注重引导学生进行智力活动，也要重视调节学生的非智力活动。在教学过程中，学生的智力活动与非智力活动同在，各有特点与功能，二者相互依存，相互作用。

②按教学需要调节学生的非智力活动，才能有成效地进行智力活动。一方面，要改进教学本身，使教学的内容和过程都富有知识性、趣味性、启发性、吸引力。另一方面，要提高学生的自我教育能力。

（5）教师主导作用与学生主动性的关系。

①发挥教师的主导作用是学生简捷有效地学习知识、发展身心的必要条件。学生的主动性、反思性、创造性发挥得怎样，学习的效果怎样，又是衡量教师主导作用发挥得好坏的根本标志。

②尊重学生、调动学生的学习主动性是教师有效地教学的一个主要因素。学生的学习主动性、积极性发挥得怎么样，直接影响并最终决定着学生个人的学习质量、成效和身心发展的方向与水平。

③防止忽视学生积极性和忽视教师主导作用的偏向。通过普遍提高教师的修养和水平，加强对学生的了解、沟通，提高教师的责任感与创造性，这样才能实现师生之间民主平等、尊师爱生、教学相长的互动与合作。

2016年 东北师范大学 333 教育综合·真题解析

一、名词解释

学制

学制即学校教育制度，它是现代教育制度的核心部分。指的是一个国家各级各类学校的系统及其管理规则，它规定着各级各类学校的性质、任务、入学年限、修业年限以及它们之间的关系。

培养目标

培养目标是各级各类学校依据国家教育目的和不同类型教育的性质与任务，对受教育者身心发展所提出的具体标准和要求。

道德教育

道德教育即德育。一般来说，学校德育是指学生在教师的引导下，以学习活动、社会实践、日常生活、人际交往为基础，同经过选择的人类文化，特别是一定的道德观念、政治意识、处世准则、行为规范相互作用，经过自己的观察、感受、判断、践行和改善，以形成行为习惯、道德品质、人生价值和社会理想的教育。

教师

教师是履行教育教学职责的专业人员，承担着教书育人、培养社会建设者、提高民族素质的使命。从广义看，教师与教育者是同一语；从狭义看，教师专指学校的专职教师。

精细加工策略

精细加工策略是通过把所学的新信息和已有的知识联系起来以增加新信息意义的策略，即通过对学习材料的精细加工，将新旧知识联系起来，帮助学习者增进对新知识的理解，并把信息储存到长时记忆中的学习策略。

同化

同化是指儿童把新的刺激物纳入已有图式中的认知过程。同化是图式发生量变的过程，它不能引起图式的质变，但影响图式的生长。

二、简答题

1. 简述教学与教育、智育的关系。

【答案要点】

（1）教学与教育，是部分与整体的关系。教学只是学校进行教育的一个基本途径，学校还通过课外活动、生产劳动、社会活动等向学生进行教育。

（2）教学与智育，是交叉关系。教学是进行德育、智育、体育、美育的基本途径，智育只是教学的一个主要内容；而且智育也要通过课外与校外活动等途径才能全面实现。若把教育等同于智育，就使教育走向唯智主义，背离全面发展的方向，并使智育局限于课堂教学，极易忽视与脱离社会生活实际。

2. 简述班级授课制的优缺点。

【答案要点】

班级授课制是一种集体教学形式。它把一定数量的学生按年龄与知识程度编成固定的班级，根据周课表和作息时间表，安排教师有计划地给全班学生上课，分别学习所设置的各门课程。

（1）优点：第一，形成了严格的教学制度；第二，以课为单位科学地组织教学；第三，能充分发挥教师的主导作用；第四，能促进学生的社会化与个性化；第五，便于传授系统的科学知识。

（2）缺点：第一，不利于照顾学生的个别差异；第二，不利于培养学生的兴趣、特长和发展个性；第三，不利于理论联系实际；第四，不利于实现教学的灵活性。

3. 简述蒙学教材及其特点。

【答案要点】

（1）蒙学教材的分类。

①识字教学类。如《三字经》《百家姓》《千字文》等。主要目的是教儿童识字，掌握文字工具，同时也综合介绍一些基础知识。

②伦理道德类。如《童蒙训》《少仪外传》《性理字训》等，侧重于向儿童传授伦理道德知识以及为人处世、待人接物的准则。

③历史教学类。如《十七史蒙求》《叙古千文》《史学提要》《历代蒙求》《左氏蒙求》等。这类教材既向儿童传授历史知识，又对他们进行思想教育。

④诗歌教学类。如《训蒙诗》《小学诗礼》等，选择适合儿童的诗词歌赋供他们学习，对他们进行文辞和美感教育。

⑤名物制度和自然常识教学的教材。以《名物蒙求》为代表，内容涉及天文、地理、人事、鸟兽、草木、衣服、建筑、器具等。

（2）蒙学教材的特点。

①按专题分类编写，使蒙学教材在内容和形式上呈现多样化。

②一些著名学者如朱熹等亲自编撰蒙学教材，对提高蒙学教材的质量起了重要作用。

③注意儿童的心理特点，采用韵语形式，文字简练，通俗易懂，并力求将识字教育、基本知识教育和伦理道德教育有机地结合起来。

4. 简述《国防教育法》的基本内容。

【答案要点】

1957年，苏联卫星上天后，美国朝野震惊，开始反思自身的教育问题，并将教育提高到保卫国家国防的高度，要求对教育进行改革。在此背景下，1958年美国总统批准颁布了《国防教育法》。

（1）加强普通学校的自然科学、数学和现代外语的教学。

（2）加强职业技术教育。要求各地区设立职业技术教育领导机构，有计划地开展职业技术训练。

（3）强调"天才教育"。鼓励有才能的学生完成中等教育，攻读考入高等教育机构所必需的课程并升入该类机构，以便培养拔尖人才。

（4）增拨大量教育经费。作为对各级学校的财政援助。

三、分析论述题

1. 试论学校教育对人的身心发展的重要作用。

【答案要点】

（1）教育在人的发展中起引领作用。教育在年轻一代的发展中起着引领作用主要体现在：有意识地为年轻一代的成长选择、建构、调控良好的环境，对他们的生活、交往、学习与实践等活动进行正确的教导、示范和辅助，并注重尊重他们的主体地位和激发、引导他们内在的学习动力与自我发展的能动性和自主性，从各方面引领、关怀、维护他们的发展。

（2）学校教育主要通过传承文化科学知识来培养人。学校教育是教育者有意识地为儿童的身心发展精心设置的一种环境，它把经过选择的、重新组编的、人类长期积累起来的文化知识作为精神客体与儿童互动，以促进儿童的发展，使他们成人成才。文化知识蕴含着有利于人的发展的多方面价值：促进人的认识的发展；促进人的精神的发展；促进人的能力的发展；促进人的实践的发展。

（3）学校教育对提高人的现代性有显著的作用。教育在人的现代化过程中起着重要作用，是因为学生在学校里不仅学会了读、写、算等各个方面的基础知识与技巧，而且学到了与他们个人的发展和国家的未来有关的态度、价值和行为方式。人的现代化是社会现代化的重要基础和前提条件，我们应该自觉地优先发展教育，高度重视并充分发挥教育对人的现代化的促进作用。学校教育的特点有以下几个方面：学校教育具有较强的目的性、系统性、选择性、专门性、基础性。

2. 试论蔡元培的"五育"并举教育方针。

【答案要点】

蔡元培是中国近代著名的资产阶级革命家和民主主义教育家。1912年初，蔡元培发表《对教育方针之意见》一文，从"养成共和国民健全之人格"的观点出发，提出军国民教育、实利主义教育、公民道德教育、世界观教育和美感教育的"五育"并举教育思想，成为制定民国元年教育方针的理论基础。

（1）军国民教育。指将军事教育引入学校和社会教育之中，让学生和民众受到一定的军事教育和训练。在学校教育中，强调学生生活的军事化，特别是体育的军事化。蔡元培认为，军国民教育并不是理想社会的教育，但在中国仍有提倡的必要。当时的中国不论是在国际形势还是国内形势上都处于不利地位，蔡元培提倡的军国民教育，有寓兵于民、对抗军阀拥兵自雄、捍卫民主共和的良苦用心。

（2）实利主义教育。即密切教育与国民经济生活的关系，加强职业技能的培训，使教育能发挥提高国家经济能力和改善人民生活水平的作用。蔡元培指出，世界各国的竞争不仅在军事，更在经济，武力需要财力的支持。而中国丰富的自然资源并未得到有效利用，人民失业，国家贫穷，因此需要发展实利主义教育。

（3）公民道德教育。蔡元培认为，公民道德的基本内容不外乎法国资产阶级革命所标榜的自由、平等、博爱，虽然与封建道德的专制等级性不相容，但他明确指出中国传统伦理特别是儒家伦理中的一些基本范畴，其内涵是与自由、平等、博爱的精神相通的。蔡元培尊重文化的继承性和发展性的统一。因此他在摒弃封建道德专制性和等级性的同时，汲取其中有利于资产阶级道德建设的养分。

（4）世界观教育。是蔡元培独创并被作为教育的最高境界。世界观教育就是要培养人们立足于现象世界但又超脱现象世界而贴近实体世界的观念和精神境界。现象世界中的人，由于存在人我差别的意识、追求幸福的意识，而纠缠于由此产生的种种矛盾。在实体世界中，人们摆脱了现象世界的种种矛盾，实现意志的完全自由和人性的最大发展，思想和言论也不受某一门哲学或宗教教义的束缚。

（5）美感教育。美感教育与世界观教育紧密联系。蔡元培认为，美感介于现象世界和实体世界之间，是两者之间的桥梁。世界观教育是引导人们具有实体世界的观念，但不是靠简单的说教可以实现的，其有效的方式是通过美感教育，利用美感这种超越利害关系、人我之分界的特性去破除现象世界的意识，陶冶、净化人的心灵。所以，美感教育是世界观教育的主要途径。大力提倡美感教育是蔡元培教育思想和实践的一个重要特点。

蔡元培认为，"五育"不可偏废，其中军国民教育、实利主义教育、公民道德教育偏于现象世界，隶属于政治教育；世界观教育和美感教育以追求实体世界之观念为目的，为超越政治的教育。根据当时流行的德、智、体三育的说法，蔡元培认为，军国民教育为体育，实利主义教育为智育，公民道德教育为德育，美感教育可以辅助德育，世界观教育将德、智、体三育合而为一，是教育的最高境界。学校中每种教学科目虽于"五育"中各有侧重，但又同时兼通数育。

3. 试论卢梭的自然主义教育思想及其现实意义。

【答案要点】

（1）自然教育的基本含义。

卢梭自然主义教育的核心是"回归自然"。一方面，善良的人性存在于纯洁的自然状态之中。只有"回归自然"、远离喧嚣社会的教育，才有利于保持人的善良天性。因此15岁之前的教育必须在远离城市的农村进行。另一方面，每个人都是由自然的教育、事物的教育、人为的教育三者培养起来，只有三种教育圆满地结合才能达到预期的目的。三者之中，应以自然的教育为基准，才能使教育回归自然达到应有的成效。

（2）自然教育的培养目标。

自然教育最终目的是培养"自然人"，即身心调和发达、体脑两健、能力强盛的新人，也就是摆脱封建羁绊的资产阶级新人。"自然人"具有以下特征：第一，自然人是能独立自主的人，他能独自体现出自己的价值；第二，在自然的秩序中，所有的人都是平等的；第三，自然人又是自由的人，他是无所不宜、无所不能的；第四，自然人还是自食其力的人。可无须仰赖他人为生，这是独立自主的可靠保证。

（3）自然教育的方法原则。

卢梭猛烈抨击了当时向儿童强迫灌输旧的道德和知识、摧残儿童天性的做法，他提出以下几点原则和方法：第一，树立正确的儿童观，应当把成人看作成人，把孩子看作孩子；第二，对儿童实施消极教育。此外，让他们在同自然的接触中，体会到自己所犯的错误和过失带来的自然后果，使儿童服从于自然法则，结合具体事例让他们从自己的直接经验中受到教育；第三，根据儿童天性的个体差异，因材施教。

（4）自然主义教育的实施。

卢梭根据自然教育的原则，根据人的自然发展的进程和不同年龄时期身心的特点，把自然教育分为婴儿期、儿童期、少年期和青春期。婴儿期主要进行体育；儿童期主要进行感官训练和身体发育，这个时期的儿童不宜进行理性教育，不应强迫儿童读书；少年期主要进行智育和劳动教育；青春期主要接受道德教育，包括宗教教育、爱情教育和性教育。

（5）现实意义。

卢梭是西方教育史上具有划时代意义的教育思想家，他对封建社会进行了猛烈的抨击，提出了反映新兴资产阶级利益的教育思想，是现代教育思想的重要来源。

①卢梭提出的自然主义教育思想是教育思想史上由教育适应自然向教育心理学化过渡的一个重要环节。在封建社会压制人性的情况下，提倡性善论、尊重儿童天性具有历史进步意义。他呼吁培养身心调和发展的自然人和自由人也反映了对人的发展的合理要求。

②卢梭论证了自然主义教育的内容和方法。如重视感觉教育的价值；反对古典主义和教条主义，要求人们学习真实有用的知识；反对向儿童灌输道德教条，要求养成符合自然发展的品德等。这些观点既是在前人的基础上的发展，也反映了近代教育的发展方向。

③卢梭的教育理论对欧美教育产生了深远影响。德国的泛爱教育运动、瑞士的裴斯泰洛齐的教育实验、美国进步主义教育运动等，无不受到卢梭自然教育理论的启发。

4.试论观察学习的过程及其在教育中的作用。

【答案要点】

(1) 观察学习的过程。

观察学习是一种间接学习的形式，人类的大多数行为是通过观察而习得的，人们通过观察他人的行为及其后果，可获得榜样行为的符号表征和经验教训，并可引导观察者今后的行为。其基本过程如下：

①注意过程。注意过程影响观察者对榜样行为的探索和知觉过程，决定观察者的观察内容。影响注意过程的因素有：榜样行为的特性、榜样的特征和观察者的特征。

②保持过程。保持过程使观察者将示范行为以某种形式储存在头脑中以便今后可以指导操作。示范信息的保持主要依赖两种符号系统——表象系统和言语系统。影响保持过程的因素有：注意过程的效果、榜样呈现的方式和次数以及观察者自身记忆能力、动机等。

③复制过程。观察者以内部表征为指导，将榜样行为再现出来。影响复制过程的因素有：观察的有效性、从属反应的有效性、反馈的及时性和准确性以及自我效能感。

④动机过程。动机过程决定个体复现榜样行为的具体内容，换言之，决定哪一种经由观察习得的行为得以表现。动机过程存在着三种强化：直接强化，指在模仿行为之后直接给出的强化，为学习者提供信息和诱因；替代性强化，指观察者因看到榜样受强化而受到的强化；自我强化，指观察者依照自己的标准对行为做出判断后而进行的强化。

(2) 在教育中的应用。

①教授新行为、技能、态度和情感。教师需要将所期望的行为、技能、态度和情感以明确外显的方式示范出来，并对学生的模仿予以强化。同时，教师也要注意发挥自身的榜样作用，用自身对世界的好奇心、对本学科的热爱以及对学习的热情等感染学生。

②监控学生习得行为的表现。教师需要在创造榜样的同时，对良好的行为给予及时的表扬和鼓励，对错误的行为则给予批评和教育。

③对学生道德行为的养成具有现实指导意义。在该理论的基础上创建的认知行为矫正法在心理咨询和心理治疗中也得到广泛应用。

2015年
东北师范大学 333 教育综合·真题解析

一、名词解释

狭义的教育

狭义的教育即学校教育，指一种专门组织的不断趋向规范化、制度化、体系化的教育。它是根据一定的社会现实和未来需要，遵循受教育者身心发展的规律，有目的、有计划、有组织地对受教育者身心施加影响，把他们培养成为一定社会或阶级所需要的人的活动。

隐性课程

隐性课程也称潜在课程、隐蔽课程，是以内隐的、间接的方式呈现的课程，是学生在显性课程以外所获得的所有学校教育的经验，不作为获得特定教育学历或资格证书的必备条件。

榜样示范法

榜样示范法指以他人的高尚品德、模范行为和卓越成就来影响学生品德的方法。教师应向学生提供好榜样，主要有四类：历史伟人，现实的英雄模范，优秀教师、家长的风范，优秀学生。

教学评价

教学评价是对教学工作质量所做的测量、分析和评定。它以参与教学活动的教师、学生、教学目标、内容、方法、教学设备、场地和时间等因素的优化组合的过程和效果为评价对象，是对教学活动的整体功能所做的评价。

骑士教育

骑士教育是中世纪世俗教育的一种主要形式，以培养当时封建制度中骑士阶层的成员为目的。它是一种特殊形式的家庭教育，并无专设的教育机构，也没有专职的教育人员。

《教育诗》

《教育诗》是苏联教育学家马卡连柯的著作，是他对高尔基工学团和捷尔任斯基公社的成长和发展过程的真实写照，是采用小说、文艺作品的形式写成的，反映了工学团和公社的整个教育过程，也反映了它们的全部教育成效。

朱子读书法

朱子一生酷爱读书，对于如何读书有深切的体会，并提出了许多精辟的见解。他的弟子将其概括为"朱子读书法"六条，包括循序渐进、熟读精思、虚心涵泳、切己体察、着紧用力、居敬持志。

京师同文馆

京师同文馆最初是作为外语学校设立的，是近代中国被动开放的产物，1902年，京师同文馆并入京师大学堂。在教学内容的设置上，重视外语学习以及科学技术的学习。就其历史地位而言，它是洋务学堂的开端，也是中国近代新教育的开端。

发现学习

发现学习是指学生在学习情境中，经过自己探索寻找，从而获得问题答案的一种学习方式，布鲁纳所说的发现不只限于寻求人类尚未知晓的事物的行为，也包括用自己的头脑亲自获取知识的一切形式。

自我效能感

自我效能感由班杜拉提出，是指个体对自己能否成功进行某一成就行为的主观判断。它影响着个体对行为的选择、付出多大努力以及坚持多久。

二、简答题

1. 简述教学工作的基本环节及其各自的意义。

【答案要点】

（1）备课。备好课是上好课的先决条件。上课前，教师必须备好课，编制出学期教学进度计划，写出课题计划与课时计划。

（2）上课。上好课，是提高教学质量的关键。应以现代教学理念为指导，遵循教学规律与原则，创造性地运用教学方法。

（3）布置与批改作业。作业是深化对知识的理解和巩固知识的有效手段，是课堂教学的延续，是教学活动的有机组成部分。

（4）课外辅导。课外辅导是课堂教学的一种必要补充，是适应个别差异、实施因材施教的重要举措。主要分为集体辅导和个别辅导。

（5）学业成绩评定。评定学生成绩的方式主要有考查和考试。

2. 简述教师劳动的特点。

【答案要点】

（1）教师劳动的复杂性。教师劳动的复杂性主要受以下三方面的影响：第一，学生状况的复杂性决定着教师劳动的复杂性；第二，教师任务的多样性制约着教师劳动的复杂性；第三，影响学生发展因素的广泛性制约着教师劳动的复杂性。

（2）教师劳动的示范性。教育是教师引导、培养学生的活动，它要求教师以身作则，具有示范性。教师的劳动对象是处在发展过程中的青少年学生，他们具有尊敬教师、乐于接受教师的教导、以教师为表率的所谓"向师性"的特点。因此，教师必须严格要求自己，以身作则，通过示范的方式去影响学生，以便取得最佳教育效果。

（3）教师劳动的创造性。教师劳动创造性的最重要特征之一是他的工作对象，即儿童经常在发生变化，永远是新的，今天同昨天就不一样。此外，教师劳动的创造性还表现在因材施教上；表现在对教育、教学的原则、方法、内容的运用、选择和处理上；表现在教育教学过程中，教师对各种突发情况做出及时反应、妥善处理的应变能力上。

（4）教师劳动的专业性。教师劳动的专业性突出表现在教师对育人的崇高敬业精神和道德修养上，对教育教学专门化知识和技能的掌握与教育活动的自主权上。

三、分析论述题

1. 试从经济、政治、文化三个方面联系实际论述教育的社会功能。

【答案要点】

（1）教育的经济功能。

①教育是使可能的劳动力转变为现实的劳动力的基本途径。一个人只有经过教育和训练，掌握一定生产部门的劳动知识和技能，并能生产某种使用价值，他才能成为现实的生产力。

②现代教育是使知识形态的生产力转化为直接的生产力的重要途径。科学技术是一种知识形态的生产力，要使其转化为现实的生产力，除了要通过科学研究、发明创造或革新实践外，其技术成果的推广、经验的总结与提升都需要教育与教学的紧密配合。

③现代教育是提高劳动生产率的重要因素。现代生产的生产率提高依靠科学技术在生产中的应用、推广和不断革新，依靠提高劳动者受教育的程度与质量，依靠劳动者的素质、扩大脑力劳动者的比重、发挥劳动者在生产和改革中的创造性。

（2）教育的政治功能。

①教育通过传播一定的社会政治意识，完成年轻一代的政治社会化。教育作为传递知识、训练思维与培养情感的活动，能向年轻一代传播一定的社会政治意识，促进他们的政治社会化，从而为一定社会政治秩序的稳定创造重要条件。

②教育通过造就政治管理人才，促进政治体制的变革与完善。由于科技向管理部门的全面渗透，社会越发展，国家对政治管理人才的素质要求越高，通过教育选拔、培养政治管理人才显得越重要。

③教育通过提高全民文化素质，推动国家的民主政治建设。普及教育的程度越高，国民的文化素质越高，其国民就越能认识到民主的价值，在政治生活和社会生活中就越能履行民主的权利。

④教育是形成社会舆论、影响政治时局的重要力量。学校是知识分子和青少年集中的地方，他们有见解，勇于发表意见，通过教育者和受教育者的言论、演讲和社会活动等，来宣传思想，造就舆论，借以影响群众，为一定的政治、经济服务。

（3）教育的文化功能。

①传递文化。教育起着传递文化的作用。尤其是学校教育因其具有明确的目的性、计划性等特点，一直承担着传承文化的重任。

②选择文化。教育的选择功能十分重要，体现了教育对文化发展的积极引导和自觉规范。

③发展文化。教育通过广泛的文化交流，不断地吸收其他民族的文化精华，补充、更新和发展本民族的文化，也是文化发展的一种重要方式。

2. 试分析比较赫尔巴特和杜威课程理论的异同。

【答案要点】

（1）赫尔巴特的课程论。

①课程必须与儿童的经验和兴趣相适应。经验与课程：儿童在日常生活中可以获得经验和同情，但儿童的经验并非完美无缺，需要教学加以补充和整理。因此，课程的内容必须与儿童的日常经验保持联系，通过使用直观教材使得儿童的经验变得更加丰富、真实和确切。兴趣与课程：只有与儿童经验相联系的内容，才能引起儿童的兴趣；只有能够引起兴趣的教学内容，才能使儿童保持意识的警觉状态，从而更好地接受教材。

②课程要与统觉过程相适应。根据统觉原理，新的知识总是在原有的理智背景中形成的，以原有知识为基础。因此，课程安排应当使儿童能够不断地从熟悉的材料逐渐过渡到密切相关但还不熟悉的材料。为此，赫尔巴特提出"相关"和"集中"两项原则，目的是保持课堂教学的逻辑结构和知识的系统性。

③课程必须要与儿童发展阶段相适应。赫尔巴特认为，儿童在一定发展阶段上最理想的学习内容应当是种族发展在相应阶段上所取得的文化发展。以此为基础，他将儿童发展分为婴儿期、幼儿期、童年期和青春期。每个时期对应不同的心理特征，应开设不同的课程。

（2）杜威的课程论。

①对传统课程的批判。杜威认为传统教育的课程是由成人编就的，代表成年人的标准，不适合儿童的现有能力，超出了儿童已有的经验范围。学校中多种多样的分门别类的学科割裂和肢解了儿童的世界，使儿童对世界的认识失去应有的全面性而流于片面。旧教材和课程社会精神匮乏。

②从做中学。杜威以其经验论为基础，要求从做中学、从经验中学，要求以活动性、经验性的主动作业来取代传统书本式教材的统治地位。在杜威看来，这种活动性、经验性课程既能满足儿童的心理需要，又能满足社会性的需要，还能使儿童对事物的认识具有统一性和完整性。

③教材心理学化。杜威主张以"教材心理学化"来解决怎样使儿童最终获得较系统的知识而同时又能在学习过程中顾及儿童的心理水平。"教材心理学化"是指把各门学科的教材或知识各部分恢复到它所被抽象出来之前的原来的经验。

（3）两者的异同。

①共同点。

两者都提出了系统的课程理论，强调课程的组织要符合儿童的兴趣和经验。

②不同点。

在课程目标上，赫尔巴特认为，教育所要达到的基本目的可分为"可能的目的"和"必要的目的"；杜威认为，教育过程在它自身以外无目的，它就是它自己的目的。

在课程内容上，在赫尔巴特的教育思想中，兴趣占有重要的地位；杜威的课程内容以经验和环境为主，他倡导从直接经验中获取知识，强调直接经验和环境的重要性，认为儿童在学校学习的知识与将来的社会密切相关。

在课程实施上，赫尔巴特认为教师应采取符合学生心理活动规律的教学程序，他把教学过程分为四个连续的阶段：明了、联想、系统、方法；杜威提倡从做中学，要求从做中学、从经验中学，要求以活动性、经验性的主动作业来取代传统书本式教材的统治地位。

3. 论述孔子的道德教育思想及其对当代德育的启示。

【答案要点】

（1）道德教育的内容。

孔子的教育目的是培养从政的君子，而成为君子的主要条件是具有道德品质修养，因此，道德教育居首要地位。孔子主张以"礼"为道德规范，以"仁"为最高道德准则。凡符合"礼"的道德行为都要以"仁"的精神为指导，因此，"礼"和"仁"成为道德教育的主要内容。

（2）道德修养的原则与方法。

①立志。认为人不应以当前的物质生活为满足，还应有对未来的精神上更高的追求，要有自己的理想。

②克己。主张应着重在要求自己上，约束和克制自己的言行，使之合乎礼、仁的规范。"君子求诸己，小人求诸人。"

③力行。要求言行一致，不要出现脱节，道德认识依靠道德实践的检验而证实。"言必信，行必果。"

④中庸。待人处事都要中庸，防止发生偏向，一切行为都要中道而行。

⑤内省。就日常所做的事进行自我检查，查看其是否合乎道德规范。

⑥改过。人人都会犯错，但要以正确的态度重视改过，鼓励学生要勇于改正错误。

（3）启示。

孔子这些有关道德教育的主张含有许多带规律性的东西，在今天仍有可供借鉴之处。总之，一个人能够确立起远大的理想和宏伟目标，有为实现政治抱负和信念的献身精神；善于自省自克，严于律己，宽以待人；坚持身体力行，言行一致；又能改过迁善，其道德修养一定会不断进步，迅速提高。我们要重视道德教育，以仁为最高的道德准则，鼓励人们提高道德水平，遵循道德修养原则。

4. 结合实际谈谈：面对一个考试失败无能为力、自暴自弃的学生，教师应该怎样做？

【答案要点】

学生自暴自弃，放弃学习，一方面可能是产生了习得性无助，将失败归因于内部、稳定、不可控的因素时最消极，会产生习得性无助感，使人动机水平降低，并产生认知障碍、情绪失调。习得性无助的个体经历了某种学习后，在情感、认知和行为上表现出消极的特殊的心理状态。另一方面可能是因为没有掌握学习的窍门，不懂得如何学习，导致学习效果不佳，从而产生了放弃的心理。

因此，要帮助学生重拾学习的信心，首先就要重新激发该生的学习动机，具体措施如下：

（1）培养学生的自我效能感，增强学生成功的自信心。学业不良的学生，由于对自己的学习能力持怀疑态度，表现出很低的自我效能感。因此，在教学中可以通过一定的方法改变和提高该生的自我效能感，这也是辅导该生最紧急、最重要的任务。

提高自我效能感的具体措施如下：选择难易适中的任务，让学生不断地获得成功体验，进而提高自我效能感；通过获得替代性经验和强化来提高他们的自我效能感，当一个人看到与自己水平接近的学生学习成功时，就会增强他的自我效能感，激发其学习动机；引导学生坦然面对失败，从失败中找出可以改进的因素，进而提高自己的学习技能，增强获得成功的自信。

（2）适当进行归因训练，促使学生继续努力。教师应指导该生进行成败归因。让学生学会正确而有积极意义地归因是对学生进行心理教育的一项重要内容。学生学会归因的过程也就是提高自我认识的过程，通过归因训练可以帮助学生在从了解自己到认识别人的过程中建立起明确的自我观念。

（3）妥善进行奖惩，维护内部学习动机。对于这位学生尽量多表扬、鼓励，少批评和惩罚，让他获得成就感，增强自信心。

其次，在激发该生学习动机的过程中，还要教他正确的学习策略，让他掌握高效学习的方法，可以通过学习策略的教学训练，使该生学会学习。具体方法如下：

交叉学习式教学训练模式。该模式是为了克服前面两种模式的不足而设立的。它先是独立地教授学习策略，再将它与具体的学科内容结合起来，根据具体学习情境的差异，要求并帮助学生把所学的策略运用于具体的学习活动中。教师可以利用课余时间，对该生开展专门的学习策略课程教学，帮助该生快速掌握相应的学习策略。然后，在上课的过程中有意识地将学习策略穿插到教学之中，使该生能够将学习策略与学科学习相结合，并通过课后训练帮助该生将所习得的学习策略运用到各科知识的学习之中，从而提高他的学习效果。

2014年 东北师范大学 333 教育综合·真题解析

一、名词解释

美育

美育即培养学生正确的审美观，发展他们鉴赏美、创造美的能力，培养其高尚情操和文明素质的教育。我国普通中学在美育方面的要求主要是：通过音乐、美术、文学教育等审美活动，充实学生的精神生活，培养他们感受美、欣赏美和创造美的能力，养成审美情趣和高尚情操。

因材施教

孔子是我国历史上首倡因材施教的教育家。实行因材施教的前提条件是承认学生间的个体差异，并了解学生特点。孔子了解学生最常用的方法是谈话和个别观察，主张在了解学生的基础上，根据学生的具体情况，有针对性地进行教育。

学习策略

学习策略是指学习者为了提高学习的效果和效率，有目的、有意识地制定的有关学习过程的复杂的方案，具有主动性、有效性、过程性和程序性的特征。

最近发展区

维果茨基认为，在进行教学时必须注意到儿童的两种水平，一种是儿童现有的发展水平，另一种是即将达到的发展水平，维果茨基把这两种水平之间的差距称为最近发展区，即独立解决问题的真实发展水平和在成人指导下或与其他儿童合作情况下解决问题的潜在发展水平之间的差距。

二、简答题

1. 教育的基本职能。

【答案要点】

教育功能就是教育对人的发展和社会发展所能够起到的影响和作用，尤指积极的促进作用，具有客观性、社会性、多样性、整体性和条件性。从对象上将教育功能分为个体功能与社会功能。

（1）教育的个体功能。教育的个体功能是教育对个体的生存和发展所产生的作用和影响，由于促进个体发展的功能是教育固有的功能，因此也被称为教育的本体功能。教育的个体功能表现为个体社会化功能和个体个性化功能。

（2）教育的社会功能。社会功能是教育对社会的稳定、运行和发展所产生的影响，它的发挥必须通过培养人来实现，因此也被称为教育的派生功能。

2. 简述《学记》在教学论上的主要贡献。

【答案要点】

（1）教育、教学的原则。

①豫时孙摩。即预防性原则、及时施教原则、循序渐进原则、学习观摩原则。

②长善救失。长善救失原则要求教师懂得并掌握教育的辩证法，坚持正面教育，善于因势利导，利用积极因素，克服消极因素，将缺点转化为优点。

③启发诱导。君子的教育在于诱导学生，靠的是引导而不是强迫服从，是启发而不是全部讲解。只有这样，才能调动学生学习和思考的积极性、主动性，使学生的思维能力得到锻炼和发展。

④藏息相辅。既有有计划的正课学习，又有课外活动和自习，有张有弛，让学生感到学习的乐趣，感受到老师、同学的可亲可爱，使学习成为学生的一种内在需要。

（2）教学方法。

①讲解法。"约而达"，即语言简约而意思通达；"微而臧"，即义理微妙而说得精善；"罕譬而喻"，即举少量典型的例证而使道理明白易晓。

②问答法。教师的提问应先易简后难坚，要循着问题的内在逻辑，而答问则应随其所问，有针对性地作答，恰如其分，适可而止，无过与不及。

③练习法。根据学习的内容来安排必要的练习，练习需要有规范，并且应逐步地进行。

3. 英国《1988 教育改革法》的主要内容。

【答案要点】

（1）规定实施全国统一课程。确定在 5~16 岁的义务教育阶段开设三类课程：核心课程、基础课程和附加课程。核心课程和基础课程合称为"国家课程"，为中小学必修课程。

（2）设立全国统一考试制度。规定在整个义务教育阶段学生要参加四次全国性考试。分别在 7、11、14、16 岁时举行，作为对学生进行甄别和评估的主要依据。此外，对学生的评估还要结合教师对学生的平时考查。由学校考试委员会负责的全国性考试的结果，还将作为对学校工作进行评价的依据。

（3）实施摆脱选择政策。即规定地方教育当局管理下的所有中学和规模较大的小学，在多数家长要求下可以摆脱地方教育当局的控制，直接接受中央教育机构的指导。这一政策表明英国开始打破过去中央、地方两级分权管理教育的传统，而走向中央集权制管理。此外，该法还赋予学生家长为子女自由选择学校的权利。

（4）建立一种新型的城市技术学校，以培养企业急需的精通技术的中等人才。

（5）废除高等教育的"双重制"。"双重制"是指英国各类学院由地方管理，而大学则由中央管理的体制。根据新规定，包括多科技术学院和其他学院在内的高等院校将脱离地方教育当局的管辖，成为"独立"机构，并获得与大学同等的法人地位。同时成立"多科技术学院基金委员会"，负责多科技术学院的发展规划和拨款事务。

三、分析论述题

1. 结合我国的教育方针的最新表述及精神实质，就我国当前教育实践在教育方针贯彻执行上所存在的问题谈谈自己的看法。

【答案要点】

2015年新修订的《中华人民共和国教育法》中规定："教育必须为社会主义现代化建设服务，必须与生产劳动和社会实践相结合，培养德、智、体、美等方面全面发展的社会主义事业的建设者和接班人。"

其精神实质如下：

（1）坚持教育目的的社会主义方向。"社会主义"是我国教育性质的根本体现，我国的教育目的是为维护社会主义利益，巩固和发展社会主义服务的，这就从根本上决定了我国教育的社会性质，保证了我国教育发展的社会主义方向。

（2）"培养劳动者"是社会主义教育目的的总要求。《中华人民共和国教育法》规定："教育必须为社会主义现代化建设服务，必须与生产劳动和社会实践相结合，培养德、智、体、美等方面全面发展的社会主义事业的建设者和接班人。"其中最根本的问题是回答培养什么人的问题。

（3）"使受教育者在德、智、体、美等方面全面发展"是社会主义教育目的的教育质量标准。它明确了我国人才培养的素质要求，社会主义的教育目的是培养全面发展的新型劳动者。

（4）注重全民素质的提高。这是我国当今社会赋予教育的根本宗旨，也是我国当代教育的重要使命。因为，第一，科技发展是经济和社会发展的关键，而推动科技进步，又取决于整个民族素质和能力的提高；第二，现代化不仅仅是经济的巨大发展，也包括思想、道德、文化、观念等在内的社会的全面进步，因而从根本上又依赖于整个民族素质的全面提高。

2. 论述基础教育的奠基性价值及其实现。

【答案要点】

（1）奠定社会发展的基础。

基础教育中的"基础"是铺垫整个社会教育大厦的基石，在这个基石的支撑之下，社会教育才可以不断地添砖加瓦，实现高水平的发展。基础教育不仅对个人的生存与发展具有十分重要的意义，也对整个人类社会的发展具有重大意义。基础教育具有社会性的特征，它教会学生认识社会，提高学生热爱本民族优秀传统文化的意识。基础教育以社会为依靠，对整个社会负责，目的是为社会培养出很多优秀的公民。它对所有国民进行普通文化知识教育，并非高等教育或者职业技术教育，它进行的是一种非专门的基础科学文化知识教育，最终目的是提高国民的整体素质。

基于以上的论述，可以看出基础教育能对一个国家的劳动力和公民基本素质起到促进作用，并可成为国民素质的一项奠基工程，有利于科教兴国战略的总体实施，对提高国民素质、培养各类优秀人才和社会主义现代化的发展具有全局性和基础性的作用，并可对社会和国家的未来发展起到积极的影响作用。不过，基础教育若要确立与实现自身的基础性，必须依靠国家的支持和社会的保障，二者都是基础教育得以顺利发展的强大后盾。基础教育的"基础性"只有被国家和社会充分认识，并被给予其综合发展的必要条件，基础教育自身的基础性才能充分实现。国家与社会的力量可以让这种基础性实现扎根。

（2）奠定未来发展的基础。

教育是一种有目的地培养人的活动，有了教育，人的发展方向就更加明确，尤其是学校教育，对人的影响是全面深刻的，教师是学校中专门负责教育工作的人员。此外，教育首先要遵循受教育者的身心发展规律，不能盲目地发挥自身的作用，要符合受教育者的自身实际情况，教育想要发挥主导作用，还需要受教育者积极发挥自身的主观能动性加以配合。基础教育是国家教育不可或缺的重要基础，更应当为人的未来发展奠定基础。

人的发展主要包括身体发展与心理发展两个大的方面。因此，基础教育的"基础"要做到从学生的生活实际出发，综合考虑学生的身心发展，并结合学生对知识的掌握能力与实际身心承受能力来进行基础教育。基础教育的"基础性"也要照顾学生的未来发展，具备未来眼光，以尊重学生的心智成长规律为基础来培养他们的学习兴趣、品德、智力、体力、能力等诸方面，关注学生当前的学习现状，并与未来要实现的目标进行比较，纠正学生的错误，减少学生的缺点，为学生的未来发展做准备。对未成年人而言，他们经历基础教育的时期，也是他们身体成长、形成知识并完善自身世界观的时期，是学生实现未来理想的最初阶段，也是教育的起点与生长点，"基础性"是学生由当下向未来过渡的必经之路。

（3）奠定终身学习的基础。

终身学习是新时代教育的重要特征，人类要具备终身学习的观念与能力，而基础教育是人类最终形成终身学习观念与能力的重要过程，基础教育的"基础性"让终身学习有了一个比较理想的跳板，可以让终身学习的水平达到持续上升的状态，最终实现量变到质变的转化。基础教育是终身教育的最初阶段，基础教育的"基础性"不仅注重学生的当前发展，更考虑学生的未来发展，随着知识的不断更新与社会的迅猛发展，基础教育中的"基础性"不能只是为知识这个单独的因素奠基，还包括品德、能力、兴趣和态度等其他重要因素。

3. 评述1922年壬戌学制改革。

【答案要点】

1922年，教育部在北京专门召开了学制会议。同年11月以大总统令公布了《学校系统改革案》。该学制又被称为"新学制"或"壬戌学制"，由于采用的是美国式的六三三分段法，又称"六三三学制"。

（1）"新学制"的七项标准：适应社会进化之需要；发扬平民教育精神；谋个性之发展；注意国民经济力；注意生活教育；使教育易于普及；多留各地伸缩余地。

这七项标准体现出来的主流是新文化运动以来所倡导的"民主"与"科学"的精神，尤其是实用主义的教育思想。它对其后民国一系列教育改革产生了深远的影响。

（2）新学制的学制体系。

①初等教育。儿童满6周岁入学。小学教育6年，其中初级小学4年，为义务教育，可以单独设立；高级小学2年，可以根据地方具体情况，增加职业准备的课程。

②中等教育。中学教育为六年，分初、高中两级，各3年。初级中学为普通教育，可以单独设立。高级中学实行分科制，设普通科、农、工、商、师范、家事等科，普通科又可以分为文科和理科，主要目标是升学。新学制倡导综合中学模式，以方便学生根据个性和家庭情况选择升学或职业预备。

③高等教育。高等教育分为专门学校和大学两种，专门学校的最低修业年限为3年，取消"壬子癸丑学制"的大学预科制。大学修业年限是4到6年，其中规定医科和法科大学应至少5年。

（3）新学制的特点：第一，根据儿童身心发展规律划分教育阶段；第二，初等教育阶段趋于合理，更加务实；第三，中等教育阶段是改制的核心，是新学制中的精粹；第四，建立了比较完善的职业教育系统；第五，改革师范教育制度；第六，缩短高等教育年限，取消大学预科。

（4）新学制的课程标准。小学取消、改设、合并了一些课程；初级中学课程设社会、言文、算学、自然、艺术、体育6科；高级中学分为普通科和职业科。

（5）评价。

①积极影响。

新学制虽借鉴了美国的六三三制，但并非盲从美制。它的产生是经过我国教育界的长期酝酿讨论，并经许多省市认真试行，最终集思广益的成果。

新学制加强了中等教育和职业教育训练，有利于初级中等教育的普及，在一定程度上处理了升学和就业的矛盾，适应当时中国资本主义工商业发展的需求。

新学制尽管受到进步主义教育思想和美国模式的影响，但有其内在的先进性和合理性，比较彻底地摆脱了封建传统教育的束缚，表现了教育重心下移、适应社会和个人需要等时代特点。

该学制比较符合当时中国的情况，后来经多次修补，除了在某些方面有所改动外，总体框架一直沿用下来。这是中国教育界、文化界共同智慧的结晶，标志着中国近代以来国家学制体系建设的基本完成。

②消极影响。

实用主义教育学说对新学制的影响使得它忽视了我国各族人民教育界广大人士为制定新学制而付出的辛勤劳动，以及他们在制定新学制过程中所表现出来的才智。

新学制在具体实施中存在不少问题，如缺乏师资、教材、设备等，不得不在其后通过对所开的综合中学增开大量的选科等做法进行调整。

4. 评述杜威关于教学方法的理论。

【答案要点】

杜威反对以教师、教科书、教室为中心的传统教学方法而提出"从做中学"，这是一种通过主动作业、在经验的情境中思维的方法，从而达到经验与思维的统一、思维与教学的统一、课程与作业的统一、教材与教法的统一。

（1）反省思维。杜威所力倡的反省思维是指对某个经验情境中的问题进行反复的、严肃的、持续不断的思考，其功能在于求得一个新情境，把困难解决、疑虑排除、问题解答。

（2）五步教学法。杜威根据科学的实验主义探究方法和反省思维方式，提出了五步教学法，五个阶段的顺序并不固定，实际思维中，有时两个阶段可以合二为一。

①创设疑难的情境。学生要有一个真实的经验的情境，要有一个对活动本身感兴趣的连续的活动。

②确定疑难所在。在这个情境内部产生一个真实的问题，作为思维的刺激物。

③提出问题的种种假设。他要占有知识资料，从事必要的观察，对付这个问题。

④推断哪种假设能解决这个困难。他必须有条不紊地展开他所想出的解决问题的方法。

⑤验证这种假设。他要有机会和需要通过应用检验他的观念，使这个观念意义明确，并且让他自己发现它们是否有效。

（3）评价。杜威这种教学方法重视科学探究思维，重视解决实际问题的行动能力，与主智主义的传统教育理论有本质区别。但该方法过于注重活动，忽视了系统知识的传授，窄化了认知的途径，泛化了问题意识，在实践中也存在诸多影响教育质量的问题。

5. 结合实际谈谈如何激发和维持学生的学习动机。

【答案要点】

（1）创设问题情境，实施启发式教学。

想要实施启发式教学，关键在于创设问题情境。所谓问题情境，指的是一种适度的疑难情境。在学习过程中，仅仅让学生简单地重复已经学过或者过难的东西，学生都不会感兴趣。只有在学习那些"似懂非懂""似会非会"的东西时，学生才感兴趣而且迫切希望掌握它。

（2）根据作业难度，恰当控制动机水平。

教师在教学时，要根据学习任务的不同难度，恰当控制学生学习的动机水平。在学习较简单的课题时，应尽量使学生集中注意力；在学习较复杂的课题时，则应尽量创造轻松自由的课堂气氛。在学生遇到困难或出现问题，要尽量心平气和地耐心引导，以免学生过度紧张和焦虑。

（3）充分利用反馈信息，给予恰当的评定。

心理学研究表明，来自学习结果的种种反馈信息，对学习效果有明显影响。一方面学习者可以根据反馈信息调整学习活动，改进学习策略，另一方面学习者为了取得更好的成绩或避免再犯错误而增加了学习动机，从而保持了学习的主动性和积极性。

（4）妥善进行奖惩，维护内部学习动机。

在对学生进行评价时，奖励和惩罚对于学习动机的激发具有不同的作用。一般而言，表扬与奖励比批评与指责能更有效地激发学生的学习动机，因为前者能使学生获得成就感，增强自信心。但过多使用表扬和奖励，或者使用不当，也会产生消极作用。

（5）合理设置课堂环境，妥善处理竞争和合作。

学生的学习主要是在课堂上进行的，课堂的合作与竞争环境无疑是影响学习动机的一个重要的外部因素。在教学活动中，合作与竞争都是必要的，应该强调竞争与合作的相互补充和合理运用。极端的竞争会对学生的学习行为和集体团结产生消极影响。适量与适度的竞争与合作的恰当结合，会有效激励学生的学习动机。

（6）适当进行归因训练，促使学生继续努力。

在学生完成某一学习任务后，教师应指导学生进行成败归因。一方面，要引导学生找出成功或失败的真正原因，即进行正确归因；另一方面，教师也应根据每个学生过去一贯的成绩的优劣差异，从有利于今后学习的角度进行积极归因。

（7）培养自我效能感，增强学生成功的自信心。

自我效能感影响学生的自我评价和自信心，进而影响学习成绩。尤其是学业不良的学生，由于对自己的学习能力持怀疑态度，表现出很低的自我效能感。因此，教师在教学中要通过一定的方法改变和提高他们的自我效能感。

提高自我效能感具体措施如下：选择难易适中的任务，让学生不断地获得成功体验，进而提高自我效能感；通过获得替代性经验和强化来提高他们的自我效能感，当一个人看到与自己水平接近的学生学习成功时，就会增强他的自我效能感，激发其学习动机；引导学生坦然面对失败，从失败中找出可以改进的因素，进而提高自己的学习技能，增强获得成功的自信。

（8）维护学生自我价值，警惕自我妨碍策略。

自我价值理论指出，学生有保护和表现自我价值的需要，这是个人追求成功的内在动力。教师要理解和尊重学生的这种需要，引导他们把自我价值的实现方式与正向、积极的学习行为相联系，避免学生不断从环境中体验到对自我价值的威胁感，从而采取各种自我妨碍的逃避策略。

（9）维护内在需要，促进外部动机内化。

兴趣、好奇心、探索欲，是人类学习的最早动力。源于内部需要的学习动机具有更多的坚持性和抗干扰性。然而，不是每个孩子都对教育中涉及的所有内容充满好奇和兴趣。因此，教师要帮助学生将外部调控的学习动机不断内化，形成相对自主调控的学习动机。

东北师范大学 333 教育综合 · 真题解析

一、名词解释

义务教育

我国《义务教育法》中规定的义务教育是指:"义务教育是国家统一实施的所有适龄儿童、少年必须接受的教育,是国家必须予以保障的公共性事业。"

活动课程

活动课程又称经验课程、儿童中心课程,与学科课程相对立,它打破学科逻辑的界限,是以学生的兴趣、需要、经验和能力为基础,通过引导学生自己组织有目的的系列活动而编制的课程。

班级授课制

班级授课制是一种集体教学形式。它把一定数量的学生按年龄与知识程度编成固定的班级,根据周课表和作息时间表,安排教师有计划地给全班学生上课,分别学习所设置的各门课程。

直观性教学原则

直观性原则是指在教学中通过引导学生观察所学事物或图像,聆听教师用语言对所学对象的形象描绘,形成有关事物具体而清晰的表象,以便理解所学知识。

《学记》

《学记》是中国古代最早的一篇专门论述教育、教学问题的论著,因此有人认为它是"教育学的雏形"。《学记》是先秦时期儒家教育和教学活动的理论总结,它主要论述教育的具体实施,偏重于说明教学过程的各种关系。

中华职业教育社

1917年,黄炎培联络教育界、实业界知名人士,在上海发起中华职业教育社,这是中国近代第一个研究、倡导、实验和推行职业教育的专门机构。中华职业教育社成立后发表的《中华职业教育社宣言书》,标志着以黄炎培为代表的职业教育思潮的形成。

二、简答题

1. 简述我国教育目的在《教育法》中的体现及其体现的精神实质。

【答案要点】

教育目的是对教育活动所要培养的人的个体素质的总的预期与设想,是对社会历史活动的主体的个体素质的规定。它体现一定社会对受教育者质量规格的界定和要求,也体现人自身发展所应该达到的水准和高度。

2015年新修订的《中华人民共和国教育法》规定:"教育必须为社会主义现代化建设服务,必须与生产劳动和社会实践相结合,培养德、智、体、美等方面全面发展的社会主义事业的建设者和接班人"。这是目前教育目的最规范的表述。

我国教育目的表述虽几经变化,但其基本精神却是一致的,就是培养学生成为未来国家、社会发展的实践主体与主人。其基本点包括以下几个方面:培养"劳动者"或"社会主义建设人才";坚持全面发展;培养独立个性。

综上所述，我国教育目的的价值取向的出发点与归宿在于：培养德、智、体、美、劳全面发展，具有创新精神、实践能力和独立个性的社会主义现代化需要的各级各类人才。

2. 简述教学与智育的关系。

【答案要点】

教学与智育，是交叉关系。教学是进行德育、智育、体育、美育的基本途径，智育只是教学的一个主要内容；而且智育也要通过课外与校外活动等途径才能全面实现。若把教育等同于智育，就使教育走向唯智主义，背离全面发展的方向，并使智育局限于课堂教学，极易忽视与脱离社会生活实际。

3. 简述苏格拉底法的基本内容。

【答案要点】

苏格拉底法也称"问答法""产婆术"，是由讥讽、助产术、归纳和定义四个步骤组成的独特的方法。这是苏格拉底探讨伦理哲学的研究方法，也是他的教学方法。

（1）讥讽。指就对方的发言不断提出追问，迫使对方自陷矛盾，最终承认自己的无知。

（2）助产术。指帮助对方自己得到问题的答案。

（3）归纳。从各种具体事物中找到事物的共性或本质，通过对具体事物的比较寻求"一般"。

（4）定义。指把个别事物归入一般概念，得到关于事物的普遍概念。

4. 简述科尔伯格的道德发展理论。

【答案要点】

美国心理学家科尔伯格认为儿童道德的发展是分阶段的，他在研究中发现道德发展不是只有两个水平，而应该有多个水平，提出了著名的"三水平六阶段"的道德发展阶段论。

理论内容：

①前习俗水平。大约出现在幼儿园及小学低中年级阶段。该时期的特征是儿童遵守规范，但尚未形成自己的主见，着眼于人物行为的具体结果，关心自身的利害。包括惩罚和服从的定向阶段和工具性的相对主义定向阶段。

②习俗水平。在小学中年级以上出现，一直到青年、成年。该时期的特征是个人逐渐认识到团体的行为规范，进而接受并付诸实践。包括人际协调的定向阶段和维护权威或秩序的定向阶段。

③后习俗水平。该阶段已经发展到超越现实道德规范的约束，达到完全自律的境界，这个水平是理想的境界，成人也只有少数人才能达到。包括社会契约定向阶段和普遍道德原则的定向阶段。

三、分析论述题

1. 有人说"一两遗传胜过一吨黄金"，这种说法对吗？说明你的道理。

【答案要点】

这种说法是片面的，属于遗传决定论的观点。遗传决定论强调先天的遗传因素在人的心理发展中的作用，认为心理发展的过程就是遗传素质自我发展和自我暴露的过程。持这种观点的代表人物主要有英国的高尔顿和美国心理学家霍尔。高尔顿通过名人传记和家谱调查的方法认为一个人的能力是遗传的，霍尔则认为"一两遗传胜过一吨教育"。题中观点夸大了遗传对人的发展的作用，而忽略了其他因素对人的发展的影响。除了遗传外，环境、个体活动和教育等因素都可以影响人的发展，人的发展是这些因素共同作用的结果。

（1）遗传在人发展中的作用。

①遗传素质是人的发展的生理前提。遗传素质，是人的发展的自然的或生理的前提条件，为人

的发展提供可能。

②遗传素质的成熟程度制约着人的发展过程及年龄特征。遗传素质的成熟过程，表现为人身体的各种器官的形态、结构和机能的发展变化与完善，为一定年龄阶段的身心特点的出现提供了可能，制约着人的发展的年龄阶段。

③遗传素质的差异性对人的发展有一定的影响。遗传素质的差异不仅表现在体态和感觉器官的功能上，也表现在神经活动的类型上。人们对外界事物反应的快慢、情感表现的强弱和是否容易转移等方面，也存在着差异。

④遗传素质具有可塑性。随着环境、教育和实践活动的作用，人的遗传素质会逐渐地发生变化，这就说明了遗传素质具有可塑性。

（2）环境在人的发展中的作用。

①环境是人的发展的外部条件。人的生存与发展环境根据其性质可以分为自然环境和社会环境。社会环境是儿童得以发展的现实条件和现实源泉，对人的发展起着不可替代的作用。

②环境的给定性与主体的选择性。环境的给定性：指的是由自然与社会、历史遗产与他人为儿童个体所创设的环境，它对于儿童来说是客观的、先在的、给定的。主体的选择性：人是具有能动性的主体，他对环境变化的刺激做出的回应是可以由主体内在的意愿来选择和决定的。

（3）个体活动在人的发展中的作用。

①个体活动是人的发展的决定因素。学生的主体活动既是学生存在和发展的方式，又是教育的重要基础。教育必须通过引领和组织学生的主体活动来促进学生的身心与个性的发展。

②个体活动制约着环境影响的内化与主体的自我建构。人在同环境相互作用的过程中，既改造着环境，也在改造环境的活动中发展和提升了个人的素质，从人的发展的视域看，实质上是一个自我建构的过程。学生的能动性主要表现为：在教育者的影响下，在积极参与社会生活和交往活动的基础上能动地进行自我认识、自我发展和自我建构。

③个体通过能动的活动选择、构建着自我的发展。个人通过能动的活动不仅能把握自己与外部世界的关系，而且能把自身的发展当作自己认识的对象和自觉实践的对象，选择与建构自己的发展。人的发展过程就是通过能动的活动不断自我超越的过程。

（4）教育对人的发展的作用。

①教育在人的发展中起引领作用，主要体现在：有意识地为年轻一代的成长选择、建构、调控良好的环境，对他们的生活、交往、学习与实践等活动进行正确的教导、示范和辅助，并注重尊重他们的主体地位和激发、引导他们内在的学习动力与自我发展的能动性和自主性，从各方面引领、关怀、维护他们的发展。

②学校教育主要通过传承文化科学知识来培养人。学校教育是教育者有意识地为儿童的身心发展精心设置的一种环境，它把经过选择的、重新组编的、人类长期积累起来的文化知识作为精神客体与儿童互动，以促进儿童的发展，使他们成人成才。文化知识蕴含着有利于人的发展的多方面价值：认识价值、陶冶价值、能力价值、实践价值。

③学校教育对提高人的现代性有显著的作用。教育在人的现代化过程中起着重要作用，是因为学生在学校里不仅学会了读、写、算等各个方面的基础知识与技巧，而且学到了与他们个人的发展和国家的未来有关的态度、价值和行为方式。

2.试论述杜威的课程与教材论的相关内容及其现实意义。

【答案要点】

（1）对传统课程的批判。

①杜威认为传统教育的课程是由成人编就的，代表成年人的标准，不适合儿童的现有能力，超

出了儿童已有的经验范围。

②儿童的生活和经验具有统一性和完整性，学校中多种多样的分门别类的学科割裂和肢解了儿童的世界，使儿童对世界的认识失去应有的全面性而流于片面。

③旧教材和课程社会精神匮乏。杜威要求教材不能只从本身出发，而应与社会生活相联系。

（2）从做中学。

杜威以其经验论为基础，要求从做中学、从经验中学，要求以活动性、经验性的主动作业来取代传统书本式教材的统治地位。在杜威看来，这种活动性、经验性课程既能满足儿童的心理需要，又能满足社会性的需要，还能使儿童对事物的认识具有统一性和完整性。

杜威并不反对间接经验本身，他反对的是传统教育中那种不顾儿童接受能力的直接灌输、生吞活剥式的获取间接经验的方式。学习的关键在于既要使儿童获得较为系统的知识，又能在学习过程中兼顾儿童的心理水平。

（3）教材心理学化。

杜威主张以"教材心理学化"来解决怎样使儿童最终获得较系统的知识而同时又能在学习过程中顾及儿童的心理水平。"教材心理学化"是指把各门学科的教材或知识各部分恢复到它所被抽象出来之前的原来的经验。这种心理化就是把间接经验转化为直接经验，即直接经验化。之后再将已经经验到的那些东西累进地发展为更充实、更丰富也更有组织的形式，即逐渐地接近提供给有技能的、成熟的人的那种教材形式。

3.某地某学校根据学生入学前的智商高低来分快慢班，谈谈你的想法，并用心理学的相关知识进行评价。

【答案要点】

快慢班实际上是一种同质分组，其优点是在一个班里缩小了学生之间的认知差距，能较好地适应学生的个别差异，便于用统一的进度和方法进行教学。但这种教学组织形式一方面很难找到一种理想的分组标准，另一方面也会给学生贴上不同的标签而使程度好的学生骄傲自满，程度低的学生自尊心受损，不利于学生的健康发展。因此，该校的做法不恰当。

对于教育工作者而言，应该避免将学生分为聪明的与不聪明的。加德纳的多元智力理论和斯滕伯格的三元智力理论等都说明个体的智力并不仅仅体现在一个方面。由此可见，个体在某一个领域的表现并不代表他在其他领域也会有类似的表现，教育者应该通过多种方式来考查学生对知识的掌握，而不能只看单一考试成绩，更加不能通过单一的智力测验就将学生进行定性。

对于教育工作者而言，应该要相信个体智力的可塑性。在个体智力发展的差异中，存在着多种不同的看法。持遗传决定论的学者认为，个体的智力主要取决于父母的智力水平，是遗传的产物；持环境决定论的学者则强调，个体的智力取决于后天成长的环境，比如父母的教养方式和获得的教育程度等。但绝大多数的人都认为，个体差异是遗传与环境共同作用的结果。该校的做法显然是夸大了遗传在智力中的作用，而忽略了环境对智力的影响，不承认智力的可塑性。

作为教育工作者，应该认识到智力是可塑的，强调每一个学生的潜力，让其保持学习的激情，鼓励其不断挖掘自身潜力。还应该认识到智力仅仅是影响学生发展的众多因素之一，比如学生的学习成绩还会受到学生以往的学习经验、学习方法、学习动机以及教师教学方式等的影响。在传统的教育中，很容易出现案例中的学校的做法，误用智力测验，将学生分为三六九等。然而，学生的实际表现远比智商重要得多。学校应该致力于发展学生的才能，而不是将能力作为固定不变的特质并以此对学生进行等级划分。

4. 论述孔子的教学方法及其现实意义。

【答案要点】

（1）因材施教。

孔子是我国历史上首倡因材施教的教育家。实行因材施教的前提条件是承认学生间的个体差异，并了解学生特点。孔子了解学生最常用的方法是谈话和个别观察，主张在了解学生的基础上，根据学生的具体情况，有针对性地进行教育。

（2）启发诱导。

孔子是世界上最早提出启发式教学的教育家，比苏格拉底的"助产术"早几十年。他认为，不论学习知识或培养道德，都要建立在学生自觉需要的基础上，应充分发挥学生的主动性、积极性。

①内容。他主张"不愤不启、不悱不发，举一隅不以三隅反，则不复也。""愤"与"悱"是内在心理状态在外部容色言辞上的表现，意思是教学时必先让学生认真思考，已经思考相当时间但还想不通，然后可以去启发他；虽经思考并已有所领会，但未能以适当的言辞表达出来，此时可以去开导他。教师的启发是在学生思考的基础上进行的，启发后应让学生再思考，获得进一步的领会。

②训练学生思考的方法："由博返约"，博学以获得较多的具体知识，"返约"则是在对具体事物分析的基础上进行综合、归纳，形成基本的原理、原则与观点；"叩其两端"，即从考查事物的不同方面辨明是非，进而解决问题。

（3）学思行结合。

①学。"学而知之"是孔子进行教学的主导思想，学是求知的途径，也是求知的唯一手段。他主张"学而时习之"，对学习过的知识要时常复习才能牢固掌握。

②思。孔子提倡学习知识面要广泛，在学习的基础上认真深入地进行思考，把学习与思考结合起来。在论述学与思的关系时，他说"学而不思则罔，思而不学则殆"。

③行。孔子强调学习知识还要"学以致用"。如果不能应用，学得再多也没有意义。学是为行服务的，从学与行的关系来看，学是手段，行是目的，行比学更重要。

由学而思进而行，这是孔子所探究和总结的学习过程，也就是教育过程，与人的一般认识过程基本符合。这一思想对后来的教学理论和实践产生了深远的影响。

（4）好学求是的态度。

孔子认为，教学需要师生双方配合协作，学生端正学习态度，是教学成功的重要条件。首先要有好学、乐学的态度；其次要有不耻下问的态度；最后还要有实事求是的态度。

东北师范大学 333 教育综合·真题解析

一、名词解释

课程标准

课程标准是指在一定课程理论指导下，依据培养目标和课程方案以纲要形式编制的关于课程的性质与价值、目标与内容、教学实施建议以及课程资源开发等方面的指导性文件，一般由说明、课程目标、课程内容标准和课程实施建议等部分组成。

义务教育

我国《义务教育法》中规定的义务教育是指："义务教育是国家统一实施的所有适龄儿童、少年必须接受的教育，是国家必须予以保障的公共性事业。"

学而优则仕

孔子提出由平民中培养德才兼备的从政君子，这条培育人才的路线可简括称之为"学而优则仕"。"学而优则仕"包含多方面的意思，学习是通往做官的途径，培养官员是教育最主要的政治目的，而学习成绩优良是做官的重要条件；如果不学习或虽经学习而成绩不优良，也就没有做官的资格。

苏格拉底法

苏格拉底法也称"问答法""产婆术"，是由讥讽、助产术、归纳和定义四个步骤组成的独特的方法。这是苏格拉底探讨伦理哲学的研究方法，也是他的教学方法。

生活教育

"生活即教育"是陶行知生活教育理论的核心。其内涵包括：生活含有教育的意义；实际生活是教育的中心；生活决定教育，教育改造生活。

《学制令》

学制令是1872年日本明治维新时期颁布的教育法案，在确立教育领导体制的基础上，建立全国的学校教育体制，规定实行中央集权式的大学区制。

流体智力

流体智力指基本与文化无关的、非言语的心智能力，如空间关系认知、反应速度、记忆及计算能力等。流体智力在青少年之前一直增长，30岁左右达到顶峰，然后随着年龄增长逐渐衰退。

先行组织者

先行组织者是指先于学习任务本身呈现的一种引导性材料，它要比学习任务本身具有更高的抽象、概括和综合水平，并且能清晰地与认知结构中原有的观念和新的学习任务关联。

二、简答题

1. 中小学研究性学习的目标。

【答案要点】

（1）获得亲身参与研究探索的积极体验。研究性学习关注的重点是学生的实际研究、操作与创造过程，是学生在研究过程中由于亲身经历或心理移情而获得的内在感受。

（2）提高发现问题、探究问题、解决问题和进行创作的能力。让学生在研究中学习研究，逐步形成喜爱质疑，乐于探索，勤于思考，爱好发现问题、解决问题的心理品质，养成善于确定目的、任务，制订计划与实施办法，逐步解决问题或进行一定的力所能及的发明创造的能力。

（3）学会协作，形成合作与分享的意识。学生要能够与同学们互帮互助、并肩前进，积极主动地处理好各种人际交往关系，主动与同伴交流沟通、共享活动成果。

（4）培养尊重科学、认真实践、努力钻研的科学态度和科学精神。学生要在研究性学习的过程中，树立"崇尚真理、尊重科学"的意识，初步形成不盲从、不迷信，不弄虚作假、实事求是的科学态度。

（5）培养对社会和自然的责任感。学生通过进行社会调查与研究活动，增强社会责任心和自然责任感，逐步学会关心社会现状，思考人类发展有关问题，形成积极的人生观与价值观。

2. 皮亚杰认知发展阶段论的主要内容。

【答案要点】

（1）0~2岁：感知运动阶段。这一时期为儿童思维的萌芽期。在这一阶段，儿童主要通过探索感知觉与运动之间的关系来获得动作经验，其中，手的抓取、嘴的吮吸是他们探索世界的主要手段。这个阶段的一个显著标志是儿童渐渐获得了客体永久性。

（2）2~7岁：前运算阶段。这一时期是儿童表象思维阶段。在这一阶段，儿童能运用语言或较为抽象的符号来代表他们经历过的事物，凭借表象思维，他们可以进行各种象征性活动或游戏、延缓性模仿以及绘画活动等。这一阶段的儿童具有具体形象性、泛灵论、自我中心主义等特点。

（3）7~11/12岁：具体运算阶段。这一阶段相当于小学阶段。此阶段儿童的认知结构已经发生了重组和改善，思维具有一定的弹性，可以逆转，已经获得长度、体积、质量和面积等的守恒，能凭借具体事物或从具体事物中获得的表象进行逻辑思维和群集运算。但其思维仍然需要具体事物的支持。这一阶段的儿童具有去集中化、去自我中心等特点。

（4）11岁至成年：形式运算阶段。此阶段儿童的思维已经超越了对具体事物的可感知的事物的依赖，能以命题的形式进行，并能发现命题之间的关系，能理解符号的意义，能进行一定的概括。思维已经接近成人的水平。这一阶段的儿童具有抽象思维获得发展、青春期自我中心的特点。

3. 归因理论的基本观点。

【答案要点】

（1）基本假设：寻求理解是行为的基本动因。

（2）海德。海德最早提出归因理论，认为人们具有理解世界和控制环境两种需要，使这两种需要得到满足的根本手段就是了解人们行为的原因，他把行为的原因分为外部环境和个人原因。

（3）罗特。罗特对归因理论进行了发展，提出控制点的概念，并依据控制点把个体分为内控型和外控型。内控型的人认为自己可以控制周围的环境，无论成功还是失败都是由于自己的能力或努力等内部因素造成的；外控型的人则感到自己无法控制周围的环境，无论成败都归因于他人的影响或运气的好坏等外在因素。

（4）韦纳。韦纳对行为结果的归因进行了系统探讨，发现人们倾向于将活动成败的原因归结为六个因素：即能力高低、努力程度、任务难易、运气好坏、身心状态、外界环境等。这六个因素可归为三个维度，即内部归因和外部归因、稳定性归因和非稳定性归因、可控归因和不可控归因。

三、分析论述题

1. 在全面发展教育中如何认识和处理各育的关系。

【答案要点】

全面发展教育，是对含有各方面素质培养功能的整体教育的一种概括，是对为使学习者多方面得到发展而实施培养的教育活动的总称，是由多种相互联系而又各具特点的教育所组成。关于全面发展教育的基本构成，学界论通常多以德育、智育、体育、美育、劳动技术教育等作为全面发展教育的构成主体。

（1）体育：授予学生健身知识、技能，发展学生体力、增强学生体质的教育。普通中学在体育方面的要求主要是：向学生传授基本的运动知识、技能，培养他们锻炼身体和讲究卫生的良好习惯，促进他们身体的正常发育和机能的成熟，增强他们的活动能力和身体素质。

（2）智育：授予学生系统的科学文化知识、技能和发展他们智力的教育。普通中学在智育方面的要求主要是：帮助学生在小学教育的基础上进一步系统地学习科学文化基础知识，掌握相应的基本技能和技巧，拓宽文化视野，发展思维能力、想象力和创造力，养成良好的自学能力、兴趣和习惯。

（3）德育：引导学生领悟社会主义思想和道德规范，组织和指导学生的道德实践，培养学生的社会主义品德的教育。普通中学在德育方面的要求主要是：教育学生初步了解马克思主义，热爱中国共产党和社会主义祖国，热爱劳动、学习等；帮助学生提高主体意识、心理承受力、应变力等。

（4）美育：培养学生正确的审美观，发展他们鉴赏美、创造美的能力，培养其高尚情操和文明素质的教育。普通中学在美育方面的要求主要是：通过音乐、美术、文学教育等审美活动，充实学生的精神生活，培养他们感受美、欣赏美和创造美的能力，养成审美情趣和高尚情操。

（5）劳动技术教育：传授基本的生产技术知识和生产技能，培养劳动观点和劳动习惯的教育。劳动技术教育包括劳动教育和技术教育两个方面，有利于促进学生的全面发展。劳动技术教育方面的要求主要是：通过科学技术知识的教学和劳动实践，使学生了解物质生产的基本技术知识，掌握一定的职业技术知识和技能，提高动脑和动手能力，养成良好的劳动态度和劳动习惯。

总而言之，对于普通中小学生的全面发展来说，上述五个组成部分，既相对独立、各有特点、规律和功能，缺一不可；同时，又相互制约、相互促进，组成统一的教育过程。因此，我们必须考虑到人的发展的全面性和整体性，坚持五育并举，处理好它们之间的关系，使其相辅相成，发挥其整体功能。

2. 教学中掌握知识与发展智力的关系。

【答案要点】

（1）智力的发展与知识的掌握二者相互依存，相互促进。在教学过程中，学生智力的发展依赖于他们知识的掌握程度。对学生来说，掌握、运用知识及反思、改进的过程，也就是他们运用和发展智力的过程；同时，学生对知识的掌握又依赖于他们的智力发展，只有那些智力发展好的学生，他们的接受能力才强、学习效率才高，而智力发展较差的学生在学习中则有较多的困难。

（2）生动活泼地理解和创造性地运用知识才能有效地发展智力。通过传授知识来发展学生智力是教学的一个重要任务，然而知识不等于智力，一个学生知识的多少并不一定能标志他的智力发展的高低。因此，在教学中不仅要教给学生知识，而且要引导学生通过生动活泼的教学活动，透彻地理解知识原理，了解学生获取知识的过程与方法，学会独立思考、推理与论证，创造性地解决实际问题，这样才能使学生的智力获得高水平的发展。

（3）防止单纯抓知识教学或只重能力发展的片面性。在教学实践中，有的认为"双基"教学抓好了，学生的智力就自然地发展了，却忽视引导学生通过探究、反思有意识地锻炼学生的智力；有的则只注重学生自主探究、反思，却忽视通过系统知识和原理的学习与运用来发展智力。这两者都不利于提高教学质量。

3. 评述终身教育思潮。

【答案要点】

终身教育思潮产生于20世纪50年代的法国，是现代欧美国家一种强调把教育贯穿人的一生的教育思潮，现已成为一种被视为未来教育战略的国际性教育思潮，代表人物是保罗·朗格朗。

（1）终身教育的缘由：终身教育是应对人类在现代社会中所面临各种新挑战的需要，是一种能够使人在各方面做好准备并应付新的挑战的教育模式和教育观念。

（2）终身教育的含义：终身教育包括了教育的各个方面、各项内容，从一个人出生的那一刻起一直到生命终结时为止的不间断的发展，也包括了在教育发展过程中的各个阶段之间的内在联系。它并不是传统教育的简单延伸，而是包括一切正规教育、非正规教育以及非正式教育。其基本特点是具有连续性和整体性。此外终身教育没有固定的教育内容和方法，强调人的个性发展。

（3）终身教育的目标：实现更美好的生活，使人过一种更和谐、更充实和符合生命真谛的生活。具体目标包含两方面：培养新人、实现教育民主化。

终身教育理论自20世纪60年代中期兴起以后，在教育领域中引起了一场广泛而深刻的革命。终身教育已成为建立一个学习化社会的象征。许多国家把终身教育作为教育改革和发展的战略重点，但终身教育的具体实施规划仍需进一步探讨。

4. 孔子的德育论及其当代价值。

【答案要点】

（1）道德教育的内容。

孔子的教育目的是培养从政的君子，而成为君子的主要条件是具有道德品质修养，因此，道德教育居首要地位。孔子主张以"礼"为道德规范，以"仁"为最高道德准则。凡符合"礼"的道德行为都要以"仁"的精神为指导，因此，"礼"和"仁"成为道德教育的主要内容。

（2）道德修养的原则与方法。

①立志。认为人不应以当前的物质生活为满足，还应有对未来的精神上更高的追求，要有自己的理想。

②克己。主张应着重在要求自己上，约束和克制自己的言行，使之合乎礼、仁的规范。"君子求诸己，小人求诸人。"

③力行。要求言行一致，不要出现脱节，道德认识依靠道德实践的检验而证实。"言必信，行必果。"

④中庸。待人处事都要中庸，防止发生偏向，一切行为都要中道而行。

⑤内省。就日常所做的事进行自我检查，查看其是否合乎道德规范。

⑥改过。人人都会犯错，但要以正确的态度重视改过，鼓励学生要勇于改正错误。

（3）当代价值。

孔子这些有关道德教育的主张含有许多带规律性的东西，在今天仍有可供借鉴之处。总之，一个人能够确立起远大的理想和宏伟目标，有为实现政治抱负和信念的献身精神；善于自省自克，严于律己，宽以待人；坚持身体力行，言行一致；又能改过迁善，其道德修养一定会不断进步，迅速提高。我们要重视道德教育，以仁为最高的道德准则，鼓励人们提高道德水平，遵循道德修养原则。

2011年 东北师范大学333教育综合·真题解析

一、名词解释

有教无类

"有教无类"的本意是不分贵贱贫富和种族，人人都可以入学接受教育。孔子的教学实践切实地贯彻了这一办学方针，他的弟子来自各个诸侯国，分布地区广泛；弟子成分复杂，出身于不同的阶级和阶层，大多数出身于平民。

"五育"并举的教育方针

1912年初，蔡元培发表《对于教育方针之意见》一文，提出了军国民教育、实利主义教育、公民道德教育、世界观教育和美感教育"五育并举"的教育思想，成为制定民国教育方针的理论基础。

苏格拉底法

苏格拉底法也称"问答法""产婆术",是由讥讽、助产术、归纳和定义四个步骤组成的独特的方法。这是苏格拉底探讨伦理哲学的研究方法,也是他的教学方法。

《初等教育法》

1870年《初等教育法》,又称《福斯特法》,是英国政府在1870年颁布的关于推行普及义务教育的法令。这是英国第一个关于初等教育的法令,其中最有意义的是强迫初等教育,它标志着国民初等教育制度正式形成。

概括化理论

概括化理论由贾德提出,这一理论认为,在经验中学到的原理原则是迁移发生的主要原因。根据迁移的概括化理论,对原理了解、概括得越好,对新情境中学习的迁移就越好。

努力管理策略

努力管理策略主要指通过掌握一些方法来排除学习干扰,使自己的精力有效地集中在学习任务上。它包括四个方面的内容:归因于努力、调整心境、意志控制、自我强化。

二、简答题

1. 简要回答教学过程中应处理好的几种关系。

【答案要点】

(1) 间接经验与直接经验的关系:学生认识的主要任务是学习间接经验;学习间接经验必须以学生个人的直接经验为基础;防止只重书本知识传授或直接经验积累的偏向。

(2) 掌握知识与发展智力的关系:智力的发展与知识的掌握二者相互依存,相互促进;生动活泼地理解和创造性地运用知识才能有效地发展智力;防止单纯抓知识教学或只重能力发展的片面性。

(3) 掌握知识与进行教育的关系:进行教育性教学是现代教学的重要特性;只有使所学知识引发了学生情感、态度的积极变化,才能让他们的思想真正得到提高;防止单纯传授知识或脱离知识教学的思想教育的偏向。

(4) 智力活动与非智力活动的关系:教学活动既要注重引导学生进行智力活动,也要重视调节学生的非智力活动;按教学需要调节学生的非智力活动,才能有成效地进行智力活动。

(5) 教师主导作用与学生主动性的关系:发挥教师的主导作用是学生简捷有效地学习知识、发展身心的必要条件;尊重学生、调动学生的学习主动性是教师有效地教学的一个主要因素;防止忽视学生积极性和忽视教师主导作用的偏向。

2. 简要回答我国教育目的的基本精神。

【答案要点】

2015年新修订的《中华人民共和国教育法》规定:"教育必须为社会主义现代化建设服务,必须与生产劳动和社会实践相结合,培养德、智、体、美等方面全面发展的社会主义事业的建设者和接班人"。这是目前教育目的最规范的表述。

我国教育目的表述虽几经变化,但其基本精神却是一致的,就是培养学生成为未来国家、社会发展的实践主体与主人。其基本点包括以下几个方面:培养"劳动者"或"社会主义建设人才";坚持全面发展;培养独立个性。

综上所述,我国教育目的的价值取向的出发点与归宿在于:培养德、智、体、美、劳全面发展,具有创新精神、实践能力和独立个性的社会主义现代化需要的各级各类人才。

3. 影响人身心发展的因素及其各自作用。

【答案要点】

（1）遗传在人发展中的作用。遗传素质是人的发展的生理前提；遗传素质的成熟程度制约着人的发展过程及年龄特征；遗传素质的差异性对人的发展有一定的影响；遗传素质具有可塑性。

（2）环境在人的发展中的作用。环境是人的发展的外部条件；环境的给定性与主体的选择性。

（3）个体活动在人的发展中的作用。个体活动是人的发展的决定因素；个体活动制约着环境影响的内化与主体的自我建构；个体通过能动的活动选择、构建着自我的发展。

（4）教育对人的发展的作用。教育在人的发展中起引领作用；学校教育主要通过传承文化科学知识来培养人；学校教育对提高人的现代性有显著的作用。

4. 列出两例我国基础教育中存在的主要问题，并就其中一例做深入分析。

【答案要点】

我国基础教育课程中存在诸多问题，突出表现在：课程目标的理想与现实产生严重的偏离；课程内容偏多偏难，要求偏高而且与课程目标有一定的偏离；第三，学生的学习生活质量不容客观；考核方式单一，结果处理不当。

我国基础教育实施中也存在一些问题，比如城乡教育公平问题、应试教育问题等。现就应试教育来进行详细阐述：

应试教育又称升学教育，它是指单纯按照高一级学校选拔考试的要求，以提高应试成绩为教育目标，以知识灌输为教育方法的一种教育训练活动。应试教育的流行，是我国基础教育中存在的主要弊端。现今在教育改革中提出由应试教育向素质教育转轨，并不是因为应试教育重视考试，而是因为它与我国教育目的所规定的全面发展教育相违背。应试教育的出发点不仅忽视了社会发展对人才的要求，而且也忽视了个体身心发展的要求，将教育活动变为一种纯粹应对考试的技能技巧训练。应试教育虽然也可能使学生获得一些知识，提高某些方面的素质，但是这种知识、素质却是狭隘的、片面的。

因此，我们应当逐渐以素质教育取代应试教育。素质教育的最终目的是提高所有学生的各方面素质。素质教育是全面发展教育的具体落实，它与我国教育目的的基本精神是一致的。而全面发展教育则是素质教育的手段或途径，即通过全面发展教育以提高学生的素质。素质教育不仅是一种教育思想、教育观念，也是一种教育实践，为了实施素质教育，必须从转变教育观念、推进课程改革、提高教师素质、改进课堂教学、建立新的评价体系等多方面入手，使教育真正发挥提高整个民族素质的功能。

5. 简述奥苏伯尔的有意义接受说。

【答案要点】

（1）有意义学习的实质。有意义学习就是符号所代表的新知识与学习者认知结构中已有的适当观念建立非任意的和实质性的联系。有意义学习的类型包括表征学习、概念学习和命题学习。

（2）有意义学习的条件。

①有意义学习的材料必须具有逻辑意义。

②学习者必须具有有意义学习的心向。

③学习者认知结构中必须具有适当的知识，以便与新知识进行联系。

④学习者必须积极主动地使这种具有潜在意义的新知识与他认知结构中有关的原有知识发生相互作用，导致原有知识得到改造，新知识获得实际意义，即心理意义。

6. 简述成败归因理论。

【答案要点】

（1）基本假设：寻求理解是行为的基本动因。

（2）海德。海德最早提出归因理论，认为人们具有理解世界和控制环境两种需要，使这两种需要得到满足的根本手段就是了解人们行为的原因，他把行为的原因分为外部环境和个人原因。

（3）罗特。罗特对归因理论进行了发展，提出控制点的概念，并依据控制点把个体分为内控型和外控型。内控型的人认为自己可以控制周围的环境，无论成功还是失败都是由于自己的能力或努力等内部因素造成的；外控型的人则感到自己无法控制周围的环境，无论成败都归因于他人的影响或运气的好坏等外在因素。

（4）韦纳。韦纳对行为结果的归因进行了系统探讨，发现人们倾向于将活动成败的原因归结为六个因素：即能力高低、努力程度、任务难易、运气好坏、身心状态、外界环境等。这六个因素可归为三个维度，即内部归因和外部归因、稳定性归因和非稳定性归因、可控归因和不可控归因。

三、分析论述题

1. 试论《学记》在教育管理和教学论上的贡献。

【答案要点】

（1）教育制度与学校管理。

①学制与学年。关于学制系统，《学记》以托古的方式，提出了从中央到地方按行政建制建学的设想。关于学年，《学记》把大学教育年限定为两段、五级、九年。第一、三、五、七学年毕，共四级，为一段，七年完成，谓之"小成"；第九年毕为第二段，共一级，考试合格，谓之"大成"。这也是古代年级制的萌芽。

②视学与考试。《学记》十分重视大学开学和入学教育，把它作为教育管理的重要环节。开学这天，天子率百官亲临学宫，参加开学典礼，祭祀"先圣先师"。还定期视察学宫，体现国家对教育的重视。学习过程中，规定每隔一年考查一次，以表示这一阶段学业的完成。

（2）教育、教学的原则。

①豫时孙摩。

预防性原则：要求事先估计学生可能会产生的种种不良倾向，预先采取预防措施。

及时施教原则：要求掌握学习的最佳时机，适时而学，适时而教。

循序渐进原则：教学必须遵循一定的顺序，包括内容的顺序和年龄的顺序。

学习观摩原则：学习要相互观摩，取长补短。同时，借助集体的力量进行学习。

②长善救失。长善救失原则要求教师懂得并掌握教育的辩证法，坚持正面教育，善于因势利导，利用积极因素，克服消极因素，将缺点转化为优点。

③启发诱导。君子的教育在于诱导学生，靠的是引导而不是强迫服从，是启发而不是全部讲解。只有这样，才能调动学生学习和思考的积极性、主动性，使学生的思维能力得到锻炼和发展。

④藏息相辅。既有有计划的正课学习，又有课外活动和自习，有张有弛，让学生感到学习的乐趣，感受到老师、同学的可亲可爱，使学习成为学生的一种内在需要。

（3）教学方法。

①讲解法。"约而达"，即语言简约而意思通达；"微而臧"，即义理微妙而说得精善；"罕譬而喻"，即举少量典型的例证而使道理明白易晓。

②问答法。教师的提问应先易简后难坚，要循着问题的内在逻辑，而答问则应随其所问，有针对性地作答，恰如其分，适可而止，无过与不及。

③练习法。根据学习的内容来安排必要的练习，练习需要有规范，并且应逐步地进行。

2. 试论 20 世纪 60 年代美国中小学的课程改革。

【答案要点】

随着《国防教育法》的颁布和实施，美国中小学进行了"二战"后第一次以课程改革为中心的教学改革。1959 年 9 月，美国科学院召开关于改进中小学的自然科学教育问题的会议，对 20 世纪 60 年代美国中小学的课程改革有重大影响。会议邀集 35 位科学家、学者和教育家参加。会议由著名心理学家布鲁纳担任大会主席，他以在会议上的总结发言为基础，结合会议上学者专家发表的各种意见，于 1960 年发表《教育过程》一书。该书阐述了结构主义课程改革思想，促成所谓的"学科结构运动"。布鲁纳主张探讨和确定每门主要学科的基本结构要素以设计最佳课程，主张各个主要知识领域的专家全面地参加课程的设计、教科书的编写和教学大纲的拟定工作。

在"学科结构运动"的推动下，从 20 世纪 50 年代末开始，"物理科学教学委员会""生物科学课程研究会""化学教材研究会""普通学校教学研究会"和"小学科学规划会"等编写了大量新的教材，其中小学科学常识 3 套，中学数学 2 套，高中物理 2 套，高中化学 2 套，高中生物 1 套，高中地理 2 套。

20 世纪 60 年代的中小学课程改革加强了数学、自然科学和现代外语等学科的教学，新编的教材内容丰富、新颖，注重阐明该学科的基本概念、知识结构和科学系统，有利于开发学生的智力。这次课程改革基本符合教学内容必须适合科学技术和生产力发展状况的要求，最初得到了很高的评价。但由于新编的各种教材片面强调现代化和理论化，忽视应用知识和基本技能的训练，大大增加了教材内容的难度，忽视了大多数教师和学生"教"与"学"的实际能力，因而并未达到预期的效果，还导致学生负担过重，大多数学生难以接受和消化所学内容，学业成绩大面积下降。

2010年 东北师范大学 333 教育综合·真题解析

一、名词解释

美育

美育即培养学生正确的审美观，发展他们鉴赏美、创造美的能力，培养其高尚情操和文明素质的教育。我国普通中学在美育方面的要求主要是：通过音乐、美术、文学教育等审美活动，充实学生的精神生活，培养他们感受美、欣赏美和创造美的能力，养成审美情趣和高尚情操。

因材施教

孔子是我国历史上首倡因材施教的教育家。实行因材施教的前提条件是承认学生间的个体差异，并了解学生特点。孔子了解学生最常用的方法是谈话和个别观察，主张在了解学生的基础上，根据学生的具体情况，有针对性地进行教育。

《论语》

《论语》是专门记录孔子及其弟子言行的书。《论语》是教育学萌芽时期的著作，其中零散地保存了很多具有教育价值的语录，供后人研究。其中着重记录了孔子的教育思想，如"学而不思则罔，思而不学则殆""学而不厌，诲人不倦"等。

蔡元培

蔡元培是中国近代著名的资产阶级革命家和民主主义教育家。民国初期担任第一任教育总长，1917 年任北京大学校长，对北京大学进行了卓有成效的改革。

《理想国》

《理想国》是柏拉图的作品，是一部讨论政治和教育的著作，被认为是西方教育史上最为重要和伟大的教育著作之一。在《理想国》中，柏拉图精心设计了一个他心目中理想的国家。

终身教育

终身教育是人一生各阶段当中所受各种教育的总和，也是人所受的不同类型教育的综合。前者从纵向上讲，说明终身教育不仅仅是青少年的教育，而且涵盖了人的一生；后者从横向上讲，说明终身教育既包括正规教育，也包括非正规教育和非正式教育。

二、简答题

1. 简述全面发展教育的组成部分及其各自的地位作用。

【答案要点】

关于全面发展教育的基本构成，学界论通常多以德育、智育、体育、美育、劳动技术教育等作为全面发展教育的构成主体。

（1）体育：授予学生健身知识、技能，发展学生体力、增强学生体质的教育。

（2）智育：授予学生系统的科学文化知识、技能和发展他们智力的教育。

（3）德育：引导学生领悟社会主义思想和道德规范，组织和指导学生的道德实践，培养学生的社会主义品德的教育。

（4）美育：培养学生正确的审美观，发展他们鉴赏美、创造美的能力，培养其高尚情操和文明素质的教育。

（5）劳动技术教育：传授基本的生产技术知识和生产技能，培养劳动观点和劳动习惯的教育。劳动技术教育包括劳动教育和技术教育两个方面，有利于促进学生的全面发展。

对于普通中小学学生的全面发展来说，上述五个组成部分，既相对独立、各有特点、规律和功能，缺一不可；同时，又相互制约、相互促进，组成统一的教育过程。因此，我们必须考虑到人的发展的全面性和整体性，坚持五育并举，处理好它们之间的关系，使其相辅相成，发挥其整体功能。

2. 简述影响人身心发展的因素及其各自的地位作用。

【答案要点】

（1）遗传在人发展中的作用：遗传素质是人的发展的生理前提；遗传素质的成熟程度制约着人的发展过程及年龄特征；遗传素质的差异性对人的发展有一定的影响；遗传素质具有可塑性。

（2）环境在人的发展中的作用：环境是人的发展的外部条件；环境的给定性与主体的选择性。

（3）个体活动在人的发展中的作用：个体活动是人的发展的决定因素。个体活动制约着环境影响的内化与主体的自我建构；个体通过能动的活动选择、构建着自我的发展。

（4）教育对人的发展的作用：教育在人的发展中起引领作用；学校教育主要通过传承文化科学知识来培养人；学校教育对提高人的现代性有显著的作用。

3. 简述教育的本体功能。

【答案要点】

教育的个体功能是教育对个体的生存和发展所产生的作用和影响，由于促进个体发展的功能是教育固有的功能，因此也被称为教育的本体功能。教育的个体功能表现为个体社会化功能和个体个性化功能。

（1）个性化是个体在社会生活中追求独特性、主体性、创造性的过程。教育促进人的主体意识的形成和主体能力的发展；教育促进个性差异的充分发展，形成人的独特性；教育开发人的创造性，促进个体价值的实现。

（2）社会化是个体由一个"自然人"变成"社会人"的过程。教育促进个体思想意识的社会化；教育促进个体行为的社会化；教育促进角色和职业的社会化。

4. 简要介绍几种主要的动机理论。

【答案要点】

（1）强化理论。以桑代克、斯金纳为代表的行为主义心理学家不仅用强化来解释操作性行为的习得，也用强化来解释行为的动机，认为人之所以具有某种行为倾向，是因为这种行为受到了强化。

（2）需要层次理论。人本主义心理学家马斯洛认为，个体的任何行为动机都是在需要发生的基础上被激发起来的。他把动机看作需要，认为动机是由多种不同性质的需要组成，各种需要之间又有先后顺序和高低层次之分，提出了动机的需要层次理论。他认为人有七种需要：生理需要、安全需要、归属与爱的需要、尊重的需要、求知与理论的需要、审美的需要、自我实现的需要。

（3）期望–价值理论。阿特金森在前人的基础上提出了期望–价值理论，他认为人们在追求成就时存在两种倾向：一种是力求成功的倾向；另一种是避免失败的倾向。一个人的成就行为体现了这两种倾向的冲突。

三、分析论述题

1. 什么是创造性？如何对学生的创造性进行培养？

【答案要点】

（1）创造性的内涵。

创造性是个体利用一定内外条件，产生新颖、独特、有社会和个人价值产品的心理特性。这种心理品质是综合的、多维的，它包括与创造活动密切联系的认知品质、人格品质和适应性品质。创造性表现于创造活动之中，其结果以"产品"为标志，其水平以产品的"价值"为标准。

（2）创造性的培养措施。

①营造鼓励创造的环境。这是促进学生创造性发展的必要条件。首先，应倡导民主式的教育和管理。其次，应改革考试制度，为学生创造宽松的学习环境。再次，应增加自主选择课程的机会和有针对性的课程设计。最后，应为学生提供创造性人物的榜样。

②培养创造性的教师队伍。首先，要转变教师的教育教学观念，使教师理解并鼓励学生的创造思维；其次，要教给教师必要的创造技法和思维策略；再次，为教师提供明晰的、具有实用价值的有关创造性的知识及相应的教学策略和技能；最后，教师应不断学习关于创造性的心理学知识，用心理学的理论指导自己的实践。

③培育创造意识，激发创造动机。只有当个人具有自觉的创造意识、强烈的创造动机，才易产生新思想、新方法、新观点。需要做到：树立学生创新的自信心；激发创造热情；磨砺创造意志；培养创造勇气。

④发展和培养创造性思维。创造性思维是创造性的核心。创造性思维的培养应注意以下几个方面：加大思维的"前进跨度"，培养思维的跳跃能力；加大思维的"联想跨度"，使学生敢于把习惯上认为毫不相干的、表面上看来微不足道的问题联系起来或进行移植；加大"转换跨度"，引导学生敢于否定原来的设想，善于打破固有的思路；给学生大胆探索与推测的机会。

⑤开设创造课程，教给创造技法。教学是培养学生创造性的重要途径。因此，开设创造性课程已成为国内外开发创造性的有效途径。在创造性课程的教学中，注重教给学生基本的创造技巧与方法是培养创造性的有效措施。促进创造性发展的主要创造技法有：头脑风暴法、系统探求法、联想类比法、组合创新法、对立思考法、转换思考法。

⑥塑造创造性人格。创造性人格是创造性的重要组成部分，培养学生的创造性人格是培养创造性的重要内容。主要方法有：保护好奇心；解除对错误的恐惧心理；鼓励独创性与多样性。此外，自信与乐观、忍耐与有恒心、合作、严谨等也是创造性人格培养的重要方面。

2. 评述20世纪60年代美国的课程改革。

【答案要点】

随着《国防教育法》的颁布和实施，美国中小学进行了"二战"后第一次以课程改革为中心的教学改革。1959年9月，美国科学院召开关于改进中小学的自然科学教育问题的会议，对20世纪60年代美国中小学的课程改革有重大影响。会议邀集35位科学家、学者和教育家参加。会议由著名心理学家布鲁纳担任大会主席，他以在会议上的总结发言为基础，结合会议上学者专家发表的各种意见，于1960年发表《教育过程》一书。该书阐述了结构主义课程改革思想，促成所谓的"学科结构运动"。布鲁纳主张探讨和确定每门主要学科的基本结构要素以设计最佳课程，主张各个主要知识领域的专家全面地参加课程的设计、教科书的编写和教学大纲的拟定工作。

在"学科结构运动"的推动下，从20世纪50年代末开始，"物理科学教学委员会""生物科学课程研究会""化学教材研究会""普通学校教学研究会"和"小学科学规划会"等编写了大量新的教材，其中小学科学常识3套，中学数学2套，高中物理2套，高中化学2套，高中生物1套，高中地理2套。

20世纪60年代的中小学课程改革加强了数学、自然科学和现代外语等学科的教学，新编的教材内容丰富、新颖，注重阐明该学科的基本概念、知识结构和科学系统，有利于开发学生的智力。这次课程改革基本符合教学内容必须适合科学技术和生产力发展状况的要求，最初得到了很高的评价。但由于新编的各种教材片面强调现代化和理论化，忽视应用知识和基本技能的训练，大大增加了教材内容的难度，忽视了大多数教师和学生"教"与"学"的实际能力，因而并未达到预期的效果，还导致学生负担过重，大多数学生难以接受和消化所学内容，学业成绩大面积下降。

3. 试分析论述陶行知的生活教育思想及其当代价值。

【答案要点】

（1）"生活即教育"。

"生活即教育"是陶行知生活教育理论的核心。其内涵包括：生活含有教育的意义；实际生活是教育的中心；生活决定教育，教育改造生活。

"生活即教育"所强调的是教育以生活为中心，所反对的是传统教育脱离生活而以书本为中心。尽管它在生活与教育的区别和系统的知识传授方面有所忽视，但在破除传统教育脱离民众、脱离社会生活的弊端方面，有十分重要的意义。

（2）"社会即学校"。

"社会即学校"是生活教育理论另一重要主张，是"生活即教育"思想在学校与社会关系问题上的具体化。"社会即学校"，是指"社会含有学校的意味"，或者说"以社会为学校"。由于到处是生活，到处都是教育，"整个的社会是生活的场所，亦即教育之场所"。

"社会即学校"，也指"学校含有社会的意味"。也就是说，学校通过与社会生活相结合，一方面运用社会的力量使学校进步，另一方面动员学校的力量帮助社会进步，使学校真正成为社会生活必不可少的组成部分。

"社会即学校"扩大了学校教育的内涵和作用，对于传统的学校观、教育观有所改变。传统学校与社会生活脱节，学生孤陋寡闻，而以社会为学校，使得教育的材料、教育的方法、教育的工具、教育的环境可以大大地增加，有利于拓展学生的知识，增强学生的能力。"社会即学校"，还可以使被传统学校拒之门外的劳苦大众能够受到起码的教育，贯穿了普及民众教育的苦心，同样也值得肯定。

（3）"教学做合一"。

"教学做合一"是生活教育理论的又一重要主张，是"生活即教育"在教学方法问题上的具体化。其含义为：教的方法根据学的方法，学的方法根据做的方法。事怎样做便怎样学，怎样学便怎样教。教与学都以做为中心。包括以下四个要点："教学做合一"要求在"劳力上劳心"；"教学做合一"是因为"行是知之始"；"教学做合一"要求"有教先学"和"有学有教"；"教学做合一"还是对注入式教学法的否定。

（4）启示。

陶行知的生活教育理论是一种大众的、为人民大众服务的教育理论，且还是一种不断进取创造，旨在探索具有中国民族特色的教育道路的理论。生活教育理论还在教育观念的改变方面颇有建树，无论是强调学校教育与社会生活、生产劳动相结合，还是要求手脑并用、在劳力上劳心，都是对学校与社会割裂、书本与生活脱节、劳心与劳力分离的传统教育的反动，显示出强烈的时代气息，至今都富于启示。陶行知的生活教育理论是我国民族教育理论宝库中十分可贵的遗产，值得我们珍惜并认真研究借鉴。

4. 结合我国近年来对应试教育和素质教育的讨论，谈谈你对素质教育的认识和理解。

【答案要点】

素质教育是以人的素质发展为核心的教育。它以注重人各方面的程度和水平的实际发展为主要特征，追求对人的发展的有效引领和促进。素质教育的内涵包括以下几个方面：

（1）素质教育是面向全体学生的教育。素质教育就是要改变以往教育只重视升学有望的学生的做法，坚持面向全体学生，依法保障义务教育阶段儿童和青少年学习和发展的基本权利，努力开发每个学生的潜能，使所有的学生都得到平等健康的发展。

（2）素质教育是全面发展的教育。实施素质教育，必须把德、智、体、美等有机地统一在教育活动的各个环节，使各方面教育相互渗透、协调发展，促进学生的全面发展和健康成长。

（3）素质教育是促进学生个性发展的教育。素质教育反对应试教育不顾学生个性差异的"一刀切"的做法，主张从人的个性出发，承认个性的客观存在，尊重每个人的个性，并以此作为实施教育和教学的依据，通过教育使不同层次、不同程度的学生的个性得到完善与发展。

（4）素质教育是以培养创新精神为重点的教育。长期以来的应试教育片面强调知识传授，采用"填鸭式"教学。素质教育则以创新精神和创新能力培养为重点，注重发现和开发蕴藏在学生身上的潜在的创造性品质，全面提高学生的综合素质。

应试教育又称升学教育，它是指单纯按照高一级学校选拔考试的要求，以提高应试成绩为教育目标，以知识灌输为教育方法的一种教育训练活动。应试教育的流行，是我国基础教育中存在的主要弊端。现今在教育改革中提出由应试教育向素质教育转轨，并不是因为应试教育重视考试，而是因为它与我国教育目的所规定的全面发展教育相违背。应试教育的出发点不仅忽视了社会发展对人才的要求，而且也忽视了个体身心发展的要求，将教育活动变为一种纯粹应对考试的技能技巧训练。应试教育虽然也可能使学生获得一些知识，提高某些方面的素质，但是这种知识、素质却是狭隘的、片面的。

因此，我们应当逐渐以素质教育取代应试教育。素质教育的最终目的是提高所有学生的各方面素质。素质教育是全面发展教育的具体落实，它与我国教育目的的基本精神是一致的。而全面发展教育则是素质教育的手段或途径，即通过全面发展教育以提高学生的素质。素质教育不仅是一种教育思想、教育观念，也是一种教育实践，为了实施素质教育，必须从转变教育观念、推进课程改革、提高教师素质、改进课堂教学、建立新的评价体系等多方面入手，使教育真正发挥提高整个民族素质的功能。

2022年 辽宁师范大学 333 教育综合·真题真练

一、名词解释
教学评价　课程方案　美育　班级授课制　最近发展区　自我效能感

二、简答题
1. 简述教育的社会流动功能。
2. 简述教育目的的社会制约性。
3. 简述宋代书院教育的发展与特点。
4. 简述文艺复兴时期人文主义教育的特征。

三、分析论述题
1. 基于对教师职业特点的理解，论述如何更好地促进教师的专业发展。
2. 试述科尔伯格的道德发展阶段理论及其启示。
3. 试述陶行知"生活教育"思想体系的主要内容及其启示。
4. 试述结构主义教育的主要观点、特点及影响。

2021年 辽宁师范大学 333 教育综合·真题真练

一、名词解释
课程方案　稷下学宫　《巴尔福法案》　中世纪大学　教师劳动的创造性　科学教育思潮

二、简答题
1. 简述韩愈的教师观。
2. 简述人格发展的一般规律。
3. 简述教育的经济功能。
4. 简述蔡元培"五育"并举的教育思想。

三、分析论述题
1. 结合实际说说德育原则。
2. 论述学生学习的特点，并说说考取研究生之后应怎么学习。
3. 阅读下面一段材料，说明其反映的思想和启示。

"如果不与儿童经验相结合，就可能致使材料成为单纯形式和符号。从某种意义上说，过高地估计形式和符号的东西是不能的。真正的形式、实在的符号乃是掌握和发现真理的方法……当一种符号是从外界引进的，而不是被引导到原始的活动中去，便是一种空洞的或纯粹的符号，它是僵死的和贫乏的东西。那么，任何事实，无论算术、地理或语法，如果不是从儿童生活中由于本身的缘故占有重要的地位的东西逐渐被引导进去，就被迫处于这种境地……把别人知道的那些事实出其不意地提供出来，一味地要求儿童学习和强记……它始终是折磨心灵的无用的古董，是加给心灵的可怕的负重。"

——杜威

4. 课程内容设计应符合哪三对逻辑？

2020年 辽宁师范大学333教育综合·真题真练

一、名词解释

课程设计　学校管理体制　相对性评价　启发性原则　角色扮演法　学习策略

二、简答题

1. 简述学生品德不良行为的矫正。
2. 如何培养问题解决能力？
3. 简述杜威的教育思维和教学理论。
4. 简述孔子的教学原则及影响。

三、分析论述题

1. 结合实际论述学校德育如何促进学生知、情、意、行的发展。
2. 试论述1922年"新学制"的产生背景、内容及对现代教育的影响。
3. 什么是人的发展？有什么规律？教育对人的发展有什么作用？
4. 论述赫尔巴特的教学理论及对当代教育的影响。

2019年 辽宁师范大学333教育综合·真题真练

一、名词解释

教育目的　课程标准　学校管理　教学评价　发现学习　创造性思维

二、简答题

1. 简述教育的政治功能。
2. 简述直接经验和间接经验的关系。
3. 简述朱子读书法。
4. 简述卢梭的自然教育思想。

三、分析论述题

1. 论述德育为什么能够培养学生的知、情、意、行。
2. 论述陶行知的生活理论教育的基本内涵，并分析其历史价值和现实意义。
3. 论述夸美纽斯的教育思想体系，并分析其历史贡献。
4. 谈一谈建构主义的知识观、学习观、学生观，并分析其对教育的影响。

2018年 辽宁师范大学333教育综合·真题真练

一、名词解释

学校管理体制　相对性评价　昆西教学法　《莫雷尔法案》　创造性思维　资源管理策略

二、简答题

1. 简述教育的社会流动功能和现实意义。
2. 简述教育目的的结构层次。
3. 简述自我教育能力的内容和作用。
4. 请简述唐代的学校管理制度。

三、分析论述题

1. 请论述教育对人的重大作用。
2. 述评杨贤江的马克思主义教育理论。
3. 论述昆体良的教育思想。
4. 根据中外学者的研究阐述人的品德发展的实质。

2017年 辽宁师范大学333教育综合·真题真练

一、名词解释

课程设计　最近发展区　学校管理　教学评价　教育制度　社会规范内化

二、简答题

1. 简述中世纪大学的特点。
2. 简述清末新政中的教育措施。
3. 简述活动课程的特点。
4. 简述学校德育的基本原则。

三、分析论述题

1. 论述书院的特点及现实意义。
2. 论述卢梭的自然教育思想及影响。
3. 论述影响问题解决的因素和培养方法。
4. 论述教育的社会流动功能及对人的影响。

2016年 辽宁师范大学 333 教育综合·真题真练

一、名词解释

教育制度　学校管理　最近发展区　发现学习　朱子读书法　癸卯学制

二、简答题

1. 简述科学性与思想性统一的选择。
2. 简述学习动力的强化理论。
3. 简述赫尔巴特的教育学教学原则。
4. 简述问题解决能力的培养。

三、分析论述题

1. 论述孔子的教育思想。
2. 结合实例谈谈教师劳动的价值。
3. "出自造物主之手的东西，都是好的，而一到了人的手里，就全变坏了。"评述卢梭的自然教育理论，谈谈对现代教育改革趋势的影响。
4. 论述德育过程是提高自我教育能力的过程。

2015年 辽宁师范大学 333 教育综合·真题真练

一、名词解释

教育的社会流动功能　教育制度　课程设计　学校德育　自我效能感　最近发展区

二、简答题

1. 简述教学评价的原则和方法。
2. 简述教师职业常见的角色冲突及其解决方法。
3. 简述夸美纽斯关于班级授课制的设想。
4. 简述晏阳初的"四大教育"和"三大方式"。

三、分析论述题

1. 论述现代学校管理的发展趋势。
2. 论述朱子读书法及其现实意义。
3. 论述创造性人格特质及创造性的培养措施。

2014年 辽宁师范大学 333 教育综合·真题真练

一、名词解释

课程标准　学校管理人性化　稷下学宫　《学记》　《莫雷尔法案》

二、简答题

1. 简述孔子的"有教无类"及其现实意义。
2. 简述北宋的三次兴学。
3. 简述建构主义学习理论。
4. 简述严格要求与尊重学生相结合的原则。

三、分析论述题

1. 有的教师没有学过教育学，却培养了一代又一代的学生。孔子没有学过教育学，却成为万世师表。用教育学原理分析以上观点。
2. 论述重视发展智力的重要性以及掌握知识与发展智力的关系。
3. 论述卢梭自然教育理论及其现实意义。
4. 有的学生努力学习却往往事倍功半，用教育心理学分析此观点。

2013年 辽宁师范大学 333 教育综合·真题真练

一、名词解释

教育制度　教学评价　贝尔-兰卡斯特制度　白板说　学习动机　元认知策略

二、简答题

1. 现代教育有哪些基本特征？
2. 简述隋唐时期科举制对社会和教育发展的影响。
3. 何谓创造力？其培养模式有哪些？
4. 简述自我效能感理论。

三、分析论述题

1. 论述德育过程的知、情、意、行统一规律。
2. 评述陶行知生活教育理论的基本内容及现实启示。
3. 论述杜威的教育思想及现实意义。
4. 就以下案例谈谈你对教师教学观与学生观的看法。

案例1：一位老师下课后很沮丧地对办公室的老师说："这些学生真是没法教了，我反复讲了几遍就是不会，笨死了。"

案例2：一位刚入学的小学生，每天放学回家都高兴地跟妈妈说："我今天上课又发言了。"妈妈担心地说："你不怕说错吗？""不怕，老师说了，教室就是出错的地方。"

2012年 辽宁师范大学 333 教育综合·真题真练

一、名词解释

学校教育制度　启发性原则　壬戌学制　苏湖教法　发现学习　学习策略

二、简答题

1. 简述教育的社会功能。
2. 简述教学模式的基本特点。
3. 简述我国基础教育课程改革的六大具体目标。
4. 简述斯宾塞的课程论思想。

三、分析论述题

1. 论述德育过程的基本规律。
2. 论述孔子的道德教育思想观点，并列出反映其思想的四条至理名言。
3. 阐述夸美纽斯教育思想体系的构成，并分析其历史贡献。
4. 论述建构主义的知识观、教学观、学生观，并谈谈对教育的影响。

2011年 辽宁师范大学 333 教育综合·真题真练

一、名词解释
价值澄清法　多元文化教育　有教无类　癸卯学制　《国防教育法》　教育性教学

二、简答题
1. 什么是个性？教育促进人的个性发展主要表现在哪些方面？
2. 简述朱子读书法
3. 简述陶行知"生活教育理论"的基本内涵，并分析其历史价值和现实意义。
4. 影响问题解决的因素有哪些？如何培养学生解决问题的能力？

三、分析论述题
1. 现代教育有哪些基本特征？在这些特征中，你能看出当前中国教育有哪些亟待改革和发展的方面？试提出解决的对策。
2. 什么是教学评价？教学评价有哪些类型？分析我国目前教学评价中存在的问题。
3. 法国教育家卢梭曾写道："问题不在于教他各种学问，而在于培养他有爱好学问的兴趣，而且在这种兴趣爱好充分增长起来的时候，教他以研究学问的方法，毫无疑问，这是所有一切良好的教育的一个基本原则。"
请结合这段话评述卢梭的自然教育理论，并谈谈对目前教育改革的启示。
4. 人们通常不会把学生在写字时能熟练控制自己的手部运动，称为动作技能的学习。
（1）请你对何时才会出现动作技能的学习做出确认。
（2）并就动作技能获得的阶段及其影响因素逐一做描述。

2010年 辽宁师范大学 333 教育综合·真题真练

一、名词解释
课程标准　班级授课制　苏格拉底法　导生制　创造性　图式

二、简答题
1. 什么是教育目的？我国教育目的的基本精神是什么？
2. 简述《学记》关于教育教学原则的思想。
3. 简述培养和激发学习动机的措施。
4. 如何矫正品德不良的学生？

三、分析论述题

1. 举例说明学生的身心发展规律有哪些，教育应怎样适应？
2. 评价蔡元培的大学教育思想和对北京大学的改革。
3. 苏霍姆林斯基在《给教师建议》中说："我深信只有能够激发学生去进行自我教育的教育才是真正的教育。"

   这段话体现了德育过程的哪一规律？并进行分析。
4. "我认为我们由于给儿童太突然地提供了许多与这种社会生活无关的专门科目，如读、写和地理等，而违背了儿童的天性，并且使最好的伦理效果变得难于实现了，因此我认为学校科目相互联系的真正中心，不是科学，不是文学，不是历史，不是地理，而是儿童本身的社会活动。"

   这是《学校与社会·明日之学校》中的话，试以这段话为例评述杜威的课程与教学思想。

辽宁师范大学 333 教育综合·真题解析

一、名词解释

教学评价

教学评价是对教学工作质量所做的测量、分析和评定。它以参与教学活动的教师、学生、教学目标、内容、方法、教学设备、场地和时间等因素的优化组合的过程和效果为评价对象，是对教学活动的整体功能所做的评价。

课程方案

课程方案是指教育机构或学校为了实现教育目的而制定的有关课程设置的文件。我国普通中小学的课程方案是指在国家的教育目的与方针的指导下，为实现各级基础教育的目标，由国家教育主管部门制定的有关课程设置、顺序、学时分配以及课程管理等方面的政策性文件。

美育

美育即培养学生正确的审美观，发展他们鉴赏美、创造美的能力，培养其高尚情操和文明素质的教育。我国普通中学在美育方面的要求主要是：通过音乐、美术、文学教育等审美活动，充实学生的精神生活，培养他们感受美、欣赏美和创造美的能力，养成审美情趣和高尚情操。

班级授课制

班级授课制是一种集体教学形式。它把一定数量的学生按年龄与知识程度编成固定的班级，根据周课表和作息时间表，安排教师有计划地给全班学生上课，分别学习所设置的各门课程。

最近发展区

维果茨基认为，在进行教学时必须注意到儿童的两种水平，一种是儿童现有的发展水平，另一种是即将达到的发展水平，维果茨基把这两种水平之间的差距称为最近发展区，即独立解决问题的真实发展水平和在成人指导下或与其他儿童合作情况下解决问题的潜在发展水平之间的差距。

自我效能感

自我效能感由班杜拉提出，是指个体对自己能否成功进行某一成就行为的主观判断。它影响着个体对行为的选择、付出多大努力以及坚持多久。

二、简答题

1. 简述教育的社会流动功能。

【答案要点】

教育的社会流动功能是指社会成员通过教育的培养、筛选和提高，能够在不同的社会区域、社会层次、职业岗位、科层组织之间转换、调整和变动，以充分发挥其个人的智慧才能，实现其人生价值。它包括横向流动功能和纵向流动功能。前者指改变其环境而不提升其社会层级地位；后者指改变其社会层级地位及作用。

教育的社会流动功能在当代的重要意义：教育是个人社会流动的基础；教育是现代社会流动的主要通道；教育深刻影响社会公平。

2. 简述教育目的的社会制约性。

【答案要点】

教育产生于社会需要，与一定的社会的现实及其发展有着密切联系，要更好地服务与社会，就必须依据社会现实和发展需要来选择和确立教育目的。

一是要根据社会关系现实和发展的需要。任何社会都十分注意社会关系问题，并建立相应的政治机构、组织制度和经济制度等对社会关系予以调控和管理。在社会发展中，社会生产方式的变革总要带来社会关系结构及其制度的变革，而适应社会发展变革的新的社会关系结构及其制度的建立，又无不对教育培养人提出相应的要求。

二是要根据社会生产和科学技术发展的水平。培养什么样的人，不仅要反映社会关系和政治经济的要求，同时也受社会生产力和科学技术发展水平及发展需要所制约。特别是现代社会，生产力的发展及其产业结构的变化，科学技术的作用日益显著，已经成为制定教育目的不可忽视的重要的直接因素。

3. 简述宋代书院教育的发展与特点

【答案要点】

（1）发展。

书院作为一种教育制度形成和兴盛在宋朝。宋初，统治者只注重科举选拔人才，以满足立国之初对于大批治术人才的需要，而忽视设学培育人才，以至在立国之后，官学没有得到应有的发展。在这种情况下，书院便以新生事物所特有的强大生命力，得到较大程度的发展，并出现了一些著名的书院，主要有：白鹿洞书院、岳麓书院、应天府书院、嵩阳书院、石鼓书院、茅山书院等。

（2）特点。

①书院作为一种教育制度已经确立。形成了以《白鹿洞书院揭示》为代表的书院教育理论，明确了书院教育宗旨、教育教学原则等根本问题，标志着书院作为一种教育制度正式形成。

②书院促进了南宋理学的发展和学术文化的繁荣。书院成为不同学术流派之间展开讨论争鸣、相互交流的重要场所，促进了理学的兴盛和文化学术的繁荣。

③书院官学化倾向已经出现。书院受制于政府，被纳入官学体系。

4. 简述文艺复兴时期人文主义教育的特征。

【答案要点】

（1）人本主义。人文主义教育在培养目标上注重个性发展，在教育教学方法上反对禁欲主义，尊重儿童天性，坚信通过教育这种后天的力量可以重塑个人、改造社会和自然，这些都表现出人本主义内涵，人的力量、人的价值被充分肯定。

（2）古典主义。人文主义教育思想吸收了许多古人的见解，人文主义教育实践尤其是课程设置亦具有古典性质，但这种古典主义绝非纯粹的"复古"，实则含有古为今用、托古改制的内涵，这在当时是进步的。

（3）世俗性。不论从教育目的还是从课程设置等方面看，人文主义教育洋溢着浓厚的世俗精神，教育更关注今生而非来世。

（4）宗教性。几乎所有的人文主义教育家都信仰上帝，他们希冀以世俗和人文精神改造中世纪陈腐专横的宗教性，以造就一种更富世俗色彩和人性色彩的宗教性。

（5）贵族性。人文主义教育的对象主要是上层子弟，教育的形式多为宫廷教育和家庭教育而非大众教育，教育的目的主要是培养上层人物如君主、侍臣、绅士等。

三、分析论述题

1. 基于对教师职业特点的理解，论述如何更好地促进教师的专业发展。

【答案要点】

（1）教师职业的特点。

①教师职业是一种专业性职业。教师职业是一种专门性职业，它需要经过专业的师范教育训练、掌握专门的知识和技能、通过培养人才为社会服务。

②教师职业是以教书育人为职责的创造性职业。有目的地培养人才是教育区别于其他社会领域的根本特征。教育人的工作是由多方面力量协调来完成的，教师是通过教书来育人的。教师应根据不同教育的对象、不同的教育内容和教育条件，运用自己的知识、经验，设计各式各样的教育教学方案和方法，形成不同的教育教学风格和特色。

③教师职业是需要持续专业化的职业。教师必须不断学习，及时更新自己的知识结构；必须善于研究，积累自己的教育智慧，才能适应学生发展和时代要求。培养教师的终身学习能力和研究能力是现代教师成长的重要条件。

（2）促进教师专业发展的途径。

①加强和改革师范教育。要发展师范教育，切实提高教师队伍的质量，第一，必须采取有效的政策性措施，鼓励和吸引大批优秀学生报考师范院校。第二，努力提高教师的社会地位和物质待遇，增强师范教育的吸引力。第三，联系现时代对教师作用和职能的新要求，使未来教师能获得与之相应的专业训练，尤其要树立师范生先进的教育理念。第四，吸收除正规教师以外的各种可能参与教育过程的人，并为其从教提供必要的职业帮助。

②实施教师资格考查制度。实施教师资格考查制度，不仅有利于加强教师质量的管理与考核，而且为非师范专业毕业的大学生谋求教师职业开辟了道路，从而切实有效地充实了教师队伍。该制度包括三层含义：教师资格制度是国家实行的一种职业资格制度；教师资格制度是法律规定的，必须依法实施；教师资格是教师职业许可。

③加强教师在职提高。教师在职提高的主要途径包括教学反思、校本培训、校外支援与合作等形式。

教学反思是指教师把自己放到研究者、反思者的位置，通过对教育、教学日常工作中出现的某些疑难问题的观察、分析、反思与解决，提升自己的专业理论水平和专业实践的智慧与能力。

校本培训是指以教师任职的学校为组织单位，以提高教师专业素质为主要目标，通过教育、教学实践和教育科研活动等形式，对全体教师进行的全员性在职培训。

校外专业支援与合作的主要形式有：跨校合作，包括学校与学校，学校与大学或师范院校的合作；专家指导，包括专家讲座、报告等；政府教育部门和教研机构组织的各类专业培训，包括短期培训、脱产进修、业余进修等。

2. 试述科尔伯格的道德发展阶段理论及其启示。

【答案要点】

美国心理学家科尔伯格认为儿童道德的发展是分阶段的，他在研究中发现道德发展不是只有两个水平，而应该有多个水平，提出了著名的"三水平六阶段"的道德发展阶段论。

（1）理论内容。

①前习俗水平。大约出现在幼儿园及小学低中年级阶段。该时期的特征是儿童遵守规范，但尚未形成自己的主见，着眼于人物行为的具体结果，关心自身的利害。包括惩罚和服从的定向阶段和工具性的相对主义定向阶段。

②习俗水平。在小学中年级以上出现，一直到青年、成年。该时期的特征是个人逐渐认识到团体的行为规范，进而接受并付诸实践。包括人际协调的定向阶段和维护权威或秩序的定向阶段。

③后习俗水平。该阶段已经发展到超越现实道德规范的约束，达到完全自律的境界，这个水平是理想的境界，成人也只有少数人才能达到。包括社会契约定向阶段和普遍道德原则的定向阶段。

（2）教育启示。

①形成了一个研究个体品德发展阶段的重要模式，有助于将品德发展的理论运用到学校道德教育中去，实施道德教育。

②道德教育的首要任务是提高儿童的道德判断能力，培养他们明辨是非的能力。教育者的主要任务就是帮助被教育者注意到真正的道德冲突，思考用于解决这种冲突的理由是否恰当，发现解决这种冲突的新的思想方法。

③儿童的道德发展是有阶段性的、渐进的，因此，在对儿童进行道德教育时，应随时了解儿童所达到的发展阶段，根据儿童道德发展阶段的特点，循循善诱地促进他们的发展。

④社会环境对人们道德发展有着巨大作用，因此在学校中要树立良好、公正的群体气氛，这是道德教育必要的条件。科尔伯格是现代道德认知发展理论的创立者。这一革命性的发现，从根本上改变了道德仅仅是社会道德灌输教育结果的传统观点。

3. 试述陶行知"生活教育"思想体系的主要内容及其启示。

【答案要点】

（1）"生活即教育"。

"生活即教育"是陶行知生活教育理论的核心。其内涵包括：生活含有教育的意义；实际生活是教育的中心；生活决定教育，教育改造生活。

"生活即教育"所强调的是教育以生活为中心，所反对的是传统教育脱离生活而以书本为中心。尽管它在生活与教育的区别和系统的知识传授方面有所忽视，但在破除传统教育脱离民众、脱离社会生活的弊端方面，有十分重要的意义。

（2）"社会即学校"。

"社会即学校"是生活教育理论另一重要主张，是"生活即教育"思想在学校与社会关系问题上的具体化。"社会即学校"，是指"社会含有学校的意味"，或者说"以社会为学校"。由于到处是生活，到处都是教育，"整个的社会是生活的场所，亦即教育之场所"。

"社会即学校"，也指"学校含有社会的意味"。也就是说，学校通过与社会生活相结合，一方面运用社会的力量使学校进步，另一方面动员学校的力量帮助社会进步，使学校真正成为社会生活必不可少的组成部分。

"社会即学校"扩大了学校教育的内涵和作用，对于传统的学校观、教育观有所改变。传统学校与社会生活脱节，学生孤陋寡闻，而以社会为学校，使得教育的材料、教育的方法、教育的工具、教育的环境可以大大地增加，有利于拓展学生的知识，增强学生的能力。"社会即学校"，还可以使被传统学校拒之门外的劳苦大众能够受到起码的教育，贯穿了普及民众教育的苦心，同样也值得肯定。

（3）"教学做合一"。

"教学做合一"是生活教育理论的又一重要主张，是"生活即教育"在教学方法问题上的具体化。其含义为：教的方法根据学的方法，学的方法根据做的方法。事怎样做便怎样学，怎样学便怎样教。教与学都以做为中心。包括以下四个要点："教学做合一"要求在"劳力上劳心"；"教学做合一"是因为"行是知之始"；"教学做合一"要求"有教先学"和"有学有教"；"教学做合一"还是对注入式教学法的否定。

（4）启示。

陶行知的生活教育理论是一种大众的、为人民大众服务的教育理论，且还是一种不断进取创造，旨在探索具有中国民族特色的教育道路的理论。生活教育理论还在教育观念的改变方面颇有建树，无论是强调学校教育与社会生活、生产劳动相结合，还是要求手脑并用、在劳力上劳心，都是对学校与社会割裂、书本与生活脱节、劳心与劳力分离的传统教育的反动，显示出强烈的时代气息，至今都富于启示。陶行知的生活教育理论是我国民族教育理论宝库中十分可贵的遗产，值得我们珍惜并认真研究借鉴。

4. 试述结构主义教育的主要观点、特点及影响。

【答案要点】

结构主义教育产生于20世纪50年代末，是现代欧美国家一种强调认知结构的研究和认知能力的发展的教育思潮。它以结构主义心理学为理论基础，侧重研究课程教学改革问题，代表人物有皮亚杰、布鲁纳等。

（1）主要观点。

①教育和教学应重视学生的认知能力发展。教育是教育者引导学习者实现知识的转化，并使学习活动内化的构造过程。其主要任务就是促使学生的认知能力得到发展。

②注重掌握各门学科的基本结构。学科的基本结构是指一门学科的基本概念、定义、原理、原则和方法。掌握学科的基本结构有助于理解和把握整个学科的内容。

③主张学科基础的早期学习。任何一门学科的基础知识都能以一定的形式教给任何阶段的任何儿童，因此，尽早让儿童掌握学科的基本结构是有效和便捷地进行教学的主要途径。

④倡导发现法和发现学习。发现学习就是引导儿童从事物表面现象去探索具有规律性的潜在结构的一种学习途径。

⑤认为教师是结构教学中的主要辅导者。教师应从儿童的心理能力出发，考虑一门学科的基本结构在学习中的作用以及如何使学生理解和掌握该门学科的基本结构。

（2）特点。

其一，将现代信息社会的系统科学概念和方法引入教学领域；其二，将现代心理学和教育学相结合；其三，以课程和教学改革为核心推动了教育改革。

（3）影响。

结构主义教育思想为心理学研究和教育研究的相互协作提供了一个范例，对现代西方课程论影响很大，并成为20世纪60年代美国课程改革的指导思想。但是结构主义教育有些观点过于天真和理想化，导致课程教材改革的难度偏大，引起了人们不同的评论和争议。

辽宁师范大学333教育综合·真题解析

一、名词解释

课程方案

课程方案是指教育机构或学校为了实现教育目的而制定的有关课程设置的文件。我国普通中小学的课程方案是指在国家的教育目的与方针的指导下，为实现各级基础教育的目标，由国家教育主管部门制定的有关课程设置、顺序、学时分配以及课程管理等方面的政策性文件。

稷下学宫

稷下学宫是战国时代齐国一所著名的高等学府，因其建立于齐国都城临淄的稷门附近而得名。它既是百家争鸣的中心与缩影，也是当时教育上的重要创造，稷下学宫对中国古代学术、文化和教育的发展产生过重大的历史影响。

《巴尔福法案》

1902年，为了公平分配教育补助金和加强对地方教育的管理，英国通过了《巴尔福法案》（也称《巴尔福教育法》）。这是英国进入20世纪后所制定的第一部重要的教育法，它促成了英国中央教育委员会和地方教育当局的结合，形成了以地方教育当局为主的英国教育行政体制。

中世纪大学

中世纪大学是12世纪左右兴起的一种自治的教授和学习中心。一般由一名在某领域有声望的学者和他的追随者自行组织起来，形成类似于行会的师生团体进行教学和知识交易。

教师劳动的创造性

教师劳动创造性的最重要特征之一是他的工作对象——儿童经常在发生变化，永远是新的，今天同昨天就不一样。教师劳动的创造性表现在因材施教上，也表现在对教育、教学的原则、方法、内容的运用、选择和处理上，还表现在教育教学过程中。教师劳动的创造性，必须经历艰苦的劳动和长期的积累，才能涌现。

科学教育思潮

科学教育思潮在新文化运动期间形成并盛行一时，基本内涵为：一是"物质上之知识"的传授；二是应用科学方法于教育研究和对人的科学精神、科学态度的训练，而尤以后者为重。

二、简答题

1. 简述韩愈的教师观。

【答案要点】

（1）教师的地位。由"人非生而知之者"出发，肯定"学者必有师"。强调后天学习的重要性，认为学习一定要有教师的指导，教师是社会所必需。

（2）教师的任务。"传道、授业、解惑"是教师的基本任务，其中最主要的是"传道"，"授业"和"解惑"都要贯穿"传道"，为"传道"服务。

（3）教师的标准。以"道"为求师的标准，主张"学无常师"。韩愈认为教师教学的主要任务在于"传道"，学生求学的任务主要在于学道，能否当教师也就以"道"为标准来衡量。

（4）师生关系。提倡"相师"，确立民主性的师生关系。教师与学生年龄有差别，而闻道则不以年龄大小定先后，学术业务也可能各有专长。教师与弟子相互学习，教学相长。

2. 简述人格发展的一般规律。

【答案要点】

（1）连续性和阶段性并存。从人的一生来看，个体人格的发展是连续不断的。但是，在不同的阶段又有不同的表现，体现出阶段性的特点。

（2）发展具有定向性和顺序性。个体人格发展指向一定的方向并遵循一定的先后顺序，这种顺序是不可逆的，也是不可逾越的。

（3）发展表现出不平衡性。同一个体内，个体人格在不同时间段发展的快慢不同；同一时间段，个体人格的不同方面，发展的快慢也不同。

（4）共同性和差异性。个体人格发展表现出一些共有的特点，但是每个个体又都有自己的独特性，世界上没有完全相同的两个人。

3.简述教育的经济功能。

【答案要点】

（1）教育是使可能的劳动力转变为现实的劳动力的基本途径。一个人只有经过教育和训练，掌握一定生产部门的劳动知识和技能，并能生产某种使用价值，他才能成为现实的生产力。

（2）现代教育是使知识形态的生产力转化为直接的生产力的重要途径。科学技术是一种知识形态的生产力，要使其转化为现实的生产力，除了要通过科学研究、发明创造或革新实践外，其技术成果的推广、经验的总结与提升都需要教育与教学的紧密配合。

（3）现代教育是提高劳动生产率的重要因素。现代生产的生产率提高依靠科学技术在生产中的应用、推广和不断革新，依靠提高劳动者受教育的程度与质量，依靠劳动者的素质、扩大脑力劳动者的比重、发挥劳动者在生产和改革中的创造性。

4.简述蔡元培"五育"并举的教育思想。

【答案要点】

（1）军国民教育。指将军事教育引入学校和社会教育之中，让学生和民众受到一定的军事教育和训练。在学校教育中强调学生生活的军事化，特别是体育的军事化。

（2）实利主义教育。即密切教育与国民经济生活的联系，加强职业技能的培训，使教育能发挥提高国家经济能力和改善人民生活水平的作用。

（3）公民道德教育。蔡元培认为公民道德的基本内容不外乎法国资产阶级革命所标榜的自由、平等、博爱，虽然与封建道德的专制等级性不相容，但他明确指出中国传统伦理特别是儒家伦理中的一些基本范畴，其内涵是与自由、平等、博爱的精神相通的。

（4）世界观教育。是蔡元培独创并被作为教育的最高境界。世界观教育就是要培养人们立足于现象世界但又超脱现象世界而贴近实体世界的观念和精神境界。

（5）美感教育。美感教育与世界观教育紧密联系，美感介于现象世界和实体世界之间，是两者之间的桥梁。利用美感这种超越利害关系、人我之分界的特性去破除现象世界的意识，陶冶、净化人的心灵。美感教育是世界观教育的主要途径。

三、分析论述题

1.结合实际说说德育原则。

【答案要点】

（1）理论和生活相结合原则。指进行德育要注重引导学生把思想政治观念和社会道德规范的学习同参与生活实践结合起来，把提高道德认识与养成良好道德行为结合起来，做到心口如一，言行一致。基本要求：第一，理论学习要结合学生生活实际，切实提高学生的思想；第二，注重实践，培养道德行为习惯。

（2）疏导原则。指进行德育要循循善诱、以理服人，从提高学生认识入手，调动学生的主动性，使他们积极向上。也称循循善诱原则。基本要求：第一，讲明道理、疏通思想；第二，因势利导、循循善诱；第三，以表扬、激励为主，坚持正面教育。

（3）长善救失原则。指进行德育要调动学生自我教育的积极性，依靠和发扬他们自身的积极因素去克服他们品德上的消极因素，促进学生的道德成长。基本要求：第一，"一分为二"地看待学生；

第二，发扬积极因素，克服消极因素；第三，引导学生自觉评价自己，勇于自我教育。

（4）严格要求与尊重学生相结合原则。指进行德育要把对学生的思想品行的严格要求与对他们个人的尊重信赖结合起来，使教育者的严格要求易于转化为学生主动的道德自律。基本要求：第一，尊重和信赖学生；第二，严格要求学生。

（5）因材施教原则。指进行德育要从学生品德发展的实际出发，根据他们的年龄特征和个性差异进行不同的教育，使每个学生的品德都能得到最优的发展。基本要求：第一，深入了解学生的个性特点和内心世界；第二，根据学生个人特点有的放矢地进行教育；第三，根据学生的年龄特征有计划地进行教育。

（6）在集体中教育原则。指进行德育有赖于学生的社会交往、共同活动，注意依靠学生集体，通过集体活动进行教育，充分发挥学生集体在教育中的巨大作用。基本要求：第一，引导学生关心、热爱集体，为建设良好的集体而努力；第二，通过集体教育学生个人，通过学生个人转变影响集体；第三，把教师的主导作用与集体的教育力量结合起来。

（7）教育影响一致性和连贯性原则。指德育应当有目的有计划地把来自各方面对学生的影响加以组织，使其优化为教育的合力前后连贯地进行，以获得最大的成效。基本要求：第一，组建教师集体，使校内对学生的教育影响一致；第二，做好衔接工作，使对学生的教育前后连贯和一致；第三，发挥学校教育的引领作用，使学校、家庭和社会对学生的教育得到整合、优化。

2. 论述学生学习的特点，并说说考取研究生之后应怎么学习。

【答案要点】

学习是个体在特定情境下由于练习或反复经验而产生的行为或行为潜能的比较持久的变化。

（1）学生学习的特点。

①接受学习是学习的主要形式。学生的学习是在教师的指导下有目的、有计划、有组织、有系统地进行的，是在较短时间内接受前人所积累的文化科学知识，并以此促进自己发展和完善的过程。

②学习过程是主动构建的过程。学生的学习必须通过一系列的主动构建活动来接受信息，形成经验结构或心理结构，这意味着学习是主动构建意义的自主活动，而不是被动地接受刺激。

③学习内容的间接性。在经验传递系统中，学生主要是接受前人的经验，而不是亲自去发现经验，因此，所获得的经验具有间接性。

④学习的连续性。学生的学习是一个连续的过程，这表现在前后学习相互关联。当前的学习与过去的学习有关，同时也将影响以后的学习。

⑤学习目标的全面性。学生的学习不但要掌握知识经验和技能，还要发展智能，以及形成行为习惯、培养道德品质、促进人格发展。

⑥学习过程的互动性。学生的学习是相互作用的过程。师与生、生与生之间的互动质量对学习质量有十分明显的影响。

（2）研究生阶段的学习。考生可结合自身经验与实际情况进行作答，言之有理即可。

3. 阅读下面一段材料，说明其反映的思想和启示。

【答案要点】

材料中反映了杜威教育本质观的思想。杜威对于"什么是教育"的问题，给出的回答是：教育即生活、学校即社会、教育即生长、教育即经验的持续不断的改造。

（1）教育即生活。

杜威认为教育是生活的过程，学校是社会生活的一种形式，那么学校生活也是生活的一种形式。学校生活应与儿童自己的生活相契合，满足儿童的需要和兴趣，使校园成为儿童的乐园，使儿童在现实的学校生活中得到乐趣；学校生活应与学校以外的社会生活相契合，适应现代社会变化的趋势并成为推动社会发展的重要力量，校园不应是世外桃源而应积极参与社会生活。

杜威要做的就是改造不合时宜的学校教育和学校生活，使之更富活力，更有乐趣，更具实效，更有益于儿童发展和社会改造。

（2）学校即社会。

杜威"学校即社会"意在使学校生活成为一种经过选择的、净化的、理想的社会生活，使学校成为一个合乎儿童发展的雏形的社会。而要将此落于实处，就必须改革学校课程，从分科课程转变为活动课程。

"学校即社会"是对"教育即生活"这一命题的进一步引申，代表社会生活的活动性课程的引入是使学校与社会生活相联系的基本保证。杜威坚信教育是社会进步及社会改革的基本方法，通过教育改造社会生活，使之更完善、更美好。

（3）教育即生长。

杜威针对当时教育无视儿童天性，消极对待儿童，不考虑儿童的需要和兴趣的现象，提出了"教育即生长"的观念。

杜威要求摒除压抑、阻碍儿童自由发展之物，使教育和教学适应儿童的心理发展水平和兴趣、需要。他所理解的生长是机体与外部环境、内在条件与外部条件交互作用的结果，是一个持续不断的社会化的过程。杜威要求尊重儿童但不同意放纵儿童，这也是杜威与进步主义教育实践的一个重要区别。

（4）教育即经验的持续不断的改造。

教育即经验的持续不断的改造是指构成人的身心的各种因素在外部环境和人的主动经验过程中统一的全面改造、发展、生长的连续过程，包含四个方面：

①经验是一种行为，涵盖认识的、情感的、意志的等理性、非理性因素，成为儿童各方面发展和生长的载体。在经验过程中，儿童不仅获得知识，而且形成能力、养成品德。

②经验是有机体与环境相互作用的过程，机体不仅受环境的塑造，同时也对环境加以改变。经验的过程就是一个实验探究的过程、运用智慧的过程、理性的过程。

③经验的过程是一个主动的过程，有机体既接受着环境塑造，也主动改造着环境。

④经验是一个连续发展的过程，不存在终极目的的发展过程，因此教育就是个人经验的不断生长。

（5）启示。

杜威关于教育本质的这三个论点具有重要的意义：这些观点是杜威改革旧教育的纲领，他的意图是要使教育为缓和社会矛盾、完善美国社会制度服务，对于推动当时的教育改革有积极意义；杜威关于教育本质的观点是他的教育哲学的三个主要命题，内涵丰富并具有启发意义；杜威力图把教育的社会功能与个体发展功能统一起来，并把社会活动视为使两者得以协调的重要手段或中介。

4. 课程内容设计应符合哪三对逻辑？

【答案要点】

（1）直线式与螺旋式。

①内涵。直线式是指把学科课程内容的组织呈直线前进，前面安排过的内容在后面不再呈现；螺旋式是指在不同单元或阶段，乃至同课程门类中，使课程内容重复出现，螺旋上升、逐渐扩大知识面，加深知识难度，即前面的内容是后面内容的基础，后面内容是对前面内容的不断扩展和加深，且层层递进。

②适应条件。直线式与螺旋式是教科书编写的两种基本的组织方式，它们各有利弊，分别适用于不同性质的学科、不同年级的学生。螺旋式的组编适合对理论性较强、学生不易理解和掌握的内

容，尤其是低年级的儿童；直线式组编更适合于对一些理论性、难度或操作性相对较低的学科知识。在组织编写中究竟应当采用何种形式，应根据不同学科内容的特点和学生心理发展的需求而定。

（2）纵向组织与横向组织。

①内涵。纵向组织是指教材内容要按照学科知识的逻辑序列，从已知到未知、从简到繁、从具体到抽象等先后顺序来组织编写；横向组织是指打破学科的知识界限和传统的知识体系，按照学生发展的阶段，以学生心理发展阶段需要探索的、社会和个人最关心的问题为依据，组织课程内容，构成一个个相对独立的专题。

②适应条件。比较地看，纵向组织注重课程内容的学科理论体系和知识的深度，而横向组织强调课程内容的综合性和知识的广度。在实际编写过程中，两者组织方式都是不可偏废的。

（3）逻辑顺序与心理顺序。

①内涵。逻辑顺序是指依据学科本身的体系和知识的内在联系来组织课程内容；心理顺序是指按照学生心理发展的特点来组织课程内容。

②适应条件。课程内容的组织要把两者结合起来，两者的统一实质上是在课程观上把学生与课程统一起来，在学生观方面，体现为把学生的"未来生活世界"与"现实生活世界"统一起来。

2020年 辽宁师范大学 333 教育综合·真题解析

一、名词解释

课程设计

课程设计是以一定的课程观为指导制定课程标准、选择和组织课程内容、预设学习活动方式的活动，是对课程目标、教育经验和预设学习活动方式的具体化过程。

学校管理体制

学校管理体制是学校管理的枢纽，对学校管理功能的实现发挥着全局性、根本性的作用。它包括学校组织机构体制和学校领导体制两个方面，前者规定了学校管理机构的设置、各机构的职、责、权划分及相互关系，后者规定了学校由谁领导和负责。

相对性评价

相对性评价指用常模参照性测验对学生成绩进行的评定，依据学生个人的成绩在该班学生成绩序列中或常模所处的位置来评价和决定他的成绩优劣，而不考虑他是否达到教学目标的要求。

启发性原则

启发性原则指在教学中教师要激发学生的学习主体性，引导他们经过积极思考与探究，自觉地掌握科学知识，学会分析问题和解决问题，树立求真意识和人文情怀。

角色扮演法

教师提供一定的主体情境并讲明表演要求，让学生扮演某种人物角色，演绎某种行为方式、方法与态度，达到深化学生的认识、感受和评价"剧中人"的内心活动和情感的目的。

学习策略

学习策略是指学习者为了提高学习的效果和效率，有目的、有意识地制定的有关学习过程的复杂的方案，具有主动性、有效性、过程性和程序性的特征。

二、简答题

1. 简述学生品德不良行为的矫正。

【答案要点】

（1）运用行为主义学习理论培养个体的良好行为方式。在教育中适当运用渐进强化的原理，可以有效地塑造学生的良好行为方式或矫正学生的偏差行为方式。

（2）直接从自我观察学习入手培养人的自律行为。自律是个人根据自己的价值标准评判自己的行为，从而规范自己去做自己认为应该做的事情，或避免做自己认为不应该做的事。

（3）提高道德认识法。"美德即知识"的命题启示人们，在很多时候丰富人的道德认识的确可以使人少犯错误，尤其是一些低级错误。这样，妥善采取常用的说理法、故事启发法、小组讨论法或价值澄清法等方法以提高人们的道德认知水平，往往是防治品行不端的有效之举。

（4）改过迁善法。指要求犯错者纠正自己的不良品德，以使自己朝着善的方向发展的方法。该方法由两部分组成：一是消除一个或几个错误的地方；二是通过一定的练习，使自己的行为朝着与原来不良行为相反的或不相容的方向发展。

（5）防范协约法。指以书面形式在教育者与被教育者之间建立和实施的一种监督关系的矫正不良行为的方法。

2. 如何培养问题解决能力？

【答案要点】

（1）鼓励质疑。教师要尽量从自己提出问题过渡到让学生质疑，从而培养学生主动质疑的内在动机，鼓励学生主动提问，形成一种自由探究的气氛。

（2）设置难度适当的问题。教师给学生的问题要可解，但要有一定的难度。

（3）帮助学生正确表征问题。学生运用所学知识解释问题，或者画草图、列表、写方程式等，这对回忆相关信息都有很好的作用。

（4）帮助学生养成分析问题的习惯。教师要帮助学生发展系统考虑问题的方式和系统分析的习惯，教师既不能让学生盲目尝试错误练习，也不能过分热心，先把答案告诉学生。

（5）辅导学生从记忆中提取信息。教师需要帮助学生从记忆中迅速提取与解决问题有关的信息，并能很快找出可利用的信息，明确问题解决情境与欲达到的目的，迅速做出判断。

（6）训练学生陈述自己的假设及其步骤。教师要培养学生由跟从别人的言语指导转变到自行指导思考，然后再要求他们自己用言语把指导步骤表达出来。

（7）提供结构不良问题，培养实际解决问题的能力。通过对这些问题的解决，能让学生将解决问题的能力迁移到实际领域中去。

3. 简述杜威的教育思维和教学理论。

【答案要点】

（1）反省思维。

杜威所力倡的反省思维是指对某个经验情境中的问题进行反复的、严肃的、持续不断的思考，其功能在于求得一个新情境，把困难解决、疑虑排除、问题解答。

（2）五步教学法。

杜威根据科学的实验主义探究方法和反省思维方式，提出了五步教学法，五个阶段的顺序并不固定，实际思维中，有时两个阶段可以合二为一。

①创设疑难的情境。学生要有一个真实的经验的情境，要有一个对活动本身感兴趣的连续的活动。

②确定疑难所在。在这个情境内部产生一个真实的问题，作为思维的刺激物。

③提出问题的种种假设。他要占有知识资料，从事必要的观察，对付这个问题。

④推断哪种假设能解决这个困难。他必须有条不紊地展开他所想出的解决问题的方法。

⑤验证这种假设。他要有机会和需要通过应用检验他的观念，使这个观念意义明确，并且让他自己发现它们是否有效。

4. 简述孔子的教学原则及影响。

【答案要点】

（1）因材施教。孔子主张在了解学生的基础上，根据学生的具体情况，有针对性地进行教育。

（2）启发诱导。教师的启发是在学生思考的基础上进行的，启发后应让学生再思考，获得进一步的领会。

（3）学思行结合。由学而思进而行，这是孔子所探究和总结的学习过程，也就是教育过程，与人的一般认识过程基本符合。

（4）好学求是的态度。学生端正学习态度，是教学成功的重要条件。首先要有好学、乐学的态度；其次要有不耻下问的态度；最后还要有实事求是的态度。

孔子揭示了许多教育教学规律。他总结教育实践经验，对教学方法有新的创造，强调学思行结合的教学理论；首创启发式教学，发展学生的思维能力；实行因材施教，发挥个人专长，造就各类人才。

三、分析论述题

1. 结合实际论述学校德育如何促进学生知、情、意、行的发展。

【答案要点】

学生的品德包含知、情、意、行四个要素。所以德育过程也是培养学生思想品德的知、情、意、行整体和谐的发展过程。

（1）思想道德发展的整体性。

个体思想品德的发展是品德各要素协调统一的发展。依据这一品德形成规律，开展德育活动时，就应该注意全面性，兼顾知、情、意、行各要素。个体品德结构中的知、情、意、行等要素，是相互制约、相互促进的，共同推动着个体思想品德的发展；应该晓之以理、动之以情、导之以行、持之以恒，全面关心学生品德中知、情、意、行的培养，使它们全面而和谐地发展。

（2）德育过程有多种开端。

开展德育可以有多种开端，既可以从知或情的培养入手，也可以从行的锻炼开始。在思想品德的发展过程中，知、情、意、行诸因素的发展往往是不平衡的，而且每个学生的品德发展也有显著差异。这就要求我们进行德育时，必须针对不同情况加以灵活处理，有的放矢，因材施教。

（3）德育实践的针对性。

道德品质的知、情、意、行的培养不能一概而论，简单对待，用一种方法进行，应该根据知、情、意、行每一要素的特点，开展具有针对性的教育活动。

①学生的道德认识，既可以通过学习间接经验的方式，如听讲、看书、背诵等方式习得，也可以通过直接经验的方式，如亲历道德实践和社会活动等方式获取。

②要注重学生的道德情感培育。

③德育的最终目标是要促进学生实现道德认知、道德情感向行为的转化。

2. 试论述 1922 年"新学制"的产生背景、内容及对现代教育的影响。

【答案要点】

（1）产生背景。

中国近代学制形成后，虽经民国初年的教育改革，仍存在不少问题，已不适应日益发展的社会政治经济生活和生产的需要，因而孕育着一场新的改革。1915—1921 年，全国掀起了研究学制改革的高潮。1922 年，教育部在北京专门召开了学制会议。同年 11 月以大总统令公布了《学校系统改革案》。该学制又被称为"新学制"或"壬戌学制"。

（2）内容。

①"新学制"的七项标准为：适应社会进化之需要；发扬平民教育精神；谋个性之发展；注意国民经济力；注意生活教育；使教育易于普及；多留各地伸缩余地。这七项标准体现出来的主流是新文化运动以来所倡导的"民主"与"科学"的精神，尤其是实用主义的教育思想。它对其后民国一系列教育改革产生了深远的影响。

②新学制的学制体系。

初等教育。儿童满 6 周岁入学。小学教育 6 年，其中初级小学 4 年，为义务教育，可以单独设立；高级小学 2 年，可以根据地方具体情况，增加职业准备的课程。

中等教育。中学教育为 6 年，分初、高中两级，各 3 年。初级中学为普通教育，可以单独设立。高级中学实行分科制，设普通科、农、工、商、师范、家事等科，普通科又可以分为文科和理科，主要目标是升学。新学制倡导综合中学模式，以方便学生根据个性和家庭情况选择升学或职业预备。

高等教育。高等教育分为专门学校和大学两种，专门学校的最低修业年限为 3 年，取消"壬子癸丑学制"的大学预科制。大学修业年限是 4 到 6 年，其中规定医科和法科大学应至少 5 年。

③新学制的特点。

根据儿童身心发展规律划分教育阶段；初等教育阶段趋于合理，更加务实；中等教育阶段是改制的核心，是新学制中的精粹；建立了比较完善的职业教育系统；改革师范教育制度；缩短高等教育年限，取消大学预科。

④新学制的课程标准。

小学取消、改设、合并了一些课程；初级中学课程设社会、言文、算学、自然、艺术、体育 6 科；高级中学分为普通科和职业科。

（3）影响。

①新学制虽借鉴了美国的六三三制，但并非盲从美制。它的产生是经过我国教育界的长期酝酿讨论，并经许多省市认真试行，最终集思广益的成果。

②新学制加强了中等教育和职业教育训练，有利于初级中等教育的普及，在一定程度上处理了升学和就业的矛盾，适应当时中国资本主义工商业发展的需求。

③新学制尽管受到进步主义教育思想和美国模式的影响，但有其内在的先进性和合理性，比较彻底地摆脱了封建传统教育的束缚，表现了教育重心下移、适应社会和个人需要等时代特点。

④该学制比较符合当时中国的情况，后来经多次修补，除了在某些方面有所改动外，总体框架一直沿用下来。这是中国教育界、文化界共同智慧的结晶，标志着中国近代以来国家学制体系建设的基本完成。

3. 什么是人的发展？有什么规律？教育对人的发展有什么作用？

【答案要点】

（1）人的发展。

人的发展有两种含义，一种是将它看成是人类的发展或进化的过程；另一种则将它看成是人类个体的成长变化过程，即个体发展。

人的发展是整体性的发展，大体可分为生理发展、心理发展、社会性发展三个层面。这三个方面，既有一定的相对独立性，又密切地联系在一起，相互制约、相辅相成，有机地促进人的体、智、德、美和实践能力的全面发展。

（2）人的发展的规律。

①顺序性。在正常情况下，人的发展具有一定的方向性和顺序性，既不能逾越，也不能逆向发展。如个体动作的发展就遵循自上而下、由躯体中心向外围、从粗动作向细动作的发展规律性。就心理而言，儿童的发展总是从无意注意到有意注意，从机械记忆到意义记忆，从具体形象思维到抽象逻辑思维，从喜怒哀乐等一般情绪发展到道德感、理智感、美感等高级情感。

②不平衡性。人的发展不总是匀速直线前进的，不同系统的发展速度、起始时间、达到的成熟水平是不同的；同一机能系统在发展的不同时期也有不同的发展速率。从总体发展来看，幼儿期出现第一个加速发展期；青春发育期出现第二个加速发展期。

③阶段性。人的发展变化既体现出量的积累，又表现出质的飞跃。当某些代表新质要素的量积累到一定程度时，就会导致质的飞跃，从而表现出发展的阶段性。个体的身心发展的阶段性表现为不同年龄阶段的个体具有不同的年龄特征及主要矛盾，面临着不同的发展任务。

④个别差异性。人的发展的个体差异表现在身心发展的速度、水平、表现方式等方面。如在发展速度上，有的儿童早慧，有的儿童大器晚成。

⑤整体性。人的生理、心理和社会性等方面的发展是密切联系在一起的，并在发展过程中相互作用，使人的发展表现出明显的整体性。

（3）教育对人的发展的作用。

①教育在人的发展中起引领作用，主要体现在：有意识地为年轻一代的成长选择、建构、调控良好的环境，对他们的生活、交往、学习与实践等活动进行正确的教导、示范和辅助，并注重尊重他们的主体地位和激发、引导他们内在的学习动力与自我发展的能动性和自主性，从各方面引领、关怀、维护他们的发展。

②学校教育主要通过传承文化科学知识来培养人。学校教育是教育者有意识地为儿童的身心发展精心设置的一种环境，它把经过选择的、重新组编的、人类长期积累起来的文化知识作为精神客体与儿童互动，以促进儿童的发展，使他们成人成才。文化知识蕴含着有利于人的发展的多方面价值：认识价值、陶冶价值、能力价值、实践价值。

③学校教育对提高人的现代性有显著的作用。教育在人的现代化过程中起着重要作用，是因为学生在学校里不仅学会了读、写、算等各个方面的基础知识与技巧，而且学到了与他们个人的发展和国家的未来有关的态度、价值和行为方式。

4. 论述赫尔巴特的教学理论及对当代教育的影响。

【答案要点】

（1）教学进程理论。

统觉过程的完成大体上具有三个环节：感官的刺激、新旧观念的分析和联合、统觉团的形成。与此相应，赫尔巴特提出了三种不同的教学方法：单纯提示的教学、分析教学和综合教学。这三种教学方法的联系，就产生了所谓的"教学进程"。

①单纯提示的教学，即直观教学。目的在于通过感官的运用，得到一些与儿童以及观察过的事物相类似，并与之有关联的感觉表象，从而为观念的联合做准备。

②分析教学。对不同的观念和表象进行区分，有助于形成观念的复合或融合，为观念的联合做好准备。

③综合教学，即新旧观念的联合。通过综合教学，形成了观念的联合，即获得了新的知识和概念。

（2）教学形式阶段理论。

赫尔巴特认为兴趣活动可以划分为四个阶段：注意、期待、要求和行动。儿童在学习活动中的思维方式有两种：专心与审思。在此基础上，他提出了教学形式阶段理论，即"赫尔巴特四段教学法"。

①明了：当一个表象由自身的力量突出在感官前，兴趣活动对它产生注意；这时，学生处于静止的专心活动；教师通过运用直观教具和讲解的方法，进行明确的提示，使学生获得清晰的表象，以做好观念联合，即学习新知识的准备。

②联合：由于新表象的产生并进入意识，激起原有观念的活动，因而产生新旧观念的联合，但又尚未出现最后的结果；这时，兴趣活动处于获得新观念前的期待阶段；教师的主要任务是与学生进行无拘无束的谈话，运用分析的教学方法。

③系统：新旧观念最初形成的联系并不是十分有序的，因而需要对前一阶段由专心活动得到的结果进行审思；兴趣活动处于要求阶段；这时，需要采用综合的教学方法，使新旧观念间的联合系统化，从而获得新的概念。

④方法：新旧观念间的联合形成后需要进一步巩固和强化，这就要求学生自己进行活动，通过练习巩固新习得的知识。

赫尔巴特的阶段教学论，在一定程度上揭示了教学过程方面的某些规律，反映了人类对教学过程和教学活动本质认识的发展，具有广泛的实践意义，是值得充分肯定的；但是，该理论认为任何一堂课都必须遵循这样一个阶段，既限制了学生学习的积极主动性和创造精神，也束缚了教师教学的主动性和灵活性。

2019年 辽宁师范大学 333 教育综合·真题解析

一、名词解释

教育目的

教育目的是对教育活动所要培养的人的个体素质的总的预期与设想，是对社会历史活动的主体的个体素质的规定。它体现一定社会对受教育者质量规格的界定和要求，也体现人自身发展所应该达到的水准和高度。

课程标准

课程标准是指在一定课程理论指导下，依据培养目标和课程方案以纲要形式编制的关于课程的性质与价值、目标与内容、教学实施建议以及课程资源开发等方面的指导性文件，一般由说明、课程目标、课程内容标准和课程实施建议等部分组成。

学校管理

学校管理是学校管理者在一定的社会历史条件下，通过一定的组织机构和制度，采用一定的方法和手段，带领师生员工，充分发挥学校人、财、物、时、空和信息等资源的最佳整体功能，实现学校工作目标的组织活动。简言之，学校管理是管理者通过一定的组织形式以实现学校教育目标的活动。

教学评价

教学评价是对教学工作质量所做的测量、分析和评定。它以参与教学活动的教师、学生、教学目标、内容、方法、教学设备、场地和时间等因素的优化组合的过程和效果为评价对象，是对教学活动的整体功能所做的评价。

发现学习

发现学习是指学生在学习情境中，经过自己探索寻找，从而获得问题答案的一种学习方式，布鲁纳所说的发现不只限于寻求人类尚未知晓的事物的行为，也包括用自己的头脑亲自获取知识的一切形式。

创造性思维

创造性思维指用超常规方法，重新组织已有知识经验，产生新方案和新成果的心理过程，是创造性认知品质的核心。

二、简答题

1. 简述教育的政治功能。

【答案要点】

（1）教育通过传播一定的社会的政治意识，完成年轻一代的政治社会化。人的社会化是人的发展的重要方面，而政治社会化又是人的社会化的重要方面。教育作为传递知识、训练思维与培养情感的活动，能向年轻一代传播一定的社会政治意识，促进他们的政治社会化，从而为一定社会政治秩序的稳定创造重要条件。

（2）教育通过造就政治管理人才，促进政治体制的变革与完善。现代社会强调法治，使得教育更重视培养政治管理人才。由于科技向管理部门的全面渗透，社会越发展，国家对政治管理人才的素质要求越高，通过教育选拔、培养政治管理人才显得越重要。

（3）教育通过提高全民文化素质，推动国家的民主政治建设。一个国家的政治是否民主，取决于政体和国民素质。普及教育的程度越高，国民的文化素质越高，其国民就越能认识到民主的价值，在政治生活和社会生活中就越能履行民主的权利。

（4）教育是形成社会舆论、影响政治时局的重要力量。学校是知识分子和青少年集中的地方，他们有见解，勇于发表意见，通过教育者和受教育者的言论、演讲和社会活动等，来宣传思想，造就舆论，借以影响群众，为一定的政治、经济服务。

2. 简述直接经验和间接经验的关系。

【答案要点】

（1）学生认识的主要任务是学习间接经验。学生要适应高度发展的文明社会，便必须以学习间接经验为主，便捷地掌握人类积累起来的基本科学文化知识。

（2）学习间接经验必须以学生个人的直接经验为基础。学生要把书本知识转化为自己能理解的知识，就必须以个人已有的或现时获得的感性经验为基础。

（3）防止只重书本知识传授或直接经验积累的偏向。只重书本知识的传授或只重直接经验的积累都违反了教学的规律，割裂了间接经验与直接经验的内在联系，影响了教学质量的提高。

3. 简述朱子读书法。

【答案要点】

（1）循序渐进。朱熹主张读书要"循序渐进"，意思是读书要按一定的次序，不要颠倒；应根据自己的实际情况和能力，安排读书计划，并切实遵守它；读书要扎扎实实打好基础，不可囫囵吞枣，急于求成。

（2）熟读精思。朱熹认为，读书既要熟读成诵，又要精于思考。熟读有利于理解，熟读的目的是为了精思。精思就是发现问题和解决问题的过程。

（3）虚心涵泳。所谓"虚心"是指读书时要虚怀若谷，静心思虑，仔细体会书中的意思，不要先入为主，牵强附会；所谓"涵泳"是指读书时要反复咀嚼，细心玩味。

（4）切己体察。强调读书不能仅仅停留在书本上和口头上，而必须要见之于自己的实际行动，要身体力行。

（5）着紧用力。包含两方面意思，其一，必须抓紧时间，发愤忘食，反对悠悠然；其二，必须抖擞精神，勇猛奋发，反对松松垮垮。

（6）居敬持志。既是朱熹道德修养的重要方法，也是他最重要的读书法。"居敬"是读书时精神专一，注意力集中；"持志"是要树立远大的志向和高尚的目标，并要以顽强的毅力坚持下去。

4. 简述卢梭的自然教育思想。

【答案要点】

（1）卢梭自然主义教育的核心是"回归自然"。自然教育最终目的是培养"自然人"，即身心调和发达、体脑两健、能力强盛的新人，也就是摆脱封建羁绊的资产阶级新人。

（2）自然教育的方法原则：树立正确的儿童观、消极教育、自然后果律、根据儿童天性的个体差异因材施教。

（3）自然教育的实施：卢梭根据自然教育的原则，根据人的自然发展的进程和不同年龄时期身心的特点，把自然教育分为婴儿期、儿童期、少年期和青春期。

三、分析论述题

1. 论述德育为什么能够培养学生的知、情、意、行。

【答案要点】

学生的品德包含知、情、意、行四个要素。所以德育过程也是培养学生思想品德的知、情、意、行整体和谐的发展过程。

（1）思想道德发展的整体性。

个体思想品德的发展是品德各要素协调统一的发展。依据这一品德形成规律，开展德育活动时，就应该注意全面性，兼顾知、情、意、行各要素。个体品德结构中的知、情、意、行等要素，是相互制约、相互促进的，共同推动着个体思想品德的发展；应该晓之以理、动之以情、导之以行、持之以恒，全面关心学生品德中知、情、意、行的培养，使它们全面而和谐地发展。

（2）德育过程有多种开端。

开展德育可以有多种开端，既可以从知或情的培养入手，也可以从行的锻炼开始。在思想品德的发展过程中，知、情、意、行诸因素的发展往往是不平衡的，而且每个学生的品德发展也有显著差异。这就要求我们进行德育时，必须针对不同情况加以灵活处理，有的放矢，因材施教。

（3）德育实践的针对性。

道德品质的知、情、意、行的培养不能一概而论，简单对待，用一种方法进行，应该根据知、情、意、行每一要素的特点，开展具有针对性的教育活动。

①学生的道德认识，既可以通过学习间接经验的方式，如听讲、看书、背诵等方式习得，也可以通过直接经验的方式，如亲历道德实践和社会活动等方式获取。

②要注重学生的道德情感培育。

③德育的最终目标是要促进学生实现道德认知、道德情感向行为的转化。

2. 论述陶行知的生活理论教育的基本内涵，并分析其历史价值和现实意义。

【答案要点】

（1）"生活即教育"。

"生活即教育"是陶行知生活教育理论的核心。其内涵包括：生活含有教育的意义；实际生活是教育的中心；生活决定教育，教育改造生活。

"生活即教育"所强调的是教育以生活为中心，所反对的是传统教育脱离生活而以书本为中心。尽管它在生活与教育的区别和系统的知识传授方面有所忽视，但在破除传统教育脱离民众、脱离社会生活的弊端方面，有十分重要的意义。

（2）"社会即学校"。

"社会即学校"是生活教育理论另一重要主张，是"生活即教育"思想在学校与社会关系问题上的具体化。"社会即学校"，是指"社会含有学校的意味"，或者说"以社会为学校"。由于到处是生活，到处都是教育，"整个的社会是生活的场所，亦即教育之场所"。

"社会即学校"，也指"学校含有社会的意味"。也就是说，学校通过与社会生活相结合，一方面运用社会的力量使学校进步，另一方面动员学校的力量帮助社会进步，使学校真正成为社会生活必不可少的组成部分。

"社会即学校"扩大了学校教育的内涵和作用，对于传统的学校观、教育观有所改变。传统学校与社会生活脱节，学生孤陋寡闻，而以社会为学校，使得教育的材料、教育的方法、教育的工具、教育的环境可以大大地增加，有利于拓展学生的知识，增强学生的能力。"社会即学校"，还可以使被传统学校拒之门外的劳苦大众能够受到起码的教育，贯穿了普及民众教育的苦心，同样也值得肯定。

（3）"教学做合一"。

"教学做合一"是生活教育理论的又一重要主张，是"生活即教育"在教学方法问题上的具体化。其含义为：教的方法根据学的方法；学的方法根据做的方法。事怎样做便怎样学，怎样学便怎样教。教与学都以做为中心。包括以下四个要点："教学做合一"要求在"劳力上劳心"；"教学做合一"是因为"行是知之始"；"教学做合一"要求"有教先学"和"有学有教"；"教学做合一"还是对注入式教学法的否定。

（4）历史价值和现实意义。

陶行知的生活教育理论是一种大众的、为人民大众服务的教育理论，且还是一种不断进取创造，旨在探索具有中国民族特色的教育道路的理论。生活教育理论还在教育观念的改变方面颇有建树，无论是强调学校教育与社会生活、生产劳动相结合，还是要求手脑并用、在劳力上劳心，都是对学校与社会割裂、书本与生活脱节、劳心与劳力分离的传统教育的反动，显示出强烈的时代气息，至今都富于启示。陶行知的生活教育理论是我国民族教育理论宝库中十分可贵的遗产，值得我们珍惜并认真研究借鉴。

3. 论述夸美纽斯的教育思想体系，并分析其历史贡献。

【答案要点】

（1）教育的目的。包括两方面：第一，宗教性目的：认为人生的最终目的是为达到"永生"，教育的目的是使人为来世生活做好准备。第二，现实性目的：通过教育使人认识和研究世界上一切事物，培养和发展他们的各种能力、德行和信仰，以便享受现世的幸福，并为永生做好准备。

（2）教育的作用。夸美纽斯认为教育是改造社会、建设国家的手段。人都是有一定天赋的，而这些天赋发展得如何，关键在于教育。只要接受合理的教育，任何人的智力都能够得到发展。

（3）泛智主义教育观。基于教育的崇高目的，夸美纽斯提出了"将一切事物教给一切人"的泛智主义教育观，并由此大力主张普及教育于全体儿童和民众。内容主要包括教育内容泛智化和教育对象普及化。

（4）普及教育。夸美纽斯认为普及教育就是"人人都可接受教育"，其核心是泛智论。实现普及教育的可能性一方面在于人自身具有接受教育的先天条件，另一方面在于教育可以改进社会和塑造人，社会和人的进步离不开教育。

（5）统一学制。为了使国家便于管理全国的学校，使所有儿童都有上学的机会，夸美纽斯提出建立全国统一学制的主张。他把人的学习期划分为四个阶段，并按这种年龄分期设立相应的学校。各级学校均按照适应自然的原则，采取班级授课制和学年制开展工作，分别开设不同的课程来教育和培养儿童。

（6）管理实施。夸美纽斯强调国家对教育的管理职责，认为国家应该设立督学对全国的教育进行监督，以保证全国教育的统一发展。

（7）学年制。为改变当时学校教学活动缺乏统一安排的无序状况，夸美纽斯制定了学校教学活动的学年、学日制度。

（8）班级授课制。为实现普及教育、提高教学效率，改变教师只对学生进行个别教学和指导的状况，夸美纽斯总结新旧各教派学校中实行班级授课的经验，提出并全面系统地论述了班级授课制度。

（9）论教育和教学的基本原则。

①论教育适应自然的原则。教育适应自然的原则是贯穿夸美纽斯整个教育理论体系的一条根本的指导性原则，他的"自然"包括自然界及其普遍法则和人的与生俱来的天性。

②主要教学原则，包括直观性原则、激发学生求知欲望原则、巩固性原则、量力性原则、系统性和循序渐进性原则、因材施教原则。

（10）历史贡献。夸美纽斯是教育史上第一位系统地总结教学原则的教育家，他的教育理论包含了大量宝贵的教学经验，在一定程度上反映了教学工作的客观规律性，具有普遍的指导意义。夸美纽斯是一位杰出的教育革新家，他的教育思想具有明显的民主主义、人文主义色彩。在继承前人经验的基础上，夸美纽斯提出了系统的教育思想。他论述了教育的作用，呼吁开展普及教育，试图使所有人都能接受普及教育。并详细制定了学年制度和班级授课制度，提出了各级学校课程设置，编写了许多教科书，且系统地阐述了教育的基本原则和方法等。

4. 谈一谈建构主义的知识观、学习观、学生观，并分析其对教育的影响。

【答案要点】

（1）知识观。

建构主义者质疑知识的客观性和确定性，强调知识的动态性。具体体现在以下几方面：

①知识的动态性。知识不是对现实的准确表征，只是一种解释、一种假设，不是问题的最终答案。它会随着人类的进步而不断地被"革命"，并随之出现新的假设。

②知识的情境性。知识并不能精确地概括世界的法则，不能拿来便用，而是需要针对具体情境进行再创造。

③知识学习的主动建构性。知识不可能以实体的形式存在于具体个体之外，学习者对于命题的理解只能由个体基于自己的经验背景而建构起来，取决于特定情境下的学习历程。

（2）学习观。

建构主义认为，学习是学习者主动地赋予信息以意义，建构自己的知识经验的过程，具有三个重要特征：

①主动建构性。面对新信息、新概念、新现象或新问题，学习者需要主动激活头脑中的先前知识经验，通过高层次思维活动，对各种信息和观念进行加工转换，对新旧知识进行综合和概括，解释有关现象，形成新的假设和推论。

②社会互动性。学习是通过对某种社会文化的参与，内化相关知识和技能，掌握有关工具的过程，这一过程常常需要通过一个学习共同体的合作互动来完成。

③情境性。建构主义者提出，知识存在于具体的、情境性的、可感知的活动中，它不是一套独立于情境的知识符号，不可能脱离活动情境而抽象地存在，它只有通过实际情境中的应用活动才能真正被人理解。

（3）学生观。

建构主义认为，学生并不是被动接受教师传授的知识，而总是以自己的经验背景或自己的经验来建构对事物的理解。具体表现在以下几方面：

①建构主义者完全否定心灵白板说，强调学生经验世界的丰富性和差异性。

②学生并不是空着脑袋走进教室的，当问题呈现时，他们基于相关的经验，依靠推理和判断能力，形成对问题的某种解释。

③教学不能无视学生的先前经验，要把儿童现有的知识经验作为新知识的生长点，引导儿童从原有的知识经验中"生长"出新的知识经验。

④教学要增进学生之间的合作，使他看到那些与他不同的观点，促进学习的进行。

（4）对教育的影响。

建构主义学习理论，拓展了学习研究的领域，深化了关于知识、学习的本质性认识，推动了认知科学、教育信息技术的发展，提供了多种具有启示意义的教学模式与学习方式，促进了教学改革与学习革命。建构主义学习理论正在改变学习的五大主题。

2018年 辽宁师范大学 333 教育综合·真题解析

一、名词解释

学校管理体制

学校管理体制是学校管理的枢纽，对学校管理功能的实现发挥着全局性、根本性的作用。它包括学校组织机构体制和学校领导体制两个方面，前者规定了学校管理机构的设置、各机构的职、责、权划分及相互关系，后者规定了学校由谁领导和负责。

相对性评价

相对性评价指用常模参照性测验对学生成绩进行的评定，依据学生个人的成绩在该班学生成绩序列中或常模所处的位置来评价和决定他的成绩优劣，而不考虑他是否达到教学目标的要求。

昆西教学法

昆西教学法是指帕克在昆西学校和库克师范学校进行的教育改革实验所采取的新的教育方法和措施。主要特征有：强调儿童应处于学校教育的中心；重视学校的社会功能；主张学校课程应尽可能与实践活动相联系；强调培养儿童自我探索和创造的精神。

《莫雷尔法案》

《莫雷尔法案》又称《莫里尔法》。该法规定：联邦政府按各州在国会的议员人数，按照每位议员三万英亩的标准向各州拨赠土地，各州应将赠地收入用于开办或资助农业和机械工艺学院。利用这笔拨赠，大多数州专门创办了农业或机械工艺学院，有的州则在已有大学内附设农业或机械工艺学院。

创造性思维

创造性思维指用超常规方法，重新组织已有知识经验，产生新方案和新成果的心理过程，是创造性认知品质的核心。

资源管理策略

资源管理策略是辅助学生管理可用环境和资源的策略，包括时间管理策略、努力管理策略、学业求助策略、学习环境管理策略。

二、简答题

1.简述教育的社会流动功能和现实意义。

【答案要点】

教育的社会流动功能是指社会成员通过教育的培养、筛选和提高，能够在不同的社会区域、社会层次、职业岗位、科层组织之间转换、调整和变动，以充分发挥其个人的智慧才能，实现其人生价值。它包括横向流动功能和纵向流动功能。前者指改变其环境而不提升其社会层级地位；后者指改变其社会层级地位及作用。

教育的社会流动功能在当代的重要意义：教育是个人社会流动的基础；教育是现代社会流动的主要通道；教育深刻影响社会公平。

2.简述教育目的的结构层次。

【答案要点】

（1）国家的教育目的：关于教育培养什么样的人的质量和规格的总的设想和规定，体现了国家对教育培养人的系列要求。它一般以成文的形式表现，通常是从哲学的高度提出，因而很难客观测量它。

（2）各级各类学校的培养目标：培养目标是各级各类学校依据国家教育目的和不同类型教育的性质与任务，对受教育者身心发展所提出的具体标准和要求。

（3）课程目标：即课程方案设置的各个教学科目所规定的教学应当达到的要求或标准。这个层次的目标是各级各类学校培养目标的具体化，通过课程目标的实现来完成培养目标。

（4）教师的教学目标：教育者在教学过程中，在完成某一阶段工作时，希望受教育者达到的要求或产生的变化结果。

3. 简述自我教育能力的内容和作用。

【答案要点】

（1）内容。自我教育能力主要由自我期望能力、自我评价能力、自我调控能力所构成。

①自我期望能力，是个体设定自我发展愿景的能力。它是自我教育的内在目的和动力。儿童自幼就有做"好孩子""好学生"的热切期望，这是学生自我期望能力发展的心理基础。

②自我评价能力，是个体对自我发展现状和趋势的评判能力。它是进行自我教育的认识基础。

③自我调控能力，是在自我评价的基础上建立起来的自觉调节、控制自己思想与行为的能力。它是进行自我教育的重要机制。

（2）作用。一方面，自我教育能力是德育的一个重要条件，只有注意培养与提高学生的这种能力，德育才能进行得更顺利、更有效。另一方面，学生的自我教育能力的形成又是学生思想道德发展过程的一个重要标志。

4. 请简述唐代的学校管理制度。

【答案要点】

（1）入学制度。唐代中央官学实行等级入学制度，贵族与官僚的子弟有优先入学的特权，学生按出身门第的高低、父祖官位的品级入相应的学校。申请入国子监的学生对年龄也有一定的限制，唯广文生不受年龄限制。

（2）学礼制度。束脩之礼、国学释奠礼等，通过这些定期性的隆重礼仪活动，使学生受到崇儒尊师、登科从政的教育，对学生进行思想熏陶。

（3）教学制度。各种类型的学校教学内容具有具体性和专业性，并规定了各门课程的修业时限。国子学、太学、四门学主要学习儒家经典；律学以学习唐律令为专业；算学以学习算经为专业；广文馆以进士科三场考试的帖经、杂文、时务策为学习内容。

（4）考核制度。国子监为了督促学生课业，每阶段都有考试，考试形成系列，发展过程有些演变，但考试始终作为考核的基本手段，主要有旬试、月试、季试、岁试和毕业试。

（5）惩罚制度。国子监主簿负责执行学规，督促学生勤学，保证国子监的教学和生活秩序。

（6）休假制度。学校常规的休假有旬假、田假、授衣假。这种休假制度，反映了农业社会的人性关怀。

三、分析论述题

1. 请论述教育对人的重大作用。

【答案要点】

（1）教育在人的发展中起引领作用。教育在年轻一代的发展中起着引领作用主要体现在：有意识地为年轻一代的成长选择、建构、调控良好的环境，对他们的生活、交往、学习与实践等活动进行正确的教导、示范和辅助，并注重尊重他们的主体地位和激发、引导他们内在的学习动力与自我发展的能动性和自主性，从各方面引领、关怀、维护他们的发展。

（2）学校教育主要通过传承文化科学知识来培养人。学校教育是教育者有意识地为儿童的身心发展精心设置的一种环境，它把经过选择的、重新组编的、人类长期积累起来的文化知识作为精神客体与儿童互动，以促进儿童的发展，使他们成人成才。文化知识蕴含着有利于人的发展的多方面价值：促进人的认识的发展；促进人的精神的发展；促进人的能力的发展；促进人的实践的发展。

（3）学校教育对提高人的现代性有显著的作用。教育在人的现代化过程中起着重要作用，是因为学生在学校里不仅学会了读、写、算等各个方面的基础知识与技巧，而且学到了与他们个人的发展和国家的未来有关的态度、价值和行为方式。人的现代化是社会现代化的重要基础和前提条件，我们应该自觉地优先发展教育，高度重视并充分发挥教育对人的现代化的促进作用。学校教育的特点有以下几个方面：学校教育具有较强的目的性、系统性、选择性、专门性、基础性。

2. 述评杨贤江的马克思主义教育理论。

【答案要点】

（1）论教育的本质。

杨贤江是中国最早的马克思主义教育理论家和青年教育家。运用历史唯物主义阐明教育的本质，是杨贤江教育思想的重要内容，也是他对中国当代教育理论的一大贡献。杨贤江在《新教育大纲》中，对"教育是什么"这个关乎教育本质的问题做了开宗明义的说明，他说："教育为'观念形态的劳动领域之一'，即社会的上层建筑之一。"它与法律、政治、宗教、艺术、哲学等观念形态的领域一样，建立于经济基础之上，取决于经济基础，又反作用于经济基础。教育是上层建筑的同时，也是劳动力再生产的手段，具有双重属性。

（2）论教育的功能。

杨贤江批判了"教育神圣说""教育清高说""教育中正说""教育独立"等观点，并驳斥"教育万能说""教育救国论""先教育后革命论"。他认为要改革当时不合理的社会制度，只有进行革命。在革命中，教育应当作为革命武器之一；革命胜利后，教育便应当促进建设社会主义社会。

（3）"全人生指导"与青年教育。

杨贤江的青年教育体现在两方面，一是对青年问题的分析，二是对青年进行"全人生的指导"。

①对青年问题的分析。

杨贤江认为，青年期是人的身心发展显著而重要变化的时期，对个体发展极其关键，或向上，或堕落，人生很大程度取决于此时。同时，青年问题也不仅是个体身心问题，更是社会问题最集中、最尖锐的反映。青年问题的产生是正常现象，只要正确教育和指导，完全可以将青年引上正途。

所谓青年问题，就是青年生活上所发生的困难或变态。杨贤江考查了当时青年中存在的问题，发现主要有：人生观、政治见解、求学、生活态度、职业、社交、家庭、经济、婚姻、生理和常识方面的问题等。

②对青年进行"全人生的指导"。

"全人生指导"就是对青年进行全面关心、教育和引导，即不仅关心他们的文化知识学习，同时对他们生活中各种实际问题给以正确的指点和疏导，使之在德、智、体诸方面都得以健康成长，成为一个"完成的人"，以适社会改进之所用。具体体现在：第一，指导青年树立正确的人生观，这是杨贤江青年教育思想的核心；第二，旗帜鲜明地主张青年要干预政治，投身革命；第三，强调青年必须学习，这是青年的权利与义务；第四，对青年的生活也提出了指导性意见。

与同时代教育家相比，杨贤江的独特建树表现在两方面：其一，他致力于中国的马克思主义教育理论建设，创造性地阐述了教育本质问题，并贡献出像《教育史ABC》《新教育大纲》这样的名著；其二，他致力于中国的青年教育，提出了"全人生指导"的青年教育思想，对当时一代青年的健康成长影响非常大。

3. 论述昆体良的教育思想。

【答案要点】

（1）教育目的。

昆体良认为，德行是雄辩家的首要品质，所以教育目的是培养善良而精于雄辩术的人。

（2）教育适应天性。

昆体良承认天赋的作用，但更重视教育的力量。教育的关键在于：

①要研究儿童的天赋、倾向、才能，根据其倾向和才能进行教育和教学。教师还应了解年轻人的倾向，帮助他们选择最适合其天分的学科，避免让学生做不可能做到的事。

②教育必须遵循儿童的年龄特点。教师要了解并确定儿童在不同年龄期的接受能力，切忌给予幼弱的学生以过重的负担。

（3）论学校教育的优势。

昆体良认为，学校是儿童最好的学习场所，认为学校教育比家庭教育优越得多。原因在于：

①许多儿童在一起学习不会产生孤独与世隔绝的感觉，并有助于克服儿童唯我独尊、自命不凡的状态。

②在学校里可培养发展儿童间友谊、合群的品性，养成适应和参加社会公共生活的习惯和能力，在大庭广众之下能态度自然，举止大方。

③学校教育能激励学生趋善避恶。

④学校能给儿童提供多方面的知识。

（4）学前教育思想。

昆体良十分重视学前教育，认为在幼儿能说话的前后就应该对他进行智育，但在7岁前每次的学习量应当很少；主张教幼儿认识字母、书写和阅读，他在教育史上第一次提出了双语教育问题；关于学前教育的方法，昆体良认为应注意要进行快乐教育，使儿童热爱学习。

（5）教学理论。

①班级授课制思想的萌芽。昆体良认为大多数的教学可以用同样大小的声音传达给全体学生，根据一些教师的实践，把儿童分成班级，依照他们每个人的能力，指定他们依次发言。

②专业教育应该建立在广博的普通知识基础上。他不仅认为雄辩家应学习包括文法、修辞学、音乐、几何、天文学、哲学等课程，并且对每门学科在培养雄辩家的各种素质、能力、技能等方面的作用和意义做了充分的论述。

③改进教学方法。昆体良主张采用赞许和表扬以及激励学生的方法，同时强调使用启发诱导和提问解答的教学方法，反对体罚。

④倡导因材施教。昆体良主张教师根据学生天赋才能的差异来组织和指导他们的学习，倡导教学要能培植各人的天赋特长，沿着学生的自然倾向最有效地发挥他们的能力。

⑤教学要"适度"。昆体良认为，教师所传授的知识的分量与深度要适应儿童的天性，符合他们的接受能力，而不能使他们的学习负担过重。学习和休息应该交替进行，休息时应发挥游戏的作用。

⑥注意培养学生的能力。昆体良认为，教师在教学中应该结合教材、作业和演讲来培养学生的判断力、想象力和创造力。为适应实际的社会生活，学生应具有独立工作能力。

（6）对教师的要求。

昆体良对教师提出了很高的要求，主要有下列几点：

①教师应该是德才兼备的，既教学生学习基础知识和雄辩术，又教学生做人。

②教师对学生应宽严相济。

③教师对学生的教育要有耐心，对学生要多勉励，少斥责；在实行奖惩时要注意分寸。

④教师应当懂得教学艺术，教学应当简明扼要，明白易懂，深入浅出。

⑥教师要注意儿童之间在能力、资质、心性等方面的差异，因材施教。

4. 根据中外学者的研究阐述人的品德发展的实质。

【答案要点】

品德发展是指个体在整个生命历程中品德的发生、发展和变化，即伴随个体成长过程中品德心理结构、品德各个成分及其功能的发展变化。品德发展的实质可以从以下几个方面来理解：

（1）品德发展是个体的品德心理结构的形成和不断完善，是品德各构成因素的不断协调发展。品德主要由三个子系统构成：其一，品德的深层结构和表层结构的关系系统；其二，品德的心理过程和行为活动的关系系统；其三，品德的心理活动和外部活动的关系及其组织形式系统。

（2）随着个体年龄增长，品德发展表现出阶段性特点，即不同年龄阶段个体表现出不同的品德特点。代表性的理论有皮亚杰和科尔伯格的道德认知发展理论。

（3）品德发展是个体对社会规范的学习和内化过程。品德结构及其对行为的价值取向的选择，是规范行为产生的内因。品德结构是一种对社会规范遵从的经验结构，是通过个体对社会规范的认知、情感和行为的学习，经历由简单到复杂、由片面到全面、由表及里，完成知、情、行的整合而构建起来的。

（4）品德发展过程就是个体不断社会化的过程。个体社会化是个体适应社会的前提。品德作为个体社会行为的内在调节机制，是合乎社会规范要求的稳定的心理特征，是德行产生的内因。品德的发展是个体从生物人向社会人转化的核心内容和主要手段，个体品德发展过程就是不断社会化的过程。

2017年 辽宁师范大学 333 教育综合·真题解析

一、名词解释

课程设计

课程设计是以一定的课程观为指导制定课程标准、选择和组织课程内容、预设学习活动方式的活动，是对课程目标、教育经验和预设学习活动方式的具体化过程。

最近发展区

维果茨基认为，在进行教学时必须注意到儿童的两种水平，一种是儿童现有的发展水平，另一种是即将达到的发展水平，维果茨基把这两种水平之间的差距称为最近发展区，即独立解决问题的真实发展水平和在成人指导下或与其他儿童合作情况下解决问题的潜在发展水平之间的差距。

学校管理

学校管理是学校管理者在一定的社会历史条件下，通过一定的组织机构和制度，采用一定的方法和手段，带领师生员工，充分发挥学校人、财、物、时、空和信息等资源的最佳整体功能，实现学校工作目标的组织活动。简言之，学校管理是管理者通过一定的组织形式以实现学校教育目标的活动。

教学评价

教学评价是对教学工作质量所做的测量、分析和评定。它以参与教学活动的教师、学生、教学目标、内容、方法、教学设备、场地和时间等因素的优化组合的过程和效果为评价对象，是对教学活动的整体功能所做的评价。

教育制度

教育制度是指一个国家各级各类实施教育的机构体系及其组织运行的规则。它包括相互联系的两个方面：一是各级各类教育机构与组织；二是教育机构与组织赖以存在和运行的规则，如各种相关的教育法律、规则、条例等。

社会规范内化

社会规范的内化是社会规范接受的高级水平，是品德形成的最高阶段，指主体随着对规范认识的概括化与系统化，以及对规范体验的逐步累积与深化，最终形成一种价值信念作为个体规范行为的驱动力。

二、简答题

1. 简述中世纪大学的特点。

【答案要点】

（1）教育目的。中世纪大学的基本目的是进行职业训练，培养社会所需要的专业人才。因此大学教育往往分文、法、神、医等专业学院来进行。

（2）领导体制。中世纪大学按领导体制分为两种，一种为"学生"大学，一种为"先生"大学。前者由学生主管校务，教授的选聘、学费的数额、学期的时限和授课时数等，均由学生决定；后者由教师掌管校务，学校诸事均由教师决定。

（3）课程设置。大学的课程开始并不固定，各大学甚至各教师自己规定开设的课程。13世纪以后，课程趋向统一。文学院属大学预科，一般课程六年。学生结束学习后分别进入法学院、神学院、医学院，学习有关专业课程。

（4）教学方法。中世纪大学最常用的教学方法是演讲，由阅读、评注和介绍作业等部分构成，同时穿插不同程度的讨论。此外，还采用辩论的方法。

（5）学位制度。中世纪大学已经有了学位制度。学生学习3~7年，修完规定的课程，考试及格便可以获得"硕士""博士"学位。最初这两种学位并无程度上的差别，以后分化成表示不同学术水平的独立学位。

2. 简述清末新政中的教育措施。

【答案要点】

（1）"壬寅学制"和"癸卯学制"颁布。

①壬寅学制。壬寅学制是中国近代第一个以中央政府名义制定的全国性学制系统，但公布后未曾实行即被"癸卯学制"取代。

②癸卯学制。"癸卯学制"是中国近代由中央政府颁布并首次得到施行的全国性法定学制系统，较"壬寅学制"更为系统完备。

（2）废科举，兴学堂。1905年，光绪帝正式下令废除科举。科举制度废除后，出现了中国近代史上难得的兴办新学的热潮。

（3）建立教育行政体制。1905年，清廷批准成立学部，作为统辖全国教育的中央教育行政机关，并将原来的国子监并入。地方教育行政也相应做了改革。

（4）确定教育宗旨。1906年，学部针对民权思想的流行和资产阶级革命派的活动，拟订"忠君、尊孔、尚公、尚武、尚实"的五项教育宗旨，这是中国近代第一次正式宣布的教育宗旨。

（5）留日高潮与"庚款兴学"。在清末新政的激励下，近代留学教育在进入20世纪后骤然勃兴，首先是在1906年前后形成了规模盛大的留日高潮，其次是在1908年美国实行"退款兴学"政策后留美潮流逐渐兴起。

3. 简述活动课程的特点。

【答案要点】

活动课程又称经验课程、儿童中心课程，与学科课程相对立，它打破学科逻辑的界限，是以学生的兴趣、需要、经验和能力为基础，通过引导学生自己组织有目的的系列活动而编制的课程。其主要特点如下：

（1）重视儿童的兴趣、需要、能力和阅历，以及儿童在学习中的自我指导作用与内在动力。

（2）注重引导儿童从做中学，通过探究、交往、合作等活动使学生的经验得到改组与改造。

（3）强调解决问题的动态活动的过程。

（4）把课程资源作为解决问题的工具，反对预先确定目标的观念。

4. 简述学校德育的基本原则。

【答案要点】

（1）理论和生活相结合原则。指进行德育要注重引导学生把思想政治观念和社会道德规范的学习同参与生活实践结合起来，把提高道德认识与养成良好道德行为结合起来。

（2）疏导原则。指进行德育要循循善诱、以理服人，从提高学生认识入手，调动学生的主动性，使他们积极向上。

（3）长善救失原则。指进行德育要调动学生自我教育的积极性，依靠和发扬他们自身的积极因素去克服他们品德上的消极因素，促进学生的道德成长。

（4）严格要求与尊重学生相结合原则。指进行德育要把对学生的思想品行的严格要求与对他们个人的尊重信赖结合起来，使教育者的严格要求易于转化为学生主动的道德自律。

（5）因材施教原则。指进行德育要从学生品德发展的实际出发，根据他们的年龄特征和个性差异进行不同的教育，使每个学生的品德都能得到最优的发展。

（6）在集体中教育原则。指进行德育有赖于学生的社会交往、共同活动，注意依靠学生集体，通过集体活动进行教育，充分发挥学生集体在教育中的巨大作用。

（7）教育影响一致性和连贯性原则。指德育应当有目的、有计划地把来自各方面对学生的影响加以组织，使其优化为教育的合力前后连贯地进行，以获得最大的成效。

三、分析论述题

1. 论述书院的特点及现实意义。

【答案要点】

（1）书院教育的特点。

书院最初属于私学性质，尽管在发展的过程中有官学化倾向，但在培养目标、管理形式、课程设置、教学方法以及师生关系等方面都表现出与官学不同的特点。

①书院精神：自由讲学。书院注重讨论，学术风气浓厚，开辟了新的学风，推动了教育和学术的发展。

②书院功能：育才、研究和藏书。

③培养目标：注重人格修养，强调道德与学问并进，培养学生的学术志趣。

④管理形式：较为简单，管理人员少，强调学生遵照院规自我约束、自我管理为主。

⑤课程设置：灵活具有弹性，教学以学生自学、独立研究为主，师生、学生之间注重质疑问难与讨论。

⑥教学组织：教学与研究相结合，教学形式多样，注重讲明义理，躬亲实践。

⑦规章制度：书院作为一种教育制度得以确立，在教育目标、教学方法、教学顺序等方面用学规的形式加以阐明，最著名的是《白鹿洞书院揭示》，它说明南宋后书院已经制度化。

⑧师生关系：较之官学更为平等、学术切磋多于教训，学生来去自由，关系融洽、感情深厚。

⑨学术氛围：教学与学术研究并重，学术氛围自由宽松，人格教育与知识教育并重。

（2）现实意义。

书院既是集藏书、教育和学术活动于一体的机构，又是学者以文会友的场所，具有较广泛的社会文化教育功能。

2. 论述卢梭的自然教育思想及影响。

【答案要点】

（1）自然教育的基本含义。

卢梭自然主义教育的核心是"回归自然"。一方面，善良的人性存在于纯洁的自然状态之中。只有"回归自然"、远离喧嚣社会的教育，才有利于保持人的善良天性。因此15岁之前的教育必须在远离城市的农村进行。另一方面，每个人都是由自然的教育、事物的教育、人为的教育三者培养起来，只有三种教育圆满地结合才能达到预期的目的。三者之中，应以自然的教育为基准，才能使教育回归自然达到应有的成效。

（2）自然教育的培养目标。

自然教育最终目的是培养"自然人"，即身心调和发达、体脑两健、能力强盛的新人，也就是摆脱封建羁绊的资产阶级新人。具有以下特征：第一，自然人是能独立自主的人，他能独自体现出自己的价值；第二，在自然的秩序中，所有的人都是平等的；第三，自然人又是自由的人，他是无所不宜、无所不能的；第四，自然人还是自食其力的人。可无须仰赖他人为生，这是独立自主的可靠保证。

（3）自然教育的方法原则。

卢梭猛烈抨击了当时向儿童强迫灌输旧的道德和知识、摧残儿童天性的做法，他提出以下几点原则和方法：第一，树立正确的儿童观，应当把成人看作成人，把孩子看作孩子；第二，对儿童实施消极教育。此外，让他们在同自然的接触中，体会到自己所犯的错误和过失带来的自然后果，使儿童服从于自然法则，结合具体事例让他们从自己的直接经验中受到教育；第三，根据儿童天性的个体差异，因材施教。

（4）自然主义教育的实施。

卢梭根据自然教育的原则，根据人的自然发展的进程和不同年龄时期身心的特点，把自然教育分为婴儿期、儿童期、少年期和青春期。婴儿期主要进行体育；儿童期主要进行感官训练和身体发育，这个时期的儿童不宜进行理性教育，不应强迫儿童读书；少年期主要进行智育和劳动教育；青春期主要接受道德教育，包括宗教教育、爱情教育和性教育。

（5）影响。

卢梭是西方教育史上具有划时代意义的教育思想家，他对封建社会进行了猛烈的抨击，提出了反映新兴资产阶级利益的教育思想，是现代教育思想的重要来源。

①卢梭提出的自然主义教育思想是教育思想史上由教育适应自然向教育心理学化过渡的一个重要环节。在封建社会压制人性的情况下，提倡性善论、尊重儿童天性具有历史进步意义。他呼吁培养身心调和发展的自然人和自由人也反映了对人的发展的合理要求。

②卢梭论证了自然主义教育的内容和方法。如重视感觉教育的价值；反对古典主义和教条主义，要求人们学习真实有用的知识；反对向儿童灌输道德教条，要求养成符合自然发展的品德等。这些观点既是在前人的基础上的发展，也反映了近代教育的发展方向。

③卢梭的教育理论对欧美教育产生了深远影响。德国的泛爱教育运动、瑞士的裴斯泰洛齐的教育实验、美国进步主义教育运动等,无不受到卢梭自然教育理论的启发。

3. 论述影响问题解决的因素和培养方法。

【答案要点】

(1)影响因素。

①问题情境。个体面临的刺激模式与其已有的知识结构所形成的差异。

②原型启发。通过从待解决的问题具有相似性的其他事物上发现问题解决的途径和方法。

③人际关系。良好的人际关系有助于其解决面临的各类问题。

④知识经验。任何问题解决都离不开一定的知识、策略和技能,知识经验不足常常是不能有效解决问题的重要原因。

⑤定势与功能固着。定势是指人在解决一些相似的问题之后会出现一种易以惯用的方式解决问题的倾向。功能固着是指一个人看到某个物品有一种惯常的用途后,就很难看出它的其他新用途。

⑥酝酿效应。在反复探索一个问题的解决而毫无结果时,如果把问题暂时搁置几个小时、几天或几周,然后再回过头来解决,这时常常就可以很快找到解决方法。

⑦情绪状态。相对平和的心态有利于问题解决,同时,积极的情绪也有利于问题解决。

(2)培养方法。

①鼓励质疑。教师要尽量从自己提出问题过渡到让学生质疑,从而培养学生主动质疑的内在动机,鼓励学生主动提问,形成一种自由探究的气氛。

②设置难度适当的问题。教师给学生的问题要可解,但也要有一定的难度。

③帮助学生正确表征问题。学生运用所学知识解释问题,或者画草图、列表、写方程式等,这对回忆相关信息都有很好的作用。

④帮助学生养成分析问题的习惯。教师要帮助学生发展系统考虑问题的方式和系统分析的习惯,既不能让学生盲目尝试错误练习,也不能过分热心,先把答案告诉学生。

⑤辅导学生从记忆中提取信息。教师需要帮助学生从记忆中迅速提取与解决问题有关的信息,并能很快找出可利用的信息,明确问题解决情境与想要达到的目的,迅速做出判断。

⑥训练学生陈述自己的假设及其步骤。教师要培养学生由跟从别人的言语指导转变到自行指导思考,然后再要求他们自己用言语把指导步骤表达出来。

⑦提供结构不良问题,培养实际解决问题的能力。通过对这些问题的解决,能让学生将解决问题的能力迁移到实际领域中去。

4. 论述教育的社会流动功能及对人的影响。

【答案要点】

教育的社会流动功能是指社会成员通过教育的培养、筛选和提高,能够在不同的社会区域、社会层次、职业岗位、科层组织之间转换、调整和变动,以充分发挥其个人的智慧才能,实现其人生价值。它包括横向流动功能和纵向流动功能。前者指改变其环境而不提升其社会层级地位;后者指改变其社会层级地位及作用。

教育的社会流动功能在当代的重要意义:

(1)教育是个人社会流动的基础。如今,不管从事什么行业,要在社会上生存与流动,就要有一定的文化知识和能力,必须接受一定的教育。它使享受这一教育的人能够选择自己将要从事的职业,参与建设集体的未来和继续学习。

(2)教育是现代社会流动的主要通道。今天,我国农村的年轻一代要成功地进行社会流通,尤其是向上流通，必须经过教育，甚至只有经过优质的高等教育才能实现。

（3）教育深刻影响社会公平。教育的社会流动，实质上涉及教育机会均等与社会公平问题。到近代，人们才逐步提出普及教育与入学机会人人均等的要求。如今，各国纷纷实行普及义务教育制度，注重教育公平，这是教育发展的趋势。

2016年 辽宁师范大学 333 教育综合·真题解析

一、名词解释

教育制度

教育制度是指一个国家各级各类实施教育的机构体系及其组织运行的规则。它包括相互联系的两个方面：一是各级各类教育机构与组织；二是教育机构与组织赖以存在和运行的规则，如各种相关的教育法律、规则、条例等。

学校管理

学校管理是学校管理者在一定的社会历史条件下，通过一定的组织机构和制度，采用一定的方法和手段，带领师生员工，充分发挥学校人、财、物、时、空和信息等资源的最佳整体功能，实现学校工作目标的组织活动。简言之，学校管理是管理者通过一定的组织形式以实现学校教育目标的活动。

最近发展区

维果茨基认为，在进行教学时必须注意到儿童的两种水平，一种是儿童现有的发展水平，另一种是即将达到的发展水平，维果茨基把这两种水平之间的差距称为最近发展区，即独立解决问题的真实发展水平和在成人指导下或与其他儿童合作情况下解决问题的潜在发展水平之间的差距。

发现学习

发现学习是指学生在学习情境中，经过自己探索寻找，从而获得问题答案的一种学习方式，布鲁纳所说的发现不只限于寻求人类尚未知晓的事物的行为，也包括用自己的头脑亲自获取知识的一切形式。

朱子读书法

朱子一生酷爱读书，对于如何读书有深切的体会，并提出了许多精辟的见解。他的弟子将其概括为"朱子读书法"六条，包括循序渐进、熟读精思、虚心涵泳、切己体察、着紧用力、居敬持志。

癸卯学制

癸卯学制是中国近代由中央政府颁布并首次得到施行的全国性法定学制系统。学制主系列分为三段七级。第一阶段为初等教育，包括蒙养院 4 年、初等小学堂 5 年和高等小学堂 4 年。第二阶段为中等教育，设中学堂 5 年。第三阶段为高等教育，分为高等学堂或大学预科 3 年、大学堂 3~4 年、通儒院 5 年。

二、简答题

1. 简述科学性与思想性统一的原则。

【答案要点】

科学性和思想性统一原则指教学要以马克思主义为指导，授予学生以科学知识，并结合知识教学对学生进行社会主义品德和核心价值观教育。贯彻科学性和思想性统一原则的基本要求如下：

（1）保证教学的科学性。在教学中，教师要以马克思主义的观点和方法来分析教材，使选择和补充的教学内容都能切合时代的需要，反映学科的进步；力求传授给学生的知识及其方法、过程都是科学的、准确无误的、富有教益的。

（2）发掘教材的思想性，注意在教学中对学生进行思想品德教育。人文社会学科具有鲜明的思想性，是提高学生思想道德修养、进行人生观教育的重要教材；自然学科也蕴含着丰富的人文精神，尤其是它所运用的研究方法、经历的艰辛过程和所揭示的客观规律，均有利于养成学生实事求是的科学态度。

（3）重视补充有价值的资料、事例或录像。如果教师能深入领悟、吃透教材，根据教学需要补充一些有价值的资料，包括生动的故事与实例、经典的格言、动人的录像，将开启学生的心智，震撼学生的心灵，使他们获益匪浅。

（4）教师要不断提高自己的专业水平和思想修养。教学的科学性和思想性主要靠教师来保障。

2. 简述学习动力的强化理论。

【答案要点】

以桑代克、斯金纳为代表的行为主义心理学家不仅用强化来解释操作性行为的习得，也用强化来解释行为的动机，认为人之所以具有某种行为倾向，是因为这种行为受到了强化。

任何学习行为都是为了获得某种报偿。人的某种学习行为完全取决于先前这种行为和刺激因强化而建立的牢固联系。如果学习行为受到强化就会产生强烈的学习动机；如果学习行为没有受到强化就会缺乏学习动机，如果学习行为受到了惩罚就会产生逃避学习的动机。

有五种类型的强化可用于增强学生学习动机：①社交强化物；②活动强化物；③象征性强化物；④实物强化物；⑤食物强化物。

在实际的教学中，教师的批评与表扬都会影响学生的成绩，在学习活动中，采取奖赏、赞扬、评分、竞赛等外部手段可以激发学生的学习动机，引起其相应的学习行为。

3. 简述赫尔巴特的教育学教学原则。

【答案要点】

（1）内涵：指以教学来进行教育的原则。赫尔巴特指出，不存在"无教学的教育"，也不存在"无教育的教学"，即教育是通过教学，而且只有通过教学才能真正产生实际作用，教学是道德教育的基本途径。

（2）措施：首先要求教学的目的与整个教育的目的保持一致。因此教学工作的最高目的在于养成德行。为了实现这个最终目的，教学还必须为自己设立一个近期的、较为直接的目的，即"多方面的兴趣"。

4. 简述问题解决能力的培养。

【答案要点】

（1）鼓励质疑。教师要尽量从自己提出问题过渡到让学生质疑，从而培养学生主动质疑的内在动机，鼓励学生主动提问，形成一种自由探究的气氛。

（2）设置难度适当的问题。教师给学生的问题要可解，但也要有一定的难度。

（3）帮助学生正确表征问题。学生运用所学知识解释问题，或者画草图、列表、写方程式等，这对回忆相关信息都有很好的作用。

（4）帮助学生养成分析问题的习惯。教师要帮助学生发展系统考虑问题的方式和系统分析的习惯，既不能让学生盲目尝试错误练习，也不能过分热心，先把答案告诉学生。

（5）辅导学生从记忆中提取信息。教师需要帮助学生从记忆中迅速提取与解决问题有关的信息，并能很快找出可利用的信息，明确问题解决情境与想要达到的目的，迅速做出判断。

（6）训练学生陈述自己的假设及其步骤。教师要培养学生由跟从别人的言语指导转变到自行指导思考，然后再要求他们自己用言语把指导步骤表达出来。

（7）提供结构不良问题，培养实际解决问题的能力。通过对这些问题的解决，能让学生将解决问题的能力迁移到实际领域中去。

三、分析论述题

1. 论述孔子的教育思想。

【答案要点】

（1）创办私学与编订"六经"。

孔子大约在他30岁正式招生办学，开始他的教育生涯。他创办的私学产生了广泛的社会影响，是春秋时期规模最大、持续时间最长、影响最深远的学校。

孔子于晚年完成了《诗》《书》《礼》《乐》《易》《春秋》的编纂和校订工作，整理和保存了我国古代文化典籍，奠定了儒家教育内容的基础。后世将其称为"六经"。

（2）"庶、富、教"：教育与社会发展。

孔子认为教育对社会发展有重要作用，是立国治国的三大要素之一。教育事业的发展要建立在经济发展的基础上。治国的三个重要条件，首先是"庶"，要有较多的劳动力；其次是"富"，要使人民群众有丰足的物质生活；再次是"教"，要使人民受到政治伦理教育，知道如何安分守己。"庶"与"富"是实施教育的先决条件，只有在"庶"与"富"的基础上开展教育才会取得成效。

（3）"性相近也，习相远也"：教育与人的发展。

孔子对教育在人的发展过程中起关键性作用持肯定态度。他在中国历史上首次提出"性相近也，习相远也"。"性"指的是先天素质，"习"指的是后天习染，包括教育与社会环境的影响。孔子认为人的先天素质没有多大差别，只是由于后天教育和社会环境的影响作用，才造成人的发展有重大的差别。从"习相远"的观点出发，孔子认为人要发展，教育条件是很重要的，认为人的生活环境应当受到重视，要争取积极因素的影响，排除消极因素的影响。

（4）"有教无类"与教育对象。

"有教无类"的本意是不分贵贱贫富和种族，人人都可以入学接受教育。孔子的教学实践切实地贯彻了这一办学方针，他的弟子来自各个诸侯国，分布地区广泛；弟子成分复杂，出身于不同的阶级和阶层，大多数出身于平民。

（5）"学而优则仕"与教育目标。

孔子提出由平民中培养德才兼备的从政君子，这条培育人才的路线可简括称之为"学而优则仕"。"学而优则仕"包含多方面的意思，学习是通往做官的途径，培养官员是教育最主要的政治目的，而学习成绩优良是做官的重要条件；如果不学习或虽经学习而成绩不优良，也就没有做官的资格。

（6）以"六艺"为教育内容。

孔子继承西周贵族"六艺"教育传统，吸收采择了有用学科，又根据现实需要创设新学科，虽袭用"六艺"的名称，但对所传授的学科都做了调整，充实了内容。孔子教学的"六艺"即其编撰的"六经"。

（7）教学方法。

主要有因材施教、启发诱导、学思行结合、好学求是的态度。

（8）论道德教育。

孔子的教育目的是培养从政的君子，而成为君子的主要条件是具有道德品质修养，因此，道德教育居首要地位。孔子主张以"礼"为道德规范，以"仁"为最高道德准则。凡符合"礼"的道德行为都要以"仁"的精神为指导，因此，"礼"和"仁"成为道德教育的主要内容。道德修养的原则与方法：立志、克己、力行、中庸、内省和改过。

（9）论教师品格。

教师要学而不厌、温故知新、诲人不倦、以身作则、爱护学生、教学相长。

（10）深远的历史影响。

孔子是全世界公认伟大的思想家和教育家，他毕生从事教育活动，建树了丰功伟绩。他在实践基础上提出的一些首创的教育学说，为中国古代教育奠定了理论基础。

2. 结合实例谈谈教师劳动的价值。

[答案要点]

（1）教师劳动的社会价值。

从宏观上看，突出地表现在教师劳动对延续和发展人类社会的巨大贡献上。教师的工作，联系着人类的过去、现在和未来。从微观上看，教师的劳动关系到年轻一代每个人的发展和幸福。在现代社会，一个人的发展状况如何，在很大程度上取决于他所受的教育，取决于教师的劳动。

（2）教师劳动的个人价值。

教师劳动的个人价值体现在以下三个方面：①首先在于这种劳动能够创造巨大的社会价值。因为，个人价值的大小主要取决于他对社会的贡献。②教师劳动比一般劳动更具有自我实现的价值。教师的劳动是培养人，具有特殊的复杂性和创造性。教师在自己的劳动中能够充分发挥个人的才智，促进个人自身的完善和发展，满足个人较高层次的需要。③教师劳动还能享受到一般劳动所享受不到的乐趣。这种乐趣来自学生平日的点滴进步，来自桃李满天下，来自学生毕业后对社会的贡献。

（3）正确认识和评价教师的劳动价值。

教师劳动虽有巨大的社会价值，但有它的特殊性，往往不受社会重视，需要我们正确认识与对待。教师的劳动价值具有以下几个特性：

①模糊性。学生的成长与进步，是由遗传、家庭、社会、教师以及学生个人努力等多种因素作用的结果，人们很难准确地指出学生的变化是由哪方面的因素引起的。

②滞后性。教师的劳动价值，要在学生进入社会，并为社会做出贡献之后才能最终得到体现。这时，教师及其劳动常常被人淡忘。

③隐蔽性。教师劳动所创造的价值，是作为一种潜在的价值因素寓于学生身上，只有借助于学生行为表现的外显，或对社会做出的贡献才能得到证明，缺乏自明性。

3. 评述卢梭的自然教育理论，谈谈对现代教育改革趋势的影响。

[答案要点]

（1）自然教育的基本含义。

卢梭自然主义教育的核心是"回归自然"。一方面，善良的人性存在于纯洁的自然状态之中。只有"回归自然"、远离喧嚣社会的教育，才有利于保持人的善良天性。因此15岁之前的教育必须在远离城市的农村进行。另一方面，每个人都是由自然的教育、事物的教育、人为的教育三者培养起来，只有三种教育圆满地结合才能达到预期的目的。三者之中，应以自然的教育为基准，才能使教育回归自然达到应有的成效。

（2）自然教育的培养目标。

自然教育最终目的是培养"自然人"，即身心调和发达、体脑两健、能力强盛的新人，也就是摆脱封建羁绊的资产阶级新人。具有以下特征：第一，自然人是能独立自主的人，他能独自体现出自己的价值；第二，在自然的秩序中，所有的人都是平等的；第三，自然人又是自由的人，他是无所不宜、无所不能的；第四，自然人还是自食其力的人。可无须仰赖他人为生，这是独立自主的可靠保证。

（3）自然教育的方法原则。

卢梭猛烈抨击了当时向儿童强迫灌输旧的道德和知识、摧残儿童天性的做法，他提出以下几点原则和方法：第一，树立正确的儿童观，应当把成人看作成人，把孩子看作孩子；第二，对儿童实施消极教育。此外，让他们在同自然的接触中，体会到自己所犯的错误和过失带来的自然后果，使儿童服从于自然法则，结合具体事例让他们从自己的直接经验中受到教育；第三，根据儿童天性的个体差异，因材施教。

（4）自然主义教育的实施。

卢梭根据自然教育的原则，根据人的自然发展的进程和不同年龄时期身心的特点，把自然教育分为婴儿期、儿童期、少年期和青春期。婴儿期主要进行体育；儿童期主要进行感官训练和身体发育，这个时期的儿童不宜进行理性教育，不应强迫儿童读书；少年期主要进行智育和劳动教育；青春期主要接受道德教育，包括宗教教育、爱情教育和性教育。

（5）对现代教育改革趋势的影响：

①教育要根据儿童天性的个体差异，因材施教。

②教育要根据人的自然发展的进程和不同年龄时期身心的特点，针对不同年龄阶段的儿童，实施不同的教育。

③传授知识的过程中应发挥学生的主体性，反对灌输式教学。

4. 论述德育过程是提高自我教育能力的过程。

【答案要点】

在德育过程中，要引导学生积极参与社会学习、生活交往和道德践行，培养和提升他们的思想品德素质，均有赖于发挥学生个人的能动性和自我教育能力。

（1）自我教育能力培育的意义。

一方面，自我教育能力是德育的一个重要条件，只有注意培养与提高学生的这种能力，德育才能进行得更顺利、更有效。另一方面，学生的自我教育能力的形成又是学生思想道德发展过程的一个重要标志。

（2）自我教育能力的构成因素。

①自我期望能力，是个体设定自我发展愿景的能力。它是自我教育的内在目的和动力。儿童自幼就有做"好孩子""好学生"的热切期望，这是学生自我期望能力发展的心理基础。

②自我评价能力，是个体对自我发展现状和趋势的评判能力。它是进行自我教育的认识基础。

③自我调控能力，是在自我评价的基础上建立起来的自觉调节、控制自己思想与行为的能力。它是进行自我教育的重要机制。

（3）学生自我教育能力的发展。

儿童自我意识与自我教育能力的发展是有规律的，大致是从"自我中心"发展到"他律"，又从"他律"发展到"自律"。教师应该依据这一规律，从实际出发，因势利导，有目的地培养学生的自我意识，提高学生的自我期望、自我评价和自我调控能力，形成和发展他们的自我教育能力，充分发挥他们在自身品德建构中的主体作用。

2015年 辽宁师范大学333教育综合·真题解析

一、名词解释

教育的社会流动功能

教育的社会流动功能是指社会成员通过教育的培养、筛选和提高，能够在不同的社会区域、社会层次、职业岗位、科层组织之间转换、调整和变动，以充分发挥其个人的智慧才能，实现其人生价值。

教育制度

教育制度是指一个国家各级各类实施教育的机构体系及其组织运行的规则。它包括相互联系的两个方面：一是各级各类教育机构与组织；二是教育机构与组织赖以存在和运行的规则，如各种相关的教育法律、规则、条例等。

课程设计

课程设计是以一定的课程观为指导制定课程标准、选择和组织课程内容、预设学习活动方式的活动，是对课程目标、教育经验和预设学习活动方式的具体化过程。

学校德育

学校德育是指学生在教师的引导下，以学习活动、社会实践、日常生活、人际交往为基础，同经过选择的人类文化，特别是一定的道德观念、政治意识、处世准则、行为规范相互作用，经过自己的观察、感受、判断、践行和改善，以形成行为习惯、道德品质、人生价值和社会理想的教育。

自我效能感

自我效能感由班杜拉提出，是指个体对自己能否成功进行某一成就行为的主观判断。它影响着个体对行为的选择、付出多大努力以及坚持多久。

最近发展区

维果茨基认为，在进行教学时必须注意到儿童的两种水平，一种是儿童现有的发展水平，另一种是即将达到的发展水平，维果茨基把这两种水平之间的差距称为最近发展区，即独立解决问题的真实发展水平和在成人指导下或与其他儿童合作情况下解决问题的潜在发展水平之间的差距。

二、简答题

1.简述教学评价的原则和方法。

【答案要点】

（1）原则。

①客观性原则。教学评价要客观公正、科学合理，切实反映教师的教学质量和学生的学业水平。

②发展性原则。教学评价应着眼于学生的学习成绩的进步与能力的发展，其目的在于激励学生的积极性和创造性。

③指导性原则。教学评价应在指出师生的长处与不足的基础上提出建设性意见。

④计划性原则。教学评价应当全面规划，使每门学科都能依据制度与教学进程的要求，有计划、规范地进行教学评价。

（2）方法。

①观察法。观察法适用于在教学中评价那些不易量化的行为表现和技艺性的成绩。

②测验法。测验适用于对学生学习文化科学知识的成绩评定。

③调查法。调查是收集有关学生成绩评定的资料以探明他们学习的真实情况及原因的方法。

④自我评价法。具体方法有：运用标准答案；运用核对表；运用录音机、录像机。

⑤档案袋评价法。档案袋评价法指有目的地收集学生学习表现的一些信息。

2. 简述教师职业常见的角色冲突及其解决方法。

【答案要点】

（1）教师角色的常见冲突。

①社会"楷模"与"普通人"的角色冲突。

②"令人羡慕"的职业与教师地位低下的实况冲突。

③教育者与研究者的角色冲突。

④教师角色与家庭角色的冲突。

（2）解决方式。

①主观上，首先要树立自尊、自信、自律、自强的自我意识；其次要根据实际情况的需要，善于处理多种角色的矛盾冲突，做到有主有辅，有急有缓，统筹兼顾；最后要善于控制自己的思想情绪，意志坚定地完成所承担的任务。

②客观上，首先要进一步提高教师的社会地位与经济待遇，改善教师的生活和工作条件，解决教师的实际困难；其次要努力创造条件，给教师提供选修、培训与发展、提高的机会；最后要提高教师的思想修养，增强其责任感与使命感等。

3. 简述夸美纽斯关于班级授课制的设想。

【答案要点】

（1）目的：为实现普及教育、提高教学效率，改变教师只对学生进行个别教学和指导的状况，夸美纽斯总结新旧各教派学校中实行班级授课的经验，提出并全面系统地论述了班级授课制度。

（2）具体措施：

①根据儿童年龄及知识水平分成不同班级，每个班级一间教室，由一个教师对一个班级的学生同时授课。

②为每个班级制定统一的教学计划，编写统一的教材，规定统一的作息时间，使每年、每月、每日、每时的教学计划都有计划地进行。

③把全班学生分成若干小组，每组十人，委托一个优秀学生做组长，协助教师管理学生、考查学业。

4. 简述晏阳初的"四大教育"和"三大方式"

【答案要点】

（1）四大教育。

①以文艺教育攻愚，培养知识力。具体做法是从文字及艺术教育着手，使人民认识基本文字，得到求知识的工具，以为接受一切建设事务的准备。

②以生计教育攻穷，培养生产力。它从农业生产、农村经济、农村工业各方面着手，以达到农村建设的目标。

③以卫生教育攻弱，培养强健力。注重大众卫生和健康，及科学医药的设施，使农民在他们现有经济状况下，能得到科学治疗的机会，以保证他们最低限度的健康。

④以公民教育攻私,培养团结力。通过激起人民的道德观念,施加良好的公民训练,使他们有公共心、团结力,有最低限度的公民常识、政治道德,以立地方自治的基础。

(2)三大方式。

①学校式教育。学校式教育以青少年为主要教育对象。包括初级平民学校、高级平民学校、生计巡回学校。

②家庭式教育。家庭式教育的目的在于:第一,解决家校矛盾,帮助年长的家庭妇女减少对青年妇女和儿童教育的阻挠或反对,增强学校教育的效益;第二,把学校课程的某一部分交由家庭承担,使家庭关心社区的利益,乐于承担社会责任。

③社会式教育。社会式教育是由平民学校毕业生从各个方面发挥示范作用,积极引导和帮助全村农民按照计划接受四大教育。

三、分析论述题

1. 论述现代学校管理的发展趋势。

【答案要点】

(1)学校管理法治化。

随着科教兴国战略的实施和依法治国方略的确立,依法治教已成为党和政府管理教育的基本方针,而依法治校是依法治教的重要组成部分,将成为21世纪学校管理的必然选择。依法治校可分为两个方面:政府及教育行政部门依法管理学校;学校管理者依法管理学校。

为推进依法治校工作,学校管理者应采取以下措施:转变行政管理职能,切实依法行政;加强制度建设,依法加强管理;推进民主建设,完善民主监督;加强法制教育,提高法律素质;严格教师管理,维护教师权益;完善学校保护机制,依法保护学生权益。

(2)学校管理人性化。

人性化管理是指学校管理工作要以人为本,关注人的情感、满足人的需要、崇尚人的价值、尊重人的主体人格和地位。

为推进学校管理人性化,学校管理者应采取以下措施:考虑人的因素,一切要从人的实际出发;考虑个体差异,懂得每个人都有自己的思想、情感、兴趣和爱好;强调人的内在价值,把满足需要作为工作的起点,通过激励的方式来提高工作效率;努力构建充满尊重、理解和信任的人际环境,增强教职工和学生的集体归属感;加强校园文化环境建设,充分发挥校园文化的管理和育人功能;转变管理观念和方式,贯彻管理即育人、管理即服务的思想。

(3)学校管理民主化。

民主管理以对个体价值的肯定为基础,以个体才能的充分发挥和潜能挖掘为前提,积极吸引全员参与管理活动,集思广益,共同参与,以取得最优的管理效益。

实施民主管理应做好以下工作:学校管理者应充分肯定个体价值,树立"以人为本"的管理理念;广大教职员工要不断提高自身素质,积极参与民主管理;管理体制上要充分保障教职员工的民主参与权利。

(4)学校管理信息化。

在信息化时代,学校管理呈现出信息化的新特点。它表现在两个方面:学校对信息技术的开发和使用,把计算机、网络、多媒体等现代技术运用到管理上,以提高学校管理的实效;学校管理方式的信息化,实行"人-机"管理,即注重对有关信息资源的管理。

为推进学校管理信息化,学校管理者应采取以下措施:实现信息化管理,要加强硬件投入与软件开发,打好学校管理信息化的物质基础;提高学校教职员工的信息管理素养,以保障信息化管理的运行；改进培训内容和方式，使其具有针对性，满足教师需求；完善学校信息化管理规章制度，以便学校信息化管理有效性。

（5）学校管理校本化。

校本管理是指学校在教育方针与法规的指引下，可以根据自己的实际情况和需要自主确定发展的目标与任务，进行管理工作。简言之，校本管理即以学校为本位的自主管理。

实施校本管理应注意做好以下工作：教育行政部门要简政放权；倡导集体参与、共同决策；开展校本研究，提高学校管理者决策能力。

2. 论述朱子读书法及其现实意义。

【答案要点】

朱熹一生酷爱读书，对于如何读书有深切的体会，并提出了许多精辟的见解。他的弟子将其概括为"朱子读书法"六条。

（1）内容。

①循序渐进。朱熹主张读书要"循序渐进"，包含三个方面的意思：读书要按一定的次序，不要颠倒；应根据自己的实际情况和能力，安排读书计划，并切实遵守它；读书要扎扎实实打好基础，不可囫囵吞枣，急于求成。

②熟读精思。朱熹认为，读书既要熟读成诵，又要精于思考。熟读有利于理解，熟读的目的是为了精思。精思就是从无疑到有疑再到解疑的过程，即发现问题和解决问题的过程。

③虚心涵泳。所谓"虚心"是指读书时要虚怀若谷，静心思虑，仔细体会书中的意思，不要先入为主，牵强附会；所谓"涵泳"是指读书时要反复咀嚼，细心玩味。

④切己体察。强调读书不能仅仅停留在书本上和口头上，而必须要见之于自己的实际行动，要身体力行。

⑤着紧用力。包含两方面的意思：其一，必须抓紧时间，发愤忘食，反对悠悠然；其二，必须抖擞精神，勇猛奋发，反对松松垮垮。

⑥居敬持志。既是朱熹道德修养的重要方法，也是他最重要的读书法。"居敬"是读书时精神专一，注意力集中；"持志"是要树立远大的志向和高尚的目标，并要以顽强的毅力坚持下去。

（2）意义。

朱熹的读书法是他对自己和前人长期的读书经验的概括和总结，比较集中地反映了我国古代对于读书方法研究的成果，朱子读书法反映了读书学习的基本规律和要求，在今天仍具有一定的参考价值和借鉴作用。

3. 论述创造性人格特质及创造性的培养措施。

【答案要点】

（1）创造性人格特质。

创造性人格品质是有创造性的人所具有的个性特点。包括以下三个方面：

①创造性动力特征。创造性动力主要表现为创造动机，它反映的是个体从事创造性活动的目的和意图。根据创造动机对创造活动的不同影响，可以分为外部动机和内部动机。内部动机比外部动机导致更高水平的创造性，过高的外部动机会阻碍创造性水平的发挥。

②创造性情意特征。创造性情意特征包括创造情感和创造意志两个方面：创造情感主要表现为对创造具有积极的情感体验，有较高的创造热情，有强烈的创造欲望；创造意志是指人们自觉调节创造行动，克服创造活动中的各种困难以实现创造目标的心理品质。

③创造性人格特质。创造性人格特质在创造性中有着不可忽视的地位和作用。高创造性者所具有的共同的人格特征为：强烈的好奇心和求知欲，乐于接受新事物，对智力活动和游戏有广泛兴趣；

想象丰富，好幻想，富于直觉；勇于探索、渴求发现，不满足于现有结论，具有挑战性和冒险性；独立自信、不盲从、不轻信；自制力强，能克服各种困难，专注于自己感兴趣的问题之中；富有幽默感。

（2）创造性的培养措施。

①营造鼓励创造的环境。首先，应倡导民主式的教育和管理。其次，应改革考试制度，为学生创造宽松的学习环境。再次，应增加自主选择课程的机会和有针对性的课程设计。最后，应为学生提供创造性人物的榜样。

②培养创造性的教师队伍。首先，要转变教师的教育教学观念，使教师理解并鼓励学生的创造思维；其次，要教给教师必要的创造技法和思维策略；再次，为教师提供明晰的、具有实用价值的有关创造性的知识及相应的教学策略和技能；最后，教师应不断学习关于创造性的心理学知识，用心理学的理论指导自己的实践。

③培育创造意识，激发创造动机。只有当个人具有自觉的创造意识、强烈的创造动机，才易产生新思想、新方法、新观点。需要做到：树立学生创新的自信心；激发创造热情；磨砺创造意志；培养创造勇气。

④发展和培养创造性思维。创造性思维是创造性的核心。创造性思维的培养应注意以下几个方面：加大思维的"前进跨度"，培养思维的跳跃能力；加大思维的"联想跨度"，使学生敢于把习惯上认为毫不相干的、表面上看来微不足道的问题联系起来或进行移植；加大"转换跨度"，引导学生敢于否定原来的设想，善于打破固有的思路；给学生大胆探索与推测的机会。

⑤开设创造课程，教给创造技法。教学是培养学生创造性的重要途径。因此，开设创造性课程已成为国内外开发创造性的有效途径。在创造性课程的教学中，注重教给学生基本的创造技巧与方法是培养创造性的有效措施。促进创造性发展的主要创造技法有：头脑风暴法、系统探求法、联想类比法、组合创新法、对立思考法、转换思考法。

⑥塑造创造性人格。创造性人格是创造性的重要组成部分，培养学生的创造性人格是培养创造性的重要内容。主要方法有：保护好奇心；解除对错误的恐惧心理；鼓励独创性与多样性。此外，自信与乐观、忍耐与有恒心、合作、严谨等也是创造性人格培养的重要方面。

辽宁师范大学 333 教育综合·真题解析

一、名词解释

课程标准

课程标准是指在一定课程理论指导下，依据培养目标和课程方案以纲要形式编制的关于课程的性质与价值、目标与内容、教学实施建议以及课程资源开发等方面的指导性文件，一般由说明、课程目标、课程内容标准和课程实施建议等部分组成。

学校管理人性化

人性化管理是指学校管理工作要以人为本，关注人的情感、满足人的需要、崇尚人的价值、尊重人的主体人格和地位。

稷下学宫

稷下学宫是战国时代齐国一所著名的高等学府，因其建立于齐国都城临淄的稷门附近而得名。它既是百家争鸣的中心与缩影，也是当时教育上的重要创造，稷下学宫对中国古代学术、文化和教育的发展产生过重大的历史影响。

《学记》

《学记》是中国古代最早的一篇专门论述教育、教学问题的论著，因此有人认为它是"教育学的雏形"。《学记》是先秦时期儒家教育和教学活动的理论总结，它主要论述教育的具体实施，偏重于说明教学过程的各种关系。

《莫雷尔法案》

《莫雷尔法案》又称《莫里尔法》。该法规定：联邦政府按各州在国会的议员人数，按照每位议员三万英亩的标准向各州拨赠土地，各州应将赠地收入用于开办或资助农业和机械工艺学院。利用这笔拨赠，大多数州专门创办了农业或机械工艺学院，有的州则在已有大学内附设农业或机械工艺学院。

二、简答题

1. 简述孔子的"有教无类"及其现实意义。

【答案要点】

（1）含义："有教无类"的本意是不分贵贱贫富和种族，人人都可以入学接受教育。孔子的教学实践切实地贯彻了这一办学方针，他的弟子来自各个诸侯国，分布地区广泛；弟子成分复杂，出身于不同的阶级和阶层，大多数出身于平民。

（2）意义："有教无类"作为私学的办学方针与官学的办学方针相对立，打破贵贱、贫富和种族的界限，把受教育的范围扩大到平民，这是历史的进步。

2. 简述北宋的三次兴学。

【答案要点】

（1）"庆历兴学"。第一次兴学运动在宋仁宗庆历四年（1044年），由范仲淹主持，史称"庆历兴学"。措施：普遍设立地方学校；改革科举考试；创建太学。

（2）"熙宁兴学"。第二次兴学运动是在熙宁年间（1068—1077年），由王安石主持，史称"熙宁兴学"。措施：改革太学，创立"三舍法"；恢复和发展州县地方学校；恢复和创设武学、律学和医学；编撰《三经新义》作为统一教材。

（3）"崇宁兴学"。第三次兴学运动是蔡京在崇宁年间（1102—1106年）主持的，史称"崇宁兴学"。措施：全国普遍设立地方学校；建立县学、州学、太学三级相联系的学制系统；新建辟雍，发展太学；恢复设立医学，创立算学、书学、画学等专科学校；罢科举，改由学校取士。

3. 简述建构主义学习理论。

【答案要点】

（1）知识观。

建构主义者质疑知识的客观性和确定性，强调知识的动态性。具体体现在以下几方面：知识的动态性、知识的情境性、知识学习的主动建构性。

（2）学生观。

建构主义认为，学生并不是被动接受教师传授的知识，而总是以自己的经验背景或自己的经验来建构对事物的理解。

（3）学习观。

建构主义认为，学习是学习者主动地赋予信息以意义，建构自己的知识经验的过程，具有三个重要特征：主动建构性、社会互动性、情境性。

（4）教学观。

①教学是激活学生原有的相关知识经验，促进知识经验的"生长"，促进学生的知识建构活动，以实现知识经验的重新组织、转换和改造，以此来培养学生的求知欲和探究能力。

②教学要为学生创设理想的学习情境，激发学生的推理、分析、鉴别等高级思维活动，同时给学生提供丰富的信息资源、处理信息的工具以及适当的帮助和支持，促进他们自身建构意义以及解决问题的活动。

4. 简述严格要求与尊重学生相结合的原则。

【答案要点】

（1）含义。

指进行德育要把对学生的思想品行的严格要求与对他们个人的尊重信赖结合起来，使教育者的严格要求易于转化为学生主动的道德自律。

（2）基本要求。

①尊重和信赖学生。每个青少年都有一颗自尊自爱、向善求善、希望得到社会理解和肯定的心。尊重、呵护与信赖学生是一个优秀教师必须具备的基本品德。

②严格要求学生。教师向学生提出的教育要求应当是正确的、简明的、有计划的、积极的和严格的。德育就是对学生品德发展的引导和规范，主要表现为对学生的严格要求。

三、分析论述题

1. 有的教师没有学过教育学，却培养了一代又一代的学生。孔子没有学过教育学，却成为万世师表。用教育学原理分析以上观点。

【答案要点】

教育学是一门古老的学科。随着古代学校的诞生，学校的重要性就日益被一些思想家和教育工作者所重视。为了快速有效地培养社会所需要的各种人才，古代的思想家就开始了对教育的研究和探索，积累起最初的教育经验，逐步形成了一定的教育思想和观点，通过长期的探索和积累，从而形成了如何培养人的专门学问——教育学。从零碎的教育思想到独立的教育学科形成，教育学经历漫长的历史发展过程。孔子虽然没有学习过教育学，但却在他的教育实践中逐渐总结和发展了很多宝贵的教育学思想。孔子所处的时期，教育学还处于萌芽阶段，那时的教育家大部分还是以自己的哲学观点为基础，结合政治观点和伦理观等来探讨教育方面的问题，总结概括教育经验，积累了丰富的教育遗产。

有的教师没有学过教育学，却培养了一代又一代的学生，是因为他们虽然没有系统学习过教育学，但却也在教育实践中总结了很多日常的教育经验，充分体现了老师的专业素养。教师的专门教育素养水平及其合理结构是教育教学任务得以完成的重要保证，它主要包括三个方面的内容。

（1）教育理论素养。教育理论素养主要指教师对教育科学基本理论知识的掌握，能恰当地运用教育学、心理学的基本概念、范畴、原理去处理教育教学中的各种问题，能自觉、恰当地运用教育理论总结、概括自己的教育教学经验并使之升华，能清晰、准确地表达自己的教育思想和进行改革的设想。

（2）教育能力素养。教育能力素养主要指保证教师顺利完成教育、教学任务的基本操作能力。这要求教师具有：课程开发的能力、良好的语言表达能力、组织与引导教学的能力、机智地应变与创新的能力等。

（3）教育研究素养。教育研究素养主要指教师运用一定的观点方法，探索教育领域的规律和解决问题的能力。教师应富有问题意识和"反思"能力，善于总结工作中的经验教训，创造性地、灵活地解决和改进各种教育问题。

有些教师虽然在专业理论素养方面欠缺，但是能够培养出学生，说明他们仍然具有一定的教育能力和教育研究素养。但是，作为一名教师，还是应该掌握必须的教育学理论，这是教师专业的一个重要体现，也是教师与其他职业的一个重要区别，在当今教育发展越来越先进、越来越多元化，教育要求不断提高的局面下，只有掌握了一定的教育理论，才能不断提升自己的专业能力、提高教师的专业地位，促进学生和社会发展。

2. 论述重视发展智力的重要性以及掌握知识与发展智力的关系。

【答案要点】

（1）智力的发展与知识的掌握二者相互依存，相互促进。在教学过程中，学生智力的发展依赖于他们知识的掌握，对学生来说，掌握、运用知识及反思、改进的过程，也就是他们运用和发展智力的过程；同时，学生对知识的掌握又依赖于他们的智力发展，只有那些智力发展好的学生，他们的接受能力才强、学习效率才高，而智力发展较差的学生在学习中则有较多的困难。

（2）生动活泼地理解和创造性地运用知识才能有效地发展智力。通过传授知识发展学生智力是教学的一个重要任务，然而知识不等于智力，一个学生知识的多少并不一定能标志他的智力发展的高低。因此，在教学中不仅要教给学生知识，而且要引导学生通过生动活泼的教学活动，透彻地理解知识原理，了解获取知识的过程与方法，学会独立思考、推理与论证，创造性地解决实际问题，这样才能使学生的智力获得高水平的发展。

（3）防止单纯抓知识教学或只重能力发展的片面性。在教学实践中，有的认为"双基"教学抓好了，学生的智力就自然地发展了，却忽视引导学生通过探究、反思有意识地锻炼学生的智力；有的则只注重学生自主探究、反思，却忽视通过系统知识和原理的学习与运用来发展智力。这两者都不利于提高教学质量。

3. 论述卢梭自然教育理论及其现实意义。

【答案要点】

（1）自然教育的基本含义。

卢梭自然主义教育的核心是"回归自然"。一方面，善良的人性存在于纯洁的自然状态之中。只有"回归自然"、远离喧嚣社会的教育，才有利于保持人的善良天性。因此15岁之前的教育必须在远离城市的农村进行。另一方面，每个人都是由自然的教育、事物的教育、人为的教育三者培养起来，只有三种教育圆满地结合才能达到预期的目的。三者之中，应以自然的教育为基准，才能使教育回归自然达到应有的成效。

（2）自然教育的培养目标。

自然教育最终目的是培养"自然人"，即身心调和发达、体脑两健、能力强盛的新人，也就是摆脱封建羁绊的资产阶级新人。具有以下特征：第一，自然人是能独立自主的人，他能独自体现出自己的价值；第二，在自然的秩序中，所有的人都是平等的；第三，自然人又是自由的人，他是无所不宜、无所不能的；第四，自然人还是自食其力的人。可无须仰赖他人为生，这是独立自主的可靠保证。

（3）自然教育的方法原则。

卢梭猛烈抨击了当时向儿童强迫灌输旧的道德和知识、摧残儿童天性的做法，他提出以下几点原则和方法：①树立正确的儿童观，应当把成人看作成人，把孩子看作孩子；②对儿童实施消极教育。此外，让他们在同自然的接触中，体会到自己所犯的错误和过失带来的自然后果，使儿童服从于自然法则，结合具体事例让他们从自己的直接经验中受到教育；③根据儿童天性的个体差异，因材施教。

（4）自然主义教育的实施。

卢梭根据自然教育的原则，根据人的自然发展的进程和不同年龄时期身心的特点，把自然教育分为婴儿期、儿童期、少年期和青春期。婴儿期主要进行体育；儿童期主要进行感官训练和身体发育，这个时期的儿童不宜进行理性教育，不应强迫儿童读书；少年期主要进行智育和劳动教育；青春期主要接受道德教育，包括宗教教育、爱情教育和性教育。

（5）影响。

卢梭是西方教育史上具有划时代意义的教育思想家，他对封建社会进行了猛烈的抨击，提出了反映新兴资产阶级利益的教育思想，是现代教育思想的重要来源。

①卢梭提出的自然主义教育思想是教育思想史上由教育适应自然向教育心理学化过渡的一个重要环节。在封建社会压制人性的情况下，提倡性善论、尊重儿童天性具有历史进步意义。他呼吁培养身心调和发展的自然人和自由人也反映了对人的发展的合理要求。

②卢梭论证了自然主义教育的内容和方法。如重视感觉教育的价值；反对古典主义和教条主义，要求人们学习真实有用的知识；反对向儿童灌输道德教条，要求养成符合自然发展的品德等。这些观点既是在前人的基础上的发展，也反映了近代教育的发展方向。

③卢梭的教育理论对欧美教育产生了深远影响。德国的泛爱教育运动、瑞士的裴斯泰洛齐的教育实验、美国进步主义教育运动等，无不受到卢梭自然教育理论的启发。

4. 有的学生努力学习却往往事倍功半，用教育心理学分析此观点。

【答案要点】

努力学习却事倍功半，很可能是因为没有掌握正确的学习策略，所以导致学习效率低下，因此需要教授学生正确的学习策略，主要有以下要点：

（1）学习策略促进的原则。

①特定性原则。学习策略一定要适于学习目标和学生的类型。同时，策略教学还要考虑学习策略的层次，必须给学生大量的策略，不仅要有一般的策略，而且还要有非常具体的策略。

②生成性原则。有效学习策略的最重要的原则之一就是要利用学习策略对学习的材料进行重新加工，产生某种新的东西。这就要求学生进行高度的心理加工。

③有效的监控。教学生何时、何地与为何使用策略非常重要。根据有效监控的原则，学生应当知道何时、如何应用他们的学习策略，以及当这些策略正在运作时能将它说出来。

④效能性原则。教师需要给学生提供一些机会使他们感觉到策略的效力。策略训练课程必须包括动机训练。教师要促进学生使用学习策略，进而学习就会有所收获。

（2）影响学习策略教学训练的因素。

学生因素：

①年龄特征。学习策略的发展具有一定的阶段性，学习者的认知发展也具有相应的年龄特征，因此学习策略的教学必须充分考虑策略发展的阶段性和认知发展的阶段性特征。

②原有的知识背景。学生原有的知识背景中有策略性知识和非策略性知识，这两种知识对学习策略的掌握和运用都有非常重要的影响。

③学习动机。动机的强度对掌握和应用学习策略的影响主要体现在学生掌握策略的意识性和对学习材料的兴趣以及对材料的敏感程度上。

④学习归因方式。研究表明，当学习者将学习的成败归于自身能够控制的、相当不稳定的因素时，这些学习者的策略水平相对较高。因此教师要引导学生恰当归因。

⑤自我效能感。它是指学习者对策略应用效能的信任和自信程度。在学习策略教学中，教师应该让学生体验到应用策略所带来的成功感。

教师因素：

①运用学习策略的水平。这是对教师自身策略知识和能力的要求。

②策略教学经验。教师的策略教学经验能够有效地促进学生对学习策略的获得和运用。

③策略教学方法。教师的策略教学方法影响学习策略的掌握程度。

（3）学习策略的教学训练模式。

①课程式教学训练模式。即学习策略教学的课程化，它通过开设专门的学习策略课程，讲授教与学策略的有关常识，包括教与学的模式、方法、手段等。

②学科渗透式教学训练模式。指将学习策略的训练与特定学科的学习内容相结合，在具体学科知识的学习过程中传授学科学习的方法与技巧。学科渗透式教学训练模式可以贯穿整个教学活动，它要求教师在教学前就应该具有教与学的策略观，以教学策略为指导，进行备课、讲课、评课等。

③交叉学习式教学训练模式。该模式是为了克服前面两种模式的不足而设立的。它先是独立地教授学习策略，再将它与具体的学科内容结合起来，根据具体学习情境的差异，要求并帮助学生把所学的策略运用于具体的学习活动中。

2013年 辽宁师范大学 333 教育综合·真题解析

一、名词解释

教育制度

教育制度是指一个国家各级各类实施教育的机构体系及其组织运行的规则。它包括相互联系的两个方面：一是各级各类教育机构与组织；二是教育机构与组织赖以存在和运行的规则，如各种相关的教育法律、规则、条例等。

教学评价

教学评价是对教学工作质量所做的测量、分析和评定。它以参与教学活动的教师、学生、教学目标、内容、方法、教学设备、场地和时间等因素的优化组合的过程和效果为评价对象，是对教学活动的整体功能所做的评价。

贝尔－兰卡斯特制度

贝尔－兰卡斯特制又称导生制，其具体实施是：教师在学生中选择一些年龄较大、学习成绩较好的学生充任导生，教师先对导生进行教学，然后由他们去教其他学生。通过这种教学方式，学生的数额得以大大增加，也在一定程度上缓解了教师奇缺的压力，因而一度广受欢迎，但因其难以保证教育质量而最终被人们所抛弃。

白板说

白板说由洛克提出，洛克反对"天赋观念"论，认为人出生后心灵如同一块白板，一切知识是建立在由外部而来的感官经验之上的。

学习动机

学习动机是动机在学习活动中的表现，是引起和维持个体进行学习活动，并使活动朝向一定的学习目标，以满足某种学习需要的一种内部心理状态。它的主要内容包括知识价值观、学习兴趣、学习效能感和成败归因。

元认知策略

元认知策略是对信息加工流程进行控制的策略，可分为计划策略、监察策略和调节策略。计划策略包括设置目标、浏览等；监察策略包括自我检查、集中注意力等，调节策略包括调整阅读速度、重新阅读等。

二、简答题

1. 现代教育有哪些基本特征？

【答案要点】

（1）学校教育逐步普及。由于资本主义生产尤其是机器大工业生产在欧洲兴起，因而西欧的资本主义国家最先提出普及教育的要求。1619年，德意志魏玛邦在宗教改革的影响下颁布了学校法令，规定父母送6~12岁男女儿童入学，这是普及教育的开端。

（2）教育的公共性日益突出。随着大工业生产发展的需要，随着工人阶级和其他劳动人民对教育权的争取，对受教育权的阶级垄断越来越不合时宜，受到来自被统治阶级和统治阶级两方面的批判。在此情形下，大力发展学校教育逐渐成为社会的公共事业和共同话题。

（3）教育的生产性不断增强。在现代社会，随着工业生产的发展和科学技术的进步，科技与教育在生产中的作用增强。现代教育与生产劳动的逐步结合，对提高社会生产效率和增加社会财富起着重要作用，日益成为经济发展的有力保证。

（4）教育制度逐步完善。随着学校数量的增加，学校教育的层次、种类及其运行和管理的复杂化，需要一定的教育宗旨、制度、要求等，以推动学校教育系统有条不紊地运行。教育制度化的实现，使得教育系统中的各级各类学校、各种教育机构和教育行政部门的工作均有制度可循，能排除来自内外部的干扰，使教育活动有序有效地开展，取得了良好效果。

2. 简述隋唐时期科举制对社会和教育发展的影响。

【答案要点】

科举制度即个人自愿报考，县州逐级考试筛选，全国举子定时集中到京都，按科命题，同场竞试，以文艺才能为标准，评定成绩，限量选优录取，是一种选官制度，以这种方式选拔国家官员。

（1）积极影响。

①扩大了统治基础，有利于加强中央集权。通过科举考试，平民及中小地主阶层获得了参政的机会，打破了门阀士族地主垄断统治权力的局面，扩大了封建统治的统治基础。同时，通过科举考试，朝廷将选士大权收归于中央政府，强化了中央集权的统治。

②使选士与育士紧密结合。促进人们的思想统一于儒学，成为实施儒家"学而优则仕"原则的途径。刺激学校教育的发展，有利于教育的普及。

③使选拔人才较为客观公正。隋唐科举考试在发展的过程中逐步建立了较为完备的考试制度，同时逐步建立了一系列的考试防范措施，加强考试管理。

（2）消极影响。

①国家只重科举取士，而忽略了学校教育。学校成为科举考试的预备机构，一切教学活动都围绕着科举考试来进行，学校失去了相对独立的地位和作用。

②束缚思想，败坏学风。学校教学安排围绕科举进行，导致学校教育中重文辞少实学，重记诵而不求义理，形成了教条主义、形式主义的学习风气。在科举制的影响下，读书的目的不是求知求真，而是为了功名利禄，具有强烈的功利色彩。

③科举考试内容的狭隘也阻碍了中国文化的和谐发展，特别是科技文化的发展。

3. 何谓创造力？其培养模式有哪些？

【答案要点】

（1）创造性的含义。

创造性是个体利用一定内外条件，产生新颖、独特、有社会和个人价值产品的心理特性。这种心理品质是综合的、多维的，它包括与创造活动密切联系的认知品质、人格品质和适应性品质。创造性表现于创造活动之中，其结果以"产品"为标志，其水平以产品的"价值"为标准。

（2）创造性的培养。

营造鼓励创造的环境；培养创造性的教师队伍；培育创造意识，激发创造动机；发展和培养创造性思维；开设创造课程，教给创造技法；塑造创造性人格。

4. 简述自我效能感理论。

【答案要点】

自我效能感由班杜拉提出，是指个体对自己能否成功进行某一成就行为的主观判断。它影响着个体对行为的选择、付出多大努力以及坚持多久。

班杜拉指出，人的行为受行为结果的影响，但行为的出现不是由于随后的强化，而是由于人认识了强化与行为之间的依赖关系后建立了对下一步强化的期望。他将期望分为两种：结果期望和效能期望。结果期望是指人对自己某种行为会导致某一结果的推测，这是传统的期望概念。效能期望指人对自己能否做出某种行为的能力的推测或判断。即人对自己行为能力的推测。

自我效能感对行为的影响：影响对活动的选择和坚持；影响在困难面前的态度；影响新行为的获得和习得行为的表现；影响活动时的情绪。

影响自我效能感的因素：直接经验；替代性经验；言语说服；情绪唤起和身心状况。

三、分析论述题

1. 论述德育过程的知、情、意、行统一规律

【答案要点】

学生的品德包含知、情、意、行四个要素。所以德育过程也是培养学生思想品德的知、情、意、行整体和谐的发展过程。

（1）思想道德发展的整体性。

个体思想品德的发展是品德各要素协调统一的发展。依据这一品德形成规律，开展德育活动时，就应该注意全面性，兼顾知、情、意、行各要素。个体品德结构中的知、情、意、行等要素，是相互制约、相互促进的，共同推动着个体思想品德的发展；应该晓之以理、动之以情、导之以行、持之以恒，全面关心学生品德中知、情、意、行的培养，使它们全面而和谐地发展。

（2）德育过程有多种开端。

开展德育可以有多种开端，既可以从知或情的培养入手，也可以从行的锻炼开始。在思想品德的发展过程中，知、情、意、行诸因素的发展往往是不平衡的，而且每个学生的品德发展也有显著差异。这就要求我们进行德育时，必须针对不同情况加以灵活处理，有的放矢，因材施教。

（3）德育实践的针对性。

道德品质的知、情、意、行的培养不能一概而论，简单对待，用一种方法进行，应该根据知、情、意、行每一要素的特点，开展具有针对性的教育活动。

①学生的道德认识，既可以通过学习间接经验的方式，如听讲、看书、背诵等方式习得，也可以通过直接经验的方式，如亲历道德实践和社会活动等方式获取。

②要注重学生的道德情感培育。

③德育的最终目标是要促进学生实现道德认知、道德情感向行为的转化。

2. 评述陶行知生活教育理论的基本内容及现实启示。

【答案要点】

（1）"生活即教育"。

"生活即教育"是陶行知生活教育理论的核心。其内涵包括：生活含有教育的意义；实际生活是教育的中心；生活决定教育，教育改造生活。

"生活即教育"所强调的是教育以生活为中心，所反对的是传统教育脱离生活而以书本为中心。尽管它在生活与教育的区别和系统的知识传授方面有所忽视，但在破除传统教育脱离民众、脱离社会生活的弊端方面，有十分重要的意义。

（2）"社会即学校"。

"社会即学校"是生活教育理论另一重要主张，是"生活即教育"思想在学校与社会关系问题上的具体化。"社会即学校"，是指"社会含有学校的意味"，或者说"以社会为学校"。由于到处是生活，到处都是教育，"整个的社会是生活的场所，亦即教育之场所"。

"社会即学校"，也指"学校含有社会的意味"。也就是说，学校通过与社会生活相结合，一方面运用社会的力量使学校进步，另一方面动员学校的力量帮助社会进步，使学校真正成为社会生活必不可少的组成部分。

"社会即学校"扩大了学校教育的内涵和作用，对于传统的学校观、教育观有所改变。传统学校与社会生活脱节，学生孤陋寡闻，而以社会为学校，使得教育的材料、教育的方法、教育的工具、教育的环境可以大大地增加，有利于拓展学生的知识，增强学生的能力。"社会即学校"，还可以使被传统学校拒之门外的劳苦大众能够受到起码的教育，贯穿了普及民众教育的苦心，同样也值得肯定。

（3）"教学做合一"。

"教学做合一"是生活教育理论的又一重要主张，是"生活即教育"在教学方法问题上的具体化。其含义为：教的方法根据学的方法，学的方法根据做的方法。事怎样做便怎样学，怎样学便怎样教。教与学都以做为中心。包括以下四个要点："教学做合一"要求在"劳力上劳心"；"教学做合一"是因为"行是知之始"；"教学做合一"要求"有教先学"和"有学有教"；"教学做合一"还是对注入式教学法的否定。

（4）启示。

陶行知的生活教育理论是一种大众的、为人民大众服务的教育理论，且还是一种不断进取创造，旨在探索具有中国民族特色的教育道路的理论。生活教育理论还在教育观念的改变方面颇有建树，无论是强调学校教育与社会生活、生产劳动相结合，还是要求手脑并用、在劳力上劳心，都是对学校与社会割裂、书本与生活脱节、劳心与劳力分离的传统教育的反动，显示出强烈的时代气息，至今都富于启示。陶行知的生活教育理论是我国民族教育理论宝库中十分可贵的遗产，值得我们珍惜并认真研究借鉴。

3. 论述杜威的教育思想及现实意义。

【答案要点】

杜威是20世纪美国著名的哲学家和教育家，其主要教育思想如下：

（1）论教育的本质。

杜威对于"什么是教育"的问题，给出的回答是：教育即生活、学校即社会、教育即生长、教育即经验的持续不断的改造。

（2）论教育的目的。

教育无目的论。从教育本质论出发，杜威反对外在的、固定的、终极的教育目的，认为教育无目的。杜威所希求的是过程内的目的，这个目的就是"生长"。

教育的社会目的。杜威强调过程内的目的不等于否定社会性的目的。杜威要求教育为社会进步服务，为民主制度的完善服务。他认为教育是社会进步及社会改革的基本方法，学校是社会进步和改革的最基本和最有效的工具。在民主社会中，个人发展与社会进步是统一的。

（3）论课程与教材。

从做中学。杜威以其经验论为基础，要求从做中学、从经验中学，要求以活动性、经验性的主动作业来取代传统书本式教材的统治地位。

教材心理学化。"教材心理学化"是指把各门学科的教材或知识各部分恢复到它所被抽象出来之前的原来的经验。

（4）论思维与教学方法。

反省思维。杜威所力倡的反省思维是指对某个经验情境中的问题进行反复的、严肃的、持续不断的思考，其功能在于求得一个新情境，把困难解决、疑虑排除、问题解答。

五步教学法。杜威根据科学的实验主义探究方法和反省思维方式，提出了五步教学法，即创设疑难的情境、确定疑难所在、提出问题的种种假设、推断哪种假设能解决这个困难、验证这种假设。

（5）论道德教育。

杜威认为道德教育的主要任务是协调个人与社会的关系。他认为个人的充分发展是社会进步的必要条件，社会的进步又可以为个人的发展提供更好的基础。

教育的道德性和教育的社会性是相通的，道德教育应在社会性的情境中进行而不能只停留于口头说教；要求学校生活、教材、教法皆应渗透社会精神，视学校生活、教材、教法为"学校道德三位一体"，这三者都是道德教育的重要途径。

（6）杜威教育思想的影响。

①杜威是西方现代教育派的理论代表。他对传统教育的整个理论体系发起挑战，奠定了现代教育的理论大厦的基石。

②杜威是新教育的思想旗手，他的教育理论突破以往建立在主客体两分之上的传统教育的弊端，将知行合一，使教学中死的知识变为活的知识，突破了内发论和外铄论，将教育看作人与环境的交互过程中经验的观点具有很高的创造性。

③杜威奠定了儿童中心论，解决教育与儿童相脱离的问题，并通过学校与社会的统一、思维与经验的统一，解决教育与实践、学校与社会脱离的问题。

④杜威提出了做中学这一建立在新哲学和心理学基础上的新方法，拓宽了教学形式和方法，提高了教学专业化水平。

⑤杜威的教育理论对世界教育进程发挥了巨大作用，对日本、中国、苏联等国具有直接的影响。

⑥杜威的理论偏重儿童、活动、经验三中心而使得教育实践忽视了系统知识的传授以致引发了自由与纪律、教师与学生关系等诸多矛盾。另外，根据经验和教材心理化原则编写新型教材的设想

过于理想化，难以实现。

4. 就以下案例谈谈你对教师教学观与学生观的看法。

【答案要点】

（1）教学观。

教学观是对教学的总体性认识或基本看法。教学观不仅存在于不同的书籍中，也存在于教师的头脑中，并决定了教师在教学过程中将如何去行动。案例1中的教师，把教学看作是单纯的知识灌输，以单纯的知识讲解、讲述或示范的形式让学生来掌握他所教的东西，只关注知识的学习。案例2中的教师，把教学看作是对学生学习的组织和引领，通过学生发言、探究等方式让学生自主发现和领悟需要掌握的内容。从教学观的角度来看，两位老师的教学侧重点有所不同，也各有其优劣。

（2）学生观。

学生观是教师对学生的基本认识，这种基本认识对教师的教育教学活动有重要的影响。教育学关于教育的本质、师生关系、学生在教育过程中的地位、学生身心发展的特点等理论，都有助于教师形成科学的学生观。教师的学生观也会随着社会的发展而发生变化。现代社会发展要求建立符合时代特色的学生观，以满足社会和个人发展的双重需求。马克思主义关于人的本质和人的发展的观点，是对人自身认识最精髓的概括，是我们确立理想学生观的主要依据。学生观主要包括：

①学生是自我发展的主体。教师应积极发挥主导作用，调动学生学习的积极性、主动性，尊重学生的主体地位，帮助学生提高主体意识。

②学生是发展着的个体。教师应该用发展的观点认识和对待学生，相信每一个学生都有巨大的潜能，看到学生的未完成性，给学生创设发展的环境和机会。

③学生应当获得全面的发展。教师要全面地关注学生的发展，善于发现每个学生的潜力，全面客观地评价学生，为学生全面发展提供助力。

④学生发展应该具有个性化。教育必须以培养学生的主动性、创造性，塑造学生充分自由发展的个性为己任。

从学生观的角度来看，案例1的教师观点欠妥，没有看到学生的发展性，不相信学生发展的潜力，是一种错误的学生观。相较之下，案例2的老师充分尊重了学生的主体性，看到了学生发展的潜力，并且积极鼓励学生发言，调动了学生学习的积极性、主动性，是一种正确的学生观。

2012年 辽宁师范大学333教育综合·真题解析

一、名词解释

学校教育制度

学校教育制度即学制，它是现代教育制度的核心部分。指的是一个国家各级各类学校的系统及其管理规则，它规定着各级各类学校的性质、任务、入学年限、修业年限以及它们之间的关系。

启发性原则

启发性原则指在教学中教师要激发学生的学习主体性，引导他们经过积极思考与探究，自觉地掌握科学知识，学会分析问题和解决问题，树立求真意识和人文情怀。

壬戌学制

1922年，教育部在北京专门召开了学制会议，同年11月公布了《学校系统改革案》。该学制又被称为"新学制"或"壬戌学制"，由于采用的是美国式的六三三分段法，又称"六三三学制"。壬戌学制最显著的特点是根据儿童身心发展规律划分教育阶段。

苏湖教法

"苏湖教法"又称"分斋教学法"，是胡瑗在主持湖州州学时创立的新的教学制度，在"庆历兴学"时被用于太学的教学。胡瑗一反当时盛行的重视诗赋声律的学风，提倡经世致用的实学，主张"明体达用"，在学校内设立经义斋和治事斋，创立"分斋教学"制度。

发现学习

发现学习是指学生在学习情境中，经过自己探索寻找，从而获得问题答案的一种学习方式，布鲁纳所说的发现不只限于寻求人类尚未知晓的事物的行为，也包括用自己的头脑亲自获取知识的一切形式。

学习策略

学习策略是指学习者为了提高学习的效果和效率，有目的、有意识地制定的有关学习过程的复杂的方案，具有主动性、有效性、过程性和程序性的特征。

二、简答题

1. 简述教育的社会功能。

【答案要点】

（1）教育的社会变迁功能。

教育的社会变迁功能是指教育通过开发人的潜能，提高人的素质，引导人的社会化，影响人的社会实践，推动社会的发展和变革。教育的社会变迁功能表现在社会生活的各个领域。

①教育的经济功能：教育是使可能的劳动力转变为现实的劳动力的基本途径；现代教育是使知识形态的生产力转化为直接的生产力的重要途径；现代教育是提高劳动生产率的重要因素。

②教育的政治功能：教育通过传播一定的社会的政治意识，完成年轻一代的政治社会化；教育通过造就政治管理人才，促进政治体制的变革与完善；教育通过提高全民文化素质，推动国家的民主政治建设；教育是形成社会舆论、影响政治时局的重要力量。

③教育的文化功能：传递文化；选择文化；发展文化。

④教育的生态功能：树立建设生态文明的理念；普及生态文明知识，提高民族素质；引导建设生态文明的社会活动。

（2）教育的社会流动功能。

教育的社会流动功能是指社会成员通过教育的培养、筛选和提高，能够在不同的社会区域、社会层次、职业岗位、科层组织之间转换、调整和变动，以充分发挥其个人的智慧才能，实现其人生价值。它包括横向流动功能和纵向流动功能。

2. 简述教学模式的基本特点。

【答案要点】

（1）整体性。教学模式是理论依据、教学目标、教学程序、实施条件和教学评价五个基本要素的有机结合体，它不仅反映和表现教学过程的某一方面或某一本质，而且揭示了教学过程中诸要素的动态关系，从全局上表现教学活动过程的始末，同时还具有理论和现实并存的特点。

（2）简约性。教学模式是建立在具体经验基础之上的，但又略去了诸多细节，它反映核心与本质的概括性内容。

（3）操作性。教学模式是一种具体化、操作化了的教学思想或理论，具有确定的一套操作程序。教学模式提供了可供模仿或遵循的参照，提供了教学过程进行的具体依据。

（4）变革性。教学模式随着教学理论和实践的发展而处于不断修正、变化之中。此外，各种教学模式也可以相互借鉴、相互融合，从而创立出新的教学模式。

3. 简述我国基础教育课程改革的六大具体目标。

【答案要点】

（1）转变课程功能。改变课程过于注重知识传授的倾向，强调形成积极主动的学习态度，使获得基础知识与基本技能的过程同时成为学会学习和形成正确价值观的过程。

（2）优化课程结构。改变课程结构过于强调学科本位、科目过多和缺乏整合的现状，整体设置九年一贯的课程门类和课时比例，体现课程结构的均衡性、综合性和选择性。

（3）更新课程内容。改变课程内容"繁、难、偏、旧"和过于注重书本知识的现状，加强课程内容与学生生活以及现代社会和科技发展的联系，关注学生的学习兴趣和经验，精选终身学习必备的基础知识和技能。

（4）转变学习方式。改变课程实施过于强调接受学习、死记硬背、机械训练的现状，倡导学生主动参与、乐于探究、勤于动手，培养学生搜集处理信息的能力、获取新知识的能力、分析和解决问题的能力以及交流与合作的能力。

（5）改革课程评价。改变课程评价过分强调甄别与选拔的功能，发挥评价促进学生发展、教师提高和改进教学实践的功能。

（6）深化课程管理体系改革。改变课程管理过于集中的状况，实行国家、地方、学校三级课程管理，增强课程对地方、学校及学生的适应性。

4. 简述斯宾塞的课程论思想。

【答案要点】

斯宾塞按照重要程度把人类活动分为五个部分：第一，直接有助于自我保全的活动；第二，从获得生活必需品而间接有助于自我保全的活动；第三，目的在于抚养和教育子女的活动；第四，与维持正常的社会和政治关系有关的活动；第五，在生活中的闲暇时间用于满足爱好和情感的各种活动。

为促使个人有能力从事上述五类活动，斯宾塞提出学校应开设以下五种类型的课程：

（1）生理学与解剖学。此类知识属于直接保全自己的知识，应成为合理教育中最为重要的部分。

（2）逻辑学、数学、力学、化学、天文学、地质学、生物学和社会科学，属于间接保全自己的知识，是文明生活得以维持的基础知识。

（3）生理学、心理学与教育学。此类知识能够保证父母们成功履行自己的责任，进而促使家庭稳定和睦，社会文明进步。

（4）历史学。历史知识有利于人们自己调节自己的行为，成功履行公民的职责。

（5）文学、艺术等。这类知识能够满足人们闲暇时休息与娱乐的需要。

三、分析论述题

1. 论述德育过程的基本规律。

【答案要点】

德育过程是学生在教师的引导下，主动积极地进行道德认识和道德实践，逐步提高自我修养能力，形成个人品德的过程。

（1）德育过程是学生在教师教导下的个体品德的自主建构过程。

学生的思想道德认识和行为习惯不是与生俱来的，是学生在与社会环境的相互作用过程中，尤其是在教师有目的有意识的教育引导下，逐步形成自己的思想认识，发展自己的道德素质的。包含以下三个方面：

①学生对环境影响的主动吸收。学生在吸取社会和教育影响的活动中，不完全是被动的教育客体，也是能动地选择、吸收环境与教育影响的主体。外界的影响只有通过学生自己的理解、选择、吸取与践行，才能内化成为他们自己的观点、立场，成长为他们的品德习性。

②教师对学生的积极教导。教师的教导是学生品德健全发展的一个必不可少的指针与动力。教师应该在正确的政治、教育、心理等学科理念的指导下，通过课程、活动、师生互动等途径积极开展对学生的教育引导。

③外部活动与内部活动相互促进。在德育过程中我们既要组织好学生的各种外显的实际活动，以启迪、激发和引导他们积极开展内部的心理活动，促进他们思想认识的提高、价值观念的明确、情感上的认同以及品德的发展；又要激发学生内部的思想、情感与意志活动，把他们的能动性引导到道德实践活动中去，进一步推动学生思想品德的发展与提升。

（2）德育过程是培养学生知、情、意、行整体和谐的发展过程。

①思想道德发展的整体性。个体思想品德的发展是品德各要素协调统一的发展。依据这一品德形成规律，开展德育活动时，就应该注意全面性，兼顾知、情、意、行各要素。个体品德结构中的知、情、意、行等要素，是相互制约、相互促进的，共同推动着个体思想品德的发展；应该晓之以理、动之以情、导之以行、持之以恒，全面关心学生品德中知、情、意、行的培养，使它们全面而和谐地发展。

②德育过程有多种开端。开展德育可以有多种开端，既可以从知或情的培养入手，也可以从行的锻炼开始。在思想品德的发展过程中，知情意行诸因素的发展往往是不平衡的，而且每个学生的品德发展也有显著差异。这就要求我们进行德育时，必须针对不同情况加以灵活处理，有的放矢，因材施教。

③德育实践的针对性。道德品质的知、情、意、行的培养不能一概而论，简单对待，用一种方法进行，应该根据知、情、意、行每一要素的特点，开展具有针对性的教育活动。

（3）德育过程是提高学生自我教育能力的过程。

在德育过程中，要引导学生积极参与社会学习、生活交往和道德践行，培养和提升他们的思想品德素质，均有赖于发挥学生个人的能动性和自我教育能力。

①自我教育能力培育的意义。一方面，自我教育能力是德育的一个重要条件，只有注意培养与提高学生的这种能力，德育才能进行得更顺利、更有效。另一方面，学生的自我教育能力的形成又是学生思想道德发展过程的一个重要标志。

②自我教育能力主要由自我期望能力、自我评价能力、自我调控能力所构成。

③学生自我教育能力的发展。儿童自我意识与自我教育能力的发展是有规律的，大致是从"自我中心"发展到"他律"，又从"他律"发展到"自律"。教师应该依据这一规律，从实际出发，因势利导，有目的地培养学生的自我意识，提高学生的自我期望、自我评价和自我调控能力，形成和发展他们的自我教育能力，充分发挥他们在自身品德建构中的主体作用。

2. 论述孔子的道德教育思想观点，并列出反映其思想的四条至理名言。

【答案要点】

（1）道德教育的内容。

孔子的教育目的是培养从政的君子，而成为君子的主要条件是具有道德品质修养，因此，道德教育居首要地位。孔子主张以"礼"为道德规范，以"仁"为最高道德准则。凡符合"礼"的道德行为都要以"仁"的精神为指导，因此，"礼"和"仁"成为道德教育的主要内容。

（2）道德修养的原则与方法。

①立志。认为人不应以当前的物质生活为满足，还应有对未来的精神上有更高的追求，要有自己的理想。

②克己。主张应着重在要求自己上，约束和克制自己的言行，使之合乎礼、仁的规范。

③力行。要求言行一致，不要出现脱节，道德认识依靠道德实践的检验而证实。

④中庸。待人处事都要中庸，防止发生偏向，一切行为都要中道而行。

⑤内省。就日常所做的事进行自我检查，查看其是否合乎道德规范。

⑥改过。人人都会犯错，但要以正确的态度重视改过，鼓励学生要勇于改正错误。

（3）至理名言。

①见贤思齐焉，见不贤而内自省也。

②君子名之必可言也，言之必可行也，君子于其言，无所苟而已矣。

③君子求诸己，小人求诸人。

④言必信，行必果。

3. 阐述夸美纽斯教育思想体系的构成，并分析其历史贡献。

【答案要点】

（1）教育的目的。包括两方面：其一，宗教性目的：认为人生的最终目的是为达到"永生"，教育的目的是使人为来世生活做好准备。其二，现实性目的：通过教育使人认识和研究世界上一切事物，培养和发展他们的各种能力、德行和信仰，以便享受现世的幸福，并为永生做好准备。

（2）教育的作用。夸美纽斯认为教育是改造社会、建设国家的手段。人都是有一定天赋的，而这些天赋发展得如何，关键在于教育。只要接受合理的教育，任何人的智力都能够得到发展。

（3）泛智主义教育观。基于教育的崇高目的，夸美纽斯提出了"将一切事物教给一切人"的泛智主义教育观，并由此大力主张普及教育于全体儿童和民众。内容主要包括教育内容泛智化和教育对象普及化。

（4）普及教育。夸美纽斯认为普及教育就是"人人都可接受教育"，其核心是泛智论。实现普及教育的可能性一方面在于人自身具有接受教育的先天条件，另一方面在于教育可以改进社会和塑造人，社会和人的进步离不开教育。

（5）统一学制。为了使国家便于管理全国的学校，使所有儿童都有上学的机会，夸美纽斯提出建立全国统一学制的主张。他把人的学习期划分为四个阶段，并按这种年龄分期设立相应的学校。各级学校均按照适应自然的原则，采取班级授课制和学年制开展工作，分别开设不同的课程来教育和培养儿童。

（6）管理实施。夸美纽斯强调国家对教育的管理职责，认为国家应该设立督学对全国的教育进行监督，以保证全国教育的统一发展。

（7）学年制。为改变当时学校教学活动缺乏统一安排的无序状况，夸美纽斯制定了学校教学活动的学年、学日制度。

（8）班级授课制。为实现普及教育、提高教学效率，改变教师只对学生进行个别教学和指导的状况，夸美纽斯总结新旧各教派学校中实行班级授课的经验，提出并全面系统地论述了班级授课制度。

（9）论教育和教学的基本原则。

①论教育适应自然的原则。教育适应自然的原则是贯穿夸美纽斯整个教育理论体系的一条根本

的指导性原则，他的"自然"包括自然界及其普遍法则和人的与生俱来的天性。

②主要教学原则，包括直观性原则、激发学生求知欲望原则、巩固性原则、量力性原则、系统性和循序渐进性原则、因材施教原则。

（10）夸美纽斯教育思想的影响。夸美纽斯是教育史上第一位系统地总结教学原则的教育家，他的教育理论包含了大量宝贵的教学经验，在一定程度上反映了教学工作的客观规律性，具有普遍的指导意义。夸美纽斯是一位杰出的教育革新家，他的教育思想具有明显的民主主义、人文主义色彩。在继承前人经验的基础上，夸美纽斯提出了系统的教育思想。他论述了教育的作用，呼吁开展普及教育，试图使所有人都能接受普及教育。并详细制定了学年制度和班级授课制度，提出了各级学校课程设置，编写了许多教科书，且系统地阐述了教育的基本原则和方法等。

4. 论述建构主义的知识观、教学观、学生观，并谈谈对教育的影响。

【答案要点】

（1）知识观。

建构主义者质疑知识的客观性和确定性，强调知识的动态性。具体体现在以下几方面：

①知识的动态性。知识不是对现实的准确表征，只是一种解释、一种假设，不是问题的最终答案。它会随着人类的进步而不断地被"革命"，并随之出现新的假设。

②知识的情境性。知识并不能精确地概括世界的法则，不能拿来便用，而是需要针对具体情境进行再创造。

③知识学习的主动建构性。知识不可能以实体的形式存在于具体个体之外，学习者对于命题的理解只能由个体基于自己的经验背景而建构起来，取决于特定情境下的学习历程。

（2）教学观。

教学不再是传递客观而确定的现成知识，而是激活学生原有的相关知识经验，促进知识经验的"生长"；教学是促进学生的知识建构活动，以实现知识经验的重新组织、转换和改造，以此来培养学生的求知欲和探究能力。

教学要为学生创设理想的学习情境，激发学生的推理、分析、鉴别等高级的思维活动，同时给学生提供丰富的信息资源、处理信息的工具以及适当的帮助和支持，促进他们自身建构意义以及解决问题的活动。

（3）学生观。

建构主义认为，学生并不是被动接受教师传授的知识，而总是以自己的经验背景或自己的经验来建构对事物的理解。具体表现在以下几方面：

①建构主义者完全否定心灵白板说，强调学生经验世界的丰富性和差异性。

②学生并不是空着脑袋走进教室的，当问题呈现时，他们基于相关的经验，依靠推理和判断能力，形成对问题的某种解释。

③教学不能无视学生的先前经验，要把儿童现有的知识经验作为新知识的生长点，引导儿童从原有的知识经验中"生长"出新的知识经验。

④教学要增进学生之间的合作，使他看到那些与他不同的观点，促进学习的进行。

（4）对教育的影响。

建构主义学习理论，拓展了学习研究的领域，深化了关于知识、学习的本质性认识，推动了认知科学、教育信息技术的发展，提供了多种具有启示意义的教学模式与学习方式，促进了教学改革与学习革命，建构主义学习理论正在改变学习的五大主题。

2011年 辽宁师范大学 333 教育综合·真题解析

一、名词解释

价值澄清法

价值澄清模式是针对美国儿童在多元社会中面对多种价值观的选择而提出的理论，即学生可通过学习一个价值观的形成过程来获得自己的价值观。

多元文化教育

多元文化教育是美国现代教育的一种基本理念和一场改革运动，它起源于美国，盛行于西方发达国家。多元文化教育旨在促进多元文化社会中人们对不同文化的理解；倡导教育公平；提倡对学习者主体性和自主性的尊重等。

有教无类

"有教无类"的本意是不分贵贱贫富和种族，人人都可以入学接受教育。孔子的教学实践切实地贯彻了这一办学方针，他的弟子来自各个诸侯国，分布地区广泛；弟子成分复杂，出身于不同的阶级和阶层，大多数出身于平民。

癸卯学制

癸卯学制是中国近代由中央政府颁布并首次得到施行的全国性法定学制系统。学制主系列分为三段七级。第一阶段为初等教育，包括蒙养院 4 年、初等小学堂 5 年和高等小学堂 4 年。第二阶段为中等教育，设中学堂 5 年。第三阶段为高等教育，分为高等学堂或大学预科 3 年、大学堂 3~4 年、通儒院 5 年。

《国防教育法》

1958 年美国总统批准颁布了《国防教育法》，内容包括加强普通学校的自然科学、数学和现代外语的教学；加强职业技术教育；强调天才教育和增拨大量教育经费。

教育性教学

教育性教学原则是指以教学来进行教育的原则。赫尔巴特指出，不存在"无教学的教育"，也不存在"无教育的教学"。即教育是通过教学，而且只有通过教学才能真正产生实际作用，教学是道德教育的基本途径。

二、简答题

1. 什么是个性？教育促进人的个性发展主要表现在哪些方面？

【答案要点】

个性是一个复杂的、多侧面、多层次的动力结构。它包括了一个人的气质、性格、体貌特征、智力和创造性、与人交往和适应变化着的环境的能力、动机、志向、兴趣、信念和人生观。此外，个性还包括自我意识。

教育促进人的发展主要表现在：

（1）根据学生的性格类型进行因材施教。

（2）发挥集体的作用，学校中的校风、班风、学风等对学生的性格形成起着直接的促进作用。

（3）引导学生进行自我教育，性格教育要从被动向主动转变，让学生通过自我教育和自我调节将外在的教育影响转换为内在品质。

（4）学生的气质类型存在很大的差异，因此，教师要充分考虑学生的气质类型进行因材施教，发挥其气质中的积极方面，克服消极方面。

2. 简述朱子读书法。

【答案要点】

（1）循序渐进。朱熹主张读书要"循序渐进"，意思是读书要按一定的次序，不要颠倒；应根据自己的实际情况和能力，安排读书计划，并切实遵守它；读书要扎扎实实打好基础，不可囫囵吞枣，急于求成。

（2）熟读精思。朱熹认为，读书既要熟读成诵，又要精于思考。熟读有利于理解，熟读的目的是为了精思。精思就是发现问题和解决问题的过程。

（3）虚心涵泳。所谓"虚心"是指读书时要虚怀若谷，静心思虑，仔细体会书中的意思，不要先入为主，牵强附会；所谓"涵泳"是指读书时要反复咀嚼，细心玩味。

（4）切己体察。强调读书不能仅仅停留在书本上和口头上，而必须要见之于自己的实际行动，要身体力行。

（5）着紧用力。包含两方面意思，其一，必须抓紧时间，发愤忘食，反对悠悠然；其二，必须抖擞精神，勇猛奋发，反对松松垮垮。

（6）居敬持志。既是朱熹道德修养的重要方法，也是他最重要的读书法。"居敬"是读书时精神专一，注意力集中；"持志"是要树立远大的志向和高尚的目标，并要以顽强的毅力坚持下去。

3. 简述陶行知"生活教育理论"的基本内涵，并分析其历史价值和现实意义。

【答案要点】

（1）基本内涵。

"生活即教育"是陶行知教育思想的核心，集中反映了他在教育目的、内容和方法等方面的主张，反映了陶行知探索适合中国国情和时代需要的教育理论的努力。

①生活即教育。"生活即教育"是陶行知生活教育理论的核心，其内涵十分丰富。第一，生活含有教育的意义；第二，实际生活是教育的中心；第三，生活决定教育，教育改造生活。

②社会即学校。"社会即学校"是生活教育理论另一重要主张，是"生活即教育"思想在学校与社会关系问题上的具体化。社会即学校是指社会含有学校的意味，或者说以社会为学校；社会即学校也指学校含有社会的意味，也就是说，学校通过与社会生活相结合，一方面运用社会的力量使学校进步，另一方面动员学校的力量帮助社会进步，使学校真正成为社会生活必不可少的组成部分。

③教学做合一。"教学做合一"是生活教育理论的又一重要主张，是"生活即教育"在教学方法问题上的具体化。"教学做合一"要求在"劳力上劳心"；认为"行是知之始"；要求"有教先学"和"有学有教"；是对注入式教学法的否定。

（2）历史价值和现实意义。

陶行知的生活教育理论是一种大众的、为人民大众服务的教育理论，且还是一种不断进取创造，旨在探索具有中国民族特色的教育道路的理论。生活教育理论还在教育观念的改变方面颇有建树，无论是强调学校教育与社会生活、生产劳动相结合，还是要求手脑并用、在劳力上劳心，都是对学校与社会割裂、书本与生活脱节、劳心与劳力分离的传统教育的反动，显示出强烈的时代气息，至今都富于启示。陶行知的生活教育理论是我国民族教育理论宝库中十分可贵的遗产，值得我们珍惜并认真研究借鉴。

4. 影响问题解决的因素有哪些？如何培养学生解决问题的能力？

【答案要点】

（1）影响因素。

①问题情境。个体面临的刺激模式与其已有的知识结构所形成的差异。

②原型启发。通过从待解决的问题具有相似性的其他事物上发现问题解决的途径和方法。

③人际关系。良好的人际关系有助于其解决面临的各类问题。

④知识经验。任何问题解决都离不开一定的知识、策略和技能，知识经验不足常常是不能有效解决问题的重要原因。

⑤定势与功能固着。定势是指人在解决一些相似的问题之后会出现一种易以惯用的方式解决问题的倾向。功能固着是指一个人看到某个物品有一种惯常的用途后，就很难看出它的其他新用途。

⑥酝酿效应。在反复探索一个问题的解决而毫无结果时，如果把问题暂时搁置几个小时、几天或几周，然后再回过头来解决，这时常常就可以很快找到解决方法。

⑦情绪状态。相对平和的心态有利于问题解决，同时，积极的情绪也有利于问题解决。

（2）培养方法。

①鼓励质疑。教师要尽量从自己提出问题过渡到让学生质疑，从而培养学生主动质疑的内在动机，鼓励学生主动提问，形成一种自由探究的气氛。

②设置难度适当的问题。教师给学生的问题要可解，但要有一定的难度。

③帮助学生正确表征问题。学生运用所学知识解释问题，或者画草图、列表、写方程式等，这对回忆相关信息都有很好的作用。

④帮助学生养成分析问题的习惯。教师要帮助学生发展系统考虑问题的方式和系统分析的习惯，教师既不能让学生盲目尝试错误练习，也不能过分热心，先把答案告诉学生。

⑤辅导学生从记忆中提取信息。教师需要帮助学生从记忆中迅速提取与解决问题有关的信息，并能很快找出可利用的信息，明确问题解决情境与欲达到的目的，迅速做出判断。

⑥训练学生陈述自己的假设及其步骤。教师要培养学生由跟从别人的言语指导转变到自行指导思考，然后再要求他们自己用言语把指导步骤表达出来。

⑦提供结构不良问题，培养实际解决问题的能力。通过对这些问题的解决，能让学生将解决问题的能力迁移到实际领域中去。

三、分析论述题

1. 现代教育有哪些基本特征？在这些特征中，你能看出当前中国教育有哪些亟待改革和发展的方面？试提出解决的对策。

【答案要点】

（1）现代教育的基本特征。

现代社会包括资本主义社会和社会主义社会。其主要特点是：生产力发展加速，科技日益发达，促进了各国工业化、信息化、国际化的发展，引发了对专门人才的大量需求，从而提高了教育在社会发展中的地位与作用，推动了学校教育事业的发展。具体表现如下：

①学校教育逐步普及。由于资本主义生产尤其是机器大工业生产在欧洲兴起，因而西欧的资本主义国家最先提出普及教育的要求。1619年，德意志魏玛邦在宗教改革的影响下颁布了学校法令，规定父母送6~12岁男女儿童入学，这是普及教育的开端。

②教育的公共性日益突出。随着大工业生产发展的需要，随着工人阶级和其他劳动人民对教育权的争取，对受教育权的阶级垄断越来越不合时宜，受到来自被统治阶级和统治阶级两方面的批判。

在此情形下，大力发展学校教育逐渐成为社会的公共事业和共同话题。

③教育的生产性不断增强。在现代社会，随着工业生产的发展和科学技术的进步，科技与教育在生产中的作用增强。现代教育与生产劳动的逐步结合，对提高社会生产效率和增加社会财富起着重要作用，日益成为经济发展的有力保证。

④教育制度逐步完善。随着学校数量的增加，学校教育的层次、种类及其运行和管理的复杂化，需要一定的教育宗旨、制度、要求等，以推动学校教育系统有条不紊地运行。教育制度化的实现，使得教育系统中的各级各类学校、各种教育机构和教育行政部门的工作均有制度可循，能排除来自内外部的干扰，使教育活动有序有效地开展，取得了良好效果。

（2）中国教育存在的问题与解决对策。

我国中小学教育存在诸多问题：如教育公平、校园欺凌现象、教育评价机制不完善、教师负担重、德育贯彻不彻底、中小学生考试作弊严重等。现就教育公平进行分析和探讨。

①原因：目前国家面对许许多多的教育公平与质量的问题：城乡公平缺失、地区公平缺失、阶层公平缺失、决策机制的问题等。其中城乡公平缺失问题的原因有：地区经济发展不平衡、师资配置机制不完善、城乡教师学历差距大、缺乏有利的社会氛围等。

②解决思路和方法：国家出台相关政策和改革措施，加大教育经费的投入，确保落实4%的目标；加强教育基础设施建设。树立新型教育基础设施建设理念，借助教育信息化的力量，缩小教育差距，促进教育公平；优化教育投入结构，向义务教育、学前教育倾斜；大力推动和促进当前的新课程改革，提高教育质量。

2. 什么是教学评价？教学评价有哪些类型？分析我国目前教学评价中存在的问题。

【答案要点】

教学评价是对教学工作质量所做的测量、分析和评定。它以参与教学活动的教师、学生、教学目标、内容、方法、教学设备、场地和时间等因素的优化组合的过程和效果为评价对象，是对教学活动的整体功能所做的评价。

（1）根据评价在教学中的作用不同，分为诊断性评价、形成性评价、总结性评价。

①诊断性评价：在学期教学或单元教学开始时，对学生现有的知识水平和能力发展的评价，如各种摸底考试。其目的是为了弄清学生现有知识和能力发展情况，优点与不足之处，以便更好地改进教学，因材施教，因势利导。

②形成性评价：在教学进程中，对学生的知识掌握和能力发展所做的比较经常而及时的测评，包括对学生的提问、书面测验、作业批改等。其目的不注重于成绩的评定，而是使师与生都能及时获得反馈信息，更好地改进教与学，以促进教师和学生的发展、提高。

③总结性评价：在一个大的学习阶段，对学生学习的成果进行制度化的正规考查、考试及成绩评定，也称终结性评价。其目的是为学生评定一定阶段的学习成绩。

（2）根据评价所运用的方法和标准不同，分为相对性评价和绝对性评价。

①相对性评价：用常模参照性测验对学生成绩进行的评定，依据学生个人的成绩在该班学生成绩序列中或常模所处的位置来评价和决定他的成绩优劣，而不考虑他是否达到教学目标的要求。相对性评价也称常模参照性评价。它宜于选拔人才用，但不能表明他在学业上是否达到了特定的标准。

②绝对性评价：用目标参照性测验对学生成绩进行评定，依据教学目标和教材编制试题来测量学生的学业成绩，判断学生是否达到了教学目标的要求，而不以评定学生之间的差别为目的。也称目标参照性评价。它宜用于升级考试、毕业考试、合格考试，不适用于甄选人才。

（3）根据评价主体的不同，分为教师评价和学生自我评价。

①教师评价：指任课教师与班主任对学生的学习状况与成果进行的各种评价。

②学生自我评价：指在教师的引导下学生对自己的作业、试卷、其他学习成果进行的自我评价。

目前，我国教学评价的发展水平与教育改革和发展的急切需求相比还有不少差距，无论是在借鉴移植其他领域的方法方面，还是依据教育评价的特点和规律，在方法的创新方面，我们都还有大量的工作需要做。从整体角度把握教学评价在当代的发展趋向，分析教学评价发展的特点，则成为我们目前的首要工作。

3. 请结合这段话评述卢梭的自然教育理论，并谈谈对目前教育改革的启示。

【答案要点】

（1）自然教育的基本含义。

卢梭自然主义教育的核心是"回归自然"。一方面，善良的人性存在于纯洁的自然状态之中。只有"回归自然"、远离喧嚣社会的教育，才有利于保持人的善良天性。因此15岁之前的教育必须在远离城市的农村进行。另一方面，每个人都是由自然的教育、事物的教育、人为的教育三者培养起来，只有三种教育圆满地结合才能达到预期的目的。三者之中，应以自然的教育为基准，才能使教育回归自然达到应有的成效。

（2）自然教育的培养目标。

自然教育最终目的是培养"自然人"，即身心调和发达、体脑两健、能力强盛的新人，也就是摆脱封建羁绊的资产阶级新人。具有以下特征：①自然人是能独立自主的人，他能独自体现出自己的价值；②在自然的秩序中，所有的人都是平等的；③自然人又是自由的人，他是无所不宜、无所不能的；④自然人还是自食其力的人。可无须仰赖他人为生，这是独立自主的可靠保证。

（3）自然教育的方法原则。

卢梭猛烈抨击了当时向儿童强迫灌输旧的道德和知识、摧残儿童天性的做法，他提出以下几点原则和方法：第一，树立正确的儿童观，应当把成人看作成人，把孩子看作孩子；第二，对儿童实施消极教育。此外，让他们在同自然的接触中，体会到自己所犯的错误和过失带来的自然后果，使儿童服从于自然法则，结合具体事例让他们从自己的直接经验中受到教育；第三，根据儿童天性的个体差异，因材施教。

（4）自然主义教育的实施。

卢梭根据自然教育的原则，根据人的自然发展的进程和不同年龄时期身心的特点，把自然教育分为婴儿期、儿童期、少年期和青春期。婴儿期主要进行体育；儿童期主要进行感官训练和身体发育，这个时期的儿童不宜进行理性教育，不应强迫儿童读书；少年期主要进行智育和劳动教育；青春期主要接受道德教育，包括宗教教育、爱情教育和性教育。

对教育改革的启示：

①教育要根据儿童天性的个体差异，因材施教。

②教育要根据人的自然发展的进程和不同年龄时期身心的特点，针对不同年龄阶段的儿童，实施不同的教育。

③传授知识的过程中应发挥学生的主体性，反对灌输式教学。

4. 问1：请你对何时才会出现动作技能的学习做出确认。

问2：并就动作技能获得的阶段及其影响因素逐一做描述。

【答案要点】

问1：动作技能形成的标志是达到熟练操作。所谓熟练操作指动作已达到较高速度、准确、流畅、灵活自如，且对动作组成成分很少或不必有意识注意的状态。动机技能熟练操作的主要特征有：

（1）意识调控减弱，动作自动化。在动作技能形成初期，各种动作都受意识支配调节。通过反复练习，一旦动作达到熟练程度，意识调控被自动化所取代，动作是无意识进行的。

（2）能利用细微线索。在初步掌握动作技能时，学习者只能对那些很明显的线索发生反应，不能觉察自己动作的全部情况和错误。而动作熟练后，学习者能察觉到自己动作的细微差别，仅凭细微的线索就能改进调整自己的动作，做出恰如其分的反应。

（3）动觉反馈作用加强。动作技能的反馈包括两类：一类是外部反馈，即对反馈结果的知悉；另一类为内部反馈，即是以肌肉活动本身的动觉刺激形式出现的。

（4）形成运动程序的记忆图式。所谓运动程序的记忆图式，是指经过长期的练习而在长时记忆中形成的关于动作的有组织的系统性知识，它使完整的操作流畅地执行。

（2）在不利条件下能维持正常操作水平。检验动作的熟练程度，更重要的是考查在不利条件下表现出来的操作水平。一般来说，越熟练的动作，越能在外界情况变化下或面临紧急情况时维持正常操作水平。

问2：动作技能的形成过程主要有两个理论模型。

（1）菲茨和波斯纳的三阶段模型。

认知阶段。学习有关知识，了解完成这种技能动作的基本要求，在头脑中形成这种技能的最一般、最粗略的表象。练习者要将组成某种动作技能的活动方式反映到头脑中，形成动作映像，并对自己的任务水平进行估计，明确自己能够做得如何。

联系阶段。对各个独立的步骤进行合并或"组块"，以形成更大的单元。学习者的注意力从开始的认知转向动作，从个别动作转向组合和协调，以形成连贯的动作。

自动化阶段。学生所学习的动作技能的各个动作在时间和空间上已经联合成为一个有机的整体并且巩固下来，各个动作已经达到自动化，只要有一个启动信号就能迅速准确地按照动作的程序以连锁反应的方式来实现。

（2）冯忠良的四阶段模型。

操作的定向。操作的定向就是了解操作活动的结构与要求，在头脑中建立起操作活动的定向映像的过程。

操作的模仿。实际再现出特定的动作或行为模式，即个体将其在操作定向阶段头脑中形成的定向映像以外显的实际动作表现出来，也就是将头脑中的各种认识与实际的肌肉动作联系起来。

操作的整合。学习者通过融合前一阶段习惯的动作，使各个动作成分变得协调，动作结构趋于合理，动作的初步概括化得到实现，个人对动作的有效控制也在增强。

操作的熟练。操作的熟练指形成的动作方式对各种变化的条件具有高度的适应性，动作的执行达到高度的完善化和自动化。

（3）影响因素：

①指导与示范。在动作技能形成的认知阶段，教师需要帮助学生理解动作技能，明确学习任务，形成作业期望，并获得一定的完成任务的学习策略。

②练习。动作技能只有通过一定的练习才能形成。练习是指以形成某种技能为目的的学习活动，是以掌握一定的动作方式为目标而进行的反复操作过程。

③反馈。在技能的练习中，让学生及时地了解自己的练习效果，有利于提高练习效率，但对教师而言，注意反馈的内容、频率和方式是至关重要的。

④积极的接纳态度。技能学习的过程中，如果学习者没有积极的态度，就难以进行主动学习，即使"被迫"学会了新的技能，如果没有积极接纳，也会因为疏于使用而荒废。

辽宁师范大学 333 教育综合·真题解析

一、名词解释

课程标准

课程标准是指在一定课程理论指导下,依据培养目标和课程方案以纲要形式编制的关于课程的性质与价值、目标与内容、教学实施建议以及课程资源开发等方面的指导性文件,一般由说明、课程目标、课程内容标准和课程实施建议等部分组成。

班级授课制

班级授课制是一种集体教学形式。它把一定数量的学生按年龄与知识程度编成固定的班级,根据周课表和作息时间表,安排教师有计划地给全班学生上课,分别学习所设置的各门课程。

苏格拉底法

苏格拉底法也称"问答法""产婆术",是由讥讽、助产术、归纳和定义四个步骤组成的独特的方法。这是苏格拉底探讨伦理哲学的研究方法,也是他的教学方法。

导生制

导生制又称贝尔–兰卡斯特制,其具体实施是:教师在学生中选择一些年龄较大、学习成绩较好的学生充任导生,教师先对导生进行教学,然后由他们去教其他学生。通过这种教学方式,学生的数额得以大大增加,也在一定程度上缓解了教师奇缺的压力,因而一度广受欢迎,但因其难以保证教育质量而最终被人们所抛弃。

创造性

创造性是个体利用一定内外条件,产生新颖、独特、有社会和个人价值产品的心理特性。这种心理品质是综合的、多维的,它包括与创造活动密切联系的认知品质、人格品质和适应性品质。创造性表现于创造活动之中,其结果以"产品"为标志,其水平以产品的"价值"为标准。

图式

图式是指儿童用来适应环境的认知结构。从发展的角度来看,儿童最初的图式是遗传所带来的一些本能反射行为,如吸吮反射等。

二、简答题

1. 什么是教育目的?我国教育目的的基本精神是什么?

【答案要点】

教育目的是对教育活动所要培养的人的个体素质的总的预期与设想,是对社会历史活动的主体的个体素质的规定。它体现一定社会对受教育者质量规格的界定和要求,也体现人自身发展所应该达到的水准和高度。

2015年新修订的《中华人民共和国教育法》规定:"教育必须为社会主义现代化建设服务,必须与生产劳动和社会实践相结合,培养德、智、体、美等方面全面发展的社会主义事业的建设者和接班人。"这是目前教育目的最规范的表述。

我国教育目的表述虽几经变化,但其基本精神却是一致的,就是培养学生成为未来国家、社会发展的实践主体与主人。其基本点包括以下几个方面：培养"劳动者"或"社会主义建设人才"；坚持全面发展；培养独立个性。

综上所述，我国教育目的的价值取向的出发点与归宿在于：培养德、智、体、美、劳全面发展，具有创新精神、实践能力和独立个性的社会主义现代化需要的各级各类人才。

2. 简述《学记》关于教育教学原则的思想。

【答案要点】

（1）豫时孙摩。

①豫，即预防性原则：要求事先估计学生可能会产生的种种不良倾向，预先采取预防措施。

②时，即及时施教原则：要求掌握学习的最佳时机，适时而学，适时而教。

③孙，即循序渐进原则：教学必须遵循一定的顺序，包括内容的顺序和年龄的顺序。

④摩，即学习观摩原则：学习要相互观摩，取长补短。同时，借助集体的力量进行学习。

（2）长善救失。长善救失原则要求教师懂得并掌握教育的辩证法，坚持正面教育，善于因势利导，利用积极因素，克服消极因素，将缺点转化为优点。

（3）启发诱导。君子的教育在于诱导学生，靠的是引导而不是强迫服从，是启发而不是全部讲解。只有这样，才能调动学生学习和思考的积极性、主动性，使学生的思维能力得到锻炼和发展。

（4）藏息相辅。既有有计划的正课学习，又有课外活动和自习，有张有弛，让学生感到学习的乐趣，感受到老师、同学的可亲可爱，使学习成为学生的一种内在需要。

3. 简述培养和激发学习动机的措施。

【答案要点】

（1）创设问题情境，实施启发式教学。

（2）根据作业难度，恰当控制动机水平。

（3）充分利用反馈信息，给予恰当的评定。

（4）妥善进行奖惩，维护内部学习动机。

（5）合理设置课堂环境，妥善处理竞争和合作。

（6）适当进行归因训练，促使学生继续努力。

（7）培养自我效能感，增强学生成功的自信心。

（8）维护学生自我价值，警惕自我妨碍策略。

（9）维护内在需要，促进外部动机内化。

4. 如何矫正品德不良的学生？

【答案要点】

（1）运用行为主义学习理论培养个体的良好行为方式。在教育中适当运用渐进强化的原理，可以有效地塑造学生的良好行为方式或矫正学生的偏差行为方式。

（2）直接从自我观察学习入手培养人的自律行为。自律是个人根据自己的价值标准评判自己的行为，从而规范自己去做自己认为应该做的事情，或避免做自己认为不应该做的事。

（3）提高道德认识法。"美德即知识"的命题启示人们，在很多时候丰富人的道德认识的确可以使人少犯错误，尤其是一些低级错误。这样，妥善采取常用的说理法、故事启发法、小组讨论法或价值澄清法等方法以提高人们的道德认知水平，往往是防治品行不端的有效之举。

（4）改过迁善法。指要求犯错者纠正自己的不良品德，以使自己朝着善的方向发展的方法。该方法由两部分组成：一是消除一个或几个错误的地方；二是通过一定的练习，使自己的行为朝着与原来不良行为相反的或不相容的方向发展。

（5）防范协约法。指以书面形式在教育者与被教育者之间建立和实施的一种监督关系的矫正不良行为的方法。

三、分析论述题

1. 举例说明学生的身心发展规律有哪些，教育应怎样适应？

【答案要点】

（1）顺序性。

基本含义：在正常情况下，人的发展具有一定的方向性和顺序性，既不能逾越，也不能逆向发展。如个体动作的发展就遵循自上而下、由躯体中心向外围、从粗动作向细动作的发展规律性。就心理而言，儿童的发展总是从无意注意到有意注意，从机械记忆到意义记忆，从具体形象思维到抽象逻辑思维，从喜怒哀乐等一般情绪发展到道德感、理智感、美感等高级情感。

教学指导：个体身心发展的顺序性，决定了教育教学工作的顺序性，在不同的发展阶段展开不同的教育活动，同时更应该按照发展的序列来施教，做到循序渐进。

（2）不平衡性。

基本含义：人的发展不总是匀速直线前进的，不同的系统的发展速度、起始时间、达到的成熟水平是不同的；同一机能系统在发展的不同时期也有不同的发展速率。从总体发展来看，幼儿期出现第一个加速发展期，青春发育期出现第二个加速发展期。

教学指导：人的发展的不平衡性要求教育要掌握和利用人的发展的成熟机制，抓住发展的关键期，促进学生健康地发展。

（3）阶段性。

基本含义：人的发展变化既体现出量的积累，又表现出质的飞跃。当某些代表新质要素的量积累到一定程度时，就会导致质的飞跃，从而表现出发展的阶段性。个体的身心发展的阶段性表现为不同年龄阶段的个体具有不同的年龄特征及主要矛盾，面临着不同的发展任务。

教学指导：人的发展的阶段性要求教育要从学生的实际出发，尊重不同年龄阶段学生的特点，并根据这些特点提出不同的发展任务，采用不同的教育内容和方法，进行有针对性的教育，以便有效地促进他们的个性发展。

（4）个别差异性。

基本含义：人的发展的个体差异表现在身心发展的速度、水平、表现方式等方面。如在发展速度上，有的儿童早慧，有的儿童大器晚成。

教学指导：人的发展的个别差异性要求教育要深入了解学生，针对学生不同的发展水平及不同的兴趣等因材施教，引导学生扬长避短、发展个性，促进学生自由发展。

（5）整体性。

基本含义：人的生理、心理和社会性等方面的发展是密切联系在一起的，并在发展过程中相互作用，使人的发展表现出明显的整体性。

教学指导：人的发展的整体性要求教育要把学生看作复杂的整体，促进学生在体、智、德、美、行等方面全面和谐地发展，把学生培养成完整和完善的人。

2. 评价蔡元培的大学教育思想和对北京大学的改革。

【答案要点】

（1）抱定宗旨，改变校风。

蔡元培明确大学的宗旨，认为大学应该成为"研究高尚学问之地"。他改革北大的第一步就是要为师生创造研究高深学问的条件和氛围。具体措施有：改变学生的观念；整顿教师队伍，延聘积学热心的教员；发展研究所，广积图书，引导师生研究兴趣；砥砺德行，培养正当兴趣。

（2）贯彻"思想自由，兼容并包"的办学原则。

蔡元培明确声明，在学术上"循'思想自由'原则，取兼容并包主义"，这是他办理北京大学的基本指导思想。该思想不仅体现在学术上，也体现在教师的聘任上。蔡元培以"学诣为主"，罗致各类学术人才，使北大教师队伍一时呈现出流派纷呈的局面。

（3）教授治校，民主管理。

1912年由蔡元培主持制定的《大学令》中，确立了教授治校、民主管理的大学校务管理原则，规定大学设立评议会，各科设立教授会。蔡元培到任北大后，当年即组织了评议会。1919年，评议会通过学校内部组织章程，决定：第一，设立行政会议，作为全校最高的行政机构和执行机构，负责组织实施评议会议决的事项，下设各种委员会分管各类事务；第二，设立教务会议及教务处，由各系主任组成，并互相推选教务长一人，统一领导全校的教务工作；第三，设立总务处，主管全校的人事和事务工作。

管理体制的改革，体现了蔡元培教授治校、民主管理的思想，目的是把推动学校发展的责任交给教授，让真正懂得学术的人来管理学校。新的管理体制的建立，改变了京师大学堂遗留下来的封建衙门作风，提高了工作效率，促进了学校的蓬勃发展。

（4）学科与教学体制改革。

在学科与教学体制改革方面，蔡元培主要有三个措施：第一，扩充文理，改变"轻学而重术"的思想；第二，沟通文理，废科设系；第三，改年级制为选科制，发展学生个性。

北京大学的改革不仅仅使自身改变了面貌，也是我国高等教育近代化发展中的一个里程碑。这次改革的灵魂是"思想自由，兼容并包"，其中"兼容并包"不仅包容不同的学术和学说流派、不同的人物和主张，也在男生之外包容女生，在正式生之外包容旁听生。北大因此成为新文化运动和马克思主义的传播中心、五四运动的策源地，其影响远远超出了教育领域。

3. 这段话体现了德育过程的哪一规律？并进行分析。

【答案要点】

在德育过程中，要引导学生积极参与社会学习、生活交往和道德践行，培养和提升他们的思想品德素质，均有赖于发挥学生个人的能动性和自我教育能力。

（1）自我教育能力培育的意义。

一方面，自我教育能力是德育的一个重要条件，只有注意培养与提高学生的这种能力，德育才能进行得更顺利、更有效。另一方面，学生的自我教育能力的形成又是学生思想道德发展过程的一个重要标志。

（2）自我教育能力的构成因素。

①自我期望能力，是个体设定自我发展愿景的能力。它是自我教育的内在目的和动力。儿童自幼就有做"好孩子""好学生"的热切期望，这是学生自我期望能力发展的心理基础。

②自我评价能力，是个体对自我发展现状和趋势的评判能力。它是进行自我教育的认识基础。

③自我调控能力，是在自我评价的基础上建立起来的自觉调节、控制自己思想与行为的能力。它是进行自我教育的重要机制。

（3）学生自我教育能力的发展。

儿童自我意识与自我教育能力的发展是有规律的，大致是从"自我中心"发展到"他律"，又从"他律"发展到"自律"。教师应该依据这一规律，从实际出发，因势利导，有目的地培养学生的自我意识，提高学生的自我期望、自我评价和自我调控能力，形成和发展他们的自我教育能力，充分发挥他们在自身品德建构中的主体作用。

4. 这是《学校与社会·明日之学校》中的话，试以这段话为例评述杜威的课程与教学思想。

【答案要点】

（1）论课程与教材。

①对传统课程的批判。

杜威认为传统教育的课程是由成人编就的，代表成年人的标准，不适合儿童的现有能力，超出了儿童已有的经验范围。

儿童的生活和经验具有统一性和完整性，学校中多种多样的分门别类的学科割裂和肢解了儿童的世界，使儿童对世界的认识失去应有的全面性而流于片面。

旧教材和课程社会精神匮乏。杜威要求教材不能只从本身出发，而应与社会生活相联系。

（2）从做中学。

杜威以其经验论为基础，要求从做中学、从经验中学，要求以活动性、经验性的主动作业来取代传统书本式教材的统治地位。在杜威看来，这种活动性、经验性课程既能满足儿童的心理需要，又能满足社会性的需要，还能使儿童对事物的认识具有统一性和完整性。

杜威并不反对间接经验本身，他反对的是传统教育中那种不顾儿童接受能力的直接灌输、生吞活剥式的获取间接经验的方式。学习的关键在于既要使儿童获得较为系统的知识，又能在学习过程中兼顾儿童的心理水平。

（3）教材心理学化。

杜威主张以"教材心理学化"来解决怎样使儿童最终获得较系统的知识而同时又能在学习过程中顾及儿童的心理水平。"教材心理学化"是指把各门学科的教材或知识各部分恢复到它所被抽象出来之前的原来的经验。这种心理化就是把间接经验转化为直接经验，即直接经验化。之后再将已经经验到的那些东西累进地发展为更充实、更丰富也更有组织的形式，即逐渐地接近提供给有技能的、成熟的人的那种教材形式。

（4）论思维与教学方法。

杜威反对以教师、教科书、教室为中心的传统教学方法而提出"从做中学"，这是一种通过主动作业、在经验的情境中思维的方法，从而达到经验与思维的统一、思维与教学的统一、课程与作业的统一、教材与教法的统一。

①反省思维。杜威所力倡的反省思维是指对某个经验情境中的问题进行反复的、严肃的、持续不断的思考，其功能在于求得一个新情境，把困难解决、疑虑排除、问题解答。

②五步教学法。杜威根据科学的实验主义探究方法和反省思维方式，提出了五步教学法，五个阶段的顺序并不固定，实际思维中，有时两个阶段可以合二为一。

创设疑难的情境。学生要有一个真实的经验的情境，要有一个对活动本身感兴趣的连续的活动。

确定疑难所在。在这个情境内部产生一个真实的问题，作为思维的刺激物。

提出问题的种种假设。他要占有知识资料，从事必要的观察，对付这个问题。

推断哪种假设能解决这个困难。他必须有条不紊地展开他所想出的解决问题的方法。

验证这种假设。他要有机会和需要通过应用检验他的观念，使这个观念意义明确，并且让他自己发现它们是否有效。

（5）评价。

①杜威是西方现代教育派的理论代表。他对传统教育的整个理论体系发起挑战，奠定了现代教育的理论大厦的基石。

②杜威是新教育的思想旗手，他的教育理论突破以往建立在主客体两分之上的传统教育的弊端，将知行合一，使教学中死的知识变为活的知识，突破了内发论和外铄论，将教育看作人与环境

的交互过程中经验的观点具有很高的创造性。

③杜威奠定了儿童中心论，解决教育与儿童相脱离的问题，并通过学校与社会的统一、思维与经验的统一，解决教育与实践、学校与社会脱离的问题。

④杜威提出了做中学这一建立在新哲学和心理学基础上的新方法，拓宽了教学形式和方法，提高了教学专业化水平。

⑤杜威的教育理论对世界教育进程发挥了巨大作用，对日本、中国、苏联等国具有直接的影响。

⑥杜威的理论偏重儿童、活动、经验三中心而使得教育实践忽视了系统知识的传授以致引发了自由与纪律、教师与学生关系等诸多矛盾。另外，根据经验和教材心理化原则编写新型教材的设想过于理想化，难以实现。

2022年 吉林师范大学 333 教育综合·真题真练

一、名词解释
形成性评价　活动课程　颜氏家训　泛智教育　二级强化　支架性教学

二、简答题
1. 德育影响一致性和连贯性原则。
2. 掌握知识和发展智力的教学过程。
3. 归因对学习动机的影响。
4. 实施观察学习对学生的教学。

三、分析论述题
1. 我国普通中小学生的性质和任务。
2. 民国元年教育方针和方法。
3. 陶行知陈鹤琴的观点以及共同之处。
4. 裴斯泰洛齐教育心理学化。

2021年 吉林师范大学 333 教育综合·真题真练

一、名词解释
社会流动功能　课程标准　负强化　顺应　学在官府
有教无类　昆西教学法　平行教育原则

二、简答题
1. 在现代教育发展过程中，人的地位和价值发生了哪些变化？
2. 你认为我国新一轮基础教育课程改革对教师提出了哪些新的要求？
3. 综合实践活动的本质特征是什么？其基本内容有哪些？
4. 奥苏伯尔学习理论。
5. 小强上课时能认真听讲，并完成作业，课后爱看小说、摄影、踢足球，功课关注不多，期末考试的前几天才抓紧时间复习，所以考试成绩不高，他十分烦恼。请用艾宾浩斯遗忘规律分析考试成绩不理想的原因，并用遗忘规律给出学习过程中有效的复习对策。
6. 评述世界上第一本教育专著中的主要教育思想。
7. 评述杜威的教育本质观。

2020年 吉林师范大学 333 教育综合·真题真练

教育学原理

一、名词解释

狭义的教育　教育制度

二、简答题

1. 现代教育的特点。
2. 教学过程中应处理好的几种关系。
3. 德育原则有哪些？

三、分析论述题

教育的社会制约性。

中外教育史

一、名词解释

长善救失　中体西用　苏格拉底方法　教育性教学原则

二、分析论述题

1. 陈鹤琴活教育理论体系。
2. 结构主义教育思潮的基本内容及影响。

教育心理学

一、名词解释

普雷马克原理

二、简答题

1. 布鲁纳发现学习的好处。
2. 学习动机原理有哪些？
3. 影响问题解决的因素。

三、分析论述题

1. 如何激发学生的学习兴趣？

2019年 吉林师范大学333教育综合·真题真练

教育学原理

一、名词解释

教育目的　狭义的教育

二、简答

1. 上课的基本要求。
2. 班主任的素质要求。
3. 德育的途径。

三、分析论述题

影响身心发展的因素。

中外教育史

一、简答题

1. 董仲舒的教育思想。
2. 文艺复兴时期人文主义的教育特征。

二、分析论述题

1. 《学记》所涉及的教学原则及方法。
2. 赫尔巴特教学形式阶段理论。

教育心理学

一、名词解释

学习策略　观察学习

二、简答题

1. 影响解决问题的主要因素。
2. 学习动机的种类。

2018年 吉林师范大学333教育综合·真题真练

教育学原理

一、名词解释

教学　课程　学校管理

二、简答题

1. 教育的文化功能。
2. 教学过程的性质。
3. 教师劳动的特点。

三、分析论述题

1. 影响人的身心发展的基本因素。

中外教育史

一、简答题

1. 宋代书院的教育特点。
2. 日本明治维新时期的教育改革。

二、分析论述题

1. 洋务派中体西用的教育思想。
2. 赫尔巴特教学理论。

教育心理学

一、名词解释

教育心理学　有意义学习

二、简答题

1. 心理健康教育的途径。
2. 认知策略包括哪些？

2017年 吉林师范大学 333 教育综合·真题真练

一、名词解释
教育目的　学校管理　课程标准　化性起伪　京师同文馆　精细加工策略　学习

二、简答题
1. 影响人的发展的基本要素。
2. 简述学校管理发展的趋势。
3. 简述蔡元培"五育并举"方针。
4. 简述人文主义教育的特征。
5. 简述卢梭的自然主义教育的影响。
6. 简述皮亚杰的认知发展理论。

三、分析论述题
1. 试论述教师的素养。
2. 试论述杜威教育的本质和目的。
3. 试述心理健康教育的途径。

2016年 吉林师范大学 333 教育综合·真题真练

一、名词解释
教育目的　学制　教学原则　美育　道尔顿制　新教育大纲

二、简答题
1. 教育的基本要素。
2. 人的主观能动性对教育的作用。
3. 孟子的德育原则。
4. 陶行知的生活教育理论。
5. 心理发展的一般规律。
6. 加德纳的多元智力理论。
7. 有意义学习内容以及条件。
8. 学习动机的作用。

三、分析论述题
1. 如何把握好教师的主导作用和学生的主动性的关系？

2. 卢梭的自然主义教育的评述。
3. 皮亚杰的认知发展阶段理论的内容和特点。

2015年 吉林师范大学 333 教育综合·真题真练

一、名词解释
狭义教育　学校教育制度　教学　自然适应原则　《普通教育学》　学习策略

二、简答题
1. 简述生产力对教育的制约作用。
2. 简述我国教育目的的基本精神。
3. 简述教师劳动的特点。
4. 西周官学的基本特征是什么？
5. 学习动机有什么作用？

三、分析论述题
1. 试述影响人身心发展的基本因素。
2. 试述蔡元培高等教育思想以及对当前高等教育的启示。
3. 论述埃里克森心理发展的八个阶段。
4. 试述卢梭自然主义教育思想。

2014年 吉林师范大学 333 教育综合·真题真练

一、名词解释
狭义的教育　课程　学校管理　德育　西周"六艺"　"思想自由，兼容并包"　创造性

二、简答题
1. 简述教育的经济功能。
2. 简述如何上好一堂课。
3. 比较古希腊雅典与斯巴达教育的异同。
4. 简述学生学习的特点。

三、分析论述题

1. 试述班主任工作的内容和方法。
2. 论述孔子的教育思想。
3. 试述杜威关于教育本质的思想以及对当前教育的启示。
4. 论述马斯洛的需要层次理论,并结合实际谈谈教师如何运用这一理论实现对学生的人文关怀。

2022年 吉林师范大学 333 教育综合·真题解析

一、名词解释

形成性评价

形成性评价是指在教学进程中，对学生的知识掌握和能力发展所做的比较经常而及时的测评，包括对学生的提问、书面测验、作业批改等。其目的在于使师生都能及时获得反馈信息，从而更好地改进教与学，以促进师生的发展和提高。

活动课程

活动课程又称经验课程、儿童中心课程，与学科课程相对立，它打破学科逻辑的界限，是以学生的兴趣、需要、经验和能力为基础，通过引导学生自己组织有目的的系列活动而编制的课程。

颜氏家训

颜之推写出了我国封建社会第一部系统完整的家庭教科书——《颜氏家训》，用以训诫其子孙。主要包括以下主张：家教奠基，父母有责；教儿婴孩，勿失良机；偏宠有害，严教是爱；注意环境的影响；重视家庭的语言教育；重视儿童心理观察。

泛智教育

基于教育的崇高目的，夸美纽斯提出了"将一切事物教给一切人"的泛智主义教育观，并由此大力主张普及教育于全体儿童和民众。内容主要包括教育内容的泛智化和教育对象的普及化两个方面。

二级强化

二级强化是任何一个中性刺激与一级强化反复联合，获得了自身强化效力的强化，如金钱。二级强化可分为社会强化，代用券和活动。

支架性教学

支架式教学指教师或其他助学者和学习者共同完成某种活动，为学习者参与该活动提供外部支持，帮助他们完成独自无法完成的任务，随着活动的进行，逐渐减少外部支持，使共同活动让位于学生的独立活动。

二、简答题

1.德育影响一致性和连贯性原则。

【答案要点】

（1）内涵。

教育影响的一致性和连贯性原则指德育应当有目的有计划地把来自各方面对学生的影响加以组织，使其优化为教育的合力前后连贯地进行，以获得最大的成效。

（2）基本要求。

①组建教师集体，使校内对学生的教育影响一致。为了提高德育工作的效率和效果，使全体教师对学生的影响与要求一致起来，有必要组建相应的教师集体。

②做好衔接工作，使对学生的教育前后连贯和一致。德育要做好衔接工作，包括小学与初中、

初中与高中以及学期之间的思想教育衔接工作;做好教师因工作调换而产生的衔接工作。

③发挥学校教育的引领作用,使学校、家庭和社会对学生的教育得到整合、优化。学校应与家庭和社会的有关机构建立和保持联系,形成一定的教育协作制度;要及时、定期地交流情况;要分工负责;要引导学生提升自我修养。

2. 掌握知识和发展智力的教学过程。

【答案要点】

(1)智力的发展与知识的掌握二者相互依存,相互促进。在教学过程中,学生智力的发展依赖于他们知识的掌握,对学生来说,掌握、运用知识及其反思、改进的过程,也就是他们运用和发展智力的过程;同时,学生对知识的掌握又依赖于他们的智力发展。

(2)生动活泼地理解和创造性地运用知识才能有效地发展智力。在教学中要引导学生通过生动活泼的教学活动,透彻地理解知识原理,了解获取知识的过程与方法,学会独立思考、推理与论证,创造性地解决实际问题,这样才能使学生的智力获得高水平的发展。

(3)防止单纯抓知识教学或只重能力发展的片面性。在教学实践中,有的教师忽视引导学生通过探究、反思有意识地锻炼学生的智力,有的教师忽视通过系统知识和原理的学习与运用来发展智力。这两者都不利于提高教学质量。

3. 归因对学习动机的影响。

【答案要点】

(1)当个体将成功归因于能力和努力等内部因素时,会产生骄傲、自豪感,增强自信心和动机水平。

(2)将成功归因于任务容易、运气好、别人帮助等外部原因时,则满意感较少。当个体将失败归因于能力弱、不努力等内部原因时,会产生愧疚感;将失败归因于任务太难、运气不好或教师评分不公正等外部原因时,则较少产生愧疚感。

(3)归因于努力相比于归因于能力,无论成败都会引发更强烈的情绪体验。努力而成功体验到愉快,不努力而失败体验到羞愧,努力而失败也应受到鼓励。

4. 实施观察学习对学生的教学。

【答案要点】

(1)教授新行为、技能、态度和情感。教师需要将所期望的行为、技能、态度和情感以明确外显的方式示范出来,并对学生的模仿予以强化。同时,教师也要注意发挥自身的榜样作用,用自身对世界的好奇心、对本学科的热爱以及对学习的热情等感染学生。

(2)监控学生习得行为的表现。教师需要在创造榜样的同时,对良好的行为给予及时的表扬和鼓励,对错误的行为则给予批评和教育。

(3)对学生道德行为的养成具有现实指导意义。在该理论的基础上创建的认知行为矫正法在心理咨询和心理治疗中也得到广泛应用。

三、分析论述题

1. 我国普通中小学的性质和任务。

【答案要点】

普通中小学教育的性质是基础教育;它的任务是培养全体学生的基本素质,为他们学习做人和进一步接受专业教育打好基础,为提高民族素质打好基础。正确而深入地理解中小学教育的性质和任务,应该把握以下几个基本要点:

（1）为年轻一代做人打好基础。普通中小学的教育对象是青少年儿童，他们在这一时期要掌握科学文化基础知识和基本技能，发展思维能力和表达能力，形成良好的思想品德和高尚的审美情趣，拥有健康的身体，有自学能力和自我完善能力，为成为社会主义的建设者和接班人打好基础。普通中小学教育具有基础性、全面性和全体性，对青少年儿童的一生将产生深远影响。

（2）为年轻一代在未来接受专业教育打好基础。普通中小学教育首先要注重促进年轻一代的一般发展，以便为他们进一步接受专业教育打好基础。职业训练在中学阶段应占有合理的比重，才能完成培养各级各类建设人才和劳动者的任务。普通教育中可以适当渗透一点职业教育的经验，但是在要求个人具有较高的全面素质的当代，切忌将普通中小学教育办成职业教育，否则将影响学生的一般发展，导致个人的片面发展。

（3）为提高民族素质打好基础。提高民族素质不完全是教育的任务，更不完全是普通中小学教育的任务。但是，普通中小学，特别是义务教育，毕竟在其中起着奠基的作用，它为学生做人和接受专业教育打基础。因此，义务教育普及的程度和质量的高低，直接关系到民族素质的建构与提高。

2. 民国元年教育方针和方法。

【答案要点】

（1）制定教育方针。

民国临时政府教育部重要的任务是为新生的资产阶级共和国的教育发展规划蓝图，其中具有战略意义的是确立民国教育方针。1912年，全国临时教育会议召开。会议讨论通过了民国教育方针，于当年9月2日由教育部公布实施，其内容为："注重道德教育，以实利教育、军国民教育辅之，更以美感教育完成其道德。"

（2）颁布"壬子癸丑学制"。

1912年，民国教育部参照日本学制，制定和正式公布了民国学制系统的结构框架——壬子学制。随后至1913年，教育部又陆续公布了一系列教育法令法规，使得壬子学制得到充实和具体化，综合起来形成了壬子癸丑学制，又称1912—1913学制，这是中国近代第一个资产阶级性质的学制。

3. 陶行知陈鹤琴的观点以及共同之处。

【答案要点】

（1）陶行知的生活教育思想。

①"生活即教育"。"生活即教育"是陶行知生活教育理论的核心。其内涵包括：生活含有教育的意义；实际生活是教育的中心；生活决定教育，教育改造生活。

"生活即教育"所强调的是教育以生活为中心，所反对的是传统教育脱离生活而以书本为中心。尽管它在生活与教育的区别和系统的知识传授方面有所忽视，但在破除传统教育脱离民众、脱离社会生活的弊端方面，有十分重要的意义。

②"社会即学校"。"社会即学校"是生活教育理论另一重要主张，是"生活即教育"思想在学校与社会关系问题上的具体化。"社会即学校"，是指"社会含有学校的意味"，或者说"以社会为学校"。由于到处是生活，到处都是教育，"整个的社会是生活的场所，亦即教育之场所"。

"社会即学校"，也指"学校含有社会的意味"。也就是说，学校通过与社会生活相结合，一方面运用社会的力量使学校进步，另一方面动员学校的力量帮助社会进步，使学校真正成为社会生活必不可少的组成部分。

③"教学做合一"。"教学做合一"是生活教育理论的又一重要主张，是"生活即教育"在教学方法问题上的具体化。其含义为：教的方法根据学的方法，学的方法根据做的方法。事怎样做便怎样学，怎样学便怎样教。教与学都以做为中心。包括以下四个要点："教学做合一"要求在"劳力

上劳心";"教学做合一"是因为"行是知之始";"教学做合一"要求"有教先学"和"有学有教";"教学做合一"还是对注入式教学法的否定。

（2）陈鹤琴的"活教育"思想。

①"活教育"的目的论。陈鹤琴提出"活教育"的目的是"做人，做中国人，做现代中国人"。"活教育"目的论从普遍而抽象的人类情感和认识理性出发，逐层赋予教育以民族意识、国家观念、时代精神和现实需求等含义，使教育目标逐渐具体，表达了陈鹤琴对人的发展、教育与社会变革的追求。

②"活教育"的课程论。"大自然、大社会都是活教材"，是陈鹤琴对"活教育"课程论的概括表述。"活教材"是指取自大自然、大社会的"直接的书"，即让儿童在与自然、社会的直接接触中，在亲身观察中获取经验和知识。既然"活教育"的课程内容应该来源于自然、社会和儿童的生活，其组织形式也必须符合儿童的活动和生活的方式，符合儿童与自然、社会环境的交往方式。

③"活教育"的教学论。"做中教，做中学，做中求进步"是活教育教学方法的基本原则。陈鹤琴认为，"做"是学生学习的基础，因此也是"活教育"教学论的出发点。它强调儿童在学习过程中的主体地位和在活动中直接经验的获取。陈鹤琴提出了"活教育"的17条教学原则。

（3）共同之处。

①都受到杜威实用主义教育思想的影响。

②都批判传统教育忽视儿童生活和主体性，力图去除以学校和课堂为中心而脱离社会生活、以书本知识为中心而脱离实际和实践、以教师为中心而漠视学生的存在等弊端。

③都强调儿童教育与社会的联系，学校教育不能脱离社会。

④都强调教学过程中的实践目标，强调直接经验的获取对儿童学习的重要性。

⑤都在一定的情况下考虑到了中国教育的实际需求。

4. 裴斯泰洛齐教育心理学化。

【答案要点】

在西方乃至世界教育史上，裴斯泰洛齐是第一个明确提出"教育心理学化"的教育家。教育心理学化就是要把教育提高到科学的水平，将教育科学建立在人的心理活动规律的基础上。

（1）基本内涵。

①教育目的心理学化。要求将教育的目的和理论指导置于儿童本性发展的自然法则的基础上。只有认真探索和遵循儿童的心理活动和心理发展的规律性，才能有效地达到应有的教育目的。

②教学内容心理学化。必须使教学内容的选择和编制适合儿童的学习心理规律。裴斯泰洛齐力图从客观现象和人的心理过程探索教育和教育内容中普遍存在的基本要素，并以此为核心来组织各科课程和教学内容，提出"要素教育"理论。

③教学原则和教学方法的心理学化。教学要遵循自然的规律，要使教学程序与学生的认识过程相协调。在此原则下，提出了直观性教学原则、循序渐进原则。

④要让儿童成为他自己的教育者。教育者不仅要让儿童接受教育，还要使儿童成为教育中的动因，要适应儿童的心理时机，尽力调动儿童的能动性和积极性，使他们懂得自我教育。

（2）评价。

虽然裴斯泰洛齐对人的心理理解是感性的，并不十分科学，但他关于教育心理学化的思想，不仅成为他关于人的和谐发展论、教育要素论、简化的教学方法和初等学校各科教学法的重要理论基础，而且对19世纪欧美一些国家教育研究和实践产生了重大影响。

2021年 吉林师范大学 333 教育综合·真题解析

一、名词解释

社会流动功能

教育的社会流动功能是指社会成员通过教育的培养、筛选和提高，能够在不同的社会区域、社会层次、职业岗位、科层组织之间转换、调整和变动，以充分发挥其个人的智慧才能，实现其人生价值。

课程标准

课程标准是指在一定课程理论指导下，依据培养目标和课程方案以纲要形式编制的关于课程的性质与价值、目标与内容、教学实施建议以及课程资源开发等方面的指导性文件，一般由说明、课程目标、课程内容标准和课程实施建议等部分组成。

负强化

凡是能增强反应概率的刺激和事件都叫强化，可分为正强化和负强化。负强化指通过消除厌恶刺激来增强反应概率。

顺应

顺应是指儿童通过改变已有图式或形成新的图式来适应新刺激的认知过程。顺应是图式发生质变的过程，通过顺应，儿童的认知能力达到一个新的水平。

学在官府

学在官府是西周在文化教育上的特征。为了国家管理的需要，西周奴隶主贵族制定法纪规章，并将其汇集成专书，由当官者来掌握。这种现象历史上称之为"学术官守"，并由此造成"学在官府"。"政教合一，官学一体"是"学在官府"的重要标志。

有教无类

"有教无类"的本意是不分贵贱贫富和种族，人人都可以入学接受教育。孔子的教学实践切实地贯彻了这一办学方针，他的弟子来自各个诸侯国，分布地区广泛；弟子成分复杂，出身于不同的阶级和阶层，大多数出身于平民。

昆西教学法

昆西教学法是指帕克在昆西学校和库克师范学校进行的教育改革实验所采取的新的教育方法和措施。主要特征有：强调儿童应处于学校教育的中心；重视学校的社会功能；主张学校课程应尽可能与实践活动相联系；强调培养儿童自我探索和创造的精神。

平行教育原则

平行教育原则是教育和影响个人的一种形式，是以集体为教育对象，通过集体来教育个人。教育者对集体和集体中每一个成员的教育影响是同时的、平行的。

二、简答题

1. 在现代教育发展过程中，人的地位和价值发生了哪些变化？

【答案要点】

历史地考查人的发展，它和社会的发展及教育的发展具有内在的一致性。社会的发展、人的发展要求相应的教育，教育也通过培养时代所需要的人，进而推动时代的发展。对于这种一致性关系，马克思提出了著名的人类社会发展的三种形态说："人的依赖关系形态，是最初的社会形态。……以物的依赖性为基础的人的独立性，是第二大形态。……建立在个人全面发展和他们共同的社会生产能力成为他们的社会财富这一基础上的自由个性，是第三个阶段。"

马克思认为，人类生产力发展的水平决定着人的发展状态，因此，人类社会的发展可以分为三个阶段：古代社会，以人的依赖关系为基础，个体没有独立性，没有自由。在人类的最初阶段，人依附于自然；在古代的阶级社会，人依附于人，人统治着人，这种依赖性表现为奴隶对奴隶主的依附、农民对地主的依附、臣民对君权的依附，中世纪还表现出人对神的依附。人的发展的这种状态，使原始的教育成为生活的适应性教育，古代的教育成为依附性关系的训练，把个人培养成忠于"神权""君权"和社会的工具。

近代以来的社会，随着生产力发挥水平的提高，特别是资本主义阶段商品经济的出现，打破了人的依赖关系，使人对人的依赖、依附转变为人对物、对自己劳动成果的依赖，个体的人格有了独立性与发展的自由，表现为自主、自立、自律及自由的独立性。这一阶段，主体发展的独立人格，使教育也成为个人主体的教育，致力于个人主体性的培养，但这种主体性以个人为中心，以占有为目的，因此，容易导致人与人、人与自然的对立，是不完善的主体性。

马克思所理想的未来社会，是一个生产力极度发达，人与人之间充分交往的社会，在这个社会中既无对人的依附，也无对物的依赖，个体的发展达到了既全面又自由的程度，实现人与自然、人与社会、人与自身的和谐统一。这一阶段的教育是一种自由个性的教育。

2. 你认为我国新一轮基础教育课程改革对教师提出了哪些新的要求？

【答案要点】

（1）树立平等、民主的教育观。教师应当树立平等、民主的教育观，对自身角色进行重新定位，关注学生的需求，走进学生的内心。新课改要求教师从传统的教育观中跳出来，不仅仅关注学生的考试分数的多少，而更应该面向全体学生，做到"一切为了学生，为了学生一切，为了一切学生"，使学生的能力得到全面发展。

（2）改变传统的教学模式。教师应当在新课改理念的指导下，转变传统教学模式，增强师生之间的互动，形成教师引导、学生主动探索的教学方法，让学生合作探究、独立思考、增强学生的主动性、创造性。

（3）不断提高自身素养。教师在教育教学战线上的作用不可替代，教师对学生的影响力之大使得教师必须不断提高自身内在素质。教师一方面要积极补充知识、保证自己知识储备的广泛性；另一方面应当积极反思，通过自我反思不断改善教学，从而更好地完成新课改提出的要求。

（4）具有良好的心理素质。由于教师职业的特殊性，在面对来自各方面的压力下，不少教师处于心理亚健康状态。这种不健康的心理不仅会给教师的个人生活带来困扰，也会给学生带来不适，不利于教师教学工作的开展和学生身心健康的发展。因此，教师要积极观察自己的身心健康状态，及时地调整自己、提高自己的心理适应能力。

3. 综合实践活动的本质特征是什么？其基本内容有哪些？

【答案要点】

（1）本质特征。

①实践性。综合实践活动以实践活动为主要形式，强调学生的亲历、亲为，要求学生亲自积极投入各项活动中去。

②综合性。综合实践活动具有超越严格的知识体系与学科界限和着眼于学生全面发展的综合性特点。

③开放性。综合实践活动的课程目标、课程内容、活动方式都有开放性的特点。

④生成性。综合实践活动富有生成性的教育价值，其实施过程时刻体现着生成性的特征。

⑤自主性。综合实践活动的内容都是学生在教师的指导下，从他们的现实生活情境中自主确定和设计的，具有鲜明的自主性。

（2）基本内容。

国家设置的综合实践活动的主要内容包括研究性学习、社区服务与社会实践、劳动与技术教育以及信息技术教育四个彼此紧密联系的要素。这四种基本的内容是有机联系的，在实际实施中，应根据学生的不同特点、不同年段有所侧重，适当处理四者的关系。

4. 奥苏伯尔学习理论。

【答案要点】

（1）有意义学习。

有意义学习就是符号所代表的新知识与学习者认知结构中已有的适当观念建立非任意的和实质性的联系。有意义学习的类型包括表征学习、概念学习和命题学习。

（2）认知同化理论。

奥苏伯尔的认知同化理论认为，有意义学习是通过新信息与学生认知结构中已有的有关观念相互作用而发生的，这种相互作用导致了新旧知识有意义的同化。根据新旧观念的概括水平及其联系方式的不同，奥苏伯尔提出了三种认知同化过程。

（3）先行组织者策略。

为了促进有意义学习的产生，奥苏伯尔提出了先行组织者策略。先行组织者是指先于学习任务本身呈现的一种引导性材料，它要比学习任务本身具有更高的抽象、概括和综合水平，并且能清晰地与认知结构中原有的观念和新的学习任务关联。

（4）接受学习。

接受学习，又叫讲授教学，是指在教师的指导下，学习者接受事物意义的学习。在接受学习中，所要学习的内容大多是现成的、已有定论的、科学的基础知识，通过教科书或教师的讲述，用定义的方式直接向学习者呈现，使学习者接受这些已有的知识，掌握它们的意义。

5. 小强上课时能认真听讲，并完成作业，课后爱看小说、摄影、踢足球，功课关注不多，期末考试的前几天才抓紧时间复习，所以考试成绩不高，他十分烦恼。请用艾宾浩斯遗忘规律分析考试成绩不理想的原因，并用遗忘规律给出学习过程中有效的复习对策。

【答案要点】

记忆保持的最大变化是遗忘，遗忘和保持是矛盾的两面。对于遗忘的进程，德国心理学家艾宾浩斯最早进行了系统的研究。其后该实验被绘制成艾宾浩斯遗忘曲线。

艾宾浩斯遗忘曲线说明：遗忘在学习之后立即开始，而且遗忘的进程是最初很快，以后逐渐缓慢；过了相当的时间后，几乎不再遗忘。这一研究表明，遗忘的发展是不均衡的，其规律是先快后慢，呈负加速型。小强虽然上课认真听课，但课后去做其他的活动了，没有及时复习，所以知识大量遗忘，等到考前又突击复习，然而此时知识已经遗忘得差不多了，虽然是"复习"，但相当于重新学习，一时间要记忆大量的知识点，负担过重，不利于消化和记忆知识，最后导致成绩不佳。

复习是巩固所学知识的最基本方法，为了促进知识的保持，避免知识的遗忘，必须注意合理地组织复习。进行复习的策略有：

（1）复习时机要得当。由于遗忘的发展开始很快，所以必须在遗忘还没有发生以前及时进行复习，这样才能节省学习时间。为此，在教学上必须遵守"及时复习"的原则。由于遗忘存在着先快后慢的趋势，因此在教学上还必须遵守"间隔复习"的原则。此外，教学上也应该遵守"循环复习"的原则，对于所学的重要的、基本的材料应经常复习，做到"温故而知新"。

（2）复习的方法要合理。合理分配复习时间，可以尝试分散复习和集中复习两种复习形式；阅读与尝试背诵相结合；综合使用整体复习与部分复习。

（3）复习次数要适宜。一般来说，复习次数越多，识记和保持的效果越好；反之，则遗忘发生越快。据此，心理学家肯定了"过度学习"的必要性。所谓过度学习，指在学习达到刚好成诵以后的附加学习。但是过度学习并不意味着复习次数越多越好。研究表明：学习的熟练程度达到150%时，记忆效果最好；超过150%时，效果并不递增，很可能引起厌倦、疲劳等而成为无效劳动。

6. 评述世界上第一本教育专著中的主要教育思想。

【答案要点】

（1）教育的作用与教育目的。

①对个人的作用与目的。教育通过对人有目的、有计划地培养，使每个人都形成良好的道德和智慧，懂得去维护国家利益和社会安定。

②对社会的作用与目的。《学记》认为实现良好政治的最佳途径是"化民成俗"，即兴办学校，推行教育，作育人才，以教化人民群众遵守社会秩序，养成良风美俗。

（2）教育制度与学校管理。

①学制与学年。关于学制系统，《学记》以托古的方式，提出了从中央到地方按行政建制建学的设想。关于学年，《学记》把大学教育年限定为两段、五级、九年。

②视学与考试。《学记》十分重视大学开学和入学教育，把它作为教育管理的重要环节。学习过程中，规定每隔一年考查一次，以表示这一阶段学业的完成。

（3）教育、教学的原则：豫时孙摩；长善救失；启发诱导；藏息相辅。

（4）教学方法：讲解法；问答法；练习法。

（5）尊师重教与"教学相长"。

①尊师重教。《学记》十分尊师。首先，社会上每个人，从君到民，都是教师教出来的，尤其是以教育为治术就离不开好老师。社会要尊师，君主应当带头。其次，把为师、为长、为君视为一个逻辑过程，使为师实际上成为为君的一种素质、一项使命。再次，没有教师的教育引导，五服之内的人们也不会懂得相亲相爱。

②对教师的要求。学识只是为师的条件，而非充分条件；懂得教育成败的原理可以为师；善于在分析达成学习目标的难易程度和学生素质高下的基础上，采取各种有针对性的教学方法，可以为师；教师自我提高的规律——教学相长。

7. 评述杜威的教育本质观。

【答案要点】

杜威对于"什么是教育"的问题，给出的回答是：教育即生活、学校即社会、教育即生长、教育即经验的持续不断的改造。

（1）教育即生活。

杜威认为教育是生活的过程，学校是社会生活的一种形式，那么学校生活也是生活的一种形式。

学校生活应与儿童自己的生活相契合，满足儿童的需要和兴趣，使校园成为儿童的乐园，使儿童在现实的学校生活中得到乐趣；学校生活应与学校以外的社会生活相契合，适应现代社会变化的趋势并成为推动社会发展的重要力量，校园不应是世外桃源而应积极参与社会生活。

杜威要做的就是改造不合时宜的学校教育和学校生活，使之更富活力，更有乐趣，更具实效，更有益于儿童发展和社会改造。

（2）学校即社会。

杜威"学校即社会"意在使学校生活成为一种经过选择的、净化的、理想的社会生活，使学校成为一个合乎儿童发展的雏形的社会。而要将此落于实处，就必须改革学校课程，从分科课程转变为活动课程。

"学校即社会"是对"教育即生活"这一命题的进一步引申，代表社会生活的活动性课程的引入是使学校与社会生活相联系的基本保证。杜威坚信教育是社会进步及社会改革的基本方法，通过教育改造社会生活，使之更完善、更美好。

（3）教育即生长。

杜威针对当时教育无视儿童天性，消极对待儿童，不考虑儿童的需要和兴趣的现象，提出了"教育即生长"的观念。

杜威要求摒除压抑、阻碍儿童自由发展之物，使教育和教学适应儿童的心理发展水平和兴趣、需要。他所理解的生长是机体与外部环境、内在条件与外部条件交互作用的结果，是一个持续不断的社会化的过程。杜威要求尊重儿童但不同意放纵儿童，这也是杜威与进步主义教育实践的一个重要区别。

（4）教育即经验的改造。

教育即经验的改造是指构成人的身心的各种因素在外部环境和人的主动经验过程中统一的全面改造、发展、生长的连续过程，包含四个方面：

①经验是一种行为，涵盖认识的、情感的、意志的等理性、非理性因素，成为儿童各方面发展和生长的载体。在经验过程中，儿童不仅获得知识，而且形成能力、养成品德。

②经验是有机体与环境相互作用的过程，机体不仅受环境的塑造，同时也对环境加以改变。经验的过程就是一个实验探究的过程、运用智慧的过程、理性的过程。

③经验的过程是一个主动的过程，有机体既接受着环境塑造，也主动改造着环境。

④经验是一个连续发展的过程，不存在终极目的的发展过程，因此教育就是个人经验的不断生长。

（5）评价

积极性：杜威关于教育本质的四个论点具有重要的意义：①这些观点是杜威改革旧教育的纲领，他的意图是要使教育为缓和社会矛盾、完善美国社会制度服务，对于推动当时的教育改革有积极意义；②杜威关于教育本质的观点是他的教育哲学的四个主要命题，内涵丰富并具有启发意义；③杜威力图把教育的社会功能与个体发展功能统一起来，并把社会活动视为使两者得以协调的重要手段或中介。

局限性：杜威对于教育本质的表述不够科学。如"教育即生长"给人以重视个体的生物性而回避社会性的印象，并且生长有方向、方式之异，有好坏优劣之别，所以仅说"教育即生长"是不严谨的；又如"教育即生活"的口号表述过于简要，也易使人不得要领，从而在理解上产生歧义；"学校即社会"的提法也存在着片面性，它忽视社会与个体发展的各自的相对独立性，进而导致抹杀学校与社会的本质区别。

2020年 吉林师范大学 333 教育综合·真题解析

教育学原理

一、名词解释

狭义的教育

狭义的教育即学校教育，指一种专门组织的不断趋向规范化、制度化、体系化的教育。它是根据一定的社会现实和未来需要，遵循受教育者身心发展的规律，有目的、有计划、有组织地对受教育者身心施加影响，把他们培养成为一定社会或阶级所需要的人的活动。

教育制度

教育制度是指一个国家各级各类实施教育的机构体系及其组织运行的规则。它包括相互联系的两个方面：一是各级各类教育机构与组织；二是教育机构与组织赖以存在和运行的规则，如各种相关的教育法律、规则、条例等。

二、简答题

1. 现代教育的特点。

【答案要点】

（1）学校教育逐步普及。由于资本主义生产尤其是机器大工业生产在欧洲兴起，因而西欧的资本主义国家最先提出普及教育的要求。1619年，德意志魏玛邦在宗教改革的影响下颁布了学校法令，规定父母送6~12岁男女儿童入学，这是普及教育的开端。

（2）教育的公共性日益突出。随着大工业生产发展的需要，随着工人阶级和其他劳动人民对教育权的争取，对受教育权的阶级垄断越来越不合时宜，受到来自被统治阶级和统治阶级两方面的批判。在此情形下，大力发展学校教育逐渐成为社会的公共事业和共同话题。

（3）教育的生产性不断增强。在现代社会，随着工业生产的发展和科学技术的进步，科技与教育在生产中的作用增强。现代教育与生产劳动的逐步结合，对提高社会生产效率和增加社会财富起着重要作用，日益成为经济发展的有力保证。

（4）教育制度逐步完善。随着学校数量的增加，学校教育的层次、种类及其运行和管理的复杂化，需要一定的教育宗旨、制度、要求等，以推动学校教育系统有条不紊地运行。教育制度化的实现，使得教育系统中的各级各类学校、各种教育机构和教育行政部门的工作均有制度可循，能排除来自内外部的干扰，使教育活动有序有效地开展，取得了良好效果。

2. 教学过程中应处理好的几种关系。

【答案要点】

（1）间接经验与直接经验的关系：学生认识的主要任务是学习间接经验；学习间接经验必须以学生个人的直接经验为基础；防止只重书本知识传授或直接经验积累的偏向。

（2）掌握知识与发展智力的关系：智力的发展与知识的掌握二者相互依存，相互促进；生动活泼地理解和创造性地运用知识才能有效地发展智力；防止单纯抓知识教学或只重能力发展的片面性。

（3）掌握知识与进行教育的关系：进行教育性教学是现代教学的重要特性；只有使所学知识引发了学生情感、态度的积极变化，才能让他们的思想真正得到提高；防止单纯传授知识或脱离知识教学的思想教育的偏向。

（4）智力活动与非智力活动的关系：教学活动既要注重引导学生进行智力活动，也要重视调节学生的非智力活动；按教学需要调节学生的非智力活动，才能有成效地进行智力活动。

（5）教师主导作用与学生主动性的关系：发挥教师的主导作用是学生简捷有效地学习知识、发展身心的必要条件；尊重学生、调动学生的学习主动性是教师有效地教学的一个主要因素；防止忽视学生积极性和忽视教师主导作用的偏向。

3. 德育原则有哪些？

【答案要点】

（1）理论和生活相结合原则。指进行德育要注重引导学生把思想政治观念和社会道德规范的学习同参与生活实践结合起来，把提高道德认识与养成良好道德行为结合起来。

（2）疏导原则。指进行德育要循循善诱、以理服人，从提高学生认识入手，调动学生的主动性，使他们积极向上。

（3）长善救失原则。指进行德育要调动学生自我教育的积极性，依靠和发扬他们自身的积极因素去克服他们品德上的消极因素，促进学生的道德成长。

（4）严格要求与尊重学生相结合原则。指进行德育要把对学生的思想品行的严格要求与对他们个人的尊重信赖结合起来，使教育者的严格要求易于转化为学生主动的道德自律。

（5）因材施教原则。指进行德育要从学生品德发展的实际出发，根据他们的年龄特征和个性差异进行不同的教育，使每个学生的品德都能得到最优的发展。

（6）在集体中教育原则。指进行德育有赖于学生的社会交往、共同活动，注意依靠学生集体，通过集体活动进行教育，充分发挥学生集体在教育中的巨大作用。

（7）教育影响一致性和连贯性原则。指德育应当有目的、有计划地把来自各方面对学生的影响加以组织，使其优化为教育的合力前后连贯地进行，以获得最大的成效。

三、分析论述题

1. 教育的社会制约性。

【答案要点】

教育的社会制约性是指在社会历史发展的过程中，教育的目的与制度、内容与方法、规模与速度，都受到一定社会的生产力、经济政治与文化等因素的制约。

（1）生产力对教育的制约。

①生产力的发展制约教育事业发展的规模和速度。物质资料的生产是社会存在与发展的基础。教育事业发展的规模和速度，归根结底是由生产力发展的水平和状况决定的，一定的教育必须与一定的生产力发展相适应，这是学校教育发展必须遵循的规律。

②生产力的发展水平制约人才的培养规格和教育结构。不同的生产力发展水平，对教育所培养的人提出了不同层次的要求。生产力的发展与分工，也必然引起教育结构的变化。因此学校教育结构必须反映经济的技术结构和产业结构的发展变革。这样教育为生产培养的人才在总量、类型和质量上才能满足生产力发展的需求。

③生产力的发展制约教学内容、教学方法和教学组织形式的发展和改革。生产力的发展推动了科学技术的发展，也必然促进教学内容的发展与更新。教学方法和教学组织形式的变革也是一样，

如班级教学组织形式的产生与改进、多媒体教学等现代方法的运用，都是与生产力的发展和科学技术的运用紧密相关的。

（2）社会经济政治制度对教育的制约。

①社会经济政治制度制约教育的性质。一定的教育具有什么样的性质是由那个社会的经济政治制度的性质决定的，而且教育的发展也受制于社会经济政治制度的发展变革。

②社会经济政治制度制约教育的宗旨和目的。教育目的是一个社会的经济政治制度对教育的权益要求的集中体现，它直接反映着统治阶级的利益和需求。

③社会经济政治制度制约教育的领导权。在人类社会中，掌握政权的阶级必然掌管着社会生产资料，从而必然掌握着精神生产资料，也就掌握着教育的领导权。

④社会经济政治制度制约受教育权。在一个社会里，让哪些人受教育，达到什么程度，受什么样的教育，教育的结果如何，都是由社会的经济政治制度决定的。

⑤社会经济政治制度制约教育内容、教育结构和教育管理体制。为实现不同的教育目标，不同社会经济政治条件下的教育有着不同的教育内容，尤其是社会科学方面的内容。特定的社会教育结构也是由该社会的社会结构、经济结构决定的。教育的管理体制更直接受制于社会的经济政治制度。

（3）文化对教育的制约。

①文化知识制约教育的内容与水平。文化是教育的基础，教育的本质是通过传承和创新文化来培养人才。学校教育的一个重要任务就是传授系统的文化知识。因此，文化是教育的主要资源，文化知识的发展特性与水平制约着教育的发展特性与水平。

②文化模式制约教育的背景与模式。首先，文化模式为教育提供了特定的背景；其次，文化模式还从多方面制约教育的模式。不同文化模式影响的教育模式，在教育目的、内容与方式等各方面也有明显的差异。

③文化传统制约教育传统的特性。文化传统越久，对教育传统的制约性越大。我们在教育改革中遇到的许多阻力，究其根源，都与文化传统的消极因素有一定的关系。正确认识文化传统与教育传统的制约关系，对于指导我们今天的教育改革具有重大现实意义。

中外教育史

一、名词解释

长善救失

长善救失指进行德育要调动学生自我教育的积极性，依靠和发扬他们自身的积极因素去克服他们品德上的消极因素，促进学生的道德成长。

中体西用

"中学为体，西学为用"是洋务派关于中西文化关系的核心命题，也是洋务教育的指导思想。洋务派提出"中体西用"，认为在突出"中学"主导地位的前提下，应肯定"西学"的辅助作用和器用价值。1898年初，张之洞发表《劝学篇》，围绕"旧学为体，新学为用"的主旨集中阐述，形成了一个比较完整的思想体系。

苏格拉底方法

苏格拉底法也称"问答法""产婆术"，是由讥讽、助产术、归纳和定义四个步骤组成的独特的方法。这是苏格拉底探讨伦理哲学的研究方法，也是他的教学方法。

4. 教育性教学原则

教育性教学原则是指以教学来进行教育的原则。赫尔巴特指出，不存在"无教学的教育"，也不存在"无教育的教学"。即教育是通过教学，而且只有通过教学才能真正产生实际作用，教学是道德教育的基本途径。

二、分析论述题

1. 陈鹤琴活教育理论体系。

【答案要点】

陈鹤琴是中国近代学前儿童教育理论和实践的开创者。其通过对长子陈一鸣的追踪研究，力行观察、实验方法，探索中国儿童心理发展及教育规律；同时创办了中国第一所实验幼稚园——鼓楼幼稚园，进行中国化、科学化的幼儿园实验，总结并形成了系统的、有民族特色的学前教育思想。

"活教育"思想体系包括以下内容：

（1）"活教育"的目的论。

陈鹤琴提出"活教育"的目的是"做人，做中国人，做现代中国人"。

①"做人"是"活教育"最为一般意义的目的。"活教育"提倡学习如何做人，如何求社会进步、人类发展。学会"做人"，是个体参与社会生活、增进人类全体，同时也是个体幸福的基础。

②"做中国人"体现了"活教育"目的的民族特征，指要懂得爱护这块生养自己的土地，爱自己国家长期延续的光荣历史，爱与自己共命运的同胞。并且，应该与其他中国人团结起来共同谋国家发展。

③"做现代中国人"体现了时代精神，有五个具体方面的要求：要有健全的身体；要有建设的能力；要有创造的能力；要能够合作；要服务。

"活教育"目的论从普遍而抽象的人类情感和认识理性出发，逐层赋予教育以民族意识、国家观念、时代精神和现实需求等含义，使教育目标逐渐具体，表达了陈鹤琴对人的发展、教育与社会变革的追求。

（2）"活教育"的课程论。

"大自然、大社会都是活教材"，是陈鹤琴对"活教育"课程论的概括表述。"活教材"是指取自大自然、大社会的"直接的书"，即让儿童在与自然、社会的直接接触中，在亲身观察中获取经验和知识。既然"活教育"的课程内容应该来源于自然、社会和儿童的生活，其组织形式也必须符合儿童的活动和生活的方式，符合儿童与自然、社会环境的交往方式。

"活教育"的课程打破惯常按学科组织的体系，采取活动中心和活动单元的形式，即能体现儿童生活整体性和连贯性的"五指活动"形式。"五指活动"包括儿童健康活动、儿童社会活动、儿童科学活动、儿童艺术活动、儿童文学活动。

（3）"活教育"的教学论。

"做中教，做中学，做中求进步"是活教育教学方法的基本原则。陈鹤琴认为，"做"是学生学习的基础，因此也是"活教育"教学论的出发点。它强调儿童在学习过程中的主体地位和在活动中直接经验的获取。陈鹤琴提出了"活教育"的17条教学原则，这些教学原则体现出的特点有：

①强调以"做"为基础，确立学生在教学活动中的主体性。陈鹤琴认为，"做"是学生学习的基础，因此，凡儿童自己能够做的，就应当让他自己做。在教学中鼓励儿童自己去做、去思想、去发现，是激发学生主体性的最有效的手段。

②鼓励学生在"做"的同时，教师要进行有效的指导。但指导不是替代，更不是直接告知结果，而是运用各种心理学、教育学规律予以启发、诱导。

陈鹤琴还归纳出"活教育"教学的四个步骤：实验观察、阅读思考、创作发表和批评研讨。这四个步骤体现了以"做"为基础的学生主动学习。

"活教育"思想明显地受到杜威实用主义教育思想的影响，陈鹤琴对此也毫不讳言。但"活教育"如同陶行知的"生活教育"理论一样，吸取了杜威实用主义教育的合理内核，即批判传统教育忽视儿童生活和主体性，力图去除以学校和课堂为中心而脱离社会生活、以书本知识为中心而脱离实际和实践、以教师为中心而漠视学生的存在等弊端，同时也充分考虑到中国的时代背景和国情。这是一种有吸收、有创造、有创新的教育思想。"活教育"是对中国现代教育产生过重要影响的教育思想，其精神至今都未过时，不少观点对当今的教育改革仍然富有启发。

2. 结构主义教育思潮的基本内容及影响。

【答案要点】

结构主义教育产生于20世纪50年代末，是现代欧美国家一种强调认知结构的研究和认知能力的发展的教育思潮。它以结构主义心理学为理论基础，侧重研究课程教学改革问题，代表人物有皮亚杰、布鲁纳等。其主要观点包括以下几个方面：

（1）教育和教学应重视学生的认知能力发展。教育是教育者引导学习者实现知识的转化，并使学习活动内化的构造过程。其主要任务就是促使学生的认知能力得到发展。

（2）注重掌握各门学科的基本结构。学科的基本结构是指一门学科的基本概念、定义、原理、原则和方法。掌握学科的基本结构有助于理解和把握整个学科的内容。

（3）主张学科基础的早期学习。任何一门学科的基础知识都能以一定的形式教给任何阶段的任何儿童，因此，尽早让儿童掌握学科的基本结构是有效和便捷地进行教学的主要途径。

（4）倡导发现法和发现学习。发现学习就是引导儿童从事物表面现象去探索具有规律性的潜在结构的一种学习途径。

（5）认为教师是结构教学中的主要辅导者。教师应从儿童的心理能力出发，考虑一门学科的基本结构在学习中的作用以及如何使学生理解和掌握该门学科的基本结构。

结构主义教育思想为心理学研究和教育研究的相互协作提供了一个范例，对现代西方课程论影响很大，并成为20世纪60年代美国课程改革的指导思想。但是结构主义教育有些观点过于天真和理想化，导致课程教材改革的难度偏大，引起了人们不同的评论和争议。

教育心理学

一、名词解释

普雷马克原理

普雷马克原理即用高频的活动作为低频活动的强化物，或者说用学生喜欢的活动去强化学生不喜欢的活动。这一原则有时也叫做祖母的法则：首先做我要你做的事情，然后才可以做你想做的事情。

二、简答题

1. 布鲁纳发现学习的好处。

【答案要点】

（1）有利于提高智力的潜力。学习者自己提出解决问题的探索模型，学习如何对信息进行转换和组织，使他能超越这一信息。

（2）有利于使外部奖赏向内部动机转移。通过发现例子之间的关系而学习一个概念或原则，比起给予学习者这一概念或原则的分析性描述来更能让学生从学习过程中得到较大的满足。

（3）学会将来进行发现的最优方法和策略。如果某人具有有效发现过程的实践，他就能最好地学到如何去发现新信息。

（4）帮助信息的保持和检索。布鲁纳认为，按照一个人自己的兴趣和认知结构组织起来的材料就是最有希望在记忆中"自由出入"的材料。

2. 学习动机原理有哪些？

【答案要点】

（1）强化理论。以桑代克、斯金纳为代表的行为主义心理学家不仅用强化来解释操作性行为的习得，也用强化来解释行为的动机，认为人之所以具有某种行为倾向，是因为这种行为受到了强化。

（2）需要层次理论。人本主义心理学家马斯洛认为，个体的任何行为动机都是在需要发生的基础上被激发起来的。他把动机看作需要，认为动机是由多种不同性质的需要组成，各种需要之间又有先后顺序和高低层次之分，提出了动机的需要层次理论。

（3）期望－价值理论。将期望和诱因看作动机的决定因素，这种观点的发展引出了期望－价值理论。该理论的基本假设是：行为的发生依赖于个体认识到的行为导致目标实现的可能性以及目标的主观价值。

（4）成败归因理论。基本假设：寻求理解是行为的基本动因。

（5）自我效能感理论。自我效能感由班杜拉提出，是指个体对自己能否成功进行某一成就行为的主观判断。它影响着个体对行为的选择、付出多大努力以及坚持多久。

（6）自我价值理论。该理论认为，接纳自我是人的最优先追求，而接纳自我的前提是自我价值，自我价值则通常基于在竞争中取得成功的能力。

3. 影响问题解决的因素。

【答案要点】

（1）问题情境。个体面临的刺激模式与其已有的知识结构所形成的差异。

（2）原型启发。通过从待解决的问题具有相似性的其他事物上发现问题解决的途径和方法。

（3）人际关系。良好的人际关系有助于其解决面临的各类问题。

（4）知识经验。任何问题解决都离不开一定的知识、策略和技能，知识经验不足常常是不能有效解决问题的重要原因。

（5）定势与功能固着。定势是指人在解决一些相似的问题之后会出现一种易以惯用的方式解决问题的倾向。功能固着是指一个人看到某个物品有一种惯常的用途后，就很难看出它的其他新用途。

（6）酝酿效应。在反复探索一个问题的解决而毫无结果时，如果把问题暂时搁置几个小时、几天或几周，然后再回过头来解决，这时常常就可以很快找到解决方法。

（7）情绪状态。相对平和的心态有利于问题解决，同时，积极的情绪也有利于问题解决。

三、分析论述题

1. 如何激发学生的学习兴趣？

【答案要点】

（1）通过任务本身的变化。同样的学习任务，采取不同的呈现方式，所引起学生的兴趣是不同的。通过变化可以以引起学生的好奇心和注意力。无论多么好的教学内容，多么有效的教学方式，如果日复一日、年复一年地重复，学生都会感到厌倦，克服这种厌倦的有效方式就是不断变化的任务与方法。

（2）注意选择能够引起学生学习兴趣的材料。学生主要对以下内容容易发生兴趣：

①对可能获得成功的事容易发生兴趣。

②对抱有期望心理的事容易发生兴趣，教师要善于激励学生产生对学习的期望心理。

③对能带来愉快感的事物会发生兴趣，除了成功会带来喜悦之外，融洽的师生关系，民主自由、轻松愉快的课堂气氛，教师幽默的语言等因素都会使学生产生愉快感。

④对难度适中的教学容易发生兴趣。难度适中，既符合学生原有水平，又有一定挑战性。过易，引不起学生的兴奋感；过难，上课听不懂，也难以产生兴趣。

（3）教师可在内容的安排上，包含学生容易识别的特征，例如在性别、年龄、宗教方面与读者相似的特征；从学生的认知需求出发，安排他们认为重要的生活实践，以及一些令人感兴趣的轶事和实例。但应当注意，给学生呈现有趣任务，必须与教学或学习目标相一致，因为有些材料处置不当，将使学生习得的内容发生变化，从而违背本来的教学意图。

2019年 吉林师范大学 333 教育综合·真题解析

教育学原理

一、名词解释

教育目的

教育目的是对教育活动所要培养的人的个体素质的总的预期与设想，是对社会历史活动的主体的个体素质的规定。它体现一定社会对受教育者质量规格的界定和要求，也体现人自身发展所应该达到的水准和高度。

狭义的教育

狭义的教育即学校教育，指一种专门组织的不断趋向规范化、制度化、体系化的教育。它是根据一定的社会现实和未来需要，遵循受教育者身心发展的规律，有目的、有计划、有组织地对受教育者身心施加影响，把他们培养成为一定社会或阶级所需要的人的活动。

二、简答题

1. 上课的基本要求。

【答案要点】

上好课，是提高教学质量的关键。应以现代教学理念为指导，遵循教学规律与原则，创造性地运用教学方法，并注重做到以下几点：

（1）明确教学目的。这是上好一堂课的前提。

（2）保证教学的科学性与思想性。这是上好一堂课的基本质量要求。

（3）调动学生的学习积极性。这是上好一堂课的内在动力。

（4）注重解惑纠错。这是上好一堂课的关键。

（5）组织好教学活动。这是上好一堂课的保障。

（6）布置好课外作业。

2. 班主任的素质要求。

【答案要点】

（1）为人师表的风范：班主任应严于律己，其为人处世、一言一行、性情作风等各方面均能为人师表，为学生表率。

（2）相信教育的力量：只有相信教育力量的班主任，才能不畏困难曲折，把学生教育好。

（3）要有家长的情怀：班主任对待学生要像家长对待孩子一样，有深厚的情感，能无微不至地关怀，与学生彼此信赖。

（4）较强的组织亲和力：班主任要善于与人打交道，善于亲近学生、与学生打成一片，这样才能便于组织学生开展活动。

（5）能歌善舞、多才多艺：班主任要有广泛的兴趣、多才多艺，易与学生打成一片，便于开展工作。

3. 德育的途径。

【答案要点】

（1）思想政治课与其他学科教学。知识转化为品德需要将知识与学生生活相联系，与学生思想"对话"，以激发学生的道德需要，并用这些道德认识来探寻做人的道理，调节对人、对事应持有的态度，并付诸行动。

（2）劳动和其他社会实践。有意义的劳动和社会实践，能够提高学生的责任意识、服务意识，形成学生勤俭、朴实、艰苦、顽强等许多好的品德，在德育上有着不可或缺、不可替代的意义。

（3）课外活动和校外活动。通过课外活动进行德育，能调动学生的积极性，培养他们的自律能力，形成互助友爱、团结合作、尊重规则等品德。

（4）学校共青团、少先队活动。开展团队活动，能激发学生强烈的上进心、荣誉感，使他们能够严于律己，自觉提高思想品德，是德育的重要途径。

（5）心理咨询。通过个别谈心、咨询、讲座等多种方式对学生进行心理健康教育，可以帮助学生处理好学习、交往、择业等方面问题，使他们成为积极向上、心理健康的人。

（6）班主任工作。通过班主任工作，学校不仅能有效地管理学生基层组织和个人，而且能对教育学生的其他途径的活动起协调作用，是学校德育的一个特别重要的途径。

（7）校园生活。校园生活包括上述活动在内的全部学校生活。要建立良好的校园生活，一是要研究如何使德育在各个途径中真正到位，使之互相补充，构成整体效应；二是要根据学校实际，研究如何增加跨越班级的活动与交往，逐步形成学校特色；三是要研究如何使校园生活能够体现时代精神，蕴含深厚文化，让学生在生活中养成现代文明习气和人文情怀。

三、分析论述题

影响身心发展的因素。

【答案要点】

（1）遗传在人发展中的作用。

①遗传素质是人的发展的生理前提。遗传素质，是人的发展的自然的或生理的前提条件，为人的发展提供可能。

②遗传素质的成熟程度制约着人的发展过程及年龄特征。遗传素质的成熟过程，表现为人身体的各种器官的形态、结构和机能的发展变化与完善，为一定年龄阶段的身心特点的出现提供了可能，制约着人的发展的年龄阶段。

③遗传素质的差异性对人的发展有一定的影响。遗传素质的差异不仅表现在体态和感觉器官的功能上，也表现在神经活动的类型上。人们对外界事物反应的快慢、情感表现的强弱和是否容易转移等方面，也存在着差异。

④遗传素质具有可塑性。随着环境、教育和实践活动的作用，人的遗传素质会逐渐地发生变化，这就说明了遗传素质具有可塑性。

（2）环境在人的发展中的作用。

①环境是人的发展的外部条件。人的生存与发展环境根据其性质可以分为自然环境和社会环境。社会环境是儿童得以发展的现实条件和现实源泉，对人的发展起着不可替代的作用。

②环境的给定性与主体的选择性。环境的给定性：指的是由自然与社会、历史遗产与他人为儿童个体所创设的环境，它对于儿童来说是客观的、先在的、给定的。主体的选择性：人是具有能动性的主体，他对环境变化的刺激做出的回应是可以由主体内在的意愿来选择和决定的。

（3）个体活动在人的发展中的作用。

①个体活动是人的发展的决定因素。学生的主体活动既是学生存在和发展的方式，又是教育的重要基础。教育必须通过引领和组织学生的主体活动来促进学生的身心与个性的发展。

②个体活动制约着环境影响的内化与主体的自我建构。人在同环境相互作用的过程中，既改造着环境，也在改造环境的活动中发展和提升了个人的素质，从人的发展的视域看，实质上是一个自我建构的过程。学生的能动性主要表现为：在教育者的影响下，在积极参与社会生活和交往活动的基础上能动地进行自我认识、自我发展和自我建构。

③个体通过能动的活动选择、构建着自我的发展。个人通过能动的活动不仅能把握自己与外部世界的关系，而且能把自身的发展当作自己认识的对象和自觉实践的对象，选择与建构自己的发展。人的发展过程就是通过能动的活动不断自我超越的过程。

（4）教育对人的发展的作用。

①教育在人的发展中起引领作用，主要体现在：有意识地为年轻一代的成长选择、建构、调控良好的环境，对他们的生活、交往、学习与实践等活动进行正确的教导、示范和辅助，并注重尊重他们的主体地位和激发、引导他们内在的学习动力与自我发展的能动性和自主性，从各方面引领、关怀、维护他们的发展。

②学校教育主要通过传承文化科学知识来培养人。学校教育是教育者有意识地为儿童的身心发展精心设置的一种环境，它把经过选择的、重新组编的、人类长期积累起来的文化知识作为精神客体与儿童互动，以促进儿童的发展，使他们成人成才。文化知识蕴含着有利于人的发展的多方面价值：认识价值、陶冶价值、能力价值、实践价值。

③学校教育对提高人的现代性有显著的作用。教育在人的现代化过程中起着重要作用，是因为学生在学校里不仅学会了读、写、算等各个方面的基础知识与技巧，而且学到了与他们个人的发展和国家的未来有关的态度、价值和行为方式。

中外教育史

一、简答题

1. 董仲舒的教育思想。

【答案要点】

（1）《对贤良策》与三大文教政策。

董仲舒在《对贤良策》中，向汉武帝提出了三大文教政策：一是"罢黜百家，独尊儒术"；二是

"兴太学以养士"；三是"重视选举，任贤使能"。

（2）论人性与教育作用。

①"性三品"说。

董仲舒认为人性就是指人天生的素质。人性可以分为"仁气"和"贪气"。将人性与善区分开来。人性与善的关系是可能性与现实性、根据和结果的关系，性是善的可能性和内在依据，善是性所具有的可能性和内在根据在教育条件下向具备一定道德之善的现实人格转化的结果。董仲舒明确将人性划分为三种不同的等级：即"圣人之性、中民之性、斗筲之性"。

②教育的作用。

具备"圣人之性"者不需要教育就可通过自我的修养为善；具有"中民之性"的中民，教育对他们的发展起决定性作用，因此他们是教育的主要对象；具备"斗筲之性"者很难进行自我节制，只有用刑罚制止他们作恶，虽经教育也很难转化为善，要用刑罚加以强制性的制约。

（3）论道德教育。

①德教是立政之本。董仲舒强调以道德教化为本为主，刑罚为末为辅。

②德育内容。"三纲五常"是董仲舒伦理思想体系的核心，也是其道德教育的中心内容。

③道德修养的原则与方法。确立重义轻利的人生理想；"以仁安人，以义正我"；"必仁且智"。

2. 文艺复兴时期人文主义的教育特征。

【答案要点】

（1）人本主义。人文主义教育在培养目标上注重个性发展，在教育教学方法上反对禁欲主义，尊重儿童天性，坚信通过教育这种后天的力量可以重塑个人、改造社会和自然，这些都表现出人本主义内涵，人的力量、人的价值被充分肯定。

（2）古典主义。人文主义教育思想吸收了许多古人的见解，人文主义教育实践尤其是课程设置亦具有古典性质，但这种古典主义绝非纯粹的"复古"，实则含有古为今用、托古改制的内涵，这在当时是进步的。

（3）世俗性。不论从教育目的还是从课程设置等方面看，人文主义教育洋溢着浓厚的世俗精神，教育更关注今生而非来世。

（4）宗教性。几乎所有的人文主义教育家都信仰上帝，他们希冀以世俗和人文精神改造中世纪陈腐专横的宗教性，以造就一种更富世俗色彩和人性色彩的宗教性。

（5）贵族性。人文主义教育的对象主要是上层子弟，教育的形式多为宫廷教育和家庭教育而非大众教育，教育的目的主要是培养上层人物如君主、侍臣、绅士等。

二、分析论述题

《学记》所涉及的教学原则及方法。

【答案要点】

（1）教育、教学的原则。

①豫时孙摩。

预防性原则：要求事先估计学生可能会产生的种种不良倾向，预先采取预防措施。

及时施教原则：要求掌握学习的最佳时机，适时而学，适时而教。

循序渐进原则：教学必须遵循一定的顺序，包括内容的顺序和年龄的顺序。

学习观摩原则：学习要相互观摩，取长补短。同时，借助集体的力量进行学习。

②长善救失。长善救失原则要求教师懂得并掌握教育的辩证法，坚持正面教育，善于因势利导，利用积极因素，克服消极因素，将缺点转化为优点。

③启发诱导。君子的教育在于诱导学生，靠的是引导而不是强迫服从，是启发而不是全部讲解。只有这样，才能调动学生学习和思考的积极性、主动性，使学生的思维能力得到锻炼和发展。

④藏息相辅。既有有计划的正课学习，又有课外活动和自习，有张有弛，让学生感到学习的乐趣，感受到老师、同学的可亲可爱，使学习成为学生的一种内在需要。

（2）教学方法。

①讲解法。"约而达"，即语言简约而意思通达；"微而臧"，即义理微妙而说得精善；"罕譬而喻"，即举少量典型的例证而使道理明白易晓。

②问答法。教师的提问应先易简后难坚，要循着问题的内在逻辑，而答问则应随其所问，有针对性地作答，恰如其分，适可而止，无过与不及。

③练习法。根据学习的内容来安排必要的练习，练习需要有规范，并且应逐步地进行。

2. 赫尔巴特教学形式阶段理论

【答案要点】

赫尔巴特的教学形式阶段，实际上就是课堂教学的完整过程，是一个包括教学方法、教学形式等在内的规范化的教学程序。

他认为，兴趣活动可以划分为四个阶段：注意、期待、要求和行动。儿童在学习活动中的思维方式有两种：专心与审思。在此基础上，他提出了教学形式阶段理论，即"赫尔巴特四段教学法"。

（1）明了：当一个表象由自身的力量突出在感官前，兴趣活动对它产生注意；这时，学生处于静止的专心活动；教师通过运用直观教具和讲解的方法，进行明确的提示，使学生获得清晰的表象，以做好观念联合，即学习新知识的准备。

（2）联合：由于新表象的产生并进入意识，激起原有观念的活动，因而产生新旧观念的联合，但又尚未出现最后的结果；这时，兴趣活动处于获得新观念前的期待阶段；教师的主要任务是与学生进行无拘无束的谈话，运用分析的教学方法。

（3）系统：新旧观念最初形成的联系并不是十分有序的，因而需要对前一阶段由专心活动得到的结果进行审思；兴趣活动处于要求阶段；这时，需要采用综合的教学方法，使新旧观念间的联合系统化，从而获得新的概念。

（4）方法：新旧观念间的联合形成后需要进一步巩固和强化，这就要求学生自己进行活动，通过练习巩固新习得的知识。

赫尔巴特的阶段教学论，在一定程度上揭示了教学过程方面的某些规律，反映了人类对教学过程和教学活动本质认识的发展，具有广泛的实践意义，是值得充分肯定的；但是，该理论认为任何一堂课都必须遵循这样一个阶段，既限制了学生学习的积极主动性和创造精神，也束缚了教师教学的主动性和灵活性。

教育心理学

一、名词解释

学习策略

学习策略是指学习者为了提高学习的效果和效率，有目的、有意识地制定的有关学习过程的复杂的方案，具有主动性、有效性、过程性和程序性的特征。

观察学习

观察学习是一种间接学习的形式，人类的大多数行为是通过观察而习得的，人们通过观察他人的行为及其后果，可获得榜样行为的符号表征和经验教训，并可引导观察者今后的行为。

二、简答题

1. 影响解决问题的主要因素。

【答案要点】

（1）问题情境。个体面临的刺激模式与其已有的知识结构所形成的差异。

（2）原型启发。通过从待解决的问题具有相似性的其他事物上发现问题解决的途径和方法。

（3）人际关系。良好的人际关系有助于其解决面临的各类问题。

（4）知识经验。任何问题解决都离不开一定的知识、策略和技能，知识经验不足常常是不能有效解决问题的重要原因。

（5）定势与功能固着。定势是指人在解决一些相似的问题之后会出现一种易以惯用的方式解决问题的倾向。功能固着是指一个人看到某个物品有一种惯常的用途后，就很难看出它的其他新用途。

（6）酝酿效应。在反复探索一个问题的解决而毫无结果时，如果把问题暂时搁置几个小时、几天或几周，然后再回过头来解决，这时常常就可以很快找到解决方法。

（7）情绪状态。相对平和的心态有利于问题解决，同时，积极的情绪也有利于问题解决。

2. 学习动机的种类。

【答案要点】

（1）按学习动机的动力源划分。

①内部动机，是指对学习本身的兴趣所引起的动机。

②外部动机，是指由外部诱因引起的动机。

（2）奥苏伯尔根据对学业成就的影响划分。

①认知内驱力，是个体了解、理解和掌握知识，以及系统地阐述问题并解决问题的需要。

②附属内驱力，是个体为了保持长者们的赞许或认可而表现出来的把工作做好的一种需要。

③自我提高内驱力，是个体因自己的胜任能力或工作能力而赢得相应地位的需要。

（3）个人动机与情境动机。

①个人动机，是与个体自身的需求、信念与价值观以及性格特征密切相关的动机。

②情境动机，是与情境因素密切相关的动机。

（4）根据学习动机起作用的时间长短划分。

①近景的直接性的学习动机，是与学习活动直接相连的动机，来源于对学习内容和学习结果的兴趣，其作用效果比较明显，但稳定性差，容易受到环境或一些偶然因素的影响。

②远景的间接性的学习动机，是与学习的社会意义和个人前途相连的动机，其作用较为稳定而持久。如为振兴中华而读书。

（5）按学习动机作用的大小划分。

①主导性动机，是在一定时期或某个特定活动上起支配作用，发挥主导作用的动机。

②辅助性动机，是在某一具体学习活动中表现出来的动机。

吉林师范大学 333 教育综合·真题解析

教育学原理

一、名词解释

教学

教学是在一定教育目的规范下，在教师有计划的引导下，学生能动地学习、掌握系统的课程预设的科学文化基础知识，发展自身的智能与体力，养成良好的品行与美感，逐步形成全面发展的个体素质的活动。

课程

课程是由一定的育人目标、特定的知识经验和预期的学习活动方式构成的一种蕴含着丰富、基本而又有创造性与潜质的一套计划与设定。

学校管理

学校管理是学校管理者在一定的社会历史条件下，通过一定的组织机构和制度，采用一定的方法和手段，带领师生员工，充分发挥学校人、财、物、时、空和信息等资源的最佳整体功能，实现学校工作目标的组织活动。简言之，学校管理是管理者通过一定的组织形式以实现学校教育目标的活动。

二、简答题

1. 教育的文化功能。

【答案要点】

（1）传递文化。文化教化的前提是人类对文化的创造与传递。教育起着传递文化的作用。尤其是学校教育因其具有明确的目的性、计划性等特点，一直承担着传承文化的重任。

（2）选择文化。为了有效地传承文化，必须发挥教育对文化的选择功能。教育的选择功能十分重要，体现了教育对文化发展的积极引导和自觉规范。

（3）发展文化。文化的生命不仅在于它的保存和积累，更在于它的更新与创造。随着社会的日益开放化，学校在加强国际文化交流中的作用也日益明显。教育通过广泛的文化交流，不断地吸收其他民族的文化精华，补充、更新和发展本民族的文化，也是文化发展的一种重要方式。

2. 教学过程的性质。

【答案要点】

（1）教学过程是一种特殊的认识过程。教学过程作为特殊的认识过程，其特殊性在于它是学生个体的认识过程，具有不同于人类总体认识的显著特点：间接性、引导性、简捷性。

（2）教学过程是以认识过程为基础的学生全面发展的过程。教学过程不只是要学生完成认识世界的任务，更重要的是在这个过程中促进学生的全面发展。

（3）教学过程是以交往为背景和手段的活动过程。在教学过程中，教师不仅运用交往引导学生进行认知，而且通过交往对学生达致情感的沟通、同情与共鸣。

（4）教学过程也是一种促进学生身心发展、追寻与实现价值目标的过程。在教学活动中，教师引导学生学习知识、开展交往、认识并作用于世界，进行多方面的演练与实践，其实都是为了促进学生的身心发展，以追寻与实现使他们成人、成才的价值增值目标。

3. 教师劳动的特点。

【答案要点】

（1）教师劳动的复杂性。教师劳动的复杂性主要受以下三方面的影响：第一，学生状况的复杂性决定着教师劳动的复杂性；第二，教师任务的多样性制约着教师劳动的复杂性；第三，影响学生发展因素的广泛性制约着教师劳动的复杂性。

（2）教师劳动的示范性。教育是教师引导、培养学生的活动，它要求教师以身作则，具有示范性。教师的劳动对象是处在发展过程中的青少年学生，他们具有尊敬教师、乐于接受教师的教导、以教师为表率的所谓"向师性"的特点。因此，教师必须严格要求自己，以身作则，通过示范的方式去影响学生，以便取得最佳教育效果。

（3）教师劳动的创造性。教师劳动创造性的最重要特征之一是他的工作对象，即儿童经常在发生变化，永远是新的，今天同昨天就不一样。此外，教师劳动的创造性还表现在因材施教上；表现在对教育、教学的原则、方法、内容的运用、选择和处理上；表现在教育教学过程中，教师对各种突发情况做出及时反应、妥善处理的应变能力上。

（4）教师劳动的专业性。教师劳动的专业性突出表现在教师对育人的崇高敬业精神和道德修养上，对教育教学专门化知识和技能的掌握与教育活动的自主权上。

三、分析论述题

影响人的身心发展的基本因素。

【答案要点】

（1）遗传在人发展中的作用。

①遗传素质是人的发展的生理前提。遗传素质，是人的发展的自然的或生理的前提条件，为人的发展提供可能。

②遗传素质的成熟程度制约着人的发展过程及年龄特征。遗传素质的成熟过程，表现为人身体的各种器官的形态、结构和机能的发展变化与完善，为一定年龄阶段的身心特点的出现提供了可能，制约着人的发展的年龄阶段。

③遗传素质的差异性对人的发展有一定的影响。遗传素质的差异不仅表现在体态和感觉器官的功能上，也表现在神经活动的类型上。人们对外界事物反应的快慢、情感表现的强弱和是否容易转移等方面，也存在着差异。

④遗传素质具有可塑性。随着环境、教育和实践活动的作用，人的遗传素质会逐渐地发生变化，这就说明了遗传素质具有可塑性。

（2）环境在人的发展中的作用。

①环境是人的发展的外部条件。人的生存与发展环境根据其性质可以分为自然环境和社会环境。社会环境是儿童得以发展的现实条件和现实源泉，对人的发展起着不可替代的作用。

②环境的给定性与主体的选择性。环境的给定性：指的是由自然与社会、历史遗产与他人为儿童个体所创设的环境，它对于儿童来说是客观的、先在的、给定的。主体的选择性：人是具有能动性的主体，他对环境变化的刺激做出的回应是可以由主体内在的意愿来选择和决定的。

（3）个体活动在人的发展中的作用。

①个体活动是人的发展的决定因素。学生的主体活动既是学生存在和发展的方式，又是教育的

重要基础。教育必须通过引领和组织学生的主体活动来促进学生的身心与个性的发展。

②个体活动制约着环境影响的内化与主体的自我建构。人在同环境相互作用的过程中，既改造着环境，也在改造环境的活动中发展和提升了个人的素质，从人的发展的视域看，实质上是一个自我建构的过程。学生的能动性主要表现为：在教育者的影响下，在积极参与社会生活和交往活动的基础上能动地进行自我认识、自我发展和自我建构。

③个体通过能动的活动选择、构建着自我的发展。个人通过能动的活动不仅能把握自己与外部世界的关系，而且能把自身的发展当作自己认识的对象和自觉实践的对象，选择与建构自己的发展。人的发展过程就是通过能动的活动不断自我超越的过程。

（4）教育对人的发展的作用。

①教育在人的发展中起引领作用，主要体现在：有意识地为年轻一代的成长选择、建构、调控良好的环境，对他们的生活、交往、学习与实践等活动进行正确的教导、示范和辅助，并注重尊重他们的主体地位和激发、引导他们内在的学习动力与自我发展的能动性和自主性，从各方面引领、关怀、维护他们的发展。

②学校教育主要通过传承文化科学知识来培养人。学校教育是教育者有意识地为儿童的身心发展精心设置的一种环境，它把经过选择的、重新组编的、人类长期积累起来的文化知识作为精神客体与儿童互动，以促进儿童的发展，使他们成人成才。文化知识蕴含着有利于人的发展的多方面价值：认识价值、陶冶价值、能力价值、实践价值。

③学校教育对提高人的现代性有显著的作用。教育在人的现代化过程中起着重要作用，是因为学生在学校里不仅学会了读、写、算等各个方面的基础知识与技巧，而且学到了与他们个人的发展和国家的未来有关的态度、价值和行为方式。

中外教育史

一、简答题

1. 宋代书院的教育特点。

【答案要点】

①书院精神：自由讲学。书院注重讨论，学术风气浓厚，开辟了新的学风，推动了教育和学术的发展。

②书院功能：育才、研究和藏书。

③培养目标：注重人格修养，强调道德与学问并进，培养学生的学术志趣。

④管理形式：较为简单，管理人员少，强调学生遵照院规自我约束、自我管理为主。

⑤课程设置：灵活具有弹性，教学以学生自学、独立研究为主，师生、学生之间注重质疑问难与讨论。

⑥教学组织：教学与研究相结合，教学形式多样，注重讲明义理，躬亲实践。

⑦规章制度：书院作为一种教育制度得以确立，在教育目标、教学方法、教学顺序等方面用学规的形式加以阐明，最著名的是《白鹿洞书院揭示》，它说明南宋时书院已经制度化。

⑧师生关系：较之官学更为平等、学术切磋多于教训，学生来去自由，关系融洽、感情深厚。

⑨学术氛围：教学与学术研究并重，学术氛围自由宽松，人格教育与知识教育并重。

2. 日本明治维新时期的教育改革。

【答案要点】

（1）建立中央集权式的教育管理体制。1871年，明治政府在中央设立文部省，统一管理全国的文化教育事业并兼管宗教事务。1872年颁布的《学制令》，在确立教育领导体制的基础上，建立全国的学校教育体制。规定实行中央集权式的大学区制。

（2）初等教育的发展。1886年颁布的《小学令》规定初等教育年限为8年，分两个阶段实施。前4年为寻常小学阶段，实施义务教育；后4年为高等小学阶段，实施收费制。

（3）中等教育的发展。1886年颁布的《中学校令》规定，中学承担实业教育及为学生升入高等学校做准备的基础教育两大任务；中学类型分为寻常中学与高等中学两类。

（4）高等教育的发展。日本近代高等教育的发展始于明治维新时期的教育改革，这一改革既吸取借鉴了欧美发展高等教育的经验，同时又较好地利用了本国已有的教育基础。新大学的创办以1877年东京大学的成立为肇端。1886年颁布《帝国大学令》，改东京大学为帝国大学。

（5）师范教育的发展。1886年颁布的《师范学校令》为日本师范教育的规范发展提供了政策支撑。《师范学校令》将师范学校分为寻常师范学校与高等师范学校两类。

二、分析论述题

1. 洋务派中体西用的教育思想。

【答案要点】

（1）主要思想。

"中学为体，西学为用"是洋务派关于中西文化关系的核心命题，也是洋务教育的指导思想。洋务运动的过程实质上是一场对近代西方文明成果的移植过程，由此引发了一个核心问题：引入的西学与中国固有文化之间是怎样的关系？对此，洋务派提出的典型方案就是"中体西用"，认为在突出"中学"主导地位的前提下，应该肯定"西学"的辅助作用和器用价值。

1898年初，张之洞发表《劝学篇》，围绕"旧学为体，新学为用"的主旨集中阐述，形成了一个比较完整的思想体系。《劝学篇》是对洋务运动的理论总结，并试图为以后的中国改革提供理论模式，通篇主旨归为"中学为体，西学为用"。

"中学"包括四书五经、中国史事、政书、地图等。张之洞认为对"中学"的各方面都要通其大概，尤其是纲常名教。"西学"包括西政、西艺、西史，其中，张之洞着重强调西政和西艺。西政是指西方有关文教制度、工商财政、军事建制和法律行政等管理层面的文化；西艺即近代西方科技。在办理教育和个人学习时，应该根据具体情况分出西政与西艺的轻重缓急，张之洞认为西艺难学，适合年少者，着眼于长远；西政相对易学，适合年长者，着眼于当前急需。对于中、西学的关系，可以概括为"旧学为体、新学为用，不使偏废"。

（2）历史作用。

①洋务派提出"中体西用"，在不危及"中体"的前提下侧重强调采纳西学，既体现了洋务派的文化教育观，也是洋务派应对守旧派的策略。

②在"中体西用"形式下，"西学"教育的规模不断扩大。两次鸦片战争中，"中体西用"的内涵被不断调整，"西用"的范围不断延伸，逐渐纳入新的成分。

③洋务运动时期，"中体西用"理论为"西学"教育的合理性进行了有效论证，促进了资本主义文化在中国的传播。在此原则下实施的留学教育和举办的新式学堂给僵化的封建教育体制打开了缺口，改变了单一的传统教育结构。

2. 赫尔巴特教学理论。

【答案要点】

（1）教学进程理论。

统觉过程的完成大体上具有三个环节：感官的刺激、新旧观念的分析和联合、统觉团的形成。

与此相应，赫尔巴特提出了三种不同的教学方法：单纯提示的教学、分析教学和综合教学。这三种教学方法的联系，就产生了所谓的"教学进程"。

①单纯提示的教学，即直观教学。目的在于通过感官的运用，得到一些与儿童以及观察过的事物相类似，并与之有关联的感觉表象，从而为观念的联合做准备。

②分析教学。对不同的观念和表象进行区分，有助于形成观念的复合或融合，为观念的联合做好准备。

③综合教学，即新旧观念的联合。通过综合教学，形成了观念的联合，即获得了新的知识和概念。

（2）教学形式阶段理论。

赫尔巴特认为兴趣活动可以划分为四个阶段：注意、期待、要求和行动。儿童在学习活动中的思维方式有两种：专心与审思。在此基础上，他提出了教学形式阶段理论，即"赫尔巴特四段教学法"。

①明了：当一个表象由自身的力量突出在感官前，兴趣活动对它产生注意；这时，学生处于静止的专心活动；教师通过运用直观教具和讲解的方法，进行明确的提示，使学生获得清晰的表象，以做好观念联合，即学习新知识的准备。

②联合：由于新表象的产生并进入意识，激起原有观念的活动，因而产生新旧观念的联合，但又尚未出现最后的结果；这时，兴趣活动处于获得新观念前的期待阶段；教师的主要任务是与学生进行无拘无束的谈话，运用分析的教学方法。

③系统：新旧观念最初形成的联系并不是十分有序的，因而需要对前一阶段由专心活动得到的结果进行审思；兴趣活动处于要求阶段；这时，需要采用综合的教学方法，使新旧观念间的联合系统化，从而获得新的概念。

④方法：新旧观念间的联合形成后需要进一步巩固和强化，这就要求学生自己进行活动，通过练习巩固新习得的知识。

赫尔巴特的阶段教学论，在一定程度上揭示了教学过程方面的某些规律，反映了人类对教学过程和教学活动本质认识的发展，具有广泛的实践意义，是值得充分肯定的；但是，该理论认为任何一堂课都必须遵循这样一个阶段，既限制了学生学习的积极主动性和创造精神，也束缚了教师教学的主动性和灵活性。

教育心理学

一、名词解释

教育心理学

教育心理学是一门通过科学方法研究学与教相互作用基本规律的科学，是心理学的一个分支学科。教育心理学的知识正是围绕学与教的相互作用过程而组织的，包括学生心理、学习心理、教学心理和教师心理四个部分的内容。

有意义学习

有意义学习就是符号所代表的新知识与学习者认知结构中已有的适当观念建立非任意的和实质性的联系。有意义学习的类型包括表征学习、概念学习和命题学习。

二、简答题

1. 心理健康教育的途径。

【答案要点】

（1）专题训练。

心理素质专题训练过程一般由"判断鉴别—训练策略—反思体验"三个彼此衔接的环节构成。

①判断鉴别。通过心理检测和评估，让学生了解自己某方面心理素质发展现状，以此引起学生体会和反思该种心理素质对自己的意义，从而激发接受训练的积极动机。

②训练策略。针对该课主题和在判断鉴别中发现的问题，提出若干个解决该问题的具体有效的方法和技巧，通过组织学生参与讨论和操作活动来感受、理解，进而选择。

③反思体验。对训练中的心理感受、情感体验、行为变化、活动过程及效果等进行反思、强化、内化，强化训练效果，促进自我认知与评价。反思环节一定强调自觉、自发、自控。

（2）心理辅导。

心理辅导是一种心理上的助人活动，是指在一种新型的、建设性的人际关系中，辅导教师运用其专业知识和技能，给学生以合乎需要的心理上的协助与服务，以便学生在学习、工作与人际关系各个方面做出良好适应。

（3）学科渗透。

教师在进行常规的学科教学时，自觉地、有意识地运用心理学的理论、方法和技术，让学生在掌握知识、形成能力的同时，完成各种心理品质，特别是诸如情感、意志、个性品质等方面。在学科教学、各项教育活动、班主任工作中，都应注重对学生心理健康的教育，这是心理健康教育的主要途径。

2. 认知策略包括哪些？

【答案要点】

（1）注意策略。注意策略就是保证学习者将注意力指向和集中于学习材料的策略。由于注意的指向性具有选择性的特点，所以选择性注意策略是注意的重要策略。

（2）精细加工策略。精细加工策略是通过把所学的新信息和已有的知识联系起来以增加新信息意义的策略，即通过对学习材料的精细加工，将新旧知识联系起来，帮助学习者增进对新知识的理解，并把信息储存到长时记忆中的学习策略。

（3）复述策略。复述策略指在工作记忆中为了保持信息，运用内部语言在大脑中重现学习材料或刺激，以便将注意力维持在学习材料之上的学习策略。

（4）编码与组织策略。编码与组织策略指整合所学新知识之间、新旧知识之间的内在联系，形成新的知识的结构的策略。编码与组织策略的使用是为了发现学习材料的共同特征或性质，从而达到减轻记忆负担的目的。

2017年 吉林师范大学 333 教育综合·真题解析

一、名词解释

教育目的

教育目的是对教育活动所要培养的人的个体素质的总的预期与设想,是对社会历史活动的主体的个体素质的规定。它体现一定社会对受教育者质量规格的界定和要求,也体现人自身发展所应该达到的水准和高度。

学校管理

学校管理是学校管理者在一定的社会历史条件下,通过一定的组织机构和制度,采用一定的方法和手段,带领师生员工,充分发挥学校人、财、物、时、空和信息等资源的最佳整体功能,实现学校工作目标的组织活动。简言之,学校管理是管理者通过一定的组织形式以实现学校教育目标的活动。

课程标准

课程标准是指在一定课程理论指导下,依据培养目标和课程方案以纲要形式编制的关于课程的性质与价值、目标与内容、教学实施建议以及课程资源开发等方面的指导性文件,一般由说明、课程目标、课程内容标准和课程实施建议等部分组成。

化性起伪

荀子认为教育的作用在于化性起伪。通过教育的作用改变人的恶性,化恶为善,使人成为高尚的人。同时必须注意环境、教育和个体努力三方面的因素。荀子也重视教育的社会作用,认为教育能够统一思想和行动,促使国富民强。

京师同文馆

京师同文馆最初是作为外语学校设立的,是近代中国被动开放的产物,1902年,京师同文馆并入京师大学堂。在教学内容的设置上,重视外语学习以及科学技术的学习。就其历史地位而言,它是洋务学堂的开端,也是中国近代新教育的开端。

精细加工策略

精细加工策略是通过把所学的新信息和已有的知识联系起来以增加新信息意义的策略,即通过对学习材料的精细加工,将新旧知识联系起来,帮助学习者增进对新知识的理解,并把信息储存到长时记忆中的学习策略。

学习

学习是个体在特定情境下由于练习或反复经验而产生的行为或行为潜能的比较持久的变化,具有以下几个特点:学习是由反复经验引起的;学习导致行为或行为潜能的变化且这种变化是相对持久的;行为的变化并不等同于学习的存在;学习所带来的行为变化往往要通过行为表现出来,但学习与表现不能等同;学习是一个广义概念,它不仅是人类普遍具有的,也是动物所具有的。

二、简答题

1. 影响人的发展的基本要素。

【答案要点】

（1）遗传在人发展中的作用：遗传素质是人的发展的生理前提；遗传素质的成熟程度制约着人的发展过程及年龄特征；遗传素质的差异性对人的发展有一定的影响；遗传素质具有可塑性。

（2）环境在人的发展中的作用：环境是人的发展的外部条件；环境的给定性与主体的选择性。

（3）个体活动在人的发展中的作用：个体活动是人的发展的决定因素。个体活动制约着环境影响的内化与主体的自我建构；个体通过能动的活动选择、构建着自我的发展。

（4）教育对人的发展的作用：教育在人的发展中起引领作用；学校教育主要通过传承文化科学知识来培养人；学校教育对提高人的现代性有显著的作用。

2. 简述学校管理发展的趋势。

【答案要点】

（1）学校管理法治化。随着科教兴国战略的实施和依法治国方略的确立，依法治教已成为党和政府管理教育的基本方针，而依法治校是依法治教的重要组成部分，将成为21世纪学校管理的必然选择。

（2）学校管理人性化。人性化管理是指学校管理工作要以人为本，关注人的情感、满足人的需要、崇尚人的价值、尊重人的主体人格和地位。

（3）学校管理民主化。民主管理以对个体价值的肯定为基础，以个体才能的充分发挥和潜能挖掘为前提，积极吸引全员参与管理活动，集思广益，共同参与，以取得最优的管理效益。

（4）学校管理信息化。在信息化时代，学校管理呈现出信息化的新特点。它表现在两个方面：学校对信息技术的开发和使用，把计算机、网络、多媒体等现代技术运用到管理上，以提高学校管理的实效；学校管理方式的信息化，实行"人－机"管理，即注重对有关信息资源的管理。

（5）学校管理校本化。校本管理是指学校在教育方针与法规的指引下，可以根据自己的实际情况和需要自主确定发展的目标与任务，进行管理工作。简言之，校本管理即以学校为本位的自主管理。

3. 简述蔡元培"五育并举"方针。

【答案要点】

（1）军国民教育。指将军事教育引入学校和社会教育之中，让学生和民众受到一定的军事教育和训练。在学校教育中强调学生生活的军事化，特别是体育的军事化。

（2）实利主义教育。即密切教育与国民经济生活的联系，加强职业技能的培训，使教育能发挥提高国家经济能力和改善人民生活水平的作用。

（3）公民道德教育。蔡元培认为公民道德的基本内容不外乎法国资产阶级革命所标榜的自由、平等、博爱，虽然与封建道德的专制等级性不相容，但他明确指出中国传统伦理特别是儒家伦理中的一些基本范畴，其内涵是与自由、平等、博爱的精神相通的。

（4）世界观教育。是蔡元培独创并被作为教育的最高境界。世界观教育就是要培养人们立足于现象世界但又超脱现象世界而贴近实体世界的观念和精神境界。

（5）美感教育。美感教育与世界观教育紧密联系，美感介于现象世界和实体世界之间，是两者之间的桥梁。利用美感这种超越利害关系、人我之分界的特性去破除现象世界的意识，陶冶、净化人的心灵。美感教育是世界观教育的主要途径。

4. 简述人文主义教育的特征。

【答案要点】

（1）人本主义。人文主义教育在培养目标上注重个性发展，在教育教学方法上反对禁欲主义，尊重儿童天性，坚信通过教育这种后天的力量可以重塑个人、改造社会和自然，这些都表现出人本主义内涵，人的力量、人的价值被充分肯定。

（2）古典主义。人文主义教育思想吸收了许多古人的见解，人文主义教育实践尤其是课程设置亦具有古典性质，但这种古典主义绝非纯粹的"复古"，实则含有古为今用、托古改制的内涵，这在当时是进步的。

（3）世俗性。不论从教育目的还是从课程设置等方面看，人文主义教育洋溢着浓厚的世俗精神，教育更关注今生而非来世。

（4）宗教性。几乎所有的人文主义教育家都信仰上帝，他们希冀以世俗和人文精神改造中世纪陈腐专横的宗教性，以造就一种更富世俗色彩和人性色彩的宗教性。

（5）贵族性。人文主义教育的对象主要是上层子弟，教育的形式多为宫廷教育和家庭教育而非大众教育，教育的目的主要是培养上层人物如君主、侍臣、绅士等。

5. 简述卢梭的自然主义教育的影响

【答案要点】

卢梭是西方教育史上具有划时代意义的教育思想家，他对封建社会进行了猛烈的抨击，提出了反映新兴资产阶级利益的教育思想，是现代教育思想的重要来源。

（1）卢梭提出的自然主义教育思想是教育思想史上由教育适应自然向教育心理学化过渡的一个重要环节。在封建社会压制人性的情况下，提倡性善论、尊重儿童天性具有历史进步意义。他呼吁培养身心调和发展的自然人和自由人也反映了对人的发展的合理要求。

（2）卢梭论证了自然主义教育的内容和方法。如重视感觉教育的价值；反对古典主义和教条主义，要求人们学习真实有用的知识；反对向儿童灌输道德教条，要求养成符合自然发展的品德等。这些观点既是在前人的基础上的发展，也反映了近代教育的发展方向。

（3）卢梭的教育理论对欧美教育产生了深远影响。德国的泛爱教育运动、瑞士的裴斯泰洛齐的教育实验、美国进步主义教育运动等，无不受到卢梭自然教育理论的启发。

6. 简述皮亚杰的认知发展理论。

【答案要点】

（1）0~2岁：感知运动阶段。这一时期为儿童思维的萌芽期。在这一阶段，儿童主要通过探索感知觉与运动之间的关系来获得动作经验，其中，手的抓取、嘴的吮吸是他们探索世界的主要手段。这个阶段的一个显著标志是儿童渐渐获得了客体永久性。

（2）2~7岁：前运算阶段。这一时期是儿童表象思维阶段。在这一阶段，儿童能运用语言或较为抽象的符号来代表他们经历过的事物，凭借表象思维，他们可以进行各种象征性活动或游戏、延缓性模仿以及绘画活动等。这一阶段的儿童具有具体形象性、泛灵论、自我中心主义等特点。

（3）7~11/12岁：具体运算阶段。这一阶段相当于小学阶段。此阶段儿童的认知结构已经发生了重组和改善，思维具有一定的弹性，可以逆转，已经获得长度、体积、质量和面积等的守恒，能凭借具体事物或从具体事物中获得的表象进行逻辑思维和群集运算。但其思维仍然需要具体事物的支持。这一阶段的儿童具有去集中化、去自我中心等特点。

（4）11岁至成年：形式运算阶段。此阶段儿童的思维已经超越了对具体的可感知的事物的依赖，能以命题的形式进行，并能发现命题之间的关系，能理解符号的意义，能进行一定的概括。思维已经接近成人的水平。这一阶段的儿童具有抽象思维获得发展、青春期自我中心的特点。

三、分析论述题

1.试论述教师的素养。

【答案要点】

（1）高尚的师德。热爱教育事业，富有献身精神和人文精神；热爱学生，诲人不倦；热爱集体，团结协作；严于律己，为人师表。

（2）先进、科学的教育理念。教育理念是教师在对教育工作本质理解的基础上形成的关于教育的观念和理性信念，它是以观念或信念的形式存在于教师头脑中的对教育现象和教育问题的看法。先进、科学的教育理念体现在教师的所有努力都要有利于学生精神世界的丰富、人格尊严的维护和美好人性的成长。如学生主体观、教学交往观、发展性教学评价观等。

（3）宽厚的文化素养。教师的主要任务是通过向学生传授科学文化知识，培养其能力，促进其个性生动活泼地发展。一个好教师的基本条件之一，就是要有比较渊博的知识和多方面的才能。因此，教师对自己所教学科知识应科学、深入地把握，能对自己所教专业融会贯通、深入浅出、高瞻远瞩，达到运用自如的境界，在教学过程中不出知识性的错误。同时，教师还应有比较广博的文化修养。

（4）专门的教育素养。教师的专门教育素养水平及其合理结构是教育教学任务得以完成的重要保证，它主要包括三个方面的内容：教育理论素养、教育能力素养、教育研究素养。

（5）健康的心理素质。教师的心理健康不仅会直接影响教育工作的优劣成败，而且会影响学生的心理健康水平。因此，教师应该注重提高自己的心理素质。健康的心理素质体现在心理活动的方方面面，概括起来主要指：教师要有轻松愉快的心境、昂扬振奋的精神、乐观幽默的情绪以及坚韧不拔的毅力等。

（6）强健的身体素质。教师的身体素质是指教师在教学活动中的自然力，是教师的身体健康状态和身体素质状态在教学中的表现。它主要通过健康的体魄、旺盛的精力、蓬勃的活力、有节律的生活方式和锻炼习惯等体现。教师的身体素质在教育教学中具有重要的教育意义。

2.试论述杜威教育的本质和目的。

【答案要点】

（1）论教育的本质。

①教育即生活。杜威认为教育是生活的过程，学校是社会生活的一种形式，那么学校生活也是生活的一种形式。学校生活应与儿童自己的生活相契合，满足儿童的需要和兴趣，使校园成为儿童的乐园，使儿童在现实的学校生活中得到乐趣。学校生活应与学校以外的社会生活相契合，适应现代社会变化的趋势并成为推动社会发展的重要力量，校园不应是世外桃源而应积极参与社会生活。杜威要做的就是改造不合时宜的学校教育和学校生活，使之更富活力，更有乐趣，更具实效，更有益于儿童发展和社会改造。

②学校即社会。杜威"学校即社会"意在使学校生活成为一种经过选择的、净化的、理想的社会生活，使学校成为一个合乎儿童发展的雏形的社会。而要将此落于实处，就必须改革学校课程，从分科课程转变为活动课程。"学校即社会"是对"教育即生活"这一命题的进一步引申，代表社会生活的活动性课程的引入是使学校与社会生活相联系的基本保证。杜威坚信教育是社会进步及社会改革的基本方法，通过教育改造社会生活，使之更完善、更美好。

③教育即生长。杜威针对当时教育无视儿童天性，消极对待儿童，不考虑儿童的需要和兴趣的现象，提出了"教育即生长"的观念。杜威要求摒除压抑、阻碍儿童自由发展之物，使教育和教学适应儿童的心理发展水平和兴趣、需要。他所理解的生长是机体与外部环境、内在条件与外部条件交互作用的结果，是一个持续不断的社会化的过程。杜威要求尊重儿童但不同意放纵儿童，这也是

杜威与进步主义教育实践的一个重要区别。

④教育即经验的改造。教育即经验的改造是指构成人的身心的各种因素在外部环境和人的主动经验过程中统一的全面改造、发展、生长的连续过程，包含四个方面：经验是一种行为，涵盖认识的、情感的、意志的等理性、非理性因素，成为儿童各方面发展和生长的载体；经验是有机体与环境相互作用的过程，机体不仅受环境的塑造，同时也对环境加以改变；经验的过程是一个主动的过程，有机体既接受着环境塑造，也主动改造着环境；经验是一个连续发展的过程，不存在终极目的的发展过程，因此教育就是个人经验的不断生长。

（2）论教育的目的。

①教育无目的论。从教育本质论出发，杜威反对外在的、固定的、终极的教育目的，认为教育无目的。杜威所希求的是过程内的目的，这个目的就是"生长"。杜威认为在非民主的社会里，教育目的是外在于并强加于教育过程的，包含权威与专制色彩。而在民主的社会里，教育目的应该内在于教育的过程之中。杜威主张以生长为教育的目的，其主要意图在于反对外在因素对儿童发展的压制，在于要求教育尊重儿童愿望和要求，使儿童从教育本身中、从生长过程中得到乐趣。

②教育的社会目的。杜威强调过程内的目的不等于否定社会性的目的。杜威要求教育为社会进步服务，为民主制度的完善服务。他认为，教育是社会进步及社会改革的基本方法，学校是社会进步和改革的最基本和最有效的工具。在民主社会中，个人发展与社会进步是统一的。

教育要培养具有良好公民素质、民主思想和生活能力的人，要培养具有科学思想和精神，能解决实践问题的人，要培养具有道德品质和社会意识的人，要培养具有一定职业素养的人。

3. 试述心理健康教育的途径。

【答案要点】

（1）专题训练。

心理素质专题训练过程一般由"判断鉴别—训练策略—反思体验"三个彼此衔接的环节构成。

①判断鉴别。通过心理检测和评估，让学生了解自己某方面心理素质发展现状，以此引起学生体会和反思该种心理素质对自己的意义，从而激发接受训练的积极动机。

②训练策略。针对该课主题和在判断鉴别中发现的问题，提出若干个解决该问题的具体有效的方法和技巧，通过组织学生参与讨论和操作活动来感受、理解，进而选择。

③反思体验。对训练中的心理感受、情感体验、行为变化、活动过程及效果等进行反思、强化、内化，强化训练效果，促进自我认知与评价。反思环节一定强调自觉、自发、自控。

（2）心理辅导。

心理辅导是一种心理上的助人活动，是指在一种新型的、建设性的人际关系中，辅导教师运用其专业知识和技能，给学生以合乎需要的心理上的协助与服务，以便学生在学习、工作与人际关系各个方面做出良好适应。心理辅导的最简单的定义是助人自助。建立有效辅导关系的基本条件主要有以下三种：

①同感。教师进入受辅学生的内心世界，通过他的视角看事物，体察他的思想与感受，了解他观察自己与周围世界的方式。同感主要有三个要点，分别是设身处地、保持客观和传达感受。

②真诚。教师在辅导过程中要诚实、自然、自由、开放，去掉保卫式的伪装或戒备心理，做到表里如一、言行如一、前后如一。

③尊重。教师要尊重受辅学生的人格、价值、自我选择的权利。

（3）学科渗透。

教师在进行常规的学科教学时，自觉地、有意识地运用心理学的理论、方法和技术，让学生在掌握知识、形成能力的同时，完成各种心理品质，特别是诸如情感、意志、个性品质等方面。在学科教学、各项教育活动、班主任工作中，都应注重对学生心理健康的教育，这是心理健康教育的主要途径。

2016年 吉林师范大学 333 教育综合·真题解析

一、名词解释

教育目的

教育目的是对教育活动所要培养的人的个体素质的总的预期与设想，是对社会历史活动的主体的个体素质的规定。它体现一定社会对受教育者质量规格的界定和要求，也体现人自身发展所应该达到的水准和高度。

学制

学制即学校教育制度，它是现代教育制度的核心部分。指的是一个国家各级各类学校的系统及其管理规则，它规定着各级各类学校的性质、任务、入学年限、修业年限以及它们之间的关系。

教学原则

教学原则是有效进行教学必须遵循的基本要求。它既指导教师的教，也指导学生的学，应贯彻于教学过程的各个方面和始终。

美育

美育即培养学生正确的审美观，发展他们鉴赏美、创造美的能力，培养其高尚情操和文明素质的教育。我国普通中学在美育方面的要求主要是：通过音乐、美术、文学教育等审美活动，充实学生的精神生活，培养他们感受美、欣赏美和创造美的能力，养成审美情趣和高尚情操。

道尔顿制

道尔顿制是美国进步主义教育家帕克赫斯特针对班级授课制的弊端在道尔顿中学实施的一种个别教学制度，也称"道尔顿计划"，主要内容包括在学校废除课堂教学、课程表和年级制，代之以"公约"或"合同式"的学习；将教室改为作业室或实验室，用表格法来了解学生的学习进度等。

新教育大纲

我国新民主主义革命时期，杨贤江于1930年以李浩吾的化名撰著的《新教育大纲》出版。这是我国第一本试图用马克思主义的观点论述教育的著作。该书论述了教育的本质和作用，认为教育是社会上层建筑之一，是营谋社会生活的手段，是阶级斗争的工具，在教育理论上起到了一定的启蒙作用。

二、简答题

1. 教育的基本要素。

【答案要点】

（1）教育者。教育者是指参与教育活动、与受教育者在教学或教导上互动，对受教育者体、智、德、美、行等方面产生影响的人，主要指教师。

（2）受教育者。受教育者是指参与教育活动、与教育者在教学与教导上互动，以期自身获得发展的人，主要是学生。

（3）教育内容。教育内容是指教育者引导受教育者在教育活动中学习的前人积累的经验，包括书本知识和实际经验。

（4）教育活动方式。教育活动方式是指教育者引导受教育者学习教育内容所选用的交互活动方式，是教育者、受教育者与教育内容三者形成一个有目的地培养人的教育活动的中介和纽带。

2. 人的主观能动性对教育的作用。

【答案要点】

（1）个体活动是人的发展的决定因素。

个体的活动、个体的社会实践是个体与环境互动的中介，是个体发展的基础，是个体发展的决定性因素。学生的主体活动既是学生存在和发展的方式，又是教育的重要基础。教育必须通过引领和组织学生的主体活动来促进学生的身心与个性的发展。

（2）个体活动制约着环境影响的内化与主体的自我建构。

人在同环境相互作用的过程中，既改造着环境，也在改造环境的活动中发展和提升了个人的素质，从人的发展的视域看，实质上是一个自我建构的过程。学生的能动性主要表现为：在教育者的影响下，在积极参与社会生活和交往活动的基础上能动地进行自我认识、自我发展和自我建构。

（3）个体通过能动的活动选择、构建着自我的发展。

个人通过能动的活动不仅能把握自己与外部世界的关系，而且能把自身的发展当作自己认识的对象和自觉实践的对象，选择与建构自己的发展。人的发展的过程就是通过能动的活动不断自我超越的过程。

3. 孟子的德育原则。

【答案要点】

孟子在道德教育方面提出了下列原则：

（1）持志养气。志，即人的志向，或信念与追求，持志即坚持崇高的志向。一个人有了志向与追求，就会有相应的"气"，即精神状态。

（2）动心忍性。就是意志锻炼，尤其是要在逆境中得到磨砺。孟子认为人的聪明才智得之于艰苦的磨练，环境越恶劣，对人的造就就可能越大。

（3）存心养性。虽然人人生来就有仁义礼智的善端，但善端要成为实在的善性善行要靠存养和扩充。要扩充"善端"就要寡欲，要发挥理性的作用。

（4）反求诸己。也就是厚于责己。凡事需严于律己，时时反思。同时，应当反躬自问，从自身找原因。

4. 陶行知的生活教育理论。

【答案要点】

"生活即教育"是陶行知教育思想的核心，集中反映了他在教育目的、内容和方法等方面的主张，反映了陶行知探索适合中国国情和时代需要的教育理论的努力。

（1）生活即教育。"生活即教育"是陶行知生活教育理论的核心，其内涵十分丰富。第一，生活含有教育的意义；第二，实际生活是教育的中心；第三，生活决定教育，教育改造生活。

（2）社会即学校。"社会即学校"是生活教育理论另一重要主张，是"生活即教育"思想在学校与社会关系问题上的具体化。社会即学校是指社会含有学校的意味，或者说以社会为学校；社会即学校也指学校含有社会的意味，也就是说，学校通过与社会生活相结合，一方面运用社会的力量使学校进步，另一方面动员学校的力量帮助社会进步，使学校真正成为社会生活必不可少的组成部分。

（3）教学做合一。"教学做合一"是生活教育理论的又一重要主张，是"生活即教育"在教学方法问题上的具体化。"教学做合一"要求在"劳力上劳心"；认为"行是知之始"；要求"有教先学"和"有学有教"；是对注入式教学法的否定。

5. 心理发展的一般规律。

【答案要点】

（1）个体心理发展的连续性与阶段性。连续性是指个体心理发展是一个持续不断的前进过程，是逐渐地、持续地由较低水平到较高水平的发展进程；阶段性是指不同年龄阶段的个体会表现出不同的特征，同一年龄阶段的个体会呈现出许多共同的心理特征。

（2）个体心理发展的方向性与顺序性。在正常的条件下，个体的心理发展具有不可逆的方向性和顺序性。如认知的发展是从感知动作思维到具体形象思维，再到抽象概括思维。

（3）个体心理发展的协调性。在心理发展过程中，个体心理的各个方面相互关联，某个心理机能的发展会影响其他心理机能的发展。

（4）个体心理发展的不平衡性。心理发展的不平衡性主要是指各个心理过程和个性心理特征发展的速度、时间和程度是不完全一样的，有其各自的发展特点和规律，因而表现出了多种多样的发展模式。

（5）心理发展具有个别差异。个体发展要经历一些共同的基本阶段，但在发展速度、最终达到的水平和发展的优势领域上往往是有差别的。

6. 加德纳的多元智力理论。

【答案要点】

多元智力理论认为，不存在单纯的某种智力和达到目标的唯一方法，每个人都会用自己的方式来发掘各自的大脑资源，这种为达到目的所发挥的各种个人才智才是真正的智力，造就了人与人之间的不同。人的智力可以分为八种：

（1）逻辑数学智力：运算和推理等科学或数学的一般能力，以及处理较长推理、识别秩序、发现模型和建立因果模型的能力。

（2）语言智力：运用语言达到各种目的的能力以及对声音、韵律、语意、语序和灵活操纵语言的敏感能力，包括听、说、读和写的能力。

（3）音乐智力：感受、辨别、记忆、理解、评价、改变和表达音乐的能力。

（4）空间智力：准确感受视觉–空间世界的能力，包括感受、辨别、记忆、再造、转换以及修改物体的空间关系，并借此表达思想和情感的能力。

（5）身体运动智力：控制自己身体运动和技术性地处理目标的能力。

（6）人际关系智力：与人相处和交往的能力，表现为觉察他人情绪、情感、气质、意图和需求的能力并据此做出适当反应的能力。

（7）内省智力：认识、洞察和反省自身的能力，并在正确的自我意识和自我评价的基础上形成自尊、自律和自制的能力。

（8）自然智力：认识物质世界的相似和相异性及动物、植物和自然环境其他事物的能力。

7. 有意义学习内容以及条件。

【答案要点】

（1）有意义学习的实质。

有意义学习就是符号所代表的新知识与学习者认知结构中已有的适当观念建立非任意的和实质性的联系。有意义学习的类型包括表征学习、概念学习和命题学习。

(2)有意义学习的条件。

①有意义学习的材料必须具有逻辑意义。

②学习者必须具有有意义学习的心向。

③学习者认知结构中必须具有适当的知识,以便与新知识进行联系。

④学习者必须积极主动地使这种具有潜在意义的新知识与他认知结构中有关的原有知识发生相互作用,导致原有知识得到改造,新知识获得实际意义,即心理意义。

8. 学习动机的作用。

【答案要点】

(1)引发作用。当学生对某些知识或技能产生迫切的学习需要时,就会引发学习内驱力,唤起内部的激动状态,产生焦急、渴求等心理体验,并最终激起一定的学习行为。

(2)定向作用。学习动机以学习需要和学习期待为出发点,使学生的学习行为在初始状态时就指向一定的学习目标,并推动学生为达到这一目标而努力学习。

(3)维持作用。学习动机的维持作用表现为学生在某项学习上的坚持时间、出现频次以及投入状态。

(4)调节作用。学习动机调节学习行为的强度、时间和方向。如果行为活动未达到既定目标,动机还将驱使学生转换行为活动方向以达到既定目标。

三、分析论述题

1. 如何把握好教师的主导作用和学生的主动性的关系?

【答案要点】

(1)发挥教师的主导作用是学生简捷有效地学习知识、发展身心的必要条件。在教学过程中,教师的教一般是矛盾的主导方面。教师主导作用是针对能否引导学生积极学习与上进而言的。因而学生的主动性、反思性、创造性发挥得怎样,学习的效果怎样,又是衡量教师主导作用发挥得好坏的根本标志。教学中一切不民主的强迫灌输和独断专横的做法,都有悖于教师的主导作用。

(2)尊重学生、调动学生的学习主动性是教师有效地教学的一个主要因素。学生是有能动性的人,他们不只是教学的对象,而且是学习主体与发展主体。学生的学习主动性、积极性发挥得怎么样,直接影响并最终决定着学生个人的学习质量、成效和身心发展的方向与水平。

(3)防止忽视学生积极性和忽视教师主导作用的偏向。过于突出教师或者过于强调学生在教学中的主体地位与作用都是片面的。最可靠的措施是普遍提高教师的修养和水平,加强对学生的了解、沟通,提高教师的责任感与创造性,这样才能实现师生之间民主平等、尊师爱生、教学相长的互动与合作,使师、生两方面的主动性都能得到弘扬,在教学互动的过程中达到动态的平衡和相得益彰。

2. 卢梭的自然主义教育的评述。

【答案要点】

(1)自然教育的基本含义。

卢梭自然主义教育的核心是"回归自然"。一方面,善良的人性存在于纯洁的自然状态之中。只有"回归自然"、远离喧嚣社会的教育,才有利于保持人的善良天性。因此15岁之前的教育必须在远离城市的农村进行。另一方面,每个人都是由自然的教育、事物的教育、人为的教育三者培养起来,只有三种教育圆满地结合才能达到预期的目的。三者之中,应以自然的教育为基准,才能使教育回归自然达到应有的成效。

（2）自然教育的培养目标。

自然教育最终目的是培养"自然人"，即身心调和发达、体脑两健、能力强盛的新人，也就是摆脱封建羁绊的资产阶级新人。"自然人"具有以下特征：第一，自然人是能独立自主的人，他能独自体现出自己的价值；第二，在自然的秩序中，所有的人都是平等的；第三，自然人又是自由的人，他是无所不宜、无所不能的；第四，自然人还是自食其力的人。可无须仰赖他人为生，这是独立自主的可靠保证。

（3）自然教育的方法原则。

卢梭猛烈抨击了当时向儿童强迫灌输旧的道德和知识、摧残儿童天性的做法，他提出以下几点原则和方法：第一，树立正确的儿童观，应当把成人看作成人，把孩子看作孩子；第二，对儿童实施消极教育。此外，让他们在同自然的接触中，体会到自己所犯的错误和过失带来的自然后果，使儿童服从于自然法则，结合具体事例让他们从自己的直接经验中受到教育；第三，根据儿童天性的个体差异，因材施教。

（4）自然主义教育的实施。

卢梭根据自然教育的原则，根据人的自然发展的进程和不同年龄时期身心的特点，把自然教育分为婴儿期、儿童期、少年期和青春期。婴儿期主要进行体育；儿童期主要进行感官训练和身体发育，这个时期的儿童不宜进行理性教育，不应强迫儿童读书；少年期主要进行智育和劳动教育；青春期主要接受道德教育，包括宗教教育、爱情教育和性教育。

（5）影响。

卢梭是西方教育史上具有划时代意义的教育思想家，他对封建社会进行了猛烈的抨击，提出了反映新兴资产阶级利益的教育思想，是现代教育思想的重要来源。

①卢梭提出的自然主义教育思想是教育思想史上由教育适应自然向教育心理学化过渡的一个重要环节。在封建社会压制人性的情况下，提倡性善论、尊重儿童天性具有历史进步意义。他呼吁培养身心调和发展的自然人和自由人也反映了对人的发展的合理要求。

②卢梭论证了自然主义教育的内容和方法。如重视感觉教育的价值；反对古典主义和教条主义，要求人们学习真实有用的知识；反对向儿童灌输道德教条，要求养成符合自然发展的品德等。这些观点既是在前人基础上的发展，也反映了近代教育的发展方向。

③卢梭的教育理论对欧美教育产生了深远影响。德国的泛爱教育运动、瑞士的裴斯泰洛齐的教育实验、美国进步主义教育运动等，无不受到卢梭自然教育理论的启发。

3. 皮亚杰的认知发展阶段理论的内容和特点。

【答案要点】

（1）0~2岁：感知运动阶段。这一时期为儿童思维的萌芽期。在这一阶段，儿童主要通过探索感知觉与运动之间的关系来获得动作经验，其中，手的抓取、嘴的吮吸是他们探索世界的主要手段。这个阶段的一个显著标志是儿童渐渐获得了客体永久性，即当某一客体从儿童的视野中消失时，儿童知道该客体并非不存在。

（2）2~7岁：前运算阶段。这一时期是儿童表象思维阶段。在这一阶段，儿童能运用语言或较为抽象的符号来代表他们经历过的事物，凭借表象思维，他们可以进行各种象征性活动或游戏、延缓性模仿以及绘画活动等。这一阶段的儿童在认知方面具有以下特点：

①具体形象性。儿童在感知运动阶段获得的感觉运动行为模式被内化为表象或形象模式，能够形成和使用符号使得动作图式符号化。

②泛灵论。儿童不能很好地把自己与外部世界区分开来，认为外界的一切事物都有生命，有感知、情感和人性。

③自我中心主义。在思维方面存在自我中心，认为别人眼中的世界和他所看到的一样，以为世界是为他而存在的，一切都围绕着他转。

④集体的独白。在儿童的语言中表现出集体的独白，即尽管没有一个人听，儿童也会热情地谈论着，没有任何真实的相互作用或者交谈。

⑤思维的不可逆性和刻板性。不可逆性是指本阶段儿童的认知活动具有相对具体性，还不能进行抽象的思维运算，他们的思维还只能前推，不能后退；刻板性是指本阶段儿童在注意事物的某一方面时往往忽略其他方面。

⑥尚未获得物体守恒的概念。守恒是指不论物体形态如何变化，其质量是恒定不变的。这一阶段的儿童由于受直觉知觉活动的影响，还不能认识到一点。

⑦集中化。儿童作出判断时倾向于运用一种标准或维度，不能同时运用两个维度。

（3）7~11/12岁：具体运算阶段。这一阶段相当于小学阶段。此阶段儿童的认知结构已经发生了重组和改善，思维具有一定的弹性，可以逆转，已经获得长度、体积、质量和面积等的守恒，能凭借具体事物或从具体事物中获得的表象进行逻辑思维和群集运算。但其思维仍然需要具体事物的支持。这一阶段的儿童在认知方面具有以下特点：

①去集中化。儿童能够学会处理部分与整体的关系，进行逆向或互换的逻辑推理。

②去自我中心。此时的儿童越来越以社会为中心，日益意识到别人的看法。

③刻板地遵守规则。儿童已经能理解原则和规则，但在实际生活中只能刻板地遵守规则，不敢改变。

④逻辑思维和群集运算。儿童能从具体事物中获得的表现进行逻辑和群集运算，但还不能进行抽象思维。

（4）11岁至成年：形式运算阶段。此阶段儿童的思维已经超越了对具体的可感知的事物的依赖，能以命题的形式进行，并能发现命题之间的关系，能理解符号的意义，能进行一定的概括。思维已经接近成人的水平。这一阶段的儿童在认知方面具有以下特点：

①抽象思维获得发展。本阶段的儿童能够根据逻辑推理、归纳或演绎的方式来解决问题；思维是以命题形式进行的，并能发现命题之间的关系；能理解符号的意义、隐喻和直喻，能做一定的概括，其思维发展已接近成人的水平。

②青春期自我中心。本阶段儿童不再刻板地恪守规则，并且常常由于规则与事实的不符而违反规则或违抗师长。

2015年 吉林师范大学 333 教育综合·真题解析

一、名词解释

狭义教育

狭义教育即学校教育，指一种专门组织的不断趋向规范化、制度化、体系化的教育。它是根据一定的社会现实和未来需要，遵循受教育者身心发展的规律，有目的、有计划、有组织地对受教育者身心施加影响，把他们培养成为一定社会或阶级所需要的人的活动。

学校教育制度

学校教育制度即学制，它是现代教育制度的核心部分。指的是一个国家各级各类学校的系统及其管理规则，它规定着各级各类学校的性质、任务、入学年限、修业年限以及它们之间的关系。

教学

教学是在一定教育目的规范下，在教师有计划的引导下，学生能动地学习、掌握系统的课程预设的科学文化基础知识，发展自身的智能与体力，养成良好的品行与美感，逐步形成全面发展的个体素质的活动。

自然适应原则

自然适应原则即教育适应自然的原则，这是贯穿夸美纽斯理论体系的一条根本的指导性原则。其主要内容是教育要模仿自然并遵循自然的规则和秩序。

《普通教育学》

《普通教育学》是一本自成体系的教育学著作，它标志着教育学已经成为一门独立学科。在此书中，赫尔巴特全面、系统地阐述了其教育理论：由儿童的管理、教学和道德教育构成的教育过程、兴趣的多方面性、教学形式阶段、教育性教学原则，由单纯提示的教学、分析教学和综合教学构成的教学进程等等。

学习策略

学习策略是指学习者为了提高学习的效果和效率，有目的、有意识地制定的有关学习过程的复杂的方案，具有主动性、有效性、过程性和程序性的特征。

二、简答题

1. 简述生产力对教育的制约作用。

【答案要点】

（1）生产力的发展制约教育事业发展的规模和速度。教育事业发展的规模和速度，归根结底是由生产力发展的水平和状况决定的，一定的教育必须与一定的生产力发展相适应，这是学校教育发展必须遵循的规律。

（2）生产力的发展水平制约人才的培养规格和教育结构。学校教育结构必须反映经济的技术结构和产业结构的发展变革。这样教育为生产培养的人才在总量、类型和质量上才能满足生产力发展的需求。

（3）生产力的发展制约教学内容、教学方法和教学组织形式的发展和改革。生产力的发展推动了科学技术的发展，也必然促进教学内容的发展与更新。教学方法和教学组织形式的变革也是一样，如班级教学组织形式的产生与改进、多媒体教学等现代方法的运用，都是与生产力的发展和科学技术的运用紧密相关的。

2. 简述我国教育目的的基本精神。

【答案要点】

2015年新修订的《中华人民共和国教育法》规定："教育必须为社会主义现代化建设服务，必须与生产劳动和社会实践相结合，培养德、智、体、美等方面全面发展的社会主义事业的建设者和接班人。"这是目前教育目的最规范的表述。

我国教育目的表述虽几经变化，但其基本精神却是一致的，就是培养学生成为未来国家、社会发展的实践主体与主人。其基本点包括以下几个方面：培养"劳动者"或"社会主义建设人才"；坚持全面发展；培养独立个性。

综上所述，我国教育目的的价值取向的出发点与归宿在于：培养德、智、体、美、劳全面发展，具有创新精神、实践能力和独立个性的社会主义现代化需要的各级各类人才。

3. 简述教师劳动的特点。

【答案要点】

（1）教师劳动的复杂性。教师劳动的复杂性主要受以下三方面的影响：第一，学生状况的复杂性决定着教师劳动的复杂性；第二，教师任务的多样性制约着教师劳动的复杂性；第三，影响学生发展因素的广泛性制约着教师劳动的复杂性。

（2）教师劳动的示范性。教育是教师引导、培养学生的活动，它要求教师以身作则，具有示范性。教师的劳动对象是处在发展过程中的青少年学生，他们具有尊敬教师、乐于接受教师的教导、以教师为表率的所谓"向师性"的特点。因此，教师必须严格要求自己，以身作则，通过示范的方式去影响学生，以便取得最佳教育效果。

（3）教师劳动的创造性。教师劳动创造性的最重要特征之一是他的工作对象，即儿童经常在发生变化，永远是新的，今天同昨天就不一样。此外，教师劳动的创造性还表现在因材施教上；表现在对教育、教学的原则、方法、内容的运用、选择和处理上；表现在教育教学过程中，教师对各种突发情况做出及时反应、妥善处理的应变能力上。

（4）教师劳动的专业性。教师劳动的专业性突出表现在教师对育人的崇高敬业精神和道德修养上，对教育教学专门化知识和技能的掌握与教育活动的自主权上。

4. 西周官学的基本特征是什么？

【答案要点】

西周官学的基本特征即"学在官府"。奴隶主贵族建立国家机构，设官分职，从事管理。为了管理的需要，制定法纪规章，有文字记录，汇集成专书，由当官者来掌握。这种现象，历史上称之为"学术官守"，并由此而造成"学在官府"。

由于只有官府有学，民间私家无学术，所以要学习专门知识，只有到官府之中才有可能。"学在官府"这种历史现象，有其客观原因：

（1）唯官有书，而民无书。朝廷为了政治需要，将书册交由官府主管，士人若要学习，只有到官府，求之主管书册的官司才能读到。

（2）惟官有器，而民无器。民间不具备学习礼、乐、舞、射的器具，只有官府才具有备集这些器具的物质条件，因此学习礼、乐、舞、射，也只有在官府的人才具有条件。

（3）惟官有学，而民无学。只有为官的人掌握学术，以官府为传授基地，教其子弟；只有官学，没有私学；只有贵族子弟有受教育的权利，庶人和平民没有受教育的权利。

5. 学习动机有什么作用？

【答案要点】

（1）引发作用。当学生对某些知识或技能产生迫切的学习需要时，就会引发学习内驱力，唤起内部的激动状态，产生焦急、渴求等心理体验，并最终激起一定的学习行为。

（2）定向作用。学习动机以学习需要和学习期待为出发点，使学生的学习行为在初始状态时就指向一定的学习目标，并推动学生为达到这一目标而努力学习。

（3）维持作用。学习动机的维持作用表现为学生在某项学习上的坚持时间、出现频次以及投入状态。

（4）调节作用。学习动机调节学习行为的强度、时间和方向。如果行为活动未达到既定目标，动机还将驱使学生转换行为活动方向以达到既定目标。

三、分析论述题

1. 试述影响人身心发展的基本因素。

【答案要点】

（1）遗传在人发展中的作用。

①遗传素质是人的发展的生理前提。遗传素质，是人的发展的自然的或生理的前提条件，为人的发展提供可能。

②遗传素质的成熟程度制约着人的发展过程及年龄特征。遗传素质的成熟过程，表现为人身体的各种器官的形态、结构和机能的发展变化与完善，为一定年龄阶段的身心特点的出现提供了可能，制约着人的发展的年龄阶段。

③遗传素质的差异性对人的发展有一定的影响。遗传素质的差异不仅表现在体态和感觉器官的功能上，也表现在神经活动的类型上。人们对外界事物反应的快慢、情感表现的强弱和是否容易转移等方面，也存在着差异。

④遗传素质具有可塑性。随着环境、教育和实践活动的作用，人的遗传素质会逐渐地发生变化，这就说明了遗传素质具有可塑性。

（2）环境在人的发展中的作用。

①环境是人的发展的外部条件。人的生存与发展环境根据其性质可以分为自然环境和社会环境。社会环境是儿童得以发展的现实条件和现实源泉，对人的发展起着不可替代的作用。

②环境的给定性与主体的选择性。环境的给定性：指的是由自然与社会、历史遗产与他人为儿童个体所创设的环境，它对于儿童来说是客观的、先在的、给定的。主体的选择性：人是具有能动性的主体，他对环境变化的刺激做出的回应是可以由主体内在的意愿来选择和决定的。

（3）个体活动在人的发展中的作用。

①个体活动是人的发展的决定因素。学生的主体活动既是学生存在和发展的方式，又是教育的重要基础。教育必须通过引领和组织学生的主体活动来促进学生的身心与个性的发展。

②个体活动制约着环境影响的内化与主体的自我建构。人在同环境相互作用的过程中，既改造着环境，也在改造环境的活动中发展和提升了个人的素质，从人的发展的视域看，实质上是一个自我建构的过程。学生的能动性主要表现为：在教育者的影响下，在积极参与社会生活和交往活动的基础上能动地进行自我认识、自我发展和自我建构。

③个体通过能动的活动选择、构建着自我的发展。个人通过能动的活动不仅能把握自己与外部世界的关系，而且能把自身的发展当作自己认识的对象和自觉实践的对象，选择与建构自己的发展。人的发展过程就是通过能动的活动不断自我超越的过程。

（4）教育对人的发展的作用。

①教育在人的发展中起引领作用，主要体现在：有意识地为年轻一代的成长选择、建构、调控良好的环境，对他们的生活、交往、学习与实践等活动进行正确的教导、示范和辅助，并注重尊重他们的主体地位和激发、引导他们内在的学习动力与自我发展的能动性和自主性，从各方面引领、关怀、维护他们的发展。

②学校教育主要通过传承文化科学知识来培养人。学校教育是教育者有意识地为儿童的身心发展精心设置的一种环境，它把经过选择的、重新组编的、人类长期积累起来的文化知识作为精神客体与儿童互动，以促进儿童的发展，使他们成人成才。文化知识蕴含着有利于人的发展的多方面价值：认识价值、陶冶价值、能力价值、实践价值。

③学校教育对提高人的现代性有显著的作用。教育在人的现代化过程中起着重要作用，是因为学生在学校里不仅学会了读、写、算等各个方面的基础知识与技巧，而且学到了与他们个人的发展和国家的未来有关的态度、价值和行为方式。

2. 试述蔡元培高等教育思想以及对当前高等教育的启示。

【答案要点】

（1）抱定宗旨，改变校风。蔡元培明确大学的宗旨，认为大学应该成为"研究高尚学问之地"。他改革北大的第一步就是要为师生创造研究高深学问的条件和氛围。具体措施有：改变学生的观念；整顿教师队伍，延聘积学热心的教员；发展研究所，广积图书，引导师生研究兴趣；砥砺德行，培养正当兴趣。

（2）贯彻"思想自由，兼容并包"的办学原则。蔡元培明确声明，在学术上"循'思想自由'原则，取兼容并包主义"，这是他办理北京大学的基本指导思想。该思想不仅体现在学术上，也体现在教师的聘任上。蔡元培以"学诣为主"，罗致各类学术人才，使北大教师队伍一时呈现出流派纷呈的局面。

（3）教授治校，民主管理。1912年由蔡元培主持制定的《大学令》中，确立了教授治校、民主管理的大学校务管理原则，规定大学设立评议会，各科设立教授会。蔡元培到任北大后，当年即组织了评议会。1919年，评议会通过学校内部组织章程，决定：第一，设立行政会议，作为全校最高的行政机构和执行机构，负责组织实施评议会议决的事项，下设各种委员会分管各类事务；第二，设立教务会议及教务处，由各系主任组成，并互相推选教务长一人，统一领导全校的教务工作；第三，设立总务处，主管全校的人事和事务工作。

管理体制的改革，体现了蔡元培教授治校、民主管理的思想，目的是把推动学校发展的责任交给教授，让真正懂得学术的人来管理学校。新的管理体制的建立，改变了京师大学堂遗留下来的封建衙门作风，提高了工作效率，促进了学校的蓬勃发展。

（4）学科与教学体制改革。在学科与教学体制改革方面，蔡元培主要有三个措施：第一，扩充文理，改变"轻学而重术"的思想；第二，沟通文理，废科设系；第三，改年级制为选科制，发展学生个性。

北京大学的改革不仅仅使自身改变了面貌，也是我国高等教育近代化发展中的一个里程碑。这次改革的灵魂是"思想自由，兼容并包"，其中"兼容并包"不仅包容不同的学术和学说流派、不同的人物和主张，也在男生之外包容女生，在正式生之外包容旁听生。北大因此成为新文化运动和马克思主义的传播中心、五四运动的策源地，其影响远远超出了教育领域。

3. 论述埃里克森心理发展的八个阶段。

【答案要点】

（1）出生到18个月：婴儿期。这一阶段的主要矛盾是信任对怀疑。如果婴儿得到较好的抚养并与母亲建立了良好的亲子关系，儿童将对周围世界产生信任感，否则将产生怀疑和不安。家长在这一时期应该积极地、始终如一地满足婴儿的需求。

（2）18个月到3岁：儿童期。这一阶段的主要矛盾是自主对羞怯。儿童在这一时期开始表现出自我控制的需要与倾向，渴望自主并试图自己做一些事情，如吃饭、穿衣。如果父母给儿童过多的限制或者过度的保护，儿童就开始对自己的能力产生怀疑，产生羞愧感。

（3）3到6岁：学龄初期。这一阶段的主要矛盾是主动对内疚。这个阶段的儿童开始想象自己扮演成年人的角色，并希望在活动中获得成年人的欢迎和赞赏。父母或教师需要对儿童提出的问题进行正面的鼓励，提出合理的建议，这样儿童的主动性会得到加强，反之则会降低儿童从事活动的热情，也影响他们的积极性。

（4）6到12岁：学龄期。这一阶段的主要矛盾是勤奋对自卑。儿童在这一阶段进入学校，学习知识和技能。儿童开始发展勤奋感，形成一种成功感和对成就的认识。如果面临的任务太过困难，造成了失败，那么儿童能会产生自卑感。教师或父母如果对儿童在活动中表现出的勤奋视而不见，也会发展出自卑的人格。

（5）12到18岁：青春期。这一阶段的主要矛盾是角色同一性对角色混乱。这一时期的个体开始考虑"我是谁"这一问题。个体尝试把自己的各个方面形成自我形象的整体评价。但是由于经验等的限制，个体难以对自己的各个方面形成明确的认识，也难以在实际生活中始终保持自我的一致性。

（6）18到30岁：成年初期。这一阶段的主要矛盾是友爱亲密对孤独。婚姻问题和家庭生活是这一时期面临的重大问题。如果个体乐于与他人交往，不过分计较得失，能在交往中获得乐趣，可以形成一种亲密感。但如果一个人缺乏与朋友、配偶之间的亲密友爱关系，则会产生孤独感。

（7）30到60岁：成年中期。这一阶段的主要矛盾是繁殖对停滞。这个阶段的个体已经成家立业，面临着抚育和关怀下一代的任务。如果个体事业有成、家庭美满，则表现出较大的创造力。但如果个体过于自我专注，满足私利，则容易产生颓废感，生活消极懈怠。

（8）60岁以后：成年晚期。这一阶段的主要矛盾是完美无憾对悲观绝望。这个阶段的个体已经进入老年期。如果前几阶段发展顺利，个体在这个时期会巩固自我感觉并完全接受自我，对自己的过去不再遗憾，获得自我完满感。反之，如果个体对过去有过多悔恨，但又感觉力不从心，则在绝望中度过余生。

4. 试述卢梭自然主义教育思想。

【答案要点】

（1）自然教育的基本含义。

卢梭自然主义教育的核心是"回归自然"。一方面，善良的人性存在于纯洁的自然状态之中。只有"回归自然"、远离喧嚣社会的教育，才有利于保持人的善良天性。因此15岁之前的教育必须在远离城市的农村进行。另一方面，每个人都是由自然的教育、事物的教育、人为的教育三者培养起来，只有三种教育圆满地结合才能达到预期的目的。三者之中，应以自然的教育为基准，才能使教育回归自然达到应有的成效。

（2）自然教育的培养目标。

自然教育最终目的是培养"自然人"，即身心调和发达、体脑两健、能力强盛的新人，也就是摆脱封建羁绊的资产阶级新人。具有以下特征：第一，自然人是能独立自主的人，他能独自体现出自己的价值；第二，在自然的秩序中，所有的人都是平等的；第三，自然人又是自由的人，他是无所不宜、无所不能的；第四，自然人还是自食其力的人。可无须仰赖他人为生，这是独立自主的可靠保证。

（3）自然教育的方法原则。

卢梭猛烈抨击了当时向儿童强迫灌输旧的道德和知识、摧残儿童天性的做法，他提出以下几点原则和方法：第一，树立正确的儿童观，应当把成人看作成人，把孩子看作孩子；第二，对儿童实施消极教育。此外，让他们在同自然的接触中，体会到自己所犯的错误和过失带来的自然后果，使儿童服从于自然法则，结合具体事例让他们从自己的直接经验中受到教育；第三，根据儿童天性的个体差异，因材施教。

（4）自然主义教育的实施。

卢梭根据自然教育的原则，根据人的自然发展的进程和不同年龄时期身心的特点，把自然教育分为婴儿期、儿童期、少年期和青春期。婴儿期主要进行体育；儿童期主要进行感官训练和身体发育，这个时期的儿童不宜进行理性教育，不应强迫儿童读书；少年期主要进行智育和劳动教育；青春期主要接受道德教育，包括宗教教育、爱情教育和性教育。

（5）影响。

卢梭是西方教育史上具有划时代意义的教育思想家，他对封建社会进行了猛烈的抨击，提出了反映新兴资产阶级利益的教育思想，是现代教育思想的重要来源。

①卢梭提出的自然主义教育思想是教育思想史上由教育适应自然向教育心理学化过渡的一个重要环节。在封建社会压制人性的情况下，提倡性善论、尊重儿童天性具有历史进步意义。他呼吁培养身心调和发展的自然人和自由人也反映了对人的发展的合理要求。

②卢梭论证了自然主义教育的内容和方法。如重视感觉教育的价值；反对古典主义和教条主义，要求人们学习真实有用的知识；反对向儿童灌输道德教条，要求养成符合自然发展的品德等。这些观点既是在前人的基础上的发展，也反映了近代教育的发展方向。

③卢梭的教育理论对欧美教育产生了深远影响。德国的泛爱教育运动、瑞士的裴斯泰洛齐的教育实验、美国进步主义教育运动等，无不受到卢梭自然教育理论的启发。

2014年 吉林师范大学 333 教育综合·真题解析

一、名词解释

狭义的教育

狭义的教育即学校教育，指一种专门组织的不断趋向规范化、制度化、体系化的教育。它是根据一定的社会现实和未来需要，遵循受教育者身心发展的规律，有目的、有计划、有组织地对受教育者身心施加影响，把他们培养成为一定社会或阶级所需要的人的活动。

课程

课程是由一定的育人目标、特定的知识经验和预期的学习活动方式构成的一种蕴含着丰富、基本而又有创造性与潜质的一套计划与设定。

学校管理

学校管理是学校管理者在一定的社会历史条件下，通过一定的组织机构和制度，采用一定的方法和手段，带领师生员工，充分发挥学校人、财、物、时、空和信息等资源的最佳整体功能，实现学校工作目标的组织活动。简言之，学校管理是管理者通过一定的组织形式以实现学校教育目标的活动。

德育

学校德育是指学生在教师的引导下，以学习活动、社会实践、日常生活、人际交往为基础，同经过选择的人类文化，特别是一定的道德观念、政治意识、处世准则、行为规范相互作用，经过自己的观察、感受、判断、践行和改善，以形成行为习惯、道德品质、人生价值和社会理想的教育。

西周"六艺"

"六艺"即礼、乐、射、御、书、数。礼包括政治、伦理、道德、礼仪各个领域;乐包括诗歌、音乐和舞蹈;射指射箭的技术训练;御指驾驭马拉战车的技术训练;书指文字书写;数指算法。其中,"礼、乐、射、御"为"大艺",是大学的课程;"书、数"为"小艺",是小学的课程。

"思想自由,兼容并包"

蔡元培明确声明,在学术上"循'思想自由'原则,取兼容并包主义",这是他办理北京大学的基本指导思想。该思想不仅体现在学术上,也体现在教师的聘任上。

创造性

创造性是个体利用一定内外条件,产生新颖、独特、有社会和个人价值产品的心理特性。这种心理品质是综合的、多维的,它包括与创造活动密切联系的认知品质、人格品质和适应性品质。创造性表现于创造活动之中,其结果以"产品"为标志,其水平以产品的"价值"为标准。

二、简答题

1. 简述教育的经济功能。

【答案要点】

(1)教育是使可能的劳动力转变为现实的劳动力的基本途径。一个人只有经过教育和训练,掌握一定生产部门的劳动知识和技能,并能生产某种使用价值,他才能成为现实的生产力。

(2)现代教育是使知识形态的生产力转化为直接的生产力的重要途径。科学技术是一种知识形态的生产力,要使其转化为现实的生产力,除了要通过科学研究、发明创造或革新实践外,其技术成果的推广、经验的总结与提升都需要教育与教学的紧密配合。

(3)现代教育是提高劳动生产率的重要因素。现代生产的生产率提高依靠科学技术在生产中的应用、推广和不断革新,依靠提高劳动者受教育的程度与质量,依靠劳动者的素质、扩大脑力劳动者的比重、发挥劳动者在生产和改革中的创造性。

2. 简述如何上好一堂课。

【答案要点】

上好课,是提高教学质量的关键。应以现代教学理念为指导,遵循教学规律与原则,创造性地运用教学方法,并注重做到以下几点:

(1)明确教学目的。这是上好一堂课的前提。
(2)保证教学的科学性与思想性。这是上好一堂课的基本质量要求。
(3)调动学生的学习积极性。这是上好一堂课的内在动力。
(4)注重解惑纠错。这是上好一堂课的关键。
(5)组织好教学活动。这是上好一堂课的保障。
(6)布置好课外作业。

3. 比较古希腊雅典与斯巴达教育的异同。

【答案要点】

(1)地理环境。
①斯巴达地处高山平原,适合发展农业,地理位置较为封闭,与外界交通不便。
②雅典三面临海,地理位置优越,有利于工商业的发展。

(2)政治背景。
①斯巴达为保守的军事贵族寡头统治,为了镇压和奴役土著居民,举国皆兵。

②雅典是奴隶主民主政体。经济的繁荣发展与政治上的民主倾向为雅典形成独特的公民民主意识提供了宽松的社会环境和稳固的经济基础。

（3）教育体制。

①斯巴达的教育完全由城邦负责，公民子女出生后，由长老代表国家检查新生儿的体质情况。

②雅典的城邦重视教育，但并不绝对控制，公民子女出生后，由父亲进行体格检查。

（4）教育方法。

①斯巴达是武士教育，教育方法野蛮残忍。

②雅典是公民教育，教育方法温和民主。

（5）教育目的。

①斯巴达的教育目的是培养英勇果敢的战士。教育的任务是要使每一个斯巴达人在经过长期而严肃的训练后，成为一个坚韧不拔的战士和绝对服从的公民；

②雅典教育的主要目的是培养青少年勇敢、强健的体魄以及理智、聪慧和公正的品质，使其既能够担负保卫城邦的重任，更能够履行公民参政议政的职责，即培养身心和谐发展的合格公民。

（6）教育内容。

①斯巴达教育只重军事体育训练和道德教育，轻视知识学术，鄙视思考和言辞，生活方式狭隘，除了军事作战外，不知其他。

②雅典人注重对青少年儿童进行多方面的教育，包括道德熏陶、体格训练、文化教育以及音乐、舞蹈等，但又反对专业化或职业化。

（7）女子教育。

①斯巴达人非常重视女子教育。女子通常和男子接受同样的军事、体育训练，其目的是造就体格强壮的母亲，以生育健康的子女；当男子出征时，妇女能担任防守本土的职责。

②雅典忽视女子教育，妇女社会地位低下，深居简出，女孩子只是在家庭中受教育。

4.简述学生学习的特点。

【答案要点】

（1）接受学习是学习的主要形式。学生的学习是在教师的指导下进行的，是在较短时间内接受前人所积累的文化科学知识，并以此促进自己发展和完善的过程。

（2）学习过程是主动构建的过程。学生的学习必须通过一系列的主动构建活动来接受信息，形成经验结构或心理结构。

（3）学习内容的间接性。学生主要是接受前人的经验，而不是亲自去发现经验。

（4）学习的连续性。学生的学习是一个连续的过程，这表现在前后学习相互关联。当前的学习与过去的学习有关，同时也将影响以后的学习。

（5）学习目标的全面性。学生的学习不但要掌握知识经验和技能，还要发展智能，以及形成行为习惯、培养道德品质、促进人格发展。

（6）学习过程的互动性。学生的学习是相互作用的过程。师与生、生与生之间的互动质量对学习质量有十分明显的影响。

三、分析论述题

1.试述班主任工作的内容和方法。

【答案要点】

（1）了解和研究学生。了解学生，包括个人和集体两方面。了解学生个人情况，包括个人德、智、体的发展，他的情趣、特长、习性、诉求，家庭状况和交往情况。了解学生集体情况，是在了解学生个人情况的基础上汇集而成，包括全班学生的年龄、性别、家庭等一般情况；学生德、智、体发展的一般水平和有特殊才能的学生情况，班风与传统等。了解和研究学生的主要方法有观察、谈话、分析书面材料和调查研究等。

（2）教导学生学好功课。学好功课是学生的主要任务也是班主任的一项经常性的重要任务。有成效地完成这一任务，主要靠各科教师，但班主任的作用不可忽视。班主任应做到：第一，注意学习目的与态度的教育；第二，加强学习纪律的教育；第三，指导学生改进学习的方法和习惯。

（3）组织班会活动。班会是向学生进行思想教育的一个重要阵地。有计划地组织班会活动是班主任的一项重要任务。

（4）组织课外活动、校外活动和指导课余生活。课外活动与校外活动对培养学生的志趣、才能，丰富和活跃他们的生活，促进他们德、智、体全面发展有重要意义。在开展课外与校外活动方面，班主任主要负责动员和组织工作。对课余活动，班主任的责任是经常关心、了解、给予必要的指导。

（5）组织学生的劳动。学生的劳动内容很广，主要有生产劳动、建校劳动和各种公益劳动。每学期开学之初，学习应当根据情况对各班学生的劳动做出统一的计划和安排。班主任则应按学校的安排与要求，有目的有计划地组织好本校学生的劳动。

（6）协调各方面对学生的要求。调节和统一校内外各方面对学生的要求，这是有成效地教育学生的重要条件，也是班主任工作的一项重要内容。这项工作包括统一校内教育者对学生的要求以及统一学校与家庭对学生的要求。

（7）评定学生操行。操行是指学生的思想品德表现。操行评定是对学生一学期或一学年以来的思想品德发展变化情况的评价。操行评定，一般采用评语，有的还要评定等级。

（8）做好班主任工作的计划与总结。为了能够较自觉地做好班主任工作，一要加强计划性，使工作有条不紊地进行；二要注意总结工作经验，以便不断改进和提高。二者是互为基础、相互促进的。

2. 论述孔子的教育思想。

【答案要点】

（1）创办私学与编订"六经"。

孔子大约在他30岁正式招生办学，开始他的教育生涯。他创办的私学产生了广泛的社会影响，是春秋时期规模最大、持续时间最长、影响最深远的学校。

孔子于晚年完成了《诗》《书》《礼》《乐》《易》《春秋》的编纂和校订工作，整理和保存了我国古代文化典籍，奠定了儒家教育内容的基础。后世将其称为"六经"。

（2）"庶、富、教"：教育与社会发展。

孔子认为教育对社会发展有重要作用，是立国治国的三大要素之一。教育事业的发展要建立在经济发展的基础上。治国的三个重要条件，首先是"庶"，要有较多的劳动力；其次是"富"，要使人民群众有丰足的物质生活；再次是"教"，要使人民受到政治伦理教育，知道如何安分守己。"庶"与"富"是实施教育的先决条件，只有在"庶"与"富"的基础上开展教育才会取得成效。

（3）"性相近也，习相远也"：教育与人的发展。

孔子对教育在人的发展过程中起关键性作用持肯定态度。他在中国历史上首次提出"性相近也，习相远也"。"性"指的是先天素质，"习"指的是后天习染，包括教育与社会环境的影响。孔子认为人的先天素质没有多大差别，只是由于后天教育和社会环境的影响作用，才造成人的发展有重大的差别。从"习相远"的观点出发，孔子认为人要发展，教育条件是很重要的，认为人的生活环境应当受到重视，要争取积极因素的影响，排除消极因素的影响。

（4）"有教无类"与教育对象。

"有教无类"的本意是不分贵贱贫富和种族,人人都可以入学接受教育。孔子的教学实践切实地贯彻了这一办学方针,他的弟子来自各个诸侯国,分布地区广泛;弟子成分复杂,出身于不同的阶级和阶层,大多数出身于平民。

（5）"学而优则仕"与教育目标。

孔子提出由平民中培养德才兼备的从政君子,这条培育人才的路线可简括称之为"学而优则仕"。"学而优则仕"包含多方面的意思,学习是通往做官的途径,培养官员是教育最主要的政治目的,而学习成绩优良是做官的重要条件;如果不学习或虽经学习而成绩不优良,也就没有做官的资格。

（6）以"六艺"为教育内容。

孔子继承西周贵族"六艺"教育传统,吸收采择了有用学科,又根据现实需要创设新学科,虽袭用"六艺"的名称,但对所传授的学科都做了调整,充实了内容。孔子教学的"六艺"即其编撰的"六经"。

（7）教学方法。

主要有因材施教、启发诱导、学思行结合、好学求是的态度。

（8）论道德教育。

孔子的教育目的是培养从政的君子,而成为君子的主要条件是具有道德品质修养,因此,道德教育居首要地位。孔子主张以"礼"为道德规范,以"仁"为最高道德准则。凡符合"礼"的道德行为都要以"仁"的精神为指导,因此,"礼"和"仁"成为道德教育的主要内容。道德修养的原则与方法：立志、克己、力行、中庸、内省和改过。

（9）论教师品格。

教师要学而不厌、温故知新、诲人不倦、以身作则、爱护学生、教学相长。

（10）深远的历史影响。

孔子是全世界公认伟大的思想家和教育家,他毕生从事教育活动,建树了丰功伟绩。他在实践基础上提出的一些首创的教育学说,为中国古代教育奠定了理论基础。

3. 试述杜威关于教育本质的思想以及对当前教育的启示。

【答案要点】

（1）教育即生活。杜威认为教育是生活的过程,学校是社会生活的一种形式,那么学校生活也是生活的一种形式。学校生活应与儿童自己的生活相契合,满足儿童的需要和兴趣,使校园成为儿童的乐园,使儿童在现实的学校生活中得到乐趣。学校生活应与学校以外的社会生活相契合,适应现代社会变化的趋势并成为推动社会发展的重要力量,校园不应是世外桃源而应积极参与社会生活。杜威要做的就是改造不合时宜的学校教育和学校生活,使之更富活力,更有乐趣,更具实效,更有益于儿童发展和社会改造。

（2）学校即社会。杜威"学校即社会"意在使学校生活成为一种经过选择的、净化的、理想的社会生活,使学校成为一个合乎儿童发展的雏形的社会。而要将此落于实处,就必须改革学校课程,从分科课程转变为活动课程。"学校即社会"是对"教育即生活"这一命题的进一步引申,代表社会生活的活动性课程的引入是使学校与社会生活相联系的基本保证。杜威坚信教育是社会进步及社会改革的基本方法,通过教育改造社会生活,使之更完善、更美好。

（3）教育即生长。杜威针对当时教育无视儿童天性,消极对待儿童,不考虑儿童的需要和兴趣的现象,提出了"教育即生长"的观念。杜威要求摒除压抑、阻碍儿童自由发展之物,使教育和教学适应儿童的心理发展水平和兴趣、需要。他所理解的生长是机体与外部环境、内在条件与外部条件交互作用的结果,是一个持续不断的社会化的过程。杜威要求尊重儿童但不同意放纵儿童,这也是杜威与进步主义教育实践的一个重要区别。

（4）教育即经验的改造。教育即经验的改造是指构成人的身心的各种因素在外部环境和人的主动经验过程中统一的全面改造、发展、生长的连续过程，包含四个方面：经验是一种行为，涵盖认识的、情感的、意志的等理性、非理性因素，成为儿童各方面发展和生长的载体；经验是有机体与环境相互作用的过程，机体不仅受环境的塑造，同时也对环境加以改变；经验的过程是一个主动的过程，有机体既接受着环境塑造，也主动改造着环境；经验是一个连续发展的过程，不存在终极目的的发展过程，因此教育就是个人经验的不断生长。

杜威关于教育本质的这三个论点具有重要的意义：第一，这些观点是杜威改革旧教育的纲领，他的意图是要使教育为缓和社会矛盾、完善美国社会制度服务，对于推动当时的教育改革有积极意义；第二，杜威关于教育本质的观点是他的教育哲学的三个主要命题，内涵丰富并具启发意义；③杜威力图把教育的社会功能与个体发展功能统一起来，并把社会活动视为使两者得以协调的重要手段或中介。

4. 论述马斯洛的需要层次理论，并结合实际谈谈教师如何运用这一理论实现对学生的人文关怀。

【答案要点】

需要层次理论由人本主义心理学家马斯洛提出。马斯洛认为，个体的任何行为动机都是在需要发生的基础上被激发起来的。他认为人有7种基本需要，分别为：

（1）生理需要：维持生存和延续种族的需要。

（2）安全需要：受保护与免遭威胁、获得安全感的需要。

（3）归属与爱的需要：被人接纳、爱护、关注、鼓励、支持的需要。

（4）尊重的需要：希望被人认可、关爱、赞许等维护个人自尊心的需要。

（5）求知与理解的需要：个体对不理解的东西寻求理解的需要，学习动机来源于这种需要。

（6）审美的需要：欣赏、享受美好事物的需要。

（7）自我实现的需要：在精神上臻于真、善、美合一的至高人生境界的需要，即个人理想全部实现的需要。

马斯洛认为各种需要之间不但有高低之分，而且有先后顺序，低一层次需要获得满足或部分满足之后，高一层次需要才会产生。他将七种需要分为两类：缺失需要和成长需要。二者相互制约、相互影响。一方面，缺失需要是成长需要的基础，缺失需要若未能得到满足，成长需要就不会产生；另一方面，成长需要对缺失需要起引导作用，尤其是自我实现需要对其他各层需要都有潜在影响力。

在现实的学校生活中，学生最主要的缺失性需要往往是爱和自尊，因此在激发学生学习动机时可以注重从内部动机、个人动机等方向出发，即激发学习者对学习本身的兴趣所引起的动机以及激发学习者与个体自身的需求、信念与价值观以及性格特征密切相关的动机。